U0563555

中国社会科学院创新工程学术出版资助项目
中国证监会资本市场法制课题

证券期货犯罪的 刑法规制与完善

CRIMINAL REGULATION AND ITS IMPROVEMENT OF SECURITIES AND FUTURES CRIMES

刘仁文　主编

社会科学文献出版社
SOCIAL SCIENCES ACADEMIC PRESS (CHINA)

和补充，形成《证券期货犯罪的刑法规制与完善》书稿，并于 2017 年成功申获中国社会科学院创新工程学术出版资助项目。项目批下来后，又对书稿进行了多次打磨，形成现在这样一个框架。

接手这个课题以来，最深切的体会就是证券期货犯罪确实具有自己的特殊性。记得我们几位刑法学者刚开始应邀参加中国证监会的座谈会时，对他们想增加新的罪名或罪状、提高某些犯罪的法定刑的意见基本接受不了，后来经过深入交流，才逐渐对这类犯罪的社会危害性有了新的认识，开始认同他们的一些意见。例如，刑法对操纵证券、期货市场罪的行为描述基本上属于“价量操纵”行为，无法涵盖抢帽子交易、幌骗等危害严重的新型操纵行为，导致此类行为只能以兜底条款论处，而兜底条款的滥用，一方面在法理上不符合“同质性解释”的要求，另一方面抢帽子交易等行为没有被刑法明确规定，也不利于一般预防效果的实现。再如，我们在修订刑法、增加期货犯罪时，是直接在原有的证券犯罪基础上增加期货犯罪，即在“证券”之后添加“期货”二字，但这种简单并置的做法使得证券犯罪与期货犯罪的区别被长期忽视了。如果说早期证券、期货市场都处于初步发展阶段，相关的犯罪行为发生率不高，这种立法模式还能够正常运行的话，那么在这种立法模式延续了近二十年之后，随着证券、期货市场的快速发展，证券市场和期货市场各自衍生出自己的发展轨迹和市场内涵，则刑法将证券市场与期货市场简单并置的做法与金融市场的实际情况已经显得不兼容。

证券期货犯罪的自身特殊性进一步强化了我对在刑法典之外建立真正的附属刑法这样一种刑法立法二元体制的体认。我们现在对证券期货犯罪的刑法规制之所以频繁使用“情节严重”“情节特别严重”的字眼，一个重要原因是绝大多数刑法学者对证券期货犯罪的认识没有办法深入。确实，对于以数百个罪名为研究对象的刑法学者而言，区区几个证券期货犯罪的条款只能占极小的比重，但对于规范证券期货市场而言，无论从发挥刑法特殊的威慑力还是从维护法秩序统一来考虑，这几个条款就是该领域刑法立法的全部，别说一个条款，就是其中的一个措辞，都将对证券、期货市场产生深远影响。从此意义上来讲，将这类“法定犯”的具体罪刑内容规定在相应的证券、期货法律中，应当是更为明智的选择，那样不仅有利于实现与行政责任的无缝衔接，而且也可以进一步明晰法律用语，还有

前 言

2016年，经过认真准备，以我为主持人的中国社会科学院法学研究所课题组成功申获了中国证监会的资本市场法制课题“完善证券期货刑事犯罪法律制度研究”。

两年来，我们课题组主要做了以下一些工作。一是于2016年11月26~27日在中国社会科学院法学研究所召开了“证券期货犯罪的刑事立法完善”理论研讨会，来自京内外数十所高校、科研院所和全国人大常委会法工委、最高人民法院、最高人民检察院、公安部、中国证监会等部门的近百名专家出席会议，《人民检察》《人民法院报》分别发表了长篇会议综述。[①] 二是在中国证监会有关领导的大力支持和法律部的大力协助下，课题组先后赴上海证券交易所、中国金融期货交易所、上海期货交易所、上海证监局以及深圳证券交易所进行了调研，获得了大量接地气的资料、意见和观点。与此同时，我还应邀参加了数次中国证监会的相关立法和案件的专家咨询会。三是围绕该课题，相继产出了一批科研成果，如刘仁文、陈妍茹发表于《河南社会科学》2017年第5期的论文《我国资本刑法存在的问题与完善》，赵希发表于《证券法苑》第24卷的《论证券、期货市场新型操纵行为的刑法规制路径》。此外，我们还通过《中国社会科学院要报》报送了多篇内部研究报告，有的获得中央领导的批示，荣获中国社会科学院优秀研究报告一等奖等奖励。目前，按照课题协议的要求，我们的各项子课题正在有条不紊地推进。

作为该课题的阶段性成果之一，我们对2016年的会议论文进行了筛选

---

① 参见杨赞《构建完备的证券期货犯罪刑事规制体系——证券期货犯罪的刑事立法完善讨会观点综述》，《人民检察》2016年第24期；赵希《构建现代化的证券期货犯罪刑制裁体系——“证券期货犯罪的刑事立法完善”理论研讨会综述》，《人民法院报》20年12月14日。

利于在该子系统内设置妥当的刑罚幅度甚至刑罚种类。[①] 这一思路也是我主编的上一本中国社会科学院创新工程项目成果《网络时代的刑法面孔》的继续，在那本书的前言中，我借储槐植先生给我的一封信，也呼吁我国刑法立法体制要从刑法典包揽一切的一元制向刑法典和行政刑法并列的二元制转换，以建立我国真正的附属刑法体系。这样做，从宪法和立法法的规定来看，没有任何障碍，要克服的主要还是观念和习惯思维的问题。至于担心造成刑法典的不统一、法出多门等，我想既然几乎所有市场经济较为发达的国家都能采用这种二元立法体制，并且运作良好，那我们也就一定能在实践中解决这些问题。

需要说明的是，就在本书完稿之际，我们看到国家加大了金融市场的改革力度，如放宽银行、证券、保险行业外资股比限制，放宽外资金融机构设立限制，扩大外资金融机构在华业务范围，拓宽中外金融市场合作领域。这种“引进来”与“走出去”战略的扩大，也一定会对证券期货市场的发展产生影响。刑法作为整个法治系统工程的有机一环，它一方面受外部环境的刺激，另一方面也要对这种刺激做出反应。刑法正是在与相关法领域的这种沟通中发展自我，也促进其他法领域的完善，共同形成各个领域直至整个社会的善治。

在本书的编辑和出版过程中，赵希博士后协助我做了大量的工作。社会科学文献出版社的刘骁军编审一如既往地给予我们大力支持。谨在此致以诚挚谢意。

刘仁文

戊戌年春于北京

---

① 随着我国法定犯时代的到来，在这类“行政刑法”中增添某些“对症下药”的刑罚种类，也不是不可讨论的，如相关领域的职业禁止等。事实上，近年来司法实践中在某些环境资源犯罪案件的判决中，就出现了种植林木、清理污染等附属的公益性刑罚。

目　录

第一章　证券期货犯罪刑法规制概述

第二章　操纵证券、期货市场罪专题

第三章　内幕交易、泄露内幕信息罪专题

第四章　利用未公开信息交易罪专题

第五章　证券期货犯罪治理中的从业禁止制度

第六章　证券期货犯罪刑事制裁的域外视野

第七章　证券期货犯罪研究的多维视角

附　录

第一章

证券期货犯罪刑法规制概述

第一节

证券期货犯罪的立法现状

一 现行证券犯罪立法的主要问题

（一）立法超前，刑事先行

证券犯罪是行政犯，行政犯因严重违反国家行政管理秩序而被立法机关规定在刑事法律中，其前提为行政违法性。但是我国证券犯罪立法却表现出在没有证券行政法规规定为违法时，就在刑事法律中作了规定，有的甚至作了提前立法。笔者粗粗作了统计，历史上这种现象共有四次。第一次，1979 年刑法典第 123 条规定："伪造支票、股票或者其他有价证券的，处七年以下有期徒刑，可以并处罚金。"当时我国没有证券市场，也没有严格意义上的证券犯罪，如此立法显然超前。第二次，在 1997 年刑法典颁布时，我国尚未制定证券法，十余种有关证券的犯罪赫然规定在内。第三次，我国立法机关曾分别于 1999 年和 2006 年对《刑法》第 182 条作出修订，将操纵证券市场罪和操纵期货市场罪规定在一起，其初衷是好的，但仔细分析，可以发现"单独或者合谋，集中资金优势、持股或者持仓优势或者利用信息优势联合或者连续买卖合约，操纵期货交易量的"并不为《期货交易管理条例》所禁止，相反操纵期货的典型手段"为影响期货市场行情囤积现货的"却没有规定在内，难怪有学者质疑这种"混合规定无视证券市场和期货市场的不同规制现状，导致证券市场派生性生活秩序对期货市场派生性秩序的强奸，创造了没有行政违法性的行政犯"[①]。第四次，基于前些年证券市场上大股东掏空上市公司的严重现象，我国立法机关在《刑法修正案（六）》中增加规定了背信损害上市公司利益罪，但找

① 廖北海：《论操纵证券、期货市场罪立法形式的完善》，《求索》2009 年第 4 期。

遍证券法和公司法等相关证券法规，没有发现刑法修正案中所列行为样态，也没有规定任何承担行政责任和民事责任的方式。如果说有相近的，只在公司法中有所体现，其中第 21 条规定，“公司的控股股东、实际控制人、董事、监事、高级管理人员不得利用其关联关系损害公司利益。违反前款规定，给公司造成损失的，应当承担赔偿责任”，第 147 条规定董事、监事和高管人员的忠实、勤勉义务，第 148 条规定董事、监事的禁止性行为，第 149 条规定董事、监事和高管人员违反法律、行政法规和公司章程给公司造成损失的赔偿责任，而证券法规基本不涉及这方面内容。目前我国证券法规只有证监会自行颁发或与其他部委一起颁发的规范性文件，如《关于规范上市公司对外担保行为的通知》（证监发〔2005〕120 号）、《关于规范上市公司与关联方资金往来及上市公司对外担保若干问题的通知》（证监发〔2003〕56 号）及《关于上市公司为他人提供担保有关问题的通知》（证监公司字〔2000〕61 号），但这些规范性文件均没有明确对上市公司的控股股东、实际控制人、董事、监事和高管人员的背信行为作出系统全面规定，也没有言明所要承担的行政责任，在此情况下，直接以入罪方式予以规制，显然有违行政犯的本来含义。说得极端一点，打击这种犯罪所要保护的法益是否如杀人罪中的生命法益一样重要，值得直接动用刑法予以规制？

（二）证券法律法规滞后，不能完全适应惩治证券犯罪需要

我国并没有像其他国家一样，将证券犯罪规定在附属刑法中，而是统一规定在一部刑法典内，同时又在证券法中作了重申规定。有学者认为我国证券犯罪立法模式是一种宏观上的法典模式，中观上的一罪一刑和分散型模式，微观上的叙明罪状模式，[①] 可谓一语中的。采取这种立法的好处是严格遵守罪刑法定原则，有利于国民及时准确地找到法律，达到比附属刑法更大的震慑效果，“将经济犯罪行为规定于刑法典中，使经济刑法具有刑法之外形，自然较易产生一般预防作用而且具有慑阻经济犯罪之功能”。[②] 但是，其缺点也不言自明，即为了维护刑法的稳定性，很难根据证券犯罪形势变化作出及时调整。如汪建中“抢帽子交易”案，现行刑法对这种类似操纵的行为没有作出明文规定，虽然法院依据“兜底条款”作了

---

① 祝二军：《证券犯罪的认定与处理》，人民法院出版社，2000，第 171 页。

② 林山田：《经济犯罪与经济刑法》，台湾三民书局，1981，第 99～100 页。

有罪判决，但这个判决是在证券法律法规都没有明确规定相关行为样态的前提下作出的，自然难脱违背国民预测可能性之干系。如果刑法中的证券犯罪不是规定为叙明罪状，而是规定为空白罪状，即刑法中只规定了罪名和法定刑，而构成要件由证券法来规定，并且证券法根据证券监管需要，已适时将“抢帽子交易”等新型操纵行为规定其中；或者仍然保持叙明罪状规定不变，证券法律法规适应形势需要，早将证监会《证券市场操纵行为认定指引（试行）》中所列举的几类新型操纵行为规定在内，汪建中案的定性争议会大大减少。另一例是高频交易的法律定性问题。2015 年发生的股灾惨状仍历历在目，高层和各路监管人马纷纷踏入“救火”行列以维护证券市场秩序，并将某外资公司使用高频量化工具进行期货交易的行为诉诸刑律并进入诉讼程序，但由于我国证券法律法规和刑事法律均未明确将高频交易行为规定为犯罪，高频交易对证券市场的利弊得失尚无明确定论，其对证券市场造成的危害是否值得直接运用刑法，学术界和实务界一直争论不休，至今未能统一论断。

（三）证券犯罪种类设置不是十分合理

应该说，我国证券犯罪立法充分吸收借鉴了发达国家的立法经验，在证券发行、证券交易和证券管理的各个环节规定犯罪，罪名和罪种设置基本符合我国实际，适应了规制证券犯罪的需要，但也有不尽如人意之处。比如我国不少学者对《刑法》第 178 条第 2 款的伪造、变造股票或者公司、企业债券罪颇有看法，认为我国证券市场早就实行了无纸化交易，伪造、变造股票、债券的行为既不可能也不现实，早就应该废除。有学者考察了各国操纵证券市场罪的立法之后，提出编造、传播证券交易虚假信息属于操纵证券市场罪的手段，建议取消《刑法》第 181 条的编造并传播证券交易虚假信息罪。另有学者则反对这种看法，称在我国证券市场，一些人并非为了操纵证券市场，而是出于报复或泄私愤等目的实施编造并传播证券交易虚假信息，这条罪名仍应保留，主存说和主废说一直争论不休，各执一词。针对 1998 年制定的《证券法》，有学者提出不少条款规定“构成犯罪的，依法追究刑事责任”，但刑法中没有对应法条，如《证券法》第 176 条规定：“证券公司承销或者代理买卖未经核准或者审批擅自发行的证券的，由证券监督管理机构予以取缔，没收违法所得，并处以违法所得一倍以上五倍以下的罚款。对直接负责的主管人员和其他直接责任人员给予警告，并处以三万元以上三十万元以下的罚款。构成犯罪的，依法追究刑事责任。”建议在刑法中增设非法承销证券罪。[①] 还有学者建议增设短线交易罪，非法融资融券罪，证券交易虚假陈述、信息误导罪，挪用客户保证金罪，等等。笔者认为，上述学者建议不无道理，但也并非完全可行，所以争议较多，暴露出我国证券犯罪立法存在行政法与刑事法衔接不紧密的问题。

（四）刑罚配置不合理

主要表现在：一是自由刑过高或过低。我国《刑法》第 178 条第 1 款规定的伪造、变造国家有价证券罪，处刑从拘役、三年以下有期徒刑到十年以上有期徒刑或者无期徒刑不等，跨度较大。无期徒刑是一个仅次于死刑的刑种，一般针对造成严重人身伤害或者重大财产损失的传统暴力犯罪，对于法定犯的证券犯罪分子而言，其社会危害性有无达到类似暴力犯罪程度，如此处罚能否达到刑罚效果，值得深思。作为拘役刑而言，刑期较短，许多学者认为这种刑期非但难以达到改造目的，且有进一步交互传染之弊端。将这个刑种直接用于对付贪利性的证券犯罪，能否达到惩治效果，就不得而知了，但我国大部分证券犯罪却恰恰规定了拘役刑。二是刑罚幅度设置不合理。除上述最高刑可达无期徒刑的伪造、变造国家有价证券罪外，证券犯罪中的操纵证券市场罪，内幕交易、泄露内幕信息罪，诱骗投资者买卖证券罪，背信运用受托财产罪，擅自设立金融机构罪，伪造、变造股票或者公司、企业债券罪的最高刑均为十年，非法经营证券业务，如果情节特别严重可处五年以上有期徒刑，最高刑期超过十年。可见我国证券犯罪的处刑较重，同时又未按社会危害性程度不同形成梯次结构。三是罚金刑规定不够科学。综观我国证券犯罪的罚金刑，分别为定量罚金、倍数罚金、百分比罚金和无限罚金，前三种虽有利于有效抑制法官的自由裁量权，但没有体现惩罚证券犯罪的目的，即达到剥夺再犯能力效果，第四种将罚金数额的自由裁量权完全交与法官，让法官根据个案情况具体衡量，不利方面显而易见。如何制定科学合理的罚金制，立法必须作出回答。

二　完善证券犯罪立法的主要原则

证券犯罪是法定犯，其立法必须坚持谦抑性原则，考虑当罚性和需罚

---

① 顾雷、王宝杰：《违规犯罪透视与法律遏制》，中国检察出版社，2004，第 47～48 页。

性要件，即首先有重大的法益侵害值得动用刑罚保护，其次根据当罚的法益侵害及其危险，为了保护社会采取刑罚不可或缺。但从上面分析可知，一方面，我国证券法与刑法的衔接不紧密，立法超前、刑事先行的现象较为普遍，“在立法上出现了对经济活动领域的一些无序、失范行为在没有取得规律性认识、没有动用民商法、经济法和行政法手段予以有效调整的情况下，就匆忙地予以犯罪化，纳入刑罚圈的现象，使刑罚的触须不适当地伸入到经济活动的某些领域”。[①] 另一方面，已经规定的证券犯罪问题也不少。为此，完善立法仍要坚持刑法谦抑性的立场，坚持以下三个具体原则。

1. 最后性原则

此原则又称第二性原则或次要原则，即“只有在通过其他的法律不能进行充分的保护时，才应认可刑法中的法益保护。把基于这种关系的性质称为刑法的第二次性质或者补充性质”。[②] 具体到证券犯罪立法中，必须在穷尽了一切民事、行政制裁之后尚不足以保护社会时，才可以动用刑法手段，“刑法在根本上与其说是一种特别的法律，还不如说是对其他一切法律的制裁”。[③] 辨析某种证券违法行为是否需要刑法干预，立法者应当先行“瞻前”，即考察现有法律法规对于非刑罚的法律手段设置以及配套制度是否到位。具体来说：一是有无非刑罚的民事责任和行政处罚规定；二是已有非刑罚的法律手段是否科学充分；三是具体实施的配套制度是否跟上，如民事责任方面，是否充分规定了民事责任形式和具体责任大小，行政处罚方面，是否设置了科学的处罚方式，而不是笼统地称承担民事责任或行政责任。[④] 只有在设置了充分的民事责任或行政责任及其配套制度后，仍不足以有效遏制相关违法行为时，才值得动用刑法手段。

2. 协调性原则

证券犯罪立法的协调性原则，是指证券犯罪刑事立法要与行政、民事制裁手段和事前的教育、管理及制度建设协调一致，共同服务于惩治证券

---

① 储槐植：《罪刑矛盾与刑法改革》，《中国法学》1994 年第 5 期。

② 〔日〕大塚仁：《刑法概说》（总论）（第 3 版），冯军译，中国人民大学出版社，2003，第 23 页。

③ 〔法〕卢梭：《社会契约论》，何兆武译，商务印书馆，1980，第 73 页。

④ 胡启忠等：《经济刑法立法与经济犯罪处罚》，法律出版社，2010，第 24 页。

犯罪。[1] 为了更好地服务于证券市场，相关证券法律法规要形成民事、行政、刑事三位一体、立体式的防护体系，要相互照应、相互协调，以抗制各类证券犯罪。当前尤其要协调好证券法与刑法的关系，在罪状的选择上，尽可能规定空白罪状，由证券法规定证券犯罪的构成要件，以灵活适应证券犯罪形势发展需要。

3. 等价性原则

指刑罚的方法及其配置与犯罪相对称。一定的犯罪对应一定的刑罚，将犯罪与刑罚用某种科学合理的方法对应起来，是比较理想的选择。正如贝卡利亚所说，“既然存在着人们联合起来的必要性，既然存在着作为私人利益相互斗争的必然产生的契约，人们就能找到一个由一系列越轨行为构成的阶梯，它的最高一级就是那些直接毁灭社会的行为，最低一级就是对于作为社会成员的个人所可能犯下的、最轻微的非正义行为。在这两极之间，包括了所有侵害公共利益的、我们称之为犯罪的行为，这些行为都沿着这无形的阶梯，从高到低顺序排列”，“那么也很需要有一个相应的、由最强到最弱的刑罚阶梯”。[2] 客观地说，这种理想状态是不存在的，也很难完全做到科学合理，但罪刑相适应仍是各国立法者不懈努力追求的目标。对于证券犯罪而言，必须按照社会危害性程度不同，作顺序排列，配以不同的刑种、刑罚幅度和轻重刑比例，使不同的市场参与主体能较快理解各类证券犯罪所需承担的法律后果。

三 完善证券犯罪立法的具体建议

（一）完善证券犯罪立法模式

综观各国和地区的证券犯罪立法模式，不外乎三种：一为刑法典规定型，二为特别刑法规定型，三为附属刑法规定型。三种立法模式互不排斥，许多国家和地区都采取以第三种模式为主、其他模式为辅的做法，而我国却采用第一种立法模式。[3] 立法模式不同，是各国自身控制犯罪所需，难分伯仲。我国数千年的历史文化形成了刑法占据绝对优势地位的状况，立法者不接受将行政犯以附属刑法形式规定在各类行政法规中。在维持现

---

① 祝二军：《证券犯罪刑事立法原理》，中国方正出版社，2000，第 52 页。

② 〔意〕贝卡利亚：《论犯罪与刑罚》，黄风译，中国法制出版社，2005，第 80 ~ 81 页。

③ 王剑波：《我国台湾地区证券犯罪立法研究》，《台法研究论坛》2007 年第 4 期。

有立法模式不变的前提下，证券犯罪立法模式仍有值得改进之处。前述刑事先行，违背刑法谦抑性原则，超前立法，隐含着“刑法万能”思想。在遵循谦抑思想和刑法最后手段原则下，刑法对证券犯罪采取空白刑法规范模式，只规定罪名和法定刑，而将证券犯罪的构成要件规定于证券法律法规中，这样一方面可以确保刑法的稳定性，另一方面行政执法机关可根据证券管理秩序的需要不断修改证券法律法规，使得新型证券犯罪不断被纳入刑法调整范畴，不至于频繁以刑法修正案的形式修订刑法。同时，对于既成事实的背信损害上市公司利益罪的立法来说，当前应尽快在证券法律法规中明确相应行为的民事责任或行政责任，确保刑法的最后手段原则在该罪名上的具体落实。

（二）合理设定证券犯罪圈

全球经济一体化进程的加快，对刑事司法也提出了挑战。目前我国证券市场尚处于封闭状态，一旦经济发展到一定程度，与世界接轨将势在必行，为此，我国证券犯罪立法必须紧跟发达国家立法步伐，同时也要符合本国国情。考察一个行为是否需要入罪，应否划入证券犯罪圈，首先要厘清禁止相关行为所要保护的法益是什么，能否被证券犯罪的法益所涵摄，在实践中发生的概率有多大。对于编造并传播证券交易虚假信息罪而言，虽然不排除有人不以操纵证券市场目的而实施相关行为，但这样的概率实在太低，司法实践中也很少发生，不如与其他国家立法一样，将此罪作为操纵证券市场罪的手段，取消此罪名。对于伪造、变造股票或者公司、企业债券罪，此罪从 1997 年立法时就已落伍，现在不会发生，今后更不可能发生，不如直接从刑法中删除。对于是否需要增加短线交易罪、非法承销证券罪、非法融资融券罪和挪用客户保证金罪，如上所述，增加某个罪名，必须考虑必要性和可行性，即法益保护的需要和法益的具体内涵。短线交易罪、非法承销证券罪虽然在其他国家入罪，在我国是否有必要入罪，先得看行政执法中这类行为的发生频率，是否具有值得刑法保护的法益，与现行各类证券犯罪的法益侵害程度作一比较。如果行政执法中这类行为大量发生，至少不比现行证券犯罪的法益侵害小，且没有相关罪名可以规制，那么基本可以考虑入罪。对于增设非法融资融券罪，在早几年我国证券市场严格禁止非法融资融券业务时提出尚具一定可行性，但近年来随着证券市场的不断发展，证券创新功能不断被挖掘，证券市场已开始试点融资融券业务，再谈将这类业务行为入罪就显得不合时宜了。至于建议增设挪用客户保证金罪，一方面，目前对于客户保证金，已由证券公司、投资者和银行签订三方监管协议，挪用客户保证金的行为很难成行；另一方面，现行刑法已经以修正案的方式规定了背信运用受托财产罪，这类行为完全可以被规制。总之，是否扩大或缩小证券犯罪圈，大前提是要有值得刑法保护的法益，再与现行证券犯罪比较，考察在实践中发生的频率以及是否可用现行刑法予以规制，最后考虑与国际接轨等因素进行综合考量。

（三）健全证券犯罪刑罚体系

在保持现行刑罚种类不变的情况下，健全证券犯罪刑罚体系可从以下三方面着手。

1. 将证券犯罪按社会危害性大小排列，合理规划自由刑期限

有学者经过认真比较后，得出在证券犯罪中，社会危害性大小的排列顺序为：内幕交易罪最大，操纵证券市场罪次之，地下信用交易罪再次之，欺诈客户罪列第四，虚假陈述罪最小。[①] 笔者基本赞成这种排列方法和排列顺序，但由于该学者排此顺序时，证券犯罪的种类与现在不可同日而语，这种排列应作适当调整。目前，内幕交易罪和操纵证券市场罪的排位基本上尚可维持，诱骗投资者买卖证券罪的社会危害性不能与前两罪相比，其刑期应比前两者低，之后应排列的是证券市场中侵害财产的背信运用受托财产罪和背信损害上市公司利益罪，最后是破坏证券市场秩序的虚假陈述类犯罪。既然内幕交易罪的社会危害性最大，应适当提高其法定刑，在美国，此罪的最高刑可达二十五年。操纵证券市场罪可维持十年不变，其他罪种的刑期可相应递减。

2. 取消拘役刑和无期徒刑

拘役刑由于对付贪利型的证券犯罪难以奏效，不如直接不用。而用无期徒刑对付伪造、变造国家有价证券罪，似有“大炮打蚊子”之嫌，如果说在计划经济年代，尚有针对性，在市场经济下则显得有点多余，建议尽早将刑期降低至合理区域。

3. 罚金刑一律规定为无限罚金刑

证券犯罪是一种滥用资源优势的犯罪，其贪利性比一般财产型犯罪有过之而无不及。惩治证券犯罪，必须在摧毁其经济能力上下功夫。现行刑

---

① 白建军：《证券欺诈及对策》，中国法制出版社，1996，第224~230页。

法规定的定量罚金因数额过低，达不到应有的惩治效果，倍数罚金和百分比罚金也大体如此。但无限罚金授予法官较大自由裁量权，法官可根据各类证券犯罪个案情况，判处较重罚金，剥夺其再犯能力，预防犯罪的作用也最大，且为国家带来经济效益，应当是一种不可多得的好手段。随之带来的问题便是如何监督法官的自由裁量权，确实值得研究。笔者初步考虑，可从事前、事中、事后三个环节入手，发挥同级法院自我监督、上级法院审判监督、同级以上检察院法律监督的作用，实施全方位、多功能、立体式监督，使法官的自由裁量权始终处于合理、可控的范围。

（公安部经济犯罪侦查局处长，法学博士　王崇青）

第二节

证券期货刑法规制中的谦抑性原则反思*

一 证券期货犯罪领域谦抑性的倡导及价值

犯罪化一直是我国刑事立法的绝对主导方向，九部刑法修正案增设了若干新的罪名。具体到证券期货犯罪领域，通过历次刑法修正案，增设了背信损害上市公司利益罪、背信运用受托财产罪、操纵期货市场罪、违法运用资金罪、利用未公开信息交易罪等罪名。刑事法网的扩张态势引起了学界关注。有学者旗帜鲜明地反对刑事立法的扩张，主张应该停止犯罪化的刑事立法，目前刑事立法不断增设新罪的做法违反刑法的谦抑性，是重刑轻民的中国法律传统的体现，这种“立法情结”“新罪情结”的本质是刑法万能主义，试图将所有社会问题都诉诸刑法加以解决。而刑事立法的发展方向应当是力倡刑法的谦抑性，拒绝进一步犯罪化。① 在金融犯罪领域，有学者指出，目前我国金融犯罪的立罪扩张表现为四种方式，包括增加条文来设立新罪、在原有条文中设立新罪、修改条文内涵扩大覆盖面或降低入罪条件以及修改条文降低入罪条件以扩大金融犯罪范围，并认为这种立罪扩张违背刑法谦抑性，其立罪正当性根据值得怀疑。②

具体到证券期货刑事立法问题，同样以刑法谦抑性为依托，主流观点是限缩刑法的规制范围。首先，证券期货市场属于新兴资本市场领域，在我国的发展时间并不长。但由于与互联网时代的碰撞，产生了互联网金融这一新生形态。有学者指出，依托于云计算、社交网络、搜索引擎等互联

* 本节为刘仁文、赵希承担的证监会2016年度资本市场法制课题“完善证券期货刑事犯罪法律制度研究”的阶段性成果。

① 刘艳红：《我国应该停止犯罪化的刑事立法》，《法学》2011年第11期。

② 胡启忠：《金融刑法立罪逻辑论——以金融刑法修正为例》，《中国法学》2009年第6期。

网工具，传统的金融交易从交易对象到交易方式、交易场所都发生了根本模式的翻新。鉴于互联网金融创新对于金融改革和金融运作的诸多有益价值，刑法对于金融活动，尤其是互联网金融活动的规制，应当保持一定限度，应强调刑法的谦抑性，刑法应作为调整社会关系的“最后一道防线”，适度容忍金融创新所带来的风险。①

其次，立足于刑法谦抑性，强调证券期货犯罪的法定犯属性，认为证券期货犯罪的刑事立法扩张，应以相应的证券期货法律法规对有关行为有明确规定为前提。有观点认为，对于法定犯来说，在缺少相关部门法规范内容的前提下，刑法中所规定的纯粹法定犯内容，尽管被标榜为超前立法，但实则并不正当。从罪刑法定原则出发，法定犯中刑法的罪状和法定刑只具有形式意义，罪刑确定最终需要部门法中的相关规范。罪刑法定原则应重新阐释为，在法定犯中应当同时具备双重违法性。② 按照这一观点，由于“利用未公开信息交易罪”无法找到与之相对应的证券期货法的规定，将其入罪并不具备刑事立法的正当性前提，甚至可能有违罪刑法定原则。相同的观点也指出，行政犯首先违反了国家行政法规，例如刑法内幕交易罪的认定就以证券法中的相关规定为前提。因此，究竟是否构成犯罪的判断，应当以行政法的规制作为质的标准。③

应当说，在当前证券期货刑事立法——特别是新型证券期货违规行为能否被纳入刑法的规制范围这一问题上，刑法的谦抑性原则成为一个绕不开的话题。刑法的谦抑性，有立法上的谦抑与司法上的谦抑两个层面。谦抑性原则作为现代刑法基本刑事政策，本质上体现了一种“慎刑”思想，“所谓刑法谦抑，是指刑法应当作为社会抗制违法行为的最后一道防线，应根据一定的规则控制处罚范围与处罚程度，能够用其他法律手段调整的违法行为，应尽量不用刑法手段调整，能够用较轻的刑法手段调整的犯罪行为，则尽量不用较重的刑法手段调整”。④

作为刑法用语的“谦抑性”，是经由日本传入我国的。日本刑法学界通说认为，谦抑主义的核心是在刑事立法以及刑法解释适用当中，应当将

---

① 刘宪权：《论互联网金融刑法规制的“两面性”》，《法学家》2014 年第 5 期。

② 孙万怀：《法定犯拓展与刑法理论取代》，《政治与法律》2008 年第 12 期。

③ 游伟、肖晚祥：《论行政犯的相对性及其立法问题》，《法学家》2008 年第 6 期。

④ 傅建平：《刑法谦抑性的理论根基与价值》，载游伟主编《华东刑事司法评论》（第 5 卷），法律出版社，2003，第 66 页。

刑罚控制在必要的最小限度内。[①] 作为20世纪中叶以来世界性刑法改革运动的重要思想结晶，谦抑性原则的价值不容否定。在前资本主义社会中，政治国家与市民社会的高度重合，使刑法成为政治压迫的工具，直到资本主义时代，市民社会得以从政治国家中分离出来，政府的统治被视为一种不得不忍受的恶，刑法被限制为最后保障法，只有当其他法律不足以调整社会关系时，才动用刑罚手段。建立在人权保障根基上的刑法谦抑性对于刑事政策的走向、刑事立法和刑事司法都具有深远影响和重要意义。[②]

刑法谦抑性在我国学者甘雨沛、何鹏两位教授的著作《外国刑法学》中第一次出现，他们认为："谦抑就意味着缩减或压缩。"而进入21世纪之后，我国刑法学者对谦抑性展开进一步研究，其中的代表性观点将谦抑性定位为刑法的特征之一，或刑法的基本精神。[③] 刑法谦抑性思想固然是我们必须坚持的基本理念，然而，刑法谦抑性思想是否意味着刑法的规制范围越小越好？是否要求面对证券期货新型违规行为，刑法必须保持最大程度的克制，只有当相应的证券期货法律法规比较健全，且无法达到理想的规制效果时，才能通过刑事立法予以规制？这些问题的回答需要我们对谦抑性原则进行进一步反思。

二　证券期货犯罪领域刑法谦抑性的反思

古典谦抑性原则之证立，建立在自由资本主义经济时代市民社会对于刑法干涉的戒备和否定态度的基础上。传统的谦抑性理念的建构，主要有三个线索：其一，刑法属于"恶法"，是对自由经济往来的不当干预；其二，刑法属于"保障法"，必须在其他法律无能为力时才可动用；其三，市场运行独立性强调，由市场自发调节经济运行，不需要其他外力的施加。然而这三个线索所涉及的内容都不约而同地发生了某种转变，由此引发本节对于传统谦抑性原则的反思。

---

① 刘淑珺：《日本刑法学中的谦抑主义之考察》，载陈兴良主编《刑事法评论》，北京大学出版社，2008，第308页。

② 傅建平：《刑法谦抑性的理论根基与价值》，载游伟主编《华东刑事司法评论》（第5卷），法律出版社，2003，第63～76页。

③ 转引自刘淑珺《日本刑法学中的谦抑主义之考察》，载陈兴良主编《刑事法评论》，北京大学出版社，2008，第278～279页。

（一）刑法之“恶”的淡化

谦抑性原则并不是中国的本土概念，而是来自大陆刑法体系的舶来品。如上所述，谦抑性根源于市民社会与政治国家的分立，市场经济要求经济活动主体是平等自由的，反对国家干预，故而在刑法领域，要求刑法服务于市民社会的同时，强调刑法对市民的尊重，不得以单纯的国家利益为由任意侵犯市民社会。[①] 在刑事法治主要承担“法治国”机能时，谦抑性被理解为遏制刑法的“恶”。但正如罗克辛教授所指出的，我们今天的法律，已经不再只是出于实现自由法治国的目的了。以刑法的基石——罪刑法定原则为例，在既有的保障自由的机能之外，罪刑法定原则有了指导人们行为举止的目标，罪刑法定成为社会变革的最有意义的工具。[②] 也就是说，罪刑法定除了担负着保障个体自由从而控制国家刑罚权的传统的消极的一面的功能外，也开始起到了福利国家的积极建构社会规范的一面。[③] 这也就意味着，在对刑法的“恶”的传统理解的基础上，刑法也具有了保护社会、指引国民行为的一定程度的“善”。国家运用刑罚预防和遏制各种危险行为，成为国家治理模式中的重要一环。针对刑法功能的转变，在刑法理论上兴起了一种机能主义刑法观。机能主义刑法观强调的是，刑法应当在现代社会中具有实质的、机能的作用。刑法不应被孤立看待，而应被视为控制社会的一种手段。[④] 目前在德国刑法学中，由罗克辛教授所倡导的定位于法益保护的刑法教义学，与雅各布斯教授所倡导的定位于规范保护的刑法教义学尽管存在诸多不同，但都属于机能主义刑法观的范畴，都致力于在刑法教义学的严密体系中实现刑法的社会机能。[⑤]

在古典刑法学语境中，行为的社会危害性与行为人的可谴责性构成了刑事责任理论的全部根据。但随着现代社会危险源的增多，公众的焦虑感和不安全感上升，国家为了实现社会控制、稳定社会秩序，刑法不再单纯

---

① 傅建平：《刑法谦抑性的理论根基与价值》，载游伟主编《华东刑事司法评论》（第5卷），法律出版社，2003，第66～70页。

② 〔德〕克劳斯·罗克辛：《刑事政策与刑法体系》，蔡桂生译，中国人民大学出版社，2011，第11～12页。

③ 〔德〕克劳斯·罗克辛：《刑事政策与刑法体系》，蔡桂生译，中国人民大学出版社，2011，第15页。

④ 黎宏：《平野龙一及其机能主义刑法观——〈刑法的基础〉读后感》，《清华法学》2015年第6期。

⑤ 冯军：《刑法教义学的立场和方法》，《中外法学》2014年第1期。

为了报复与谴责而施加惩罚，转而为了控制风险而威慑。[①] 当刑法承载国家降低社会风险、维护国民安全感的机能时，对刑法价值的认识也就从强调单纯的“恶”转变为强调刑法的积极一面。目前很多国家的刑法都出现了法益保护的早期化倾向，表现为刑事立法大量增加未遂犯、危险犯、预备犯的处罚规定[②]，我国刑法中增设或修改的危险驾驶罪、准备实施恐怖活动罪、侵犯公民个人信息罪、准备网络违法犯罪活动罪等也符合这一趋势。提前保护法益能够避免很多犯罪一旦得逞所造成的不可估量的危害结果，与机能主义刑法观相契合。

（二）刑法保障法地位的松动

作为谦抑性原则的重要内涵，刑法的保障法地位一直为学者所极力主张。特别是涉及行政犯的认定时，刑事违法性被认为应当在行政不法的前提下，具备更严重的不法内涵时，才具备动用刑罚的正当性前提。问题是，不具有行政不法的行为，是否一律不能由刑法予以规制？《刑法修正案（七）》所增加的利用未公开信息交易罪中，“未公开信息”就不是一个证券期货法上的概念，而是刑法所自创的概念。按照谦抑性原则要求的刑法保障法机能的要求，如此进行规制是否欠缺刑事立法的正当性？

不具有行政不法的行为，也不具有刑事不法的观点，与法秩序统一原理相关。由于违法性概念涉及刑事违法性、民事违法性、行政违法性等，是否需要对此进行统一的理解，在大陆法系主要存在违法一元论和违法相对论的争议。其中违法一元论认为违法性是在违反整体法秩序这一意义上使用的，宪法、民法、刑法等的违法性概念不应存在矛盾冲突。违法相对性论则认为，由于各个法律在目的、性质上的差异，不同法领域的违法性具有各自不同的内涵。[③]

严格的违法一元论一直受到学者的强烈批判，因为照其观点，其他法领域的违法性决定了刑法的违法性，这就使得刑法的实质违法性的判断无从进行，完全没有考虑刑法本身的特殊性。[④] 而所谓定性上的统一性在刑

① 劳东燕：《刑法基础的理论展开》，北京大学出版社，2008，第4~10页。

② 张明楷：《网络时代的刑法理念——以刑法的谦抑性为中心》，《人民检察》2014年第9期。

③ 刘伟：《经济刑法规范适用的独立性判断问题》，载赵秉志主编《刑法论丛》，法律出版社，2013，第31~36页。

④ 陈少青：《法秩序的统一性与违法判断的相对性》，《法学家》2016年第3期。

法理论中也被证明无法成立，例如中立的帮助行为，出租车司机搭载抢劫犯前往目的地的行为，在民法上属于合法的搭载行为，在刑法上却可能被评价为抢劫的帮助行为。

在对严格的违法一元论进行扬弃的基础上，学者们提出了缓和的违法一元论观点，认为违法性应当分为两个层面。从根本上看，违法性应当在法秩序整体范围内综合地被判断，但在此基础上，违法性在不同法领域中存在性质与程度的差别，也就是肯定了在定性上的统一性、在定量上的差异性。[①] 缓和的违法一元论作为折中观点，既考虑到法秩序的统一性，又重视刑法的独立性，似乎更为合理。然而被折中的两种观点在实质上是对立的，这种折中的效果说白了，就是有限度地承认法秩序当中的规范矛盾。各个法领域对违法性判断的实质区别也无法被忽视，最终得出的结论，只能是尽量维护法秩序的统一性，尽量减少由于刑法特殊性考虑而突破法秩序形式统一的情况。

（三）刑法介入的实际需求上升

有学者指出，我国证券市场与国外的证券市场有着质的区别，对于市场经济较为发达的国家来说，其证券市场的发展具有一种自发性，而我国的证券市场却是在经济转轨过程中由政府催生并主导的，而且在相当长的时间里证券市场被定位于为国有企业解困，证券市场因此表现出诸多中国特色。[②] 早在2001年的《全国法院审理金融犯罪案件工作座谈会纪要》中就指出："目前，我国经济体制中长期存在的一些矛盾和困难已经或正在向金融领域转移并积聚……我国金融业在获得更大发展机遇的同时，也面临着维护金融稳定更加严峻的形势。"目前，证券期货犯罪类型日新月异。我国于2003年1月推出QFII制度[③]，为更多的证券新品如浮动利率债券、股票指数、期货指数等打开了方便之门，但也随之产生了新的市场风险。[④] 有学者不无担忧地指出，目前对我国证券市场伤害最大的内幕交易行为，

---

① 转引自陈少青《法秩序的统一性与违法判断的相对性》，《法学家》2016年第3期。

② 高铭暄、王剑波：《我国证券犯罪立法的本土化与国际化思辨》，《法学家》2008年第1期。

③ QFII制度是指允许经核准的外国机构投资者通过严格监管的专门账户投资当地证券市场，其资本利得、股息等经批转后可转为外汇汇出的一种市场开放模式。

④ 胡学相、张鹏：《中国证券犯罪的立法完善与司法对策》，《广东金融学院学报》2011年第2期。

往往是享有公权力的人员利用证券市场谋取私利。这种权力与资本的结盟在根本上损害了市场的公平性。[①]

但与此同时，虽在刑法修正案中对于证券期货犯罪做了增设和修改，我国刑法目前对证券期货犯罪的规定仍不健全，规定的证券期货犯罪仅有十余种。虽然证券法中“证券”的范围除了包括常见的股票、债券、基金外，还包括期货、期权及其他金融衍生品，但我国刑法规定的证券犯罪的“证券”较证券法窄很多，犯罪对象被限定为股票、债券，并不包含基金以及金融衍生品。[②] 实践当中，很多原本应由刑法处罚的行为由于种种原因都逃脱了刑事制裁。多年来证券行政执法的数量远远大于刑事执法的数量，实际的证券刑事司法判例数量非常少。[③] 另外，司法实践一般认为，行政犯的刑事责任的追究，必须由相关行政单位对其行为是否违反行政法规作出认定，从而造成一些刑事案件的定性过分依赖于行政主管部门。[④]

在我国目前实际存在的证券期货市场诚信欠缺和市场自治欠缺的情况下，为了维护市场参与者的合法权益，金融监管的实际需求推动了刑法在此一领域的扩张。诚如学者所言，金融领域犯罪的被害人往往具有公众性、不特定性、普遍性。一起内幕交易、操纵市场犯罪往往使得不特定多数人的财产权益遭到损失，而这些损失很难单纯依靠民事追偿手段加以弥补。此时如果放弃刑法对此类被害人的保护，国家对市场中的弱者保护就更加乏力，对于公众被害人来说意味着不公平。[⑤] 诚如有论者所指出的，我国目前正处于社会转型时期，社会的剧烈变动需要在法律领域通过法律制度来引导。在刑法领域通过设立法定犯，在一定程度上契合了社会管理的目的性需求，能够充分遏制违背新型秩序需求的违法犯罪行为。[⑥]

三　证券期货犯罪领域刑法谦抑性的功能重构

诚如学者所言，重新解读刑法谦抑主义，并非在“要不要”的层面否

① 毛玲玲：《证券刑法的矛盾样态及反思》，《中外法学》2014 年第 3 期。

② 张志超、袁朝：《我国证券犯罪的立法不足与完善》，《法治论坛》2011 年第 3 期。

③ 毛玲玲：《证券刑法的矛盾样态及反思》，《中外法学》2014 年第 3 期。

④ 王崇青：《行政认定不应作为行政犯认定的前置程序》，《中国刑事法杂志》2011 年第 6 期。

⑤ 白建军：《中外不良金融事件研究》，载白建军主编《金融犯罪研究》，法律出版社，2000，第 284～285 页。

⑥ 王唯宁：《风险社会的刑法控制——基于法定犯的思考》，《法律适用》2011 年第 5 期。

定其积极价值，而是着眼于“能不能”的层面考虑现实可行的制度设计与实施路径。[①] 而“能不能”的考虑实质上是在强调，具备入罪的必要性前提的刑事立法的扩张，并不违反谦抑性原则。必须强调的是，刑法谦抑性原则的重构并不意味着放弃谦抑性，主张绝对的刑法至上主义，甚至退行到封建时代的重刑主义观点。它所强调的是刑法介入的慎重、谨慎。

近期有学者提出“积极的刑法立法观”，认为刑法谦抑性并不反对及时增设一定数量的新罪。通过增设新罪的法治方式治理社会是“刚性”需求。刑法的谦抑性原则应当从钳制立法转向钳制司法，运用行政、民事等手段足以抑止违法行为的，就不需动用刑法，从而有效化解刑事立法扩张所带来的潜在危险。[②] 还有学者主张，扩大犯罪圈是严密刑事法网的需要，“刑法谦抑性主要体现在刑的谦抑而不是罪的谦抑”。[③]

可以说，谦抑性并不意味着面对某一危害性行为，刑法应坚持尽量不处罚的原则，并不是刑法的处罚范围越窄越好。[④] 谦抑性强调的是，不应当由刑罚处罚的行为，立法者应当克制。反过来就意味着，某一行为若原本就需要刑罚控制，那么刑事立法的扩张就并不违反谦抑性原则。换言之，谦抑性的辐射范围并不及于原本就属于犯罪圈的那些行为。正如有学者所指出的：“刑法谦抑只是指在一种行为可以干预或不干预时，刑法尽量不要干预，但如果这种行为已达到严重程度必须用刑罚手段惩处时，就必须考虑刑法介入，因此，刑法的谦抑并不排斥新罪增设。”[⑤] 简言之，谦抑性的重构集中在“谦”而非“抑”上。“谦”字从汉语意义上说，即谦虚、谨慎。表现在刑事立法中，就意味着要谨慎入罪、谨慎制刑，应审慎论证入罪的正当性和必要性。而在刑事司法中，对于构成要件的理解和适用应当具有充分依据。

刑事立法中的增设新罪，以利用未公开信息交易罪的入罪过程为例，就符合这样的要求。引起刑法关注的“老鼠仓”行为，其实质是行为人通

---

① 毛玲玲：《证券刑法的矛盾样态及反思》，《中外法学》2014 年第 3 期。

② 周光权：《积极刑法立法观在中国的确立》，《法学研究》2016 年第 4 期。

③ 储槐植、何群：《刑法谦抑性实践理性辨析》，《苏州大学学报（哲学社会科学版）》2016 年第 3 期。

④ 张明楷：《网络时代的刑法理念——以刑法的谦抑性为中心》，《人民检察》2014 年第 9 期。

⑤ 卢勤忠：《〈刑法修正案〉（六）与我国金融犯罪立法的思考》，《暨南学报（哲学社会科学版）》2007 年第 1 期。

过事先获取投资方向和投资量信息的优势来从事交易的一种不公平交易行为。[①] 这种利用信息不对称优势从事相关交易的行为首先直接侵犯了相关资产投资者的财产权益，或者使其积极收益因此而减少，或者使其消极损失因此而增加。另外，老鼠仓行为由于改变了正常的市场供求关系，还间接侵犯了金融市场中一般散户投资人的财产权益。[②] 利用未公开信息交易行为的社会危害性并不亚于内幕交易行为，事实上其他国家和地区对“内幕信息”的界定比较宽泛，利用未公开信息交易行为完全可以按照内幕信息罪处理。例如我国台湾地区关于证券交易的有关规定就将内幕信息界定为“涉及公司之财务、业务或该证券之市场供求，对其股票价格有重大影响，或对证券投资人之投资决定有重要影响之信息”。[③] 换言之，利用未公开信息交易行为原本就应当属于我国刑法证券期货犯罪的规制范围，对这一行为入罪，并不违反刑法的谦抑性原则。对于其他类似的新型证券期货的不道德行为的入罪问题也同样如此，倘若其危害到基本金融秩序，证券期货法律无法进行有效规制，经过审慎研究和实证分析，也应当纳入刑法的规制范围之内。也就是说，在刑事立法层面，谦抑性原则不能用来反对立法扩张，而应反对缺乏充分依据的立法扩张。

对于司法的谦抑，即在相关法条的解释和适用当中，无论是扩张解释还是缩小解释，都应具备充分的正当性依据。贯彻谦抑性也不应意味着反对法解释的扩张，而应反对扩张的恣意性。近年来证券期货市场中出现的“抢帽子”交易成为近期法解释中的热门话题。抢帽子是指证券公司、证券咨询机构、专业中介机构及其工作人员，买卖或者持有相关证券、期货交易合约，并对该证券或其发行人、上市公司公开作出评价、预测或者投资建议，以便通过期待的市场波动取得经济利益的行为。我国司法实务中对于这种行为能否构成操纵证券、期货市场罪的争议，主要集中于，对于这种刑法没有明确规定的违法交易类型，能否将其解释为“以其他方法操纵证券、期货市场”。有观点认为，对该条文的兜底条款的适用应当严守

① 浙江省丽水市人民检察院课题组：《利用未公开信息交易罪疑难问题探析》，《河北法学》2011 年第 5 期。

② 缑泽昆：《〈刑法修正案（七）〉中“老鼠仓”犯罪的疑难问题》，《政治与法律》2009 年第 12 期。

③ 转引自蔡曦蕾《“老鼠仓”问题法律应对探析》，《山东警察学院学报》2009 年第 2 期。

刑法谦抑原则，兜底条款的适用必须坚持限制解释的立场。[①] 还有学者认为，刑法在证券市场中究竟采取扩张路径还是紧缩政策，涉及证券市场监管理念的抉择。当既有的刑事措施无法应对证券市场中产生的新的违法犯罪时，行政、经济以及民事法律手段无法充分发挥作用时，刑法采取较为积极的规制态度无可厚非。[②]

对于刑法的积极介入，有学者提出了担忧，“由于机能主义刑法学更为关注刑法作为社会控制手段的机能的实现，因此容易轻视体系以及作为形式保障原则的罪刑法定原则的约束”。[③] 对此，应当严格遵守罪刑法定原则的形式性限制，特别是罪刑法定原则中的明确性原则，以此维护刑法介入的合法性和正当性。有论者认为：“刑法谦抑性关涉着国家刑权力分配及运作的应然机理。在以法律成文主义为要则的罪刑法定原则中，刑事司法应当对刑法立法及其智慧的结晶——刑法规范保持足够的敬畏，刑事司法不能逾越立法雷池半步。”[④] 例如，兜底条款的大量运用威胁到刑法的明确性原则，特别是抢帽子交易所涉及的“以其他手段操纵证券市场”的规定属于“双重兜底”的情况，也就是在刑法和行政法上都采取的是兜底方式规定。[⑤] 在这种情况下认定抢帽子交易属于操纵证券市场罪不利于人权保障，这种扩张方式如果延续下去，可能使诸多新型操纵证券期货市场行为都被纳入兜底条款的范围之内，因此本节并不赞同将抢帽子交易认定为“以其他手段”操纵证券市场的行为。但反对司法解释扩张的理由并不在于刑法的谦抑性原则，而是基于这种扩张并不理性，可能造成不可欲的后果。

有学者对于财产犯罪领域中刑法介入必要性的如下阐释也可以适用于证券期货刑事犯罪领域：“任何人都难以给出一个明确的数学公式告知法官在符合什么条件时刑法就需要发动，但在财产权保护中，刑法发动的必

---

① 刘宪权：《操纵证券、期货市场罪“兜底条款”解释规则的建构与应用——抢帽子交易刑法属性辨正》，《中外法学》2013 年第 6 期。

② 毛玲玲：《证券市场刑事责任研究》，法律出版社，2009，第 7～8 页。

③ 关哲夫、王充：《论机能主义刑法学——机能主义刑法学的探讨》，载赵秉志主编《刑法论丛》，法律出版社，2009，第 290～298 页。

④ 石聚航：《刑法谦抑性是如何被搁浅的？——基于定罪实践的反思性观察》，《法制与社会发展》2014 年第 1 期。

⑤ 何荣功：《刑法“兜底条款”的适用与“抢帽子交易”的定性》，《法学》2011 年第 6 期。

要性这一结论（因变量）是由被害的经济价值、其他保护手段是否充分、动用刑罚的实际效果以及类似行为的处理等因素（自变量）共同作用的结果……当对财产权的侵犯已经威胁甚至动摇了整体财产秩序的基础时，在罪刑法定原则所允许的范围内，就足以动用刑法。”①

德国著名学者耶林的名言不断被学者所引用——“刑罚如两刃之剑，用之不得其当，则国家与个人两受其害”。② 如果不是过于咬文嚼字，耶林的态度恐怕不是反对刑罚的扩张运用，而是反对刑罚的“不当”运用。同样，刑法谦抑性不应当用来反对刑法的扩张，而应当反对刑法的不当扩张。是反对“扩张”，还是反对“不当扩张”，并非一种文字游戏。本节期待谦抑性原则能够发挥其更具价值的作用，而并非被简单地用以反对刑事立法和司法的扩张。或许，深入挖掘刑法扩张的机理、依据以及产生的后果才是践行刑法谦抑性原则的恰当路径，也是刑法学者赖以批判理论和实务的有力武器。

（中国社会科学院法学研究所研究员，博士生导师　刘仁文；中国社会科学院法学研究所助理研究员，博士后　赵希）

① 付立庆：《论刑法介入财产权保护时的考量要点》，《中国法学》2011 年第 6 期。

② 林山田：《刑罚学》，台湾商务印书馆，1985，第 128 页。

第三节

证券期货犯罪立法完善构想

随着我国证券期货市场的发展，相应的违法犯罪活动急剧增加，惩治证券期货违法犯罪的司法实践也逐渐暴露出较多问题，亟须进行分析归纳和有效解决。从立法上看，我国证券期货犯罪的立法，大致需要从立法模式与规范协调、罪名完善、刑罚配置的完善等三个方面加以适当修订完善。

一　立法模式与规范协调

理论界和实务界对于我国证券期货犯罪的总体立法完善问题都有较多讨论，提出了证券期货犯罪的立法模式与规范协调问题。其中一方的观点认为，应当在刑法典中设置相对集中而独立的“节罪名”以集中规定证券期货犯罪；或者考虑将证券犯罪与期货犯罪分为两个细类进行规定。而另一方则主张，应在证券法等行政法规中以附属刑法规范的形式系统规定证券期货犯罪，形成刑法典与附属刑法共同规定证券期货犯罪的立法模式。

我们认为，目前我国刑法典关于证券期货犯罪的主要内容已经规范定型，仅仅需要针对证券期货犯罪的发展变化情况进行适当修改完善即可，其中当然包括对于一些新出现的“背信类”严重违法行为进行入罪化并设置新罪名，对于一些已有罪名所存在的不完善的部分进行修订补充，采用刑法修正案的形式予以系统地修订完善。在刑法典中，可以考虑设置相对独立的“节罪名”，在具体罪名设置中可以考虑将证券犯罪与期货犯罪适当分离进行规定，以便针对有关证券犯罪与期货犯罪的各自特点而设置各自相对合理的法定刑，在具体的罪刑规范设置中适当考虑罪与罪之间的罪状协调、法定刑协调、定罪量刑情节协调，当然还要注意刑法规范与证券法等行政法规之间的协调统一，注意罪状设置中空白刑法规范、引证罪状和兜底条款等运用与协调。

二 证券期货犯罪的罪名完善

1997 年，我国刑法在修订过程中首次增设了标准意义上的证券犯罪，期货犯罪也在 1999 年以刑法修正案的形式被增设入罪。鉴于我国证券、期货市场的自身特性以及本类犯罪对象的特殊性，证券期货犯罪自其增设以来，便受到了持续而广泛的关注，尤其是其罪名完善问题，更是引发了理论与实务界的长久争论，形成了诸多代表性观点，这不仅促进了我国证券期货犯罪理论研究的发展，也切实推动了我国证券期货犯罪的立法完善。然而，虽然我国已先后出台多部刑法修正案和司法解释对证券期货犯罪进行规定，但目前本类罪名仍有许多长期存在的问题，这集中表现为部分具体罪名及其构成要件以及罪名体系有待完善。

（一）个罪构成完善

由于我国市场经济发展的特殊国情，我国证券市场与期货市场的形成与发展相较其他经济发达国家而言相对落后，与之配套的法律法规也不尽完善。当前，证券、期货市场发展速度很快，新的行为方式层出不穷，在这样的实践背景下，该领域法律规范的稳定性与滞后性的矛盾更加凸显。自证券期货犯罪被规定于我国刑法以来，对具体个罪的完善便理所当然地成为本类犯罪研究的重点。

有论者从法律体系的角度出发指出，我国的证券期货犯罪在刑法中的规定与证券法中的有关规定尚未保持一致，这在涉及构成要件的问题上有所体现。比如内幕交易、泄露内幕信息罪，刑法条文没有明确将“建议他人买入该证券”的行为列入内幕交易罪，而《证券法》第 76 条却明文对该种行为作出了禁止性规定。[①] 此外，在有关诱骗投资者买卖证券、期货合约罪的规定上，证券法在规定同类行为的主体时，明确将“证券登记结算机构、证券交易服务机构及其从业人员”作为本类行为的主体加以规制，但刑法对此的规定为“证券交易所、期货交易所、证券公司、期货经纪公司的从业人员，证券业协会、期货业协会或者证券期货监督管理部门

---

① 有学者指出，从刑法条文文义出发，“明示、暗示”主体要大于“建议”的主体的范围，这样的规定有违反行政法的嫌疑。参见王新《不法与行政犯罪区分视角下的内幕交易罪——兼评内幕交易罪司法解释》，《法律适用》2012 年第 8 期。

的工作人员”，二者规定的外延有所不同。[①] 更多的研究者则是立足于司法实践中所出现的问题，对相应罪名的构成要件提出了新的构想。目前，已有专门针对内幕交易、泄露内幕信息罪，利用未公开信息交易罪，操纵证券、期货交易价格罪，编造并传播证券、期货交易虚假信息罪，诱骗投资者买卖证券、期货合约罪，操纵证券、期货市场罪，背信运用受托财产罪，违法运用资金罪，欺诈发行股票或公司、企业债券罪，擅自发行股票或公司、企业债券罪构成要件完善的研究成果面世。[②] 但需要注意的是，部分观点的实现并不一定需要以立法的方式加以完善，在司法实践中以合理的刑法解释方法对相关罪名进行解释即可达到相应的效果。结合理论自洽与实践需要，我们认为，当前亟须对以下个罪的构成要件进行完善。

1. 内幕交易、泄露内幕信息罪的完善

最高人民法院、最高人民检察院于 2012 年出台了《最高人民法院、最高人民检察院关于办理内幕交易、泄露内幕信息刑事案件具体应用法律若干问题的解释》（以下称《内幕交易解释》），对该罪的认定进行了进一步的规定，回应了司法实践中出现的疑问。但即便如此，本罪的认定仍然受到了诸多质疑。

一是犯罪主体。依照《刑法》第 180 条的规定，构成本罪主体的“知情人员”的范围，依照法律、行政法规的规定确定。但是实践中，对“知情人员”争议最大的就是对《证券法》第 74 条第 7 项规定中“国务院证券监督管理机构规定的其他人”应如何理解。有论者指出，其应当涵盖《股票发行与交易管理暂行条例》（以下简称《暂行条例》）及《证券市场内幕交易行为认定指引》（以下简称《认定指引》）规定的全部主体，即《暂行条例》规定的三类人员以及《认定指引》中规定的二类人员，这样更能满足打击犯罪的需要，亦代表了国际通行趋势。[③] 刘宪权教授则指出，应当明确规定证券内幕信息知情人员的实质特征是基于职务可获取证券内幕信息——“这样的实质性界定不仅可以将上市公司并购重组参与方及其工作人员、上市公司重大合同交易对方及其工作人员等《证券法》第 74 条没

---

① 刘宪权：《证券期货犯罪理论与实务》，商务印书馆，2006，第 129 页。

② 廖明、刘炯：《证券期货犯罪专题整理》，中国人民公安大学出版社，2011，第 65 ~ 70 页。

③ 王润生、余云华：《内幕交易犯罪中“知情人员”和“内幕信息”的认定探讨》，《犯罪研究》2012 年第 4 期。

有明示性规定但在实践中能够基于职务或者职责充分接触、管理内幕信息的证券内幕信息知情人员准确纳入内幕交易犯罪主体范围，而且能够将上市公司的控股股东、实际控制人控制的其他公司及其董事、监事、高级管理人员等被《证券法》第74条所忽略但基于其与上市公司形成持股关系、实际控制关系能够获悉证券内幕信息的人员包括在知情人员范围之内”。①

我们认为，犯罪主体的认定是内幕交易、泄露内幕信息罪适用的主要难题，仅仅通过实质解释的方法来确认主体范围，在部分案件中可能会导致不当扩大本罪主体的风险，因此有必要以规范形式对主体范围进行明确，即根据《刑法》第180条、《证券法》第74条、《暂行条例》第81条和《认定指引》第6条的规定来确认本罪的主体范围。此外，虽然证券法、刑法均没有对行为人第几手获取内幕信息，受密者需明知前泄密者是否违反相关义务进行规定，但对于通过其他途径偶然得知内幕信息的人员，可以通过“内幕信息”的判定进行入罪或出罪的认定，不必在主体部分进行专门确认。

二是犯罪客观方面。关于本罪的客观方面，有论者提出，应当提高本罪情节严重的标准，对追诉标准与司法实践中的判决标准加以统一。② 还有论者从本罪的社会危害性和刑法的体系性出发，建议将本罪的罪状由结果犯修改为行为犯。③ 我们认为，在司法解释已对相关情节作出详细规定的情况下，暂时尚无必要从数额上对其情节进行修正；同时，出于对证券期货法律的体系性、各国立法例和全球经济犯罪防控中“合规计划”的考量，亦无必要将本罪的罪状改变为行为犯。但是有必要从其他方面对其“情节严重”标准进行优化，即出于本罪所侵犯的法益考量，将侵犯股民权益导致大规模证券集团诉讼、引发群体性事件等明确认定为本罪“情节严重”的情形。④

---

① 刘宪权：《论内幕交易犯罪最新司法解释及法律适用》，《法学家》2012年第5期。刘宪权教授同时指出，本罪主体中涉及的“近亲属”的认定应以财产关系作为限制标准，“其他与内幕信息知情人员关系密切的人员”则应强调其与内幕信息知情人员的人际关系超越普通层面，达到了紧密联系、黏合、影响的程度。

② 冯殿美、杜娟：《内幕交易、泄露内幕信息罪若干问题研究》，《法学论坛》2006年第2期。

③ 赵运锋：《证券内幕交易罪治理对策研究》，《广西财经学院学报》2008年第3期。

④ 刘宪权：《论内幕交易犯罪最新司法解释及法律适用》，《法学家》2012年第5期。

2. 利用未公开信息交易罪的完善

与内幕交易、泄露内幕信息罪相类似，利用未公开信息交易罪主体和客观方面的规定同样受到了诸多诟病。

一是犯罪主体。根据《刑法》第180条的规定，本罪的主体为证券交易所、期货交易所、证券公司、期货经纪公司、基金管理公司、商业银行、保险公司等金融机构的从业人员以及有关监管部门或者行业协会的工作人员。但有论者鲜明地指出，国家机关工作人员出于其身份的特殊性，具有获取证券期货相关信息的天然优势，尤其是基于我国金融市场“政策市”的特征，该类主体可以在其职权范围内，便利地获取相关未公开的国家政策与经济数据，理应作为本罪的主体，而“有关监管部门工作人员”究竟能在多大范围上包括所有有权制定重大国家政策和获知重要经济数据的立法和行政机关的工作人员，这难免让人疑惑。① 也有论者提出，在本罪主体的认定中，“公务论更能体现我国刑法规范的立法目的，据此只要这些在金融监管部门或行业协会的工作人员行使公务，则不论其是否具有编制，都属于适格主体”②。

我们认为，有必要完善本罪的主体范围，将国家机关工作人员等在证券期货领域中依法执行公务的人员明确认定为本罪的主体，这不仅回应了司法实践中所出现的问题，也符合刑法对此类身份的特殊主体加以严格规制的要求，与其违背受托义务的责任来源相协调。正如有论者指出，本罪的主体须合理解释以适当扩大其范围，当证券期货领域的受托人将获利建立在违背受托义务和信任关系的基础上时，就应属于本罪的主体范围。③

二是犯罪客观方面。本罪的客观方面表现为，行为人利用因职务便利获取的内幕信息以外的其他未公开信息，违反规定，从事与该信息相关的证券、期货交易活动，或者明示、暗示他人从事相关交易活动，情节严重。其中，“因职务便利”、“其他未公开信息”以及“情节严重”的设定在当前的司法实践中出现了诸多问题。首先，是否利用了职务便利获取相关信息难以在侦查中进行取证，此外，如果没有因职务便利获取未公开信息而实施了本罪客观方面的行为，此情形是否应当入罪也存有争议。其

① 赵渊：《论国家机关工作人员内幕交易罪的几个问题》，《中国刑事杂志》2013年第4期。

② 郭宁：《刑法对“老鼠仓”行为的规制》，《上海政法学院学报》2014年第1期。

③ 叶建勋：《关于“老鼠仓”行为入罪的思考》，《法学杂志》2009年第9期。

次，“其他未公开信息”与内幕信息的界定具有相当的模糊性，是否利用了未公开信息而获利在司法实践中难以判定。更让人困惑的是，本罪的客观方面仅有“情节严重”的规定，而没有设置“情节特别严重”的加重情形，这在司法实践中引起了极大争议，更直接导致了本罪能否参照内幕交易、泄露内幕信息罪适用其加重法定刑情形的疑虑。

我们认为，出于对本罪严重的法益侵害以及诉讼成本的考量，有必要对“因职务便利”的罪状进行完善，但是完全删除该罪状不利于划分罪与非罪的界限，也与本罪处罚行为人职业背信的立法原意有所出入，会不当扩大入罪范围。“职务便利是指行为人在本职工作中利用主管、负责、经手相关事务而获知的信息，也就是说，信息的获取是行为人基于对相关事务的主管、负责与经手而合法知情，与‘职务便利’之间具有因果关系。这就排除了以下两种情形：一是无意获取未公开信息；二是行为人未在工作中主管、负责、经手相关事务，因而并未合法知情，却通过职务以外的、与工作相关的便利获知未公开信息，如利用熟悉工作环境获取信息的。”[①] 因此，在司法解释中对“因职务便利”“利用未公开信息”的情形加以认定更为妥当，如对本罪行为人设置严格的证明责任等，而不宜直接删除该罪状。

此外，有必要进一步明确其他未公开信息与内幕信息的界限，囿于证券和期货的自身特征，应当对二者的相关问题进一步加以区分。为了协调刑法分则的刑罚设置，回应司法实践中已存在的问题与生效判例，[②] 有必要以规范形式明确本罪“情节特别严重”的情形，适当时可以通过立法对本罪设置升格法定刑的情形。

3. 操纵证券、期货市场罪的完善

当前，对操纵证券、期货市场罪的完善呼声也十分高涨，如在本罪的情形列举中明确规定“安全操作行为”，或设置“安全港”规则等，目的

---

① 郭宁：《刑法对“老鼠仓”行为的规制》，《上海政法学院学报》2014 年第 1 期。

② 如最高人民法院在审理马乐利用未公开信息交易案中认为，《刑法》第 180 条第 4 款虽然没有明确表述“情节特别严重”，但是根据本条款设立的立法目的、法条文意及立法技术，应当包含“情节特别严重”的情形和量刑档次。法条没有重复表述不等同于法律没有明确规定。在法律已有明确规定的情况下，应当适用该法律规定，而不再适用有利于被告人的原则，因此依法对本案作出了改判的终审判决。参见最高人民法院《最高法院对马乐利用未公开信息交易案再审改判》，最高人民法院网，http://www.court.gov.cn/fabu-xiangqing-16311.html，最后访问日期：2016 年 11 月 17 日。

在于以立法的形式明确本罪特殊的出罪情形，避免兜底条款的不当适用。也有学者指出，应优先选择司法解释，对本罪的兜底条款作出完善规定，并提出“抢帽子”的核心在于通过未披露利益冲突的投资咨询，意欲诱使投资者按照行为人的预期进行资本配置，并以实际获取利益为前提。①

我们认为，操纵证券、期货市场罪的行为方式非常多样，且随着证券、期货市场的进一步发展，必然会有新的行为方式被归于本罪的客观方面。当前对本罪罪状“列举式+兜底条款”的设置具有相当的合理性，关键问题在于如何对其进行适用，而非急于进行新的立法，对于当前本罪“操纵”与“影响”价格的行为认定在实践中难以甄别的问题亦是如此。而对于本罪“利用集中资金优势、持股或者持仓优势或者利用信息优势”的认定缺乏规则，需要进一步加以细化。

（二）罪名体系完善

证券期货犯罪罪名体系设置的完善是学界对于本类犯罪最为关注的问题之一。有论者总结发现，仅在罪名增设上，目前已有增设证券公司承销、代理买卖擅自发行的证券罪，短线交易罪，证券交易虚假陈述、信息误导罪，私下接受客户委托买卖证券罪，证券公司违法经营非上市证券罪，故意透支罪，股票诈骗罪，妨碍证券交易罪等诸多罪名的观点，② 当前完善证券期货犯罪罪名体系的观点之庞杂由此可见一斑。然而，虽然刑法对证券期货犯罪的规制有必要进一步与证券、期货相关法律法规进行协调，但是鉴于对刑法谦抑性、行政责任与刑事责任衔接的合理性、刑法体系的逻辑自洽性等事由的考量，一味地强调增设新的罪名未必能够较好地实现立法目的，也并不利于相关犯罪的预防，从而导致司法资源的浪费。基于以上考量，我们认为，证券期货犯罪的罪名体系完善须审慎地加以考量，并应当首先完善以下问题。

1. 期货犯罪的独立设置

证券、期货犯罪具有一定的共同性，在我国证券、期货市场的初始发展阶段，将证券犯罪与期货犯罪进行统一规定，大大简化了刑法条文，便于集中对证券和期货犯罪进行定罪处罚。但是，证券与期货客观上还是具

① 刘宪权：《操纵证券、期货市场罪“兜底条款”解释规则的建构与应用——抢帽子交易刑法属性辨正》，《中外法学》2013 年第 6 期。

② 廖明、刘炯：《证券期货犯罪专题整理》，中国人民公安大学出版社，2011，第 7 页。

有明显的区别，[①] 而且世界各国和地区通常还是将证券犯罪与期货犯罪进行区别规定。有论者指出，我国当前期货犯罪依附证券犯罪的规定方式没有体现期货犯罪的特点，且期货犯罪的类型设置没有与期货违法行为很好地衔接起来，[②] 因而有必要在适当的时机将期货犯罪独立于证券犯罪进行设置，这在当前已经基本形成了共识。

我们认为，期货犯罪的单独设置需要一个循序渐进的过程。在相当长的时期内，刑法尚不能将证券犯罪与期货犯罪分别立法，宜首先通过司法解释对二者的定罪、量刑、法条适用等问题作出不同的规定。亦可以附属刑法或单行刑法的形式对期货犯罪进行独立规制，以适应其行为方式的变化与犯罪手段的更新，保障刑法的稳定性。待时机成熟时，再将其以修正案的形式规定于刑法条文中。是否将同一罪状特征的证券犯罪与期货犯罪规定于同一刑法条文中，则需要对刑法体系、证券法律体系、期货法律体系进行考量，这在期货法尚未出台的当下需要进一步观望。

2. 部分罪名的背信化改造

在证券期货犯罪中设置背信类犯罪也是理论界长久以来的呼声。关于部分罪名侵害的法益究竟为金融管理秩序还是财产权，许多学者都提出了疑问。有论者便针对利用未公开信息交易罪提出，“金融市场的正常管理秩序”是带有价值判断的界定，具有模糊性，以其作为法益内容，可能使构成要件的解释失去实质的界限。因而从结果无价值的角度出发，认为应将本罪侵害的法益实质化，即金融市场中投资者的财产利益，并进而提出改良本罪的入罪路径，在证券期货犯罪中设立特殊的背信类犯罪。[③]

我们认为，在证券期货犯罪中设置背信类犯罪有其合理性，这既符合刑法对金融犯罪设置背信犯罪的立法传统，也能够实现刑法分则的体系自洽，还可以回避相关罪名在适用时所面临的相关问题。但是，证券期货类犯罪的具体罪名大多涉及违背受托义务的情形，将何罪名修改为背信犯罪，如何在刑法分则中对其进行安置，是“牵一发而动全身”的问题，目

---

① 如期货交易能够“以小博大”、买空卖空，其社会危害性在数量和范围上均可大于证券犯罪，且期货犯罪涉案金额较证券犯罪更巨，当前对二者处同一幅度的罚金刑，会违背罪责刑相适应原则。参见刘宪权《证券期货犯罪理论与实务》，商务印书馆，2006，第126页。

② 郭华：《美国期货犯罪类型化及立法模式的启示与借鉴》，《犯罪研究》2012年第4期。

③ 郭宁：《刑法对“老鼠仓”行为的规制》，《上海政法学院学报》2014年第1期。

前尚不宜着手对此直接在刑法中进行修改，而可以在司法解释和附属刑法的规定中对部分罪名增设背信认定的规定，使相关行为的行政责任与刑事责任的认定更为协调。

3. 新罪名的增设

如前所述，当前在证券期货犯罪中增设新罪名的观点较为繁杂，在证券犯罪与期货犯罪尚未分别作出规定的当下，盲目地增设新罪名未必是明智之举，反而会使问题进一步复杂化。我们认为，新罪名的增设需要考量刑法与证券法等证券、期货法律法规的协调性，违法行为入罪的必要性，并参考当前证券、期货的司法实践状况。在刑法中增设与证券、期货法律法规相协调的新罪名是必然趋势，但在当下却存在现实困难。

"完善有关证券、期货法律法规，其中重要的一点就是应该在证券、期货法律法规中对有关证券、期货犯罪的规定增加追究刑事责任的具体刑法条款，同时在刑法条文中作相应的规定，以保持两者之间的协调。"[①] 当前，我国刑法与证券法尚存在较多规定不协调之处——如刑法中并未规定证券法中的短线交易行为等，其与《期货交易管理暂行条例》的不协调之处则更为突出。在此背景下，证券犯罪、期货犯罪新罪名的增设虽然常被提起，但实施起来却面临着许多现实问题，而且并非单纯的刑法问题，因此需要加以长远规划，循序渐进地对证券犯罪、期货犯罪的新罪名作出增设。

三　刑罚配置的完善

诚如贝卡利亚的观点，刑罚的目的既不是要摧残折磨一个感知者，也不是要消除业已犯下的罪行……刑罚的目的仅仅在于：阻止罪犯重新侵害公民，并规诫其他人不要重蹈覆辙。[②] 对证券期货犯罪进行刑罚控制的目的是考察刑罚配置问题的一个前置性问题，一个得到普遍认同的观念是，证券期货犯罪刑罚处罚在程度上应体现轻缓、宽和的原则，在内容上应体现自由刑和罚金刑并重的原则。[③] 抽象地说，配置证券期货犯罪刑罚的落脚点应放置于刑法干预的合理性与必要性层面，并结合宽严相济的刑事政

① 刘宪权：《证券期货犯罪理论与实务》，商务印书馆，2006，第 132 ~ 133 页。

② 〔意〕贝卡利亚：《论犯罪与刑罚》，黄风译，中国大百科全书出版社，1993，第 42 页。

③ 刘宪权：《证券、期货犯罪的刑事立法及其完善》，《法学》2004 年第 5 期。

策，从有效性的角度进行全面审查，从而达到恢复金融管理秩序、稳定社会秩序等目的。

（一）证券期货犯罪刑罚配置的现状

笔者就我国现行刑法中主要的证券期货犯罪基本犯的刑罚配置情况进行了简单梳理，如表 1－3－1 所示。

表 1－3－1　主要的证券期货犯罪基本犯刑罚配置

序号	罪名	自由刑配置情况	财产刑配置情况	
			单位	个人
1	欺诈发行股票、债券罪	五年以下有期徒刑或者拘役	罚金	并处或者单处非法募集资金金额百分之一以上百分之五以下罚金
2	违规披露、不披露重要信息罪	三年以下有期徒刑或者拘役	—	并处或者单处二万元以上二十万元以下罚金
3	背信损害上市公司利益罪	三年以下有期徒刑或者拘役	罚金	并处或者单处罚金
4	擅自设立金融机构罪	三年以下有期徒刑或者拘役	罚金	并处或者单处二万元以上二十万元以下罚金
5	伪造、变造、转让金融机构经营许可证、批准文件罪	三年以下有期徒刑或者拘役	罚金	并处或者单处二万元以上二十万元以下罚金
6	伪造、变造国家有价证券罪	三年以下有期徒刑或者拘役	罚金	并处或者单处二万元以上二十万元以下罚金
7	伪造、变造股票或公司、企业债券罪	三年以下有期徒刑或者拘役	罚金	并处或者单处一万元以上十万元以下罚金
8	擅自发行股票或公司、企业债券罪	五年以下有期徒刑或者拘役	罚金	并处或者单处非法募集资金金额百分之一以上百分之五以下罚金
9	内幕交易、泄露内幕信息罪	五年以下有期徒刑或者拘役	罚金	并处或者单处违法所得一倍以上五倍以下罚金
10	利用未公开信息交易罪	五年以下有期徒刑或者拘役	罚金	并处或者单处违法所得一倍以上五倍以下罚金
11	编造并传播证券、期货交易虚假信息罪	五年以下有期徒刑或者拘役	罚金	并处或者单处一万元以上十万元以下罚金
12	诱骗投资者买卖证券、期货合约罪	五年以下有期徒刑或者拘役	罚金	并处或者单处一万元以上十万元以下罚金

续表

序号	罪名	自由刑配置情况	财产刑配置情况	
			单位	个人
13	操纵证券、期货市场罪	五年以下有期徒刑或者拘役	罚金	并处或者单处罚金
14	背信运用受托财产罪	三年以下有期徒刑或者拘役	罚金	并处三万元以上三十万元以下罚金
15	违法运用资金罪	三年以下有期徒刑或者拘役	罚金	并处三万元以上三十万元以下罚金
16	有价证券诈骗罪	五年以下有期徒刑或者拘役	—	并处二万元以上二十万元以下罚金
17	滥用管理公司、证券职权罪	五年以下有期徒刑或者拘役	—	—

从该表所做之罗列可以形成对我国当前证券期货犯罪刑罚配置体系现状的简单评价。

1. 自由刑的配置情况

表 1－3－1 所罗列的 17 个罪名在自由刑的配置上均设置了有期徒刑和拘役两个刑种，其中欺诈发行股票、债券罪等 9 个罪名配置了最高五年的有期徒刑，违规披露、不披露重要信息罪等 8 个罪名配置的是最高三年的有期徒刑。从刑罚量来说，在我国以自由刑为中心的刑罚体系中，刑法为证券期货犯罪配置的自由刑是轻于侵犯人身权利、财产权利以及危害国家安全、公共安全类犯罪的。

2. 财产刑的配置情况

表 1－3－1 所罗列的 17 个罪名在财产刑的配置上较为多样。首先，除违规披露、不披露重要信息罪等 3 个罪名，因可能损害被害人利益而没有处罚单位，其余的单位犯罪均配置了无限额罚金。其次，对个人，包括单位犯罪中直接负责的主管人员和其他直接责任人员，除滥用管理公司、证券职权罪外，其余 16 个罪名均配置了方式不同的罚金。其中，背信损害上市公司利益罪和操纵证券、期货市场罪 2 个罪名配置的是无限额罚金，违规披露、不披露重要信息罪等 10 个罪名配置的是限额罚金；在具体数额上又区分了二万元以上二十万元以下、一万元以上十万元以下、三万元以上三十万元以下三种情形；就占比来看，限额罚金制是证券期货犯罪财产刑配置的主流模式。此外，欺诈发行股票、债券罪与擅自发行股票或公司、

企业债券罪 2 个涉及非法集资的犯罪，配置了比例罚金，以实现罪刑均衡的要求；而内幕交易、泄露内幕信息罪与利用未公开信息交易罪 2 个涉及非法交易的犯罪，则是配置的倍数罚金。最后，在财产刑的处罚方式上，除背信运用受托财产罪、违法运用资金罪和有价证券诈骗罪 3 个罪名配置的是并科制的罚金外，其余 13 个罪名均是配置的选科制的罚金，赋予了法官更多的自由裁量权。

（二）证券期货犯罪刑罚配置的原则

刑罚理论中并没有专门针对证券期货犯罪乃至金融犯罪刑罚配置的原则，但是，结合证券期货犯罪的特点，通过运用刑法理论中的一般性原则，亦能够就该类犯罪刑罚配置的原则尤其是一些特殊性的原则进行归纳。

1. 谦抑性原则

作为一种在刑法学科中得到普遍认同的观念，谦抑性原则的学理意义无须反复论证。在证券期货犯罪的刑罚配置问题上，由于受金融活动民商事本质的影响，这一原则亦应得到一以贯之的遵守和强调。按照谦抑性原则的基本逻辑，在证券期货犯罪的刑罚配置问题上，就应坚持民商事法律调控的优先性和刑罚手段的补充性、最后性。例如，在美国，对待经济犯罪与普通犯罪，在量刑时法官的态度是存在区别的，经济罪犯所判处的刑罚往往要较普通罪犯更轻，理由在于：其一，经济犯罪中证据是一个十分关键的问题。由于经常涉及多名共同被告，为了取得证据，检察官经常需要其中一些被告为控方作证，作为回报，对这些被告就必须从宽处理，甚至豁免其刑。其二，对于经济罪犯来说，定罪的惩罚性意味足够强，没有必要再把被告人送进监狱。对经济罪犯判处长期监禁，只能彻底毁了被告人，并不能帮助他改过自新。其三，监狱是用以对付使用暴力、给他人造成伤害的犯罪分子的，长期监禁只对累犯有效。监狱对于努力工作的人和在事业上有建树的人来说，是一种危险的场所，对于经济罪犯来说，应当首先考虑缓刑。其四，对经济犯罪的犯罪分子有可能适用非监禁性处罚，如社区性服务。对经济罪犯的起诉和审判本身，就可以起到应有的遏制作用。将经济罪犯放在社会上，还可以利用他们的一技之长。①

---

① 周密主编《美国经济犯罪和经济刑法研究》，北京大学出版社，1993，第 81 页。

2. 适度轻缓原则

适度轻缓原则意指在对证券期货犯罪的刑罚进行配置时，应适度强化刑罚规范的弹性，设置必要的轻缓的刑罚措施，以确保在刑罚目的能够得以实现的基础上，兼顾人权保障机能。如前所述，证券期货犯罪作为一种行政犯，在刑法中所配置的刑罚是较一般的自然犯更轻的，这也符合金融犯罪白领性、网络性、趋利性、高智能性和非暴力性的特征。[①] 这类犯罪分子由于大都掌握着较为丰富的专业知识和高新技术，属于知识分子阶层，其受刑体验会较普通的犯罪分子更为强烈，刑罚适用的效果较好，再犯可能性的概率偏低，故而能够较好地实现刑罚的特殊预防目的。陈兴良教授对此评价道："从根本上说，各种经济关系与经济矛盾还是要通过市场的自发调整得以解决，过分严厉的刑罚与市场经济的内在逻辑本身是矛盾的。"[②] 证券期货犯罪侵犯的法益是金融管理秩序，对其适用重刑并不符合罪刑等价的报应主义观念。稍加比较，我们会发现，域外许多市场化程度高、金融行业发达的国家对金融犯罪配置的自由刑的刑期也是较短的。以内幕交易罪为例，英国的法定最高刑为两年，德国三年，瑞士三年，日本三年，韩国三年，我国的香港和台湾地区也仅规定了两年的最高刑。[③] 可以说，拓宽以财产刑、资格刑为内容的轻缓刑罚的适用，既有利于对贪利性犯罪产生针对性的刑罚效果，也有效地剥夺了行为人的再犯能力，是一种以较少的刑罚投入获取较大预防效果的方式。

3. 经济性原则

行为的社会危害性决定了设立犯罪的必要性，而犯罪的存在决定了国家发动刑罚的必然性，[④] 但这一简单逻辑并不能形成一个可以在刑事立法中任意配置刑罚的理由。目的的正当性决定了手段的合理性，但手段的运用一方面要注重效果，另一方面也需要追求效益，以实现有限刑罚资源的效益最大化。因此，刑罚的配置应兼顾执行成本与刑罚目的两个方面的内容，如表 1 - 3 - 1 所示，目前针对证券期货犯罪基本犯配置的刑罚，在主刑上主要包括有期徒刑和拘役两种，在附加刑上主要是并处或单处罚金。

---

① 屈学武：《金融刑法学研究》，中国检察出版社，2004，第 239 页。

② 陈兴良：《走向哲学的刑法》，法律出版社，1999，第 451 页。

③ 刘宪权：《论我国金融犯罪的刑罚配置》，《政治与法律》2011 年第 1 期。

④ 任燕珠：《论转型社会背景下金融犯罪刑罚观念的调整》，《中国刑事法杂志》2013 年第 3 期。

受重刑主义思维惯式的影响，在对证券期货犯罪配置刑罚时往往是以自由刑为中心的，而单处财产刑的情况虽然在立法上进行了授权，但司法上却鲜有独立适用。就笔者的观念而言，考虑到拘役、有期徒刑等以剥夺人身自由为内容的刑罚的耗财特性，对证券期货犯罪大量地运用自由刑予以规制会导致极高的刑罚成本，并不符合经济性的原则，且对该类犯罪贪利特性的针对性不强，故而应该考虑通过刑事立法的引导以完成刑事司法的转型，扩大财产刑在该类犯罪中的适用比例。恰如杨兴培教授所言：如果刑罚结构从以自由刑为中心转向以财产刑为中心是人类发展的规律，那么这个转变首先发生于经济领域（包括金融领域）则是这种规律不可避免的选择。[①] 因此，在刑事立法的修订过程中，可以考虑在证券期货犯罪的刑罚配置问题上扩大财产刑的适用比例与适用可能。如将并处罚金的规定都拓宽为“并处或单处”，或将个别社会危害性较低的证券期货犯罪的基本犯仅规定判处罚金，而将自由刑适用于情节加重犯或结果加重犯的类型中，均是可供参考的思维路径。

（三）证券期货犯罪刑罚配置的完善

在经济犯罪中，能够对经济罪犯使用的刑罚，不仅仅是监禁，罚金就是可供选择的另一种刑罚。如在美国的司法制度中，法官若是认为罪犯对社会不再具有危害性，并且犯罪分子具有普通人所不具有的特殊技能，他就会寻找其他惩罚方式，以减少社会因监禁而承担过高的费用。这些惩罚就包括对个人适用社会服务，通知受害人[②]，家庭拘禁以及禁止从事某种工作、某种经营活动和某种职业；对组织犯罪适用赔偿、罚金、缓刑以及缴纳受害人基金、没收财产和支付起诉费用等其他惩罚手段。[③] 结合我国既有刑罚体系的设置及前述证券期货犯罪刑罚配置的原则，笔者认为，应在证券期货犯罪的刑事立法中进一步完善非监禁刑的运用，具体如下。

1. 进一步突出财产刑的适用

从规制效果来看，在证券期货犯罪中强化财产刑的运用，有利于削减或剥夺单位和个人的再犯能力，弥补犯罪造成的损失，安抚受害人的报复情绪，恢复社会的稳定秩序。但是，就当前证券期货犯罪财产刑的立法配

① 杨兴培、李翔：《经济犯罪和经济刑法研究》，北京大学出版社，2009，第 345 ~ 346 页。

② 该类惩罚主要适用于诈骗性犯罪，犯罪分子必须以法庭认为适当的方式，将自己犯罪的情况和定罪的原因向被害人作恰当说明，并应就此事向法庭作书面的详细汇报。

③ 刘宪权：《证券期货犯罪理论与实务》，商务印书馆，2005，第 256 ~ 259 页。

置而言，却尚不能充分体现包括罪刑均衡在内的要求。如对编造并传播证券、期货交易虚假信息的行为，《刑法》第 181 条第 1 款为之配置了一万元以上十万元以下的罚金，而反观《证券法》第 206 条，对同样的行政违法行为却科处了三万元以上二十万元以下的罚款。显然，这一刑罚配置与刑法最后性、最严厉性的法律性质是大相径庭的，因为但凡需要动用刑罚处罚的，在性质上一定是社会危害性程度重于行政违法的犯罪行为，但在法律后果上，尤其是在单处罚金的场合，刑事犯罪却又明显轻于行政违法行为的法律责任，这无疑是不合适的。此外，就适用倍数罚金制的证券期货犯罪，考虑到“违法所得”的不确定性，为了避免出现有些社会危害性大，但没有违法所得或者违法所得较少的犯罪的罚金基数过小，导致罪刑不均衡，可考虑进一步减少倍数罚金制的适用，扩大无限额罚金制和比例罚金制的适用。

从适用方式来看，可以考虑在证券期货犯罪中增设罚金刑易科制度，对于积极缴纳罚金、退赔被害人损失、弥补受损的金融管理秩序的行为人，一方面可以适度以罚金刑替代一定期间的自由刑，另一方面，对于不能或不愿缴纳罚金的行为人，可考虑易科剥夺或限制行为人一定的自由。但在执行方式上，则可做多元的考量，根据行为人人身危险性的不同，将包括社区矫正在内的刑罚执行方法纳入证券期货犯罪当中，以兼顾证券期货犯罪刑罚配置的原则。

2. 完善职业禁止的相关规定

在《刑法修正案（八）》确立了禁止令规则之后，《刑法修正案（九）》在《刑法》第 37 条之一第 1 款中确立了职业禁止的规定，对因利用职业便利实施犯罪，或者实施违背职业要求的特定义务的犯罪被判处刑罚的犯罪分子，增加了为期三年至五年的职业禁止的处罚。职业禁止作为一种资格刑，对于惩治和预防特定行业从业人员的职业犯罪行为是完全必要且合理的。但这一职业禁止的规定在解释学上，还存在多样的解释可能，如职业禁止是否包括行业禁止，禁止行为人在一定时期内执业是否意味着剥夺了其行业从业资格，或可能导致其行业从业资格丧失，由此可能导致的是司法适用上的疑惑。

同时，就程度来说，刑法中职业禁止的规定也是与证券期货相关行政法的规定不相协调的，如《商业银行法》第 89 条规定：“商业银行违反本法规定的，国务院银行业监督管理机构可以区别不同情形，取消其直接负责的董事、高级管理人员一定期限直至终身的任职资格，禁止直接负责的董事、高级管理人员和其他直接责任人员一定期限直至终身从事银行业工作。”《证券法》第十一章的多个条款也规定了“对直接负责的主管人员和其他直接责任人员给予警告，撤销任职资格或者证券从业资格”的行政处罚。显然，行政法中对证券期货犯罪的职业禁止的处罚在最严重的情况下是一种终身的行业禁止。若从前述轻缓化和经济性原则的角度考察，在刑法中延续这一职业禁止规定是具有合理性的，因为其既能达到惩治与预防犯罪的作用，又能降低执法成本，同时又提高了犯罪成本，起到遏制犯罪的作用，而且有助于我国刑罚体系的完善和刑罚效益价值的增强，促进社会资源的合理配置，以达到最优的刑罚处罚方式。①

可以说，就证券期货犯罪而言，刑法总则在宏观上对职业禁止的内容进行泛泛的规定虽满足了一般性的要求，但就证券期货犯罪的特殊性来说，则有所不周。而弥补这一缺陷的策略包括两种：一种是在刑法分则第三章第四节之后新设一条注意规定，在重申总则第 37 条之一第 1 款内容的基础上，对职业禁止的范围作出带有解释性质的补充说明；另一种是在刑法分则第三章第四节之后新设一条空白条款，指明对证券期货犯罪的职业禁止依照相关行政法律的规定执行。

3. 增设对单位的资格刑

就前表所示的 17 个罪名来看，有 14 个罪名都涉及单位犯罪的情况，易言之，单位犯罪是证券期货犯罪的常见犯罪形式。但就处罚方式来看，目前我国刑法主要是以双罚制的模式为单位配置财产刑并处罚单位直接负责的主管人员和其他直接责任人员。这种处罚模式就自然人而言，确实可以做到剥夺或预防其再犯之能力，但就单位而言，除非法院科处的罚金导致单位资不抵债，否则，很难产生有效的刑罚效果。对此，笔者建议可以参考域外立法之模式，在证券期货犯罪中对单位增设资格刑。如永久性地或在一定时期内剥夺犯罪单位从事某一特定业务的权利；或剥夺其对社会公开招标、向社会公开招募资金的权利；或剥夺犯罪单位享受的国家某些特殊待遇补助的权利；或剥夺单位已得的某种荣誉称号；等等。② 类似的

① 刘瑞瑞、张大志、石泉：《论金融犯罪的刑罚配置》，《行政与法》2006 年第 1 期。

② 彭少辉：《我国金融犯罪刑罚配置的调整与完善——兼论金融犯罪法律责任体系的构建》，《上海商学院学报》2011 年第 3 期。

立法例如在《法国刑法典》中就规定："如法人之设立即是为了实施犯罪行为，或者法人转移了经营目标实施了犯罪行为，其所犯重罪或轻罪对自然人可处五年以上监禁者，法人予以解散。"[①]

（四川大学法学院教授，博士生导师　魏东；西南石油大学法学院讲师，法学博士　田维；中国民航飞行学院讲师，法学博士　钟凯）

① 罗结珍译《法国刑法典》，中国人民公安大学出版社，1995，第23～24页。

第四节

严重后果型证券期货犯罪的罪过形式

一　严重后果型证券期货犯罪及其罪过形式问题

从我国刑法的规定来看，大致可以将证券期货犯罪分为四类。[①] 第一类是行为犯，即仅实施某种行为即可成立既遂的犯罪。这类犯罪包括擅自设立金融机构罪（第 174 条第 1 款），伪造、变造、转让金融机构经营许可证、批准文件罪（第 174 条第 2 款）以及洗钱罪（第 191 条）。第二类是数额犯，即以一定的数额或者数额较大作为犯罪既遂的成立条件，且将数额巨大、数额特别巨大作为法定刑升格条件的犯罪。这类犯罪主要包括伪造、变造国家有价证券罪（第 178 条第 1 款），伪造、变造股票或公司、企业债券罪（第 178 条第 2 款），挪用资金罪（第 185 条第 1 款），挪用公款罪（第 185 条第 2 款）[②] 以及有价证券诈骗罪（第 197 条）。第三类是情节犯，即以情节严重为犯罪既遂之成立条件，且将情节特别严重为法定刑升格条件的犯罪。该类犯罪包括内幕交易、泄露内幕信息罪（第 180 条第 1 款），利用未公开信息交易罪（第 180 条第 4 款），操纵证券、期货市场罪（第 182 条），背信运用受托财产罪（第 185 条之一第 1 款）以及违法

① 本节对证券期货犯罪的统计以刑法分则条文使用“证券”或“期货”用语为标准，即凡是在罪状表述中使用了“证券”或“期货”用语的，属于证券期货犯罪。

② 从性质上看，挪用资金罪和挪用公款罪本不属于证券期货犯罪，但根据《刑法》第 185 条的规定，证券交易所、期货交易所、证券公司、期货经纪公司的工作人员利用职务上的便利，挪用本单位或者客户资金的，成立挪用资金罪；国有证券交易所、期货交易所、证券公司、期货经纪公司的工作人员和国有证券交易所、期货交易所、证券公司、期货经纪公司委派到非国有的证券交易所、期货交易所、证券公司、期货经纪公司从事公务的人员利用职务上的便利，挪用本单位或者客户资金的，成立挪用公款罪。所以，挪用资金罪和挪用公款罪就包含了部分证券期货犯罪，在特定情况下也属于证券期货犯罪。

运用资金罪（第 185 条之一第 2 款）。第四类是严重后果型犯罪，即以发生严重后果才成立既遂的犯罪。这类犯罪是指《刑法》第 181 条规定的编造并传播证券、期货交易虚假信息罪和诱骗投资者买卖证券、期货合约罪（见表 1－4－1）。

表 1－4－1　证券期货犯罪的类型、罪名及法条统计

犯罪类型	罪名	刑法条文
行为犯	擅自设立金融机构罪 伪造、变造、转让金融机构经营许可证、批准文件罪 洗钱罪	第 174 条第 1 款 第 174 条第 2 款 第 191 条
数额犯	伪造、变造国家有价证券罪 伪造、变造股票或公司、企业债券罪 挪用资金罪 挪用公款罪 有价证券诈骗罪	第 178 条第 1 款 第 178 条第 2 款 第 185 条第 1 款 第 185 条第 2 款 第 197 条
情节犯	内幕交易、泄露内幕信息罪 利用未公开信息交易罪 操纵证券、期货市场罪 背信运用受托财产罪 违法运用资金罪	第 180 条第 1 款 第 180 条第 4 款 第 182 条 第 185 条之一第 1 款 第 185 条之一第 2 款
严重后果型犯罪	编造并传播证券、期货交易虚假信息罪 诱骗投资者买卖证券、期货合约罪	第 181 条第 1 款 第 181 条第 2 款

在证券期货犯罪中，行为犯的成立不要求发生特定的危害结果，数额犯的成立要求达到一定的犯罪数额，可以认为是一种结果，但这里的结果是行为本身的一种特性，即与行为之间具有并置性，对情节犯中的情节严重亦应如此理解。但是，在严重后果型证券期货犯罪中，发生严重后果虽然是犯罪成立的重要条件，但其本身并不是行为必然导致的结果。例如，根据《刑法》第 181 条第 1 款的规定，成立编造并传播证券、期货交易虚假信息罪，在客观上不仅要有编造并且传播影响证券、期货交易的虚假信息，扰乱证券、期货交易市场的行为，而且必须造成严重后果。但是，编造并且传播影响证券、期货交易的虚假信息，扰乱证券、期货交易市场的行为并不必然造成严重后果。又如，根据第 181 条第 2 款的规定，成立诱骗投资者买卖证券、期货合约罪，在客观上要有提供虚假信息或者伪造、变造、销毁交易记录，诱骗投资者买卖证券、期货合约的行为，而且必须

造成严重后果。但是，提供虚假信息或者伪造、变造、销毁交易记录，诱骗投资者买卖证券、期货合约的行为并不必然造成严重后果。然而，在对于严重后果型证券期货犯罪之罪过形式的解释上，我国刑法理论采取了与其中的行为犯、数额犯和情节犯相同的解释态度，即将严重后果型证券期货犯罪的罪过形式解释为故意。

值得注意的是，在我国刑法分则体系中，严重后果型犯罪主要分布在危害公共安全罪中，而且刑法理论一般将其罪过形式解释为过失，但为何又将严重后果型证券期货犯罪的罪过形式解释为故意，耐人寻味。例如，《刑法》第 181 条第 1 款把编造并传播证券、期货交易虚假信息罪的罪状表述为“编造并且传播影响证券、期货交易的虚假信息，扰乱证券、期货交易市场，造成严重后果”；第 139 条把消防责任事故罪的罪状表述为“违反消防管理法规，经消防监督机构通知采取改正措施而拒绝执行，造成严重后果”。这两个法条在构造上完全相同，但刑法理论一致认为消防责任事故罪的罪过形式是过失，而编造并传播证券、期货交易虚假信息罪的罪过形式是故意。从常理上讲，把证券期货犯罪中的行为犯、数额犯和情节犯的罪过形式解释为故意，显然无可厚非。但是，将其中的严重后果型犯罪的罪过形式解释为故意，恐怕存在问题。例如，在编造并传播证券、期货交易虚假信息罪场合，行为人显然是故意实施编造并且传播影响证券、期货交易的虚假信息，扰乱证券、期货交易市场，但对严重后果既可能积极追求或者放任，也可能持反对态度。

由上不难看出，在严重后果型证券期货犯罪的罪过形式上，当前面临的问题主要有两个：一是解释论上的问题，即能否把严重后果型证券期货犯罪的罪过形式解释为包括过失；二是立法论上的问题，即是否应当通过立法来明确严重后果型证券期货犯罪的罪过形式。本节试图对这两个问题作出回答。

二　从解释论看严重后果型证券期货犯罪的罪过形式

在解释严重后果型证券期货犯罪的罪过形式时，首先面临的是罪过形式的判断根据问题。犯罪是（可能）造成法益侵害的行为。所以，罪过形式的判断根据就应当是行为或（和）结果。在刑法没有明确规定罪过形式之判断根据的情况下，在同一个犯罪中就会出现对行为的罪过和对结果的罪过的组合，表现为“对行为的故意 + 对结果的故意”、“对行为的故意 +

对结果的过失”和“对行为的过失+对结果的过失”三种组合形式。其中，“对行为的故意+对结果的过失”的组合形式属于双重罪过。例如，在《德国刑法典》分则第28章危害公共安全的犯罪中，有15个具体犯罪的罪过形式属于双重罪过。这些犯罪的罪过形式基本表现为两种，即“对行为的故意+对结果的过失”和“对行为的故意+对结果的轻率”（见表1-4-2）。①

表1-4-2 德国刑法中双重罪过立法统计

刑法条文	犯罪名称	罪过组合形式	与整个罪过形式的关系
第97条第1款	泄露国家机密罪	故意+过失	包含
第109条e第5款	破坏国防设施罪	故意+过失	包含
第109条g第4款	危害安全的描绘和摄影罪	故意+过失	包含
第178条	强制猥亵和强奸致人死亡罪	故意+轻率	独立
第251条	抢劫致死罪	故意+轻率	独立
第306条c	纵火致人死亡罪	故意+轻率	独立
第306条d第1款	失火罪	故意+过失	包含
第306条f第3款	引起火灾危险罪	故意+过失	包含
第307条第2款	引起核能爆炸罪	故意+过失	包含
第307条第3款	引起核能爆炸罪	故意+轻率	包含
第308条第5款	引爆炸药罪	故意+过失	包含
第309条第4款	滥用放射线罪	故意+轻率	包含
第312条第6款	非法制造核技术设备罪	故意+过失	包含
第315条第5款	侵害铁路、水路及航空交通罪	故意+过失	包含
第315条a第3款第1项	危害铁路、水路及航空交通安全罪	故意+过失	包含
第315条b第4款	侵害公路交通安全罪	故意+过失	包含
第315条c第3款第1项	危害公路交通安全罪	故意+过失	包含
第316条a第3款	对汽车司机的强盗攻击罪	故意+轻率	包含
第316条c第3款	劫持飞机和船舶罪	故意+轻率	包含
第318条第6款	损坏重要设备罪	故意+过失	包含
第319条第3款	违反建筑规则罪	故意+过失	包含
第330条a第4款	放毒造成严重危害罪	故意+过失	包含

注：表中第三列“+”号之前的故意是对行为的故意，“+”之后的过失或轻率是对结果的过失或轻率；第四列中的“包含”是指整个罪过立法中包含双重罪过的情况，“独立”是指罪过本身属于双重罪过。

① 本节统计德国刑法中双重罪过立法时采用的《德国刑法典》文本是由我国学者徐久生、庄敬华翻译，中国法制出版社2000年出版的《德国刑法典》中译本。

德国刑法中双重罪过立法出现的原因，在于德国刑法没有明确规定故意、过失等罪过形式的概念，没有明确罪过形式的判断根据。在这种情况下，立法和理论上就可以将罪过形式的判断根据确定为行为，也可以确定为结果。但在我国刑法明确规定了故意和过失的概念的情况下，就不能任意确定罪过形式的判断根据了。

我国《刑法》第 14 条第 1 款把故意规定为“明知自己的行为会发生危害社会的结果，并且希望或者放任这种结果发生”，第 15 条第 1 款把过失规定为“应当预见自己的行为可能发生危害社会的结果，因为疏忽大意而没有预见，或者已经预见而轻信能够避免，以致发生这种结果”。从这两款规定不难看出，故意和过失的判断根据只能是“危害社会的结果”，而不是行为。所以，以行为为依据把某种犯罪的罪过形式解释为故意或者过失的结论，就不符合我国刑法的规定。[①] 当前，把严重后果型证券期货犯罪的罪过形式解释为故意的学说，恐怕就是以行为为依据来解释该类犯罪罪过形式所得出的结论。可见，在我国刑法明确将罪过形式的判断依据规定为“危害社会的结果”的情况下，罪过形式的判断根据就只能是危害结果，而不能是行为。所谓故意就是对危害结果的故意，所谓过失就是对危害结果的过失，在具体犯罪的罪过形式上就不会出现《德国刑法典》中“对行为的故意 + 对结果的故意”、“对行为的故意 + 对结果的过失”以及“对行为的过失 + 对结果的过失”等组合形式了。

既然刑法总则把故意和过失的判断依据限制为“危害社会的结果”，那么刑法分则中的每一个具体犯罪的罪过形式，其判断依据只能是该罪造成的结果。在刑法分则条文规定了特定的危害结果（包括特定的危险）的情况下，只能以该危害结果作为罪过形式的判断依据。例如，在《刑法》第 338 条明确将“严重污染环境”作为污染环境罪之危害结果规定下来的情况下，该罪罪过形式的判断依据只能是严重污染环境的结果，而不能是

① 这种情况在我国刑法理论上大量存在。例如，在食品监管渎职罪的罪过形式上，有学者就认为该罪包括故意的滥用职权行为和过失的玩忽职守行为，因而应当分解为食品监管滥用职权罪与食品监管玩忽职守罪两个犯罪，前者的罪过形式是故意，后者的罪过形式是过失。参见张明楷《刑法学》（第 5 版）（下），法律出版社，2016，第 1266 页。又如，针对《刑法》第 338 条规定的污染环境罪，有学者指出，该罪的罪过形式是故意，这里的故意是指明知违反国家规定仍有意实施排放、倾倒或者处置有放射性的废物、含传染病病原体的废物、有毒物质或者其他有害物质之行为的主观心理态度。参见陈兴良《规范刑法学》（第 3 版）（下册），中国人民大学出版社，2013，第 1007 页。

污染环境的行为。在刑法分则条文没有明确规定特定危害结果的情况下，只能根据具体犯罪所侵犯的法益来判断其危害结果，并以此为判断罪过形式的依据。例如，《刑法》第232条和第234条没有规定故意杀人罪和故意伤害罪的危害结果，但根据这两个犯罪的性质及其在刑法分则体系中的位置，就可以判断出这两个犯罪侵犯的法益分别是他人的生命权和身体健康权。又如，《刑法》第398条没有规定特定的危害结果，但根据泄露国家秘密行为的性质以及泄露国家秘密罪[①]在刑法分则体系中的位置，就可以将该罪的危害结果确定为发生泄露国家秘密的结果。相应地，该罪的罪过形式只能是对发生泄露国家秘密之结果所持的心理态度。显然，行为人对违反保守国家秘密法的规定持有故意，但对发生泄露国家秘密的结果则可能持有故意，也可能持有过失。

由上不难看出，我国刑法理论把严重后果型证券期货犯罪的罪过形式确定为故意，显然是存在问题的。首先，没有严格遵循《刑法》第14条第1款和第15条第1款对罪过形式判断根据的规定，在严重后果型证券期货犯罪的罪过形式判断上，只看到了行为，而没有看到“造成严重后果”这一特定的结果。[②] 根据《刑法》第181条第1款的规定，编造并传播证券、期货交易虚假信息罪的行为是编造并且传播影响证券、期货交易的虚假信息，扰乱证券、期货交易市场，危害结果是造成严重后果。最高人民检察院、公安部2010年5月7日印发的《关于公安机关管辖的刑事案件立案追诉标准的规定（二）》［以下简称《立案追诉标准（二）》］第37条将该罪中的“造成严重后果”解释为五项：（1）获利或者避免损失数额累计

---

① 1979年刑法典第186条第1款的罪状表述中没有“故意或过失”的用语，所以刑法理论上一般使用“泄露国家秘密罪”来概括该款规定的犯罪；1997年《刑法》第398条第1款表述罪状时在“泄露国家秘密”之前加上了“故意或者过失”的用语，致使司法解释把该款规定的犯罪解释为故意泄露国家秘密罪和过失泄露国家秘密罪，刑法解释学也因袭了这种做法。但事实上，在行为主体、行为方式、危害结果以及刑罚幅度完全相同的情况下，在分则条文中出现“故意或过失”的用语只是对《刑法》第14条第1款、第15条第1款和第16条之功能的重复，不可能实现处罚上的区别功能，而且这里的“故意或过失”显然是就行为而言的。所以本节认为，应当沿袭1997年刑法典时代刑法解释学的做法，把1997年《刑法》第398条第1款规定的犯罪解释为“泄露国家秘密罪”。

② 有的学者认为，严重后果型证券期货犯罪中的“造成严重后果”是客观处罚条件或者客观的超过要素，而不是犯罪构成意义上的危害结果。本节认为，客观处罚条件和客观的超过要素理论是严格责任在德日刑法理论中的另一种表述，不符合我国刑法严格坚持责任主义的立场。

在五万元以上；（2）造成投资者直接经济损失数额在五万元以上；（3）致使交易价格和交易量异常波动；（4）虽未达到上述数额标准，但多次编造并传播影响证券、期货交易的虚假信息；（5）其他造成严重后果的情形。[①] 显然，行为人对编造并且传播影响证券、期货交易的虚假信息的行为持有故意，而且该行为必然扰乱证券、期货交易市场，也是行为人所追求的目的。但是，对于造成严重后果则未必仅仅是故意了。例如，行为人在实施编造并且传播影响证券、期货交易的虚假信息，扰乱证券、期货交易市场的行为时，可能追求或放任交易价格和交易量异常波动的后果，但也不能排除行为人没有认识到其行为可能致使交易价格和交易量异常波动。从一般的生活逻辑来看，在《立案追诉标准（二）》第 37 条规定的五种情形中，除行为人对第四种情形在主观上仅持有故意之外，对其他四种严重后果则可能持有故意，也可能持有过失。

根据《刑法》第 181 条第 2 款的规定，诱骗投资者买卖证券、期货合约罪的行为是“提供虚假信息或者伪造、变造、销毁交易记录，诱骗投资者买卖证券、期货合约”，危害结果是“造成严重后果”。就行为而言，立法者为“提供虚假信息或者伪造、变造、销毁交易记录，诱骗投资者买卖证券、期货合约”加上了“故意”的用语，这就说明行为人对行为只能持有故意。就危害结果而言，根据《立案追诉标准（二）》第 38 条的规定，该罪中“造成严重后果”的具体表现是除第 37 条中第四种情形之外的四种情形。从生活逻辑上看，行为人在实施提供虚假信息或者伪造、变造、销毁交易记录，诱骗投资者买卖证券、期货合约行为时，对这四种严重后果可能持有故意，但也不能排除持有过失的情况。

由上可见，在解释论上，根据《刑法》第 14 条第 1 款和第 15 条第 1 款的规定，只能把罪过形式的判断根据解释为“危害社会的结果”。在《刑法》第 181 条把严重后果型证券期货犯罪的危害后果明确规定为“造成严重后果”的情况下，该类犯罪之罪过形式的判断根据只能是严重后果。以此来看，严重后果型证券期货犯罪的罪过形式包括故意和过失，将

① 有人可能认为，这五项是编造并传播证券、期货交易虚假信息罪的立案追诉标准，并非造成严重后果的具体表现。但事实上，在没有关于该罪之“造成严重后果”的专门司法解释的情况下，立案追诉标准实质上就是对“造成严重后果”的解释。《立案追诉标准（二）》第 37 条第 5 项“其他造成严重后果的情形”的表述从形式逻辑上也表明，这五项内容均是“造成严重后果”的表现。

该类犯罪的罪过形式仅仅解释为表现为故意是不妥当的。

把严重后果型证券期货犯罪的罪过形式解释为故意的根据主要包括两个方面。一是单一罪过理论。所谓单一罪过理论，即刑法分则规定的每一个具体犯罪只有一种罪过形式，不是故意就是过失，不可能同时包括故意和过失。在把《刑法》第 15 条第 2 款“过失犯罪，法律有规定的才负刑事责任”的规定理解为在“刑法以处罚故意犯罪为原则，以处罚过失犯罪为例外”的情况下，刑法分则某一条文明确规定罪过形式的情况下，那就应当将该条规定的犯罪解释为故意犯罪。把严重后果型证券期货犯罪的罪过形式解释为故意，正是这种理论的展开。但应当注意，单一罪过理论仅仅适用于单一罪过立法，[①] 当运用该理论解释择一罪过立法时，则会人为地将故意或过失排除于罪过形式的范围之外，得出不妥当的结论。从《刑法》第 181 条的规定来看，不但没有明确规定罪过形式，而且根据该条的文理和所规定之罪的犯罪性质无法得出罪过形式到底属于故意还是过失。所以，刑法对严重后果型证券期货犯罪的规定就属于择一罪过立法。[②] 在这种情况下，将这两个犯罪的罪过形式解释为故意，显然把对严重后果持有过失的情形排除在外，人为缩小了处罚范围。

二是基于法定刑的比较而得出的结论。前文对消防责任事故罪的罪状与编造并传播证券、期货交易虚假信息罪的罪状进行了比较，指出二者在构造上没有区别。但是，在法定刑上存在差异，即前者的基本法定刑是三年以下有期徒刑或者拘役，加重法定刑是三年以上七年以下有期徒刑；后者的基本法定刑是五年以下有期徒刑或者拘役，并处或者单处 1 万元以上 10 万元以下罚金，加重法定刑是五年以上十年以下有期徒刑，并处 2 万元以上 20 万元以

---

① 所谓单一罪过立法，是指分则条文明确规定了某一犯罪的罪过形式是故意或过失，或者根据某一犯罪的性质就能明确判定该罪的罪过形式属于故意或过失的情形，如故意杀人罪的罪过形式，后者如盗窃罪的罪过形式。与此相对应的是择一罪过立法，是指分则条文没有明确规定某一犯罪的罪过形式，且根据规定该罪之条文的文理和该罪的犯罪性质无法判明该罪的罪过形式属于故意或者过失的情形，如污染环境罪、食品监管渎职罪等的罪过形式。

② 有人可能会认为，《刑法》第 181 条第 2 款用“故意”的用语对“提供虚假信息或者伪造、变造、销毁交易记录，诱骗投资者买卖证券、期货合约”的行为进行了限制，所以该款规定的犯罪就属于故意犯罪。实际上，当《刑法》第 14 条第 1 款和第 15 条第 1 款把故意和过失的判断根据界定为危害结果时，刑法分则条文中的“故意”这一用语就不一定是罪过形式意义上的故意了，当立法者将其用于修饰行为时更是如此。《刑法》第 181 条第 2 款中的故意就属于这种情况。

下罚金。从我国刑法的规定来看，过失犯罪的法定刑一般分为两个档次：基本法定刑一般是三年以下有期徒刑或者拘役，加重法定刑一般是三年以上七年以下有期徒刑。[①] 在这种情况下，有人可能认为严重后果型证券期货犯罪的法定刑重于一般过失犯罪的法定刑，所以如果把该类犯罪的罪过形式解释为过失，则不能实现罪刑相适应。但是，一方面，我国刑法规定的过失犯罪中也存在把基本法定刑和加重法定刑分别设置为五年以下有期徒刑或拘役和五年以上十年以下有期徒刑的情况，如《刑法》第 134 条第 2 款规定的强令违章冒险作业罪的法定刑。在这个意义上，以严重后果型证券期货犯罪的法定刑高于一般过失犯罪的法定刑来否定该类犯罪的罪过形式包括过失，显然是不妥当的。另一方面，既是因严重后果型证券期货犯罪的法定刑高于一般过失犯罪的法定刑而将该类犯罪的罪过形式解释为故意，并不当然就排斥过失。一般的思路是，在一个犯罪的法定刑较低且规定该罪的立法属于择一罪过立法的情况下，把该罪的罪过形式解释为故意的同时，就没有必要解释为包括过失。[②] 但是，在一个犯罪的法定刑较高且规定该罪的立法属于择一罪过立法的情况下，就有必要把该罪的罪过形式解释为包括故意和过失，对严重后果型证券期货犯罪的罪过形式就应当如此解释。

三　从立法论看严重后果型证券期货犯罪的罪过形式

区分故意与过失主要存在两个方面的重要意义。一是贯彻“存疑时有利于被告人”的原则。在刑法明确区分故意与过失的情况下，[③] 当不能查

---

① 也存在把三年以上七年以下有期徒刑作为基本法定刑，把三年以下有期徒刑或拘役作为减轻法定刑的情况，如《刑法》第 115 条第 2 款规定的失火罪、过失决水罪、过失投放危险物质罪、过失以危险方法危害公共安全罪的法定刑，第 119 条第 2 款规定的过失损坏交通工具罪、过失损坏交通设施罪、过失损坏电力设备罪、过失损坏易燃易爆设备罪的法定刑，第 233 条规定的过失致人死亡罪的法定刑，等等。

② 例如，危险驾驶罪的法定刑只是拘役，并处罚金，其中在醉酒驾驶的场合完全有可能没有认识到危害结果。在这种情况下，将危险驾驶罪的罪过形式解释为包括过失，就没有实际意义。

③ 值得注意的是，德日刑法是通过对故意与过失的区别对待来区分故意与过失的。如《德国刑法典》第 15 条规定：“本法只处罚故意行为，但明文规定处罚过失行为的除外。”《日本刑法典》第 38 条第 1 款规定：“没有犯罪故意的行为，不处罚，但法律有特别规定的，不在此限。”与此不同，我国《刑法》第 15 条第 2 款“过失犯罪，法律有规定的才负刑事责任”的规定，并没有区分故意与过失的功能，因为根据罪刑法定原则，故意犯罪与过失犯罪都得有法律规定才负刑事责任。所以，在我国，故意与过失是通过《刑法》第 14 条第 1 款和第 15 条第 1 款关于故意和过失的定义性规定来加以区别的。

清楚行为人对危害社会的结果到底持有故意还是过失时，就属于存在疑问，不能认定为行为人有责任进而对其定罪和处罚。二是贯彻责任主义。责任主义不仅要求犯罪成立要有责任，还要求区分故意与过失，进而决定责任的大小。故意和过失反映了行为人不同的主观恶性和人身危险性，为此近代以来的刑法对故意犯罪与过失犯罪采取了截然不同的态度，即以处罚故意犯罪为原则，以处罚过失犯罪为例外。对于重罪而言，既处罚故意，也处罚过失；对于轻罪而言，一般只处罚故意。相应地，重罪的未遂犯和既遂犯一律受到处罚，而一般不处罚轻罪的未遂犯。

值得注意的是，在德国，区分故意与过失的第二个方面的重要意义是通过立法来实现的。《德国刑法典》分则规定的很多犯罪就属于择一罪过立法，罪过形式包括故意与过失。该类犯罪主要分布在危害公共安全的犯罪和污染环境的犯罪当中，且明确规定故意的刑罚重于过失的刑罚。例如，《德国刑法典》分则第 29 章规定的九个污染环境的犯罪均属于择一罪过立法，不仅明确规定罪过形式包括故意与过失，而且严格区分了故意犯与过失犯的刑罚（见表 1－4－3）。

表 1－4－3　《德国刑法典》对污染环境罪罪过形式及相应刑罚的规定

罪名	罪过形式	故意犯的刑罚	过失犯的刑罚
污染水域罪	故意/过失	5 年以下自由刑或罚金	3 年以下自由刑或罚金
污染土地罪	故意/过失	5 年以下自由刑或罚金	3 年以下自由刑或罚金
污染空气罪	故意/过失	5 年以下自由刑或罚金	3 年以下自由刑或罚金
造成噪音、震动和非放射性罪	故意/过失	3 年或 5 年以下自由刑或罚金	2 年或 3 年以下自由刑或罚金
未经许可的垃圾处理罪	故意/过失	5 年以下自由刑或罚金	3 年或 1 年以下自由刑或罚金
未经许可开动核设备罪	故意/过失	5 年以下自由刑或罚金	3 年或 2 年以下自由刑或罚金
未经许可的放射性物质及其他危险物物品交易罪	故意/过失	5 年以下自由刑或罚金	3 年以下自由刑或罚金
侵害保护区罪	故意/过失	3 年以下自由刑或罚金	2 年或 3 年以下自由刑或罚金
放毒造成严重危害		1 年以上 10 年以下自由刑，或 3 年以上自由刑，或 6 个月以上 5 年以下自由刑	5 年以下自由刑或罚金，或 3 年以下自由刑或罚金

注：表中的故意犯仅就既遂犯而言。

可见，在《德国刑法典》的择一罪过立法中，不仅明确规定同一个犯罪可以由故意和过失构成，而且故意的刑罚明显重于过失的刑罚。在这种情况下，故意和过失只能是责任形式的基本表现，而不可能是量刑情节。但从我国严重后果型证券期货犯罪的规定来看，择一罪过立法中并没有区分故意与过失的刑罚。[①] 在这种情况下，就会出现一些相互矛盾的解释结论。如果不把严重后果型证券期货犯罪解释为包括故意和过失，就会认为缩小处罚范围，不符合立法原意。但是，如果把该类犯罪的罪过形式解释为包括故意和过失，就会出现故意和过失就共用一个刑罚幅度的情形。在这种情况下，如果对严重后果持有故意的从重处罚，对严重后果持有过失的从轻处罚，那么故意和过失就成为量刑情节，这显然逾越了故意和过失的功能范围；如果不对严重后果持有故意和过失的情形加以区分，则无法实现罪刑相适应。换言之，从教义学的立场应当把严重后果型证券期货犯罪的罪过形式解释为包括故意和过失，并依据罪刑相适应原则应当对严重后果持有故意和过失处以不同的刑罚。但面临的问题是，要么这种解释结论没有任何意义，要么致使故意与过失成为量刑情节。[②] 在这种情况下，只有通过修改立法，明确规定严重后果型证券期货犯罪的罪过形式，才能避免这些不协调的问题。本节认为，应当从两个方面完善严重后果型证券期货犯罪的立法：其一，在《刑法》第 181 条第 1 款后增加一款“过失犯前款罪的，处三年以下有期徒刑或者拘役，并处或者单处五千元以上五万元以下罚金”，将第 2 款作为第 3 款；其二，在原《刑法》第 181 条第 2 款后增加一款作为第 4 款“过失犯前款罪的，处三年以下有期徒刑或者拘役，并处三年以下有期徒刑或者拘役，并处或者单处五千元以上五万元以

---

① 在我国刑法中，择一罪过立法主要表现为三种形式。一是罪过形式不明的立法，即没有规定某一犯罪的罪过形式，且通过规定该罪之法条的文理及该罪的犯罪性质无法判断出该罪的罪过形式属于故意还是过失。罪过形式不明的立法在我国刑法分则中有很多，最为典型的如污染环境罪和食品监管渎职罪的立法。二是结果加重犯的立法。在结果加重犯中，行为人对加重结果一般持有过失，但也不能排除放任的情形。三是选择性罪过刑事立法，即《刑法》第 398 条和第 432 条的立法。在这三种立法中，故意与过失均适用同样的刑罚幅度。

② 从我国刑法分则的规定来看，故意和过失不是任何犯罪的法定量刑情节，但完全有可能被解释为酌定量刑情节。从量刑情节的作用方向来看，有从严方向上的量刑情节（在我国仅指从重处罚）和从宽方向上的量刑情节（包括从轻处罚和减轻处罚）。如果对严重后果持有过失的情形解释为酌定从宽处罚情节，并不违反罪刑法定原则；但如果把对严重后果持有故意的情形解释为酌定从重处罚情节，则意味着刑罚量的增加，恐怕就违反了“法无明文规定不处罚”的原则。

下罚金；情节特别恶劣的，处三年以上七年以下有期徒刑，并处一万元以上十万元以下罚金”，将第 4 款作为第 5 款。修改之后的《刑法》第 181 条如下：

> 编造并且传播影响证券、期货交易的虚假信息，扰乱证券、期货交易市场，造成严重后果的，处五年以下有期徒刑或者拘役，并处或者单处一万元以上十万元以下罚金。
>
> 过失犯前款罪的，处三年以下有期徒刑或者拘役，并处或者单处五千元以上五万元以下罚金。
>
> 证券交易所、期货交易所、证券公司、期货经纪公司的从业人员，证券业协会、期货业协会或者证券期货监督管理部门的工作人员，故意提供虚假信息或者伪造、变造、销毁交易记录，诱骗投资者买卖证券、期货合约，造成严重后果的，处五年以下有期徒刑或者拘役，并处或者单处一万元以上十万元以下罚金；情节特别恶劣的，处五年以上十年以下有期徒刑，并处二万元以上二十万元以下罚金。
>
> 过失犯前款罪的，处三年以下有期徒刑或者拘役，并处三年以下有期徒刑或者拘役，并处或者单处五千元以上五万元以下罚金；情节特别恶劣的，处三年以上七年以下有期徒刑，并处一万元以上十万元以下罚金。
>
> 单位犯前两款罪的，对单位判处罚金，并对其直接负责的主管人员和其他直接责任人员，处五年以下有期徒刑或者拘役。

需要说明的一个问题是，《刑法》第 181 条第 2 款规定的加重处罚的理由是“情节特别恶劣”，而且从含义上来看，行为人对此似乎只能持有故意，但这是对行为的限制，而不是对严重后果的限制。换言之，行为人对行为持有故意，且情节恶劣，但对严重后果的发生完全可能持有过失。所以，情节恶劣的用语并不影响编造并传播证券、期货交易虚假信息罪可以由过失构成。而且，在我国刑法分则规定的过失犯罪中，也存在把“情节恶劣”作为加重处罚之根据的犯罪。例如，《刑法》第 135 条规定的重大劳动安全事故罪之加重处罚的根据就是情节恶劣，而重大劳动安全事故罪是一个典型的过失犯罪。

结　语

刑法没有明确规定严重后果型证券期货犯罪的罪过形式，而且从该类犯罪的罪状表述来看，也不必然得出该类犯罪的罪过形式仅仅是故意。所以从解释论的角度来看，应当将该类犯罪的罪过形式解释为包括故意和过失。但囿于立法现状，如此解释会致使解释结论在处罚上没有意义，或者致使故意和过失成为酌定量刑情节。所以，为了实现处罚上的合理性，应当通过修改立法，明确规定严重后果型证券期货犯罪的过失犯及相应的刑罚。

从严重后果型证券期货犯罪的罪过形式立法来看，我国当前的刑法解释学的教义学化程度还比较低，需要从理念和技术上进一步提升。同时也表明，我国刑法对具体犯罪的罪状和刑罚的规定还存在不明确的问题，这种状况给部分犯罪之罪过形式的判断带来了困难，难以实现处罚上的周延性与合理性。所以，明确规定择一罪过立法的罪过形式及其相应的刑罚，是提升我国刑法明确性的重要途径。

（河北大学政法学院法学系教授，法学博士　苏永生）

第二章
操纵证券、期货市场罪专题

第一节

反思操纵证券、期货市场罪的犯罪实质

有效规制操纵证券、期货市场罪是近年来中国资本市场刑法理论与实务界重点关注的问题。2010 年以来，中国证监会严查大量抢帽子交易、短线交易等操纵证券、期货市场罪案件并移送司法机关。[①] 2014 年 5 月，国务院发布的《关于进一步促进资本市场健康发展的若干意见》（以下简称“新国九条”）指出，从严查处证券期货违法违规行为，严厉打击证券期货违法犯罪行为。其中，“新国九条”中的第 9 条明确要求“健全操纵市场等犯罪认定标准”。2015 年中国资本市场爆发“股灾”之后更是查处了一系列涉嫌新型操纵证券、期货市场的刑事案件。[②] 而操纵证券、期货市场罪的实质界定始终是资本市场刑法理论与实务的首要难题。

传统刑法原理难以对操纵证券、期货市场罪实质作出准确的解释，导致事实上在全世界范围内都没有一种操纵证券、期货市场罪的实质界定能够获得相对广泛的理论认同和肯定。[③] 同时，操纵证券、期货市场罪行为类型与结构在经济机制上的复杂性，操纵证券、期货市场罪实质法律直接界定的困难性，造成至今尚无一种资本市场法律规范体系能明确操纵证券、期货市场罪实质。[④] 因此，有必要在反思刑法理论与实践中具有重要影响的价量操纵、价格操纵、市场欺诈等实质解释观点的基础上，运用法律与经济分析的跨学科解释原理，建构真正符合资本市场规律的操纵证

① 刘璐：《证监会查处多起操纵证券、期货市场罪案》，《证券时报》2012 年 12 月 21 日。

② 程丹：《证监会向公安部移送 22 起涉嫌犯罪案件》，《证券时报》2015 年 8 月 29 日。

③ Daniel R. Fischel & David J. Ross, “Should the Law Prohibit ‘Manipulation’ in Financial Markets?,” 105 *Harvard Law Review* 503, 506 (1991).

④ Craig Pirrong, “Energy Market Manipulation: Definition, Diagnosis, and Deterrence,” 31 *Energy Law Journal* 1, 3 (2010).

券、期货市场罪实质内涵的解释规则。

一 价量操纵：刑法条文对资本市场机制与法经济学理论的背离

操纵证券、期货市场罪的实质是价量操纵（价格操纵或交易量操纵）——这是中国刑法框架下的规范解释。这种操纵证券、期货市场罪的犯罪实质内涵理解的价值在于强化交易量在操纵证券、期货市场罪界定与认定过程中的重要性，但其在法律、经济的理论与实践层面存在明显的缺陷。

（一）立法及其理论阐释

根据中国《证券法》第77条、《刑法》第182条的规定，操纵证券、期货市场罪就是“操纵证券、期货市场”行为，主要包括连续交易、洗售、相对委托等“影响”或者“操纵”证券、期货合约交易价格或者交易量的具体操纵类型。但是，操纵证券、期货市场罪的基本定义或者实质内涵究竟覆盖了哪些内容，法律条文并没有给出直接且确定的回答。

在2006年《刑法修正案（六）》操纵证券、期货市场罪立法完善过程中，中国证券期货犯罪刑法理论有关操纵证券、期货市场罪的标准解读是——1999年《刑法修正案》修改后的操纵证券、期货交易价格罪的法律规范设计并不合理。证券、期货市场中的信号包括交易价格与交易量。[①] 操纵证券、期货市场罪行为既可以是市场价格的操纵，也可以是交易量的操纵。[②] 非法控制证券、期货合约交易过程中的交易量同样具有非常严重的危害，《刑法修正案（六）》将交易量影响或者操纵行为纳入操纵证券、期货市场罪的规制范围，是一项非常重要的立法优化措施。[③] 可见，中国刑法理论明确将操纵证券、期货市场罪的实质内涵解释为通过非法交易行为操纵证券、期货合约的交易价格或者交易量，即价量操纵。

（二）交易量操纵对资本市场价格机制的颠覆

操纵证券、期货市场罪的犯罪实质为价量操纵的观点，其最为明显的缺陷是弱化甚至取消了“操纵”的核心法律标准与应然内涵。

---

① 俞和明：《刑法中的操纵市场行为——兼议〈证券法〉相关条文的修改》，《金融法苑》2005年第6期。

② 何泽宏：《解读〈刑法修正案（六）〉》，《现代法学》2006年第6期。

③ 刘树德、喻海松：《从法治的立场解读〈刑法修正案（六）〉》，《中国审判》2006年第6期。

中国证券法、刑法规定的价量操纵中的价格操纵与交易量操纵是选择性关系。交易行为对金融商品价格或者交易量两类对象之一形成“操纵”或者“影响”，即构成操纵证券、期货市场罪。据此，价量操纵实质解释框架下的操纵证券、期货市场罪可以进一步分解为价格操纵和交易量操纵两种具体的犯罪行为类型。操纵证券、期货市场罪的核心行为是对金融商品价格的控制。单纯的交易量操纵行为可以独立地构成操纵证券、期货市场罪，实际上是中国证券法、刑法所独创——这意味着交易行为对金融商品交易量的控制水平达到一定绝对数量或者相对比例，就可以脱离交易行为、金融商品市场价格变动、行为与变动之间具有达到“操纵性”或者“影响性”量化标准的因果关系等一系列在法律技术上极为复杂疑难的价格操纵证明要点，直接得出该交易行为成立操纵证券、期货市场罪的结论。

交易量操纵量化标准设计上的机械性与证明技术上的简易性导致操纵证券、期货市场罪法律判断标准可以整体忽略价格操纵，完全以交易量操纵标准建构操纵证券、期货市场罪刑事监管标准——2010 年最高人民检察院、公安部《关于公安机关管辖的刑事案件立案追诉标准的规定（二）》（以下简称《追诉标准二》）规定的操纵证券、期货市场罪中的连续交易、洗售交易、相对委托交易的刑事处罚起点，就是全部以交易行为在特定证券、期货合约的特定交易时间段内所占的持有量、成交量为标准。从这个角度分析，中国资本市场法律规范体系下的操纵证券、期货市场罪，其司法判断根本不需要考察行为与金融商品价格变动之间的关系——至于特定交易行为介入资本市场之后造成金融商品价格波动是否达到了“操纵性”或者“影响性”标准，则更没有必要予以法律分析。价量操纵这一操纵证券、期货市场罪实质界定不仅没有因为置入交易量操纵标准而丰满，而且在行为结构中弱化甚至完全取消了价格操纵——而价格是整个资本市场的核心要素。能够完全脱离价格要素而独立运行的操纵证券、期货市场罪的刑法规范体系，显然与资本市场法律规范所赖以生存的金融环境与经济基础格格不入。

（三）交易量操纵的法律与经济解释困境

操纵证券、期货市场罪的犯罪实质内涵为价量操纵的理解会使法经济学解释理论陷入内在困境，即对资本市场行为的法律解释与经济解释结果完全脱节。即使承认资本市场法律制度基于实用性考量弱化操纵证券、期货市场罪证明压力，将外观上的价量操纵、内容上的交易量操纵作为操纵证券、期货市场罪实质的现实选择，价量操纵的实质概括仍然无法通过操纵证券、期货市场罪法律概念应然内涵与经济行为基础特征的双重验证。

无论是作为金融概念或者市场操作，还是作为法律概念或者违法犯罪，操纵证券、期货市场罪始终是一种联动地覆盖行为、结果以及因果关系的语义。操纵证券、期货市场罪内涵并不局限于行为意义层面。操纵是一个具有结果性内容的概念。以连续交易、洗售、相对委托等中国刑法明确规定的操纵证券、期货市场罪行为模式为例，单纯的连续买卖、自买自卖或联合一致行动人在相关控制账户中买卖金融商品的交易，只是操纵证券、期货市场罪内涵中的行为侧面，这种具有操纵属性的交易必须在资本市场中制造可归咎的操纵性结果，才能将交易与结果联系起来合并构成操纵证券、期货市场罪。因此，资本市场受到操纵或者操纵性“影响”是结果性要素，而一种介入因素（例如，法律规定的连续买卖、洗售、相对委托等交易行为）是否对资本市场实现操纵或者形成操纵性“影响”，其核心判断基准或者作为结果的终极体现，应当是金融商品市场价格是否偏离了抽离这一介入因素条件下的理论价格。如果操纵行为所指向的特定金融商品的市场交易价格，并没有偏离能够合理推论下资本市场正常或者自然竞争所形成的定价，则意味着特定金融商品的运作环境并不具有结果意义上的操纵性内涵，也就并不存在成立操纵证券、期货市场罪的结果性条件。

如果将交易量操纵解释为操纵证券、期货市场罪实质内涵的核心组成部分，甚至在法律实践中直接以交易量操纵作为判断操纵证券、期货市场罪的指标，操纵证券、期货市场罪显然需要被分解为行为意义上的交易与结果意义上的交易量。然而，即使涉嫌操纵证券、期货市场罪的交易行为的申报量、持有量、成交量等在特定金融商品总交易量中占据绝对优势（超过 50%），也不可能将之视为作为结果的操纵或者操纵性“影响”。因为交易量只是特定交易行为介入金融商品买卖市场之后的自然结果而非具备经济或者法律意义的操纵结果。交易行为通过数据化的形式呈现为交易量，交易量是对交易行为在数量上的规定。无论特定市场参与者交易量的绝对数额有多大规模，或者相对比例在金融商品交易总量中占据何种地位，“量”始终在交易这一“质”的范畴中发展。在能够锁定行为具有操纵属性的条件下，交易量也只是操纵性交易行为的组成要素，而不可能成为结果要素。所以，交易量操纵事实上并不契合操纵证券、期货市场罪的应然内涵。

暂且不论全球资本市场法律规范公认的操纵证券、期货市场罪模式中的洗售与相对委托——通过连续买卖哄抬或者压制金融商品市场价格是否应当在法律上直接根据交易量水平极高而以操纵证券、期货市场罪进行评价，实际上存在非常明显的疑问。在金融市场实践操作中，控制性地持有金融商品，建构在数量上具有优势的交易仓位，发出巨量交易申报又快速撤销，或者垄断性、整体性掌握特定金融商品的所有流通盘等，并非在任何情况下都可以构成操纵证券、期货市场罪。例如，单独或者联合一致行动人基于降低收购成本的考量，通过分散持股的方式持续买入上市公司证券。又如，做市商利用高速交易系统提交巨量非市场化交易指令，这些指令以不断变化的价量水平，在极为短暂的时间里提交与撤销，其中的一部分指令得以成交并根据流动性提供量向交易所结算流动性回扣。

在法经济学领域，有观点甚至直接指出，巨量交易实际上只有在逼仓、挤仓、制造价格趋势后反向操作、基于价格关联同步从事衍生工具交易等极少数条件下才有可能构成操纵证券、期货市场罪。①

资本市场实践以及法经济学理论至少说明，单纯的交易量绝对数额与相对比例完全无法成为验证操纵证券、期货市场罪属性的指标。从市场行为的角度分析，在特定金融商品买卖总规模中占据优势性、支配性乃至垄断性地位的交易存在正常投资、投机、过度投机和操纵证券、期货市场罪等多种可能。从法律判断的角度分析，单纯的交易量水平与操纵证券、期货市场罪违法属性之间没有关联度，甚至不能成为交易行为一般违法性的分析标准。可见，所谓的交易量操纵并没有经济与法律上的“操纵”属性，实际上只能作为特定交易行为在金融商品买卖总量中的数据化说明，而不能成为操纵证券、期货市场罪的实质内容。

二　价格操纵：操纵行为与价格结果并非完全且直接关联

与中国证券法、刑法将操纵证券、期货市场罪的实质内涵拓展为价量操纵不同的是，美国等成熟资本市场国家和地区的法律制度、法律与金融

① Gary L. Gastineau & Robert A. Jarrow, “Large-Trader Impact and Market Regulation,” 47 *Financial Analysts Journal* 40, 42 (1991).

理论及实践中相对主流的观点[①]，均将操纵证券、期货市场罪实质解释为价格操纵。

（一）立法例与判例

美国《证券交易法》第 10 条第 b 款对包括操纵证券、期货市场罪在内的所有操纵性、欺骗性证券欺诈行为建构了反欺诈法律规制条款。[②]《证券交易法》第 9 条"操纵证券价格"进一步针对虚假性、误导性交易操纵，连续交易操纵，金融机构操纵证券交易价格等作出专门的规范禁止。[③]可见，在证券欺诈条款无法确认操纵性或欺骗性手段或策略具体内容的情况下，价格操纵成为从美国 1934 年《证券交易法》规范中可以合理推断的操纵证券、期货市场罪实质内容。美国联邦最高法院在解释操纵证券、期货市场罪时也指出，1934 年《证券交易法》的立法原旨在于完全禁止各种可能被用作于操纵证券交易价格且尚未被市场所熟悉的交易策略与交易形式。[④]

操纵证券、期货市场罪实质为价格操纵更为细化的法律解释，散见于美国各级联邦法院判例之中：操纵证券、期货市场罪是故意影响金融资产价格的行为、方案、策略，此类因素介入或者不介入直接造成价格是否变动，并制造了不能反映金融资产基本供求关系的价格。[⑤] 操纵证券、期货市场罪是洗售、相对委托、联合定价等意图影响市场价格、误导投资者的虚假行为。[⑥] 操纵证券、期货市场罪是由单一或者复数主体经过细致预谋后实施的制造虚假价格的行为，[⑦] 此种行为导致其影响下的金融商品价格无法反映特定金融工具真实的供求水平。[⑧] 经由美国联邦法院判例解释的价格操纵具体表现为：特定投资者（投机者）介入资本市场，使得金融商

① Benjamin E. Kozinn, " The Great Copper Caper: Is Market Manipulation Really a Problem in the Wake of the Sumitomo Debacle?," 69 *Fordham Law Review* 243, 248 (2000).

② 15 U. S. Code § 78J-Manipulative and Deceptive Devices.

③ 15 U. S. Code § 78I-Manipulation of Security Prices.

④ Santa Fe Industries Inc V. Green, 430 US 462, 477 (1977). 尽管美国联邦最高法院判例解释重点在于强调不应当针对操纵证券、期货市场罪的范围有意识地进行限定，但其同时阐明了操纵证券、期货市场罪实质就是价格操纵。

⑤ Cargil, Inc. V. Hardin, 452 F. 2d 1154, 1163, (8th Cir. 1971).

⑥ Santa Fe Industries, Inc. V. Green, 430 US 462, 476 (1977).

⑦ Frey V. Commodity Futures Trading Commission, 931 F. 2d 1171, 1175 (7th Cir. 1991).

⑧ Great Western Distributors, Inc. V. Brannan Great Western Distributors, 201 F. 2d 476, 509 (7th Cir. 1953).

品的价格脱离自由供求关系市场条件，并不断趋向于虚假的价格水平。

欧洲资本市场法律制度同样是以价格操纵或者价格影响[①]为核心建构操纵证券、期货市场罪监管规范。德国《证券交易法》第 4 章“禁止操纵证券交易与市场价格的监管与合规”第 20a 条操纵证券、期货市场罪行为的禁止性规定，直接指向金融工具价格操纵。(1) 向市场传播虚假的或者具有误导性的信息，并且该信息对于金融工具估价具有重要影响；或者违反法律规定持有信息，并且该信息可能对于本国受监管市场中的金融工具市场价格或者欧盟其他国家或欧洲经济区其他签署合约国家的受监管市场中的金融工具市场价格产生重要影响。(2) 实施证券交易或发布交易指令，可能产生虚假的或者具有误导性的市场信号，影响供求关系、证券交易或金融工具市场价格，或者制造人为的价格水平。(3) 实施其他欺诈行为，可能对于本国受监管市场中的金融工具市场价格或者欧盟其他国家或欧洲经济区其他签署合约国家的受监管市场中的金融工具市场价格产生重要影响。[②] 法国《货币与金融法》第 465/1 条至第 465/3 条明确将市场犯罪的实质规定为价格“影响”：任何人直接或通过中介间接实施或者企图实施误导投资者且妨碍证券市场正常运作的操纵行为，或者通过公开渠道散布有关金融市场、金融商品发行人、证券、任何金融工具未来交易可能表现的虚假性、欺骗性信息，影响相关交易价格的，构成操纵证券、期货市场罪。[③]

---

① 价格操纵与价格影响的区别主要在于行为对市场价格的控制力强度的差别。价格影响是控制力弱化后的价格操纵，“影响”在经济与法律判断标准上低于“操纵”，但都强调操纵证券、期货市场罪的实质是行为与价格之间的控制与被控制关系。中国资本市场法律规范在操纵证券、期货市场罪条款中同时出现了“操纵”与“影响”两种标准。

② Wertpapierhandelsgesetz-WpHG § 20a Verbot der Marktmanipulation (1). 需要注意的是，德国《证券交易法》操纵证券、期货市场罪条款同样在第 (3) 项中使用了“其他欺诈行为”这样的原则性表述，在规范形式上更接近于将操纵证券、期货市场罪的实质归结为市场欺诈。但是，从实质解释的角度分析德国《证券交易法》反市场欺诈条款，可以清楚地看到，法律条文列举的三项行为尽管都具有欺诈性，但其本质内容最终都必须落脚于对德国本国或者欧盟其他国家的受监管市场中的金融工具市场价格产生影响。所以，德国《证券交易法》第 20a 条规定的操纵证券、期货市场罪的本质是价格操纵而非市场欺诈。

③ Código Monetario Y Financiero Artículo L465 - 1, Artículo L465 - 2, Artículo L465 - 3. 根据《货币与金融法》的规定，构成操纵证券、期货市场罪的，对于自然人应当处以两年以下监禁并处 150 万欧元罚金或者 1 倍以上 10 倍以下非法获利数额的罚金。

（二）部分操纵证券、期货市场罪行为与价格要素并无直接关联

从市场行为通过一定的策略安排实现经济利益的角度分析，控制金融商品市场价格并使其按照行为人预期的价格行为方向、波动幅度运作，是操纵证券、期货市场罪获取利润的基础。包括内线交易与操纵证券、期货市场罪在内的所有市场滥用犯罪，都是在完美信息市场与信息不对称市场之间徘徊的金融商品价差现实存在且能够为行为人加以利用的情况下，才可能形成市场滥用的经济利益。价差的幅度决定市场滥用犯罪的获利程度。内线交易行为滥用的对象是能够反映现时市场价格与基础资产真实价值之间价差的不对称信息。操纵证券、期货市场罪则是在金融商品发行与交易市场中创造能够形成这种价差的不对称信息。例如，金融商品价格信号。所以，在经济利益获取机制的意义上，操纵证券、期货市场罪就是对金融商品市场交易价格的操纵性或者影响性控制。

然而，并非所有操纵证券、期货市场罪的行为类型都是直接针对金融商品市场交易价格而实施的，这些被明确规定为操纵证券、期货市场罪的行为，其本身根本无法直接决定是否会出现行为人预期的价格波动，也不能控制金融商品市场价格波动的幅度。根据 2003 年欧盟委员会《关于内线交易与操纵证券、期货市场罪（市场滥用）的指令》第 1 条第 2 款第 3 项的规定，操纵证券、期货市场罪行为类型之一表现为，基于传统或者网络新闻媒体等渠道，传播有关金融工具或其基础资产价值的虚假的或者具有误导性的市场信息。在传播该市场信息时，行为主体知道或者应当知道该市场信息系谣传信息、虚假信息或者具有误导性的信息。[①] 英国 2000 年《金融服务与市场法》第 118 条“市场滥用”也将明知信息具有虚假性或者误导性的情况下通过信息传递制造虚假性或者误导性信号的行为规定为操纵证券、期货市场罪。[②]

这种向资本市场整体或者特定的投资者群体传递虚假性、误导性或者具有利益冲突的信息，诱导投资者根据信息所指向的内容从事相关金融交易，并从市场波动中谋取利润的操纵证券、期货市场罪的行为，与金融商品市场交易价格波动之间并没有直接的因果关系。分析整个操纵证券、

---

① Commission Directive 2003/6/EC of The European Parliament and of The Council of 28 January 2003 on Insider Dealing and Market Manipulation (Market Abuse), Article 1 (2).

② Financial Services and Markets Act 2000 § 118. Market Abuse.

期货市场罪的运作机制——行为人操控的是在资本市场中传递的信息内容，投资者的资本配置决策与行为受到的是信息的引导，而金融商品市场交易价格出现变化的直接原因是投资者所控制的资本在特定时间内大量注入或者撤离该金融商品交易，操纵者获取利益源自信息传递之前的建仓价格与投资者基于信息实施资本配置导致市场波动之后的平仓价格之间的差额。

可见，此类操纵者本身没有通过交易行为控制金融商品价格，或者交易行为的强度不足以对金融商品价格施加具有意义的作用力。操纵者实现整体控制的对象只是信息要素，对于投资者资本配置决策与行为只能达到“影响”的程度，对于金融商品市场价格的波动只能进行预期，而非具备直接控制效果的“操纵”。在现有法律规范框架下及金融市场实践操作中，部分操纵证券、期货市场罪行为并非金融商品市场价格的操纵，而属于针对金融商品发行与交易市场中的资本流动的操纵。尽管金融商品市场价格波动结果以及基于信息不对称所形成的价差获取经济利益是所有操纵证券、期货市场罪的要素与利益实现机制，但不能将价格波动或者价差获利机制模糊性地解释为价格操纵进而直接等同于操纵证券、期货市场罪实质。这样的理解会忽略操纵证券、期货市场罪结构上的复杂性，进而引起实体上构成要件配置与解释的错误、程序上证明规则设计与应用的紊乱。

（三）定价机制扭曲中的非价格行为因素

价格操纵的核心是人为引发、支配、主导金融商品及其基础资产市场的供求，排斥资本市场中的有效价格竞争，并且通过行使这种控制力形成人为的价格波动。资本市场中的价格操纵类似于商品现货市场中的价格垄断。在一个真实且充分竞争的商品市场中，价格垄断是不可能完成的任务。从这个角度进行类比，资本市场中的价格操纵的根本原因是操纵行为的介入生成了暂时性的市场扭曲与不充分竞争。这意味着资本市场在特定的时间阶段是否存在价格操纵，主要是一个事实判断问题，需要分析资本市场中的特定金融商品供求关系是否受到控制或支配，金融商品交易过程中所出现的价格与该种控制力之间是否存在因果关系，以及金融商品交易的控制主体是否故意制造偏离市场充分竞争下的扭曲价格。

证明价格操纵的关键是确认涉嫌操纵证券、期货市场罪的行为介入资本市场之后，该特定时间段的金融商品市场价格是否偏离正常竞争市场中的价格。价格操纵驱使金融商品市场价格偏离自由供求关系条件，并朝着虚假价格水平运行。自由竞争状态下的自然价格规律在操纵性交易策略或者市场操作手段控制下趋于异常。[①] 从金融商品价格的角度解释，价格操纵导致金融商品市场价格具有虚假性，即偏离金融商品正常供求关系或者金融商品本身及其所对应的基础资产的真实价值。从操纵证券、期货市场罪行为的角度分析，价格操纵导致金融商品市场价格具有人为性，即金融商品价格不受竞争性市场力量控制，而是由特定市场参与者的交易行为或者市场操作手段进行人为控制。在市场参与者通过金融交易行为直接作用于金融商品市场价格形成的情况下，判断价格形成机制是否受到扭曲并形成虚假性或者人为性定价，涉及分析特定时间节点的金融商品市场价格是市场竞争力量的定价，还是受控于该交易行为的结果。尽管这种需要建构于数量金融分析工具基础上的事实判断具有相当大的操作困难，并且虚假或者人为价格的经济或者金融分析标准很难代换成为法律实务人员能够充分理解的执法、司法标准，但至少操纵行为与价格虚假性或者人为性之间的因果关系解释与证明，仍然是一项可以通过有效的制度设计予以完成的工作。

然而，如果将基于虚假、误导、利益冲突信息诱导投资者资本配置决策并导致市场价格波动的操纵证券、期货市场罪类型的实质同样归结为价格操纵，由于信息型操纵行为必须通过资本流动的变化才能产生金融商品市场价格的波动结果，操纵行为与价格虚假性结果之间的客观距离过于遥远，事实联系过于间接，法律实践根本无法完成该种操纵类型实际“操纵”价格的证明。结果无非是，操纵证券、期货市场罪实质解释错误而引发的构成要件错误理解、证明标准无法实现，导致法律明确规定为操纵证券、期货市场罪的非价格操纵行为在实践中无法被惩治，或者基于严厉控制操纵证券、期货市场罪的政策定位而模糊价格操纵要件配置与弱化证明标准，将非价格操纵行为纳入操纵证券、期货市场罪处罚范围的同时，将部分不应当进行犯罪化处理的价格操纵行为认定为操纵证券、期货市场罪。

通过价格波动证明机制复杂性的理论阐释，我们可以发现，价格操纵并非操纵证券、期货市场罪全部实质内涵。形成这种理论认识的实践价值

---

① In re Vincent W. Kosuga 19 Agric Dec. 603, 615 – 616 (1960).

在于，强调不同类型的操纵证券、期货市场罪行为与金融商品市场价格异常波动而形成的虚假或者人为价格之间存在直接性与间接性关系的区别。操纵行为与金融商品价格之间的间接关联决定了价格操纵之外对资本市场投资者持有资金流动进行非法控制同样是操纵证券、期货市场罪核心且独立的内容。操纵证券、期货市场罪法律规范不能忽略对资本配置非法控制行为进行有针对性的监管。

三　市场欺诈：归责基础而非犯罪实质

操纵证券、期货市场罪与欺诈之间的关系问题，在全球资本市场立法、司法实践以及法律与金融理论层面尚未得到清晰的梳理与准确的阐释。理论上有相当数量的观点将操纵证券、期货市场罪解释为欺诈的一种特殊类型。[①] 但是，近年来有一种引发理论界关注的反思性意见认为，欺诈无法有效地对操纵证券、期货市场罪等资本市场违法犯罪实质进行界定，以市场欺诈为核心解释操纵证券、期货市场罪等违法类型，会造成执法、司法成本过高，侵权、违法、犯罪之间的界限不明，金融市场犯罪行为违法性实质定位模糊等问题。[②] 批判性地分析操纵证券、期货市场罪的犯罪实质为欺诈的观点，不仅能够深化认识操纵证券、期货市场罪的实质，而且有助于合理定位欺诈性要素在操纵证券、期货市场罪实体构成、程序证明、被害人范围确认等司法实践疑难问题解释中的作用。

（一）判例沿革与法律依据

英国法院在 19 世纪的标杆判例中最先提出了操纵证券、期货市场罪策略与行为的本质是欺诈的观点。在埃斯皮诺尔案中，被告人的公司通过欺诈性陈述的手段诱导投资者大规模买卖其公司证券。法院认为，投资者损失的直接证据缺失并不影响行为性质判定，公开且自由的证券交易市场整体受到欺诈，就可以作为认定投资者损害的事实基础。[③] 基于虚假交易计划而实施的操纵证券、期货市场罪亦被普通法视为典型的欺诈。英国法院在斯科特诉布朗案中指出，虚假交易的唯一目的是通过虚构市场中的价格

---

① Daniel R. Fischel & David J. Ross, "Should the Law Prohibit 'Manipulation' in Financial Markets?," 105 *Harvard Law Review* 503, 510 (1991).

② Samuel W. Buell, "What Is Securities Fraud?," 61 *Duke Law Journal* 511 (2011).

③ R. V. Aspinall (1876) 2 Q. B. D. 48, 66.

平衡诱导公众购买证券，以投资者的损失为代价使操纵者受益，虚假交易操纵就是骗取投资者购买证券的欺诈行为。[①]

在操纵证券、期货市场罪等证券违法犯罪与欺诈之间关系的问题上，美国资本市场法律文本、历史解释、执法规则之间存在潜在的冲突与紊乱。一方面，美国国会制定 1934 年《证券交易法》时明确提出，操纵概念不能背离普通法欺诈内涵。[②] 另一方面，《证券交易法》第 10 条第 b 款“欺骗性”“操纵性”的规范表述[③]明显超越欺诈的法律处罚框架，将操纵证券、期货市场罪等证券违法犯罪的行为责任拓展至更宽泛的市场滥用的范畴。由于美国《证券交易法》反欺诈条款过于原则、宽泛、模糊，在实践中无法予以具体适用，美国证券交易委员会（以下简称 SEC）根据《证券交易法》的授权制定 10b-5 规则细化反欺诈条款的具体内涵。[④] 10b-5 规则制定之初的目的显然是要合理限制《证券交易法》，防止市场欺诈禁止性规定范围的过度扩张。但随着 10b-5 规则本身不断地发展，其覆盖范围也远远超过了制定该规则之初所能想象的范畴。美国联邦最高法院在判例中指出，10b-5 规则经过几十年的发展内容相当繁复，应当对反欺诈适用范围进行反思。[⑤] 美国法律理论上也有不少学者提出，应当限制 10b-5 规则的解释开放性与内容复杂性，遏制反欺诈证券诉讼在实践中被滥用。[⑥]

在美国联邦法院有关资本市场违法犯罪的判例体系中，除了上述关于价格操纵的实质解释意见之外，相当数量的经典判例以欺诈为核心对操纵证券、期货市场罪的实质内涵进行解读——操纵证券、期货市场罪的责任基础在于欺诈。[⑦] 在控制证券供应量的基础上拉升、稳定、压制证券市场价格的行为，实际上就是欺诈。因为本应当由自由市场完成的定价，基于行为人的歪曲，转变成由其独立控制的价格。[⑧] 交易所关于特定证券的实

---

① Scott V. Brown, Doering, McNab & Co., (1892) 2 Q. B. 724, 734.

② Louis Loss, Joel Seligman & Troy Paredes, *Fundamentals of Securities Regulation* (5th Edition), Aspen Publishers, 2003, pp. 930-936.

③ 15 U. S. Code § 78J (b).

④ 17 C. F. R. § 240. 10b-5.

⑤ Blue Chip Stamps V. Maynard Drug Stores, 421 US 723 (1975).

⑥ Alan R. Palmiter, *Securities Regulation: Examples and Explanations*, Aspen Publishers, 2008, p. 359.

⑦ Schreiber V. Burlington Northern, Inc. 472 U. S. 1 (1985).

⑧ Harris V. U. S., 48 F. 2d 771, 774 (9th Cir. 1931).

时报价，是基于一系列真实发生于自由竞争、公开平等的市场平台上的交易而形成的有关证券基本价值评估，市场价格理应代表证券或者相关基础资产的真实价值。操纵性交易干扰了资本市场价格形成机制，其实质是欺诈投资者对于资本市场的合乎情理的预期。[①]

中国证券法、刑法规定的洗售、相对委托操纵都是通过虚假的交易制造市场价量信号从而诱骗投资者进入市场。尽管连续交易操纵中的金融商品买卖行为是具有真实产权变动的实质性交易，但理论上在阐释其违法性问题时，通常也是将之解释为制造虚假的价格信号诱导投资者买卖相关证券、期货合约——在法律规范上，完整的操纵就是一个欺骗与被欺骗的过程。操纵者采用各种手段人为制造虚假交易信息和公司信息的行为实质就是虚构事实和隐瞒真相，目的是欺骗投资人，意图使其他市场参与者做出操纵者所期待的交易行为。操纵者利用投资者的错误交易行为，从投资者的损失中获得利益，投资人被骗进行错误交易，将资金转移给了操纵者。因此，操纵者采用虚构事实、隐瞒真相的方法，致使投资人产生错误认识，“自愿”向其交付资金。[②] 可见，中国证券期货犯罪刑法理论与实践中的这种比较有代表性的意见，实际上是将操纵证券、期货市场罪等同于发生在资本市场中的一种特殊形式的欺诈（诈骗）。

（二）操纵证券、期货市场罪的欺诈性因素与传统欺诈分析框架的局限性

洗售、相对委托等通过交易行为直接形成虚假市场价格，这种操纵证券、期货市场罪类型具有明显的欺诈性特征——虚构交易（虚构事实）、隐瞒真实的金融商品供求关系（隐瞒真相）。连续交易操纵尽管形式上具有真实的金融商品产权转让关系，但操纵者人为控制的供求关系使得金融商品交易脱离了真实的市场竞争环境，同样具有掩盖资本市场真相的行为内容。就特定金融商品的真实价值或者供求关系问题向资本市场中的投资者释放虚假性或者误导性信息，显然会诱导投资者将资本配置或者撤离该金融商品，从而引发金融商品交易价格变动，方便操纵者从这种价格波动中获取利润。操纵者传递信息内容的虚假性或者误导性直接体现了行为的欺诈属性。

---

① U. S. V. Brown, 5 F. Supp. 81, 85 (S. D. N. Y. 1933).

② 吴卫军：《操纵证券市场罪的理论与实务难点分析》，载陈辐宽主编《金融证券犯罪疑难问题解析》，中国检察出版社，2009，第6页。

但是，操纵证券、期货市场罪具有非常明显的欺诈特征，并不意味着可以将操纵证券、期货市场罪的实质归结为欺诈。

其一，从要件配置与证明的微观角度分析，在欺诈犯罪的法律框架下，根本无法建构操纵证券、期货市场罪的法律责任。

如果认为操纵证券、期货市场罪本质上是发生在特殊经济环节（资本市场）中的一种具体的欺诈犯罪类型，则操纵证券、期货市场罪刑事责任成立的基础在于，操纵行为误导了在资本市场中从事投资或者投机（配置或者撤离资本）的特定市场参与者。操纵主体在主观上必须具有欺诈市场参与者的故意，在刑事追责实践中甚至需要进一步确立其是否具有非法占有资本市场中从事特定金融商品交易的其他投资者财产目的的事实。同时，投资者是基于操纵行为的欺诈主动交付资金。但是，金融市场高度发达的网络交易技术意味着，法律实践不可能证明操纵证券、期货市场罪行为主体与其他市场参与者之间存在直接且具体的接触，也无法确定作为被害人的操纵性交易对手方的具体信息（例如，精确的损失数额等）。操纵证券、期货市场罪至多只是在局部行为结构与结果表现上具备欺诈因素，与欺诈实质内涵并不匹配。因此，以被害人受到犯罪行为的影响而主动转移产权为核心的欺诈犯罪构成要件，不能作为评价操纵证券、期货市场罪刑事违法性的法律标准。

其二，从资本市场犯罪与传统财产犯罪违法性基础的宏观角度分析，操纵证券、期货市场罪具有欺诈实质的解释意见，混淆了经济效率与道德罪错的本质差异。

欺诈的刑事违法性本质集中源自行为道德上的可谴责性或者罪错性。欺诈（诈骗）犯罪不仅与盗窃、敲诈等一样属于侵犯他人财产权的严重不道德行为，而且与杀人、伤害等侵犯生命健康权的犯罪类型相同——行为责任建立于道德罪错的基础之上。在欺诈（诈骗）、盗窃等传统的产权犯罪中，道德判断能够限制行为责任的范围。强调操纵证券、期货市场罪的欺诈实质，等于将资本市场犯罪刑事责任的根基回归至与传统财产犯罪相一致的道德谴责与否定。而操纵证券、期货市场罪是纯粹的经济行为与市场行为，其责任问题属于行为是否严重损害资本市场运作机制的效率评估问题，刑事责任设置是基于对操纵证券、期货市场罪行为阻碍资本市场效率进行评估之后的一种法律禁止。操纵证券、期货市场罪刑事责任的触发无须且不能依赖于道德判断。如果金融市场、法律规范与监管措施侧重于从道德罪错的角度建构操纵证券、期货市场罪的实质，反复刻画与强调操纵证券、期货市场罪行为唯利是图、贪得无厌、舞弊作乱等道德上的不正当性特征，不仅会阻碍操纵证券、期货市场罪刑事法律控制的效率，而且会模糊民事救济措施的边界性，损害法律竞争市场运作机制的有效性，忽略应当由市场安排与经济制度控制操纵证券、期货市场罪的基础定位。如果资本市场法律制度整体上以宣示性地弥补投资者损失、阶段性地打击欺诈、严惩市场不道德行为的运动式控制手段进行操纵证券、期货市场罪监管，以此平复资本市场信心缺失、化解道德危机、回应公众诉求，操纵证券、期货市场罪将会逐渐褪去其市场行为与经济行为的基本内涵，其结果便是刑罚措施逐步演变为道德宣誓与政治权衡，而非资本市场机制与经济效率的保障。

（三）作为责任基础与行为运作机制解释的市场欺诈理论

由于操纵证券、期货市场罪不可能在欺诈的法律规范框架下完成要件建构与实践证明，加之传统欺诈概念无法解释操纵行为对资本市场效率的实质性损害问题，法律、金融理论与实践在自由市场的基础上逐渐发展出了市场欺诈理论并将其作为操纵证券、期货市场罪实质的依据——自由市场概念、市场欺诈理论对于解释操纵证券、期货市场罪的市场欺诈实质具有重要意义。

在公开、透明、自由竞争的市场环境下，金融商品市场价格由与其真实价值有关的所有市场信息所决定。误导性陈述向资本市场传递虚假信息，即使没有直接证据证明投资者基于误导性陈述作出资本配置决策，也应当认定误导性陈述时空条件下的金融商品交易者受到欺诈。资本市场中操纵等市场滥用行为与投资者从事资本配置之间的因果关系强度，不因为行为人与投资者之间不具有主体与对象、交易对手方等直接对应关系而弱于普通欺诈违法犯罪中的欺诈行为与被害人交付之间的因果关系。根据美国联邦最高法院的判例意见，市场滥用行为的责任归咎应当体现出资本市场交易明显区别于传统欺诈案件当面交易的现代性特征。市场参与者基于自主、直接观察商品形成定价结论的交易模式被市场定价机制所替代。在透明且成熟的资本市场基于市场价格从事资本配置决策与行为，市场参与者无须证明其投资决策与虚假陈述行为之间的特定联系。[①] 自由市场竞争性交易形成的价格充分反映与金融商品或者基础资产真实价值有关、能够

① Basic V. Levinson, 485 US 224, 244 (1988).

对金融商品市场价格产生影响的信息，投资者根据价格信号配置资本，而操纵行为介入市场扭曲真实的市场价格，从而导致市场失灵或者信息错误，使投资者基于市场传递的虚假价格信号作出资本配置决策。可见，法律标准固然无法确认操纵证券、期货市场罪对投资者的直接欺诈，但操纵证券、期货市场罪对价格信号的干扰与信息内容的编造，意味着其对资源优化配置所信赖的整个信息市场进行欺诈。从有效市场与市场欺诈的理论视角切入，操纵证券、期货市场罪可以被理解为市场欺诈犯罪。

但是，以美国《证券交易法》第 10 条 b 款以及 SEC10b－5 规则为典型法律规范基础的市场欺诈理论，其所勾勒的操纵证券、期货市场罪等违法犯罪对整个资本市场、投资者（投机者）所实施的欺诈行为及其损害结果的核心价值是对证券虚假陈述责任归咎渠道的重铸，[①] 而非对操纵证券、期货市场罪等资本市场犯罪实质内涵的解释。

市场欺诈理论的实践价值只能具体化为针对操纵证券、期货市场罪责任基础（因果关系）提供符合资本市场经济运作机制的解释。操纵行为影响金融商品价格，从而对依赖于该价格来判断投资价值的资本市场参与者形成欺诈。这种市场欺诈解释在操纵证券、期货市场罪刑法规制实践中解决的是因果关系问题，即市场欺诈理论本质上是对交易关联的一种可反驳推定——资本市场是一个开放的交易系统，金融商品交易价格是由与该金融商品及其发行人有关的重要信息所决定的，故操纵市场行为本身并不直接与投资者发生关系，而是经由市场信息传递机制作用于投资者的资本配置行为。控方实际上并不需要证明操纵行为与投资者受引诱从事的金融交易具有直接性关联，只要有证据表明操纵等市场滥用行为实质性地影响市场信息，即对于证券交易价格具有重大影响，[②] 就可以认定操纵证券市场案件存在“交易关联”这种因果关系类型。但是，如果被告人能够证明资本市场中的投资者实际上是以合理的市场价格从事相关金融商品交易或者涉案操纵行为对资本市场价格没有产生重大影响，则可阻断操纵行为与被诱惑投资行为之间的因果关系，进而阻却涉案操纵行为的违法性。[③]

---

① SEC V. Tex. Gulf Sulphur Co. , 401 F. 2d 833, 864 (2d Cir. 1968).

② Semerenko V. Cendant Corp. , 223 F. 3d 165, 176 (3d Cir. 2000).

③ 谢杰：《操纵资本市场犯罪刑法规制研究》，上海人民出版社，2013，第 50 页。

四　操纵证券、期货市场罪的实质解构：金融商品或（与）市场资本非正当控制

操纵证券、期货市场罪的犯罪实质应当是金融商品操纵与市场资本操纵的独立进行或者联合展开，即行为主体可以通过价量操纵或决策操纵中的任何一种方式对资本市场进行操纵，也可以通过叠加使用价量操纵与决策操纵强化与提升对资本市场的操纵力度。

（一）资本要素与操纵证券、期货市场罪的刑法解释

资本市场是各种金融商品以及相关衍生工具供应与需求的动态组合。单纯基于这种现象化的界定来看，资本市场就是由金融商品交易价格与交易量等现实交易关系的抽象化、数据化信息所组成的定价机制与供求交互平台，操纵证券、期货市场罪就是对金融商品的价格（交易量）进行操纵。然而，一旦深入资本市场运作机制的实质，从市场机能的视角剖析资本市场，我们能够清楚地看到，资本市场现象化界定的缺陷在于偏向性地聚焦于资本市场中更具固定性、设计性的要素——金融商品，弱化了对资本市场中更具流动性、金融心理影响性的要素——市场资本要素的考察。安东尼·克罗曼与理查德·波斯纳将市场抽象为：以机会供给为运作形式的交易者利益实现或利益共赢平台，以资源优化配置为经济手段的社会利益优化途径。[①] 相应地，资本市场本质上是以风险承担与利益获取为运作形式的金融商品与市场资本等产权持有者的价值实现平台，是以资本资源优化配置为经济手段的社会福利最大化机制。探索资本市场实质机能的目的是揭示资本市场中内嵌于现象化金融商品要素运动（证券、期货、衍生品等金融商品市场交易价格、交易量等变动）过程中的另一核心要素——市场资本。

市场资本投入或者撤出证券、期货、衍生品等金融市场中的特定资产载体，具体表现为稀缺性资本资源控制者的资本配置决策及投资（投机）行为。这是资本市场参与者根据金融商品当前价格及其发展趋势评估之后的产权结构性调整。在资本市场中，与市场资本要素有关的所有动态，都是资源控制者作为市场参与者存在与发展的行为呈现和心理状态。市场资

---

① Anthony T. Kronman & Richard A. Posner, *The Economics of Contract Law*, New York: Little, Brown & Company, 1979, p. 2.

本不是自我封闭的结构，相反，它与金融商品要素之间进行着深刻的互动。资本市场参与者决定或者现实买入或卖出特定金融商品的资本要素配置行为，受到金融商品要素的影响，即价格信号、其他市场参与者资本配置信号（交易量信息）会调整投资者（投机者）的行为反应。同时，资本市场参与者买入或者卖出、做多或者做空特定金融商品的市场资本配置决策与行为，直接调整该金融商品的市场交易价格、交易量，从而形成市场资本对金融商品要素的作用力。资本与商品两大要素之间的互相影响，深刻体现为资本市场参与者不仅需要客观评估与金融商品基础资产价值有关的信息，而且受制于其他市场参与者对该金融商品的主观判断与心理趋势。作为资本市场的表象性部分，金融商品要素通过证券、期货、衍生品的市场交易价格等信息化的形式呈现，是金融市场参与者心理决策与投资（投机）行为的信息反射，能够被外部观察者所直接发现、考察与分析——但这种现象化的观测并不一定符合基础资产价值。作为资本市场的内在性部分，市场资本要素通过隐藏于投资者（投机者）决策心理与产权配置行为，内在地构成了影响金融商品市场交易价格、交易数量、流动性水平的根本性资源。

操纵证券、期货市场罪的实质应当是对金融商品或者市场资本的非正当控制并从中谋取交易利益，即操纵者通过能够向市场传递误导性信号的信息、交易、市场力量等，直接影响金融商品交易价格（交易量），或者控制市场投资者（投机者）参与特定的金融商品交易、金融投资等间接影响金融商品交易价格（交易量），同时从事相关金融投资并从金融商品市场价格偏离其真实供求关系或者基础资产价值的价差中获取利益。所以，操纵证券、期货市场罪的实质就是通过资本市场基本要素的非正当控制实现经济利益，即金融商品或（与）市场资本的非正当控制。

只有准确且完整地发现、辨识资本市场基本要素，并强调容易被忽略的资本要素以及市场中的资本配置行为，才有可能对操纵证券、期货市场罪的实质进行全面的、符合经济原理与资本市场特质的解释。

（二）中国刑法文本与操纵证券、期货市场罪实质解释的兼容性

准确解构操纵证券、期货市场罪的犯罪实质，除了需要在法律与经济分析层面廓清其基础内涵之外，还应当充分结合法律文本进行规范解释，使得符合资本市场运作机制与操纵证券、期货市场罪行为的实质解释理论，能够被有效地置入法律规范的文本框架，最终落实于本土化的刑事司法实践。

尽管中国刑法操纵证券、期货市场罪的条文没有直接规定实质内涵，但是，探索并阐释其犯罪实质依然有必要依托于刑法规范的形式化解构。聚焦于中国《刑法》第 182 条操纵证券、期货市场罪的法律文本，并从条文关系、规范结构等角度归纳制度的内在逻辑，能够清楚地透视中国资本市场刑法制度上操纵证券、期货市场罪前后递进的规范层次。第一层次，行为模式。操纵证券、期货市场罪行为模式具体包括：（1）连续交易，即独立、联合其他行为主体，实施连续性的金融商品交易行为，操纵金融商品的市场价格、交易量；（2）相对委托，即复数行为主体在交易价格等核心要素约定的情况下，相互买卖金融商品，影响证券、期货合约的市场价格或者交易量；（3）洗售，即独立行为主体在实际控制证券、期货合约交易账户中买卖金融商品，影响证券、期货合约的市场价格或者交易量；（4）以其他方法实施操纵行为。第二层次，法律属性。符合操纵证券、期货市场罪行为模式特征的，在法律上构成操纵证券、期货市场。第三层次，刑事处罚标准。情节严重是刑法介入的具体标准，不符合情节严重标准但符合行政监管介入标准下的操纵证券、期货市场罪法律属性判断的，应当以资本市场行政法律制度进行监管。

可见，中国刑法规范意义上的、没有经过法律与经济分析解构的《刑法》第 182 条操纵证券、期货市场罪的实质，就是规范形式化解构中处于第二层次的、各种操纵性行为模式的法律属性，其法律文本表述为“操纵证券、期货市场”——上述结论并非没有意义的同义反复，其价值在于通过法律文本或者刑法规范罪状的分析方法，揭示行为模式与法律属性之间的层次性区别，以及不同行为模式实质内涵之间的重大差异。连续交易、相对委托、洗售等《刑法》第 182 条具体描述的行为模式，在行为内容上是金融商品（证券、期货合约）操纵，在行为手段上是价量操纵，金融商品操纵或者价量操纵都只是操纵证券、期货市场罪的类型、部分内涵而非实质与完整内容。

犯罪构成当然可以是传统刑法理论架构下的耦合（例如中国刑法）、双层（例如美国刑法）、层进（例如德国刑法）等逻辑创制，但也可以是不同规范分析视角与行为性质判断程序下的制度发现。通过上述操纵证券、期货市场罪条文形式化解构可知，中国传统刑法理论与实践审视下的耦合式犯罪构成，同样能够以行为模式、法律属性、处罚标准这一前后承继的递进式犯罪构成框架，解构操纵证券、期货市场罪的成立过程。实体性与静态性的操纵证券、期货市场罪的构成，实际上同时内含着程序性与动态性的法律判断。操纵证券、期货市场罪的罪状中的行为模式、法律属性、处罚标准在不同刑法判断阶段承担着纵深性的评价职能。

1. 行为模式

行为模式是对操纵性行为的具体规范描述，根据操纵类型复杂程度的差异与法律文本简洁性的需要，调整规范表述的细致化程度，设定判断操纵证券、期货市场罪的犯罪样态。

2. 法律属性

法律属性是对符合刑法规范既定模式所具体描述的各类操纵性经济行为在法律上的属性推定，在这个司法实践的推定过程中，中国《证券法》第 77 条与《刑法》第 182 条有关“操纵证券市场”的法律判断具有相同的机制。适用法律的金融监管机构与审理金融犯罪案件司法机关形成涉案行为应当构成操纵证券、期货市场罪的评价之后，犯罪嫌疑人有权予以反驳。反驳有合法证据支撑的，构成肯定性辩护理由，即承认涉案行为符合行为模式中的规范描述，但属于资本市场以及资本市场法律制度所允许的正当市场运作，不应当作为操纵证券、期货市场罪论处。允许的资本市场运作行为是金融商品发行人、金融商品发行人的控股股东或实际控制人、金融中介机构以及资本市场中的其他投资者（投机者），根据金融法律制度或者基于金融监管机构的同意，履行义务、从事回购、执行预设交易计划、安定操作等金融交易行为。允许的资本市场运作可以排除操纵证券、期货市场罪的法律属性，不仅在实体标准与证明程序上对实施符合操纵性交易行为模式的市场主体提供了合法且合理的免责空间，而且能够在很大程度上分散资本市场执法与司法的压力，同时又可以通过允许合法的投资或者投机交易丰富资本市场的流动性。

成熟金融市场国家的法律制度对允许的资本市场运作完成了较为丰富的规则设定，肯定性辩护相对也就会显得比较充分——在内线交易中，预设交易计划是美国证券监管机构明确认可的市场操作行为，因而在资本市场犯罪案件刑事辩护中属于非常重要的肯定性辩护事由。根据 2000 年 SEC 监管规则《选择性披露与内幕交易》的规定，控方推定持有重大未公开信息的行为人在从事相关证券交易时使用了未公开信息，行为人可以提出以下反驳推定的事由：（1）事先存在从事该项交易的有约束力的合同；（2）执行事先存在的第三方交易指令；（3）事先存在的书面计划预先详细说明了该项交易。[①] 预设交易计划抗辩在实践中又被称为“10b5－1 避风港规则”，即如果行为人预先计划（包括证券数量、交易价格、交易日期等要素）从事相关证券交易时没有获悉重大未公开信息，随后执行该计划中规定的交易行为，即使届时掌握了该重大未公开信息，亦不能对其提出内幕交易指控。[②] 在操纵证券、期货市场罪中，允许的资本市场运行表现为市场参与者根据上市公司股权激励机制、安定操作等法律规定的合理条件或者金融监管部门同意实施金融商品交易行为，尽管可能通过连续交易在特定时间范围内占交易总量中的多数，甚至是金融商品流通总量中的多数，但并不能认定为操纵证券、期货市场罪。例如，根据德国《证券交易法》第 20a 条第 2 款、第 3 款的规定，操纵证券、期货市场罪的禁止性规定不适用于金融监管机构认定的，或者欧盟 2003 年《回购程序与金融工具安定的实施意见》规定的回购、价格安定措施等允许的市场运作行为，不能基于先前缺乏市场广泛认同而将特定的经济行为推定为不属于允许的市场运作。[③]

但是，中国资本市场法律制度及其实践应用没有对允许的资本市场运作及其在资本市场犯罪构成中的体系性价值予以足够的重视，也没有设计完整、系统且具有可操作性的法律规则。这一制度性瑕疵在内线交易与操纵证券、期货市场罪规范体系中呈现出不同的样态。在内线交易犯罪规范体系中，刑事司法规则明确规定了预设交易计划等允许的市场运作机制，[④] 但资本市场行政法律制度没有对预设交易计划的适用范围与运作程序进行明确与系统的规定。而预设交易计划的法律规则本身又是非常复杂的一个规范结构，缺乏完备的程序规范与实体条件等行政法律配套制度意味着这种肯定性抗辩在资本市场犯罪刑事司法实践中不可能得到有效执行。[⑤] 在

---

① 17 C. F. R. § 240. 10b5－1.

② Stanley Veliotis, “Rule 10b5－1 Trading Plans and Insiders' Incentive to Misrepresent,” 47 *American Business Law Journal* 313, 314 (2010).

③ Wertpapierhandelsgesetz-WpHG § 20a Verbot der Marktmanipulation (2); (3).

④ 根据 2012 年最高人民法院、最高人民检察院《关于办理内幕交易、泄露内幕信息刑事案件具体应用法律若干问题的解释》（简称《内幕交易解释》）第 4 条第 2 项的规定，按照事先订立的书面合同、指令、计划从事相关证券、期货交易的，不属于内幕交易犯罪行为。从规则内容上分析，《内幕交易解释》规定的预设交易计划抗辩与美国《选择性披露与内幕交易》的 10b5－1 避风港规则基本一致。

⑤ 谢杰：《最新内幕交易犯罪司法解释的缺陷与规则优化》，《法学》2012 年第 10 期。

操纵证券、期货市场罪规范体系中，中国资本市场行政法律制度对允许的市场运作以及相应的排除操纵证券、期货市场罪法律属性的法律效果作出了相对具体的规定,[①] 但中国传统证券期货犯罪刑法理论与实践将连续交易、相对委托等操纵性行为模式的共同性特征（价量操纵）直接作为操纵证券、期货市场罪的实质，或者同质化解释为操纵证券、期货市场的法律属性。这意味着尽管金融行政法律制度完成了配套规则的建构，资本市场刑法却否定了允许的市场运作在操纵证券、期货市场罪案件刑事司法实践中的肯定性辩护效果。所以，通过刑法实体规范的形式化解构，在操纵证券、期货市场罪法律属性判断环节梳理违法类型推定与反驳的程序性内容，不仅能够有效揭示行为模式与法律属性、价量操纵共性特征与操纵证券、期货市场罪实质特征等概念之间的结构性差异，更有助于深化中国操纵证券、期货市场罪刑法规范及其实践应用，对“允许的资本市场运作”这一重要市场机制与制度安排及其在刑法适用上对应的肯定性抗辩问题予以充分关注，进而优化刑法解释规则与金融行政法律配套制度。

3. 刑事处罚

刑事处罚标准以综合资本市场、行为与行为人、政策等各种要素的方式对操纵证券、期货市场罪行为的危害性进行量化限制，在资本市场刑法制度的法律适用上，承担着协调犯罪化程度的功能，在资本市场刑法制度的效率实现上，旨在以最低的制度成本完成最优的资本市场保护目标。

所以，中国刑法文本实际上与金融商品或（和）市场资本非正当控制的操纵证券、期货市场罪实质之间具有良好的兼容性，纵然在立法阶段未能制定清晰且明确的规范表述，进而发现市场资本操纵的独立地位与实质

---

① 2013 年 12 月 25 日国务院办公厅《关于进一步加强资本市场中小投资者合法权益保护工作的意见》指出：“完善股份回购制度，引导上市公司承诺在出现股价低于每股净资产等情形时回购股份。”2013 年 11 月 30 日证监会《关于进一步推进新股发行体制改革的意见》规定：“发行人及其控股股东、公司董事及高级管理人员应在公开募集及上市文件中提出上市后三年内公司股价低于每股净资产时稳定公司股价的预案，预案应包括启动股价稳定措施的具体条件、可能采取的具体措施等。具体措施可以包括发行人回购公司股票，控股股东、公司董事、高级管理人员增持公司股票等。上述人员在启动股价稳定措施时应提前公告具体实施方案。”同时，根据证监会 2005 年 6 月 16 日《上市公司回购社会公众股份管理办法（试行）》、2008 年 10 月 9 日《关于上市公司以集中竞价交易方式回购股份的补充规定》的规定，按照证券交易所上市公司回购业务规则、依法在证监会备案、全面履行信息披露义务、符合债权人权益保障合规监管的证券回购行为不属于操纵证券、期货市场罪。

内容，但在违法犯罪类型或者罪状建构时，通过行为模式与法律属性、价量操纵共通性特征与操纵证券、期货市场罪实质性特征的有效区分，确保法律文本经过无须耗费立法成本的法律解释，便足以应对新型操纵证券、期货市场犯罪行为的挑战以及金融市场与交易技术的变迁。

（三）金融商品操纵与市场资本操纵的独立运行或者叠加操作

尽管行为金融原理深入阐释了市场参与者心理决策、投资者（投机者）交易行为、资产配置流动与金融市场信息和证券、期货、衍生品等金融商品价量变化之间的关系，[①] 量化评估能力不足的法律理论与实践还是会因为欠缺有力的分析工具审视信息市场中的金融交易参与者行为，缺少足够的证据材料支撑受到操纵性信息影响的投资者损害数额，从而弱化了对资本市场中的“资本”内在流动及其表象化的投资（投机）行为等要素的关注。所以，除了利用法律与金融分析方法，在解构操纵证券、期货市场罪的犯罪实质的过程中完成金融商品要素之外的市场资本要素发现之外，还需要进一步从操纵证券、期货市场罪行为的动态运作视角，揭示金融商品操纵与市场资本操纵的操作机制。

作为独立构成操纵证券、期货市场罪的犯罪实质内涵之一的金融商品操纵，基于交易行为对金融商品市场价格、交易量的形成影响或者控制，部分干扰乃至整体扭曲自由竞争性的价格形成机制，制造人为的、失真的市场价格。金融商品操纵的直接结果是证券、期货合约、衍生品等金融商品交易价格、交易量受到操纵者的人为控制，间接结果是通过收到人为控制的市场价格或者交易量等市场信号，继续作用于资本市场中的其他参与者，促使其按照市场信息所对应的交易内容与交易方向实施资本决策与配置行为。操纵证券、期货市场罪刑法规制不应当忽视的是，市场资本操纵也能够独立构成操纵证券、期货市场罪的犯罪实质内涵之一。市场资本操纵基于信息行为对市场参与者资本资源配置决策、投资（投机）行为的影响，干扰市场中的资本要素在正当竞争环境下自由地完成对金融商品价格的发现。市场资本操纵的直接结果、间接结果与金融商品操纵互为相对——直接影响资本要素配置，间接作用于金融商品价格与交易量水平。

---

① Harrison Hong, José Scheinkman & Wei Xiong, “Asset Float and Speculative Bubbles,” 61 *Journal of Finance* 1073, 1075 (2006).

商品与货币的产权界定是市场、市场交易的先决条件。[①] 相应地，金融商品与市场资本的要素界定是资本市场与资本市场交易行为的前提与基础。因此，金融商品操纵并非操纵证券、期货市场罪的犯罪实质的全部。针对资本要素的操纵行为构成操纵证券、期货市场罪内涵中同等重要的组成部分。法律理论与实践缺乏对资本要素的考察，操纵证券、期货市场罪的犯罪实质解释缺少对市场资本操纵内涵的发现，既与经济原理与金融市场实际不符，又无法对操纵证券、期货市场罪形成完整的法律解释、全面的司法认定以及有效的立法规制。在经济上的实质解释结论是：金融商品操纵或者价量操纵手段的独立运作，意味着操纵者的金融交易不正当地控制资本市场中的特定商品要素；市场资本操纵或者决策操纵手段的独立运作意味着信息行为不正当地控制资本市场中的资金流动。金融商品操纵与市场资本操纵的叠加操作，使得金融交易行为与市场信息行为对商品要素与资本要素的影响更为深刻，操纵者的经济利益实现概率与程度更高。在法律规范上的实质解释结论是：操纵证券、期货市场罪的实质是金融商品操纵与市场资本操纵的独立运作或者叠加操作。中国证券法、刑法所明确类型化的行为模式，即连续交易、相对委托、洗售操纵等，在内容性实质层面表现为金融商品操纵，在手段性实质层面表现为价量操纵，行为主体直接围绕金融商品实施操纵策略，代表了操纵证券、期货市场罪行为体系中非常重要的一部分实质内涵。中国证券法、刑法操纵证券、期货市场罪条款由于特定立法历史与市场发展水平的局限而未能完成明示性规定的操纵模式，即“以其他方法操纵证券、期货市场”，不仅可以是其他类型的金融商品操纵，而且可以是围绕持有资金的资本市场参与者的资本配置实施操纵行为，即市场资本操纵。

结　论

在现行中国刑法的制度框架下，应当将操纵证券、期货市场罪的犯罪实质解释为对证券、期货合约以及其他金融衍生工具或者投资者资本配置决策进行非正当控制并从中谋取金融交易利益的犯罪行为。就操纵结构上进行具体的实质阐释而言，操纵证券、期货市场罪实际上就是操纵者通过

---

① Ronald H. Coase, “The Problem of Social Cost,” 3 *The Journal of Law and Economics* 1, 27 (1960).

能够向资本市场传递误导性信号的信息、交易、市场力量等，直接影响证券、期货合约以及其他金融衍生工具交易价格、交易量，或者控制资本市场参与者从事特定的证券、期货合约以及其他金融衍生工具交易从而间接影响证券、期货合约以及其他金融衍生工具交易价格、交易量，并且从事相关金融投资，从金融商品市场价格偏离真实供求关系或者基础资产价值的价差中获取不正当经济利益。操纵证券、期货市场罪犯罪实质界定的实践意义是，为资本市场刑事立法与司法提供一个整合经济与法律行为特征的、具有确定性与可操作性的实质解释框架，实现法律不确定性概念与立法稳定性之间的价值平衡，为证券犯罪执法与司法机构分析操纵证券、期货市场罪的构成要素提供符合资本市场经济原理的法律标准。

（上海交通大学凯原法学院副教授，法学博士　谢杰）

第二节

操纵证券市场行为的本质及其司法认定

一　引言：信息化全流通时代的挑战

随着我国证券市场信息化、全流通时代的来临，[①] 证券市场操纵手法升级换代的帷幕也随之拉开，面对天文数字般的巨额流通股市值，利用资金优势、持股优势等拉抬、打压股价等传统"坐庄"手法逐渐淡出操纵江湖的核心地位，取而代之且层出不穷的是各种新型的、成本更低的、技术含金量更高的操纵形式和记录不断被刷新的巨额操纵大案。[②]

据中国证监会通报，2006 年 1～11 月，周建明利用频繁申报和撤销申报手段，操纵"大同煤业"等 15 只股票价格，违法所得 176 万余元；[③] 通过"抢帽子"手法，[④]即事先建仓，黑嘴公开荐股后抢先卖出，北京首放投

① 2011 年 12 月底，中国网民数量突破 5.13 亿，达到 38.3%。其中，手机网民规模达到 3.56 亿，互联网宽带接入用户达到 1.55 亿户，3G 网络已经覆盖全国所有县城和大部分乡镇。2012 年 1 月，我国境内股票总发行股本（含 A、B、H 股）36095.52 亿股中，流通股已占 79.9%，共计 28850.26 亿股；股票市价总值（含 A、B 股）214758.10 亿元，股票流通市值 164921.30 亿元，占 76.8%。参见中国互联网络信息中心（CNNIC）发布的第 29 次《中国互联网络发展状况统计报告》；证监会官网 2012 年 1 月统计数据，索引号：40000895X/2012－01394，发文日期：2012 年 3 月 16 日。

② 申屠青南：《史上最大"抢帽子"操纵股价案浮出水面》，《中国证券报》2011 年 12 月 12 日。

③ 参见中国证监会〔2007〕35 号行政处罚决定书（周建明），2007 年 12 月 17 日。

④ 早期的证券交易都是由证券交易员在交易池内喊价交易，他们用手势加上高声喊叫来报价，于是那些在日内短线炒作的交易员就要不停地举手报价，那情形就像一群人在伸手抢帽子一样，所以就把日内短线交易的手法称为"抢帽子"。参见王亮《"汪建中荐股案"法律问题分析》，硕士学位论文，兰州大学，2012。时至今日，抢帽子交易的内涵已发生了演变，专指利用股票分析、咨询服务和信息发布优势，在荐股前先行建仓，荐股后进行反向交易的证券市场操纵行为。

资咨询有限公司（以下简称“北京首放”）总经理汪建中在2007年1月9日至2008年5月21日，操纵证券市场共计55次，非法获利共计人民币1.25亿余元。[①] 而年仅30岁出头的余凯等人，以同样的手法，在不到2年的时间里，从股市圈钱7000多万元……[②]

操纵证券市场的查处风暴并未就此平息。2011年12月，中国证监会再次通报了几起抢帽子交易案，其中，广东中恒信传媒投资有限公司、薛书荣、郑宏中等机构和个人以抢帽子交易方式操纵股票价格，交易股票552只，累计交易金额约571.76亿元，非法获利4.26亿元，成为证监会迄今查实涉及股票规模最大、涉案金额最高、涉案人员数量最多的抢帽子交易案。

虽然汪建中、余凯等人的抢帽子交易行为分别于2011年8月3日、2012年5月17日，由北京市第二中级人民法院、湖北省天门市人民法院作出的刑事一审判决宣告操纵证券市场罪成立，但时至今日，由于抢帽子交易中的荐股行为均系行为人根据证券市场中的公开信息作出的证券评论预测，并未针对被荐股票的事实弄虚作假，因而围绕抢帽子交易的性质认定，以及2005年10月27日修订的《中华人民共和国证券法》（以下简称《证券法》）第77条第4项“以其他手段操纵证券市场”与我国现行《刑法》第182条第4项“以其他方法操纵证券、期货市场的”法律适用所产生的理论争议和实务困惑，[③] 非但未予消除，反而有日趋激烈之势。而上述问题的解决，不仅关涉罪刑法定原则在金融刑法适用中的践行，而且是信息化、全流通时代中国证券市场健康发展亟须解决的重大问题。为此，笔者以2007年至今，证监会发布的操纵证券市场行政处罚决定书和相关刑事判决书为样本，结合美国、英国、德国、日本等国家和地区以及欧盟有关操纵证券市场的法律规定和司法判例，就中国刑法语境下的操纵证券市场行为的内涵及其构成要素，以及操纵证券市场罪的司法适用进行分析研究，以期提出符合中国刑法精义且具可操作性的理论阐释和实践操作

---

① 参见中国证监会〔2008〕42号行政处罚决定书（汪建中），2008年10月23日；北京市第二中级人民法院（2010）二中刑初字第1952号刑事判决书，2011年8月3日。

② 张林：《余凯操纵证券案浮出水面》，《法眼》2012年第7期。

③ 现行《刑法》第182条规定的“操纵证券、期货市场罪”是选择性罪名，虽然证券市场与期货市场中的操纵行为不仅本质相同，而且操纵手法大同小异，但证券市场的运行毕竟有别于期货市场，限于篇幅，本节的研究仅针对操纵证券市场行为展开。

规则。

二 本质探寻：操纵证券市场行为的要素

虽然早在16世纪的荷兰金融市场就已出现了市场操纵行为，[1] 密西西比泡沫的主角约翰劳，更是仅用简单的代数规则，就把18世纪的法兰西变得一贫如洗，[2] 但对于市场操纵行为的内涵，不仅世界各国的法律至今未能形成一个普遍认同的概念，而且在理论界，有相当部分的学者认为，证券市场瞬息万变，随时都有可能有新的操纵行为方式出现，若限定了市场操纵行为的含义，反而会使市场操纵行为人有机可乘。[3]

但众所周知，概念是事物本质的高度概括，操纵证券市场行为虽然种类繁多，新型操纵手法层出不穷，但“不是一家人，不进一家门”，其之所以能够成为操纵证券市场行为家庭中的一员，必然有着共同的DNA特征即证券市场操纵行为的共同本质。因而操纵证券市场行为的本质把握和内涵界定，不仅决定着操纵证券市场行为的构成要素及其类型厘定，而且是正确认定操纵证券市场行为及其法律责任的根本前提。

正因为如此，美国1934年《证券交易法》第9条（a）款明确指出，其立法目的就在于禁止“使用任何手段以欺骗公众相信（被操纵的）证券交易行为反映了真实的市场供求关系”。[4] 美国证券交易委员会（The U.S. Securities and Exchange Commission，以下简称“SEC”）也一直尝试对操纵进行定义，认为所谓“操纵”，是指“有意识地通过控制或者人为地干预某种证券的市场价格而进行的欺骗其他证券投资者的行为。它可能包含多种影响某只股票供求关系的技巧，它们包括：散播有关某公司虚假或是误导性的信息；无正当理由地限制一般投资者能够获取的股票数量；以及通过控制报价、价格或交易量来制造某一证券的不符合市场规律性的供求关系的假象”。[5] 可见，在美国，基于主观归责的角度，操纵市场行为必须具备欺诈因素。

---

① 高建超：《操纵证券市场行为之刑法规制研究》，硕士学位论文，吉林大学，2011。

② 吕盛国：《金融陷阱与骗局》，中国金融出版社，1998，第123页。

③ 叶林：《证券法》，中国人民大学出版社，2000，第298页。

④ House Committee on Interstate & Foreign Commerce 77th Cong, Report of the SEC on Proposals for Amendments to the Securities Act of 1933 and the Securities Exchange Act of 1934.

⑤ 陈航：《“汪建中荐股案”法律问题分析》，硕士学位论文，兰州大学，2012。

德国也持同样的立场。德国立法者虽然没有对市场操纵给出涵盖所有类型的概念性的定义，却在《有价证券交易法》第 20a 条市场操纵禁令中，采用高度概括的方式规定了市场操纵的三种基本类型：蛊惑交易、交易型操纵和其他有可能影响市场或金融工具价格的欺诈行为。[①]

而在英国和欧盟，则从客观后果的角度，将市场操纵定义为市场滥用。所谓“市场滥用”，根据英国 2000 年《金融服务与市场法》第 118 条的规定，是指由一人单独或多人串通或合谋进行的扰乱市场秩序的行为，具体应符合以下条件：（1）发生于特定市场中的适格投资交易行为；（2）行为是基于不为市场所公知的信息而作出，该信息的知悉与否足以影响正常投资者的投资决策；（3）该行为可能使正常投资者产生关于投资品种供给状况、价格或价值的错误或误导；（4）正常投资者认为或可能认为该行为是扰乱市场秩序的行为；（5）该行为可能对市场上正常投资者的投资决策造成不利影响。其中，第（2）、（3）、（4）项条件只要符合一项即可，“正常投资者”则是指在特定市场上有规律地参与相关投资交易的理性正常投资者。[②]

欧盟对于市场操纵的相关定义则主要有“市场操纵的原则性定义”、“市场操纵的征兆”（signal）和“被许可的市场行为”（accepted market practices）等，其中，市场操纵的原则性定义是核心。根据欧盟 2003 年 1 月28 日关于内幕交易和市场操纵（市场失当行为）第 2003/6/EC 号指令（以下简称“2003/6/EC 号指令”）第 1（2）条，市场操纵的核心定义分为三种。第一种，给出或可能给出关于金融工具供给、需求或价格的虚假或误导性的信号，或通过单个个人或合谋的多人，在一个非正常或虚假的水平取得一个或多个金融工具的价格的交易或交易委托。除非该交易或交易委托者证明其交易有正当理由，并且该交易或交易委托符合规范市场下的市场惯例。第二种，使用虚假手段或其他欺骗形式，或阴谋的交易或交易委托。第三种，通过媒体，包括因特网，或通过其他方式给出或可能给出关于金融工具的虚假或误导性信号，包括散布谣言以及虚假或误导性的消息，散布者知道或应当已经知道该信息是虚假或误导性的。新闻记者在职业中为

① 何基报、徐洪涛：《市场操纵行政法律责任构成要件比较研究》，深圳证券交易所综合研究所深证综研字第 0129 号研究报告，2006 年 3 月 27 日。

② 蔡奕：《英国关于市场操纵的立法与实践》，《证券市场导报》2005 年 2 月。

上述散布信息行为的，在评价时应考虑到他们的职业规则，除非行为人直接或间接因上述散布信息行为获益。[①] 2003/124/EC 号指令则作为 2003/6/EC 号指令的实施细则，就如何运用 2003/6/EC 号指令第 1（2）条中的定义要点（a）和（b），在第 4 条和第 5 条进行了详尽而又具体的列举规定。[②]

其他国家和地区则从合法性角度，将市场操纵认定为市场失当或市场禁止的行为。例如，我国香港地区《证券及期货条例》共规定了六种市场失当行为，其中虚假交易、操纵价格、操纵证券市场、披露虚假或具有误导性的资料以诱使进行交易和披露受禁交易的资料等五种行为属于市场操纵行为的范畴。而在澳大利亚《公司法》所列举的八种类型的市场不当行为或禁止性行为中，价格操纵、做收市价、洗售交易和预先安排好的交易、虚假或误导性信息、哄抬和盯住、小型操纵、以他人名义购进等七种操纵行为赫然在列。[③]

至于我国大陆地区，操纵证券市场行为在《证券法》第 77 条和现行《刑法》第 182 条中被规定为以下四类形式：（1）连续交易操纵，即单独或者合谋，集中资金优势、持股优势或者利用信息优势联合或者连续买卖，操纵证券交易价格或者证券交易量的；（2）约定交易操纵，即与他人串通，以事先约定的时间、价格和方式相互进行证券交易，影响证券交易价格或者证券交易量的；（3）洗售操纵，即在自己实际控制的账户之间进行证券交易，影响证券交易价格或者证券交易量的；（4）其他方法操纵。

显然，对于操纵行为的法律性质及其构成要素，各国立法规定不一，正如国际证监会组织（International Organization of Securities Commissions，以下简称“IOSCO”）技术委员会在《市场操纵的调查和起诉》中指出，“在全球范围内关于何种行为构成市场操纵的规定是多种多样的，对违反禁止市场操纵规定的处罚在各国也不同”。[④] 而在我国学界，多数学者也持第一

① Directive 2003/6/EC of the European Parliament and of the Council of 28th January 2003 on Insider Trading and Market Manipulation (Market Abuse).

② Commission Directive 2003/124/EC of 22 December 2003 Implementing Directive 2003/6/EC of the European Parliament and of the Council as Regards the Definition and Public Disclosure of Inside Information and the Definition of Market Manipulation.

③ 何基报、徐洪涛：《市场操纵行政法律责任构成要件比较研究》，深圳证券交易所综合研究所深证综研字第 0129 号研究报告，2006 年 3 月 27 日。

④ 何基报、徐洪涛：《市场操纵行政法律责任构成要件比较研究》，深圳证券交易所综合研究所深证综研字第 0129 号研究报告，2006 年 3 月 27 日。

种立场，认为操纵市场行为是在证券交易过程中制造虚伪的市场行情，因而与内幕交易、虚假陈述、欺诈客户等行为一样，本质是证券欺诈。[①]

其实，“操纵”一词，不仅在中文中是垄断、控制支配之意，而且在英文中也与“垄断”同义，均为 manipulate。上述各个国家和地区以及欧盟的立法对于操纵证券市场的立法规定虽然内容不一，却均要求操纵证券市场行为必须是人为控制或者影响证券市场行情的行为。这是因为，在自由供给的证券市场里，市场行情本是不同市场主体之间自由竞争的结果，所有的市场参与者既是市场行情的竞争者，又是自由竞争的市场行情的接受者而非制造者。操纵证券市场行为却破坏了这一机制，市场主体分化为市场操纵者和其他市场参与者，操纵者成了策划并左右市场行情发展演变的编剧和导演，其他市场参与者因竞争自由和选择权利的丧失，或者彻底退出市场，或者虽然仍留在市场，但被排除或限制在自由竞争之外。因而在一个被操纵的证券市场里，“一个人或一个集团有权规定所销售商品的数量或销售价格”，[②]不仅竞争被排除或者受到极大限制，市场操纵者和其他市场参与者都已不是本体意义上的自由竞争者，而且市场行情的发展演变也不再是自由竞争的结果，而是成了操纵者控制下的表演。这种表演，人为扭曲了证券市场的证券供求关系，使得受供求关系影响的证券价格不再围绕证券价值上下波动，进而使得证券市场的运行偏离价值规律而逐步陷于无序的混乱状态乃至崩溃失灵。20 世纪 30 年代那场人类历史上迄今为止最严重、最惨烈的全球经济灾难，即缘于在美国不断兴风作浪、泛滥成灾的股市操纵。

而要人为控制或者影响证券市场发展演变的行情，操纵行为人不仅必须具有有效控制或者影响其他市场参与者进行投资决策的证券市场优势或者影响力，而且其对市场优势或者影响力的使用还必须违反了证券市场公认的游戏规则，亦即滥用了其所具有的市场优势或者影响力。至于滥用市场优势或者影响力的方式，虽然林林总总，不一而足，但大多伴随着欺诈

---

① 章静：《论抢帽子交易操纵行为的构成》，硕士学位论文，南京大学，2011；张双：《操纵证券、期货市场罪的犯罪行为研究》，硕士学位论文，中国政法大学，2010；吴波：《从操纵市场行为的行政处罚看民事责任制度的完善》，硕士学位论文，华东政法学院，2007；张保华：《操纵市场行为的几个基本问题》，《安徽大学学报（哲学社会科学版）》2005 年第 2 期；等等。

② 参见新古典经济学派的代表人物马歇尔在其《经济学原理》中对于垄断的描述，转引自李开孟、徐成彬《企业投资项目可行性研究与核准申请》，冶金工业出版社，2007，第 471 页。

的手段。而这正是美、德等国反市场操纵立法以及理论界多数学者将操纵证券市场行为的本质归入欺诈的主要原因所在。

但事实上，不仅操纵证券市场犯罪的手段主要表现为欺诈方式，而且包括内幕交易、利用未公开信息交易、诱骗投资者买卖证券等证券、期货犯罪，乃至所有经济犯罪的手段，无不都带有欺诈的属性。例如，我国现行刑法典分则第三章“破坏社会主义市场经济秩序罪”规定的八类犯罪，不管是生产、销售伪劣商品罪，走私罪，妨害公司、企业管理秩序罪，还是金融犯罪、税收犯罪，抑或是侵犯知识产权的犯罪和扰乱市场秩序罪，其犯罪手段都离不开以假充真或者虚构假象、隐瞒真相的欺诈。因而欺诈是所有经济犯罪的手段共性，但并非每一具体经济犯罪的个性和本质特征。道理很简单，某一具体犯罪的本质特征应当是该罪有别于其他具体个罪的独有实质特征，此特征不仅是立法上独立设置该罪予以规制的根源与立法宗旨所在，而且是司法实践中认定该罪尤其是对该罪进行扩张解释，包括适用该罪“其他”兜底条款所遵循的标准。显然，证券欺诈的特征表述，既没有充分揭示操纵证券市场罪的危害实质，也无法为操纵证券市场罪与其他证券犯罪的区分提供可资具体操作的认定标准。

不仅如此，人为控制或者左右的市场行情，仍然是证券市场中实实在在出现或者发生了的行情事实，而非证券市场上根本未出现或者发生过的虚假的市场行情。只不过，该行情事实因自由竞争被人为排除或者受到限制，未能真实反映被操纵的证券价值，即其上市公司的行业前景、经营管理状况、公司治理绩效，以及公司赢利能力和成长性等，从而违反了价值规律。申言之，操纵证券市场虽然往往采取欺诈手段，但其欺诈的内容并非传统意义上的事实，而是隐藏在事实背后的价值判断即意见。正如新闻报道的客观性仅限于报道的事实本身，而不包括对事实的评论或者意见一样，传统意义上的欺诈是指事实的失真或者虚构，而不是意见表达或者价值评判的虚假或者失真。

更为重要的是，市场欺诈虽然属于不正当竞争行为，却并不排除或者否定竞争，其实质是一种不公平竞争行为，因而反市场欺诈等反不正当竞争法的立法宗旨在于维护公平竞争；而作为竞争的对立面，[①] 证券操纵即

---

① 恩格斯：《政治经济学批判大纲》，载《马克思恩格斯全集》（第 1 卷），人民出版社，1956，第 596 ~ 625 页。

证券行情垄断，却是对竞争的排除或者限制，因而反市场操纵的立法宗旨在于保障自由充分竞争。

正是基于此，欧盟和英国才在立法上，将操纵证券市场从传统的证券欺诈行为中独立出来，将其归为市场滥用行为，并与虚假陈述等传统的证券欺诈行为相并列，形成法律规制的证券失范行为类型。而即便是坚持操纵证券市场行为的本质是欺诈的美国，近年来在立法上也承认，市场操纵与欺诈有关，但并非完全属于欺诈的组成部分。[①] 从各国市场操纵的实践来看，现在的趋势更有逐渐脱离欺诈概念的倾向，以市场失当行为或禁止性行为规定的情况在逐渐增加。[②]

所以，欺诈作为经济犯罪的共性，虽然常常出现在操纵证券市场的手段中，使得操纵证券市场行为具有一定的欺诈属性，但这种欺诈，既非传统意义上的事实欺诈，又非操纵证券市场行为的本质特征。滥用证券市场的优势或者影响力，人为控制或者影响证券市场行情，破坏证券市场正常供求秩序和自由竞争机制，进而损害投资者的合法权益，才是操纵证券市场行为的本质特征和危害实质所在，也是各国立法和实践均对操纵证券市场予以严格规制的根本缘由。正如 IOSCO 在其《证券监管目标和原则》中明确指出，操纵可能扭曲价格发现机制，不公平地使投资大众处于不利。[③] 而在我国《证券法》第 5 条中，立法者更是开宗明义地将操纵证券市场的

---

① 美国对于操纵证券市场罪的规定，主要出现在 1934 年《证券交易法》（Securities Ex-Change Act，以下简称“SEA”）第 9 条、第 10 条（b）款和第 15 条（c）款。其中，SEA 第 9 条是针对市场操纵行为，第 10 条（b）款与第 15 条（c）款则是针对多种证券市场的欺诈行为。参见〔美〕路易斯·塞里格曼《美国证券监管法基础》，王路译，中国政法大学出版社，2008，第 803 页。不仅如此，在美国期货交易法中，其所规制的违法行为共有两类，一类是损害市场运行的行为，另一类是损害特定客户、交易者或其他市场参与者的行为。这两类违法行为大致可以归纳为市场操纵（Market Manipulation）和欺诈（Fraud），分别违反有关保护市场不受操纵或反竞争行为干扰的条款，和有关保护市场使用人不受其代理人不当行为侵害的条款。See Philip Mc Bride Johnson, *Commodities Regulation*, Little, Brown and Company, 1982, Volume Ⅱ p. 231, 261 - 265, 238。杨光华：《美国期货管理法规概论》，中国商业出版社，1993，第 82 页。

② 何基报、徐洪涛：《市场操纵行政法律责任构成要件比较研究》，深圳证券交易所综合研究所深证综研字第 0129 号研究报告，2006 年 3 月 27 日。

③ IOSCO, “Objectives and Principles of Securities Regulation,” http://www.iosco.org/library/pubdocs/pdf/IOSCOPD 154. pdf (accessed 3th April, 2011).

行为，规定为与欺诈、内幕交易相并列的一类独立的证券市场失范行为。[①]

故而笔者主张，操纵证券市场行为的成立与认定，包括我国《证券法》第 77 条第 4 项规定的“以其他手段操纵证券市场”，和现行《刑法》第 182 条第 4 项规定的“以其他方法操纵证券市场的”各种新型操纵证券市场行为的判定，均须遵循同一标准，考察以下 4 个要素是否同时具备。只有同时具备以下 4 个要素的行为，才是符合操纵证券市场立法规制精神与法定危害本质的操纵证券市场行为。

1. 操纵行为前提：证券市场优势或者影响力的具备

具有有效控制或者影响其他市场参与者进行投资决策的市场优势或者影响力，是行为人操纵证券市场不可缺少的前提。而这也是操纵证券市场行为和编造并传播证券交易虚假信息行为的区别之一。编造并传播证券交易虚假信息行为系典型的证券欺诈行为，虽然证券交易虚假信息的编造并传播往往需要借助一定的证券市场优势或者影响力，但并不以证券市场优势或者影响力的具备作为该行为成立不可缺少的必要条件。因而普通的编造并传播证券交易虚假信息的行为，与操纵证券市场行为并不会发生认定上的混淆，只有在行为人具备证券交易信息发布传播的市场优势或者影响力的情形下，才有进一步区分编造并传播证券交易虚假信息行为与操纵证券市场行为的必要。

一般地，这种证券市场优势或者影响力，既可以是资金优势或者持股优势。例如，通过单独或者合谋，持有或者实际控制证券的流通股份数达到该证券的实际流通股份总数一定比例，如 30% 以上；又可以是信息优势，如上市公司及其董事、监事、高级管理人员、实际控制人、控股股东或者其他关联人所拥有的关于该上市公司的信息优势等。既可以是行动优势，如上市公司及其董事、高管人员等所拥有的通过资产重组等方式改变该上市公司资产的实际和可预见价值的行动优势；又可以是证券市场投资咨询分析的专业优势和公众影响力，如汪建中抢帽子交易一案中，汪建中作为北京首放执行董事深受广大投资者信赖，以及该公司投资咨询报告发布平台新浪网、证券网、《上海证券报》等在中国证券市场中所拥有的信息发布、传播、覆盖优势和公众影响力等。而近来，随着虚假订单型操纵

① 我国《证券法》第 5 条规定：“证券的发行、交易活动，必须遵守法律、行政法规；禁止欺诈、内幕交易和操纵证券市场的行为。”

定义的扩展，证券市场优势或者影响力还“包括通过提交订单来获得不合理的市场优势”。[①]

至于行为人具备一种还是几种证券市场优势或者影响力，在所不论，但如果案件审理中的证据不能证明行为人具有证券市场优势或者影响力，证券市场操纵行为即无从认定。

2. 操纵行为形式：证券市场优势或者影响力的滥用

从竞争的角度看，交易者无非是运用自身所拥有的力量参与市场竞争，而操纵在一定意义上仅仅是当事人所拥有的力量较其他交易者要大而已。因而证券市场优势或者影响力的具备并不违法，仅仅具备证券市场优势或者影响力也并不能构成对证券市场的操纵。不过，让每个投资者都赢利赚钱虽然不是也不可能是证券监管的目的，但确保自由竞争机制和市场供求关系的均衡正常运行，以使市场上有足够的竞争者并能充分而自由地参与竞争，却是操纵证券市场监管立法的宗旨和证券监管的职责与使命。所以，世界各国证券监管法律、法规都会以各种方式，一方面对投资者证券市场优势或者影响力的行使进行若干限制，另一方面设置市场操纵合理例外的“安全港”条款，允许诸如安定操作、股份回购等市场操纵合理例外情形的存在，并对其适用设置明确具体的限制条件，以在维护证券市场自由竞争机制正常运行的同时，促进证券市场的健康繁荣发展与上市公司资本结构的优化和对其员工的有效激励。因之，违反法定限制条件使用证券市场优势或者影响力，不管是否采用了欺诈的手段，即便是作为操纵市场合理例外的安定操作和股份回购，也构成证券市场优势或者影响力的滥用，从而有成立操纵证券市场行为的可能。反之，如果行为人对其证券市场优势或者影响力的使用并未违反证券监管法律、法规，则不能认定行为人实施了证券市场操纵行为。

3. 操纵行为核心：证券市场行情的人为控制或者影响

纵观世界各国尤其是中国刑法中的证券犯罪规定，不难发现，滥用证券市场的优势或者影响力，其实并非操纵证券市场行为独有的特征，而是多数证券犯罪行为的共同表现形式。以中国现行刑法典的规定为例，除第181条第1款规定的编造并传播证券、期货交易虚假信息罪不以证券市场优势或者影响力的滥用为必备手段外，第180条第1款规定的内幕交易、

① NASD前主席Mary L. Schapiro（2001）致美国众议院议长John D. Dingell的公开信。

泄露内幕信息罪实是滥用内幕信息优势的犯罪，第 180 条第 2 款规定的利用未公开信息交易罪则是滥用未公开信息优势的犯罪，第 181 条第 2 款规定的诱骗投资者买卖证券、期货合约罪，亦以证券经纪从业地位、证券行业监管自律地位等优势地位的具备及其职务优势的滥用为必要。从这个意义而言，滥用市场优势既是多数证券犯罪的共同特征，又是证券犯罪有别于传统的财产犯罪和一般的经济犯罪的主要区别所在。

因而作为滥用证券市场优势的证券失范行为之一，操纵证券市场行为之所以能够成为一种独立的证券违法犯罪行为类型，关键并不在于行为人对证券市场优势或者影响力的滥用，而是通过证券市场优势或者影响力的滥用对证券市场行情进行人为控制或者影响，从而致使操纵证券市场行为不仅在本质内涵和构成要素上有别于其他滥用证券市场优势或者影响力的失范行为，而且在价格传导机制和获利机制上均迥异于其他证券失范行为。例如，内幕交易和利用未公开信息交易行为，虽然分别滥用了证券市场的内幕信息优势和内幕信息之外的其他未公开的信息优势，但既未扭曲证券市场的正常供求行情和价格形成机制，也未人为制造或者左右证券市场行情以牟取不正当利益。这是因为，内幕信息是证券交易活动中涉及公司的经营、财务或者对该公司证券的市场价格有重大影响的、尚未公开的信息，未公开信息则是除内幕信息之外的其他尚未公开的信息。例如，有关金融机构内部投资计划的信息等。可见，内幕信息也好，未公开的其他信息也罢，其对证券市场供求关系和证券价格变动的影响均是正常的，符合证券市场价值规律和价格形成机制的，内幕交易和利用未公开信息交易的行为人既未人为制造或者左右市场行情，也不是通过市场行情的人为制造或者影响来获利，而是利用内幕信息和未公开信息对市场行情所必然产生的正常影响及其在公开前后的证券价差牟利，因而内幕交易和利用未公开信息交易实际上是违反证券市场公开与公平原则的不正当竞争行为。而操纵证券市场行为却是反自由竞争的行为，在一个被操纵的市场中，不仅市场行情是在自由竞争被排除或者受到限制的市场环境中形成的，背离了价格形成机制和价值规律的非正常的人为市场行情，而且人为市场行情的制造或者控制正是行为人获取非法利益的根本途径。

至于滥用证券交易信息发布传播的市场优势或者影响力，编造并传播证券交易虚假信息的行为与诱骗投资者买卖证券行为，和操纵证券市场行为区分的关键，同样在于是否人为制造或者左右证券市场行情。行为人如果滥用证券交易信息发布传播的市场优势，或者滥用从事证券经纪、证券监管工作的职务优势或者市场优势，以人为控制或者左右证券市场行情的，则该行为既符合编造并传播证券交易虚假信息行为或者诱骗投资者买卖证券行为的特征，又可能符合操纵证券市场行为本质的，属于一行为同时触犯数法条所规定的在犯罪构成上存在包容或者交叉关系的数罪情形，构成刑法上的法条竞合，按照特别法条优于普通法条的法条竞合处理原则，按操纵证券市场行为定性处理。

为此，证监会 2006 年 12 月 29 日发布的《证券市场操纵行为认定指引》（以下简称《操纵认定指引》）第 2 条特别明确指出，证券市场操纵行为“是指行为人以不正当手段，影响证券交易价格或者证券交易量，扰乱证券市场秩序的行为”。

而作为操纵证券市场行为的核心要素，“证券市场行情的人为控制或者影响”，是主客观要素的统一。此要素的认定，既要求在主观上行为人具有人为控制或者左右证券市场行情的意图，又要求在客观上存在证券市场行情被人为控制或者左右的现实可能性。有关主观操纵意图和客观操纵可能性的分析认定，容在后文操纵证券市场罪的规范解读中展开，此处不赘。

4. 操纵行为限制：逆人为市场行情的反向交易

在美国，近年来有学者提出，1934 年《证券交易法》中的规范证券市场操纵的条款，构建于错误的假定之上，应当放弃“操纵市场”这一概念，因为很难对“操纵市场”下一个令人满意的定义。[①]

确实如此。由市场供求关系和价格形成机制所决定，即便是普通投资者在证券市场上连续进行较大规模的证券买卖，也有可能带动一大批跟风投资者参与证券交易，从而使得证券市场行情发生波动。此外，证券经纪机构滥用市场优势地位诱骗投资者买卖证券，明知有可能导致证券市场行情人为非正常波动，但为提高业务量和行业知名度、收取可观业务费而对市场行情的人为波动放任无为，是否也应以操纵证券市场行为论处？

从证券市场发展运行规律和操纵证券市场的立法规制精神出发，笔者

---

① See Paul G. Mahoney, *The Stock Pools and the Securities Exchange Act*, 51 *Journal of Finance* 343 (1999); Daniel R. Fischel & David J. Ross, “Should the Law Prohibit ‘Manipulation’ in Financial Markets?,” 105 *Harvard Law Review* 503 (1991).

以为，上述情形显然应当排除在操纵证券市场行为之外。而对上述情形予以合法化、非罪化的出口就在于，行为人操纵证券市场行情意图的认定，需辅以行为人逆人为市场行情的反向交易的实施。这样不仅符合操纵证券市场行为的本质和获利机制，而且为操纵证券市场行情意图在实践中的推定提供了科学而具可操作性的补充限制条件，进而将不符合操纵证券市场行为立法规制宗旨的其他证券失范行为甚至证券市场灰色行为剥离，防止操纵证券市场的监管过度和监管失当，实现证券监管的高效运行与证券市场的创新健康发展的双赢。

这样一来，行为人即使明知其滥用证券市场优势或者影响力的行为会导致证券市场行情的人为波动或者变化，为执行公司收购计划或者其他发展战略规划而仍实施有关行为，放任证券市场行情被操纵结果的发生，但行为人并没有逆人为市场行情进行反向交易，则不能认定行为人操纵意图的存在，该行为也不能以操纵证券市场行为论处。从证监会 2007 年以来发布的操纵证券市场行政处罚决定来看，亦秉持了将逆人为市场行情的反向交易作为认定操纵证券市场行为补充限制条件的立场。

而在 1941 年的美国，时任 SEC 法律总监的 Chester T. Lane 在处理一个经纪人案例时也明确指出，经纪人通过连续购买不断提高证券市场价格，如果经纪人在市场仍有其购买行为的影响时就开始卖出证券，则可自然推定他是为了操纵目的而提高市场价格。如果经纪人在其购买行为之后充分长的时间内戒绝交易，而到那时证券价格已不再处于他的购买行为所导致的价格水平，由于他没有利用自身购买行为所形成的价格水平，所以这就意味着他并没有以操纵为目的提高市场价格。[①] 至于具体需要多长时间才能消除购买行为对市场的影响，主要取决于市场的性质、购买行为持续的时间、购买模式、市场上涨的程度以及浮动供应的大小。[②]

NASD 前主席 Mary L. Schapiro 则在 2001 年再次重申了上述立场："……对于订单型欺骗的传统定义主要是涉及参与者在大额订单提交后快速取消，以此触发市场价格趋势，而该参与者能够在相反方向上进行交易

---

① Introductory Text to SEC, See Exch Act Rel No. 3056 (Oct. 27, 1941). Quoting from Alan R. Bromberg & Lewis D. Lowenfels, Bromberg & Lowenfels on Securities Fraud and Commodities Fraud, 3 Bromberg & Lowenfels on Securities Fraud §6: 56 (2d ed.) (2010).

② 〔美〕路易斯·罗思、乔尔·赛里格曼：《美国证券监管法基础》（第 5 版），张路等译，法律出版社，2008，第 809 页。

来获利。例如，在闪电卖单（flash quote to sell）所创造的低价上买入（或闪电买单所创造的高价上卖出）的行为。”①

因此，随着社会经济生活的演进和证券市场的不断发展变迁，操纵证券市场行为表面上虽然纷繁复杂，变化多端，但只要操纵证券市场立法规制的精神和宗旨不变，无论是传统的工业社会还是今天的信息时代，抑或是可以想见的未来，操纵证券市场行为均是指滥用证券市场优势或者影响力，人为控制或者影响证券市场行情的行为。其中，“人为控制或者影响证券市场行情”的操纵意图，需要借助逆人为市场行情的反向交易这一操纵行为的限制要素予以认定。

以抢帽子交易行为为例。一般而言，抢帽子交易由以下三个流程组成：先行建仓→公开荐股→反向交易。因而抢帽子交易行为的定性，必须考察以下四个方面的问题：一是行为人是否具有荐股及发布传播荐股信息的市场优势或者影响力；二是行为人是否滥用了其荐股及发布传播荐股信息的市场优势或者影响力；三是行为人对于市场优势的滥用，是否在客观上存在着引起市场行情人为变动的可能性，主观上是否存在着人为影响或者左右市场行情的意图；四是行为人是否实施了逆人为市场行情的反向交易。

在汪建中抢帽子交易一案中，经调查查明，不仅汪建中任职的北京首放在证券市场咨询领域中具有较高的知名度，该公司发布的《掘金报告》在投资者心目中有着“点股成金”的较高美誉，曾多次创造了“红色星期一”，并因此而闻名业界，而且该公司《掘金报告》的发布平台是首放证券网、东方财富网、新浪网、搜狐网、全景网以及《上海证券报》《证券时报》等在中国证券市场上具有广泛、重要影响力的网站和报刊。显然，汪建中及其所利用的首放公司在本案中具有明显的荐股及荐股信息发布传播的优势和影响力，而汪建中滥用上述证券市场优势和影响力，致使其借北京首放名义推荐的股票在荐股报告发布后的前几个交易日，无论在证券成交量还是成交价格上均有明显较大变化，而汪建中在投资者纷纷根据人为市场行情跟进之时，进行逆人为市场行情的反向交易，完全具备操纵证券市场行为的上述四个要素，故以《证券法》第 77 条和现行《刑法》第 182 条规定的“其他操纵证券市场行为”论处，完全合法。

---

① NASD 前主席 Mary L. Schapiro（2001）致美国众议院议长 John D. Dingell 的公开信。

三 外延界分：操纵证券市场行为的类型剖析

由前述分析可知，只要滥用证券市场优势或者影响力，人为左右或者影响证券市场行情，就是操纵证券市场行为。其中，滥用证券市场优势或者影响力是操纵的行为方式，人为制造或者影响证券市场行情是操纵的行为本质。显然，不同的操纵证券市场行为，本质必然相同，所不同的仅在于操纵的手法和方式。故而笔者以为，以操纵手段即行为人所滥用的证券市场优势或者影响力的属性为标准，将操纵证券市场行为分为基于交易的操纵、基于信息的操纵和基于行动的操纵三种类型，是符合操纵证券市场行为的本质和发展趋势的，因而也是科学合理的。

不过，需要指出的是，虽然上述三种类型早在 1992 年即由学者 Allen 和 Gale 提出,① 但在三种类型的内涵及其外延界分上，笔者却有不同看法。一是随着金融全球化、信息数字化、交易电子化时代的来临，操纵证券市场行为的实施，往往多种操纵手段配合使用。例如，在基于交易的操纵中，行为人既发布虚假证券交易信息，又滥用资金优势、持股优势连续买卖证券，意图人为操纵证券市场行情。尽管如此，该种操纵手法的核心仍然在于市场交易优势的滥用，因而应归入基于交易的操纵类型。而按照 Allen 和 Gale 的看法，基于交易的操纵必须是没有采取任何行为或散布虚假信息以改变公司的实际价值，其改变的只是股票价格在人们预期中的价格。二是在 21 世纪信息时代，人类面临的主要问题与 20 世纪并无二致，仍然是贫困化的问题。不过，20 世纪贫困化的根源在于财富的分配不均，而 21 世纪贫困化的根源则在于信息的分配不均。因而基于信息的操纵，不在于行为人所利用的信息是否真实，而在于行为人是否滥用了信息发布传播的市场优势或者公众影响力进行市场操纵。而在 Allen 和 Gale 的分类中，基于信息的操纵仅限于以编造并传播虚假流言为基础的操纵。这样一来，抢帽子交易即不恰当地被排除在此种类型甚至所有操纵类型之外了。

因此，立足于我国证券法律、法规和刑法的有关规定，尤其是 2006 年《操纵认定指引》的规定，笔者以为，证券市场操纵行为具体可分为以下类型。

---

① See Franklin Allen & Douglas Gale, "Stock-Price Manipulation," *The Review of Financial Studies*, Volume 5, Issue 3 (1992), p. 503.

（一）基于交易的操纵

基于交易的操纵是指行为人滥用资金优势、持股优势、信息优势等市场交易优势或者交易影响力，通过市场交易行为以人为控制或者左右证券市场行情。根据交易操纵手段是否真实，基于交易的操纵又可分为真实交易型操纵和虚假交易型操纵。

1. 真实交易型操纵

即行为人滥用市场交易优势，通过证券市场中的真实交易，人为制造或者影响证券市场行情的交易型操纵。此种类型具体包括：

（1）连续交易操纵。即单独或者通过合谋，集中资金优势、持股优势或者利用信息优势联合或者连续买卖，操纵证券交易价格或者证券交易量。其中，资金优势，是指行为人为买卖证券所集中的资金相对于市场上一般投资者所能集中的资金具有数量上的优势；持股优势，是指行为人持有证券相对于市场上一般投资者具有数量上的优势；信息优势，是指行为人相对于市场上一般投资者对标的证券及其相关事项的重大信息具有获取或者了解更易、更早、更准确、更完整的优势。所谓"重大信息"，是指能够对具有一般证券市场知识的理性投资者的投资决策产生影响的事实或评价。包括但不限于：第一，《证券法》第 65 条、第 66 条、第 67 条、第 75 条及相关规定中所称的中期报告、年度报告、重大事件和内幕信息等；第二，对证券市场有重大影响的经济政策、金融政策；第三，对证券市场有显著影响的证券交易信息；第四，在证券市场上具有重要影响的投资者或者证券经营机构的信息；第五，证监会或证券交易所认定的重大信息。

在此，需要特别指出的是，信息优势中的信息不仅是较之一般投资者所掌握的信息更为真实准确的信息，而且仅限于重大的信息，因而利用虚假的证券交易信息或者虽不虚假，却并非标的证券及其相关事项的重大信息，仅是利用市场公开信息对标的证券及其相关事项所做的咨询分析，进行证券市场行情的操纵，包括以编造并传播虚假的证券交易信息方式进行证券市场行情的操纵或者先行建仓，公开荐股后进行反向交易等，则不属于利用信息优势的交易型操纵，而应归于后文论及的蛊惑操纵或者抢帽子交易操纵，属于基于信息的操纵类型。

至于联合买卖，是指两个以上行为人，约定在某一时段内一起买入或卖出某种证券，可以是双方一起买或一起卖，也可以是一个买一个卖，但双方无须像相互委托那样处于对手方交易地位，严格按照约定的时间、价格或方式进行买卖。行为人之间形成决议或决定或协议的，应认定行为人具有联合买卖的意图。行为人之间虽没有决议或决定或协议，但行为人之间在资金、股权、身份等方面具有关联关系的，可以认定行为人具有联合买卖的意图。

连续买卖则是指行为人在某一时段内连续买卖某种证券。在一个交易日内交易某一证券两次以上，或在两个交易日内交易某一证券三次以上的，即构成连续买卖。这里的“买卖”，包括未成交的买卖申报，不限于实际成交的买入或卖出交易。

（2）特定时段价格或价值操纵。即行为人在计算相关证券的参考价格或者结算价格或者参考价值的特定时间，通过拉抬、打压或锁定手段，影响相关证券的参考价格或者结算价格或者参考价值的行为。其中，拉抬、打压或锁定，是指行为人以高于市价的价格发出买入申报致使证券交易价格上涨，或者以低于市价的价格发出卖出申报致使证券交易价格下跌，或者通过发出买入或者卖出申报致使证券交易价格形成虚拟的价格水平。

（3）尾市交易操纵。即行为人在证券交易所集中交易市场收市前的15分钟，通过拉抬、打压或锁定手段，操纵证券收市价格的行为。

2. 虚假交易型操纵

行为人滥用证券市场交易优势，通过制造交易假象，人为制造或者影响证券市场行情的行为。具体包括：

（1）约定交易操纵。又叫相互委托或者对敲，是指《证券法》第77条第1款第2项和现行《刑法》第182条第1款第2项所列示的操纵证券市场手段，即与他人串通，以事先约定的时间、价格和方式相互进行证券交易，影响证券交易价格或者证券交易量的行为。其中，约定的时间，是指两个以上行为人约定的进行交易的时间。买入申报和卖出申报在时间上相近，就可以构成约定交易的时间要件的充分条件。约定的价格，是指两个以上行为人约定的进行交易的申报价格。买入申报和卖出申报在价格上相近，就可以构成约定交易的价格要件的充分条件。约定的方式，是指两个以上行为人约定的进行交易的申报数量和买卖申报方向。买入申报和卖出申报在数量上相近，就可以构成约定交易的申报数量要件和买卖申报方向要件的充分条件。以事先约定的时间、价格和方式相互进行证券交易，是指两个以上行为人共同实施的、由一方作出交易委托，而另一方依据事先的约定作出时间相近、价格相近、数量相近、买卖方向相反的委托，双方相互之间进行的证券交易。

（2）洗售操纵。又叫对倒，是指《证券法》第 77 条第 1 款第 3 项和现行《刑法》第 182 条第 1 款第 3 项所列示的操纵证券市场手段，即在自己实际控制的账户之间进行证券交易，影响证券交易价格或者证券交易量。自己实际控制的账户，是指行为人具有管理、使用或处分权益的账户，主要包括下列账户：行为人以自己名义开设的实名账户；行为人以他人名义开设的账户；行为人虽然不是账户的名义持有人，但通过投资关系、协议或者其他安排，能够实际管理、使用或处分的他人账户。

由于账户实名制的实施，洗售操纵所运用的账户多为“麻袋账户”或“代理账户”。判断账户是否处于同一控制下，可以从三条主线入手：一是委托代理主体，如果涉嫌账户的委托代理人是同一人，且被代理人也为同一人，则可能处于同一控制下；二是资金来源，如果交易账户的资金来源相同，可以初步认定账户之间存在共同的资金链；三是交易利润归属，如果从事对手交易的账户利润都归聚到同一主体身上，则可以确证账户处于同一控制下。①

（3）虚假申报操纵。又称为订单型操纵（order-based manipulation）、欺骗型订单（spoofing order）或者虚假订单操纵（fictitious order manipulation）。即行为人作出不以成交为目的的频繁申报和撤销申报，误导其他投资者，影响证券交易价格或交易量。频繁申报和撤销申报，是指行为人在同一交易日内，在同一证券的有效竞价范围内，按照同一买卖方向，连续、交替进行三次以上的申报和撤销申报。

对于大多数人来说，虚假申报操纵是一个新型的操纵类型，因为此类操纵是随着电子交易系统的广泛使用才普遍发展起来的。此类操纵“对很少受到股票分析师和公众注意的、交易量不活跃的股票危害最大。这类股票的价格很容易被一个相对较小的交易量改变”。② 证监会予以行政制裁的周建明操纵证券市场案、③ 莫建军操纵证券市场案，④ 即是近年来发生在我国证券市场中的两起典型的虚假申报操纵案例。

---

① 蔡奕：《解读〈证券法〉关于市场操纵的法律规范》，《证券市场导报》2005 年 5 月。

② 转引自孔东民、王茂斌、赵婧《订单型操纵的新发展及监管》，《证券市场导报》2011 年 1 月。

③ 中国证监会〔2007〕35 号行政处罚决定书（周建明），2007 年 12 月 17 日。

④ 中国证监会〔2009〕43 号行政处罚决定书（莫建军），2009 年 10 月 30 日。

（二）基于信息的操纵

基于信息的操纵是指行为人滥用证券市场交易信息的发布传播优势，进行证券市场行情的人为控制或者影响的操纵，一般由信息发布行为与反向交易行为组成。与基于交易的操纵所不同的是，基于信息的操纵中影响市场行情的行为不是其中的交易行为，而是信息的发布行为，信息发布后的反向交易仅仅是获利的手段而已。根据发布的信息是否真实，此类操纵又分为虚假信息型操纵和真实信息型操纵。具体包括：

（1）蛊惑交易操纵。即行为人进行证券交易时，利用不真实、不准确、不完整或不确定的重大信息，诱导投资者在不了解事实真相的情况下作出投资决定，影响证券交易价格或交易量，以便通过期待的市场波动，取得经济上的利益的行为。其中，“进行证券交易”是指行为人在编造、传播或者散布不真实、不准确、不完整或不确定的重大信息之前买入或卖出相关证券；而在编造、传播、散布不真实、不准确、不完整或不确定的重大信息及股价发生波动之后卖出或买入相关证券。“利用不真实、不准确、不完整或不确定的重大信息”，则是指行为人不仅利用的信息是能够对证券市场上一般投资者的投资决策产生影响的不真实、不准确、不完整或不确定的重大信息，而且具有编造或者传播或者散布不真实、不准确、不完整或不确定的重大信息的行为。至于行为人是不真实、不准确、不完整或不确定的重大信息的编造者，还是传播者或者散布者，在所不论。

（2）抢帽子交易操纵。即证券公司、证券咨询机构、专业中介机构及其工作人员，买卖或者持有相关证券，并对该证券或其发行人、上市公司公开作出评价、预测或者投资建议，以便通过期待的市场波动取得经济利益的行为。但上述机构及其人员依据有关法律、行政法规、规章或有关业务规则的规定，已经公开作出相关预告的，不视为抢帽子交易操纵。所谓“公开作出评价、预测或者投资建议”，是指具有下列情形之一的：第一，证券公司、证券咨询机构、专业中介机构及其工作人员在报刊、电台、电视台等传统媒体上对相关证券或其发行人、上市公司作出评价、预测或者投资建议的；第二，证券公司、证券咨询机构、专业中介机构及其工作人员在电子网络媒体上对相关证券或其发行人、上市公司作出评价、预测或者投资建议的；第三，人事会员制业务的证券公司或者证券咨询机构，通过报刊、电台、电视台、网站等媒体或利用传真、短信、电子信箱、电话、软件等工具，面向会员对相关证券或其发行人、上市公司作出评价、预测或者投资建议的。

需注意的是，我国有不少学者将抢帽子交易等同于抢先交易。[①] 事实上，这是两个完全不同的概念。所谓“抢先交易”，是指市场参与者利用尚未公开的大宗交易信息，抢先为自己的账户进行相关交易，以期获利的行为。根据未公开信息来源的范围不同，抢先交易有广义和狭义之分。广义的抢先交易是指利用市场上一切未公开的大宗交易信息从事自我获利交易的行为，具体包括：（1）抢先顾客交易，即经纪商在接到顾客提交的订单后，利用订单的大宗交易信息，抢先顾客为自己的账户进行交易；（2）抢先自我交易，即交易商在即将进行某一品种现货的大宗交易之前，利用该交易将对市场产生的影响，先行在相关的期货市场买卖期货和期权；（3）抢先他人交易，即利用除本人和本人顾客以外的他人即将进行大宗交易的信息，抢先进行相关交易的行为。[②] 狭义的抢先交易主要指抢先顾客交易的行为，包括经纪商利用顾客订单的大宗交易信息，直接抢先为自己的账户进行相关交易，或将顾客的大宗交易信息透露给他人，让他人抢先顾客交易，自己从中获利的间接抢先交易行为。[③]

在美国，典型意义上的抢先交易，是指通过在市场中所处的地位，基于重大非公开的关于即将进行的大宗证券交易的市场信息所进行的交易，[④] 而在基金行业，抢先交易是指基金经理在为其客户买卖股票时，抢先为自己的账户买卖相同股票的行为。[⑤]

显然，抢先交易的危害本质在于对信赖义务的违反，而抢帽子交易的

---

① 蔡正华、张延武：《抢先交易行为的刑法评价和刑法规制路径》，《中南大学学报（社会科学版）》2011 年第 6 期；何荣功：《刑法“兜底条款”的适用与“抢帽子交易”的定性》，《法学》2011 年第 6 期。骆程：《论操纵证券、期货市场罪中的操纵行为》，硕士学位论文，吉林大学，2012。

② See Lee A. Pickard, Judith W. Axe, *Front Running: Regulatory Developments*, *Practicing Law Institute*, *Corporate Law and Practice Course Handbook Series*, PLI Order No. B4 - 6873, 1989. 转引自熊玉莲《金融衍生工具法律监管问题研究——以英、美为主要分析视角》，北京大学出版社，2009，第 123 页。

③ 熊玉莲：《金融衍生工具法律监管问题研究——以英、美为主要分析视角》，北京大学出版社，2009，第 123 页。

④ See Mahlon M. Frankhauser, *Intermarket Front Running: Background and Developments*, *Practising Law Institute*, *Corporate Law and Practice Course Handbook Series*, PLI Order No. B4 - 6857, November 14, 1988.

⑤ See Craig J. McCann, “Experts Corner-Detectng Personal Trading Abuses,” *PLABA Bar Journal*, Fall, 2003.

危害本质在于人为影响证券市场的行情。抢先交易所利用的信息是未公开的金融机构内部投资计划的信息，属于金融机构的商业秘密，在其被执行之前无须披露，也不会被公开，抢帽子交易所利用的信息则是根据证券市场上公开信息所作出的、即将向公众推荐或评价的相关证券信息。抢先交易中的市场行情变动是在由供求关系决定证券价格的证券市场上，金融机构大量买卖证券行为所必然导致的正常结果，抢帽子交易中的行情变动则是通过影响投资者的投资判断，进而人为影响证券市场行情所导致的非正常结果。

在英语中，抢先交易被称为 front running，而抢帽子交易则用 scalping 表示。我国现行《刑法》第 180 条第 4 款规定的利用未公开信息交易罪即属于抢先交易犯罪，抢帽子交易则属于现行《刑法》第 182 条规定的操纵证券市场罪。2003 年德国联邦最高法院对"斯图加特抢帽子交易上诉案"作出判决，裁定抢帽子交易不是内幕交易，而是市场操纵，并确定审判抢帽子交易案件的指导原则，成为世界上将抢帽子交易行为认定为操纵证券市场行为的第一案。[①]

（三）基于行动的操纵

基于行动的操纵是指通过公司资产重组、并购等公司价值改变行动，人为控制或者影响证券市场行情的操纵。根据公司价值改变行动是否真实，此类操纵又可分为真实行动型操纵和虚假行动型操纵。前者是指以真实的公司价值改变行动，在实现公司实际或者预测价值增加或者减少的同时，人为控制或者影响公司证券行情；后者则是指采取虚假的公司价值改变行动，营造公司实际或者预测价值增加或者减少的假象，人为控制或者左右公司证券行情的操纵行为。例如，操纵者首先宣布对公司进行并购并发出收购要约导致股价上涨，当股价上涨到一定程度后，操纵者出售手中的股票并宣布退出并购而获取操纵利益。[②]

此类操纵行为在美国证券市场早期出现的例子比较多，如 1866 年的

---

① 有关该案案情和分析，参见高基生《德国最高法院对"抢帽子交易"案的判决及其启示》，《证券市场导报》2006 年 9 月。

② Bagnoll and Lipman, "Stock Price Manipulation Through Takeover Bids," *Rand Journal of Economics*, Vol. 27, No. 1, 1996, pp. 48 - 69.

Drew 案、[1] 1863 年 Herlem 铁路公司操纵案[2]等。而在 1901 年美国钢铁和钢丝公司股票操纵案[3]中，公司管理层做空公司股票并关闭了钢铁作坊。当关闭消息公布时，公司股价从 60 美元跌至 40 美元，管理层随即填补空仓并重开钢铁作坊，股价遂升回原来水平。从其判例法来看，具体操纵手法包括：（1）减少或限制分红；[4]（2）收购其他公司稀释资产以转移红利；[5]（3）隐瞒公司与其总裁间的权益安排；[6]（4）延迟一个发展项目并且放弃政府资助和合同；[7]（5）阻止其他商业投资公司的赢利性投资。[8]

在我国，证券市场早期资产重组中的操纵也多采取此种方式。例如，在“亿安科技”股票操纵案中，公司名称由“深锦兴”改名为“亿安科技”即是行为人操纵该股股价，使其一飞冲天、乌鸦变凤凰的重要一步。[9]

即便在今天的中国证券市场，坐庄操纵的行为人不仅仍对重组股青睐有加，且大多具有鲜明的行动式操纵特征。有研究发现，[10] 所谓的“德隆系”是通过长期运作，注入资产进行重组，使股票价格缓慢上升从中赢利；所谓的“北大明天系”采取的是入主后改名的方式；所谓的“上海邦联系”采取的是收购新建上市公司法人股份后进行资产重组；所谓的“南京斯威特系”采取的则是选择小盘股公司入主，然后资产重组，操纵公司

---

① Edward Rock, “Encountering the Scarlet Woman of Wall Street: Speculative Comments at the End of the Century,” U of Penn Law School Working Paper No. 276, 1999.

② Franklin Allen & Douglas Gale, “Stock-Price Manipulation,” *The Review of Financial Studies*, Volume 5, Issue 3, 1992, p. 503.

③ Franklin Allen & Douglas Gale, “Stock-Price Manipulation,” *The Review of Financial Studies*, Volume 5, Issue 3, 1992, p. 504.

④ Mutual Shares Corp. V. Genesco, Inc. 384 F. 2d 540 (2d Cir.).

⑤ Lewis V. Bogin CCH Fed, Sec. 1, Rep ‖ 93341 (S D N Y. 1972).

⑥ Britt V. Cyril Bath Co., 417 F. 2d 433 (6th Cir. 1969).

⑦ Puharich V. Borders Electronics Co., CCH Fed, Sec. L. Rep. ‖ 92141 (S D N Y. 1968).

⑧ Bosche V. Louart Corp., CCH Fed Sec., L. Rep. ‖ 92231 (N D. 1968).

⑨ 1999 年 3 月，广东亿安科技发展控股有限公司收购了深圳商贸控股公司持有的深锦兴 26.11% 的股权，成为该公司第一大股东。同年 8 月，该公司公告更名为广东亿安科技股份有限公司，深锦兴股票随之正式更名为“亿安科技”。亿安入主后宣布对公司进行较大力度的重组，称公司主营业务向电子科技及网络产业方向转变，其中采取的措施包括：投资成立电动车公司，并称与清华合作投资生产轻型电动车，与广东亿安集团共同投资生产电动车所需的碳纳米管双电荷层电容电池。与公司的改名和资产重组同时出现的操纵者大量买入公司股票，公司的股票价格不断上涨。参见中国证监会证监罚字〔2001〕7 号行政处罚决定书，2001 年 4 月 23 日。

⑩ 张越：《庄股崩溃》，《证券市场周刊》2002 年第 99 期。

股价。

四 规范解读：操纵证券市场罪的司法适用

刑法作为所有部门法的后盾与保障，并非对第一保护性规则的简单重复保障，而是对第一保护性规则制裁力量不足的补充。因而具有前置违法性及其相应法律责任的违法行为并非都是刑法规制的对象，只有严重侵犯调整性法律关系和相应法律秩序，仅靠第一保护性规则已难以有效规制的违法行为，才能进入刑事追踪的视野和刑法制裁的领域。[①] 所以，犯罪必须违法，而违法未必犯罪，两者的区别主要在于违法程度即违法量的不同，而非违法实质上的差异。

正是基于此，笔者将包括民事犯（或自然犯）与行政犯（或法定犯）在内的所有刑事犯罪的认定机制，概括为“前置法定性与刑事法定量的统一”，即犯罪的危害本质和违法实质取决于刑法的前置法规定，而犯罪量的具备，亦即性质相同的违法行为与犯罪行为的区别界限，则在于刑法的选择与规定。刑法对于犯罪量的确定分两次进行。首先，通过违法类型的选择，进行犯罪量的第一次确定。社会危害本质或者违法实质相同，但行为样态或者类型不同的违法行为，违法程度和危害程度各有差异。刑法将其中危害程度严重的行为类型选取出来予以规定，即形成该罪的犯罪构成。违反前置法但不符合刑法犯罪构成的行为，即为前置法单独规制的一般违法行为。只有既违反前置法又符合刑法犯罪构成的行为，才需进行犯罪量的第二次审查筛选。而刑法对于犯罪量的第二次确定，则是通过追诉标准的设定完成的。即当违法类型被选择确立为犯罪类型后，以我国现行《刑法》总则第 13 条但书的规定，同时以“情节严重”“情节恶劣”作为分则犯罪构成之外的罪量限制要求，再辅以司法解释等其他方式对分则各罪的具体罪量进行设定与权衡把握，以最终实现违法与犯罪的区分。[②]

操纵证券市场罪与操纵证券市场行政违法行为之间的关系也同样如此，不仅刑法中的操纵证券市场行为以行为对证券法的违反即经济行政违法性的具备，及其相应行政责任的产生为前提，而且因现行《刑法》第

---

① 田宏杰：《侵犯知识产权犯罪的几个疑难问题探究》，《法商研究》2010 年第 2 期。

② 田宏杰：《行政犯罪的法律属性及其责任——兼及定罪机制的重构》，《政法论坛》2013 年第 2 期。

182 条对于操纵证券市场罪的客观行为方式的规定与《证券法》第 77 条对于操纵证券市场行政违法行为的规定完全一致，而在客观行为本质及其类型上，操纵证券市场罪的客观行为与操纵证券市场违法行为并无二致。因而前文对于操纵证券市场行为本质及其构成要素和类型特征的剖析，同样适用于操纵证券市场罪中的客观行为认定，故下文对于操纵证券市场罪的规范分析和解读，主要围绕该罪其他构成要件中的理论纷争和司法困惑，即因果关系的地位、主观目的的界定、主体范围的把握等予以展开。

（一）因果关系之思：结果犯还是行为犯

在证券市场上，影响市场行情的因素多种多样，无论是宏观经济政策、行业发展规划、国际国内政治局势变幻、地区军事冲突、CPI 等宏观经济数据发布，还是公司经营管理决策、人事调整、债权债务纠纷等，都有可能导致证券市场行情的变化甚至严重波动。在汪建中抢帽子交易一案中，汪建中及其律师在一审庭审中均认为，证券法和刑法在典型操纵情形的描述中，都需要证明操纵行为和结果之间有因果关系。这说明，只有在操纵行为和股票外在表现之间存在内在的联系，才能构成操纵证券市场行为，即这种行为与结果之间还要有因果关系。汪建中的抢帽子交易行为与证券交易价格之间没有必然的因果关系，股价波动的原因并非是汪建中推荐证券的行为，而是宏观经济面的刺激。[①] 易言之，汪建中滥用荐股优势及其信息发布的影响力，与股价波动之间不能证明存在因果关系，因而汪建中的行为不能以操纵证券市场罪论处。

对此，有学者赞同，主张由于行为人意志以外的原因，其操纵行为未能对证券交易价格产生影响，甚至由于种种原因，证券交易价格产生了逆向变化，使行为人惨遭损失的，不构成犯罪。[②] 另有学者则主张，“考量某证券的交易价格和交易量是否受影响，可从该证券的基本面和相关外围因素如证券市场状况等入手，如果该只证券的基本面没什么变化，相关外围因素亦比较稳定，而其价格与大盘指数偏离较远，趋势明显与基本面不符，则可认定影响证券交易价格。资金量是影响交易价格和交易量的重要因素，但不是唯一因素。本案中北京首放发布的‘掘金报告’影响广泛，

---

① 《股市“黑嘴”的罪与罚》，《律政俱乐部法律圆桌》第 7 期、《商法前沿论坛》第 58 期，http://www.chinacapitallaw.com/article/default.asp?id=4874。

② 杜娟：《操纵证券、期货交易价格罪的“是是非非”》，《检察风云》2008 年第 3 期。

影响投资者的投资行为，进而影响证券交易价格和证券交易量”。[①]

仔细分析不难发现，上述两种观点只是在因果关系的认定标准上才分道扬镳，故而最终结论虽然不同，但理论前提其实并无二致，都认为仅仅依据行为本身并不能对行为人施予制裁，因为证券法和刑法均规定了明确的结果要件“影响证券交易价格或者证券交易量”。所以，操纵证券市场罪是结果犯，[②] 其犯罪的成立，在客观上要求操纵证券市场行为与证券市场行情的变动或者受影响之间必须具有因果关系。[③] 如果行为人实施了操纵行为，但未出现证券市场行情的变动或者受影响，或者虽然市场行情发生了变动，但不能证明与行为人的操纵行为之间存在因果关系，则不能认定操纵证券市场罪的成立。

《操纵认定指引》第 14 条第 1、3、4 款的规定，似乎分别进一步印证了上述结论：“本指引所称影响证券交易价格或者证券交易量，是指行为人的行为致使证券交易价格异常或形成虚拟的价格水平，或者行为人的行为致使证券交易量异常或形成虚拟的交易量水平。”“行为人的行为致使证券交易出现下列情形之一的，可认定为影响证券交易价格或者证券交易量：（一）致使新股或其他证券上市首日出现交易异常的；（二）致使相关证券当日价格达涨幅限制价位或跌幅限制价位或形成虚拟的价格水平，或

---

① 王崇青：《“抢帽子”交易的刑法性质探析——以汪建中操纵证券市场案为视角》，《政法与法律》2011 年第 1 期。

② 蔡奕：《解读〈证券法〉关于市场操纵的法律规范》，《证券市场导报》2005 年 5 月。

③ 有学者指出，因果关系的判定，法学逻辑上存在三种模式。第一种是必要条件规则，其基本方式是“要是……没有……”如果没有行为或事件的出现，就不会有损害事实的发生。行为或事件是损害发生的必要条件，凡属于损害事实发生的必要条件的行为或事件均系事实因果关系中的原因。第二种是实质要素规则，即某种行为或事件虽然不是损害发生的必要条件，却是足以引起损害发生的充分条件，就构成事实上的因果关系。该认定规则不是对必要条件规则的排斥和修正，而是对它的补充，弥补了必要规则的不足。第三种是因果关系的推定规则。在某些情况下，运用通常的规则无法证实事实因果关系，法律规定了特殊的认定规则，包括因果关系的推定规则。该规则要求责任人举证证明应当由其承担责任的行为或事件不是造成损害结果发生的原因；如果不能举证的，则认定有事实上的因果关系。其中，第一种是常用的逻辑推演规则，第二、三种出现在适用第一种规则难以证明因果关系存在或是法律对某类行为施予特别制裁的情况下。由于运用后两种规则减轻了检控方的举证责任或是加重了违法行为人的举证负担，因而在“信息不对称”的证券市场上得到广泛运用。此外，由于证券市场上价格和交易量变化结果的发生可能存在多种原因，即可能出现“一果多因”的情况，因此执法者的主观裁量可能在因果关系的判定上起重要作用。参见蔡奕《解读〈证券法〉关于市场操纵的法律规范》，《证券市场导报》2005 年 5 月。

者致使相关证券当日交易量异常放大或萎缩或形成虚拟的交易量水平的；（三）致使相关证券的价格走势明显偏离可比指数的；（四）致使相关证券的价格走势明显偏离发行人基本面情况的；（五）证券交易所交易规则规定的影响证券交易价格或者证券交易量的情形；（六）中国证监会认定的影响证券交易价格或者证券交易量的其他情形。”“前款第（一）项至第（四）项所称异常、虚拟的价格水平、虚拟的交易水平和明显偏离等，可以结合专家委员会或证券交易所的意见认定。”第15条进一步规定：“证券执法人员可以根据证券市场有关状况或证券市场发展规律，依据普遍的经验法则和证券市场常识，对行为人的行为是否是证券交易价格或者证券交易量变动的重要原因进行判断，并说明判断的依据和结果。”

但其实，这是一种误解。《操纵认定指引》第14条第2款明确指出：“前款所称致使，是指行为人的行为是证券交易价格异常或形成虚拟的价格水平、或者证券交易量异常或形成虚拟的交易量水平的重要原因。”这意味着，操纵证券市场行为与证券市场行情的变动或者受影响之间既无须符合刑法中的必然因果关系标准，也无须满足条件说的要求，而是只要操纵证券市场行为的实施，客观上存在影响或者左右市场行情的可能性即为已足。

之所以如此，是由于市场行情的形成力量纷繁复杂，且存在不确定性，但在一个给定的时间里，市场行情反映出力量的平衡，“多头是使价格升高的力量，空头是使价格下跌的力量，它们是趋于相互平衡的竞争力量，平衡随着影响市场发生变化的事件而变化”。[①] 当影响供给和需求的因素都合法时，由市场和经济因素综合作用形成的价格就是均衡价格，市场行情就是正常行情；而当供给和需求受到非法因素影响时，市场行情就是人为的，而不是正常的，其中，既包括人为高价、人为天量，也包括人为低价、人为地量以及人为不变价格等。

所以，行情变动的幅度并不重要，正如美国SEC的首席律师在一则案例[②]中说，“强调只有造成巨幅价格变动才构成操纵的抗辩不能成立。不到

① General Foods Corp., 170 F. 2d at 231，转引自温观音《美国期货法上的反操纵制度研究》，《河北法学》2009年第7期。

② In the Matter of Russell Maguire & Co., Inc., 10 SEC 332 (1941).

一美元的价格变动，从 49.75 美元升到 50.25 美元，也可以构成操纵”。[①] 由此决定，虽然引起市场行情的因素复杂而多样，人为市场行情的确定一直是世界各国操纵案件认定中的难题，但其实，人为市场行情认定的关键并不是最终形成什么样的价格或者交易量，而是推动价格或者交易量形成的力量是否非法及其非法的程度，是否滥用了证券市场优势或者影响力，及其滥用的市场优势或者影响力是否存在影响证券市场行情的可能性，而不以证券市场行情的实际变动为必要。

因而在美国，虽然因果关系是操纵证券市场犯罪成立的要件之一，但因果关系在一定意义上是包含在操纵能力之中的。“所谓因果关系实际上指的是有能力引起（“power to cause”）价格的人为变化。”正如 Cargill, Inc. V. Hardin 一案中的明确表达，“在该案中，当被认定 1963 年 5 月的小麦期货价格确实是人为价格之后，法院指出：‘现在的问题是人为高价是否由 Cargill 所为’”。[②]

德国则走得更远，其证券监管法既不要求影响市场行情的结果必须发生，也不要求其与操纵行为之间具有因果关系。根据德国《有价证券交易法》第 20a 条[③]和《市场操纵定义条例》第 4 条[④]的规定，在违反秩序的层面，行为人只要实施了《有价证券交易法》第 20a 条市场操纵禁令所禁止的行为，即使没有对行情造成实际影响，也构成市场操纵，具备民事制裁、行政制裁和刑事制裁的前提条件。可见德国对市场操纵的规制甚为严厉，操纵证券市场作为违反秩序的行为，是抽象的危险犯。

至于我国，笔者以为，从证券法律、法规和刑法及有关司法解释的规

---

① In the Matter of Kidder Peabody & Co. , Securities Exchange Act Release No. 3673, 3th April, 1945.

② 温观音：《美国期货法上的反操纵制度研究》，《河北法学》2009 年第 7 期。

③ Securities Trading Act (Wertpapierhandelsgesetz – WpHG), As Published in the Announcement of 9th September 1998 (Federal Law Gazette I, p. 2708), Last Amended by Article 7 of the Act of 19th November 2010 (Federal Law Gazette I, p. 1612), See http://www. bafin. de/cln_161/nn_720786/SharedDocs/Aufsichtsrecht/EN/Gesetze/wphg_101119_en. html#doc1958240bodyText33 (accessed April 3, 2011).

④ Market Manipulation Definition Regulation, Sec. 4 (3) “Other deceptive conduct also includes, but is not limited to: 2. taking advantage of occasional or regular access to the traditional or electronic media by voicing an opinion or a rumor about a financial instrument or about its issuer while having previously taken positions on that financial instrument, without having simultaneously disclosed that conflict of interest to the public in a proper and effective way”.

定以及实践认定来看，操纵证券市场罪在我国都是具体危险犯而非结果犯。这是因为，《证券法》第 77 条和现行《刑法》第 182 条明确列举的 3 项操纵行为，虽然均有“操纵证券交易价格或者证券交易量的”或者“影响证券交易价格或者证券交易量的”要求，但该要求实际上是对操纵证券市场行为本质的揭示，而非对市场行情变动结果的要求，即操纵行为本质的具备，不仅要求行为人在主观上具有操纵证券市场行情的意图，而且要求行为在客观上具有操纵证券市场的可能性。反之，抛开这一行为本质，将立法对于“操纵证券交易价格或者交易量的”或者“影响证券交易价格或者交易量的”要求理解为法定的结果要件，单凭此立法表述前面的“单独或者合谋，集中资金优势、持股优势或者利用信息优势联合或者连续买卖”，或者“与他人串通，以事先约定的时间、价格和方式相互进行证券交易”，或者“在自己实际控制的账户之间进行证券交易”等行为方式，是根本不可能对操纵证券市场行为进行认定的。不仅如此，操纵证券市场罪的立法表述与现行《刑法》第 180 条规定的内幕交易、泄露内幕信息罪和利用未公开信息交易罪的表述一致，即均在规定行为性质后，仅要求情节严重，并未对行为造成的结果进行规定。而作为证券犯罪结果犯的适例，现行《刑法》第 181 条对于编造并传播证券交易虚假信息罪和诱骗投资者买卖证券罪，均在规定行为方式和行为性质后，明确要求“造成严重后果的”，才能充足犯罪客观方面的要件。此其一。

其二，对于操纵证券市场罪的成立，立法不仅要求在质上系影响证券市场行情的行为，而且要求在量上必须具有影响证券市场行情的可能性，此即“情节严重”的立法规定。而对于“情节严重”，最高人民检察院、公安部 2010 年 5 月 7 日联合发布的《关于公安机关管辖的刑事案件立案追诉标准的规定（二）》［以下简称《追诉标准规定（二）》］第 39 条规定，是指具有下列情形之一的：（1）单独或者合谋，持有或者实际控制证券的流通股份数达到该证券的实际流通股份总量 30% 以上，且在该证券连续 20 个交易日内联合或者连续买卖股份数累计达到该证券同期总成交量 30% 以上的；（2）单独或者合谋，持有或者实际控制期货合约的数量超过期货交易所业务规则限定的持仓量 50% 以上，且在该期货合约连续 20 个交易日内联合或者连续买卖期货合约数累计达到该期货合约同期总成交量 30% 以上的；（3）与他人串通，以事先约定的时间、价格和方式相互进行证券交易或者期货合约交易，且在该证券或者期货合约连续 20 个交易日内成交量累计达到该证券或者期货合约同期总成交量20%以上的；(4) 在自己实际控制的账户之间进行证券交易，或者以自己为交易对象，自买自卖期货合约，且在该证券或者期货合约连续20个交易日内成交量累计达到该证券或者期货合约同期总成交量20%以上的；(5) 单独或者合谋，当日连续申报买入或者卖出同一证券、期货合约并在成交前撤回申报，撤回申报量占当日该种证券总申报量或者该种期货合约总申报量50%以上的；(6) 上市公司及其董事、监事、高级管理人员、实际控制人、控股股东或者其他关联人单独或者合谋，利用信息优势，操纵该公司证券交易价格或者证券交易量的；(7) 证券公司、证券投资咨询机构、专业中介机构或者从业人员，违背有关从业禁止的规定，买卖或者持有相关证券，通过对证券或者其发行人、上市公司公开作出评价、预测或者投资建议，在该证券的交易中谋取利益，情节严重的；(8) 其他情节严重的情形。

不难看出，《追诉标准规定（二）》对情节严重的解释，其实是对操纵证券市场行为本质的进一步重申，即滥用证券市场优势行为，只有在主观上出于操纵或者影响证券市场行情的意图，客观上具有操纵或者影响证券市场的可能性，才能充足操纵证券市场罪的法定构成要件，构成操纵证券市场行为。

所以，操纵证券市场罪在我国，就其客观定罪条件而言，既非多数学者主张的结果犯，也非德国法律规定的抽象危险犯，而是具有操纵可能性的具体危险犯。这样的立法选择，既契合了操纵证券市场行为的本质，又坚守了法律规制所应秉持的谦抑性，既不会让证券投资者因此而动辄得咎，又不会因对因果关系的苛求和证明难度而放纵操纵证券市场行为对证券市场自由竞争机制的侵蚀和危害，是合法而又科学合理的。

事实上，这也是我国证券监管实践一贯秉持的立场。在邓晓波、邓悉源操纵证券市场案中，邓晓波和邓悉源均系具有证券投资咨询资格的人员，2008年1~7月，二人共同采用“先买入股票，再推荐股票，后卖出股票”的抢帽子交易模式操纵市场。其间，邓晓波通过其代理的杨树祥、杨树法证券账户交易二人共同推荐的“美都控股”等20只股票，不但未出现其所期待的市场行情变动，最终反而亏损1859929.42元；邓悉源通过其代理的陆兆球、万代明和刘诗明账户交易二人共同推荐的“万家乐”等27只股票，同样最终亏损2478379.46元。据此，证监会行政处罚委员会认定，邓晓波和邓悉源在推荐股票前买入相关股票，在推荐股票后卖出的行为，违反了《证券法》第77条第1款第4项关于“以其他手段操纵证券市场”的规定，构成了“操纵证券市场”的行为。[①]

在汪建中抢帽子交易案中，证监会认为，北京首放是比较有影响力的证券投资咨询机构，通过权威性的财经报纸和知名网站等媒体发布其投资咨询报告进行股票推荐，对投资者具有比较广泛、重要的影响，因而通过对投资者投资行为的影响从而对大盘股股价带来波动的可能性是存在的。[②]申言之，操纵证券市场行为的认定，只需证明发布的推荐意见对市场具有影响力，具有操纵的可能性即为已足，行为对交易价格或者交易量是否实际产生影响，则无须证明。而林忠操纵“山煤国际”案的行政处罚决定、[③]武汉新兰德操纵证券市场案的行政处罚决定等，均表明了同样的旨趣。

（二）主观犯意之惑：目的犯还是非目的犯

操纵证券市场罪在主观上须出于故意，不仅理论上不存在质疑，而且也是世界各国反操纵立法共同的立场。但操纵故意，究系一般故意还是须具备特别目的的特殊故意，理论界和实务部门不无困惑，各国做法也迥然有异。例如，在日本，虽然有见解认为，操纵证券市场罪的目的与目的犯的目的不同，亦即操纵市场的客观行为事实就是虚假的交易行为，因为该行为本身就会使其他投资人对于市场交易状况产生误认，所以对于这个客观行为事实只要具备故意即可，没有必要将它作为目的犯的目的。[④]换言之，操纵者只要明知自己正在进行冲洗买卖或相对委托行为即已足够。但《日本证券法》第159条仍要求，无论何种类型的证券市场操纵行为的成立，均须具有“使他人误认交易正热烈进行或者使他人对该有价证券之交易情况产生误认”等之目的。在日本协同饲料事件与藤田观光股股票操作事件判决中，亦明确要求，“打算人为性地操纵市场价格之目的”的具备，是该罪成立的必备要件。[⑤]

---

① 中国证监会〔2011〕4号行政处罚决定书（邓晓波、邓悉源），2011年1月10日。

② 中国证监会〔2008〕42号行政处罚决定书（汪建中），2008年10月23日。

③ 中国证监会〔2010〕26号行政处罚决定书（林忠），2010年7月14日。

④ 〔日〕神山敏雄：《日本の证券犯罪》，日本评论社，1999，第21页，转引自陈建旭《证券犯罪之规范理论与界限》，法律出版社，2006，第85页。

⑤ 〔日〕“东京高裁昭和63・7・26判决”，《高等裁判所刑事判例集》1988年第41卷第2号，第280页；“东京地裁平成5・5・19判决”，《裁判ヌイムズ》1993年第817号，第223页，转引自陈建旭《证券犯罪之规范理论与界限》，法律出版社，2006，第33～34页。

而在我国台湾地区，1968 年制定“证券交易法”之初，特在“本法”以概括条款禁止“其他直接或间接意图影响市场行情之行为”规定中表明，影响市场行情意图的查证，是认定操纵证券市场犯罪的必要前提。1988 年对“本法”进行第一次修正时，为了避免举证上的困难，删除了主观不法要素之“直接或间接之意图”，致使“合法”投资与“违法”操纵行为的界限不清。这样一来，一般投资人即便出于投资目的而大量购入某种有价证券，由于该行为在客观上有影响证券交易价格的可能性，主观上基于行为人的故意而实施，则该行为即有成立概括条款所规定的操纵行为的可能，不仅引起学界的广泛质疑，[①] 而且导致了投资者的严重不满。因此，在 2000 年 7 月的再度“修法”中，废止了假装买卖罪，从而将虚假交易型的操纵证券市场行为予以了立法上的“出罪化”处理。

同样，为避免实际认定过程中证实主观意图的困难，欧盟第 2003/6/EC 号指令对市场操纵的定义，既不要求违法者具有特定的操纵意图，也不要求证明其主观意图和状态，如不要求证明行为人是否存在欺骗的目的，行为目的是否为获得个人财富等。[②]

至于我国大陆地区，对于操纵证券市场罪的主观要件，2006 年《中华人民共和国刑法修正案（六）》［以下简称《刑法修正案（六）》］同样删除了“为获取不正当利益或者转嫁风险”的要件，从而使得该罪犯罪目的内容及其在构成要件中的地位众说纷纭。笔者以为，《刑法修正案（六）》对操纵证券市场罪主观要件的修订，非但没有改变该罪目的犯的性质，而且使得该罪目的内容的界定及其构成，更加清晰科学。主要理由在于：

首先，“获取不正当利益或者转嫁风险”要素的删除，是囿于该要素规定的不科学，而不是立法者对该罪目的犯性质的否定。众所周知，一切经济行为都是以追求经济利益的最大化，即最大限度地获取利益或者转嫁风险为根本动因。证券市场行为也不例外，不管是投机行为还是投资行为，行为人角逐市场、参与竞争或者排除竞争的动机只有一个，那就是逐利。此动机本身无可厚非，利益本身也无正当与否之别。但基于逐利动机

① 林国全：《从日本法之规定检视“我国”“证交法”第 155 条反操纵条款》，台湾：《政大法学评论》1993 年第 49 号，第 139 页。

② See Directive 2003/6/EC of the European Parliament and of the Council of 28th January 2003 on Insider Trading and Market Manipulation (Market Abuse).

而实施的行为违反了法律的规定，利益也就成了不正当利益，动机也才有了卑劣与高尚之分。所以，利益的正当与否，其实取决于获利行为的合法与否，因而抛开客观行为的法律属性，是无法独立评判行为人是否存在获取不正当利益或者转换风险的主观要素的，这样一来，将“获取不正当利益或者转嫁风险”规定为操纵证券市场罪的主观违法要素内容，也就丧失了构成要件要素所必须具备的限制机能，而这正是《刑法修正案（六)》对此要素予以删除的主要缘由。

其次，法律的解释与适用之所以成为一项专门的技术性活动，就在于立法的精神或者宗旨并不完全显明于法条的字面用语，而是蕴藏在法条的字里行间，需要秉承公正的价值追求，运用法学基本原理，结合法律规制现实和百姓生活经验法则予以阐明。同样，囿于立法简明的要求，犯罪构成的所有要件也并非都一览无余地在立法中表露无遗。我国现行《刑法》第 264 条对于盗窃罪的犯罪目的并未明确述之，但无论在理论上还是实践中，对于盗窃罪系目的犯，该罪的认定必须查明行为人主观上是否具有非法占有目的的见解，中外皆然，并无争议。同样，为保障证券市场的持续健康发展，维护证券市场必要的正常的交投活跃，故意引起证券市场行情人为变动的行为，并非都应受到操纵证券市场犯罪的刑法规制。相反，上市公司为实现其预定且早已公开发布的员工激励计划，而有意实施了在客观上具有导致证券市场行情人为变动可能性的行为，且该行为违反了证券法律、法规的有关禁止性规定，但只要该公司不具有操纵证券市场罪的特定意图，就不能以操纵证券市场对公司进行刑事和行政制裁，而只能依据其他法律、法规对其予以其他行政责任甚至刑事责任的追究。

那么，法律所内蕴的操纵证券市场罪的特定意图是什么呢？是日本刑法要求的“以引诱其他投资者参与交易”的目的内容吗？笔者以为，证券市场是特别需要人气的市场，当投资者纷纷远离证券市场之时，就是证券市场发生崩溃之日，因而引诱其他投资者参与交易，不仅是每个投资者实施证券市场行为的目的，而且亦为反市场操纵法律、法规所容许的。证券法律、法规所反对或者禁止的只是以欺诈、胁迫、垄断等不正当手段诱骗投资者参与交易的行为。因而与利益的获取或者风险的转嫁一样，引诱投资者参与交易的目的不仅是所有证券市场行为都具备的目的，而且其法律属性如何，不在于其自身，而是取决于实现该目的的客观行为是否违法。因而以引诱投资者参与交易作为操纵证券市场罪的主观目的，同样不具有独立的构成要件要素限制机能。

在刑法上，犯罪目的是行为人追求其危害行为所造成的危害结果发生的心态，因而操纵证券市场罪的目的就是行为人对操纵证券市场行为所造成的危害结果，即证券市场行情的人为变动或者影响的追求，故而笔者主张，意图影响证券市场行情就是操纵证券市场罪的犯罪目的所在，而从现行《刑法》第182条对每一种滥用证券市场优势行为，均须具备影响或者操纵证券交易价格或者证券交易量的性质，才能论之以操纵证券市场罪的明文规定来看，意图影响证券市场行情不仅是该罪的犯罪目的，而且是该罪成立不可缺少的法定犯罪目的，因而该罪不仅是故意犯罪，而且是典型的目的犯。

同样地，德国2004年《有价证券交易法》修改后，第20a条禁止市场操纵规定虽然删去了目的要求，[①] 理论界通说认为，作为行政违法行为的市场操纵认定只要存在低位阶的简单故意，即行为人意识到并放任行为将人为影响市场价格即可，但对于操纵证券市场刑事犯罪的认定，则仍必须证明存在高位阶的犯罪故意，即该罪的成立，行为人不仅要有简单故意，而且必须具有意图影响证券市场行情的操纵目的。[②]

美国对于操纵意图的混乱理解，主要表现在操纵意图是特定意图（special intent）还是一般意图（general intent）。所谓“特定意图”是指当事人操纵的目的是制造一个人为价格，而一般意图则是指当事人仅仅故意实施了产生人为价格的行为。也就是说，特定意图的故意内容是制造人为

---

① Securities Trading Act, Section 20a: Prohibition of market manipulation (1) “It is prohibited 1. to supply false of misleading information concerning circumstances that are of crucial importance for the valuation of financial instruments of to withhold such information in contravention of statutory provisions, if the provision or withholding of the information has the potential to influence the domestic stock exchange or market price of a financial instrument of the price of a financial instrument on an organized market in another member state of the European Union or another signatory to the Agreement on the European Economic Area, 2. to initiate transactions or issue purchase or sell orders that have the potential to generate false or misleading signals affecting supply, demand or the stock exchange or market price of financial instruments or to create an artificial price level or 3. to execute any other deceptive act that has the potential to influence the domestic stock exchange or market price of a financial instrument or the price of a financial instrument on an organized market in another member state of the European Union or another signatory to the Agreement on the European Economic Area”.

② 高基生：《德国市场操纵证明之研究》，《证券市场导报》2005年8月号。

价格，而一般意图的故意内容是实施一个行为，而这个行为导致了一个人为价格。美国商品期货交易委员会（Commodity Futures Trading Commission，以下简称“CFTC”）在 In re Hohenberg Bros Co. 案中的以下观点导致了这一混乱。CFTC 在该案的同一段话中，同时表达了两种不同的观点，其中一句话说：“操纵通常被定义为故意实施导致了人为价格的行为。”另一句话则说：“一项关于违反 CEA 的操纵的裁决，必须查明当事人实施了故意影响市场价格的行为，并且建立了一个人为价格。”[①] 前一句话指的是一般意图，其故意的内容是行为（conduct）；后一句话指的是特定意图，其故意的内容是人为价格（artificial price）。这就给人以这样的误解：只要故意实施了操纵行为就表明存在操纵意图，即使该行为所导致的人为价格并不是当事人所故意追求的。CFTC 最终在 In re Indian Farm Bureau 案中澄清了上述混乱。在该案中，CFTC 宣称，原告必须证明被告制造人为价格的特定意图。CFTC 指出，“为了证明主观要件”必须证明被告的行为“具有影响市场价格走势的目标和故意”。[②]

至于操纵意图的认定，SEC 的立场则值得我国借鉴。在 SEC 看来，虽然不可能探索到人类大脑深层，但是可以通过间接证据（circumstantial evidence）推定操纵目的。[③] 在 1934 年《美国证券交易法》9（a）（2）中，间接证据是操纵动机加上一系列必要的交易行为，可初步确定操纵目的的存在，进而将举证责任转移给被告。[④] 其中，操纵的动机可能是操纵者计划以所有者或承销商身份分销大宗股份，或者是在不利发行后承销商意图将剩余股票以超过当前的市场价格卖出，或者是借款人希望使质押证券更具吸引力，或者是希望推进或抵制收购要约。交易行为方面的证据则可能

---

① In re Hohenberg Bros Co. ［1977 - 1980 Transfer Binder］Comm. Fut L. Rep.（CCH）pp. 20, 271, at 21, 477（CFTC Feb. 18, 1977）. 转引自温观音《美国期货法上的反操纵制度研究》，《河北法学》2009 年第 7 期。

② In re Indiana Farm Bureau Coop. Ass' n, Inc. , ［1982 - 1984 Transfer Binder］Comm. Fut L. Rep.（CCH）pp. 21, 796, at 27, 283（CFTC Dec 17, 1982）.

③ Federal Corp. , 25 SEC 227（1947）, Herman & MacLean V. Huddleston , 459 U. S. 375（1983），转引自〔美〕路易斯·罗思、乔尔·赛里格曼《美国证券监管法基础》（第 5 版），张路等译，法律出版社，2008，第 808 页。

④ Alabama Farm Bureau Mut. Cas. Co. , Inc. V. American Fidelity Life Ins. Co. , 606 F. 2d 602（5th Cir, 1979），转引自〔美〕路易斯·罗思、乔尔·赛里格曼《美国证券监管法基础》（第 5 版），张路等译，法律出版社，2008，第 808 页。

是大量购买连续逐步加价的股票行为，也可以是交易的特定模式，如特定时间交易。[①] 据此，SEC 在一份处罚中认定，只要证明下述两点，就可以推定操纵嫌疑人具有 9（a）（1）规定的目的：第一，操纵嫌疑人对所进行的交易缺乏合理解释；第二，操纵嫌疑人对改变该证券的市场价格有经济动因。[②]

与美国同行一样，英国金融服务管理局（Financial Service Authority，以下简称“FSA”）在执法实践中也发现以现有的技术和监管能力，要举证证明信息披露主体具有市场操纵的主观故意十分困难，因此其采用的是一种推定性标准——“重大利益”（material interests）标准。该标准要求对相关投资品种具有重大利益的市场主体在发布和传播信息时，必须对信息的真实性尽到“合理注意”（reasonable）义务；如果未尽到合理注意义务发布了虚假信息，并且与投资品种具有重大利益（如本身持有该投资品种或与投资品种持有人之间有利害关系等），即可推断信息披露主体在发布信息时具有操纵市场的主观故意。[③]

此外，正如前文所指出，行为人是否逆人为市场行情进行反向交易，也是认定行为人操纵意图的补充途径之一。

（三）主体范围之疑：身份犯还是非身份犯

对于操纵证券市场行为的主体，不仅《证券法》第 77 条和现行《刑法》第 182 条均未作任何限定，而且证监会在 2006 年《操纵认定指引》第 5 条中明确指出：“任何人直接或间接实施操纵行为，均可认定为操纵行为。本指引所称任何人，是指在证券市场上从事证券交易活动的任何自然人和单位。”因而操纵证券市场的主体是一般主体，当无疑问。

但同时，《操纵认定指引》和《追诉标准规定（二）》第 39 条第 7 项又要求，抢帽子交易操纵的行为人应当是“证券公司、证券咨询机构、专业中介机构或者从业人员”，而实践中，部分抢帽子交易案件中的证券投资咨询机构或其从业人员只是操纵行为人推荐证券的平台和手段，其对行为人以荐股方式操纵证券市场既不知情也未参与，更不具备“在该证券的

---

① 〔美〕路易斯·罗思、乔尔·赛里格曼：《美国证券监管法基础》（第 5 版），张路等译，法律出版社，2008，第 808 页。

② Thornton & Co. , 28 SEC 208, aff' d. 171 F. 2d Cir. 1948.

③ 蔡奕：《英国关于市场操纵的立法与实践》，《证券市场导报》2005 年 2 月。

交易中谋取利益”要素，而只是收取受托推荐股票的相应报酬。例如，号称中国证券业发展史上迄今为止最大规模的中恒信抢帽子交易案中，涉案人员分工明确，有人专门负责挑选股票，聘请操盘手下单，有人制作荐股PPT，并录成节目播出。每个环节都由不同的人员完成，除了少数核心人员，这条“流水线”上的人并不知道自己实际上涉嫌一起史上最大的抢帽子交易案。这意味着，每个作案环节都是割裂的，只有少数的核心人物才知道每个环节穿起来背后达成的目的是什么。尤其是涉案的8家证券投资咨询公司的30名证券分析师，其实就是被雇佣的演员而已。正如证监会调查人员指出，“这些荐股节目的形式跟电视购物些许相类，实际上就是雇演员来演出。分析师在里面只是分析师的名号而已，说白了这些分析师就是演员，其实剧本也准备好了，台词也准备好了”。[①] 显然，投资分析师在本案中已严重突破职业道德底线，触犯了证券分析监管法律、法规的禁止性规定，但因其主观操纵意图的欠缺，其行为并不符合操纵证券市场罪，而操纵行为人又不具有《操纵认定指引》和《追诉标准规定（二）》要求的特殊身份或者资格，致使实践中对此类案件如何定性处理，颇为踌躇。

同样，在汪建中抢帽子交易案中，北京首放是一家具备证券投资咨询业务资格的证券投资机构，汪建中是该公司控股股东、执行董事和经理。在此案调查阶段，北京首放提出，其业务经营合法，汪建中是利用了其合法经营的业务进行了涉案交易行为，北京首放不应受到行政处罚。证监会认为，汪建中系北京首放的大股东、法定代表人、执行董事和经理，在北京首放的主要业务即个股推荐中参与决策过程并拥有最终决策权，其最终决定公开发布咨询报告行为同时也是首放个股推荐行为的一部分。因此，北京首放涉案的推荐股票行为构成对汪建中操纵市场的参与。[②]

诚然，北京首放虽不具备操纵意图，其与操纵行为人汪建中也没有操纵的共谋，但其行为在客观上确实属于汪建中抢帽子操纵市场的组成部分，加之行政责任的追究不以行为人主观过错为必要，而是采用严格责任原则，因而证监会以此对北京首放进行行政处罚，在证券法上并无不当。但问题在于，北京首放因与汪建中不存在操纵证券市场的共同故意而不涉

---

① 杨颖桦：《证监会“零容忍”风暴直击 史上最大规模“抢帽子”案揭秘》，《21世纪经济报道》2011年12月16日。

② 参见中国证监会〔2008〕42号行政处罚决定书（汪建中），2008年10月23日。

及刑事责任的追究，而汪建中虽系北京首放的控股股东、执行董事和经理，却并非证券投资咨询从业人员，其也并不具备证券投资咨询分析资格，对其单独按操纵证券市场罪定罪处罚，是否合法?

笔者以为，答案是肯定的。前已述及，操纵证券市场罪在我国并非结果犯，而是具体的危险犯。操纵证券市场行为的成立，并不要求行为在客观上实际导致了人为市场行情的结果，但作为滥用市场优势，意图人为控制或者影响市场行情的证券犯罪，操纵证券市场行为在客观上却必须具有足以人为控制或者影响市场行情的可能性，因而证券市场优势或者影响力的具备，是操纵证券市场行为成立的前提。这种优势，既可以是传统的资金优势、持股优势或者信息优势，又可以是证券市场信息发布传播的优势、证券投资咨询分析的专业优势及其市场影响力。而在信息化全流通时代的今天，尤其是新媒体和自媒体时代的来临，博客、播客、网上股吧、网上证券市场论坛等各种证券市场信息发布平台，不仅可以使一个普通人在网上振臂一呼而应者云集，而且使得证券市场优势或者影响力的具备，包括证券市场信息发布传播的优势和影响力，已不再是证券公司、证券投资咨询公司、专业中介机构及其从业人员的“专利”。

因而欧盟《反市场滥用指令》第 5 条规定：“成员国应该禁止任何人从事市场操纵行为。”按照该指令第 1 条第 6 款的规定，这里的“人”，包括所有的自然人和法人。同样，德国国内法的规定对于操纵证券市场的主体，也没有特殊的限制性规定。在德国斯图加特抢帽子交易案中，与个人投资者 K 共同操纵证券市场的被告 O 虽系负责提供投资建议的投资专家，但在判决中，主体身份并不是法院关注的重点，相反，发表投资建议的被告 O 是在证券投资领域具有一定影响力的投资专家，具有“影响和推高相关股价的能力”才是法院认定此案所重点关注的要素。①

而在美国，虽然理论上将抢帽子交易操纵列为市场操纵的一种形式由来已久，但由于起初该行为主体的特殊性，规制的进路也不同于对一般操纵手段的认定，而是以利益冲突为核心，直接适用反欺诈条款进行规制。②至于一般市场操纵行为的主体，1934 年《美国证券交易法》第 9（a）条

① 高基生：《德国最高法院对“抢帽子交易”案的判决及其启示》，《证券市场导报》2005 年 9 月。

② 章静：《论抢帽子交易操纵行为的构成》，硕士学位论文，南京大学，2011。

和第 10（b）条均明确规定为“任何人”（any person）。而在 Zweig 一案中，一家参与并购的公司起诉某报纸财经专栏作家，声称该专栏作家发表了关于并购另一方利好评论的文章，而没有披露他购买了那家公司股票的事实，这篇文章导致公司股票价格迅速上升，该专栏作家迅即进行反向交易，将其所购股票以上升价格全部出售。在上诉审中，美国第九巡回法院推翻了地方法院驳回原告起诉的决定，认定专栏作家的行为构成市场操纵，从而使抢帽子交易的禁止不再限于 1940 年《美国投资顾问法》直接规制的投资顾问，而是扩展到其他主体，只要能合理认定这些主体的建议将会影响市场价格即可。[①]

此案后，SEC 对抢帽子交易的行政执法也扩张到更大的被告范围，如分析师和股票推荐人。[②] 例如，某网站运作者 Park，向网站订阅者通过电子邮件、网站公告或网上聊天室推荐购买股票，但没有披露其利用推荐造成的市场影响来进行股票交易获利，而遭到 SEC 的起诉。法院认为，被告与订阅者每日通过电子工具沟通，有一种持续的关系。虽然被告的投资建议有时是针对一个群体而不是个人，但这并不一定意味着订阅者没有对被告产生信任。相反，订阅者没有选择向其他网站、电视节目和报纸等免费获取投资信息和建议，而是付费购买被告的建议，明显有一定程度的信任关系。更为重要的是，法院在判决中引用 Zweig 案中对报纸专栏作家的披露义务分析，认为只要能合理认定这些主体的建议将会影响市场价格，就具有披露其意图实施抢帽子交易的义务，这些主体就被列入规制范围。[③]

据此，有必要进一步重申和强调的是，作为中国刑法所规定的具体危险犯，操纵证券市场行为成立的关键，在于行为人所滥用的市场优势或者影响力是否具有人为控制或者影响证券市场的可能性。这种可能性，虽然往往与行为人的专业人士身份或者证券市场信息发布资格有着紧密的关联，却并不以行为人特殊身份的具备或者特殊地位的取得为必要。任何人，不管是滥用其直接具有的市场优势或者影响力，或者“借壳”滥用他人所具有的市场优势或者影响力，只要具有了法定的人为影响或者控制市

---

① Ernst & Ernst V. Hochfelder, 96 S. Ct. 1375 (1976); Hollinger V. Titan Capital Corp., 914 F. 2d 1564 (9th Cir. 1990).

② See, Jill I. Gross, Securities Analysts, "Undisclosed Conflicts of Interest: Unfair Dealing or Securities Fraud?," 2002 CLMBLR 631 (2002).

③ SEC V. Park, 99 F. Supp. 2d 889 (2000).

场行情的可能性，不管市场行情是否实际被人为控制或者影响，均得认定为操纵证券市场行为。至于被“借壳”的他人，如果主观上与行为人存在共同操纵故意，则得成立操纵证券市场罪的共同犯罪；如果欠缺共同操纵故意，则不符合追究操纵证券市场刑事责任的条件，但依然可以令其承担操纵证券市场的民事责任或者行政责任。

五　结语：法经济学分析的倡导

“法律价值研究的首要含义不是指观点而是指方法，不是语义分析而是理性把握的问题。它首先代表的是一种方法论，是一种以理性方式探讨问题的方法。”① 同样，操纵证券市场行为本质的发掘和外延确定，乃至其刑法规制的规范适用，既要立足于法律规范的文本解读，更要遵循证券市场的发展规律，把握反操纵立法规制的立法精神演变及其制度变迁的价值追求。因而法经济学、法社会学等新型研究方法的大量引入运用与对社会实践重大问题的敏锐把握，尤其是新制度经济学方法的运用，不仅已经成为操纵证券市场罪等证券犯罪研究的方法论变革所努力的方向，而且必将成为刑法学研究未来旷野探索的指引。

（中国人民大学刑事法律科学研究中心教授、
博士生导师，法学博士　田宏杰）

① 葛洪义：《目的与方法：法律价值研究论析》，《法律科学》1992 年第 2 期。

第三节

操纵期货市场罪的立法完善

期货市场是一种高层次的市场组织形式，在期货市场中存在一定的买空卖空等交易中的风险活动，这是期货市场健康运行的前提条件。正是这种冒险活动承担了期货市场中的风险，使套期保值者有了回避风险的“避风港”。同时，期货市场中的风险行为增加了期货交易的成交量，使期货市场具有较强的流动性，促进了市场的兴旺繁荣，并且风险行为具有了平抑物价的作用。法律一方面要赋予期货监管机构保护合法交易活动的职责，另一方面也要防止出现操纵市场、内幕交易等非法活动的发生。但防止期货市场违法犯罪行为尽管需要国家期货监管机构高效率的日常监管活动，但“监管”不能代表“打击”，“行政处罚”不能代替必要的“刑罚制裁”，否则会陷入“屡罚屡犯”“以罚代刑”甚至屡禁不止的怪状。同时，国家还可以通过课以民事法律责任、经济法律责任和行政法律责任等手段来制裁期货交易中存在的违法或者不当行为，但刑罚作为一种十分严厉的惩治手段作为最后使用的执法手段也是不能缺失的。由于期货交易违法犯罪的复杂性，立法在确定期货交易行为违法与犯罪的界限往往存在一些困难，即使进行了立法也难免存在一定的模糊地带，甚至在是“入罪”还是“出罪”问题上还存在不同的观点与认识，特别是经济学界与法学界存在不同的看法与观点争鸣，在一定程度上影响了立法对期货违法犯罪的定罪化决心与信心。

从世界主要国家正反两方面的经验教训来看，维护期货市场良好的秩序，防止期货违法违规不可能全部通过对犯罪分子判处刑罚来实现。我国期货犯罪的刑罚适用应坚持必要性原则，防止利用刑罚来惩治期货违法违规行为的扩大化。为了在刑事立法上贯彻必要性原则，刑法在规定期货犯罪的处罚时，就不能仅局限于期货犯罪给被害人造成的损失作为唯一标准，应将行为人违反期货交易法规尤其是违反的次数作为刑罚处罚的标准需要考虑的因素。在有些犯罪规定犯罪数额作为标准时，其犯罪数额的起刑点应高于刑法上的一般财产犯罪或者经济犯罪。因为这些犯罪数额的起刑点一般在几百元、几千元或上万元，这些数额损失在期货交易业务中是经常有的，被害人应负有一定的忍受义务，将这样低的数额作为期货犯罪的立案标准，势必会扩大打击面，同样不利于期货市场的活跃与健康发展。因此，刑法在规定期货犯罪的起刑点时，应考虑在十万元以上或者规定数额较大，具体数额标准可基于经济的发展与影响期货交易秩序的情况采取司法解释的方式来解决。

我国在有关期货经济行政法律法规中对期货犯罪作了原则性的规定，即在条文里对某些严重的期货违法行为规定“构成犯罪的，依法追究刑事责任”。但是，如何追究刑事责任？追究什么样的刑事责任？这些法律法规中均不作规定。对期货犯罪具体的罪状和法定刑需要由刑法条文加以规定。但是，我国刑法未能与期货的行政法规进行有机的对接，出现期货行为严重行政违法没有相应“依法追究刑事责任”的刑法规定。[①] 尽管这种空白罪状还存在一定的遐想空间，是期货犯罪作为金融犯罪一部分所共有的特性，但是在空白罪状的规定方式下，罪与非罪、此罪与彼罪等的判断仍需要参照补充规范中的规定予以填补。这些补充规范主要包括法律、行政法规、规定及规章制度等多种形式，尽管补充规范可以填充空白的构成要件，但不能设定法定刑，这无疑仅仅成为宣言式的表达，给打击期货犯罪带来了一些困难。

一　我国操纵期货市场罪的现状

（一）实践现状

1. 商品期货市场

我国被定为操纵期货市场罪的案例极少，大多被作为违规违法行为进行处理。

在我国，逼仓是一种较为典型的操纵期货市场的行为。在监管尚不完善的 20 世纪 90 年代，恶性逼仓事件在国内商品期货市场时有发，逼仓是

---

① 郭华、温海宁：《美国期货犯罪类型化及立法模式的启示与借鉴》，《犯罪研究》2012 年第 4 期。

指交易一方利用资金优势或仓单优势，主导市场行情向单边运动，导致另一方不断亏损，最终不得不斩仓的交易行为。一般分为多逼空和空逼多两种形式。逼仓是一种市场操纵行为，可能涉及犯罪，它主要通过操纵两个市场即现货市场和期货市场逼对手就范，达到获取暴利的目的，比如 1996 年天胶 608 合约“多逼空”事件、广东联合期货交易所籼米红小豆期货事件、郑州交易所 2003 年硬麦 309 事件、苏州“红小豆 602 事件”、1994 年上海粮油商品交易所粳米期货多逼空事件、1995 年海南棕榈油 M506 事件、1996 年上海商品交易所胶板 9607 事件、广联豆粕系列逼仓事件、海南中商所 F703 咖啡事件、1995 年大连玉米 C511 暴涨事件、郑州绿豆合约“1.18”事件等等。伴随监管制度和市场规则的逐渐完善，恶性逼仓已经较为罕见，但仍时有出现。总结来看，这些典型事件均为投机的多头与空头对抗，一方为了达到自己获利的目的，通过集中资源优势，囤积现货、散布谣言、对敲、自买自卖、连续买卖等方式使期货价格上涨或下跌，进而逼仓。1997 年 R708 事件的导火线是东京天胶于 110 日元/公斤一线企稳后大幅反弹。国内一大批投机商本欲借机在 R706 合约上做文章，由于受到以当地现货商为首的空头主力凭借实盘入市的打压，再加上时间不充足，致使其不得不放弃该合约，并主动平多翻空。于是，胶价全线崩盘，连续四天跌停，创下新低 9715 元/吨。由于市场中的多头并不甘心失败，便调集雄厚的后备资金卷土重来。他们在 R708 上悄然建多，在 1997 年 5 月的下半月将胶价由 10000 点水平拉至 11300 点以上。而空头也不示弱，从国内现货市场上调入了大批天然胶现货进入中商所仓库，并声称手中已掌握了 10 万多吨现货仓单，准备以实盘交割相见。多头主力是上海、江浙一带的投机大户，他们诈称准备接完库存胶去扩充上海市场，以此来吸引中小散户加盟。多空大战在 6 月底至 7 月初再次升级，双方在 11200 ~ 11400 形成对抗。7 月 4 日，多头突然发难，实行上下洗盘。在 R708 合约跌到 10790 之后，多方强行拉抬，当日封至涨停，随后将期价连续上推，并挟持近 23 万手的巨仓。R708 在 7 月底一度摸高到 12600 一线。7 月 30 日，中商所发文：“对 R708 买方持仓保证金分阶段提高，并自 30 日起，除已获本所批准其套期保值实物交割头寸尚未建仓者外，一律禁止在 R708 合约上开新仓。”同日，中商所再次发文，暂停农垦所属金龙和金环仓库的天然胶入库。至此，R708 大战基本宣告收场。

从 8 月 4 日起，以每天一个跌停板（前 3 日每日 400 点，后 7 日每日

20点）的速度于8月18日以11160元/吨和持仓59728手摘牌。R708事件的直接结果为：多方分仓的近20个席位宣告爆仓；多方按8月18日持仓单边29864手支付20%的违约罚款，共计333亿元；多方于8月4～13日的协议平仓中支付赔偿金近2亿元；多方在交割中只勉强接下13000吨现货，而空方意欲交割的16万吨现货，最终在期、现货市场上以平均不高于8000元/吨的价格卖出，共计损失14亿元。

以下对近年来，证监会通报和调查的两个典型案例作出分析。

【案例1】证监会2012年6月通报的胶南市粮食储备库操纵硬麦105期货合约交易价格案

证监会根据郑州商品交易所监控发现的线索于2011年9月对胶南粮库操纵硬麦105期货合约交易结算价格案进行立案调查。

WT105合约是2011年5月23日到期并在当月进行交割的期货合约，5月交易已不太活跃。经查，2011年5月3日，胶南粮库持有WT105合约11手，山东得利斯农业科技股份有限公司、青岛田丰农业发展有限公司未持有WT105合约。

2011年5月4日，WT105合约成交量为六手，全部系得利斯、青岛田丰、胶南粮库的两两相互交易。胶南粮库和青岛田丰于11：07：16相互成交各一手，成交价格为2000元/吨；青岛田丰和得利斯于11：09：20相互成交各一手，成交价格为2013元/吨；得利斯和胶南粮库于14：42：09相互成交各一手，成交价格为2008元/吨。而这些交易均由刘玉江操作，刘玉江时任青岛田丰法定代表人，原任得利斯商贸部经理，现为山东得利斯筹建负责人，与胶南粮库法定代表人系同学关系。胶南粮库操纵WT105合约违法所得1720元。胶南粮库通过同得利斯、青岛田丰两两相互交易，操纵了硬麦105期货合约2011年5月4日的交易结算价格，违法所得1720元，违反了《期货交易管理条例》第43条“任何单位或者个人不得编造、传播有关期货交易的虚假信息，不得恶意串通、联手买卖或者以其他方式操纵期货交易价格”的规定，构成了《期货交易管理条例》第74条（3）“以自己为交易对象，自买自卖，影响期货交易价格或者期货交易量”所述的行为。证监会决定对胶南粮库处以20万元罚款；对直接责任人刘玉江给予警告，并处以两万元罚款。

【案例2】镇江宝尔胜钢铁有限公司操纵螺纹钢1107合约交易价格案

根据上海期货交易所监控发现的线索，2011年9月，证监会对宝尔胜等两个机构账户涉嫌操纵“螺纹钢1107合约”（以下简称“RB1107合约”）的行为立案调查。

经查，黄君称是宝尔胜等两个机构账户“RB1107合约”交易决策人、下单人，其在案发时担任宝尔胜法定代表人。2011年7月14日，宝尔胜利用其控制的两个期货账户对敲及自平仓交易“RB1107合约”，双向总成交180手（成交量占全日成交量的100%），所有成交价格均为5450元/吨。“RB1107合约”系当月交割合约，在7月14日前，“RB1107合约”已连续四个交易日无成交，根据《上海期货交易所结算细则》，交割结算的基准价为该期货合约最后交易日的结算价，由于最后交易日（7月15日）无成交，“RB1107合约”交割结算价引用上一交易日（7月14日）的结算价5450元/吨，这与正常的交割结算价（即没有发生7月14日对敲交易情况下，7月13日的结算价5160元/吨）相差290元/吨，价格偏离幅度为5.62%。

宝尔胜通过操纵“RB1107合约”交割结算价格，多计增值税进项税，少纳增值税75846.15元。黄君称为宝尔胜操纵“RB1107合约”交割结算价行为直接负责的主管人员。

宝尔胜的上述行为违反了《期货交易管理条例》第43条“任何单位或者个人不得编造、传播有关期货交易的虚假信息，不得恶意串通、联手买卖或者以其他方式操纵期货交易价格”的规定，构成《期货交易管理条例》第74条（3）“以自己为交易对象，自买自卖，影响期货交易价格或者期货交易量”的行为。根据《期货交易管理条例》第74条规定，证监会决定，对宝尔胜处以20万元罚款；对黄君称给予警告，并处以两万元罚款。

上述案件均属于特定时间的期货交易价格操纵案，宝尔胜通过其实际控制的两个期货账户间自买自卖即将到期的“RB1107合约”来操纵交割结算价，致使“RB1107合约”交割结算价格提高。宝尔胜持有“RB1107合约”到期进行实物交割时，因“RB1107合约”对应的螺纹钢实物的增值税进项税按照交割结算价格的一定比例计算，“RB1107合约”交割结算价格的提高致使增值税进项税被多计，即增值税抵扣增加，从而达到了少纳增值税的目的，实现了跨市场套利。这种操纵方式突破了以往通过操纵期货交易价格与交易量并通过交易获利的传统模式，是一种新型的操纵获利方式。

在期货领域，其资金多数开始炒作一些价格相对低的东西，农产品的价格相对偏低，引发资金的追逐属于一种正常现象。一般来说，真正炒作前，炒家一般会先散布一些谣言，如未来农产品将获丰收、市场充盈之类，然后在市场上做空，等价格下跌后，他们就开始转手做多。当买单大部分集中在他们手里的时候，就相当于掌握了该产品的现货供应量，控制了现货供应也就控制了价格，在一定程度上也就操纵了期货价格。

上述案件均属于特定时间的期货交易价格操纵案，这类违法行为一般表现为自我成交、约定交易、虚假申报和连续买卖制造交易活跃假象等异常交易行为，经常发生在期货合约邻近交割月和交割月中，此时期货价格接近现货价格，市场流动性较差，操纵容易实现。此类操纵行为，主要动机一是影响交割结算价，从而影响开具增值税发票进项税或销项税的金额，达到少交或多抵扣增值税款的目的；二是利用小单量制造交易活跃的假象，趁机赢利出局。其中影响交割结算价是不可忽略也不能忽略的问题，其会影响刑法在操纵期货市场罪定罪罪名上的科学性。

2. 股指期货市场

除了操纵商品期货市场行为，还需注意操纵股指期货市场的行为。股指期货（Share Price Index Futures）是指以股价指数为标的物的标准化期货合约，双方约定在未来的某个特定日期，可以按照事先确定的股价指数的大小，进行标的指数的买卖，到期后通过现金结算差价来进行交割。从理论上讲，操纵股指期货市场的方式与操纵商品期货市场一样，可以从期货市场和现货市场两方面入手进行操纵。其一，从股指期货市场内部入手，通过联合（连续）买卖、约定买卖、自我买卖等行为，扭曲市场真实供求关系，影响期货交易价格和交易量。2015 年，中金所发布了四条新规[①]，

① 一是调整股指期货日内开仓限制标准。沪深 300、上证 50、中证 500 股指期货客户在单个产品、单日开仓交易量超过 10 手的构成“日内开仓交易量较大”的异常交易行为。二是提高股指期货各合约持仓交易保证金标准。为切实防范市场风险，通过降低资金杠杆抑制市场投机力量，将沪深 300、上证 50 和中证 500 股指期货各合约非套期保值持仓交易保证金标准由目前的 30% 提高至 40%，将沪深 300、上证 50 和中证 500 股指期货各合约套期保值持仓交易保证金标准由目前的 10% 提高至 20%。三是大幅提高股指期货平今仓手续费标准。为进一步抑制日内过度投机交易，结合当前市场状况，将股指期货当日开仓又平仓的平仓交易手续费标准，由目前按平仓成交金额的万分之一点一五收取，提高至按平仓成交金额的万分之二十三收取。四是加强股指期货市场长期未交易账户管理。长期未交易客户在参与金融期货交易之前，应知悉交易所现行交易规则及其实施细则，作出账户系本人使用，不出借、转让账户或将账户委托他人操作，合规参与交易等承诺，并将承诺书通过会员单位报送中金所后，方可参与金融期货交易。

意在限制股指期货市场的投机行为。使得在股指期货市场内部进行操纵难度增加。但是仍不能完全杜绝操纵市场的行为。对于限制交易量，可以通过私开多个账户等方式进行规避；对于提高保证金、手续费的规定，对于普通个人投资者影响较大，对于财力雄厚的机构投资者，限制有限。其二，通过影响股票现货市场的方式，去操纵股指期货市场，在理论上存在可能性，在实践中操作难度较大，想要影响沪深 300 指数、上证 50 指数、中证 500 指数，以达到操纵相应期货价格，需要极其大量的资金，但仍需防范。

2015 年破获的伊世顿案是一件使用科技手段操纵股指期货市场的案件。上海市人民检察院第一分院已经对张家港保税区伊世顿国际贸易有限公司及其直接负责人员高燕、梁泽中，华鑫期货公司技术总监金文献等以涉嫌操纵期货市场罪一案，向上海市第一中级人民法院依法提起公诉。[①]

2015 年 6、7 月，我国证券期货市场出现异常巨幅波动。伊世顿公司在交易沪深 300、中证 500、上证 50 等股指期货合约过程中，卖出开仓、买入开仓量在全市场中位居前列，该公司账户组平均下单速度达每 0.03 秒一笔，一秒内最多下单 31 笔，且成交价格与市场行情的偏离度显著高于其他程序化交易者。以 6 月 26 日的中证 500 主力合约为例，该公司账户组的卖开成交量占市场总卖出量 30% 以上的次数达 400 余次；以秒为单位计算，伊世顿账户组的卖开成交量在全市场中位列第一的次数为 1200 余次；其卖开成交价格与市场行情的偏离度为当日程序化交易者前五名平均值的两倍多。据统计，仅 6 月初至 7 月初，该公司账户组净赢利就达五亿余元人民币。

监管机构认为，伊世顿公司的期货交易行为扩大了日内交易价格波幅，与市场价格走势存在关联性，影响了当时的市场交易价格和正常交易秩序。公安机关认为，伊世顿公司异常交易行为符合操纵股指期货市场的特征，涉嫌操纵期货市场犯罪。

高燕等人受扎亚、安东指使，为规避中国金融期货交易所相关规定的限制，其先后向亲友借来个人或特殊法人期货账户 31 个，供伊世顿公司组成账户组进行交易。安东及其境外技术团队设计研发出一套高频程序化交

① 参见《伊世顿公司涉嫌操纵期货罪被提起公诉》，中国财经网，http://finance.china.com.cn/roll/20160805/3845133.shtml，最后访问日期：2016 年 11 月 15 日 15 时。

易软件，远程植入伊世顿公司托管在中国金融期货交易所的服务器，以此操控、管理伊世顿账户组的交易行为。伊世顿账户组通过高频程序化交易软件自动批量下单、快速下单，申报价格明显偏离市场最新价格，实现包括自买自卖（成交量达 8110 手 113 亿元人民币）在内的大量交易，利用保证金杠杆比例等交易规则，以较小的资金投入反复开仓、平仓，使赢利在短期内快速放大，非法获利高达 20 多亿元人民币。[①]

根据现有材料，可以推测该起案件的犯罪手段是程序化交易、高频交易，程序化交易、高频交易[②]本身并不违法，它们只是期货投资的一种技术手段。但是该案中，犯罪嫌疑人使用高频交易可能涉及分层与虚假账单操纵（Layering and Spoofing）以及自买自卖等违法行为。虚假账单操纵是指行为人从事期货交易时，先在单边进行大量报单，其目的是引诱其他参与者跟随进行同方向的报单，继而在执行之前全部撤销之前的报单，然后在与撤单行为几乎同时地进行反方向的报单，与之前被引诱跟随报单的市场参与者成交。其典型行为模式分为三步实施：第一步称为“虚假报单”（Build up），即在单边进行大量报单，其目的是引诱其他参与者跟随进行同方向的报单；第二步称为“撤销报单”（Cancel），即在执行之前全部撤销之前的报单；第三步称为“反向成交”（Flipping），即在与撤单行为几乎同时地进行反方向的报单，与之前被引诱跟随报单的市场参与者成交。[③] 2010 年 5 月，美国司法部指控一名英国期货交易员操纵市场，导致 2010 年美国股市“闪电崩盘”。其使用的手段就是虚假账单操纵。伊世顿案中之所以还涉及自买自卖行为，是因为其高频操作的时间间隔 0.03 秒远远短于交易所发布交易行情的时间间隔 500 毫秒，因此其开出的大量卖单在其他投资者尚未看到时，就被伊世顿公司的其他账户买回，形成自买自卖，影响了期货价格和交易量，严重阻碍了市场的价格发现功能并误导和干扰了投资者的判断。

---

① 参见《上海破获一起特大操纵期货市场案件》，和讯网，http://futures.hexun.com/2015-11-02/180272936.html，最后访问日期：2016 年 11 月 15 日 15 时。

② 程序化交易指运用电脑程序来进行市场状态分析、投资策略选择、投资时机判断以及报单指令传送的交易行为；高频交易是通过高速交易大量小单指令以期从交易对象的微小价格变化中获利的交易行为，高速和高频是其交易特点。

③ 张孟霞：《高频交易的频繁报撤单与市场操纵认定——以美国国债期货“虚假报单操纵”案例为视角》，《证券市场导报》2016 年第 5 期。

我国也开始完善对程序化交易的规制，《证券期货市场程序化交易管理办法（征求意见稿）》第18条规定，程序化交易者参与证券期货交易，不得有下列影响交易价格或交易量的行为：

（一）在属于同一主体或处于同一控制下或涉嫌关联的账户之间发生同一证券的交易；

（二）在同一账户或同一客户实际控制的账户组间，进行期货合约的自买自卖；

（三）频繁申报并频繁撤销申报，且成交委托比明显低于正常水平；

（四）在收盘阶段利用程序进行大量且连续交易，影响收盘价；

（五）进行申报价格持续偏离申报时的市场成交价格的大额申报，误导其他投资者决策，同时进行小额多笔反向申报并成交；

（六）连续以高于最近成交价申报买入或连续以低于最近成交价申报卖出，引发价格快速上涨或下跌，引导、强化价格趋势后进行大量反向申报并成交；

（七）其他违反《证券法》《期货交易管理条例》等法律法规，影响证券期货市场正常交易秩序的程序化交易。

第三、五、六款的规定包含了虚假账单操纵的行为。

此外，还需注意操纵期货市场可能的帮助行为——配资行为，配资是指配资公司在投资者原有资金的基础上按照一定比例给投资者资金供其使用。在我国，证券公司可以在证券市场为客户配资。根据证监会下发的《关于防范期货配资业务风险的通知》，在期货市场，任何主体都没有配资的资格。因为期货市场采取保证金制度，具有一定杠杆，再使用配资，可能会产生近百倍的杠杆，使风险极大地提高。配资行为之所以会成为操纵期货市场的帮助行为，是因为如上文所述，通过操纵股票市场，影响股指，进而操纵股指期货市场，需要大量的资金，配资行为可以极大减轻意图操纵者的资金负担，而在期货市场，违规为行为人配资，行为人借助近百倍的杠杆，也更容易进行操纵行为。

（二）法律规定的现状

1. 行政法领域

（1）行政法律法规

我国对操纵期货市场的立法源于期货交易的实践，可追溯到期货交易中的一系列逼仓事件。如“3·19”胶合板的逼仓、广东联合交易所的籼米事件、苏州红小豆爆炒风暴、北京商品交易所绿豆的多空相逼等。这些操纵期货市场行为不仅使我国期货市场受到了严重的影响，损害了投资者的利益，而且还人为地扭曲了期货市场的正常价格，扰乱期货的正常交易秩序，成为规范性文件以及法律禁止的重点行为之一。

我国较早禁止操纵期货市场的规范性文件为1991年12月11日深圳有色金属所颁布的《深圳有色金属交易所交易规则》。该规则第73条规定："如发现出市代表有下列违法情节之一的，交易所有权暂停其入市交易直至取消其出市代表资格，情节严重的，由有关部门追究其法律责任：(一)散布谣言，影响、操纵、扰乱市场，企图从价格变动中获利的；（二）谎报买卖市价，联手交易从中谋利的……"1992年5月《上海金属交易管理暂行规定》第24条规定："交易过程中禁止任何单位进行下列行为：(一)利用内幕消息从事交易；（二）同一单位与两个以上单位私下串通，同时买卖同一种商品合约，制造虚假供求和价格；（三）制造或散布虚假的、容易使人误解的信息；（四）以操纵市场为目的，连续抬价买入或卖出同一种商品的合约；（五）以其他直接或间接的方法，操纵或扰乱交易秩序。"1993年4月28日，国家工商行政管理局颁布的《期货经纪公司登记管理暂行办法》第8条对禁止期货经纪公司从事私下串通、垄断市场进行规定。1994年8月1日，《河南省期货市场管理条例》对期货交易的基本规则作了系统的规定。该条例第87条规定了禁止从事虚假交易、私下串通交易、散布谣言、制造市场假象和操纵市场。违反该规定者，将被处以警告、没收违法所得、罚款；情节严重构成犯罪的，依法追究刑事责任。《河南省期货市场管理条例》作为地方性法规，通过空白罪状的方式对操纵期货市场情节严重的规定为犯罪行为。

1995年10月24日，证监会发出了《关于进一步控制期货市场风险严厉打击操纵市场行为的通知》，并要求"各交易所要严肃查处超量持仓、垄断市场和联手操纵市场的行为"。1996年3月5日，证监会的通知要求，为了严厉打击操纵期货市场的行为和期货欺诈行为，要求各交易所结合各自的具体情况建立"市场禁入制度"。1996年5月6日，证监会颁布《关于对操纵期货市场行为认定和处罚的规定》，对何为操纵期货市场的行为作出了明确的界定。该规定第1条指出"操纵期货市场行为是指交易所会员或客户为了获取不正当利益，故意违反国家有关期货交易规定，违背期货公开、公平、公正的原则和大户报告制度，单独或者合谋使用不正当手段，严重扭曲期货市场价格，扰乱市场秩序的下列各种行为”。包括以下12种情形：（1）交易所会员或客户为了规避交易所持仓限量规定，利用其他会员席位或者其他客户名义建仓，其建仓总量超过交易所对该会员或客户规定的持仓限量的；（2）若干交易所会员或客户之间通过集中资金，由一个客户或者会员统一下达交易指令且情节严重的；（3）交易所会员用若干客户的资金为一个客户或自己进行交易且情节严重的；（4）交易所会员为客户提供资金，并强制客户按照自己的意志和要求进行交易的；（5）交易所会员间利用移仓、对敲等手段，故意制造市场假象，虽未超过持仓限量，但已严重影响市场秩序，企图或实际影响期货价格或者市场持仓量的；（6）交易所会员或客户蓄意串通，按照事先约定的方式或价格进行交易或互为买卖，制造市场假象，企图或实际严重影响期货价格或者市场持仓量的；（7）交易所会员接受多个客户的全权委托，并实际统一进行交易，严重影响期货市场价格的；（8）客户假借他人名称或用虚假的名字，多方开立账户和下达交易指令，实际超过持仓限量或严重影响期货市场价格的；（9）交易所会员故意阻止、延误或改变客户某一方向的交易指令，或擅自下达交易指令或诱导、强制客户按照自己的意志进行交易，且情节严重的；（10）交易所会员或客户超越自身经营范围或实际要求，控制大量交易所指定仓库标准仓单，企图或实际严重影响期货市场价格的；（11）交易所会员或客户在实物交割环节上蓄意违规，企图或实际严重影响交割结算的正常进行的；（12）交易所会员或客户在现货市场上超越自身经营范围或实际需求，囤积居奇，企图或实际严重影响期货市场价格的。总结起来，为四个类型：其一，集中资源，超过限量规定；其二，违背客户意愿进行交易；其三，控制现货，实物交割；其四，对敲与自买自卖，制造市场假象。同时，《关于对操纵期货市场行为认定和处罚的规定》还对操纵市场行为应承担的法律责任作了规定。凡经调查确有操纵市场行为者，可根据情节轻重，单处或并处警告、没收非法所得、罚款、中止直至取消资格，宣布其为“市场禁入者”。对触犯刑律的，移交司法机关追究刑事责任。该规定尝试采取穷尽列举的方式，将采取各种手段非法操纵期货市场价格的一类行为进行列举，统一进行调整和规制，体现对此的关注与认识的深化，也体现了非法操纵期货形式随着期货市场的发达而不断变化且花样翻新。然而，1997年修订的刑法却未将期货犯罪纳入刑法调控范围。随着期货市场的发展和各种新形式的操纵期货市场行为的不断出现，这种采取行政立法方式并采取封闭规范的方式受到质疑，甚至最终被摒弃。2000 年 4 月《中国证券监督管理委员会关于废止部分证券期货规章的通知（第二批）》废止了《关于对操纵期货市场行为认定和处罚的规定》。

1999 年 5 月 25 日，国务院颁布了《期货交易管理暂行条例》（以下简称《暂行条例》）。该《暂行条例》在总则中明确提出禁止欺诈、内幕交易和操纵期货交易价格等违法行为。《暂行条例》第 62 条规定："任何单位或者个人有下列行为之一，操纵期货交易价格的，责令改正，没收违法所得，并处违法所得 1 倍以上 5 倍以下的罚款；没有违法所得或者违法所得不满 20 万元的，处 20 万元以上 100 万元以下的罚款；构成犯罪的，依法追究刑事责任：（一）单独或者合谋，集中资金优势、持仓优势或者利用信息优势联合或者连续买卖期货合约，操纵期货交易价格的；（二）蓄意串通，按事先约定的时间、价格和方式相互进行期货交易，影响期货交易价格或者期货交易量的；（三）以自己为交易对象，自买自卖，影响期货交易价格或者期货交易量的；（四）为影响期货市场行情囤积实物的；（五）有中国证监会规定的其他操纵期货交易价格的行为的。""单位有前款所列行为之一的，对直接负责的主管人员和其他直接责任人员给予纪律处分，并处 1 万元以上 10 万元以下的罚款。"2007 年 2 月 7 日，国务院颁布的《期货交易管理条例》（以下简称《条例》），该《条例》对《暂行条例》中有关禁止操纵期货市场的相关规定作了完整的吸收和保留。《暂行条例》以及现行的《期货交易管理条例》采取了一种开放性规定的形式，即在列举了单独或合谋利用资金、持仓、信息优势连续买卖、蓄意串通、自买自卖、囤积现货等典型操纵期货市场行为的同时，设置了兜底条款。这种立法方式使相对固定的法规条文更具有能力应对操纵期货市场或者价格的手段不断翻新、形式的不断变化。操纵期货市场行政立法的变迁反映出期货监督管理者及行政法规制定主体对操纵期货市场行为认识的不断深化，同时也反映出客观现实中对期货市场的操纵行为也不断朝着多样化、复杂化、隐蔽化的方向发展，其行政手段对于遏制操纵期货市场违法犯罪具有一定的作用。

（2）行政立法评价

《期货交易管理条例》作为现行的、最主要的规制操纵期货市场行为的行政立法，在当时未与刑事立法进行有机衔接。期货刑事立法衔接是行刑衔接机制运行的基础，也涉及行政执法权与刑事司法权相互衔接的基本要求，符合期货犯罪一般由符合法律规定向违法犯罪发展的期货犯罪规律，而且，二者之间的有效衔接而不留空档可以确保行政法律和刑事法律统一正确的实施。一般来说，消极的期货交易行为从违规违法到犯罪，有一个严重程度的渐变过程，我国对犯罪的认定一般采用定性加定量的模式。而《期货交易管理条例》与刑法中关于期货违法犯罪的规定是否为相互的对应关系，体现了我国期货市场违法犯罪的立法质量，也标志着我国对期货违法犯罪问题研究的水平。

如果行政立法与刑事立法衔接得较好，体现出我国期货立法的整体性质量较高。相反，如果衔接程度低，表现出期货立法的统一性低，这种低水平的立法必然会给执法与查办案件带来适用法律的困难。目前刑事立法衔接主要存在以下问题。

一是行政法律中有关刑事处罚的规定简单笼统，尤其是空白罪状不能得到刑事法律的衔接，不仅不利于行政执法人员在执法中发现情节严重行为难以及时移送，而其对作出是否涉嫌犯罪的判断也处于困境，“以罚代刑”难以遏制违法犯罪的频发。

二是刑法规定存在明显不足，立法滞后又不宜经常变动，尤其受罪刑法定的限制，致使有关期货违法遏制的成果难以转化为立法，影响对期货犯罪的打击力度。

此外，我国关于禁止操纵期货市场的行政立法也存在其固有的缺陷。从 1999 年《期货交易管理暂行条例》颁布至今的十余年时间里，行政立法对于禁止操纵期货市场行为的规定未作只字的修改（《期货交易管理条例》完全继承了《期货交易管理暂行条例》对禁止操纵期货市场行为的相关规定，在 2012 年的修订中也未对相关条文进行任何修改），保持了连贯性。但从实证的角度进行分析，仍然能够发现现行规定存在的明显弊端。这种弊端主要表现在我国《期货交易管理条例》构建了一个完全以禁止价格操纵为核心的期货操纵监管规范体系，忽略了其他可操纵的因素。操纵价格（Price Manipulation），是指为消除现货商品或期货市场的价格竞争影响，通过对供求关系的垄断，及故意通过该垄断使得价格人为地上涨或者下跌或者被固定。价格垄断亦是通过垄断力控制价格，使得不能真实地反映竞争环境。操纵期货价格一般是指行为人在买进或者卖出期货合约过程中，以制造表面的假象或者误导方式提高或降低市场价格或稳定市场价格以引诱他人买卖或交易期货的行为。操纵期货市场价格的动机有三种：

(1) 人为哄抬期货价格后，操纵者将倾售（卖空）其持有的头寸；(2) 将期货价格打压后，利用下跌的市场价格，买空期货头寸，从而获取利益；(3) 垄断（稳定）市场价格，通过垄断期货市场价格使正常波动的期货价格维持表面平衡，以达到囤积期货或者调集资金从而获利或减少损失的目的。

我们认为，在将来期货交易过程中，有可能出现控制现货市场来操纵期货价格或者利用信息优势操纵期货市场等新类型的操纵行为。如 2012 年查办的镇江宝尔胜钢铁操纵“螺纹钢 1107 合约”实现“跨市场套利”就是其中的典型。宝尔胜等两个机构账户利用螺纹钢成交清淡的特点，相互对敲操纵该合约最后交易日的价格，借此影响结算价格，并在增值税的环节实现跨市场监管套利，达到少交增值税的目的。这种操纵手段值得关注和警惕。

在理论界，对局限在价格操作的范畴内建构反期货操纵规则是否合理一直存在争论。有一种观点认为，即使存在操纵性价格扭曲的证据，执法机构与司法机关仍然难以证明甚至无法证明存在人为价格，当前期货市场价格关系与过去的金融实践经验存在显著的差别，期货市场中的预期标准行为并不受历史性经验所控制。因此，设立以禁止价格操纵为核心的规范体系导致一些明显具有操纵属性和意图的行为无法放在操纵期货市场行为的范畴下进行规制和评价。例如，我国期货法规以及期货交易所规则明确禁止扰乱期货交易系统安全、交易秩序的高频交易，但未从利用信息优势控制期货交易的角度确定其操纵的性质，这显然不利于规制利用信息优势操纵期货市场等新类型的操纵行为。因此，有必须通过深入的期货监管与司法实践充实反期货操纵原则性规范的发展性内涵，对不断更迭的期货操纵行为类型作出及时的政策反应，借助于规范性文件的及时性遏制期货领域可能出现的操纵行为。这种包括在我国期货条例规定“构成犯罪的，依法追究刑事责任”之中，而这种规定只是在规定操纵期货交易价格一般违法行为的处罚时，没有明确的法定刑和罪状的规定，还不具有严格意义上的刑法规范性质。

2. 刑法领域

(1) 刑事立法

1997 年修订的刑法仅将证券领域中操纵行为纳入刑法调整的范围，而对期货领域中操纵行为未作出规定，致使期货领域中操纵行为仅仅通过民事责任或者行政责任予以制裁。1997年《刑法》第182条规定，为了获取不正当利益或者转嫁风险，单独或者合谋，集中资金优势、持股优势或者利用信息优势联合或者连续买卖，操纵证券交易价格；或者与他人串通，以事先约定的时间、价格和方式相互进行证券交易或者相互买卖并不持有的证券，影响证券交易价格或者证券交易量；或者以自己为交易对象，进行不转移证券所有权的自买自卖，影响证券交易价格或者证券交易量；或者以其他方法操纵证券交易价格，情节严重的，处五年以下有期徒刑或者拘役，并处或者单处违法所得一倍以上五倍以下罚金。而在《最高人民法院关于执行〈中华人民共和国刑法〉确定罪名的规定》（法释〔1997〕9号）中将该条罪名确定为“操纵证券交易价格罪”。

然而，在期货交易市场同样存在操纵行为，且在实践中时有发生以及社会危害性不亚于证券市场，需要制定惩治操纵期货市场罪的刑法规范，对此种行为予以打击，以维护期货市场有序、健康地发展。1999年《刑法修正案（一）》将期货交易领域内的操纵行为在操纵证券交易价格罪后进行了补充，于是操纵期货市场罪成为严格意义的刑法规范。《刑法修正案（一）》第6条规定：“有下列情形之一，操纵证券、期货交易价格，获取不正当利益或者转嫁风险，情节严重的，处五年以下有期徒刑或者拘役，并处或者单处违法所得一倍以上五倍以下罚金：（一）单独或者合谋，集中资金优势、持股或者持仓优势或者利用信息优势联合或者连续买卖，操纵证券、期货交易价格的；（二）与他人串通，以事先约定的时间、价格和方式相互进行证券、期货交易，或者相互买卖并不持有的证券，影响证券、期货交易价格或者证券、期货交易量的；（三）以自己为交易对象，进行不转移证券所有权的自买自卖，或者以自己为交易对象，自买自卖期货合约，影响证券、期货交易价格或者证券、期货交易量的；（四）以其他方法操纵证券、期货交易价格的。”“单位犯前款罪的，对单位判处罚金，并对其直接负责的主管人员和其他直接责任人员，处五年以下有期徒刑或者拘役。”在“两高”《关于执行〈中华人民共和国刑法〉确定罪名的补充规定》（法释〔2002〕7号）中将该罪罪名修订为“操纵证券、期货交易价格罪”。这种对操纵期货交易价格罪的立法规定解决了操纵期货交易价格“入罪”问题，使得打击操纵期货交易价格有法可依。但是，由于这种立法难以满足实践的需要，尤其是立法对罪状及犯罪构成要件的关注远甚于罪名规范本身，致使刑法对期货犯罪的规定越来越难以适应发展迅速的犯罪类型。于是，2006 年，《刑法修正案（六）》对罪名与罪状进行协调。

《刑法修正案（六）》第 11 条规定："有下列情形之一，操纵证券、期货市场，情节严重的，处五年以下有期徒刑或者拘役，并处或者单处罚金；情节特别严重的，处五年以上十年以下有期徒刑，并处罚金：（一）单独或者合谋，集中资金优势、持股或者持仓优势或者利用信息优势联合或者连续买卖，操纵证券、期货交易价格或者证券、期货交易量的；（二）与他人串通，以事先约定的时间、价格和方式相互进行证券、期货交易，影响证券、期货交易价格或者证券、期货交易量的；（三）在自己实际控制的账户之间进行证券交易，或者以自己为交易对象，自买自卖期货合约，影响证券、期货交易价格或者证券、期货交易量的；（四）以其他方法操纵证券、期货市场的。""单位犯前款罪的，对单位判处罚金，并对其直接负责的主管人员和其他直接责任人员，依照前款的规定处罚。"根据两高《关于执行〈中华人民共和国刑法〉确定罪名的补充规定三》（法释〔2007〕16 号），该罪罪名也修订为"操纵证券、期货市场罪"。

我国从 1997 年刑法规定的"操纵证券交易价格罪"到《刑法修正案（一）》规定的"操纵证券、期货交易价格罪"，再到《刑法修正案（六）》规定的"操纵证券、期货市场罪"，其罪名的频率修订与变动，一方面反映出相关主体对证券期货市场违法犯罪行为的本质认识的不断深化，另一方面也反映其立法在此方面落后于证券期货实践。在《刑法修正案（一）》中将"操纵期货交易价格罪"界定为"操纵期货交易价格，获取不正当利益或者转嫁风险，情节严重"的行为，但在客观要件上，第（二）、第（三）项均规定"影响期货交易价格或者证券交易量"，这说明操纵期货市场的行为不仅包括操纵交易价格，同时也包括操纵交易量。

（2）刑事立法评价

我国操纵期货市场犯罪问题，将罪名中的"证券市场、期货市场"两个体系处于平等位阶，尤其是将期货犯罪附注在证券之后还存在一些不科学的地方。具体分析如下。

一是由于我国对资本市场与期货市场认识不深刻，在一定程度上影响了"操纵证券、期货市场罪"罪名的逻辑安排的科学性。期货市场是进行期货交易的场所，其交易标的为期货合约。期货合约是指由期货交易所统一制订的、规定在将来某一特定的时间和地点交割一定数量和质量实物商品或金融商品的标准化合约。2007 年 4 月，《中共中央关于制定国民经济和社会发展第十一个五年规划的建议》指出资本市场包括“股票以及债券市场等”，并将期货市场与资本市场、货币市场以及保险市场相提并论。但是，在国务院 2004 年 1 月发布的《国务院关于推进资本市场改革开放和稳定发展的若干意见》中却将期货市场归于资本市场体系。但因对“期货市场”的地位未能从其本质上予以考虑，从实用主义出发难免出现不同的认识。这种不同认识进而影响了刑法对其罪名的逻辑安排。有学者认为，按照《中共中央关于制定国民经济和社会发展第十一个五年规划的建议》的提法，“期货市场”与“资本市场”处于同等地位，“证券市场”与“期货市场”之间不应当是平等关系，而是上下层级关系，“操纵证券、期货市场”的罪名在逻辑上存在较大问题。而根据《国务院关于推进资本市场改革开放和稳定发展的若干意见》，“期货市场”属于“资本市场”的一个部分，“证券市场”与“期货市场”同处于“资本市场”这一大概念下，“操纵证券、期货市场罪”在逻辑上作为依附证券犯罪似乎是顺理成章。然而，世界各国对证券市场和期货市场合并管理却是发展的必然趋势。如 2007 年 12 月 20 日，欧洲期交所成功并购美国国际证交所。[①] 1999 年 7 月，香港《证券及期货条例草案》提交立法局审议并于 2002 年 3 月获通过，新条例将香港过去 25 年来的证券期货市场监管规定合二为一。[②] 如果仅仅从管理体制上探讨刑事立法的变化仍难以获得信服的结论。在国外，证券市场与期货市场多分属于不同的独立机构监管。而我国的证券、期货市场监管均由中国证券监督管理委员会负责，在对期货市场认识不深刻时会影响“操纵证券、期货市场罪”罪名科学性的确立。

二是“证券、期货市场”等同也影响操纵期货市场犯罪罪名的合理性。有学者认为，“证券、期货市场”的外延远大于“证券、期货交易市场”的外延，因此应将“操纵证券、期货市场罪”修改为“操纵证券、期货交易市场罪”。有学者认为，操纵发行价格对资本市场的危害性更大、影响会更坏。[③] 操纵市场犯罪的判断要素由单纯的“证券、期货市场交易

---

① 尚福林主编《证券市场监管体制比较研究》，中国金融出版社，2006，第 40 ~ 46 页。

② 廖北海：《论操纵证券、期货市场罪立法形式的完善——以本罪的修正为切入点》，《求索》2009 年第 4 期。

③ 郭文龙：《证券期货市场犯罪动态梳理与立体研究》，《证券市场导报》2010 年第 5 期。

价格”扩展至“证券、期货市场交易价格及交易量”，随着资本市场的深化发展，除证券、期货市场外的其他金融市场产品也可能会成为可以被操纵的对象，而证券、期货市场中除交易价格、交易量外的其他构成要素可能会成为操纵市场的判断要素。[①] 即使我国学者对操纵期货市场行为进行界定时也是借用证券的规定，并以《禁止证券欺诈行为暂行办法》的规定来描述操纵期货的含义。

三是从国外相关操纵期货市场犯罪来看，规定为操纵期货交易价格罪，而非操纵期货市场罪。如《日本商品交易所法》第89条规定，操纵期货市场者“在因其违法行为而形成的特定价格或约定价格对在该商品市场进行交易或提出委托的人产生影响，并使他因此蒙受损失时，负有赔偿损失的责任”。而美国巡回法院判例认定操纵行为应有下列特征：(1) 在相关的期货契约中有压倒性的地位；(2) 持有大量的相关商品或市场上该商品可供交割者稀少；(3) 行为人致使市场价格为非自然变动；(4) 行为人故意造成该市场价格的效果。所以，有学者认为，在界定操纵期货市场行为时，应包括以下三个方面的要素。(1) 操纵期货市场行为的直接目的是通过制造实际的或表面的频繁交易，影响期货价格，引诱他人买卖期货。操纵市场行为虽然会使操纵者获取利益或减少损失，但这是操纵行为的最终目的即行为的动机，其直接目的应是影响期货市场价格，以引诱他人参与交易。(2) 操纵行为的手段是通过散布虚假消息、抬高或压低期货价格等各种行为来影响期货价格。(3) 操纵期货市场的后果是损害了大多数投资者的利益，扰乱了期货市场正常的交易秩序和管理秩序。这种观点具有一定意义，其问题的关键是应当规定适合操纵期货犯罪的合理罪名。

四是在确定其罪名的包含关系上存在一些问题。如国外和有些地区一般均把编造并传播虚假信息行为和诱骗投资者买卖期货合约的行为统一归入操纵期货市场罪中，而在我国将编造并传播期货交易虚假信息罪和诱骗投资者买卖期货合约罪作为与操纵期货市场罪并列的独立罪名。由于编造并传播期货交易虚假信息行为与诱骗投资者买卖期货合约的行为在本质上也是操纵行为的具体表现形式之一，在立法规定中应当注意是否存在法条之间的竞合问题。

---

① 郭文龙：《操纵证券、期货市场犯罪罪名探析——从中观的规制对象和微观的判断要素切入》，《政法论坛》2010年第6期。

操纵期货市场罪的刑事立法和追诉标准存在如下问题需要讨论。

第一，刑法条文与相关期货行政法规的文字表述不统一。目前，《刑法》第182条规定的罪名是操纵证券、期货市场罪。关于操纵证券市场行为的具体称谓，2005年前的旧《证券法》第71条称为“操纵证券交易价格”，2005年后的新《证券法》第77条称为“操纵证券市场”。根据1997年刑法和1999年《刑法修正案（一）》的规定，《刑法》第182条原本与旧证券法的文字表述一致，但2006年6月的《刑法修正案（六）》以新证券法的文字表述为依据对《刑法》第182条进行了修改，使《刑法》第182条的罪名由“操纵证券、期货交易价格罪”变更为“操纵证券、期货市场罪”。但是，在《期货交易管理暂行条例》的第62条和《期货交易管理条例》的第74条中，操纵期货市场的行为始终被称为“操纵期货交易价格”。刑法条文和有关期货的行政法规在文字表述上的不一致，进一步说明关于期货犯罪的刑事立法一直依附于证券犯罪的刑法规定，有关期货犯罪的罪状表述和追诉标准都是简单地照搬照抄证券犯罪的相关规定形成的，并没有充分反映期货市场本身的规律和自身的特点。

第二，“操纵”在证券市场和期货市场具有不同的含义，《追诉标准（二）》未能根据期货市场的特点对“操纵”的含义和认定标准给予准确界定。在证券市场领域，操纵行为的称谓由“操纵证券交易价格”变更为“操纵证券市场”，表明“价格”问题对于认定操纵证券市场行为并非绝对必要。因为证券的价格只有一个，没有其他价格可供参考。但是，对于商品期货市场来说，虽然某商品的某一月份合约的价格只有一个，但还存在不同月份合约价格以及该商品的现货市场价格，而某合约价格与相关合约价格以及现货价格的偏离度是认定操纵期货市场行为的一个重要指标。但是，《追诉标准（二）》对操纵期货市场犯罪的四种行为类型的具体规定，只是简单地将操纵证券市场罪的量化标准套用到期货市场，明显忽略了价格偏离度这一重要因素，不可避免地会引发以下两个问题：其一，具体行为手段达到了量化标准，但不一定成立操纵期货市场的行为，三个商品交易所在监管过程中都发现了此类问题；其二，操纵期货市场的行为成立，但具体手段并未达到量化标准。

第三，《期货交易管理条例》第70条第1款第4项规定，“为影响期货市场行情囤积现货的”是操纵期货交易价格的行为方式之一。但是，《追诉标准（二）》并未将此种违规行为规定为一种操纵期货市场的行为类型，明显与《期货交易管理条例》的规定不协调。对此，参与制定《追诉标准（二）》的相关各方的理由是：这种规定主要是打击多方囤积现货，同时拉抬期货价格，迫使期货市场空方违约或者认赔离场，借以牟取非法利润的行为。不过，如果只囤积现货，并不参与期货交易，囤积现货的行为并不构成操纵期货交易价格。换言之，只有囤积现货并在期货市场交易（主要是做多），同时操纵期货价格，才可能构成操纵期货市场的行为。因此，单独囤积现货本身不能作为操纵期货市场的认定依据。由于《追诉标准（二）》已经从期货交易角度考虑了各类操纵市场的情形，没有必要再对囤积现货行为进行规定。[①] 证券市场是一个封闭的、单向交易的、赢利模式单一的市场，而期货市场却是一个开放的、双向交易的、赢利模式多重的市场，期货价格与现货价格有着非常紧密的联系，从某种程度上说，如果控制不了现货价格，也就不可能操纵期货价格，因此，“为影响期货市场行情囤积现货的”是一种非常重要的操纵期货市场的行为类型。

第四，没有确定操纵期货市场的行政违法行为和刑事犯罪的区分标准。在我国法律制度的框架下，通常以定量因素来确定行政违法行为和刑事犯罪的区分标准，而这里的“量”一般是涉案金额。对于操纵期货市场的行为来说，如何区分刑事犯罪和行政违法行为是一个非常困难并且至关重要的课题。而且，以“量”定罪的标准是否科学，是否要将操纵改为“行为犯”同样是值得探讨的问题。

第五，量刑方面存在一些问题。自由刑的刑期长，量刑档次跨度大，为司法实践留下了较为宽泛的自由裁量空间，极易在实践中出现司法擅断的现象，容易影响刑事罪刑均衡原则的贯彻实施。适当设置自由刑的量刑幅度，如为三年、五年、七年以及十年等具体化的量刑幅度；长期自由刑与较重的罚金刑同时适用，对犯罪人苛责过重，也不符合经济或者金融犯罪的量刑的特点。“对那些大发他人之财的人应该剥夺他们的部分财产。”[②]

另外，股指期货与商品期货存在标的物差异的重大区别。股指期货是以指股价指数为标的物的标准化期货合约，合约标的为沪深 300 指数。在股指期货能否被操纵问题上，金融界专家分别从不同角度进行过理论上的

---

① 最高人民检察院法律政策研究室、公安部经济犯罪侦查局、公安部法制局编《经济犯罪案件立案追诉标准适用指南》，中国人民公安大学出版社，2010，第 248 页。

② 〔意〕贝卡利亚：《论犯罪与刑罚》，黄风译，中国大百科全书出版社，1993，第 7 页。

论战，不仅结论大相径庭，而且观点林立。有专家认为，“不论从理论还是实践上讲股指期货都不可能被操纵”。也有学者认为，“任何产品都可能被操纵，只不过所需资金更加雄厚而已”。从理论上讲，只要存在股指期货在交易所供投资者买卖这个大前提，只要有足够资金为条件，股指期货可能被操纵。然而，股指期货的交易场所属于中观的“期货市场”，其微观的判断要素虽然复杂，依然是交易价格、交易量。即使操纵股指期货入罪也照样可以按照《刑法》第182条进行规制。从此角度出发，“操纵证券、期货市场罪”罪名选择较为适当，能够容纳资本市场衍生品迅猛发展过程中违法犯罪活动，却没有反映操纵商品期货犯罪影响交易价格的本质。

二　我国操纵期货市场罪的刑法完善

纵观我国对操纵期货市场罪的行政处罚规定、实践中存在的问题以及刑事立法的历程，其立法不断进步是明显的，但也体现了立法的功利性与实用主义。由于1997年刑法制定时我国期货交易制度仍处于初创和探索的阶段，没有配套的行政法规。因此1997年刑法没有规定期货犯罪。1997年修订刑法没有规定，并不代表对此问题未引起学者关注，其中部分人大代表和学者提出应将期货犯罪纳入新刑法，立法机关认为有关期货犯罪的理论研究尚不成熟，未采纳这一建议。但在此之后随着期货市场的日益成熟，各类期货违法行为不断显现。尽管国务院于1999年6月颁布了《期货交易管理暂行条例》对期货市场予以规制，并在实践中取得了一定成效，但当时立法者已经开始认识到对于严重扰乱期货市场管理秩序的行为，操纵期货交易价格行为作为一种罪名是对实践总结。然而，考虑到期货犯罪与证券犯罪在犯罪形式和社会危害性上相似，却没有另设条文规定操纵期货交易价格罪的犯罪构成，也没有在现有条文之下增设新款规定本罪的犯罪构成，仅仅是根据一些常委会委员、部门负责人和专家的意见，法律委员会建议将这类犯罪与证券犯罪合并规定。① 这种立法思路一直得到立法者的遵循。这种混合式的立法思路决定了操纵期货市场罪与期货行政法规难以对接。因期货犯罪是依附证券犯罪的，而事实上，证券市场与期货市场不仅内运行规律不同，而且在行政法上其立法规定也存在差异。期货市场在运行中采取了保证金交易、双向交易、T+0交易等区别于证券市场的

① 黄太云：《立法解读：刑法修正案及刑法立法解释》，人民法院出版社，2006，第23页。

交易机制，因此操纵期货市场的方式要比操纵证券市场更加复杂和多样，期货犯罪应体现其自有特征。

刑事立法规定操纵期货犯罪的本意在于将严重的操纵期货市场行为纳入犯罪圈进而发挥刑法的威慑和最后保障性作用。也就是说，将操纵期货市场行为认定为一种行政犯（罪）。行政犯（罪）是因严重违反了国家的行政管理活动并因此被立法者规定在刑法中从而具有了刑事违法性的行为，是具有行政与刑事双重违法性的行为。它的原初属性是行政违法性，其违法性达到了严重的程度才应作为犯罪行为予以打击。因此，操纵期货市场犯罪不得离开行政法的规定，否则立法就会失去操纵期货市场犯罪的行政违法性根基。有鉴于此，应当打破这种混合式的立法方式，构建独立的操纵期货市场犯罪，并重新界定其犯罪构成。

（一）罪状的完善

我们认为，将操纵期货市场罪的客观方面确定为以下几种类型。

1. 单独或者合谋，集中资金优势、持股或者持仓优势或者利用信息优势联合或者连续买卖，操纵证券、期货交易价格或者证券、期货交易量。此种方式又可区分为单独操纵和合谋联合买卖、合谋连续买卖。一般表现为，资金大户、持股或者持仓大户等利用其具有的大量资金或持有的大量股票或者大的仓位等进行单独或通谋买卖，对某种股票或某一期货品种连续以高价买进或连续以低价卖出，以造成该股票或期货品种价格见涨、见跌的现象，诱使其他投资者错误地抛售或追涨，而自己则作出相反的行为，以获取巨额利润。

在利用信息优势中，有观点认为这里所谓的“信息”，其外延应等同于内幕信息。也有的学者认为，操纵证券、期货市场罪的信息优势中所谓的“信息”，其外延和内涵显然要比“内幕信息”宽得多，一般指包括任何与证券、期货交易有关的信息，既包括内部消息，也包括还未公开但已事先知悉的信息；既包括重大信息，也包括其他一般信息；既包括真实的信息，也包括虚假的信息等。我们认为，只要行为人实际操纵了证券、期货交易价格，不管其利用了何种信息，均有可能构成本罪。

所谓联合买卖是指两个以上的行为人出于共同获取不正当利益或转嫁风险的目的，集中各自的优势，共同买卖某种期货合约。联合买卖会造成期货价格的暴涨或暴跌的假象，从而达到操纵期货市场的效果。“连续买卖”是就操纵行为在时间方面提出的一个概念，因为在证券、期货市场上，操纵行为没有一定的持续时间，行为人就无法达到增加交易量进而影响交易价格的目的。认定操纵证券、期货交易价格中的连续交易，关键是对“连续”的理解。有观点认为，投资者每笔买卖委托成交或期限结束后，再一次对同种证券进行同交易方向上的委托，就可构成连续交易。由于这个问题的认定本身是比较困难的，所以目前世界上大多数国家和地区的有关法律中均没有规定。我们认为，在认定连续交易时应当持慎重态度，如果掌握过严实践中打击面会很大，这显然与证券、期货市场发展的要求和规律不太吻合。

2. 与他人串通，以事先约定的时间、价格和方式相互进行证券、期货交易，影响证券、期货交易价格或者证券、期货交易量。对于这种操纵证券、期货交易价格的行为，理论上一般认为，主要是指通谋买卖的情况。所谓通谋买卖，是指行为人与他人串通，以事先约定的时间、价格和方式相互进行证券、期货交易。由于通谋买卖是在行为人与他人相互串通和事先约定的情况下进行的，因此，当通谋买卖行为反复进行时，某一证券、期货合约的价格就可能受时间、价格和方式等因素的影响而被抬高或降低，行为人可以在价格被抬高时抛售，而在价格被降低时买入。这种通谋的行为必然会抬高或压低某个期货合约的价格，从而虚张声势，误导公众投资方向。

3. 在自己实际控制的账户之间进行证券交易，或者以自己为交易对象，自买自卖期货合约，影响证券、期货交易价格或者证券、期货交易量。理论上一般认为，与刑法规定的这种操纵行为相类似的主要包括三种方式。其一为冲销转账，即连续交易人利用其不同身份开设多个账户，以冲销转账的方式反复作价，将证券、期货价格抬高或者压低，行为人实际均是自己与自己交易，支出的只是部分的交易手续费用。其二为拉锯，即行为人通过连续买卖以拉锯的方式反复作价，将证券、期货合约的价格抬高或者压低。其三为洗售，即连续交易行为人为了造成虚假的行情，在卖出了某证券后，又买入同样数量的同类证券，诱导小额投资者跟进。上述这三种操纵行为，从某种意义上说均属于不转移证券、期货所有权的虚假交易。因为在自买自卖的情况下，证券、期货交易的双方实际上为同一个人，自己买入的证券、期货合约正是自己卖出的证券、期货合约，反之亦然。在这种情况下形成的所谓“交易”事实上并没有转移证券、期货合约的所有权。[①] 这些行为均会造成期货市场活跃、繁荣的假象，引起期货价格的异常波动，操纵者利用投资者的不断跟仓而从中谋利或者转嫁风险。

4. “为影响期货市场行情囤积现货的。”期货价格与现货价格有着非常紧密的联系，从某种程度上说，如果控制不了现货价格，也就不可能操纵期货价格，因此，“为影响期货市场行情囤积现货的”是一种非常重要的操纵期货市场的行为类型。

5. 以操纵期货市场经过两次行政处罚又进行操纵期货市场的。在操纵期货市场行为被管理机关追究二次行政责任后，如果再操纵期货市场，即使数额不大，或者比例不大，包括没有达到操纵期货市场犯罪的法定构成要件，也应构成操纵期货市场罪。是否限定一定期限或者有一定的时间间隔，如果不考虑行为人前二次因操纵期货市场遭受行政处罚的时间长短的规定，应该说对行为人过于严苛，也造成操纵期货市场犯罪与操纵期货市场行政违法行为之间的失衡。对此问题仍需要研究。

6. 以其他方法操纵期货市场。这是刑法对操纵证券、期货市场罪行为方式的一种概括性规定或者开放式条款。由于操纵证券、期货市场的行为可能多种多样，法律不可能把所有的行为方式一一罗列，有关规定内容难免会挂一漏万，所以必须有概括性的规定对除上述三种方式以外的操纵行为加以囊括。

但采取价量标准仍然受到一些学者的质疑。期货市场是各种期货合约等金融商品供求关系的总和。因此从表面上看，期货市场就是金融商品的交易价格与交易量，操纵市场就是操纵期货的价和量。但有观点提出，这种标准忽略了资本这一核心要素。根据法律经济学的理论，期货市场实际就是通过金融商品交易价格与交易量的变动引导资本流动，从而实现资本合理配置的机制。探究证券、期货市场功能性内涵的价值在于发现金融商品要素（证券、期货交易价格与交易量）之外的资本要素（资本的流动与配置）。[②] 当前操纵期货犯罪刑事立法中将市场操纵与价量操纵等同化直接导致了操纵证券、期货市场罪犯罪构成逻辑结构认识的偏差。实践中我们常常会遇到一些明显具有操纵性质的行为，却无法用价量操纵的模式进行解构分析。这种现象的出现恰恰说明市场操纵在价量操纵之外还存在别的

---

① 刘宪权：《金融犯罪刑法学专论》，北京大学出版社，2010，第406页。

② 刘宪权、谢杰：《证券期货犯罪刑法理论与实务》，上海人民出版社，2012，第361页。

类型。

我国学者与实务界在操纵市场犯罪构成认识上的分歧，还在于对期货市场操纵行为的研究尚不充分和缺少相关的刑事司法判例，但这些都不是影响在刑法中规定独立的操纵期货市场罪的理由。如果仅仅依靠附属于证券犯罪之后或者采取空白罪状的模式对犯罪构成要件进行表述，那么在现实中仍存在难以解决的问题，影响其立法的科学性。空白罪状，即刑法分则条文指明要参考其他法律、法规中的规定以确定该犯罪的构成特征，同时需要刑法予以对接。

（二）刑罚设置

目前，操纵期货市场罪的法定刑仍采用自由刑为主的设置，辅以罚金刑。其中自由刑以情节严重和特别严重为标准，分为五年以下和五年以上十年以下两个档次。对于这种刑罚设置，我们认为，这种规定具有一定的合理性，但没有反映出操纵期货市场犯罪制裁的经济性。刑罚设置自由刑这一刑种的目的，除了一般的处罚犯罪人的目的，更重要的是起到使犯罪人与社会相隔离，从而在一段时间内排除其人身危险性并对其进行教育改造的功能。而本罪的犯罪人基本上都以非法牟利为目的，实施的手段行也不存在暴力的特征，因而其人身危险性极小。对于此类犯罪人处以自由刑，往往不能起到惩治和教育的目的，还容易导致交叉感染并诱发新的犯罪。考虑到此类犯罪属于典型的经济类犯罪且犯罪人群和场所都比较特殊，我们认为，对于操纵期货市场罪应当围绕罚金刑和资格刑设置刑罚。所谓资格刑，是指应当设置“禁止从事期货交易”的特殊刑种。这种资格刑应当作为一种可以独立适用的刑种而非以附加刑的形式加以规定。至于资格剥夺的形式，应当借鉴刑法关于管制的规定，包含禁止犯罪人从事期货交易活动、进入期货交易场所和接触特定的人等等。

从《期货交易管理条例》对操纵期货市场交易价格行政违法行为的规定来看，其规定了以违法所得为标准或者固定幅度的罚款，这对刑法的相应设定提供了一定参考。《行政处罚法》第 28 条第 2 款规定，“违法行为构成犯罪，人民法院判处罚金时，行政机关已经给予当事人罚款的，应当折抵相应罚金”。由于操纵期货犯罪行为具有行政违法性和刑事违法性的双重属性，因此，在现实中可能会出现国务院期货监督管理部门已经对操纵期货市场行为人处以罚款后，行为人又被追究操纵期货市场刑事法律责任的情形，在此情况下应当注意罚款与罚金的折抵问题，避免对同一行为进行两次不利评价的不合理情形出现，但减少自由刑的刑期，加大罚金刑或者并处的力度则是解决操纵期货市场犯罪量刑的一种思路。

（三）操纵期货市场犯罪的具体设计

操纵期货市场罪，是指单独或者合谋，集中资金优势、持仓优势或者利用信息优势联合或者连续买卖；或者与他人串通，以事先约定的时间、价格和方式相互进行期货交易；或者在自己实际控制的账户之间进行证券交易，或者以自己为交易对象，自买自卖期货合约；或者为影响期货市场行情囤积现货；因操纵期货市场被两次行政处罚，又实施操纵期货市场行为的；或者以其他方法操纵证券、期货市场，情节严重的行为。

有下列情形之一的，处三年以下有期徒刑者拘役，并处或者单处违法所得一倍以上五倍以下罚金；情节严重的，处三年以上七年以下有期徒刑，并处或者单处违法所得五倍以上十倍以下罚金，禁止从事期货行为；情节特别严重的，处五年以上十年以下有期徒刑，并处或者单处违法所得十倍以上罚金，禁止从事期货行为。

（1）单独或者合谋，集中资金优势或者持仓优势，或者利用信息优势联合或连续持有或者实际控制期货合约的数量超过期货交易所业务规则限定的持仓量50%，且在该期货合约连续20个交易日内联合或者连续买卖期货合约数累计达到该期货合约同期总成交量30%以上的行为。

（2）与他人串通，以事先约定的时间、价格和方式相互进行期货合约交易，且在该期货合约连续20个交易日内成交量累计达到该期货合约同期总成交量20%以上的行为。

（3）在自己实际控制的账户之间进行交易或者以自己为交易对象、自买自卖期货合约，且在该期货合约连续20个交易日内成交量累计达到该期货合约同期总成交量20%以上的行为。

（4）单独或者合谋，当日连续申报买入或者卖出同一期货合约并在成交前撤回申报，撤回申报量占当日该种证券总申报量或者该种期货合约总申报量50%以上的行为。

（5）为影响期货市场行情而囤积现货，情节严重的。

（6）因操纵期货市场被两次行政处罚，又实施操纵期货市场行为的。

（7）其他操纵期货市场情节严重的行为。

单位犯前款罪的，对单位处以违法所得一倍以上五倍以下罚金，并对直接负责的主管人员和其他直接责任人员，依照前款的规定处罚。

另外，对于“情节严重”可通过司法解释的形式作出规定。我们认为，情节严重主要包括以下几种情形：（1）多次从事操纵期货市场行为；（2）通过操纵期货市场获取巨额非法利润；（3）由于操纵期货市场引起期货价格暴涨暴跌，严重扰乱期货市场正常的交易秩序；（4）操纵期货市场行为造成国家、集体或其他投资者利益的重大损失；（5）为影响期货市场行情囤积现货造成期货价格大起大落，严重扰乱了期货市场正常的交易价格的；（6）其他情节严重的操纵期货市场行为。

（中央财经大学教授，博士生导师　郭华；中央财经大学刑法学硕士研究生　种政）

第四节

证券市场操纵行为刑事推定的疑难问题

一　规制证券市场操纵犯罪的法律困境

证券交易市场中，事后信息的非对称性易使市场操纵等证券欺诈行为盛行，现股票价格与上市公司业绩严重背离成为普遍现象，导致证券市场功能严重扭曲，资本配置效率大幅下降。证券、期货市场操纵是一种侵害证券市场健全性和投资者利益的违法犯罪行为，侵犯了不特定多数人的合法利益。操纵证券、期货市场的行为主要是通过对相关信息进行积极的“虚构”或消极的“隐瞒”非正常影响证券价格和量，阻碍价格真实形成，进而侵犯了证券、期货交易市场的正常运行机制和投资者的合法权益。虽然屡屡成为金融监管和司法关注的重点，近两年来行政处罚的市场操纵案件增多，但刑事案件则少之又少，不可否认存在犯罪黑数的现状。这不仅跟证券、期货市场操纵不易觉察、举证的行为特性相关，也跟立法疏漏、行政监管失察与刑事证据标准、诉讼特点有密切关联。可以肯定，原因不是市场操纵行为的社会危害性不大，而是刑事程序的复杂性及法律适用问题、证据标准问题，都易在适用法律问题上产生极大争议，使得大多案件在通往刑事追究路程中戛然而止，这也是近十年来市场操纵刑事案件仅有几件的重要原因之一。[①] 如因此让刑事追究的研究裹足不前，并不利于非正常僵局的解决。希冀探讨能为证券期货犯罪立法、司法完善提供拓展性的理论视野。

① 可以说，操纵犯罪未被刑事追究的原因很大程度上是由于围绕基本观点的争议和司法经验的缺乏。如果因案例缺乏而放弃深入探讨和研究的话，有案不移，移而不诉，诉而不判的恶性循环还会延续。

（一）立法滞后导致非直接因果关系的认定困难

由于缺乏具体刑法条文表述的现实支撑，证券犯罪刑法规范对新型操纵手法存在解释的不确定性与理解的分散性。有效的信息传递与公平的信息竞争是证券市场参与者投入资本参与证券价格发现的市场基础。法律禁止的是滥用信息优势与资本市场信息的经济价值并从价差中发现与相关金融交易中获取利益的行为。① 我国资本市场法律制度及其实践应用没有对允许的资本市场运作及其在资本市场犯罪构成中的体系性价值予以足够的重视，也没有设计完整、系统且具有可操作性的法律规则。②

近两年来，行为方式的花样翻新及高隐蔽性，使得市场操纵的刑事侦查和指控面临严峻挑战。犯罪构成的客观要素更具有直观和客观性，因此挑战主要集中表现在故意的认定及证明上。证监会集中部署“2015 证监法网”，针对市场反应强烈的新型市场操纵行为，包括迎合市场炒作热点，编题材讲故事，以虚假内容或不确定信息影响股价，多个主体或机构联合操纵股价，③ 以市值管理名义与上市公司控股股东及高管内外联手操纵股价、市场操纵与内幕交易等其他违法行为并行交织。同时涉嫌操纵者往往又以参与企业经营权、避税等合法经营目的作为抗辩理由，试图阻却操纵故意。法律适用困境使得大量涉嫌操纵的案件无法进入司法程序，或中止于司法程序。

当前我国金融市场的发展日新月异，上下均大力提倡创新，监管层面对待夹杂不良或违法风险的金融创新态度并不明朗或称之审慎，以避免发生“一管就死”的局面。对市场操纵行为是否应运用最为严厉规制手段的刑法来规制，以及刑事规制的范围广度，一直是理论及实务界争论的话题。就总的政策倾向而言，对市场操纵的刑事规制秉持的是谨慎限缩、依法打击的态度。证券操纵犯罪的构成要件限缩可表现在两方面，同时亦是立法态度不明容易导致立法滞后的情形。一是反证其行为不具有危险性。如果没有发生法益侵害的可能性，那么就应在构成要件上将其解释为不符

---

① 刘宪权：《互联网金融时代证券犯罪的刑法规制》，《法学》2015 年第 5 期。

② 刘宪权、谢杰：《市场操纵犯罪的实质解构：法律与经济分析》，《现代法学》，2014 年第 6 期。

③ 证监会：《“2015 证监法网”：270 天稽查风暴强化监管本位》，新华网，http://xuan.news.cn/zt/zjfw270.html，最后访问日期：2016 年 1 月 29 日。

合构成要件的行为。[①] 在当前司法定量的背景下，交易行为达到司法定量明文规定比例要求的，法律推定成立操纵犯罪。但采取非直接影响市场交易价格或量的信息操纵手法制造虚假、误导信息，或是采用跨市场交易、技术手段人为阻碍交易价格形成的行为，因为司法未明文对定量规定，如何判断行为能够引发或影响了市场交易价格或量的情节严重后果？以上行为具备“兜底条款”天然模糊性特征，是为当前行政违法判断及司法审查的重大难点之一。二是行为是否需要主观故意或目的要件。市场操纵行为有着复杂的客观行为表现，对复杂行为与危害结果因果关系的判断，如操纵行为是不是引发刑法规制要求的情节严重的重要原因，往往也关联着情节严重认知因素的判断问题。尤其在操纵行为与法益侵害结果并非存在非直接因果关系，需要适用推定的情形下，对情节严重的认知要求更为关键。对行为造成情节严重的因果关系及情节严重与否的判断亦关联着主观故意的判断，即要求行为人对因果关系及危害结果需要有认知。

（二）法律的模糊导致市场操纵行为认定困难

前几年汪建中市场操纵受到刑事追究的事件，引发理论和实务界的极大争论，一种观点认为刑法规范中的“兜底条款”应当进行限制解释，尤其是在操纵证券市场罪运用“双重兜底”（刑法与证券法均采取“兜底条款”规定）立法技术的情况下，抢帽子交易不宜认定为操纵证券市场罪。[②] 另一种观点认为汪建中行为适用《刑法》第 182 条的兜底条款，符合罪刑法定原则。以上观点不仅反映出行政犯与行政违法的关系，也反映了如何理解适用兜底条款的问题。抢帽子第一案暂时解决了对双重兜底条款适用的争议，但当前市场操纵行为模式远远超出了单纯的交易操纵，或汪建中式的信息操纵，而是将信息操纵与交易操纵交合一起，多个主体在不同资本市场混合操纵股价或期货的做法逐渐成为操纵的主流态势。证监会集中部署“2015 证监法网”，针对市场反映强烈的新型市场操纵行为，包括迎合市场炒作热点，编题材讲故事，以虚假内容或不确定信息影响股价，多个主体或机构联合操纵股价，以市值管理名义与上市公司控股鼓动及高管

---

① 苏彩霞：《“风险社会”下抽象危险犯的扩张与限缩》，《法商研究》2011 年第 4 期。

② 何荣功：《刑法“兜底条款”的适用与“抢帽子交易”》，《法学》2011 年第 6 期。

内外联手操纵股价、市场操纵与内幕交易等其他违法行为并行交织。[①] 这些新型市场操纵行为，由于采取不同以往传统交易操纵手段，如不同市场（大宗交易与二级市场，期货市场与股票市场）共同操纵，或者内幕交易与市场操纵并用的手法，虽然单从交易量来看未达到刑事立案标准，但实际上已经对价格机制形成人为干扰，当事人往往获利颇多。按照当前刑事法律的规定，数额上达不到交易操纵的定罪要求，兜底条款的适用上又采取审慎态度。在坚持谦抑性、罪刑法定原则的理念下，新型市场操纵行为被行政违法处理，近几年无一件市场操纵刑事案件被追究刑事责任，跟立法的滞后性和法律适用的模糊性有很大关系。从近两年证监会处罚的市场操纵违法案件不断增多、操纵手段花样频出的现象来看，刑法兜底条款的适用很快又将产生争论焦点。由于刑事程序的复杂性及法律适用问题、证据标准问题，都很容易在适用法律问题上产生争议，使得大多案件在通往刑事追究路程中戛然而止。而市场操纵行为的愈加复杂，也使得其被刑事追究的可能性愈发降低。白建军教授采用的600余行政违法案例中，有近一半案件已经被刑法部分或完全确定为刑事犯罪，但没有证据显示案件中的绝大多数被移交刑事程序。这意味着行政处罚弥补了民事、刑事责任[②]法律的空白或欠缺，以及现行司法证据标准基本无法回应操纵犯罪的刑事追究要求。

综上，现有模糊的追诉标准无法适应以上变化，导致众多新型市场操纵犯罪无法得到刑事追究。研究新型市场操纵的司法适用势在必行，对所谓创新经营的方式是否构成操纵证券、期货市场罪进行缜密的刑法分析是颇具问题意识的命题。近年来，大多数操纵者放弃了法律明示条款所列举的低端行为模式，行为表现为内幕交易与操纵并用，或将信息操纵与洗售、连续操纵手法并用的复杂行为样态，行为结果既非大跌也非大涨，而是呈现出证券市场价格指数非正常的跌宕起伏。面对投资者和司法者的质疑，行为人往往以创新经营活动、缺乏操纵故意和对证券价或量的影响没有预料作为辩解理由，以主张行为阻却违法性。司法者如何认知和辨识这些创新手法及辩解理由，涉及的是司法证明的规则问题。从深层次考虑，

---

① 证监会：《“2015 证监法网”：270 天稽查风暴强化监管本位》，新华网，http://xuan.news.cn/zt/zjfw270.html，最后访问日期：2016 年 1 月 29 日。

② 白建军：《证券犯罪惩戒应坚持“严而不厉”》，《中国经济导报》2005 年 9 月 14 日。

牵涉的是对本罪构成要件的理解，即市场操纵“兜底条款”和市场操纵行为本质的认识。

二　刑事追究证券市场操纵困境的始因

（一）对刑法介入应然性与谦抑性原则的不同理解导致立法及司法认定的思路不清

证券、期货市场操纵犯罪属于行政犯，与行政处罚的运作机理存在质的不同。行政处罚的机理强调的是技术性、公益性和现实性，与操纵证券市场罪的规制目的并不契合。因此行政监管着重于客观行为，大多忽视或不那么强调主观内容或损害后果。在刑法视野里却有很大不同，不仅强调主观恶意，以极力避免客观归罪的倾向，加之刑法谦抑性等理念的影响下，更多是以结果犯形式追究刑事责任。具体到市场操纵犯罪，涉及行为犯抑或结果犯的定性问题。进而又关涉到技术判断的问题，如果以结果犯论处，操纵行为与损害后果的因果关系如何论证？这涉及如何理解和衡量刑法理念的问题，也是证券、期货市场操纵犯罪的处罚边界问题。不仅涉及行政法与刑事法界分，也是把握刑法谦抑性与处罚必要性原则的具体体现。对于如何惩治市场操纵行为，实务及理论界主要有两种相对对立的观点。一种观点主张证券刑事机制管控市场过于刚性，“刑法谦抑主义”也会扼杀金融创新精神。在英美等证券市场发达且市场法律制度相对健全、执法经验丰富的国家，证券刑事定罪的数量非常稀少。刑法不可轻易介入属于市场自由调节的范围，以防遏制资本市场的创新与发展。[①] 随着资本市场的飞速发展，证券、期货操纵手法也可谓“日新月异”，是否适用刑法未明确言明的兜底条款，成为立法、执法与司法层面对市场操纵介入程度的集中反映。有学者指出严格、模糊且不确定的操纵证券、期货市场罪“兜底条款”一旦确立了积极规制市场操纵犯罪的定位，将会明显遏制投机交易，降低期货市场独立信息的攫取与流转，进而影响期货价格形成的准确性与资源配置的效率性。需严格限定操纵证券、期货市场罪的归责范围。[②] 也有观点认为坚持资本市场刑法宽和处罚原则，把握合适的广度、

---

① 谢杰：《操纵资本市场犯罪刑法规制研究》，上海人民出版社，2013，第 285 ~ 289 页。

② 刘宪权：《操纵证券、期货市场罪“兜底条款”解释规则的建构与应用——抢帽子交易刑法属性辨正》，《中外法学》2013 年第 6 期。

深度和力度。市场操纵是法定犯，相较于自然犯，法定犯的社会危害性远远小于自然犯，所以在惩治程度上采取宽和的态度。另一种观点则批评我国目前证券执法过于轻缓，刑事定罪率过低，惩戒实效不足。尤其是2008年全球金融危机后，英美国家均强化市场监管，严厉惩治市场欺诈行为。[①]

以上观点都承认刑事规制需要尊重资本市场规律，强调证券、期货市场欺诈，如操纵、内幕信息等行为刑法介入的必要性，但在惩罚的宽严程度上有所差异。理念层面涉及的是刑法谦抑性原则的适用问题。有学者认为，“刑法谦抑”是刑事政策的基础和刑法的基本原则，应该以最小的支出——少用甚至不用刑罚，获取最大的社会效益——有效地预防和控制犯罪。[②] 其源于以下价值理念，在私法完备的前提下，以民法等部门法作为调整社会生活的前置法或第一顺位法，强调限缩公法或国家刑罚权的适用空间。当然限缩刑法适用不是要求刑法作为补充法的地位，退缩社会管理功能的发挥，而是指在动用刑罚权时需要谨慎，注意防止刑罚的不当扩张。“刑法谦抑主义”理论本身对于证券刑事司法无疑具有指导性，但目前的问题在于，践行此原则时容易被曲解。况且直接以“刑法谦抑”这种抽象的规则作为裁判依据，将使司法失去确定性。“出他法而入刑法”的判断思维，人为加剧了行政执法与刑事司法之间的断裂层。[③] 在案件的处置过程中，已移送刑事司法程序但若因“证据不足”等原因无法完成刑事指控的案件是否可以退回行政处置程序，也成为实践中的难题。如何将“刑法谦抑主义”落实于证券执法，认识的差异事关证券市场中行政权与司法权的配置，影响着证券刑事机制运作的实体规范与程序设置。[④] 谦抑原则在落实证券期货市场操纵犯罪的立法和法律适用问题之前，首先需要承认的前提就是犯罪对象的特殊性——证券、期货市场的复杂性。不可否认，资本市场刑法应对风险具有较强的容忍度，不应当以积极介入的理念管控资本市场风险或者个别性风险。资本市场刑法只有设定其许可的投资风险边界，才能实现对资本市场系统性与制度性风险的防范与惩治，规制

---

① 毛玲玲：《证券刑法的矛盾样态与反思》，《中外法学》2014年第3期。

② 陈兴良：《刑法的价值构造》，中国人民大学出版社，1998，第353页。

③ 杨兴培：《犯罪的二次性违法理论探究》，载《社会转型时期的刑事法理论》，法律出版社，2004，第417页。

④ 毛玲玲：《金融犯罪的实证研究——金融领域的刑法规范与司法制度反思》，法律出版社，2014，第48页。

通过不正当手段规避资本市场风险获取巨额利润的行为，维护市场价格形成与发现机制的有效性。这也是理论层面持相对宽缓观点的主要支点。不过，笔者认为承认资本市场复杂性的事实和保护创新的需要，不意味着必然得出需采取过当宽缓态度的结论。

（二）现有刑事规范尚无法回应证券市场操纵行为本质及特性

证券操纵犯罪是行政犯，近几年行政处罚力度加大，处罚了不少行为复杂的新型操纵行为。但一旦行为社会危害性足以纳入刑事规制，现有法律规定、认定规则因证券操纵犯罪之特殊因果关系、行为手段等无法推进刑事追究，导致刑事追究较行政处罚少之又少。

就行政犯而言，有学者认为二次违法性是一个抽象的概念，二次违法性理论也是一个缺乏定式的理论，因为缺乏定式，其本身的合理性就不无疑问。所谓的前置法，只是刑法适用过程中的参酌性的因素。前置法与刑法存在一系列本质差别。[①] 亦言，从刑法规范意义来讲，犯罪的特征在于行为的社会危害性、刑事违法性与刑事当罚性，在个案判断上，行为是否符合犯罪构成的要求是承担刑事责任的唯一依据，并没有前置法的要求。所以在金融刑事案件尤其是市场操纵犯罪案件中，应不以行政机关违反法定性为前置程序或必要证据。

反之亦然，行政违法性质的确定，不代表刑事责任的认定。一是刑法的谦抑性和司法的保守性使得刑事与违法在认定新型市场操纵性质上有所不同。刑事认定时是否跟行政违法认定操纵的理念一样，即大盘的跌幅或股价的波动不是认定操纵性质的必要条件，行为的不合理性、违法性才是认定的必要条件呢？证监会查处的涂衷华等操纵案，认定某个交易行为是否构成市场操纵，主要是依据交易行为本身是否具有操纵性、异常性、违法性，而个股变动与中小板指数变动对比以及个股某段时间内的涨幅，仅是操纵行为结果的表现，是认定操纵行为的考虑因素之一，并非唯一依据。如果涉及刑事追究，问题就会涉及操纵犯罪是结果犯抑或行为犯的问题。行政违法一般是行为违法即可，行政违法的运作机理导致其强调行为，而刑事犯罪更看重主观和危害后果。如果认为结果犯，则目标股的涨幅应该是入罪的必要要素。二是刑事程序有更高标准的证明体系和规则。

① 孙万怀：《慎终如始的民刑推演——网络服务提供行为的传播性质》，《政法论坛》2015年第1期。

行政违法对市场操纵因果关系的判断较为简单，不能将其证明方法直接运用到刑事证明层面。如 2016 年黄信铭、谢冠华、陈囡囡等六人市场操纵案，被处罚方认为其行为是凭借技术判断进行的正常投资获利，是建立在对上市公司充分调研和综合利好分析的前提下，而非操纵行为。证监会对操纵行为是否成立则一带而过，即根据大盘涨幅结合嫌疑人的交易量，认定行为影响了价格形成机制。如果本案行为涉嫌犯罪，一旦进入刑事程序，单就以上论证显然无法达到刑事认定标准。如 2016 年证监会处罚的薛黎明市场操纵案，被处罚人认为利用新三板做市商交易机制，不是股价操纵行为。证监会则认为，虽然在做市商交易机制中投资者只与做市商直接交易，但做市商的报价根据投资者的报价和申报数量进行调整。行为人申报量巨大，必然影响做市商的报价，从而影响市场交易价格和交易量，因此行为具有操纵市场性质。此类新型操纵手法，如果上升到刑事处理阶段，尤其当认为是结果犯时，就需慎重考虑和论证行为与危害结果之间因果关系是否成立的问题。亦言，行为透过市商这个中间因素，影响价格形成的因果关系需要进行论证。市商毕竟是一种交易平台，同时接受众多投资者买卖的申报，根据申报情况作出相应价格判断。做市商制度的运作原理和机制跟二级市场有较大不同，操纵因果关系的成立可能需进一步探讨。

综上，在具体处理各类型案件时，尤其是与传统犯罪在犯罪手法、行为特性等方面有本质的不同，指导原则的适用在具体类案的处理上应各有不同。金融犯罪不仅与犯罪行为本身性质、保护法益相关，也与经济环境、外围政策密切相关。在金融市场日新月异，大力提倡金融创新的当今，如何理解处罚边界，即避免导致不当限缩不仅理论上对操纵行为的惩处态度存有争议，立法层面的态度也并不明朗。兜底条款的设定为惩处边界的划定提供了多种可能性，立法审慎的态度折射在具体案件司法处理时，就集中反映在出入罪法律适用不同的问题上。消弭上述分歧的办法是追根溯源，厘清最为基本的概念，希冀建构一个共识的平台以促成较为接受的结论。合理确定刑事责任适用范围，既不放纵严重影响证券期货市场秩序的行为，也防止出现打击过严，限制金融创新的后果。

正如汪建中的审理法官在案例分析中所言，对兜底条款进行解释时，不应任意地作扩张性解释，必须结合操纵证券市场罪的实质来审视、判断、论证“其他方法”的范围，避免让刑法过度介入经济生活，影响市场的自由。[①] 对操纵证券、期货市场罪"兜底条款"的规范边界进行逻辑反思与本质追问。对操纵证券、期货市场罪的实质进行符合资本市场发展现实的重述与诠释，更能为证券期货犯罪的立法、司法完善提供拓展性的理论视野。[②]

三　证券市场操纵因果关系与客观行为推定规则的完善

（一）操纵行为与法益受损间非直接因果关系的推定规则

1. 行为与情节严重的因果关系

传统的市场操纵犯罪与危害法益后果之间存在的因果关系，采用是司法推定方式，一般以非正常交易量占据市场交易量的比例大小来推定两者存在因果关系。而作为兜底的其他操纵方式，如信息操纵与危害法益结果之间的因果关系则是非直接的：资本操纵交易行为与真假信息非法传递交替进行，形成虚假市场交易和行情对投资者投资决策造成影响。但对投资决策影响的程度大小，只有通过投资者作出投资决策，证券、期货价格或交易量的反映结果才予以显现。可见，资本操纵行为与证券、期货价格或交易量受到控制、影响之间的因果关系并非是直接因果关系。非正常价格或交易量的结果既有中枢传导作用如操纵行为，也有投资者的投资决策发挥作用，又有可能存在其他无法查清的介入因素。

相对于其他国家，我国刑法强调的是质和量的结合，采取定性与定量结合的立法模式，定量更多通过"情节严重"来表现。对于情节严重是否为构成要件要素，有肯定说和否定说。[③] 而从我国犯罪论体系来看，情节严重是构成要件的要素之一，对其需要认知是毫无疑问的。从证券法与《证券市场操纵行为认定指引（试行）》（以下简称《认定指引》）可见，判断市场操纵的标准是影响证券交易价格或交易量与否。证券、期货操纵犯罪为行政犯，其衡量标准更多建立在行政判断基础之上。从目前证券、

① 白波等：《本案"抢先交易"行为构成操纵证券市场罪》，中国法院网，http://www.chinacourt.org/article/detail/2013/03/id/905448.shtml，最后访问日期：2016 年 5 月 10 日。

② 刘宪权：《操纵证券、期货市场罪"兜底条款"解释规则的建构与应用》，《中外法学》2013 年第 6 期。

③ 余双彪：《论犯罪构成要件要素的"情节严重"》，《中国刑事法杂志》2013 年第 8 期。

期货市场操纵犯罪的追诉标准来看[①]，本罪为数额犯。单就我国刑法分则的数额犯而言，有的是对行为本身量的说明，有的是对行为对象量的说明，有的是对行为结果量的说明。根据《刑法》第182条操纵证券、期货市场罪的规定，行为人有连续交易、共谋连续交易、自买自卖及违约交割或其他操纵行为的同时需要情节严重才符合定罪条件。由于证券市场的价格形成往往是多个因素作用的结果，且各个因素作用在各个价格形成阶段的比重各有不同，真实判断要素作用发挥程度及大小在证券、期货市场是几乎完成不了的任务。从我国司法定量的惯性来看，行为作用大小与因果关系的判定方法是司法推定。根据《追诉标准（二）》第39条对"情节严重"的解释是司法运用因果关系推定的结果：前五项情形属于明示的行为样态，行为人的行为符合连续交易数额、共谋交易量、自买自卖或违约交割次数及数额要求时，达到认定"情节严重"的客观标准。司法推定操纵行为（一定的量或比例）达到了情节严重的程度。从性质来看，第6～8项是非典型的数额犯，也是目前市场操纵采取的重要手法。根据第6项的文字表述，一旦有行为即成立市场操纵犯罪，没有具体交易量或获利数额的限制。但实践操纵中依然要判断行为是否达到影响交易量或交易价格程度。第7项未用行为来解释情节严重，而是用"情节严重"解释"情节严重"。第8项则完全属于兜底条款性质。非典型数额犯的操纵行为与危害后果的因果关系，还缺乏明确的推定标准或规则。在计算机网络技术条件、公开集中的交易模式及金融证券特性背景下，证券、期货价格的成因分析按照现行证据规则的要求进行科学、准确判断几无可能。证券犯罪的因果关系判断是个世界难题，因此举证责任倒置之论在前几年如火如荼，但离实践确认还十分遥远。美国依据证券法通过判例提出了交易因果关系和损失因果关系，但实践中进一步运用却因理论基础缺失及逻辑方向不当而裹足不前[②]。由于证券、期货市场和因果关系判断的特性，如果没有司法拟制或推定存在，运用直接证据证明在实践中几乎无法成立。既然对因果关系证明采取的是推定方式，那么行为人对其行为与危害结果之间因果关系的认知，往往也无法通过直接证据证明。

---

① 最高人民检察院、公安部《关于公安机关管辖的刑事案件立案追诉标准的规定（二）》［以下简称《追诉标准（二）》］第39条。

② 曾洋：《内幕交易侵权责任的因果关系》，《法学研究》2014年第6期。

2. 行为对危害结果有具体危险的推定因果关系成立

盘价走势受内外多种因素影响，如果大盘走势与操纵方向大体一致，判断就更为复杂。客观行为与结果间的因果关系往往要靠推定规则进行。资本操纵与相关金融商品交易价格或交易量受到控制之间的因果关系在司法实践中实际上是难以甚至无法被证明的。实际上是一种二次推定后的推论。[①] 比如“新海股份”股价变化符合市场规律。如当市场整体趋于低迷状态时，目标股出现价格波动属于正常现象。但如果同时目标股存在利好消息，也会促成市场价值提高。是否可以认为大盘的跌幅或股价的波动不是认定操纵性质的必要条件，行为的不合理性、违法性才是认定的必要条件呢？证监会查处的涂衷华等操纵案中，认定某个交易行为是否构成市场操纵，主要是依据交易行为本身是否具有操纵性、异常性、违法性，而个股变动与中小板指数变动对比以及个股某段时间内的涨幅，仅是操纵行为结果的表现，是认定操纵行为的考虑因素之一，并非唯一依据。当涉嫌目标股票涨幅期间，伴随着大盘普涨行情时，行为是否与目标股涨幅成立因果关系？根据以上违法认定思路，可以理解成违法行为是否引起了股票的涨幅不是必要判断因素。如果此类案件直接放到刑事领域进行判断，是否可以理解为，只要行为有引起股票不正当涨幅的可能性即可？如果这个命题成立，也在一定程度上否定了结果犯的定性。证监会 2006 年出台的《证券市场操纵行为认定指引（试行）》对“致使”的解释是，行为人的行为是证券交易价格异常或形成虚拟的价格水平，或者证券交易量异常或形成虚拟的交易量水平的重要原因。从此分析可得出行为是影响价格变动的必要原因，价格变动或不变动不影响操纵的认定，这一点与证监会认为的认定操纵的关键在于操纵性、异常性与违法性的思路不谋而合了。然而市场操纵与市场操纵犯罪在质上的不同之一在于“情节严重”。情节严重是否包含了“客观性的价量变动结果”呢？本节认为并不需要。现有的法律规定表达出法律拟制的因果关系，即法律拟制认为一定的交易量或交易金额就会很大程度上引发价量变动的结果。最高人民检察院、公安部于 2010 年 5 月 7 日通过的《关于公安机关管辖的刑事案件立案追诉标准的规定（二）》第 39 条规定了八种情形，也是司法运用因果关系推定的结果：前五项情形属于明示的行为样态，行为人的行为符合连续交易数额、共谋

① 谢杰：《操纵资本市场犯罪刑事规制研究》，上海人民出版社，2013 年，第 122 ~ 125 页。

交易量、自买自卖或违约交割次数及数额要求时，达到认定“情节严重”的客观标准，是致使价量变化的重要原因。司法推定操纵行为（一定的量或比例）达到了情节严重的程度。从性质来看，第 6 ~ 8 项是非典型的数额犯，也是目前市场操纵采取的重要手法。根据第 6 项的文字表述，一旦有行为即成立市场操纵犯罪，没有具体交易量或获利数额的限制。但实践操纵中依然要判断行为是否达到影响交易量或交易价格的程度。第 7 项未用行为来解释情节严重，而是用“情节严重”解释“情节严重”。第 8 项则完全属于兜底条款性质。但前 5 项以明文规定的形式，推定了数量与危害结果的因果关系，不是用股票或期货价格或量的变化来表示的，而是用“同质性”原则进行解释兜底条款，价量变化也不是行为适用兜底条款的必要因素，只要有相当危险即可。

就法律拟制的合理性考察而言，现行规定是具备交易证券数额、交易期货合约所涉金额、获利或免损数额及交易次数条件的可以追究刑事责任。实际上即使不是一般理性投资者，大多数一般民众并不会认为交易证券数额达到如《追诉标准（二）》中提到的占据流通总量一定比例，就会造成市场震荡的危险，或者产生投资者丧失信心的危险。立法者将交易数额或交易次数纳入刑法规制范围的合理解释是：整体法益属于抽象性法益，一般难以提出具体的衡量标准，如何判断行为是否产生危害被保护法益的危险是立法者设定的。如危险驾驶罪、危害公共安全罪，立法者需要相对明确的行为要件来预设危险产生，而发生危险的可能性大小、程度高低，固危险犯抽象性特征和立法技术问题，无法涵盖危险类型，立法者也无法深入、明确规定。在金融尤其是网络金融交易而言，不仅具有非接触性的特征，而且价格形成机制的成因非常复杂，行为与结果的因果关系不得不通过法律拟制解决。并且立法者设立行为样态，未设定行为程度的做法并不意味着行为人达到行为要件标准即可入罪，同样需要司法判决者根据一般原则如行为导致的恶劣影响、主观恶意、手段恶劣等，考虑交易行为持续时间长短、是否与腐败贿赂相伴随等，来判断具体情节是否会造成被刑法所评价的侵害证券市场正常秩序的危险产生。

（二）证券市场操纵客观行为的推定

1. 交易操纵客观行为的推定

操纵大体区分为交易操纵和信息操纵两种形式。交易操纵较容易认定，证监会积累了较为成熟的认定理论和经验，一般从行为人的属性及交易动机，交易前后的状况、交易形态是否违反投资效率，交易占有率等交易因素来综合考虑。判断是否违反投资效率等不合理、反常的投资行为是从一般理性投资人角度予以考量。交易行为的不合理性或反常性是指相关行为与理性投资者的选择方向相悖，在经济上不合理，如在自己控制的账户间进行交易、高价申报低价申报卖出等，在目标股票或期货普遍长期上涨期间，大量抛出。行为的不当性，与交易行为不合理性相关，侧重于违反法律规定和业务规范的异常行为。当然，交易异常也存在同时期异常与貌似正常交易并行的情况。为掩饰交易意图或稳定股价以达到获利目的，更多操纵通过主卖次买或主买次卖同时交易的方式进行，如陈明贤违法操纵案，陈明贤在卖出“旗滨集团”的同时也买入该股，以稳定和维持“旗滨集团”股价。其间，利用申报买入并撤单、高买低卖、自买自卖等操作手法，影响股票交易价格和交易量。以股权激励为名的控制股价行为涉嫌操纵，行为人为维护股价往往以股权激励名义操作职工账户进行控制股市的操作。如果操纵指标显著，则涉嫌操纵。程序化操纵是较为新颖的操纵方式，以迅速虚假报价单方式，利用技术优势，适用哄骗或订单分层的策略，使交易平台无法正确反映市场供求的价格买卖股票，利用虚假频繁申报，仅仅几秒即可完成，虽然单次获利不多，但累计获利颇丰。以上新型操纵行为在适用兜底条款时，还是需要一定量的要求，以符合同质性原则和谦抑性原则。

在交易操纵中，约定义务、稳定价格等交易行为很可能被认定为操纵，而阻却操纵的事由是及时信息披露的事实。上市公司按照证监会规定的程序、信息披露规则、交易方式等进行股份回购，不构成操纵证券市场犯罪。由于严格按照信息披露制度执行交易，即使占据了当时市场的主要交易量或控制了价格，表面上符合价量操纵特征，但在本质上并未误导投资者，因而不属于市场操纵。金融领域不同于实体经济领域的地方在于它的虚拟性和投机性。融资融券中涉及的卖空交易可能会导致市场崩溃，诱发系统性风险。卖空可以被制造关于市场真实供求和股票真实价值的误导信号，也可以被用来作为拉低股价的工具。全面、及时、执行遵守成本合理原则的信息披露可成为阻却异常卖空的理由。但卖空也有很多不包含有价值的信息，比如出于套利交易、避险交易等目的。这对于未了结的卖空头寸一样适用，所以又不应完全依赖信息披露与否来判断操纵性质。

2. 信息操纵客观行为的推定

信息操纵有两种表现方式。一是利用真实信息操纵。并购、重组等事项在接洽、意向达成甚至履行阶段形成的信息，如提出意向、进行协商、达成协议等信息。即利用正在进行但尚未公开的真实信息或不完全真实、准确的信息（有别于虚假信息）影响投资者判断，当证券价格或量达到操纵者预想的度之后，进行操作。也可能配合交易操纵，以使得价或量达到操纵者预期。二是自己制造信息操纵，即抢帽子交易，通过行业身份发布足以造成投资者误解的信息的前后，进行证券或期货交易。亦言之，交易与信息互相配合构成操纵。

信息型操纵证券、期货市场犯罪的事实关键在于通过信息的传递人为制造资本市场中的价格信号。信息操纵也可认为是情节犯，不要求行为导致严重后果，如证券、期货市场秩序混乱，而编造并传播证券、期货交易虚假信息罪，虽然也是围绕证券、期货交易制造并传播信息，但要求有严重后果，所以两者存在部分法条竞合的关系。我国刑法明示的行为样态更多的是交易型操纵证券、期货市场违法犯罪行为，但信息型操纵手法逐渐成为操纵主流，认定工作更为复杂。如凭借身份地位，控制信息披露的节奏来进行操纵。控制重大敏感信息的形成和披露节奏或者有意向特定机构泄露内幕信息方式来控制价格涨跌，操纵资本大大降低，账户交易的价量影响指标并不明显，信息操纵的意图明显。上市公司实际控制人先通过大宗交易增持股票，增持公告后股价大涨。再以连续发布并购公告，股价上涨时机暗中购买股票，其间不乏利用股价上涨之机，暗中卖出股票。之后私募机构通过调研方式，私下将未公开利好消息透漏给庄家，诱使其大量买入，同时安排荐股，暗中卖出持有的股票获利。如果认定两者共谋，解决了主观故意以及不要求数额的问题，追究刑事责任的难度将大大降低。再如，制造信息又分为不完全真实信息和不真实信息，此类行为的客观及主观定性较为复杂。通过热点炒作，不确定型信息或主动披露的方法诱使市场对上市公司内在价值的预期和投资决策，控制信息披露节奏，故意不及时、不真实或不完整披露信息的心态更为明显。交易主体往往为上市公司控制人，如果认定信息控制与交易操纵人共谋，结合交易的异常性，有认定利用信息操纵的可能性。再如，上市公司有意将利好计划透露给庄家，让庄家在二级市场利用该未公开信息炒作，以推高股价，同时动用多个账户反复买卖上市公司股票。根据《追诉标准（二）》的规定，对行为入刑没有数额的限制。可根据行为人披露信息的节奏，两人共谋事实、交易的异常性，以及获利事实（非必要因素）认定。如披露信息不符合商业交易习惯的，减持股票以得利的，交易异常的，操纵意图明显，客观操纵亦可认定。目前多存在操纵者将多种操纵手段并用，不需要《追诉标准（二）》明示要求的交易比例和时间，即可达到操纵者预期目的的现象。此种手段在实践层面往往被认为未达到刑事明文规定的比例要求，因而无法移送司法处理。笔者认为可以通过上文所述的，将此情节适用兜底条款，解释为符合情节严重情形，进而予以刑事规制。鉴于兜底条款并不具有普遍适用性，有权立法或解释机关仍有必要对法律推定或事实推定规则进行说明。

（中央财经大学博士后，法学博士，北京顺义区人民检察院研究室干部　王新）

第三章

内幕交易、泄露内幕信息罪专题

第一节

内幕交易、泄露内幕信息罪的立法现状

一　问题的引出——内幕交易罪的刑法规制存在不足

对于内幕交易案件的实际发案数量与司法处断案件数量之间的较大背离，理论界和实务界均有较高的认同感。相关数据表明，2008 年初至 2011 年底，证监会获取内幕交易线索的案件共 426 件，立案调查的只有 153 件。2008 年，公安机关查办的经济犯罪案件共 8.35 万件，但由证监会移送到公安机关的证券、期货犯罪案件仅有十余件。与此同时，截至 2011 年底，全国法院审结的内幕交易、泄露内幕信息犯罪案件共计 22 件，2007 年 1 件，2008 年 1 件，2009 年 4 件，2010 年 5 件，2011 年 11 件[①]。

从北京市检察机关近年来查办案件的情况来看，2013 年至今共办理证券期货犯罪案件 5 件 8 人，其中内幕交易案件 2 件 4 人，违规披露重要信息案件 1 件 2 人，擅自发行股票、挪用资金案件各 1 件 1 人[②]。尽管对应的具体行政处罚案件数量几何未可知，如此低的刑事办案量显然与近年来证券、期货市场的迅速发展和证监会公布的执法工作进展情况不相称。[③] 这说明我国内幕交易案件曝光多、行政处罚多、刑事追究少的情况客观存在，其中一个重要原因恐怕与刑事立法规制的不足存在重要联系。在国内证券期货市场快速发展的今天，应从该罪名刑事立法的确定性、精细化、

① 苗有水、刘晓虎：《〈关于办理内幕交易、泄露内幕信息刑事案件具体应用法律若干问题的解释〉的理解与适用》，《人民司法》2012 年第 15 期。

② 此处所指的证券期货犯罪系根据两高关于贯彻执行《关于办理证券期货违法犯罪案件工作若干问题的规定》有关问题的通知中规定的 9 类犯罪，根据级别管辖，均由北京市人民检察院分院办理。

③ 2013 年以来，证监会已调查内幕交易线索 375 起、立案 142 起，分别比同期增长 21%、33%，参见《北京日报》2015 年 1 月 10 日。

专业性和体系性等角度入手，加强研究和落实，以最大程度减少和遏制内幕交易犯罪，维护证券期货市场的正常交易秩序和金融安全。

二 我国内幕交易罪刑事立法的现实考察

（一）法定入罪标准过低，与办案实践严重脱节，部分条款可操作性不强

按照现行刑法规定，内幕交易罪属于情节犯，实施内幕交易行为情节严重的，才构成内幕交易罪。总体来看，“情节严重”的入罪认定标准存在模糊性、随意性、不确定性以及与司法实践严重脱节等问题[①]。根据两高《关于办理内幕交易、泄露内幕信息刑事案件具体应用法律若干问题的解释》第六条规定，在内幕信息敏感期内从事或者明示、暗示他人从事或者泄露内幕信息导致他人从事与该内幕信息有关的证券、期货交易，具有下列情形之一的，应当认定为《刑法》第 180 条第 1 款规定的“情节严重”：（一）证券交易成交额在五十万元以上的；（二）期货交易占用保证金数额在三十万元以上的；（三）获利或者避免损失数额在十五万元以上的；（四）三次以上的；（五）具有其他严重情节的。

司法实践中，主要依据前两款规定认定相关责任，但涉案数额往往远高于司法解释规定的情节严重的起点。证监会网站公布，2010 年内幕交易行政违法案件为 5 件，涉及证券交易成交额累计分别为 70 万元、88 万元、110 万元、135 万元、210 万余元，超过内幕交易犯罪“情节严重”标准的 2 ~ 7 倍；2011 年内幕交易违法案件为 9 件，其中 4 起案件的内幕交易成交额低于 50 万元，5 起案件成交额累计为 79 万元、104 万元、312 万元、380 万元、416 万余元，最高超过情节严重标准的 8 倍多[②]。从北京市近年查办的两起内幕交易案件情况来看，法院判决认定交易金额分别为 68 万余元和 250 万余元。因此实践中符合“情节严重”标准的大部分案件主要经行政处理结案。从某种意义上来说，现行“情节严重”的规定已无法筛查出具有相当社会危害性和刑罚必要性的内幕交易行为，成为一道形式性的入罪门槛。

此外，从已有的行政处罚和刑事案件来看，几乎没有通过认定期货交易占用保证金来认定“情节严重”的。“三次交易”的具体认定和其他情

① 闻志强：《内幕交易罪的刑事立法完善研究》，《净月学刊》2015 年第 2 期。

② 刘宪权：《论内幕交易犯罪最新司法解释及法律适用》，《法学家》2012 年第 5 期。

节严重等空洞的兜底性条款，由于具体内容不明确，在实践中无法执行，意义不大。以“三次交易”为例，实践中能查证认定一笔内幕交易已属不易，查实三次内幕交易难度太大，不具备可操作性。

（二）法定刑种单一、附加刑的有效性和精细化有待提高

不少研究者提出，内幕交易罪的刑罚只有拘役和有期徒刑两个主刑和罚金一个附加刑，与西方发达国家尤其是美国对内幕交易这种逐利型犯罪的惩罚相比仍显较轻。考虑到此类案件数量规模尚难以从实证上支撑这一观点及与刑法中规定的其他证券期货类犯罪刑罚的平衡考虑，笔者暂不对提升刑罚力度发表意见。

针对刑种设置，主要问题是缺乏与证券法规定相衔接的市场禁入的资格刑。对于这种交易成本、风险及受益极不相称的贪利型犯罪，限制直至剥夺相关人员从业资格是一种效果很强的震慑。《证券法》第 233 条规定，证监会可以对有关责任人员采取证券市场禁入的措施，是指在一定期限内直至终身不得从事证券业务或者不得担任上市公司董事、监事、高级管理人员的制度。尽管《刑法修正案（九）》增加了从业禁止的规定，但期限为刑罚执行完毕后三年至五年，也并未针对内幕交易作出特殊要求。

罚金刑的设计也较为粗犷。我国现行刑法对证券期货犯罪规定的罚金刑主要有三种，即限额罚金制、倍比罚金制、无限额罚金制，针对内幕交易罪规定的是倍比罚金制，确立的基准是行为人的违法所得。但在内幕交易犯罪司法实践中，存在一些犯罪行为实际上并没有能够实现任何违法所得的情形，亏损情况并不罕见①，此外还有为避免刑事追究低价抛售有价证券的情形。对此，就现有内幕交易犯罪的罚金刑规定而言，显然无法适用。实践中比较倾向的做法是对行为人判处一千元的罚金，即以罚金刑的下限作为判处行为人的罚金数额②。而对于同样没有违法所得的情形，《证券法》第 202 条则规定，没有违法所得或者违法所得不足三万元的，处以三万元以上六十万元以下的罚款，其数额对此类逐利型行为的威慑不可谓不大。此外，单位犯内幕交易罪的要对单位判处罚金，但没有规定具体的

① 2012 年，深圳证监局披露了辖区内的 9 宗内幕交易案，其中有 5 宗案件的涉案者以亏损收场，其中亏损金额最大的达到 476.56 万元。庄远超：《论内幕交易的刑事规制》，2013 硕士学位论文，复旦大学。

② 苗有水、刘晓虎：《〈关于办理内幕交易、泄露内幕信息刑事案件具体应用法律若干问题的解释〉的理解与适用》，《人民司法》2012 年第 15 期。

罚金数额，从理论上看属于无限额罚金，显然有悖罪刑法定原则。与此同时，证券法则作出了“单位从事内幕交易的，还应当对直接负责的主管人员和其他直接责任人员给予警告，并处以三万元以上三十万元以下的罚款”的规定。在上述几个方面，刑罚的精细化程度均不及行政机关对于现实的细化考量。

（三）刑法规定与证券法的衔接有待完善

我国刑法关于内幕交易罪的立法规定是在我国的证券市场还处于发展刚起步、相关证券市场行为规范还没有确立的情况下，为了惩治犯罪的需要，先行作出了规定。在证券法等相关法律法规颁布后也产生了与刑法的衔接不一致的问题，主要表现为行为的构成要件不一致，具体的行为表述存在细节性差异。证券法关于内幕交易行为的表述为“证券交易内幕信息的知情人或者非法获取内幕信息的人，在涉及证券的发行、交易或者其他对证券的价格有重大影响的信息公开前，买卖该证券，或者泄露该信息，或者建议他人买卖该证券的”。刑法的构成要件表述比其详细得多，“明示、暗示他人从事上述交易活动”也比“建议他人买卖该证券”要求更低，难免在立法的协调性和体系性上有所欠缺。

（四）个别重要的内幕交易行为尚未纳入刑法规制范围

有些被成熟证券市场给予严格限制的交易行为没有被我国刑法明确规定为犯罪，如上市公司董事、监事、经理等高级管理人员的短线交易行为（short-swing trading）等，造成不少行为人坐享巨额利益。所谓短线交易，一般是指上市公司高级管理人员以及持有法定比例股份以上的大股东，在法定期限内（一般是六个月）买卖上市公司股票以赚取差价利润的行为。我国证券法对此有明确规定，第 47 条规定，上市公司董事、监事、高级管理人员、持有上市公司股份百分之五以上的股东，将其持有的该公司的股票在买入后六个月内卖出，或者在卖出后六个月内又买入，由此所得收益归该公司所有。即不论其是否知悉内幕信息，也不论是否利用内幕信息，行为人在法律规定的期限内持有、买卖某种股票，都被视为内幕交易的性质而被禁止。如果公司未执行，股东有权为了公司的利益以自己的名义直接向人民法院提起诉讼。

三　完善内幕交易罪刑法规制的对策建议

上述问题暴露出内幕交易罪的刑法规制在确定性、精细化和体系性等方面的不足。正如有学者指出的，我国存在很多刑事立法与刑事司法相脱节的地方，绝大多数是立法过剩而导致法律虚置，唯独此处是立法不足而导致法律短缺①，此外也没有与行政机关的监管、行政处罚形成合力，有必要紧密结合内幕交易专业性极强的特点，进一步完善立法规定，充分发挥刑法在规制和打击内幕交易犯罪方面的重要作用。

（一）修改完善内幕交易罪的入罪标准

内幕交易“情节严重”的数额标准过低，从某种程度上导致相当大比重的内幕交易案件被行政处罚消化，并未移交司法机关。目前来看，有必要联合行政执法和司法办案机关的专业力量，对现有的行政处罚和违法犯罪案件的查处、犯罪情节、处罚情况进行调研，全面统计、总结内幕交易违法、犯罪的第一手数据和资料，确立具有可操作性的入罪情节标准，提出相关立法建议报送立法机关。与此同时，加强行政机关与司法机关的衔接机制和工作配合，不符合“情节严重”规定的，由证监会处理；符合该罪数额标准的，移交司法机关处理，在内幕交易行为的处理过程中互有分工、互相配合，最大限度地发挥打击和预防内幕交易行为的作用。

此外，对于前文提到的刑法与证券法行为构成要件不尽一致的问题，建议在证券法中对内幕交易行为进行统一表述，而刑法中则可以采用引证罪状的表述方式，即采用“违反证券法第 XX 条，处以 XX 之刑罚”的表述方式，既避免了刑法与证券法的矛盾，又使刑法条文更为精简。

（二）增加规定资格刑及其适用情形

我国证券法等有关法律法规已经规定了对相关领域行政违法人员的市场准入资格限制的规定，证监会作出的处罚决定中也常有禁止从业的处罚。这对内幕交易犯罪的行为人产生了一定的遏制作用。就证券犯罪而言，实施资格刑意味着禁止证券犯罪人继续从事证券行业，还意味着禁止犯罪的自然人担任与证券有关的行业的重要职务。这是一种剥夺犯罪人一定时期或者永久从事证券、期货业的资格的刑罚，对于预防犯罪、维护金融市场秩序将发挥罚金和自由刑无法替代的作用。

这一方面，《刑法修正案（九）》已经作出了从业禁止的相关规定，但由于一是有效期间较短（刑罚执行完毕之日起三至五年），二是规定人民法院“可以”根据案件情况决定是否适用，较为灵活，三是未针对内幕交

① 陈兴良：《刑法疏议》，中国人民公安大学出版社，1997。

易等证券期货类犯罪的具体情形特定化，而且也没有禁止担任某些高级管理职务的内容。建议增加（或表述为具体化）对内幕交易罪的资格刑适用，包括剥夺一定时期或者永久从事证券、期货业的资格和禁止担任重要职务两方面的内容。此外对“应当”判处资格刑的具体情形作出相应规定，使这项规定在司法实践中切实发挥作用。例如，曾因从事内幕交易行为被判处行政处罚或被法院判决承担民事赔偿责任的；严重影响证券市场秩序，投资人反映强烈的；等等。

另外一个不属于资格刑但与此相关的问题是，可以根据该类交易的职业专业化特点，增加从重处罚的情节规定。例如，可以考虑增加，证券监督管理机构工作人员进行内幕交易的，从重处罚，这与证券法相关规定也是一致的①。

（三）提高罚金刑的精细化、合理化水平

首先，提高罚金刑的效用及其确定性。从目前情节严重档“并处或者单处违法所得一倍以上五倍以下罚金”改为“并处违法所得一倍以上五倍以下罚金”，即只要构成内幕交易罪的，应当判处罚金。

其次，对于个人犯罪，区分有无违法所得，规定适用罚金的不同情形。对于存在违法所得的，按照现行规定适用倍比罚金；对于没有违法所得的，则适用无限额罚金制，但要与证券法（三万元以上六十万元以下）有关行为的行政处罚规定结合起来考虑，以保证行政法和刑事法在行政处罚与刑罚上的协调和平衡。

最后，针对单位犯罪目前适用无限额罚金制的情况，应明确相关量刑考量的具体因素和操作细则，也可以参照上述对内幕交易自然人犯罪的要求适用罚金。

（四）将短线交易行为纳入刑法规制范围

短线交易与内幕交易的重要区别在于，构成内幕交易的前提是有内幕信息存在，行为人知悉并利用内幕信息进行证券交易，而短线交易则没有硬性规定交易者必须掌握内幕信息，只要是在特定的禁止期限内抛售证券，即成立短线交易。证券市场比较成熟的国家对短线交易行为都进行了法律规制。行为主体一般是上市公司的董事、监事、经理以及持股达到法定比例的大股东。他们作为上市公司的高级管理人员或者对公司经营拥有

① 《中华人民共和国证券法》（2014 年修正），第 202 条。

话语权的人很容易通过各种商业渠道，知悉或推断得出公司的内幕信息，其所实施的短线交易行为与知悉、利用内幕信息有着千丝万缕的关系，从某种意义上来说，是内幕交易的一种特殊表现形式或俗称“打擦边球”，取得的收益巨大，即使被发现也仅是被没收违法所得或处以罚款，与交易成本、风险不成比例。这种交易行为对于公平公正的证券交易秩序冲击极大，严重影响投资者信心，目前的行政处罚化处理力度仍显不足，应纳入刑法规制的视野，可以考虑设置相对较低的刑罚处置，主要发挥其在预防、遏制内幕交易方面的作用，实现“严而不厉”的刑事立法态势。

（北京市人民检察院刑事审判监督部主任 王新环）

第二节

内幕交易、泄露内幕信息罪刑法规制的困境*

一　问题的引出——我国刑事立法和刑事司法应对内幕交易罪的现状检视

从立法上看，迄今为止，我国在证券、期货两大金融领域的立法特别是刑事立法仍然处在一个构建、完善的发展阶段，尤其是在刑事立法领域，相关证券、期货犯罪行为受到刑法规制和惩戒的时间并不算长。已经作出规制的行为方式、方法还缺乏类型化的归纳思维，一些新的作案手法、行为方式还无法全面纳入到现有法律规范的视野中，现行刑事立法规制内幕交易的缺陷仍然存在，漏洞也将随着经济、社会的快速发展和金融创新的演变不断暴露和呈现出来。

从司法实践的角度看，近年来，随着国内证券、期货市场的不断发展，内幕交易、泄露内幕信息犯罪案件呈逐年增多态势，但真正入罪并受到刑事处罚的案件和行为人则较少，内幕交易、泄露内幕信息犯罪的实发案件数量与查办案件数量之间存在较大落差。资料显示，截至 2011 年底，全国法院审结内幕交易、泄露内幕信息犯罪案件共 22 件，其中 2007 年 1 件、2008 年 1 件、2009 年 4 件、2010 年 5 件，2011 年 11 件。另据证监会的相关资料显示，2008 年初至 2011 年底，证监会共获取内幕交易线索的案件 426 件，立案调查的只有 153 件。2008 年，公安机关查办的经济犯罪案件共 8.35 万件，但由证监会移送到公安机关的证券、期货犯罪案件仅十余件。①

---

* 原文刊载于《行政与法》2015 年第 6 期。

① 苗有水、刘晓虎：《〈关于办理内幕交易、泄露内幕信息刑事案件具体应用法律若干问题的解释〉的理解与适用》，《人民司法》2012 年第 15 期。

这一数据表明我国近年来涉嫌内幕交易违法犯罪案件曝光多、查处少，行政处罚多、刑事追究少，行政执法和刑事司法对内幕交易犯罪的行政违法认定和刑事犯罪认定在处理程序上“脱钩多，挂钩少”。内幕交易罪作为典型的法定犯、行政犯，对其准确认定和有效治理离不开行政执法和刑事司法的配合以发挥“行刑合力”，上述现象则表明二者还尚未建立完全有效、运转顺畅的“两法衔接”处理机制。[①] 透过上述表象看本质，笔者认为，内幕交易违法犯罪现象屡禁不止反而愈发增多，其根源就在于内幕交易犯罪的刑事立法和司法应对仍然存在不足。

打击和惩治内幕交易犯罪不仅要有法可依、有章可循、有据可查，还需要有法必依、执法必严、违法必究，注重这一犯罪的异质性和高度专业性。正视我国内幕交易犯罪的立法、司法现状，笔者认为就内幕交易犯罪而言，不管是立法上，还是司法应对上，不论是定罪上，还是量刑上都存在一些问题亟须研究和解决。作为专业性极强的金融犯罪之一，我们在坚持传统型犯罪治理思路和方法的同时还必须用专业性的思维和办法、注重事后打击更要注重提前性预防的犯罪应对新理念，才能有针对性地解决上述问题，通过惩防并举、多管齐下、标本兼治，以期最大限度地遏制和减少内幕交易犯罪，维护证券、期货金融市场正常、稳定的交易秩序，保障和促进证券、期货金融市场的持续、快速、健康发展。

二　我国刑事立法规制内幕交易罪的缺陷分析

总体而言，我国对内幕交易行为进行立法规制的法律体系已经逐步建立起来，在刑事法领域，主要的法律依据有1997年刑法、1999年12月25日通过的《刑法修正案》、2006年6月30日通过的《刑法修正案（六）》、2009年2月28日通过的《刑法修正案（七）》以及2012年5月22日最高人民法院、最高人民检察院联合发布并于同年6月1日起施行的我国首部证券、期货犯罪司法解释，即《关于办理内幕交易、泄露内幕信息刑事案件具体应用法律若干问题的解释》（以下简称《解释》）。根据最新修改的刑事法律规定，我国的内幕交易罪立法集中体现在《刑法》第180条的规

① “两法衔接”机制，即行政执法与刑事司法衔接机制。具体论述参见闻志强《完善“两法衔接”应当重视和正确处理三对关系——以规制非法集资行为为考察对象》，《武汉公安干部学院学报》2013年第2期。

定中："证券、期货内幕交易内幕信息的知情人员或者非法获取证券、期货交易内幕信息的人员，在涉及证券的发行，证券、期货交易或者其他对证券、期货交易价格有重大影响的信息尚未公开前，买入或者卖出该证券，或者从事与该内幕信息有关的期货交易，或者泄露该信息，或者明示、暗示他人从事上述交易活动，情节严重的，处五年以下有期徒刑或者拘役，并处或者单处违法所得一倍以上五倍以下罚金；情节特别严重的，处五年以上十年以下有期徒刑，并处违法所得一倍以上五倍以下罚金。单位犯前款罪的，对单位判处罚金，并对其直接负责的主管人员和其他直接责任人员，处五年以下有期徒刑或者拘役。内幕信息的范围，依照法律、行政法规的规定确定。知情人员的范围，依照法律、行政法规的规定确定。"这表明内幕交易罪作为典型的法定犯、行政犯，必须结合行政法中的证券、期货等相关法律法规规定，才能予以准确认定和划定行政执法与刑事司法的界限，如果不能很好地把握行政执法与刑事司法中行政权与司法权的界限、行政违法与刑事违法的关系、行政处罚与刑事处罚的关系，[①] 将会有碍内幕交易罪的有效治理，这同时也是内幕交易罪的现行刑事立法和刑事司法打击不力的背后的隐因和根源所在。

结合刑事立法、司法实践现状和前述分析，反思我国现行的内幕交易罪刑事立法规定，笔者认为主要存在以下几个问题，仍需作出相应修改以进一步完善内幕交易刑事立法。

（一）法定入罪标准虚置化，入罪情节的认定存在模糊性与随意性

按照现行刑事立法规定，内幕交易罪属于情节犯，即只有实施内幕交易行为，情节严重的，才可能构成内幕交易罪。但实际上，对于"情节严重"的认定仍是一个比较困难同时也是引起理论界和实务界较大争议的问题。总的来看，"情节严重"的入罪认定标准存在模糊性、随意性、不确定性以及与司法实践严重脱节等问题。"情节严重"标准过低长期以来受到各界批评。按照2001年4月18日，最高人民检察院、公安部《关于经济犯罪案件追诉标准的规定》（简称《追诉标准》）第29条的规定，涉嫌下列情

① 行政执法与刑事司法的区分与衔接应当把握好"度"和区分好"限"，即必须准确把握和处理三对关系：行政权与司法权的关系、行政违法与刑事违法的关系、行政处罚与刑事处罚的关系。具体论述参见闻志强《完善"两法衔接"应当重视和正确处理三对关系——以规制非法集资行为为考察对象》，《武汉公安干部学院学报》2013年第2期。

形之一的，应予追诉：(1) 内幕交易数额在 20 万元以上的；(2) 多次进行内幕交易、泄露内幕信息的；(3) 致使交易价格和交易量异常波动的；(4) 造成恶劣影响的。根据 2010 年 5 月 7 日最高人民检察院、公安部《关于公安机关管辖的刑事案件立案追诉标准的规定（二）》第 35 条的规定，涉嫌下列情形之一的，应予立案追诉：(1) 证券交易成交额累计在五十万元以上的；(2) 期货交易占用保证金数额累计在三十万元以上的；(3) 获利或避免损失数额累计在十五万元以上的；(4) 多次进行内幕交易、泄露内幕信息的；(5) 其他情节严重的情形。虽然新修订的立案追诉标准较之前者具有进步性和合理性，但是仍然存在一定的问题，导致内幕交易入罪认定仍然存在模糊性。2012 年 5 月 22 日最高人民法院、最高人民检察院《关于办理内幕交易、泄露内幕信息刑事案件具体应用法律若干问题的解释》第 6 条规定："在内幕信息敏感期内从事或者明示、暗示他人从事或者泄露内幕信息导致他人从事与该内幕信息有关的证券、期货交易，具有下列情形之一的，应当认定为刑法第一百八十条第一款规定的'情节严重'：（一）证券交易成交额在五十万元以上的；（二）期货交易占用保证金数额在三十万元以上的；（三）获利或者避免损失数额在十五万元以上的；（四）三次以上的；（五）具有其他严重情节的。"第 7 条规定："在内幕信息敏感期内从事或者明示、暗示他人从事或者泄露内幕信息导致他人从事与该内幕信息有关的证券、期货交易，具有下列情形之一的，应当认定为刑法第一百八十条第一款规定的'情节特别严重'：（一）证券交易成交额在二百五十万元以上的；（二）期货交易占用保证金数额在一百五十万元以上的；（三）获利或者避免损失数额在七十五万元以上的；（四）具有其他特别严重情节的。"根据"新法优于旧法"和"后法优于前法"的法律效力认定原则，2010 年的立案追诉标准和 2012 年的两高司法解释应当成为内幕交易犯罪的入罪情节认定标准。虽然已经有了相关法律规定和细化解释，但一些问题仍然没有得到实质性解决。例如，单次证券交易成交额、期货交易占用保证金数额的认定，考虑到具体案件中情况比较复杂，《解释》对此未确立一个统一的原则，如何具体把握将是一个问题。又如，如何认定获利或者避免损失数额，是按照实际所得还是按照账面所得，是司法实践中经常遇到的问题。考虑到实际情况纷繁多变，《解释》未对获利或者避免损失数额的认定确立一个总的原则，这也为司法实践中的具体操作留下了疑问。此外，上述《追诉标准》和《解释》中的情节严重和情节特别严重的划分是否科学、合理，仍然有待司法实践的检验和完善；《解释》中规定的二次以上内幕交易或者泄露内幕信息相关交易数额的累计计算，涉及“相关交易数额”的理解和累计计算标准、计算范围等问题；“违法所得数额”的理解和适用；共同犯罪情形中，各犯罪行为人的数额计算等问题仍然有待进一步细化，以明确内幕交易罪的入罪情节认定标准和具体操作细则。

除了上述具体认定方面的问题，总的来看，“情节严重”的入罪情节标准本身也存在一些问题。最为突出的一点即是“情节严重”标准过低，长期以来颇为各界诟病。[①] 正如有学者指出的，“上述内幕交易犯罪‘情节严重’司法解释标准无法实现刑法规范对资本市场金融产品交易秩序的保障，内幕交易犯罪‘情节严重’标准仍旧处于虚置状态，从而容易产生弱化司法权威的负面效果”。[②] 根据学者对证监会网站公布的 2010 年、2011 年内幕交易违法案件的统计和分析，证监会网站公布的 2010 年内幕交易行政违法案件为 5 件，涉及证券交易成交额累计分别为 70 万元、88 万元、110 万元、135 万元、210 万余元，超过内幕交易犯罪情节严重标准 2 ~ 7 倍；2011 年内幕交易违法案件为 9 件，其中 4 起案件的内幕交易成交额低于 50 万元，5 起案件成交额分别为 79 万元、104 万元、312 万元、380 万元、416 万余元，最高超过情节严重标准 8 倍多。[③] 实践中，证监会查处的内幕交易行政处罚案件数额远远超过内幕交易犯罪情节严重标准，但大多都没有进入刑事追诉程序。可见，内幕交易犯罪“情节严重”标准过低不仅难逃理论质疑，刑事司法实践客观上也难以按照如此低的数额标准追究涉案人员的刑事责任。[④]

从具体规定层面分析，由于不符合资本市场发展的社会现实且过于机械抽象，内幕交易犯罪“情节严重”的数额标准与细化解释无法得以适用。[⑤] 根据证监会提供的资料，我国个人内幕交易数额平均在 600 万元以上，单位内幕交易数额平均在 6000 万元以上，由此可知我国内幕交易实际发生的数额远远高于已有的法律规定。证券成交额 50 万元以上、期货保证

---

① 顾肖荣、张国炎：《证券期货犯罪比较研究》，法律出版社，2003，第 416 页。

② 刘宪权：《论内幕交易犯罪最新司法解释及法律适用》，《法学家》2012 年第 5 期。

③ 刘宪权：《论内幕交易犯罪最新司法解释及法律适用》，《法学家》2012 年第 5 期。

④ 刘宪权：《论内幕交易犯罪最新司法解释及法律适用》，《法学家》2012 年第 5 期。

⑤ 刘宪权：《论内幕交易犯罪最新司法解释及法律适用》，《法学家》2012 年第 5 期。

金30万元以上、获利或避损额15万元以上等情节严重的数额标准偏离了我国的证券期货交易实践。[①] 根据有关资料显示，截至2006年底，我国证券市场中，持股数在一万股以下的账户占持股账户总数的80.28%，持股市值在五万元以下的账户占持股账户总数的79.56%。[②] 这表明我国股市上绝大多数的股东都是小股东，而针对内幕交易犯罪制定并出台的“散户式”司法解释标准，导致“情节严重”无法筛出具有严重社会危害性的非法证券期货交易行为，也会使最高司法机关制定的解释文件束之高阁，最终丧失权威。[③] 此外，三次交易的具体认定和“其他情节严重的”等空洞的兜底性条款规定，由于在实践中根本无法执行，其作用和意义不大。“情节严重”的入罪情节法定标准过低，导致内幕交易案件大多在行政处罚领域通过“以罚代刑”“以罚了事”被处理和消化，最终使得刑法规定被架空和虚置，进而造成打击不力。罪刑法定原则的派生原则之一就是要求刑事立法的明确性，而明确性原则（又称避免含糊性原则），主要是指立法者必须明确规定刑法法规，使普通公民对法律充分明晰，使司法官员充分理解，防止适用法律的任意性。[④] 明确性“表示这样一种基本要求，规定犯罪的法律条文必须清楚明确，使人能确切了解违法行为的内容，准确地确定犯罪行为与非犯罪行为的范围，以保障该规范没有明文规定的行为不会成为该规范适用的对象”。[⑤] 依循罪刑法定原则对于刑事立法明确性的要求，从“情节”本身认定的明确性来看，相应的数额标准与细化解释由于没有确立具体的认定细则，如获利或者避免损失数额、违法所得数额、共同犯罪各行为人犯罪数额的计算标准、范围等都没有确立具有可操作性的认定细则，导致司法适用可能出现疑问或不一致，容易引发随意出入罪的司法恣意。

总而言之，上述问题的出现皆源于我国证券期货犯罪普遍存在的“情节严重”等入罪标准设置过低，没有针对证券期货交易特点建构契合司法

---

① 孟庆丰、陈国庆、孙茂利主编《经济犯罪案件立案追诉标准最新适用指南》，中国人民公安大学出版社，2012，第238页。

② 孟庆丰、陈国庆、孙茂利主编《经济犯罪案件立案追诉标准最新适用指南》，中国人民公安大学出版社，2012，第239页。

③ 刘宪权：《论内幕交易犯罪最新司法解释及法律适用》，《法学家》2012年第5期。

④ Joel · Samaha, *Criminal Law*, 1993, Fourth Edition, p. 43.

⑤ 〔意〕杜里奥·帕多瓦尼：《意大利刑法学原理》，陈忠林译，法律出版社，1998，第24页。

实践的追诉标准。因此，内幕交易犯罪“情节严重”标准的优化应当纳入证券期货犯罪体系进行结构性完善，以最大限度地实现确定性和可操作性，从而有效指导司法实践。

（二）法定刑种的选择单一化，有效性依然不足

根据我国刑法总则的规定，我国刑法的法定刑种包括主刑和附加刑。其中主刑包括五种：管制、拘役、有期徒刑、无期徒刑和死刑。附加刑为罚金、剥夺政治权利、没收财产和针对外国人、无国籍人适用的驱逐出境。考察我国刑法对内幕交易罪的规定，情节严重的，处五年以下有期徒刑或者拘役，并处或者单处违法所得一倍以上五倍以下罚金；情节特别严重的，处五年以上十年以下有期徒刑，并处违法所得一倍以上五倍以下罚金。这表明我国刑法排除了内幕交易罪适用主刑中管制、无期徒刑的可能性和附加刑中剥夺政治权利、没收财产的可能性。针对单位犯内幕交易罪的，对单位判处罚金，并对其直接负责的主管人员和其他直接责任人员，处五年以下有期徒刑或者拘役。这表明无论是自然人还是单位犯内幕交易罪，都只有拘役和有期徒刑两个主刑刑种和罚金一个附加刑刑种可供选择。从形式上看，依据法律明文规定，我国刑法对内幕交易罪的刑种选择上仍显单一。司法实践中，没有完全令人信服的理由可以绝对排除内幕交易罪适用管制、剥夺政治权利和没收财产的可能性和合理性。因此，笔者认为有必要重新审视和全面考虑我国刑法对内幕交易罪刑种的选择和规定：针对某些虽然达到入罪标准，但仍存在其他方面从宽处罚的情节的犯罪分子适用管制刑并不是不可能的；针对某些国有上市公司、企业和国有控股的股份制公司、企业中的内幕交易单位犯罪，对其直接负责的主管人员和其他直接责任人员适用剥夺政治权利，禁止其担任相应职位和享有相应权利，对于防止其利用职权等便利条件实施内幕交易犯罪也是有一定作用和意义的；针对实施内幕交易的犯罪分子，情节特别严重，给国家和人民利益造成重大损失且难以弥补的，缴纳罚金又不足以赔偿的，可以考虑适用没收财产这一财产刑，彻底铲除某些犯罪分子基于投机目的再次实施内幕交易犯罪的经济土壤和生存空间，也是大有裨益的。

此外，我国至今尚未完全建立起行政执法与刑事司法在处断行政违法与刑事犯罪领域的有效衔接，这一点尤其表现在对相关行为人的行政处罚和刑罚处罚衔接上。我国公司法、证券法和期货方面等有关法律法规已经规定了对相关领域行政违法人员的市场准入资格限制的规定，即限制乃至终身禁止某些公司、企业等从业人员，尤其是高级管理人员，和证券期货领域的行政违法人员再行进入有关证券期货市场，担任公司、企业相应职务的行政资格罚规定。这些行政资格罚对内幕交易犯罪的行为人产生了一定的遏制作用，但限于其仅是行政处罚，威慑力仍然有限，使其实际执行效果大打折扣。而我国现行刑法尚未规定刑事资格刑，因此，现有刑罚无法与行政机关作出的行政资格罚相衔接，尤其是行政处罚与刑罚未能发挥“行刑合力”，且刑罚制度在刑种选择上过于单一化，导致打击内幕交易犯罪的乏力。

（三）法定刑幅度仍显较窄，刑罚力度较轻

从法定刑幅度上看，我国规定内幕交易罪的法定最高刑为十年有期徒刑。结合一些西方发达国家的立法规定，笔者认为虽然与刑法中规定的其他证券期货类犯罪以及一些经济类犯罪刑罚幅度相比，内幕交易犯罪的刑罚幅度不可谓不重，但是与西方国家如美国对内幕交易这种贪利性、投机性犯罪的惩罚相比显然仍显较轻。譬如，美国国会在2002年通过的《萨班斯—奥克斯利法案》中，将证券欺诈等一系列财务、证券、金融犯罪的刑罚统一升格为二十年监禁，数罪并罚则可以实行累加制而非采取吸收原则或限制加重原则变相降低刑罚，与此同时强化上市公司风险控制制度的建构。反观我国内幕交易罪立法，笔者认为在《刑法修正案（八）》通过、施行后，主刑中的有期徒刑作为一种“生刑”（相对于死刑而言），已经得到一定提升，特别是在适用于数罪并罚之时，但就个罪认定而言仍然维持不变，即最长十五年期限的规定，这在惩治内幕交易这种带有巨型利益诱惑以及成本与风险极不相称的犯罪时仍显不够。

此外，在内幕交易犯罪的附加刑配置上，仅有一种可以选择，即罚金刑。虽然罚金刑作为贪利性犯罪乃至所有经济类犯罪惩治的有力对策，但是其作用毕竟是有限的。笔者认为，有必要引入剥夺政治权利和没收财产两种附加刑。当然，这里的没收财产在适用时，可以区分具体案件具体情况酌情选择使用没收部分财产和没收全部财产。而针对现行刑法规定的罚金刑，笔者亦认为其在立法设置方面存在一定问题。

一是罚金刑的有效性不够需要补足。罚金刑作为一种选择性适用的附加刑，现行刑法采取的是“可以型”立法规定，而非“应当型”。即情节严重的内幕交易犯罪，可以在判处主刑的同时处以罚金刑，或者不判处主刑，只判处罚金刑；情节特别严重的，则在判处主刑的同时并处罚金。对此规定，笔者认为罚金刑本身作为剥夺犯罪分子一部分经济利益的附加刑罚，相对于自由刑来说对经济类犯罪惩治的有效性更加明显，因此，行为人一旦入罪，罚金刑作为必然的经济处罚是题中之义。现行刑法区分情节严重和情节特别严重两种情形，虽然都有可能适用罚金刑，但笔者认为仅有这一种附加刑选择是不够的，其威慑力和有效性都存在疑问，而且针对内幕交易这种一旦成功获利巨大的犯罪而言，只有彻底的摧毁犯罪分子的经济基础，例如实行无限额罚金制、适用剥夺部分或全部财产，并在结合市场准入限制等禁止性、惩罚性规定的同时，才能收到双管齐下乃至多管齐下的良好惩防效果。

二是罚金刑的精细化程度有待完善，特别是罚金刑的数额和幅度设置有待商榷。依据罚金刑的种类、数额和幅度进行划分，我国现行刑法对证券期货犯罪规定的罚金刑主要有三种，分别是：限额罚金制、倍比罚金制、无限额罚金制，但没有规定百分比罚金制，其中针对内幕交易罪规定的是倍比罚金制，即情节严重的，处五年以下有期徒刑或者拘役，并处或者单处违法所得一倍以上五倍以下罚金；情节特别严重的，处五年以上十年以下有期徒刑，并处违法所得一倍以上五倍以下罚金。内幕交易罪选择倍比罚金制的基准是——行为人的违法所得。但是，在内幕交易犯罪司法实践中，存在一些犯罪行为事实上并没有能够实现任何违法所得的实际获取或者数额非常少的情形。对此，根据现有内幕交易犯罪的罚金刑配置规定，显然无法得以适用。而对于同样没有违法所得的情形，证券法则规定：没有违法所得或者违法所得不足三万元的，处以三万元以上六十万元以下的罚款。可见，证券期货违法中的行政处罚针对此类违法类型逐利性的行为特征，在没有实际获取非法利益的情况下，仍然通过财产上的行政处罚予以威慑，而刑法恰恰没有在罚金刑层面进行细化考量并进行制度完善，刑罚的精细化程度低于行政处罚，显然是不合理的。[①]

三是对单位采取和适用无限额罚金模式有违罪刑法定原则的明确性要求。根据刑法规定，单位犯内幕交易罪的，对单位判处罚金，并对其直接负责的主管人员和其他直接责任人员，处五年以下有期徒刑或者拘役。这里只规定要对单位判处罚金，但没有规定具体的罚金数额，从理论上看属于无限额罚金制规定模式。有学者认为，包括内幕交易单位犯罪在内的我

---

① 刘宪权、谢杰：《证券期货犯罪刑法理论与实务》，上海人民出版社，2012，第99页。

国证券期货类单位犯罪，均没有规定具体的罚金数额。具体要罚多少，完全交由司法人员自由裁量。这种对所有单位证券期货犯罪罚金刑的具体强度不作规定的情况，很难从理论上作出解释。同时，这种罚金刑规定方式有违“刑罚的明确性原则”，难逃违反罪刑法定原则之嫌。[①] 还有学者专门针对这种情况指出：我国存在很多刑事立法与刑事司法相脱节的地方，绝大多数是立法过剩而导致法律虚置，唯独此处是立法不足而导致法律短缺。[②] 笔者认为这一问题需要引起立法者的重视并加以解决。

（四）入罪行为与脱法行为比严重失衡，实体法律漏洞仍须填补，程序法律仍需完善

我国证券期货内幕交易犯罪的查处率非常低，在内幕交易行为查处方面，一直存在着行为发现难、查处难、举证难的问题和内幕交易事件调查多、处置少，特别是刑事处置少的现象。刑法和刑罚在规制和打击内幕交易犯罪方面显得滞后和乏力，没有收到应有的效果，也没有与行政机关的监管和行政处罚形成合力，这从近年来曝光与查处的案件数量、受到证监会等行政监管部门行政处罚的案件数量以及被司法机关立案侦查、受到刑事处罚的案件数量之间的比例关系当中就可以得到较为清晰明确的印证。前述数据中，不少案件中的行为人囿于法律规定不严密、检控方证据不足等得以逃脱刑法制裁，只能以行政违法行为论处，由此导致入罪行为与脱法行为之间严重失衡。在立法规定上，还有一些行为没有被法律明确规定为犯罪，如上市公司董事、监事、经理等高级管理人员的短线交易行为，内幕交易行为与“老鼠仓”行为交叉的案件性质认定和处罚规定等，造成一些违法犯罪分子逍遥法外。

此外，从程序法角度看，绝大部分公诉案件都由检察机关承担举证责任，这成为司法机关在打击和惩治内幕交易犯罪中不断遭遇挫败的缘由和程序软肋。其原因就在于以内幕交易犯罪为代表的金融犯罪自身所具有的特殊性、异质性和高度专业性，使得现有的陈旧、落后的侦查机制、举证责任分配机制置司法机关特别是检察机关于相对不利的位置。内幕交易犯罪的侦查、取证、固证以及举证，给司法实践特别是侦查机关和审查起诉机关带来了较大挑战，这一点在证明与法定内幕信息知悉人员具备特殊人

① 刘宪权、谢杰：《证券期货犯罪刑法理论与实务》，上海人民出版社，2012，第 99 页。

② 陈兴良：《刑法疏议》，中国人民公安大学出版社，1997，第 147 页。

身关系或利益关系的非法获知内幕信息人员实施相应交易行为的性质认定等疑难、复杂问题上表现得最为明显。因此，结合上述刑事实体法和刑事程序法存在的问题，笔者认为，只有严密刑事法网，填补实体法律漏洞，修改和完善内幕交易犯罪的刑事立案、追诉程序规定，才能真正实现“法网恢恢，疏而不漏”。

三 内幕交易罪惩治的司法困境分析

（一）地方保护主义、部门保护主义阻碍司法机关办案

公司，尤其是上市公司，一般对当地的经济发展贡献莫大，主要表现在提供巨额税收收入和促进当地劳动力就业等方面。同时，某一区域所属公司、企业的发展、壮大，尤其是公司上市、收购甚至是在国外上市、跨国收购，对当地党政官员招商引资、GDP 增长等方面的政绩考评也影响颇大。因此，在涉及公司违法犯罪特别是规模巨大、实力雄厚的上市公司涉嫌证券期货交易领域的金融犯罪时，很容易遭到当地党政机关的行政干预，导致承办案件的司法机关承受来自各方面的巨大压力，无法独立、客观、公正的办案。在涉及内幕交易犯罪的案件中，不乏当地党政机关的官员牵涉或卷入相关上市公司的内幕交易犯罪中，他们为了维护自身政绩、荣誉等政治经济私利，往往暗中帮助甚至纵容、包庇内幕交易违法犯罪分子，在地方保护主义和部门保护主义思想作祟下，通过使用各种行政权力和关系干扰司法机关依法办案，某些案件还牵扯出党政官员的贪污、腐败犯罪行径，愈发使得查办内幕交易案件困难重重，这不得不引起我们的高度关注和重视。

此外，在查处一些关涉内幕交易犯罪的大案要案中，甚至不乏公安侦查机关乃至司法机关工作人员的身影。一些办案人员利欲熏心，与涉嫌内幕交易的嫌疑人同流合污，为其掩盖罪行，在刑事侦查、诉讼过程中，强调公司当地司法机关的绝对管辖权，以防外来插手，乃至争抢案件的刑事管辖权。有的在当地党政机关的指示和压力下，违背刑法和刑事诉讼法等法律规定，公然阻挠外地公安司法机关依法正常办案，导致相关案件查处进度缓慢，步履维艰，司法独立、公正和权威尽失。

（二）立法的漏洞与缺失导致法律适用存在障碍

证券、期货领域的金融犯罪专业性非常强，这一点在内幕交易犯罪中也有所体现。正如有学者指出的，“资本市场关系复杂，技术手段先进，

涉及证券、期货、法律、会计、计算机和网络通信技术等诸多领域，犯罪分子往往具有较深的专业背景，熟悉资本市场运行规则和信息技术，惯于利用规则和制度的漏洞逃避法律追究”。[①] 而现实是，我们的制度构建确实还存在一些法律漏洞，亟待完善，如“老鼠仓”行为与内幕交易行为交叉情形的认定，迄今为止，我国立法不仅对“老鼠仓”行为没有明确的法律界定，对二者结合和交叉情形的法律认定也没有清晰准确的结论。

在内幕交易犯罪中，最主要的三个问题是内幕交易行为的认定、内幕交易主体的认定和内幕信息的认定。应当说，我国目前的立法对这三个问题的规定和实践操作还存在一些法律适用依据不清晰、不明确、不规范等问题，有一些问题的解决至今尚无法律明文规定的规范依据。刑法的规定过于粗糙、概括化，刑事立法解释和刑事司法解释在弥补法律漏洞、指导司法适用方面发挥着重要作用，但客观地看待我国证券期货领域的立法规定及其解释，可以发现司法解释不多，立法解释更少；二者的法律效力显然是后者大于前者，但是司法解释却过多地代替了立法者自身对刑法规定的解释和说明，这种现象的存在多少有不妥当之处；而且即使如此，立法解释和司法解释对司法实践中经常遇到的问题并不是一一作出规定，反而存在很多法律规范缺失甚至已有规定相互冲突、矛盾的问题。在内幕交易犯罪主体问题上，立法在刑法上的体现仅是一些委托性规定，始终未能在刑事法上清晰界定犯罪主体的范围，特别是“非法获取型”和“特定身份型”两大类人员仍然无法在司法实践中得到统一、规范的认定。在内幕信息的认定上，内幕信息的根本特征仍是众说纷纭。我国立法规定采取“列明＋兜底”的立法模式，看似全面无遗漏，实则挂一漏万，这些仅具有列举性意味的条款在司法实践中的作用毕竟是有限的，从根本上讲必须明确内幕信息的特征和具体认定标准，否则再多的列举都仅具有提示性作用，真正在司法实践中发挥的作用和效果必然不尽如人意。在内幕交易行为的认定上，获取内幕信息和实施相关交易行为之间到底是一种什么关系，至今未能明确，建议行为和其他行为方式的根本区别何在，如何正确认定行为人的客观方面各种各样的表现形式，仍然是一个历久弥新的“老问题”和“新问题”。类似的还有相关交易行为异常的判断标准有待细化，内幕

① 苗有水、刘晓虎：《〈关于办理内幕交易、泄露内幕信息刑事案件具体应用法律若干问题的解释〉的理解与适用》，《人民司法》2012 年第 15 期。

交易犯罪阻却事由还需要在结合司法实践的过程中逐步完善，证券期货两大金融领域的定罪量刑标准特别是数额标准仍需进一步考证和作出相应调整，证券期货作为不同的交易对象，规则和流程也不尽相同，在一些方面仍需分而处之，现行立法不加区分，将二者作统一规定也有可待商榷之处。上述问题，有些已经得到法律明确规定，有些仍然不明确，这些已有的规定还需要进一步修改和完善，而尚未制定的法律规范则意味着存在立法漏洞，亟须填补。

（三）相关案件极强的专业性导致侦查、取证、固证等工作遭遇挑战

我国金融领域的犯罪黑数大，这在内幕交易犯罪中亦是如此。一个重要的原因就是这类犯罪的专业性极强，而且案情特殊、复杂，并非传统犯罪所能相提并论，因而对传统的侦查取证、固证等刑事诉讼领域基础工作提出了巨大挑战。其中不少案件，特别是近年来曝光的大案要案，不仅案情庞杂，而且作案手法和形态也发生了一些变化，不少犯罪行为人还拥有较深厚的金融专业知识、较高的学历和丰富的证券期货交易经验，侦查机关在查处相关犯罪中，也与这些高智商、智能化犯罪分子展开了侦查与反侦查、跟踪与反跟踪等等的穿梭于现实与虚拟网络两大空间的博弈和斗争。

随着经济社会的快速发展，高科技手段在金融领域犯罪中被使用的情形可谓层出不穷，内幕交易也基本由纸面化交易转变为无纸化交易，相关交易行为留下的交易痕迹等证据瞬间灭失，即使获得也很难被固化为纸面证据而被可视化地提交法庭。一些电子交易记录很容易遭遇蓄意人员或黑客攻击而被破坏、灭失，甚至被犯罪行为人通过高科技手段抹去交易痕迹，“来无影去无踪”，导致案件查处难度迅速加大。证券、期货交易具有无纸化、信息化等特点，犯罪分子往往利用互联网、3G（现在已有4G之说）通信等先进技术传递信息和意图，加大了事后取证的难度，导致内幕交易犯罪实发案件数量与查办案件数量存在较大落差，[①] 如此日复一日、年复一年，包括内幕交易在内的金融犯罪黑数不断增大，并随着经济社会的发展日益水涨船高。这不仅给本来已经入不敷出的司法资源和社会资源造成历史遗留问题，使之严重供不应求，导致供需失衡，也使刑事司法机关不堪重负，同时也对我国证券期货两大金融市场的长远、健康发展贻害无穷，

① 苗有水、刘晓虎：《〈关于办理内幕交易、泄露内幕信息刑事案件具体应用法律若干问题的解释〉的理解与适用》，《人民司法》2012年第15期。

这不得不引起我们的高度关注和深刻思考，并寻求治标之法和治本之策。

（四）现行司法队伍的素质与财力有限导致执法、司法成本较高，效果不佳

内幕交易犯罪行为人的高素质、智能化犯罪态势凸显，呈高发势头，但是反观我国当下的司法队伍水平、质量和素质，不得不让人堪忧，在打击如此富含技术含量和智慧头脑的金融犯罪面前，未免捉襟见肘，双方实力的比拼和较量在一些方面、程度上不在一个层次。包括内幕交易犯罪在内的金融犯罪往往涉及许多金融学方面的知识，尤其需要查处大批账目，关注交易数据信息寻找规律，这便要求办案人员不仅具有相应的法律知识，而且还应具备相关的经济知识，尤其是财会、金融等方面的知识和经验。目前，我国经济侦查队伍中仍然比较缺乏熟练掌握金融、财会业务的办案人员，很多经办人员对一些新的金融业务只知其表或一窍不通，抓不住问题的关键和要害，很难对犯罪行为准确定性和对犯罪分子适当量刑。① 再看我国打击金融犯罪的司法队伍和后勤保障，也存在一些问题。金融犯罪案情往往较为复杂，一般比其他案件需要投入更多的人力、物力和财力等司法资源，而在实践中，相应的人力、物力、财力投入远远不能满足办案需求，后勤保障也跟不上。限于现行司法队伍的素质和人力、物力、财力等原因，导致执法成本和司法成本过高，使司法机关望而生畏，进而使得不少内幕交易案件最终草草了结，仅以民事赔偿或行政处罚了事，从而增加了犯罪黑数和再次发生相关犯罪的概率，使得保障证券期货金融市场的长远健康发展成为空谈。同时，这也是我国近年来涉嫌内幕交易犯罪案件曝光多、查处少，作为行政违法行为处理多、追究刑事责任少，内幕交易屡禁不止反而愈发增多的一个重要原因。

四　完善我国内幕交易犯罪刑法规制的立法建议与司法应对

（一）立法建议

1. 进一步修改和完善内幕交易犯罪的入罪标准，保持入罪的法定标准与实践追诉标准协调、统一

在刑法规制内幕交易犯罪问题上，有论者主张将现行刑法规定的内幕交易罪由情节犯改为行为犯，适当降低入罪门槛，以扩张刑法圈，扩大刑

① 刘宪权：《金融犯罪刑法理论与实践》，北京大学出版社，2008，第38页。

罚圈。还有论者甚至认为应当将其改为危险犯，以便于刑法提前介入内幕交易犯罪的惩治和预防。对此，笔者认为上述观点无论是从理论上来讲，还是从司法实践角度看，都是站不住脚的，有待商榷。内幕交易犯罪的危害之大、影响之广不言而喻，但这是否意味着刑法要一味介入甚至是提前介入呢？笔者认为前述论者未免过于激进，一味强调法益保护前置化甚至以危险犯的立法模式扩大刑罚圈以解内幕交易犯罪惩治不力的燃眉之急是一种急功近利的短视和浅见，过于看重刑法的严厉制裁效果，是治标不治本的举措，将会不适当地扩大内幕交易罪的入罪范围和惩罚范围，使得刑法过多和过度介入金融领域乃至整个市场经济领域，从长远的角度来看将贻害无穷，无异于饮鸩止渴。刑法是一把双刃剑，如果过多倚重刑法和刑罚来惩治包括内幕交易在内的金融犯罪，将会导致过犹不及，收到反面效果，比如阻碍金融创新和经济发展，适得其反。在我国，内幕交易犯罪曝光多、查处少，特别是刑事处置少是不争的事实，但不能为了提高刑事查处数量、比例等表面化的数据，而一味动用刑法，毕竟造成这种现象和局面的不仅有立法层面的原因，更有司法实践层面的原因，妄图一味扩大刑罚圈乃至提前的预防处罚以解内幕交易犯罪惩治不力的燃眉之急，是一种不客观、不全面同时也是不科学、不妥当的短视和浅见。

针对我国内幕交易犯罪的立法和司法实践现状，笔者认为从根本上讲，不是要继续修改刑法对于内幕交易犯罪的规定，甚至更不应该将内幕交易犯罪提前为、扩展至、上升为危险犯，这一举动是必须加以禁止和避免的。当务之急是要进一步从立法层面，特别是借助刑事立法解释和司法解释，修改和完善内幕交易犯罪的入罪标准，保持入罪的法定标准与实践标准协调、统一，保持行政立案、处罚与刑事立案、处罚标准的衔接和协调，保持法律规定尤其是司法解释的现实可操作性。这其中最主要的就是要进一步明确内幕交易犯罪“情节严重”“情节特别严重”的规定以及相关司法解释确立的入罪标准的可操作性。以 2010 年 5 月 7 日最高人民检察院、公安部《关于公安机关管辖的刑事案件立案追诉标准的规定（二）》和 2012 年 5 月 22 日最高人民法院、最高人民检察院《关于办理内幕交易、泄露内幕信息刑事案件具体应用法律若干问题的解释》为例，前者第 35 条规定：“涉嫌下列情形之一的，应予立案追诉：（一）证券交易成交额累计在五十万元以上的；（二）期货交易占用保证金数额累计在三十万元以上的；（三）获利或避免损失数额累计在十五万元以上的；（四）多次进行内幕交易、泄露内幕信息的；（五）其他情节严重的情形。”《解释》第6条规定：“在内幕信息敏感期内从事或者明示、暗示他人从事或者泄露内幕信息导致他人从事与该内幕信息有关的证券、期货交易，具有下列情形之一的，应当认定为刑法第一百八十条第一款规定的‘情节严重’：（一）证券交易成交额在五十万元以上的；（二）期货交易占用保证金数额在三十万元以上的；（三）获利或者避免损失数额在十五万元以上的；（四）三次以上的；（五）具有其他严重情节的。《解释》第7条规定：“在内幕信息敏感期内从事或者明示、暗示他人从事或者泄露内幕信息导致他人从事与该内幕信息有关的证券、期货交易，具有下列情形之一的，应当认定为刑法第一百八十条第一款规定的‘情节特别严重’：（一）证券交易成交额在二百五十万元以上的；（二）期货交易占用保证金数额在一百五十万元以上的；（三）获利或者避免损失数额在七十五万元以上的；（四）具有其他特别严重情节的。”比对上述规定和结合前述分析，笔者认为，从总体上看，“情节严重”的入罪情节标准过低，无法实现刑法规范对资本市场金融产品交易秩序的保障，刑事司法实践客观上也难以按照如此低的数额标准追究涉案人员的刑事责任，这是造成内幕交易行为大多在行政处罚领域被处理和消化，进而出现“以罚代刑”“以罚了事”等现象的一个重要原因，最终使得刑事立法规定处于虚置状态，进而造成打击不力。从具体规定和司法适用层面分析，内幕交易犯罪“情节严重”的数额标准与细化解释由于没有确立各个数额的具体认定细则，如单次证券交易成交额、期货交易占用保证金数额、获利或者避免损失数额等的认定都没有确立一个原则和细则，将会导致司法实践认定和适用可能出现不统一、不协调和不一致，而这与公平正义的要求相去甚远。

总体而言，针对我国证券期货犯罪普遍存在“情节严重”定罪标准设置过低、认定标准不明确、可操作性不够等问题，应当将其纳入证券期货违法——犯罪体系进行结构性调整和完善，以最大限度地消减模糊性、实现确定性，剥离抽象性、强化可操作性，从而有效指导司法实践。对此，笔者认为立法机关需要结合司法实践尤其是要全面统计、总结内幕交易违法、犯罪的第一手数据和资料，紧密结合经济发展态势，并联合证券期货行政监管部门确立具有可操作性的入罪情节标准。有学者提出，“有必要优化证券期货犯罪司法解释，通过对内幕交易、操纵证券期货市场等行政处罚案件进行数据统计，分析此类非法证券期货交易中成交资金额、占用保证金数额、获利数额、避损数额等数据信息，将各个主要项目的数额平均值设定为犯罪情节严重的下限。同时，有必要将‘其他情节严重的情形’等虚化、泛化的指标排除在‘情节严重’的认定标准之外，转而将内幕交易犯罪行为对资本市场秩序、投资者权益所产生的可量化恶劣影响（例如，内幕交易犯罪行为侵犯股民权益导致大规模证券集团诉讼、引发群体性事件等）作为‘情节严重’司法认定的标准”，并认为“这样经过实证分析与客观论证的内幕交易犯罪‘情节严重’的司法解释标准才能经得起刑事司法实践的考验”。[①] 笔者对此表示赞同，并认为可供立法修改参酌。同时针对上述司法解释提出的各个情节认定的具体数额标准做进一步修改和完善，保持法定标准和实践标准的统一、协调，才能真正确保打击和惩治内幕交易犯罪的“稳、准、狠”，以消除理论质疑和实践不一的现状。针对内幕交易犯罪各情节具体数额认定问题，也有学者提出了自己的一些思考和见解，并给出了具体计算标准，[②] 笔者认为可供有关机关在立法完善时参酌。

2. 进一步修改和完善内幕交易罪的法定刑种、刑度

根据我国现行刑法规定的内幕交易罪，在刑种方面，可适用的主刑刑种为拘役和有期徒刑，附加刑刑种仅为罚金刑一种；在刑罚力度方面，法定最高刑为十年有期徒刑，针对个人犯罪，罚金刑采用的是倍比罚金制，即处违法所得一倍以上五倍以下的罚金，针对单位犯罪，罚金刑采用的是无限额罚金制。结合前文分析，笔者认为从形式上看，我国刑法对内幕交易罪的刑种选择上仍显单一，针对主刑，可以考虑增加无期徒刑和管制两种主刑，理由除了前述分析外，还有一点在于适当扩大犯罪圈与刑罚圈和维持刑罚轻轻重重的平衡态势：针对增加无期徒刑，可以适用于情节特别严重，社会危害和影响特别巨大，行为人获利巨大且无法进行有效追赃，给国家和广大投资者造成巨大损失无力弥补等情况，此时，提高刑罚上限是合理的、正当的，这也是当下中央力倡的宽严相济刑事政策“从严从重”一面的内在要求和重要体现。针对增加管制刑，笔者认为可以适用于一些刚达到入罪情节或有其他从宽处罚情节等情况时给予被告人的刑罚处

① 刘宪权：《论内幕交易犯罪最新司法解释及法律适用》，《法学家》2012 年第 5 期。

② 苗有水、刘晓虎：《〈关于办理内幕交易、泄露内幕信息刑事案件具体应用法律若干问题的解释〉的理解与适用》，《人民司法》2012 年第 15 期。

罚，同时结合《刑法修正案（八）》之规定，可以同时对被告人适用禁止令，以更好地与行政处罚衔接，从而在惩治和预防类似犯罪上取得更优效果。

附加刑方面，虽然罚金刑作为惩罚贪利性乃至所有经济类犯罪的有力对策，但是其作用毕竟是有限的，仍需其他附加刑补足。笔者认为，可以考虑增加没收财产刑和剥夺政治权利刑。具体而言，针对某些国有上市公司、企业和国有控股的股份制公司、企业中存在的个人和单位内幕交易犯罪，笔者认为可以对上述相关行为人适用剥夺政治权利，禁止其担任相应职务和享有相应权利，对于防止其利用职权等便利条件实施内幕交易犯罪将发挥自由刑所不能产生的作用和效果。针对某些实施内幕交易罪的犯罪分子，情节特别严重，给国家和人民利益造成重大损失且难以弥补的，缴纳罚金又不足以赔偿的，可以考虑适用没收财产这一财产刑，并区分具体案情适用没收部分财产或没收全部财产，彻底铲除某些犯罪分子基于投机目的再次实施内幕交易犯罪的经济土壤和生存空间，也是大有裨益的。

针对内幕交易罪刑罚幅度问题，笔者认为需要作以下修改和完善。

一是在主刑量刑幅度方面，可考虑作如下规定，即犯内幕交易罪，情节严重的，处五年以下有期徒刑、拘役或管制；情节特别严重的，处五年以上有期徒刑、无期徒刑。

二是在附加刑方面，现行刑法针对个人犯罪规定了倍比罚金制，针对单位犯罪规定了无限额罚金制，笔者认为其在设置和适用上存在一定问题，并且与证券期货等行政法律法规无法有效衔接和协调。结合前文对内幕交易罪罚金刑设置存在问题的分析，笔者认为可以作如下两种处理。一种是对现行刑法规定作出修改，区分行为人有无违法所得情形，分别作出规定。如果行为人有违法所得的，仍根据违法所得按照原有规定适用倍比罚金制；如果没有违法所得的，则适用无限额罚金制，但要与公司法、证券法等有关行为的行政处罚规定结合起来考虑，以保证行政法和刑法在行政处罚与刑罚上的衔接和协调。另一种是如果不区分行为人有无违法所得情形，一律作出统一规定，则可以考虑规定适用限额罚金制或无限额罚金制。适用限额罚金制可以结合公司法、证券法等行政法律法规，规定一个处罚数额的幅度；适用无限额罚金制，则需要出台相应司法解释进一步规定量刑考量的具体因素和操作细则，同时赋予法官根据个案情况进行自由裁量的权力。

三是针对有学者提出的现行刑法对单位犯内幕交易罪适用罚金刑的规定属于无限额罚金制，存在不妥当之处的质疑和担忧，笔者认为不无道理，需要重视并加以解决。应当看到，包括内幕交易单位犯罪在内的证券期货类单位犯罪，我国刑法均只规定要对单位判处罚金，却没有规定具体的罚金数额。具体要罚多少，完全交由司法人员自由裁量。笔者认为，为了解决一些学者对这种罚金刑规定方式有违“刑罚的明确性原则”，难逃违反罪刑法定原则之嫌的担忧和考虑，可以结合上述对个人犯内幕交易罪适用罚金刑的分析和思考，参照处理。一种是对现行刑法规定作出修改，区分犯罪单位有无违法所得情形，分别作出规定。如果犯罪单位有违法所得的，可根据违法所得规定适用倍比罚金制；如果没有违法所得的，则适用无限额罚金制，但要与公司法、证券法等有关行为的行政处罚规定做好衔接，保持协调。另一种是如果不区分犯罪单位有无违法所得情形，一律作出统一规定，则可以考虑规定适用限额罚金制或无限额罚金制。适用限额罚金制可以结合公司法、证券法等行政法律法规，规定一个处罚数额的幅度；适用无限额罚金制，则需要赋予法官根据个案情况进行自由裁量的权力，并出台相应司法解释进一步规定量刑考量的具体因素和操作细则供司法工作人员参考，以防止司法恣意。

3. 严密刑事法网，将短线交易行为入罪

所谓短线交易，一般是指上市公司的董事、监事、经理等高级管理人员以及持有法定比例股份以上的大股东，在法定期限内（一般是六个月）买卖上市公司股票以赚取差价利润的行为。根据我国《证券法》第 43、45、47 条之规定，下列情况不论是否知悉内幕信息，也不论是否利用内幕信息，行为人在法律规定的期限内持有、买卖某种股票，都被视为内幕交易的性质而被禁止：（1）为股票发行出具审计报告、资产评估报告或者法律意见书等文件的专业机构和人员，在该股票承销期内和期满后六个月内，不得买卖该种股票；（2）为上市公司出具审计报告、资产评估报告或者法律意见书等文件的专业机构和人员，自接受上市公司委托之日起至上述文件公布后五日内，不得买卖该种股票；（3）持有一个股份有限公司已发行的股份 5% 以上的股东，将其所持有的该公司股票在买入后六个月内卖出，或者在卖出后六个月内又买入，由此所得收益归该公司所有；（4）证券交易所、证券公司、证券登记结算机构的从业人员、证券监督管理机构的工作人员以及法律、行政法规禁止参与股票交易的其他人员，在任期或者法定期限内，不得直接或者以化名、借他人名义持有、买卖股票，也不得接受他人赠送的股票。从法律现行规定看，短线交易与内幕交易的重要区别在于，构成内幕交易的前提是有内幕信息存在，行为人知悉并利用内幕信息进行证券交易，而短线交易在法律上则没有硬性规定交易者必须掌握内幕信息，只要是在特定的禁止期限内抛售证券，即成立短线交易。在归责原则上，内幕交易一般采取过错归责原则，而短线交易则采取无过错归责原则。[①]

从目前我国的法律规定来看，短线交易行为只是一种行政违法行为，尚不能作为犯罪处理。需要明确的是，内幕交易的行为方式多种多样，短线交易实质上即是其中的一种特殊表现形式，它包含在内幕交易中。原因在于短线交易的行为主体主要是上市公司的董事、监事、经理以及持股达到法定比例的大股东，他们作为上市公司的高级管理人员或者对公司经营拥有话语权的人，很容易知悉公司的内幕信息，其所实施的短线交易行为与知悉、利用内幕信息有着千丝万缕或者说不清道不明的关系。如果对这类行为仅仅施以行政处罚或通过赋予公司短线交易收入归入权这一民事手段惩治类似行为，其力度远远不够，效果也可想而知。因此，对于短线交易这类游走在违法犯罪边缘的灰色地带行为，仅靠民事赔偿和行政处罚是不够的，为了彻底净化证券交易市场的空气，建立良好的交易秩序，并最大限度地保护金融市场上广大投资者的根本利益和证券期货金融市场的长远、健康发展，笔者认为应当将短线交易行为入罪化。

在此，需要指出的一点是，目前短线交易的惩罚规定主要表现在证券交易市场和证券法律法规上，我国尚未对期货市场上的短线交易进行规制和惩处，但《期货交易管理条例》规定，禁止期货交易所、证监会和其他有关部门的工作人员进行期货交易。从理论上讲，不能排除期货市场上存在短线交易的可能，只是可能与证券市场上的短线交易形式、形态等不同，但本质上应当是一样的。如果上述人员利用他人名义或者与他人串通实施短线期货交易，有证据证明其知悉并利用内幕信息实施相应交易行为，则构成内幕交易罪无疑；如果没有直接证据证明其知悉、利用内幕信息，但行为人不能证明其所实施的短线交易行为与内幕信息无关的，亦成立内幕交易罪。故而，短线交易行为入刑应当涵盖证券、期货两大金融市

---

① 王晨：《证券期货犯罪的认定与处罚》，知识产权出版社，2008，第227页。

场，如此，则在证券、期货两大金融市场上填补了刑法规制短线交易行为的法律漏洞，实现刑法规制金融犯罪“严而不厉”的立法态势。

4. 引入资格刑，建立和完善行政执法与刑事司法、行政处罚与刑事处罚的无缝、立体、顺畅衔接

根据我国公司法、证券法等行政法律法规的规定，对违反行政法律法规的行为人可以处以行政资格罚，即对违反上述行政违法人员适用市场准入限制甚至禁止的惩罚规定，这在一定程度上远甚于对其实施行政自由罚如行政拘留和行政财产罚如行政罚款等其他形式的行政处罚，因为它有效地阻止了行为人再行利用相应从业资格和从业的便利条件实施行政违法行为。考察西方发达国家的刑法规定，其中不少国家的刑法体系中特别是刑罚体系中都有类似于行政资格罚的资格刑，这对有效打击一些犯罪特别是金融、经济领域的犯罪起到了较为良好的效果。反观我国刑法，至今尚无类似资格刑的设置和适用，以至于对金融领域的犯罪惩罚效果不尽如人意。有鉴于此，笔者建议可以考虑在我国刑法总则中统一规定一种或数种可能适用的资格刑，或者专门针对金融等经济领域犯罪规定资格刑，如针对内幕交易犯罪行为人可以适用个人市场准入部分限制、全部限制、禁止乃至剥夺从业资格等规定，并对限制内容和时间、禁止内容和时间等作出明确规定，针对单位犯罪的，可以对直接负责的主管人员和其他直接责任人员适用上述规定，同时对单位适用限制、禁止乃至永久剥夺其单位资格和从事金融等领域内行业的从业资格，彻底摧毁这类犯罪分子和犯罪单位利用这种从业资格或其他便利条件再次实施同类犯罪的合法外衣和保护伞，将这类犯罪分子和单位在某一期限内乃至永久驱逐出证券期货等金融市场，将会非常有效地打击类似犯罪，防止其死灰复燃。需要指出的是，《刑法修正案（九）》已经明确提出了增设资格刑的立法修改条文——在《刑法》第37条后增加一条，作为第37条之一：“因利用职业便利实施犯罪，或者实施违背职业要求的特定义务的犯罪被判处刑罚的，人民法院可以根据犯罪情况和预防再犯罪的需要，禁止其自刑罚执行完毕之日或者假释之日起五年内从事相关职业。”“被禁止从事相关职业的人违反人民法院依照前款规定作出的决定的，由公安机关依法给予处罚；情节严重的，依照本法第三百一十三条的规定定罪处罚。”“其他法律、行政法规对其从事相关职业另有禁止或者限制性规定的，从其规定。”笔者认为，这一修改具有非常重要的现实意义，但是如何具体适用仍然需要结合司法实践中的

具体案件、具体情形予以具体化、实定化、规范化，从而使之具有可操作性和针对性。

与此同时，针对我国迄今尚未建立起行政执法与刑事司法在处断行政违法与犯罪领域的有效衔接这一司法现状，笔者认为必须尽快建立和完善惩治内幕交易犯罪行政执法与刑事司法相衔接的有效机制，尤其是要建立和完善对相关违法犯罪行为人和单位适用行政处罚和刑罚处罚方面的衔接。我国公司法、证券法和期货等有关法律法规已经规定了对相关领域行政违法人员的市场准入资格限制的规定，即限制乃至终身禁止某些公司、企业等从业人员，尤其是高级管理人员，和证券期货领域的行政违法人员再行进入有关证券期货市场，担任公司、企业相应职务的行政资格罚规定。这些行政资格罚对内幕交易犯罪的行为人产生了非常重要的遏制作用，但限于其仅是行政处罚使其作用有限，效果一般。在我国刑法增设资格刑后，要在行政执法和刑事司法、行政处罚和刑罚处罚方面建立无缝衔接和协同配合工作机制、信息共享机制，充分发挥二者在各自管辖领域内的执法优势和长处，形成打击内幕交易犯罪的合力，全面有效地打击内幕交易犯罪的生存空间，以彻底消解我国目前惩治内幕交易犯罪行政执法与刑事司法中的脱节和冲突现状，特别是刑事司法跟进处置的滞后和乏力，取得最佳惩治效果。

5. 内幕交易行为的非刑法规制建议

犯罪产生的原因非常多，从根本上讲，社会因素占据了很大比例，这一点同样适用于内幕交易犯罪。为了有效惩治和预防内幕交易犯罪，必须综合运用包括民事、行政和刑事在内的多种手段和方法系统应对和处理，只有多管齐下，形成合力，才能全面、有效、严密地惩治和预防内幕交易犯罪。

笔者认为，主要可以从以下几个方面着手完善应对举措。

一是针对公司、企业，特别是从事证券、期货交易或业务的上市公司，必须优化上市公司治理结构，着力消除在股票发行人与广大投资者之间的、公司内部人员与公司外部人员之间的以及大小股东之间的信息不对称、利益不均衡等现象，可考虑建立和完善中小股东利益保护机制、公司内部审计报告、公告制度、公司董事、监事、经理等高级管理人员的激励机制等。要建立严格规范、全面及时的信息披露、报告和公告等具体规章制度，并借助信息披露等制度消除证券期货市场上的信息不对称带来的消极影响。要进一步缩短乃至“消除”内幕信息形成后的沉淀时间，使内幕信息在脱离法定或者有效保护期后尽快公之于众，减少相关信息获知人犯罪的时间、空间，这将在很大程度上降低内幕交易犯罪发生的现实可能性。同时，要强化内幕信息法定知悉人员的保密义务，提高责任意识，加大对其泄密或利用内幕信息实施内幕交易的民事责任和行政责任以及相应的民事、行政处罚。此外，在上述公司、企业内部，可以考虑建立和完善反内幕交易的相关规章制度，严格对内幕人员和内幕信息的管理和监控，如建立有效的隔离机制和内幕人员流动监控机制，使得内幕人员之间、内幕人员和非内幕人员之间、工作人员和内幕信息之间都形成有效的隔离，并进行及时、动态的跟踪监管和监督，从而遏制和预防内幕交易犯罪的发生。

二是针对证券期货交易行政监管部门，要进一步在行政执法领域完善行政立法，严格行政执法，建立和完善行政监管部门、证券期货交易所、中央和地方各级各地相关机构和人员之间的信息共享机制、沟通协调配合机制，特别是要深挖相关犯罪线索，严格按照法定内幕交易犯罪入罪标准及时移送司法机关侦查、追诉相关犯罪，防止以罚代刑、以罚了事。与此同时，在强化监管的同时，要注重建立科学的证券期货监管体系，分清主次、轻重、缓急，提高监管效率，防止眉毛胡子一把抓，造成监管的“无所不能”变成“无所都不能”。此外，在加强对参与证券期货金融市场的单位和个人的实时、动态、立体全方位监督、管理的同时，还需要证券期货行政监管部门和相关人员加强对机关、部门内部工作人员的监督，狠抓行政监管机关、部门、单位内部的贪污、受贿等腐败犯罪和渎职犯罪。正如新一届党和国家领导人提出的“打铁还需自身硬”，在自身获知内幕信息的职权便利条件下，在面对巨大利益诱惑的犯罪面前，不仅要加强对证券期货交易单位和人员的监督，更要强化监管者自身的自我监督，才能真正收到监督实效，最大限度地预防内幕交易犯罪。

三是针对内幕交易犯罪发生后，可能给广大证券期货市场参与者尤其是内幕交易涉及的证券期货买入卖出者（即直接受害者）的切身利益（一般而言，主要是经济利益）带来的有形和无形损害，可以考虑建立国家救助基金，在追赃效果有限、犯罪分子无法弥补损失时予以代位赔偿，以稳固金融市场秩序和人们的投资信心，避免内幕交易犯罪查处后引发的股市剧烈震荡，保障金融安全和经济安全。同时，要建立和完善内幕交易民事赔偿责任的相关规定，尽快出台内幕交易犯罪引发的民事赔偿诉讼程序和具体损失数额、赔偿数额计算与认定的标准与细则以及明确民事赔偿的基本原则、范围、条件、举证责任、归责原则、赔偿保障与落实等方面的司法解释，以妥善处理内幕交易犯罪引发的“后遗症”和其他问题。

（二）司法应对

立法完善是司法完善的前提和基础，有效的司法应对既是对立法完善的回应和彰显，同时也会进一步发现立法的缺陷甚至漏洞，以查漏补缺，弥补不足，进而促进立法再完善，形成二者的良性互促循环。鉴于证券期货犯罪尤其是内幕交易犯罪的特殊性、复杂性和专业性，结合上述司法实践打击和惩治内幕交易犯罪遭遇的问题和困境，笔者认为在司法实践层面有效治理内幕交易犯罪，可以从以下几个方面着手。

一是彻底打破和消除地方保护主义的干扰，建立和完善惩治内幕交易的行政执法与刑事司法衔接机制。笔者认为，地方保护主义和部门保护主义之所以成为内幕交易等金融犯罪查处时遭遇的重大隐形障碍，主要原因还是在于利益纠葛。因此，要打破利益链条，彻底消除查处内幕交易犯罪遭遇的阻力和障碍。从政府机关、部门等行政机关层面出发，地方政府和相应部门、机关等要树立和完善正确、科学的政绩观和考核观。从刑事司法机关层面看，司法机关要顶住地方党政领导和部门主管单位领导等的压力和阻力，最大限度地排除地方保护主义和部门保护主义的干扰，严格执行刑法和刑事诉讼法等相关法律法规的硬性规定。针对内幕交易等金融领域的犯罪中伴生和掺杂的贪污腐败和相应的监管渎职等职务犯罪，必须严肃查处相关人员的违法犯罪行为并依法追究刑事责任。在诉讼管辖上，可以考虑适度上收证券期货市场违法犯罪案件的管辖权至省、自治区、直辖市所在地（市）的中级人民法院、检察院、公安机关管辖，这可以和党的十八届四中全会后，中央提出的建立跨区域的巡回司法管辖、立案、起诉、审判模式等设想结合。在行政监管、执法机关与司法机关之间要尽快建立和完善包括内幕交易犯罪在内的行政执法与刑事司法衔接机制，加强二者在查处金融领域犯罪和相关人员贪污腐败犯罪、职务犯罪领域内的信息沟通共享、犯罪线索移送、处置和及时回复等方面的配合和协调，实现执法合力，最大限度地遏制和减少行政执法领域和刑事司法领域的内幕交易违法犯罪行为。

二是建议由最高司法机关、公安部门和国务院证券期货监管部门联合出台具备可操作性的进一步规定或司法解释，同时由最高人民法院整理、发布有关内幕交易的典型案例作为各级各地司法机关审判指导和参考，以保证司法公正、统一。现行刑法和相关司法解释虽然对司法实践遭遇到的一些涉及内幕交易犯罪的问题作了解释，但是还有不少问题仍然亟须法律依据或者需要进一步明确，如“老鼠仓”行为的具体判断和性质认定，内幕交易民事赔偿制度和诉讼制度的建立和完善，内幕交易犯罪定罪量刑的法定标准和现实标准的弥合，已有的司法解释对相关问题的界定也需要进一步细化，使之具备可操作性从而有效地指导司法实践。此外，内幕交易犯罪作为较为新型的金融犯罪在我国受到法律规制特别是刑法规制的时间仍然不长，各级各地司法机关在打击和治理相应犯罪行为方面存在数量多少、经验多少、认定标准不一等问题，而且包括内幕交易犯罪在内的证券期货犯罪专业性较强，较一般案件也更为特殊和复杂，在当前我国司法机关工作人员整体素质不高的情况下，由最高人民法院搜集、挖掘、整理并经过严格遴选公布一批典型案例供各级各地法院审判相应案件的指导和参考不仅是必要的，而且其重要性也不言而喻。

三是大力引进先进科技，强化侦查、取证、固证能力，同时借鉴域外先进经验，尽快改变司法实践打击不力的现状。针对包括内幕交易犯罪在内的金融犯罪共同具有的高科技化、智能化、电子化、信息化、网络化、取证难等特点，笔者认为在打击类似犯罪时必须高度重视科技的力量，要大力引进高科技手段和相应设备、技术对证券期货交易市场进行实时、动态、立体监控，对证券期货市场参与人员特别是内幕信息法定知悉人员、政府机关监管部门及其工作人员实行全方位实时监控，防止内幕交易暗地滋生。内幕交易犯罪网络化、无纸化交易的显著特点让传统的犯罪侦查和追诉在证据调取、固定、保护和存储等方面遭遇了新的挑战，因此侦查机关要提高犯罪线索挖掘和证据搜索意识，强化侦查取证、固证能力，以应对类似智能化犯罪带来的挑战。与此同时，按照“取其精华，为我所用”原则，要借鉴和吸收西方发达国家在金融市场治理中积累的先进经验，为我国在惩治和预防内幕交易犯罪中取得更大成效提供指导。例如，美国等国建立和适用的执行和解制度、巨额举报奖励制度、非法获取型内幕交易犯罪举证责任倒置制度等，不仅方便快捷，而且取得了非常良好的执法效果，值得我们在做好相应制度准备后参照适用。

四是建议国家行政监管机关与司法机关合作建立包括内幕交易在内的

证券期货交易数据库，积累经验，摸索规律，实时、动态监控任何异常或可疑交易，实现信息共享和沟通顺畅，达到事前预防、事中处理和事后惩治的全过程统一与协调，以最大限度地减少内幕交易犯罪的生存土壤和发展空间。包括内幕交易在内的证券期货交易数量巨大，而且非常频繁，因而行政监管机关和司法机关在打击和治理证券期货犯罪过程中，有限的人力物力财力等社会资源投入在应对和处理非常庞杂的信息量方面难免显得捉襟见肘，而且还可能存在信息不共享、沟通不畅的问题。但证券期货交易市场的瞬息万变，并不意味着证券期货交易没有规律可循，建立和完善由国家证券期货行政监管机关与司法机关通力合作、实时动态监控证券期货交易的数据库，从中积累经验，摸索规律，将对证券期货违法、犯罪尤其是内幕交易违法犯罪的事前预防、事中处理和事后判断裨益颇多。比如在内幕信息重要性问题的判断上，某一信息是否影响证券期货交易市场特别是证券期货交易价格以及影响的有效时间和程度之判断与认定，并不仅仅是一个法律适用上的逻辑问题，更多的是一个事实和经验判断的问题，一旦有相关数据库的建立，将会通过发现其中的规律，比较合理、准确地判断某一信息是否具备影响证券期货交易价格的特征以及影响时间和影响程度。在内幕信息敏感期的认定上，如果效仿西方发达国家建立相应的证券期货交易数据库并运用有效资本市场理论，将会比较合理地判断内幕信息的价格敏感性和敏感期限，同时也将对内幕信息是否已公开作出认定。在判断内幕信息获知人基于相应身份关系获取内幕信息实施证券期货交易时，这一数据库也将在跟踪监管中获知相关交易行为是否属于交易异常，并提前作出预判，这将为行政监管机关及时发现违法犯罪行为并在第一时间移送司法机关进行侦查、取证、固证提供有力帮助。行政监管机关与刑事司法机关在打击和治理内幕交易违法犯罪过程中，借助这一数据库的建立将会大大提高二者执法衔接的效率和质量。这一交易数据库的内容可以考虑先从交易时间、对象、数量等基本要素着手，逐渐扩展至相关账户尤其是大额交易账户重点关注和实时动态监控，交易主体实时监控，交易主体违法犯罪记录公布，受处罚人市场准入禁止期限公布，内幕信息重要性判断与证券期货市场价格关联度规律研究等内容，最终完成证券期货交易由开户交易到市场行为再到违法犯罪公布及至市场准入限制、禁止乃至最终被剔除出证券期货市场的全过程、实时动态监控，实现行政监管机关与司法机关通力合作打击和治理包括内幕交易在内的证券期货违法犯罪的事前预防、事中处理、事后惩治统一、协调运作机制。

五是加大投入建设一支高素质、专业化的司法队伍，改变重打击轻预防的传统犯罪惩防观念，转向预防与惩治并重、标本兼治的犯罪惩防新理念。俗话说打铁还需自身硬。针对前述现行司法队伍的素质与财力有限导致执法成本和司法成本较高的问题，综合考察我国打击和惩治内幕交易犯罪的司法现状，笔者认为，为有效惩治和预防内幕交易犯罪，必须加大投入，积极打造一支高素质、专业化的司法队伍。这支司法队伍不仅要法律素质过硬，而且金融专业也要十分熟悉和精通。打击和治理内幕交易等金融犯罪，是一场斗智斗勇的战争。面对内幕交易犯罪行为人的高素质、智能化犯罪态势和高发势头，我国打击和治理内幕交易也必须尽快迈入高质量、高素质、高效率的科学化、专业化、规范化的发展轨道上。与此同时，还要加强后勤保障力度，在人力、物力、财力等方面给予司法机关更大的支持和投入，从而最大限度地减少内幕交易犯罪黑数，保障内幕交易犯罪惩治的全面、及时和高效。此外，在处理内幕交易犯罪惩治与预防的关系上，必须彻底扭转传统的重监管、重打击、重已然犯罪惩治轻未然犯罪预防的陈旧观念，转向打击与治理并举、监督管理和宣传教育并重、民事、行政和刑事举措综合运用、惩治已然犯罪与预防未然犯罪于一体的系统性内幕交易犯罪惩防思维和革新理念，如此才是遏制内幕交易犯罪高发、频发势头，进而最大限度地减少乃至杜绝内幕交易犯罪，保障证券期货市场健康、持续、长远发展，维护国家金融安全和经济安全的标本兼治之策。

（华东政法大学刑法学专业博士研究生　闻志强）

第三节

内幕交易、泄露内幕信息罪的若干争议问题

证券、期货市场是资本市场的核心之一。新中国成立伊始，虽然有过证券市场，但存在时间短。1952 年国内所有的证券交易所关闭停业，1959 年政府债券发行终止，其间的一些证券交易活动也只是旧中国证券市场被消灭前的一种过渡。此后 20 多年，直到党的十一届三中全会以后，我国的证券市场才在改革中应运而生，其恢复与起步是从 1981 年国家发行国库券开始的。至于我国的期货市场，其发展开始于 20 世纪 80 年代末，稍晚于证券市场。相比欧美发达国家，我国证券、期货市场的建立与发展要晚很多。

近些年来，随着我国经济的高速发展，证券、期货市场发展的速度也十分惊人。从股票、期货、债券等的发展规模、上市公司数量及其主营业收入等的增幅来看，我国资本市场的发展在短短几十年里，走过了许多国家上百年走过的道路。然而，如同经济社会高速发展带来了环境污染、资源浪费等问题一样，由于与证券、期货有关的法律法规跟不上社会经济的发展需要，证券、期货市场不断暴露出新的问题，主要表现为相关监管措施缺位、内幕交易频发、法律法规不完善导致对相关利益方保护不力，这些问题也为司法机关正确认定内幕交易、泄露内幕信息犯罪带来诸多困惑。司法实践中，由于证券内幕交易犯罪较期货内幕交易犯罪更为常见和易发，故本节主要研究证券内幕交易犯罪的相关疑难问题。

一　司法实践中的困惑与问题的提出

在司法实践中，内幕交易罪的犯罪主体呈现高智商、高学历、高收入的特征，表现出的犯罪手段具有相当的隐蔽性。特别是近年来，由于国家对内幕交易行为打击力度不断加大，通过直接接触内幕信息的人或采用窃

取、骗取等典型违法手段获取内幕信息，从事内幕交易的案件越来越少。司法实践中常见的情况是，行为人的主体身份不具有典型性，依据刑法和相关司法解释，不知如何归类；行为人知悉的信息不完整或最终公开的信息发生了变化，导致交易行为和内幕信息间关联性不强或证明因果关系上存在很大难度；获取内幕信息的手段不具有刑事违法性，完全是基于偶然的巧合；等等。以下笔者通过案例予以阐述。

（一）内幕交易、泄露内幕信息罪的实例及其争议

1. 杜某某内幕交易、泄露内幕信息案

【案情简介】

2009 年 1 月，中国电子科技集团下属单位第十四研究所（以下简称十四所）欲通过南京地区一家上市公司进行资产重组实现借壳上市。2 月初，十四所与高淳县政府就收购高淳陶瓷公司的国有股份事宜进行协商，双方达成了合作意向。3 月 6 日，十四所草拟了《合作框架（初稿）》，明确了高淳陶瓷部分股权转让给十四所，使其成为第一大股东、实际控制人等内容。4 月 19 日，双方签署《合作框架意向书》。4 月 20 日，高淳陶瓷公司发布停牌公告，宣布 4 月 21 日起停牌。5 月 22 日，该股票复牌交易后，连续十个交易日涨停。

杜某某系中国电子科技集团（以下简称中电集团）总会计师，负责分管集团内部资本运作。2009 年 3 月 23 日，杜某某到十四所考察。当晚，十四所相关领导向其汇报了拟发展民品项目，准备收购南京地区股份制企业借壳上市，请求中电集团给予支持，并透露了拟借壳公司的四大概况：南京地区公司，总股本为 8000 余万股，股权结构好，第一大（国有）股东占总股本 30%左右，地方政府支持。3 月 29 日，杜某某回到北京后，根据十四所汇报的借壳公司的概况，在互联网上检索出南京地区唯一符合上述条件的只有高淳陶瓷公司。3 月 31 日，杜某某再次赴南京，参加十四所搬迁仪式。其间，南京市政府领导就十四所收购重组事宜出面协调，表达政府支持。据此，杜某某进一步确信十四所借壳的公司为高淳陶瓷公司。4 月 2 日，杜某某通过个人股票交易账户买入 21000 股高淳陶瓷股票，支付资金人民币 142986.61 元。考虑到自己参与十四所收购、重组高淳陶瓷相关工作，担心名字出现在高淳陶瓷公司股东的名单中，遂于 4 月 3 日、13 日、17 日分四笔将上述股票全部抛出，账面收益 7514.39 元。此后，杜某某逐步将个人股票交易账户中的资金转入其操控的亲属账户中。4 月 2

日至20日，杜某某单独操作买入高淳陶瓷股票共计223000股，卖出后非法获利247万余元；与他人共同操作买入高淳陶瓷股票137100股，卖出后非法获利173万余元。此外，杜某某还将高淳陶瓷可能重组的信息透露给他人，他人先后买入该股票784641股，非法获利1201万余元。

【本案的主要争议】

（1）杜某某利用职务行为获取的信息不完整，最终利用自己的专业知识判断出重组对象，杜某某能否认定为内幕信息知情人？对此，一种观点认为，杜某某非内幕信息知情人。理由是：杜某某获取的相关信息很不完整，特别是没有明确重组对象这个关键信息，这样支离破碎的信息对一般人来说毫无实际意义。杜某某最终准确判断出重组对象并进行相应公司股票的交易，是基于所具备的相关专业知识，思考谋虑得出的研究结论，是完全合法合情合理的正常交易行为。另一种观点认为，杜某某系内幕信息知情人。理由是，内幕信息是一个比较宽泛的概念，法律中没有规定行为人必须知悉内幕信息中的每一个环节、每一个细节，只要知悉内幕信息的相关内容，交易行为与所掌握的信息间具有关联性即可，同时，杜某某系借壳公司的上级领导，确实从事了股权收购的相关工作，应当认定为内幕信息知情人。

（2）4月19日正式《合作框架意向书》形成之前，十四所、高淳公司双方的合作意向是否属于内幕信息？对此，一种观点认为不属于内幕信息。理由是，直到4月19日《合作框架意向书》正式形成，一切沟通协商的行为都只是表象，对各方来说均没有约束力；事态发展的方向都只是可能，不能确定，中途而废、谈判失败的案例比比皆是，依靠类似不确定的信息从事股票投资有很大风险，这本身就是股票交易的魅力所在，没有刑事违法性可言。另一种观点认为属于内幕信息范畴。理由是，从3月6日十四所草拟《合作框架（初稿）》，明确高淳陶瓷部分股权转让给十四所，使其成为第一大股东，实际控制人等内容到4月20日高淳陶瓷发布停牌公告，该信息知悉人始终控制在很小的范围，具有秘密性，符合尚未公开的法定要求。复牌后，高淳陶瓷股票连续涨停，充分说明该信息对股票价格的重要影响，从这两点来看，价格敏感期为3月6日至4月20日。

2. 肖某某内幕交易案

【案情简介】

2004年，肖某某在担任证监会上市公司监管部副主任期间，得知中国石油化工股份有限公司（以下简称中石化）拟对下属上市公司进行整合试点，探索整体上市。2006年，肖某某通过担任中石化下属上市公司财务顾问的机会，获悉中石化将启动第二批下属上市公司股改和重组工作。同年9月，他人让肖某某刺探光大证券股份有限公司（以下简称光大证券）拟借壳中石化下属上市公司北京化二股份有限公司（以下简称北京化二）上市信息的准确性。肖某某从光大证券财务总监胡某某处获悉光大证券确实在与中石化就借壳事宜进行谈判，遂于9月21日至29日指示他人利用其控制的多个账户买入北京化二股票4306002股，交易成本人民币35290545.12元。后中石化与国元证券股份有限公司（以下简称国元证券）就让壳重组协议，北京化二股票由此更名为"国元证券"。2007年国元证券股票复牌后，肖某某陆续将账户上的国元证券股票清仓，肖某某等人从中获利1.039亿余元。

【本案的主要争议】

肖某某因获取让壳重组信息而购买让壳公司股票，但后来借壳公司发生改变，是否影响内幕信息的认定？对此，一种观点认为，该信息不属于内幕信息范畴。理由是，肖某某因为确信光大证券拟借壳北京化二上市而购买股票，是基于该事实必将会给自己带来巨额收益的确信而从事了股票交易行为。然而，最终的结果是国元证券借壳北京化二成功上市，肖某某原来获得的信息是错误的，不真实的。内幕信息以真实性为构成特征，虚假的信息当然不能认定为内幕信息。另一种观点认为，该信息属于法定的内幕信息。理由是，内幕信息的真实性要求是相对的，只要公司资本运作的基本方向或基本框架是明确的，具体实施过程中一些无关交易决断的其他变化不影响内幕信息的认定。

3. 高某内幕交易案（未决案件）

【案情简介】

2010年4月下旬，甲公司与乙公司就甲公司收购乙公司75%股权的事项达成口头协议。同月28日，乙公司在其母公司的董事会上通报了该意向，公司董事会提出了甲公司必须出具书面文件的要求。甲公司随即与杨某某（丙证券投行总部总经理）联系让其负责操作。5月3日，乙公司收到杨某某发来的电子邮件，内容为，目标公司有意收购上述母公司优质资产，收购价格不超过2亿新加坡币，落款为丙证券投资银行总部。随后，又发来框架协议、保密协议、日程安排表等文件。8月17日，收购双方在厦门签订了收购框架协议、保密协议、双方共管账户协议等，并确定了收购事项的有关细节和流程。随后，双方委派人员对乙公司开展尽职调查。同年9月29日，因媒体出现重组信息，甲公司申请临时停牌。同年10月11日申请继续停牌，24日正式签订了甲公司收购乙公司75%的股权和另一公司52%的股权的协议，收购总价7.5亿元人民币。

高某系乙公司财务总监。2010年5月初的一天，高某到乙公司董事长办公室汇报工作，恰逢董事长外出，其在董事长办公桌上看到了丙证券公司于5月3日发来的电子邮件打印件，后高某通过互联网查询到丙证券公司最新的保荐项目系甲公司，且甲公司上市时共募集资金9亿多元，与2亿新加坡币匹配，故推测出该邮件系甲公司委托丙证券发的要约。后高某分别于5月7日、10日、11日先后用自己办公室和其他办公室电话委托买入甲公司股票11万股，共动用资金210万元左右。8月下旬尽职调查工作开始，高某参与尽职调查工作，但在此期间没有进行甲公司股票的交易。直至11月22~25日，高某用自己办公室电话委托将甲公司股票全部卖出，非法获利67万余元。

【本案的主要争议】

（1）高某是否涉嫌犯罪。对此，一种观点认为，高某不具有相应身份，其行为不具有刑事违法性。理由是，高某在参与尽职调查工作前，未从事于本案有关的业务活动，没有利用职务接触内幕信息的机会，从这一点上来说，不宜认定为内幕信息知情人。同时高某无意间看到的信息只有丙证券的署名，如果说其本身是乙公司的工作人员，应当知晓信息内容与乙公司必然具有关联性，但是收购公司“甲公司”系高某依靠自身的专业知识得出的推理结论。同时，高某在他人办公室无意间看到相关内幕信息的行为本身不具有非法性，打印文件上呈现的内容非钱款等种类物，亦非手表、古董等特定物，其价值所在并非一目了然，只有行为人阅读完所有内容后才可能知晓文件内容的价值所在，但客观上行为人阅读文件完毕后，已经无法选择遗忘或将相关信息内容返还文件所有人。所以高某的行为本身也很难予以认定，窃取、骗取、套取、窃听、利诱、刺探或者私下交易似乎都不能准确反映真实的行为特征。高某本身没有了解文件内容的主观故意，事态的发生完全基于巧合。在此前提下，高某作为一个局外人，在无意间得知这样一个可能带来巨大经济利益的信息后，要求其必须履行保守秘密及不得从事相关交易行为的义务，刑法就是强人所难了。另一种观点认为，高某系非法获取内幕信息的人。理由是：“非法”是指除合法行为之外的一切行为，用于规制“不该得到信息而得到信息的人”，因为无论如何，只要占有信息优势而从事交易对其他股民的伤害和对股票市场的损害都是一样的。

（2）本案的内幕信息形成于何时？对此，一种观点认为，收购双方在厦门签订了收购框架协议、保密协议、双方共管账户协议等，并确定了收购事项的有关细节和流程，既 2010 年 8 月 17 日，是内幕信息形成及价格敏感期的起算时间。前期收购双方的沟通、洽谈等活动均是意向性的行为，不是相关收购活动的实质性行为。另一种观点认为，5 月 3 日乙公司收到丙证券投行总部总经理杨某某发来的电子邮件，证明 4 月底 5 月初收购事项已经进入实质性的操作阶段，该时间应当算价格敏感期。

（二）问题的提出

所谓内幕信息或者知情人员等，虽然有相关法律法规明文规定，但其界限并没有得到充分、确切地厘定。例如，根据法律规定，所谓“内幕信息”，是指为内幕人员所知悉的、尚未公开的并对证券的发行，证券、期货交易或者价格有重大影响的信息，内幕信息的范围根据法律、行政法规的规定确定。这一定义显然具有模糊性：一方面，何谓重大影响本身就需要具体情况具体分析；另一方面，根据法律、行政法规的规定显然需要进一步确定。又如，虽然法律规定了“知情人员”的范围，如通过履行职务接触或者获得内幕信息的人员，因其业务可能接触或者获得内幕信息的人员，对证券发行、期货交易可以行使一定管理权或监督权的人员以及其他可能通过合法途径接触或者获得内幕信息的人员，等等。但是，如何理解“通过履行职务接触或者获得”“因其业务可能接触或者获得”“其他可能通过合法途径接触或者获得”等，就不无争议。上述三个案例之所以存在不同意见，就充分说明了这一点。在司法实践中，认定内幕交易、泄露内幕信息犯罪，最常见也最难把握的问题主要有三：一是行为人主体身份的确定；二是内幕信息的认定；三是内幕交易敏感期的界定。

二　内幕交易罪犯罪主体的范畴

（一）刑法对本罪主体的规定

根据我国《刑法》第 180 条规定，内幕信息罪的犯罪主体包括证券、期货交易内幕信息的知情人员（该条第三款规定知情人员的范围依照法律、行政法规的规定确定）和非法获取证券、期货交易内幕信息的人员。

1. 证券内幕信息知情人员范围狭隘

《中华人民共和国证券法》（以下简称证券法）第 74 条规定内幕信息知情人员包括：(1) 发行股票或者公司债券的公司董事、监事、经理、副经理以及有关的高级管理人员；(2) 持有公司 5% 以上股份的股东；(3) 发行股票公司的控股公司的高级管理人员；(4) 由于所任公司职务可以获取公司有关证券交易信息的人员；(5) 证券管理机关工作人员以及由于法定的职务对证券交易进行管理的其他人员；(6) 由于法定职务而参与证券交易的社会中介机构或者证券登记结算、证券交易服务机构的有关人员；(7) 国务院证券管理机构规定的其他人员。从理论和实践的角度看，上述规定本身并不存在太多疑问，对各类别人员的表述总体比较清楚，也很容易理解和把握。但其存在的问题主要表现在：

第一，《证券法》第 74 条第 7 项"兜底条款"将"国务院证券管理机构规定的其他人员"整体纳入内幕信息知情人员范围，貌似实现了明确列举和原则概括相结合的铜墙铁壁，但是司法实践中始终没有见到实质标准的界定，导致"其他人员"一直处于不确定的状态，造成的实际结果有两个：一是要么证券管理机构裁量权过大，可以随意扣帽子；二是要么该条款形同虚设，只是一纸空文而没有任何司法实践价值。

第二，司法实践中，具备上述规定的特殊身份而直接从事相关交易的人少之又少，相反，类似案例三中高某的却很多。依据刑法的规定，高某似乎无法对号入座，不在《证券法》第 74 条规定的人员类别中。值得注意的是，1993 年发布的《禁止证券欺诈行为暂行办法》第 6 条第 5 项明确将"其他可能通过合法途径接触到内幕信息的人员"规定为内幕人员，在当时的确是突破了将内幕人员仅限根据工作需要直接接触内幕信息的人的做法，而涵盖了暂时性、偶然性接触内幕信息的人。遗憾的是，该暂行办法在 2008 年被废止，相关内容正是被证券法代替的。

2. 非法获取证券内幕信息的人员中"非法"二字概念模糊

在我国刑法理论和实务中，有一种具有代表性的观点认为，非法获取证券交易内幕信息的人员中的"非法"二字，是指采取骗取、套取、偷听、监听或者私下交易等本身就具有违法性的手段或途径获取相关信息的行为。这样的解读并非没有道理，我国刑法中规定的罪名及法律条文中，"非法"二字所指的几乎都是积极的且违法性的方法手段，在法律条文没有明确释明的情况下，非法获取证券、期货交易内幕信息的人员中“非法”自然指违法的行为手段。但是，另一种观点从内部交易的法律规制理由出发，得出的结论是本罪中的“非法”应从较为宽泛的角度理解。证券市场发展的初期，法律并没有禁止内幕交易，直到21世纪20年代，美国证券市场大崩溃引起史无前例的经济大恐慌后，人们才反思内幕交易盛行影响市场的稳定和投资者的信心，是引起市场瘫痪的重要原因，迄今为止，世界各国无一例外建立了禁止内幕交易及反对证券欺诈的法律制度。①我国也不例外，相关立法的目的在于确保投资人有公平公正进行证券交易的机会，排除妨碍投资人依靠自身自由判断及责任而进行交易的不当行为。内幕交易就是基于相关人员对重要市场信息的不公正、不对称占有而交易获利的行为，违背了证券市场“公平、公正、公开”的基本原则。非法获取内幕信息的人员通过不公平的渠道获取了信息，利用相应的优势与不知情的其他投资者交易，他们不存在任何商业风险，而其他投资者仅仅成为他们获取利益的手段，注定毫无胜算。② 同时，隐瞒或独占重要信息的恶意获利行为也严重违背了诚实信用原则，是对意思自由的严重侵害。所以，对“非法获取”应从更加宽泛的角度加以解释，其内涵实质上是指“不该获得而获得”。③

由上可知，我国刑法对内幕交易罪的主体的规定比较原则笼统，通过列举的方式无法穷尽司法实践中各种各类内幕信息知情人，相应兜底条款实际可操作性不强。正因如此，理论上对何谓内幕交易的知情人员或者非法获取证券交易内幕信息的人员的理解存在分歧，司法实践对特定情形下的主体资格的认定也存在不同看法。这无疑造就对内幕交易犯罪惩治的困惑与不力，也是导致内幕交易行为频发的原因之一。

（二）最新司法解释对本罪主体的拓展及存在的问题

2012年5月22日，两高发布了《关于办理内幕交易、泄露内幕信息刑事案件具体应用法律若干问题的解释》（以下简称《解释》），具体细化了内幕信息知情人员和非法获取内幕信息人员的范围，对于指导司法机关办理证券期货犯罪案件具有重大意义。但是，该《解释》的条文仍然比较

---

① 于莹：《内幕交易法律制度研究》，《国家检察官学院学报》2000年第1期。

② 叶萍：《证券内幕交易的民事责任制度研究》，硕士学位论文，南昌大学，2005。

③ 刘宪权：《论内幕交易犯罪最新司法解释及法律适用》，《法学家》2012年第5期。

原则，对司法实践中部分操作难点并未设置明确的司法判断规则，依然存在一些问题。

1. 内幕信息知情人员认定问题

《解释》第1条规定，下列人员应当认定为《刑法》第180条第1款规定的“证券、期货交易内幕信息的知情人员”：（1）《证券法》第74条规定的人员；（2）《期货交易管理条例》第85条第12项规定的人员。《解释》罗列了内幕信息知情人员司法判断依据的法律、法规条文，具有一定的指引意义。但是，在理论和实务界对《刑法》第180条中“知情人员的范围依照法律、行政法规的规定确定”以及证券法、《期货交易管理条例》的规定本身并没有疑问的前提下，该条规定的形式意义无疑大于实质意义。

笔者认为，司法解释应该进一步准确梳理证券法和《期货交易管理条例》各自的优点和缺点，从内幕交易主体的实质特征入手优化内幕信息知情人的司法认定规则。就证券法而言，应当将证券内幕信息知情人员的实质特征明确为基于职务岗位和工作任务获取内幕信息的人，[①] 将《证券法》第74条第7项兜底条款“国务院证券管理机构规定的其他人员”修改为“依据所担任职务可获取内幕信息的其他人员”。这样，第7项规定的行为主体与前6项规定的主体类型特征就具备了同质性，可以将《证券法》第74条前6项没有明示性规定，但在实践中却能够充分接触、管理内幕信息的人员和基于其与上市公司形成持股关系、实际控制关系等能够获悉内幕信息的人员准确纳入本罪主体范畴。正如案例一中的杜某某、案例三中的高某。

总而言之，凡是基于职务岗位和工作任务获取内幕信息的人，不管是基于履行正常的职务岗位和工作任务而直接获取了信息，还是基于履行正常的职务岗位和工作任务的便利或需要而间接获取了信息，都应当认定为内幕交易罪的犯罪主体。例如，在工作场合无意中看到保密的内幕信息的；或者在与同事交流工作时偶然得到内幕信息并利用该内幕信息进行内幕交易的，均应当构成内幕交易罪。

2. 非法获取内幕信息人员的认定问题

《解释》第2条对非法获取内幕信息的人做了较为宽泛的解释，拓展

① 刘宪权：《论内幕交易犯罪最新司法解释及法律适用》，《法学家》2012年第5期。

了本罪的主体范围。其中第 1 项规定的“利用窃取、骗取、套取、窃听、利诱、刺探或者私下交易等手段获得内幕信息的”，在理论和实践中都不存在理解上的分歧。第 3 项规定的“在内幕信息敏感期内，与内幕信息知情人员联络、接触，从事或者明示、暗示他人从事，或者泄露内幕信息导致他人从事与该内幕信息有关的证券、期货交易，相关交易行为明显异常，且无正当理由或者正当信息来源的”，属于在原有基础上进行的突破性规定。实践中，的确存在内幕信息知情人员基于故意、口风不严、炫耀本领、意图使信息受领者利用相关信息牟利等各种情况，相关的联络和接触可能是面谈、电话、短信、微信沟通，也可能是邮件联系，等等。有的开门见山直接说出内幕信息，有的片言支语传递敏感信息，有的在谈论其他事项时掺杂内幕信息。[①] 但是，无论使用何种方法手段，行为人在内幕信息敏感期内，从事明显异常的交易行为，比如准确地掌握价格敏感期时间节点、突然大量购买甚至将所有资金用于购买从未关注过的股票，通过借款、高利贷等方式疯狂注入资金等等，足以推定其对相关内幕信息传递人的身份是明知的，对相关信息的价值是清楚的，对信息必将带来的丰厚利润是存在期盼的。这类人员获得内幕信息的手段从形式上看不是刑法意义上的“非法”，但是相对以正常途径接触掌握内幕信息的人员及内幕信息本身具有的秘密性、知情范围有限控制的特点而言，本质上并无不同，因而认定其在实质上“非法”获取了内幕信息并无不可。

关键问题是《解释》第 2 条第 2 项的规定：“内幕信息知情人员的近亲属或者其他与内幕交易知情人员关系密切的人员，在内幕信息敏感期内，从事或者明示、暗示他人从事，或者泄露内幕信息导致他人从事与该内幕信息有关的证券、期货交易，相关交易行为明显异常，且无正当理由或者正当信息来源的。”司法实践中，“近亲属”和“关系密切的人员”比较难以把握。《刑法》第 388 条之一（利用影响力受贿）虽有类似的规定出现，但也没有进行明确界定。

（1）关于近亲属的范围问题

三大诉讼法中虽有规定，但界定不一致。如果仅仅从诉讼法的界定上论证本罪中所指的近亲属，似乎行不通。因为，诉讼法视野下的“近亲属”定义是为了解决诉讼程序性问题。三大诉讼法基于不同的程序性要

---

① 刘宪权：《论内幕交易犯罪最新司法解释及法律适用》，《法学家》2012 年第 5 期。

求，近亲属范围的界定不尽相同。刑事诉讼法对程序要求严苛，设定了相对狭窄的范围，民事诉讼法和行政诉讼法处于方便诉讼的实用性考虑，界定的比较宽泛。但是，本罪中的“近亲属”是刑事犯罪的主体要素，其范围界定只能也必须受到实体法属性的制约，所以从诉讼法角度推断本罪中近亲属的范围必定发生根本的方向性错误。

笔者认为，《解释》中将一定条件下的“近亲属”认定为内幕交易罪的犯罪主体，一是因为血缘关系、共同生活等原因，走的很近、纽带紧密，实践中足以影响内幕信息知情人员对内幕信息的保密程度。二是因为存在共同的利益关系，一旦内幕信息产生财产利益，大家能够共享。从这一点出发，在本罪中探索近亲属的范围主要应当从是否具有共同的财产利益入手，将双方的财产关系作为限制标准进行划分。[①] 这样一来，从民事法律规定的角度去考虑这个问题比较恰当，既有实体法的依据，又与内幕交易从资本市场非法获利的行为相契合。

（2）关于其他与内幕信息知情人关系密切的人员的范围

首先必须澄清的是，犯本罪的证明逻辑应当是，先证明行为人与内幕信息知情人关系密切，其次证明行为人利用内幕信息从事证券交易非法获利且该信息来自内幕信息知情人。司法实践中，有人试图先由行为人利用内幕信息从事证券交易推定出行为人与某位内幕信息知情人关系密切的结论，再推导出双方之间就内幕信息有过沟通联系，这样的证明方式是站不住脚的。所以何谓“关系密切”是首先需要解决的问题。其次，证明“关系密切”没有固定模式。今天关系密切，明天可能反目成仇；昨天恨之入骨，今天可能为了共同的利益狼狈为奸。亲属间即使共住一个屋檐下有可能老死不相往来，相隔千山万水却可能心心相依；同一个办公室的同事，天天面对面，从事相同工作，受共同上级领导，可谓“关系密切”，但是没有经济往来，没有共同财产，下班各自生活。所以从时间、空间等角度均无法给出“关系密切”的标准界定方式，可靠的切入点应该是利益关联度及共享内幕信息的可能性。如果双方的人际关系超越普通层面，达到紧密联系、黏合、影响的程度，虽然不是近亲属，但有共同生活、共同合作投资、共享财产、情感依恋等情况，可以认定为“关系密切”。

可以说，《解释》在刑法原则性框架之下，对本罪的犯罪主体作出了

---

① 刘宪权：《论内幕交易犯罪最新司法解释及法律适用》，《法学家》2012 年第 5 期。

进一步明确，阐明了基于特殊工作关系和人际关系获取内幕信息也属于“非法获取内幕信息”的情形，对本罪主体的认定具有更强的操作性。但是，《解释》依然存在遗憾，与证券交易更加发达、市场更加成熟的一些国家相比，本罪的主体的范围依然略显狭隘。

（三）关于本罪主体范畴的理论争议

长期以来，我国学界对内幕交易罪的主体争论，主要有以下三种观点。[①] 第一种观点认为，本罪的主体必须是特殊主体，并非任何自然人和单位都可以构成，必须具备法定条件。第二种观点认为，本罪主体是一般主体，因为现实中有不少非内幕信息知情人通过某种渠道获得内幕信息。凡是知悉内幕信息的人，不论是否知情人，也不论合法还是非法知悉了内幕信息，在相关信息被公开前，均应当被禁止从事相关交易。第三种观点认为，本罪的主体既包括特殊主体，也包括一般主体，内幕信息知情人就是特殊主体，非法获取内幕信息的人就是一般主体。

上述观点中，第三种观点存在比较明显的问题。特殊主体是在一般主体的基础上又具备了特定的身份特征，所以所有的特殊主体都必然包含一般主体的普通特性。从这一点来看，既有一般主体又有特殊主体其实也就是一般主体的观点，而且这种提法又违背了同一罪名犯罪行为的犯罪构成统一性，[②] 这种观点显然不能成立。至于第一种观点，既然认为本罪主体是特殊主体，那么“特殊”在哪里呢？从刑法和《解释》对内幕信息知情人和非法获取内幕信息的人的规定上来看，事实上任何人都可能做到这一点而成为本罪的主体，这不就是一般主体么？或许，持这种观点的人会认为，之所以说是特殊主体是因为他们与一般人相比特殊在“事先掌握了内幕信息”，一旦掌握了内幕信息，就具备了特殊的身份，所以本罪是特殊主体。但是具备“事先掌握内幕信息”这一行为特征是否可以成为我国刑法规定的特殊主体呢？根据我国刑法规定，由特殊主体构成的罪名大致分为以下几类。一是有特定职务，比如国家工作人员、军人等。二是参与特定法律活动，比如伪证罪中的证人、记录人、翻译人等。三是有特定职业，比如生产、销售枪支的企业。四是有特定人身关系，比如虐待罪。五

---

① 闫殿军：《内幕交易、泄露内幕信息罪主体研究》，《商丘师范学院学报》2000 年第 3 期。

② 马松建：《内幕交易、泄露内幕信息罪主体比较研究》，《云南大学学报法学版》2004 年第 2 期。

是受到行为限制的人，比如组织越狱罪中被逮捕关押的犯罪分子。[①] 可以看出，我国刑法对特殊主体的制定规则或依据均是基于行为人自身具备的身份，要么是事实特征，要么是法律特征，没有基于通过行为反映出来的特征而认定为特殊主体的，[②] 更不涉及行为人的主观目的和动机。如果我国刑事法律规定的本罪主体只有“内幕信息知情人”，那么因为具备相应特定的职务，可以认为本罪要求特殊主体。但是实际上本罪的主体还包括种种“非法获取内幕信息的人”，这类人可能具有相应的特定职业，但有的完全不具备，同时又不能因为事先知悉了内幕信息就将其归入特殊主体一类。因此，本罪的主体并非特殊主体，只能是一般主体。

（四）本罪的主体范畴及立法建议

1. 本罪主体尽量泛化是发展趋势

众所周知，美国作为世界头号经济强国，其证券市场也是全世界最为发达的。相应地，与证券交易有关的制度和理论经过长期的演变发展，已经相当成熟，居世界领先地位。因此，以美国内幕交易归责理论的发展过程为基础，通过比较借鉴以界定我国刑法中内幕交易罪的主体范畴，不失为解决问题的科学、合理途径。

美国最高法院在审理查理莱案件时产生了“受托义务理论”。案情是一名印刷工人在工作中看到了金融报刊上的内幕信息，并利用该信息进行了交易。美国最高法院认为印刷工人与目标公司间没有法律关系，事先不存在信托或信任关系，不存在相关义务。也就是说，行为人必须与发行公司间存在一种可产生内幕信息来源的法律关系，这也是行为人负有相关义务的法律依据。可见，受托义务理论对主体的限制严格，导致的结果是公司内幕人员不能进行内幕交易，但市场内幕人员却可以堂而皇之地利用内幕信息。其实，就该案而言，印刷工人虽然没有被其雇佣合同明文禁止利用在工作中获得的内幕信息进行交易，但事实上其利用并交易的行为与公司内幕人员利用内幕信息进行交易两者之间不存在任何实质性区别。这种理论适用范围非常狭隘，而且不符合公平原则，所以当时在美国引起了极大的争议。

① 闫殿军：《内幕交易、泄露内幕信息罪主体研究》，《商丘师范学院学报》2000 年第 3 期。

② 马松建：《内幕交易、泄露内幕信息罪主体比较研究》，《云南大学学报法学版》2004 年第 2 期。

在这之后是“信用责任理论”，该理论适用于公司内部人。依据是公司内部人与公司间存在信用关系，公司内部人如果利用内幕信息进行交易或者把内幕信息泄露给他人谋利，则违反了这种信用关系。显然这里的信用关系比“受托义务理论”中要求存在“法律关系”范围宽泛了许多，使更多的人被追究内幕交易、泄露内幕信息的责任。然而，如果公司内部人将内幕信息泄露给自己的朋友、亲戚等其他人呢？这些人和公司之间是不存在任何信用关系的，不追究这些人的责任显然是不公平、不合理的。

为此，“私用内部消息”理论应运而生。如果是一位清洁工而不是印刷工，在工作的律师事务所垃圾桶内发现了该所为一家上市公司准备的一项大型投资计划合同，这名工人利用该信息进行了交易。按照之前的归责理论，清洁工与上市公司不存在法律关系，因其从事清洁工作，故与上市公司间也不负有信用关系，律师事务所也没有故意将内幕信息泄露给他，是无法追究其刑事责任的。但根据“私用内部消息”理论，任何人因为“正当理由”而取得内部信息，如果为了个人的利益而利用这些信息进行交易，就违反了取得这些信息时所负有的禁止私自利用该信息谋利的义务。很显然，该理论虽然有“正当理由”的限制，但是比较“信用责任理论”，主体的范围又宽泛了许多。

20 世纪 70 年代，美国发生大量企业合并和接管，很多人利用掌握的有关公司合并的信息从事证券交易谋利。80 年代，“盗用理论”或称“非法挪用理论”由此产生，其核心规则是任何知悉有关公司合并信息者，在消息尚未公开前均不得依据所知悉的消息从事被吞并公司的证券交易，至于获悉消息者是什么身份、什么理由均在所不论。任何人违背对信息来源承担的义务，盗用该机密信息公示证券交易，则构成证券欺诈。

综上所述，美国立法和司法对内幕信息交易罪归责主体具有宽泛化的趋势。① 事实上，从其他证券市场发达的国家和地区制定的相关规则来看，内幕交易的归责主体亦存在宽泛化趋势。例如，日本《证券交易法》规定的内幕交易主体包括公司内部人员和公司有关系的准内部人员以及公司以外接受第一手情报的人员。香港特别行政区证券交易理论关于本罪主体是这样描述的：“出于牟利或避免损失的目的，有意利用机密的价格敏感信息，买卖与此消息有关的证券，或者将价格敏感消息披露给可能出于同样

① 闫殿军：《内幕交易、泄露内幕信息罪主体研究》，《商丘师范学院学报》2000 年第 3 期。

目的而使用该消息的另一人。”随着社会的不断进步与市场的快速发展，新兴的资本运作形式层出不穷，人与人之间的关系也日趋多元化、复杂化，信息传递的手段日新月异，变得更具私密性、便捷性。在这样的背景下，许多国家和地区对内幕交易的主体采取宽泛化的认定标准，是值得理解的。这样，无论是内幕信息知情人即合法接触内幕信息的人，还是采用盗窃等非法手段获取内幕信息的人，抑或是无意间偶然获取即采用既不非法也不合法的手段得到内幕信息的人，均可以成为内幕交易行为的主体。

2. 立法建议

通过比较不难看出，我国法律确定的内幕交易的主体范围是相对狭窄的，虽然通过司法解释的方式予以了拓展，但是无法超越现有法律框架对法律条文做修改式的解释，没有从根本上解决非法获取内幕信息的人中“非法”二字带来的困惑。事实上，世界上其他任何国家和地区都没有采用“非法”二字来限定行为人获取内幕信息的手段，因为无论任何人，是合法知悉内幕信息的人员，还是非法获取内幕信息的人员，抑或是既不合法也不违法而获取内幕信息的人员，只要其利用了所获得的相关信息进行交易或者泄露，其对证券市场管理秩序和其他投资者合法权益损害的本质是相同的。从这一点来看，对本罪的主体不应加以特别限制。笔者认为，应当放弃内幕交易罪主体以内幕人员身份和获取内幕信息的途径分类的二元标准，代之以“是否知悉内幕信息”的一元分类标准。[①] 与此相对应，应当将“非法”这一限定词删去，将刑法中的相关规定更改为“知悉内幕信息的人”。同时，对内幕信息知情人、公司内部人员和市场人员三类人员的刑事责任，可以进行适当区分，对参与内幕信息谈判等工作的人和公司内部以工作便利知悉内幕信息的人利用内幕信息进行交易的，可以作为从重处罚情节。

三　内幕信息的认定

利润与风险基本等值是证券市场吸引、诱惑投资者的魅力所在，机遇与风险是并存的。任何人只要遵守证券市场独特的游戏规则，站在与其他交易者同一起跑线上，法律均容许其从事证券交易。特别是对公司内幕人

① 吴舟：《论“两高”最新内幕交易、泄露内幕信息罪司法解释的缺陷及完善》，《常州工学院学报（社科版）》2012 年第 6 期。

员而言，如果无论其掌握何种公司信息进行证券交易均被认为是内幕交易的话，无异于剥夺了这部分人从事证券交易的资格，显失公平。事实上，内幕人员虽然在工作中掌握了大量的与职务有关的公司信息，但只要其没有利用法定的“内幕信息”从事交易，交易行为就应当和其他投资者一样受到鼓励和保护。所以，首先必须搞清楚何谓内幕信息以及内幕信息与其他信息的区别，这是判断是否属于内幕交易的核心和逻辑起点，是认定是否构成内幕交易罪的关键。

（一）证券法对内幕信息的定义不够准确

我国《刑法》第 180 条规定内幕信息的范围，依照法律、行政法规的规定确定。《证券法》第 75 条对内幕信息有明确的规定：“证券交易活动中，涉及公司的经营、财务或者对该公司证券的市场价格有重大影响的尚未公开的信息，为内幕信息。”从字面理解不难得出，内幕信息主要包括两类：一是证券交易活动中涉及公司经营、财务的尚未公开的信息；二是证券交易活动中对该公司证券的市场价格有重大影响的尚未公开的信息。

然而，这样的规定显然是存在缺陷的。从国外相关经验来看，上述规定确实不尽合理。例如，美国判例法认为，内幕信息系“重大的未公开信息”，英国则定义为“未公开的股价敏感信息”，等等。不难看出，尽管各国定义中使用的措辞不同，但是认定的标准或者核心不外乎两个：一是信息尚未公开；二是相关信息对证券价格有重大影响。[①] 但是，我国证券法在对内幕交易的定义中，却使用了“或者”一词，竟然把“证券交易活动中涉及公司经营、财务的尚未公开的信息”也认定为内幕信息，其范围之广实在让人摸不着头脑。这意味着，只要了解公司的经营状况、财务状况等，均不能从事该公司证券交易，从而完全剥夺了公司内部甚至市场上很多人的公平交易权，也偏离了内幕信息的核心特征。笔者认为，应当将其中的“或者”删除，改用“并且”，如此内幕信息的定义就变更为“证券交易活动中，涉及公司的经营、财务并且对该公司证券的市场价格有重大影响的尚未公开的信息”，只有这样定义才能准确揭示内幕交易的本质特征。

---

① 张秀全、黄新：《我国证券市场内幕交易的法律透视》，《河南省政法管理干部学院学报》2002 年第 5 期。

（二）认定内幕信息应注意的问题

1. 内部信息的秘密性

内幕信息“尚未公开”体现的是其秘密性特征。信息尚未公开通常指该信息处在有限范围内被知悉的状态。我国现行的法律规定虽然没有对这里的“有限范围”作出明确，但是笔者认为可以从以下三个方面去考量。一是知情范围很小。知情范围越小，保密性就越强；知情范围越大，泄密的可能性就越大。范围大小、人数多少我国法律虽然没有规定，但是一般情况下，该知情范围仅限于直接从事该内幕信息决策、联络、谈判、起草文件等工作的人，无关人等包括上述人员的近亲属、关系密切的人，均不在其范围之内。二是该范围内的个体在法律规定的框架内。《证券法》第74条规定的内幕信息知情人员，其实就是对一般情况下该群体的列举，主要指根据职务必然知悉内幕信息的人。这些人必须履行保密义务且不得从事相关交易是不需要提供其他证据予以证明的。三是其他个体一旦进入这个范围就必须同样履行保密义务。实践中，存在本不该知道内幕信息的人以各种手段知悉了内幕信息，但是无论其手段非法还是合法，知悉内幕信息后都必须履行保密义务且不得从事交易，如果有证据证明其知悉内幕信息后泄密或交易，是应当追究责任的。《解释》第2条中规定了内幕信息知情人的近亲属、关系密切的人和与内幕信息知情人联络、接触的人，其本质并不在于亲属关系、人际关系或者与内幕信息知情人联络、接触行为本身，而在于规制通过亲属关系、人际关系和联络接触获得内幕信息的人必须遵守与内幕信息知情人同样法律义务的行为。

尴尬的是，案例三中的高某既不是内幕信息知情人员，又未采用《解释》中规定的典型违法手段获取信息，也不是内幕信息知情人员的近亲属，不能因为可以自由出入内幕信息知情人的办公室就认定其双方关系密切，更没有证据表明其为了获取内幕信息，在敏感期内与内幕信息知情人联络、接触。从目前法律规定尚未修改的前提下，高某尚不在我国刑事法律规定的内幕交易罪主体范围之内。其原因就是《解释》虽然通过第2条第2项、第3项的规定拓展了应当保密人员的范围，但是以列举的方式无法穷尽所有的行为事实。从目前的法律规定来看，要认定高某承担保密义务并不得从事交易，确实于法无据。

2. 内幕信息的重要性

内幕信息的重要性特征体现在“相关信息对证券价格有重大影响”。

《证券法》第 67 条、第 75 条分别通过列举的方式规定了 12 种“重大事件”和 8 种内幕信息，这些信息就是对证券价格有重大影响的信息。很显然，这里的“重大影响”既是事实问题又是法律问题。然而，由于证券价格产生重大影响是受多方因素共同作用的结果，证券法列举的这些内幕信息显然只要求具备可能性，而非必然性。如果要求产生重大影响的结果是客观实际的，那么证券法毫无必要通过列举的方式规定什么情况属于公司的重大事件，只要一句话，“对证券价格造成重大影响的信息”即可阐明这个概念，因为实质上已经造成了证券价格的重大影响的必然是“重大事件”。第二个问题是，证券法通过列举的方式规定了 20 种重大信息，具体明确、操作性强，便于理解和执行。但是，从另一个角度来看，重大信息的具体情形是无法穷尽的，有的时候规定得越具体，个案的适用性反而越差。列举的 20 种情形中，有公司的董事、三分之一以上监事或者经理发生变动，持有公司百分之五以上股份的股东或者实际控制人发生变动，公司营业用主要资产的抵押、出售或者报废一次超过该资产的百分之三十等量化的规定；也有公司减资、合并、分立、解散及申请破产的决定；还有公司涉嫌犯罪被司法机关立案调查等明确的规定。但是，仍然在不少的条文中使用了“重大、重要”等较为宽泛的形容词，给司法认定带来了不少困难。比如，司法机关如何证明某一合同对公司而言是重要合同，难道公司经常会订立一些不重要的合同么？如何分析公司生产经营的外部条件发生了重大变化，“外部条件”内涵和外延是什么？针对此类问题，另一种证明的逻辑被很多国家接受并采用，那就是，如果行为人在知悉尚未公布的信息之后进行大量的、违背交易习惯的证券交易，就足以证明行为人主观上对该信息的重要性有正确理解，客观上该信息的重要性指引行为人作出了交易决策。如果行为人因其他理由而交易，应负举证责任。

3. 真实性问题

虽然真实性不是法律规定的内幕信息的主要特征，但是真实性是内幕信息的本源性问题，法律虽然不需要特别注明，但是如果行为人获知了完全虚假的信息而信以为真并进行交易，虽然有可能获得收益，但是从根本上来说，行为人却是假信息的受害者，面临亏损的风险是非常高的，其行为不具有刑事可罚性。司法实践中，行为人常常以事前知悉的内幕信息不真实、不完整等理由抗辩内幕信息的司法认定。比如，案例二肖某某内幕交易案中，因获取让壳重组信息而购买让壳公司股票，后借壳公司发生改变，是否影响内幕信息的认定？从本案两种不同的观点来看，主要争议在于对内幕信息“真实性”的理解上。

笔者认为，内幕信息的确以真实性为构成特征，但是内幕信息的核心是只要向社会公开就可能对证券交易市场价格或交易产生重大影响，所以真实性不能成为内幕信息的认定要件。司法实践中，在真实性的认定上应当坚持二元标准。[①] 一方面，国务院证券管理机构指定的报刊、网站等媒体公开的信息未必都是真实的。深交所、沪交所上市规则中均有类似规定：“本所根据有关法律、法规、规章对上市公司公开披露的信息进行形式审核，对其内容的真实性不承担责任。”可以看出，实践中内幕信息内容上出现误差的情况完全有可能存在。这种情况下，只需考查信息的“相对真实性”即可。因为，一般人对指定报刊、网站等媒体发布的信息是充分信赖的，哪怕信息与真实情况有误差，往往也对证券市场的交易价格和成交量产生重大影响。另一方面，正如案例二中的情况，因谈判失败或其他原因，最终公开的信息与行为人之前掌握的信息发生变化的情况也很常见。这种情况下，应当以“客观真实性”为认定标准，只要信息内容真实发生过，就认定该信息是真实的。肖某某通过职务行为获悉中石化启动下属公司让壳计划，无论最终是光大证券借壳成功还是国元证券借壳成功，均不影响内幕信息的真实性。光大证券曾参与谈判是事实，北京化二公司计划让壳更是事实，这些信息均可能对北京化二公司的股价和交易量产生重大影响，这是客观存在的事实。肖某某利用这些信息对北京化二股票进行交易并获得巨额利润，与最终国元证券借壳成功并无必然联系，可以说国元证券向北京化二公司借壳成功属于另一内幕信息，不影响肖某某前期获得的信息是内幕信息的认定。当然，如果有人利用国元证券拟借壳北京化二公司的信息进行相关股票交易，一样具有可罚性。

又如，案例一中杜某某辩解称自己根据知悉的不完整信息，通过自身专业能力推导出完整内幕信息内容后进行相关股票交易，那么类似不完整的信息到底算不算内幕信息？杜某某从十四所领导处得知十四所拟收购、重组南京地区一家股份制企业借壳上市，基于内幕信息的保密性要求，相关人员不能明确告知是哪家企业，但是为了工作需要又不得不透露了“南京地区公司、总股本为8000余万股左右、股权结构好及第一大（国有）

① 刘晓虎、王晓东：《第756号指导案例》，《刑事审判参考》2012年第2集。

股东占总股本30%左右、地方政府支持”等四项条件，杜某某随即上网查询，足以说明其对上述信息可能造成的重大影响是明知和理解的。事实上，有证据证明，这四项条件，案发时在南京地区的只有高淳陶瓷一家公司符合，查询结果具有唯一性。笔者认为，我国法律并未规定行为人知悉的内幕信息必须是完整、没有缺憾和瑕疵的，从立法原意上看，只要求该信息具有秘密性同时足以使一般人理解其可能对证券市场产生重大影响的重要性即可。所以对于利用专业知识判断出重组对象的人员是否认定为内幕信息的知情人员，关键要看该类人员在利用专业知识判断时有没有依据因职务行为获取的信息，而不需要考量信息本身的完整性。

（三）本罪的司法推定规则

有观点认为，从我国刑法对本罪的规定的条文来看，只要求证券交易行为必须发生在内幕信息公开之前，而交易行为是否“利用了内幕信息”并没有作为犯罪的构成要件，所以只要是知情人或者非法获取的人在规定时间内从事交易即具有可罚性，至于有没有利用内幕信息在所不论。持此观点的人认为，之所以这样规定是因为司法实践中证明行为人是否利用了内幕信息有相当的困难，立法试图避免这种尴尬，彻底堵住犯本罪的人常常提出的并未实际利用所知悉内幕信息从事交易的种种借口。显而易见，如果行为人知悉甲、乙收购重组的信息，却只进行了丙、丁公司股票的交易，当然是不构成犯罪的。所以，利用内幕信息与交易行为之间必然要求具有关联性。实践中，确实有本罪的被告人提供大量技术分析材料或者多年来跟踪研究的结论，主张其虽然知悉内幕信息，但从事相关股票交易并非由此而起；也存在被告人曾经关注或少量购买过涉案股票的情形。在这些情况下，能够推翻行为人进行交易并非基于自己分析研究结论的直接证据几乎找不到。然而，被告人一旦知悉了内幕信息，其与一般的市场投资者相比已经不在同一起跑线了，无论有没有技术分析，还是知悉了内幕信息再通过技术分析加以论证巩固，抑或是先通过技术分析估算大概趋势再通过知悉的内幕信息予以确认，内幕信息在促使被告人进行相关交易方面都起到了决定性的作用。司法实践中，面对这样的情况或者辩解意见，要求司法机关必须提供直接的客观证据予以证明，无异于放纵犯罪。正如在前述内幕信息重要性问题时谈到的另一种证明的逻辑被很多国家接受并采用一样，《解释》第3条通过细化明显异常交易行为的各项指标，明确了本罪的司法推定规则。

《解释》第3条主要对该解释第2条第2项、第3项中涉及内幕信息知情人员的近亲属、关系密切的人、在内幕信息敏感期内与内幕信息知情人员联络、接触的人等三类人“相关交易明显异常”的情形，以列举的方式予以了规定，并明确了从时间吻合程度、交易背离程度和利益关联程度等方面予以认定的总体原则。从时间吻合程度考量，主要指开户、销户、激活账户、资金变化、买入、卖出等行为的时间与内幕信息形成、变化、公开或者获悉内幕信息的时间基本一致；从交易背离程度考量，主要指买卖行为与平时交易习惯不同或者与公开信息反映的基本面明显背离；利益关联程度的考量，主要指资金进出与内幕信息的知情人或者非法获取内幕信息的人有关联或利害关系。另外还有一项兜底条款即“其他交易行为明显异常情形”。现阶段也存在反对内幕交易罪刑事推定的观点，认为这样无端降低了司法机关的证明责任，甚至有人认为背离了无罪推定原则。笔者认为，时间吻合度高，可以证明交易行为具有准确性，行为人对内幕信息的把控超出常态，交易背离程度大，可以证明交易行为具有确定性，行为人明知内幕信息的重要性，确信交易行为可能带来巨额利润，利益关联度强，可以证明交易行为的驱动性，内幕信息的传递正是基于特殊的人际关系。综合考量这些基本事实，在缺乏明显否定性解释或者经验认可的范围内，足以推导出交易行为与内幕信息间具有关联性的结论。

四　内幕信息敏感期的界定

内幕信息的重要性具有时限性，若尚未形成或已经公开都不影响市场公平原则，只有在特定时间内从事相关交易才可能对证券价格或成交量产生重大影响，这个特定时间段被称作“内幕信息敏感期”。《刑法》第180条规定把内幕交易的时间限定在内幕信息公开之前。显然，该时间不可能无限向前延伸。《解释》进一步明确：内幕信息敏感期指“内幕信息自形成至公开的期间”。

1. 认定内幕信息形成时应注意的问题

《解释》第5条第2款规定：《证券法》第67条第2款所列“重大事件”的发生时间，第75条规定的“计划”“方案”以及《期货管理条例》第85条第11项规定的“政策”“决定”等的形成时间，应当认定为内幕信息的形成之时。第5条第3款规定：影响内幕信息形成的动议、筹划、决策或者执行人员，其动议、筹划、决策或者执行初始时间，应当认定为内幕信息的形成之时。其中，第 2 款比较容易理解和把握，无论重大事件的发生还是计划、方案、政策、决议等的形成，一般情况都有相应的纪要、协议、合同等文件明确记载，可以认定这些文件签订、签署的时间即为相关信息形成之时。理解和把握的难点在于第 3 款之规定。

有人觉得，第 2 款明确将计划、方案、政策、决议等的形成时间规定为内幕信息形成之时，第 3 款却又将影响这些计划、方案、政策、决议形成的动议、筹划、决策的初始时间规定为内幕信息形成之时，究竟是为什么呢？其中存在 4 点疑惑。首先，这是截然不同的两个标准，一项法律规定不可能出现两个完全不同的认定标准。其次，任何计划、方案、政策、决议都有相应的动议、筹划、决策过程，而且可以说这些动议、筹划和决策几乎都影响内幕信息的形成，除非谈判破裂作鸟兽散，那么自然也就不存在后续内幕信息形成的问题了。再次，实践中，司法机关具备举证动议、筹划、决策影响内幕信息的形成的能力么？公司合并、重组等活动是极其复杂的系统工程，动议、筹划、决策等项关系结果、牵动全局，可有可无的动议、筹划和决策本身就不可能存在于合作双方视野之内。最后，动议、筹划、决策的法律概念是什么？双方董事长一拍即合算不算动议？先期摸底了解情况算不算筹划？

在笔者看来：第一，《解释》第 5 条第 3 款规定针对性很强，很有必要。可以想象，仅凭《解释》第 5 条第 2 款规定是难以完全规避全程参与公司合并重组等运作的内部人员从事内幕交易的。因为，这类人在谋划、动议的一开始就知悉将来公司资本运作的走向，往往不等计划、方案、政策、决定等定型就可以大胆的从事相关交易，这样一来《解释》第 5 条第 2 款规定对他们而言就如一纸空文，毫无约束力可言。因此，要求对这类人履行保密且禁止交易的义务，必须提前到《解释》第 5 条第 3 款中规定的时间。第二，内幕信息形成之时虽然在个案中千变万化，无法一一概括，但是无论计划、方案还是动议、策划形成之时，一旦某事实的发生表明相关重大事项已经进入实质操作阶段并完全具有实现的可能性，那么相关人员就必须履行法律义务，这才是最基本的原则。所以，万变不离其宗，无论公司合并重组进展如何复杂，考查某事实的发生是否表明相关重大事项已经进入实质操作阶段并完全具有实现的可能性是认定的关键核心。

事实上，证券内幕交易犯罪侦查活动的及时性要求并不是非常严格，各类活动、交易的内容和时间会有大量文件、电脑数据库等载体的固定，证据一般不会转瞬即逝，所以考查某一动议、筹划、决策是否表明相关重大事项已经进入实质操作阶段完全具有实现的可能性。具体地说，可以从以下几方面综合分析。一是从参与动议商谈的公司领导级别、人员构成上分析。参与动议商谈的领导级别越高、《证券法》第74条中规定的内幕信息知情人员参与的越多，说明该动议事关重大、实现可能性也就越大。二是从工作筹划进展情况上分析。筹划方案越具体，细则越明朗，说明精力、财力、人力、物力投入越大，该事项绝非可有可无，其实现的可能性也就越大。三是从决策过程上分析。是否有相关备忘录、正式或非正式文件、影音资料等的记载，记载越详细越具体，说明工作方向性越明确，实现的可能性就越大。四是从这些动议、筹划、决策的内容与最终形成的计划、方案、政策、决议比对上分析。一致性越强，说明动议、筹划、决策的主导性越强，就当时而言实现可能性就越大。

2. 实质公开与形式公开的争论及最易采用的标准

根据《解释》规定，内幕信息的公开是指“内幕信息在国务院证券、期货监督管理机构指定的报刊、网站等媒体披露”。很显然，这是法定的内幕信息公开方式，或者说是形式上的公开。关于内幕信息公开之时，还有一种理论观点认为应当坚持“实质公开”标准，提出内幕信息有可能在证监会指定的报刊、网站等媒体发布之前就已经公开或者发布之后一段时间才算公开，所以只要内幕信息被一般投资者广泛知悉和信任，就应当认定为内幕信息公开。最典型的案例是杭萧钢构案。公司董事长在公司年度表彰大会上提到了该公司正在启动国外某大项目等信息，三天后才发布相关公告。控辩双方从形式公开和实质公开两种不同的认定标准出发，争议的焦点就是信息公开之时相差的这三天。司法机关最终认定发布公告时间才是内幕信息公开之时，公司董事长的讲话相比公告而言具有相当的模糊性，其针对的对象也仅限于单位职工，即使单位员工通过其他途径进一步传播扩散，类似模糊的信息在三天内很难达到“被一般投资者广泛知悉和信任”的程度。

笔者认为，内幕信息“实质公开论”确实缺乏现实意义。一是我国证券交易过程中，内幕信息一经法定形式披露，相关证券在交易所必须停牌一段时间，给市场足够的时间消化该内幕信息。在此时间段内，任何人是无法从事相关交易的，同时每一个投资者也都具有足够的时间消化吸收该内幕信息。通过“停牌”这一制度和技术处理，“形式公开”实质上达到了“实质公开”的效果。[①] 二是内幕信息实质上是否已经公开在司法实践中很难予以证明，“被一般投资者知悉和信任”这一标准具有抽象性，在司法实践中几乎无法操作，用客观证据予以证明更是难上加难。所以把“内幕信息在国务院证券、期货监督管理机构制定的报刊、网站等媒体披露”作为信息公开的界定标准，是比较严密也更具有实践操作性的。

五　证监会出具的认定意见的法律效力问题

在认定内幕交易时，具体个案需要具体问题具体分析。司法实践中，司法机关习惯借助于证监会出具的认定函强化确信或作为证据使用。通常，侦查部门会向证监会发出“商请对某案有关事项进行认定的函”，证监会则视情况出具回函意见，对涉案人员是否属于内幕信息知情人、涉案信息是否属于“内幕信息”及价格敏感期等问题提出自己的认定意见。对于证监会出具的内幕交易有关问题的认定意见能否作为刑事诉讼证据使用的问题，历来存在肯定和否定两种不同观点。

笔者认为，认定意见能够作为刑事证据使用法律有明确的规定。现行刑诉法第 52 条明确规定：行政机关在行政执法和查办案件过程中收集的物证、书证、视听资料、电子数据等证据材料，在刑事诉讼中可以作为证据使用。2011 年最高人民法院、最高人民检察院、公安部、证监会联合印发的《关于办理证券期货违法犯罪案件工作若干问题的意见》第 4 条规定：证券监管机构可以根据司法机关办案需要，依法就案件涉及的证券期货专业问题向司法机关出具认定意见。显然，证监会如果在行政执法中收集了实物性证据，因其具有客观性、稳定性，可以直接在刑事诉讼中使用。对于依据实物证据作出的检验报告、认定结论等，如果经司法机关审查，具有客观性、真实性和合法性，也可以作为定案的依据。[②]

不过，有学者提出：如果认定意见在一定情形下可以作为证据使用，那么它属于现行《中华人民共和国刑事诉讼法》规定的何种证据类型？我国刑诉法规定的证据共有八类：物证，书证，证人证言，被害人陈述，犯罪嫌疑人、被告人供述和辩解，鉴定意见，勘验、检查、辨认、侦查实验

① 王涛：《内幕信息敏感期的司法认定》，《中国刑事法杂志》2012 年第 11 期。

② 刘晓虎、王晓东：《第 756 号指导案例》，《刑事审判参考》2012 年第 2 集。

等笔录，视听资料、电子证据。从形式上来看，证监会的认定意见只可能与“书证”或“鉴定意见”有些相似。但是书证是指能够根据其表达的思想和记载的内容查明案件真实情况的物品，大致包括：用文字记载的内容来证明案件情况的，以符号表达的思想来证明案情的，以及用数字、图画、印章或其他表露的内容或意图证明案情的。证监会出具的认定意见，不是事件发生时遗留在文书上的痕迹，而是以文字表述的方式，对事物的本质特性直接给出明确定性、确定责任，已经不存在“证明案情”的问题，所以不属于“书证”一类。如果认为认定意见是“鉴定意见”也是不妥的，因为国务院证券监督管理机构不具有鉴定资质。于是，尴尬的局面出现了：如果证监会出具的认定意见材料“可以用于证明案件事实”，那么按照刑诉法第 48 条第 1 款的规定就是“证据”，但是它又不属于该法条第 2 款规定的任何一种证据类别，这不是矛盾么？

在司法实践中，带有倾向性的观点是，证监会的鉴定意见属于“准书证”。笔者认为，这个概念本身就于法无据。刑诉法根本没有“准书证”这个证据种类，即没有对应的概念外延，那么这个概念的内涵就是错误的或者是不存在的。笔者认为，最恰当的方法是将证监会的认定意见放在“鉴定意见”范畴予以考虑，类似的情况还包括交通事故认定书、火灾事故认定书等。虽然公安机关交通管理部门和消防机构也同样不具备鉴定人资格，但是《道路交通安全法》《火灾事故调查规定》等均赋予这些部门对事故的原因、责任等作出认定的权利义务，而且这些证据也早已存在于刑事诉讼之中。需要纠正的认识误区是，不能把司法鉴定等同于鉴定意见。通过司法鉴定程序产生的结论是鉴定意见，但是刑事诉讼法从来没有规定鉴定意见只能由司法鉴定程序产生，而不能由司法鉴定之外的任何程序产生。笔者认为，司法鉴定只是产生鉴定意见的诸多程序中的一种，而不是全部，不能因为某一鉴定意见非司法鉴定程序，就认为其不属于任何一种证据类别。所以，交通事故认定书、火灾事故认定书、证监会认定意见等行政认定意见与平常所说的鉴定意见在本质上是一致的，都是对过去事件中遗留痕迹的分析。只不过，我国的证据法学研究在这个问题上相对滞后，没有在理论上对此类证据进行抽象的总结。[①]

① 薛晓蔚：《鉴定意见的一种新类型——行政认定意见》，《太原师范学院学报（社会科学版）》2013 年第 5 期。

具体问题是，证监会有权对哪些方面的问题作出认定，是否涉及内幕交易犯罪的所有犯罪构成均有权予以认定。笔者认为，在内幕信息的认定方面，《证券法》第 75 条兜底条款规定，即“国务院证券监督管理机构认定的对证券价格有显著影响的其他重要信息”，明确赋予证监会对内幕信息的认定权。基于内幕信息具体情况的复杂性、专业性，如果涉案信息不属于《证券法》第 75 条规定中列举的前七种情形，但是基于证监会专业性判断，符合内幕信息的秘密性、重要性等特征的，证监会有权对该信息是否属于内幕信息予以认定，结合《刑诉法》第 52 条和《关于办理证券期货违法犯罪案件工作若干问题的意见》第 4 条之规定，司法机关可以将相关认定意见作为刑事证据使用。在价格敏感期方面，特别是内幕信息形成之时问题，基于实际情况的复杂性，刑法及司法解释均无法以列举的方式予以明确，相关规定比较原则性，正因为规定得比较笼统，所以对于司法机关而言，价格敏感期的具体问题就显得更加专业。因此，依据《关于办理证券期货违法犯罪案件工作若干问题的意见》第 4 条规定，司法机关根据办案需要，就案件涉及的此类专业问题商请证监会出具认定意见，有益于保障刑事证明的准确性。当然，司法机关必须对证监会出具的认定意见的合法性、真实性等从刑事司法的角度予以认真审查。

但是对于犯罪主体的认定问题，笔者认为证监会是否有权予以认定是值得商榷的。首先，对于非法获取内幕信息的人的问题，《解释》明确规定了三大类情形，表述清楚、指向性强，且这三大类人的行为特征显然不属于“专业性”问题，是一般人就可以作出明确判断的。既然不是专业性问题，就不能适用《关于办理证券期货违法犯罪案件工作若干问题的意见》第 4 条规定，证券管理机构没有作出认定的法律依据。对于内幕信息知情人的问题，《证券法》第 74 条以列举的方式明确了六大类内幕信息知情人，除此之外，兜底条款是这样规定的：“国务院证券监督管理机构规定的其他人。”显然，属于前六大类的人员，证监会出具认定意见似乎可行，但是这些人的身份大都有相关的文件、命令等证据予以证实，司法机关有能力作出正确认定，证监会即使出具认定意见，往往也是证据上的巩固和强化，有时还会显得多此一举。对于不在六大类人员的范围之内的，根据证券法的规定，证监会只能以“规定”的方式作出类别上的广泛性确定。如果针对某一人某一事作出明确指向性“认定”，显然不符合法律的规定。所以，国务院证券监督管理机构如果对不在六大类人员范围内的人作出“系内幕信息知情人员”的认定意见，是不能作为刑事证据使用的。例如，在前述案例一中，证监会就出具了杜某某系内幕信息知情人的认定意见。基于上述理由，笔者认为，司法机关采纳这份证据是存在疑问的。但是对于本案而言，杜某某是否属于内幕信息知情人，司法机关完全可以从其公司职务和行为特征依法作出判断。杜某某作为中电集团总会计师，是参与高淳陶瓷重大资产重组审批环节的相关人员，在高淳陶瓷价格敏感期内、重组信息披露前负有保密义务，理当禁止利用该内幕信息进行交易。杜某某属于《证券法》第 74 条规定的“由于所任公司职务可以获取公司有关内幕信息的人员”，这个问题应需要证监会出具认定意见。

结　语

统一内幕交易、泄露内幕信息罪中的一些疑难问题的认识，对于更好地贯彻刑法规定，有效打击内幕交易犯罪至关重要。对于本罪犯罪主体的认定，应当遵循“是否知悉内幕信息”这一标准，在立法上解决现有法律规定主体范围相对狭窄的问题。在内幕信息的认定上，必须坚持从秘密性、重要性和真实性三方面综合考量，并正确适用相关司法推定规则。内幕信息敏感期的界定上，必须重点分析相关重大事项是否进入实质操作阶段完全具有实现的可能性，坚持形式公开标准。证监会出具的认定意见属于“鉴定意见”，可以作为证据使用，但必须严格限制其证明的对象。

（苏州大学王健法学院教授，法学博士　彭文华；无锡市人民检察院检察官　胡清清）

第四节

内幕交易、泄露内幕信息罪的规范解释

证券、期货市场作为社会主义市场经济的重要组成部分，对于实体经济的发展起着越来越重要的作用。但是，金融市场也充斥着人性的贪婪、欺骗、疯狂和血腥。在参与主体主要是中小投资者（俗称“散户”）且数量众多的我国证券、期货交易领域，挑战“公平、公正、公开”三公原则的违法犯罪行为十分普遍，“关系—交易—赚钱”成为一些人梦寐以求的交易模式。特别是近年来，在金融创新的背景下，随着资产管理伞形计划、杠杆倍数等金融工具的运用，一些机构和个人利用上市公司并购重组事件等因素进行证券、期货内幕交易、利益输送的案件明显增多，内幕信息知情人员范围也呈现不断扩大的趋势，涉案人员比以往更加复杂，甚至国家和地方证券监管部门中相当级别的国家工作人员也参与其中、内外勾结，严重侵犯了广大公众投资者的平等知情权和财产权益，影响了证券市场功能的正常发挥，导致证券市场很大程度上丧失了优化资源配置和作为国民经济晴雨表的作用。

内幕信息交易、泄露内幕信息犯罪的减少和预防，从根本上需要依靠制度建设、加强监管，但是，刑法制裁也是其中重要而有效的威慑手段。为维护证券、期货市场秩序，保证投资者平等公平开放地参与证券、期货交易，有关部门频出重拳打击内幕交易、泄露内幕信息违法犯罪行为。2012 年 3 月 29 日最高人民法院、最高人民检察院联合发布了《关于办理内幕交易、泄露内幕信息刑事案件具体应用法律若干问题的解释》（以下简称《解释》或两高司法解释），对一些法律适用问题从司法解释层面上作出明确规定。本节结合近年来司法实践出现的新问题、新认识，以刑法及其司法解释、证券法、证监会 2007 年《证券市场内幕交易行为认定指引（试行）》（以下简称《指引》）等法律规章为基本依托，对内幕交易、

泄露内幕信息罪的规范解释进行探讨。

一　内幕交易、泄露内幕信息罪主体的实质界定

根据《刑法》第 180 条的规定，内幕交易、泄露内幕信息罪的主体有两类：一是“证券、期货交易内幕信息的知情人员”；二是“非法获取证券、期货交易内幕信息的人员”。

关于上述第一类主体，《刑法》第 180 条第 3 款采取引证方式规定“内幕信息、知情人员的范围，依照法律、行政法规的规定确定”。两高司法解释第 1 条对“证券、期货交易内幕信息的知情人员”进一步进行了法律指引，规定“下列人员应当认定为刑法第 180 条第 1 款规定的‘证券、期货交易内幕信息的知情人员’”：（1）证券法第 74 条规定的人员；（2）《期货交易管理条例》第 85 条第 12 项规定的人员。司法解释实际上是对《刑法》第 180 条第 3 款中作为知情人员判断依据的“法律、行政法规的规定”的明确，也就是说，根据司法解释的规定，据以确定“证券、期货交易内幕信息的知情人员”的“法律、行政法规”只能是证券法和《期货交易管理条例》。根据《证券法》第 74 条的规定，证券交易内幕信息的知情人员包括：（1）发行人的董事、监事、高级管理人员；（2）持有公司 5%以上股份的股东及其董事、监事、高级管理人员，公司的实际控制人及其董事、监事、高级管理人员；（3）发行人控股的公司及其董事、监事、高级管理人员；（4）由于所任公司职务可以获取公司有关内幕信息的人员；（5）证券监督管理机构工作人员以及由于法定职责对证券的发行、交易进行管理的其他人员；（6）保荐人、承销的证券公司、证券交易所、证券登记结算机构、证券服务机构的有关人员；（7）国务院证券监督管理机构规定的其他人。根据《期货交易管理条例》第 85 条第 12 项的规定，内幕信息的知情人员，是指由于其管理地位、监督地位或者职业地位，或者作为雇员、专业顾问履行职务，能够接触或者获得内幕信息的人员，包括：期货交易所的管理人员以及其他由于任职可获取内幕信息的从业人员，国务院期货监督管理机构和其他有关部门的工作人员以及国务院期货监督管理机构规定的其他人员。需要关注的是，上述《证券法》第 74 条第 7 项实际上属于开放性条款，据此项规定，证监会可以根据授权扩大证券交易内幕信息知情人员的范围，而作为部门规章而非行政法规的《指引》，正是以《证券法》此项规定为前提，在其第 6 条指出：“符合下列情形之一的，

为内幕交易的内幕人：……（二）中国证监会根据《证券法》第七十四条第（七）项授权而规定的其他证券交易内幕信息知情人，包括：1. 发行人、上市公司；2. 发行人、上市公司的控股股东、实际控制人控制的其他公司及其董事、监事、高级管理人员；3. 上市公司并购重组参与方及其有关人员；4. 因履行工作职责获取内幕信息的人；5. 本条第（一）项及本项所规定的自然人的配偶；……”《指引》上述规定成为证券法的实质要素。

笔者认为，刑法及其司法解释、证券法以及《期货交易管理条例》对“证券、期货交易内幕信息的知情人员”的规定，主要不是在内涵上对这类人员进行界定，而是从外延或者人员种类范围上所作的划定。因为尽管司法解释第 1 条使用了“下列人员应当认定为……”的措辞，但其并没有从这些人员应当具有什么特征或性质的角度进行实质性的阐释。因此，在司法实践中不能简单地从形式上将司法解释第 1 条所涉人员认定为内幕信息知情人员。比如，发行人及其董事、监事、高级管理人员，发行人、上市公司的控股股东、实际控制人控制的其他公司及其董事、监事、高级管理人员等等，这些人员在形式上仅仅是可能知悉而非必然知悉内幕信息的人员，不应该笼统地从职业或业务的形式上将“可能接触内幕信息的”人简单地认定为内幕信息知情人员，而是要以交易行为时行为人是否具有与特定的内幕信息相关的管理监督地位、职务或者业务作为考察内容。这一点，正如我们判断行为人是否国家工作人员一样，不能从干部人事制度的身份上考查，而要从实质上、有针对性地考查在具体案件中行为人是否从事公务。

关于内幕交易、泄露内幕信息罪的第二类主体，司法解释第 2 条明确规定具有下列行为的人员应当认定为“非法获取证券、期货交易内幕信息的人员”：（1）利用窃取、骗取、套取、窃听、利诱、刺探或者私下交易等手段获取内幕信息的；（2）内幕信息知情人员的近亲属或者其他与内幕信息知情人员关系密切的人员，在内幕信息敏感期内，从事或者明示、暗示他人从事，或者泄露内幕信息导致他人从事与该内幕信息有关的证券、期货交易，相关交易行为明显异常，且无正当理由或者正当信息来源的；（3）在内幕信息敏感期内，与内幕信息知情人员联络、接触，从事或者明示、暗示他人从事，或者泄露内幕信息导致他人从事与该内幕信息有关的证券、期货交易，相关交易行为明显异常，且无正当理由或者正当信息来源的。显然，司法解释是从行为人实施的行为性质作为判断主体身份标准的，从实质意义上讲，这种对主体身份的判断是对客观行为的判断，或者说主体身份与客观行为的判断是一体化的，因而这类主体的身份实质上属于一般主体身份。[①] 通过对比，可以发现，司法解释第 2 条对“非法获取证券、期货交易内幕信息的人员”的规定，渊源于证监会《指引》第 6 条的第（三）（四）（五）项，具体内容是：“符合下列情形之一的，为内幕交易的内幕人：……（三）本条第（一）项、第（二）项所规定的自然人的父母、子女以及其他因亲属关系获取内幕信息的人；（四）利用骗取、套取、偷听、监听或者私下交易等非法手段获取内幕信息的人；（五）通过其他途经获取内幕信息的人。”通过整体解释，我们可以得出结论：《刑法》第 180 条规定的内幕交易、泄露内幕信息罪的两类主体在《指引》中统称为“内幕人”。

需要特别注意的是，“证券、期货内幕信息知情人员”是因为地位、职务或者业务而本身在人员种类上就符合犯罪主体特殊身份的形式要求，因而控方只要有证据证明行为人职务上或业务上与特定的内幕信息相关，而行为人又实施了相关交易或泄露行为，该行为即成立犯罪。对于司法解释第 2 条第 1 项规定的“非法获取证券、期货内幕信息的人员”中的“利用窃取、骗取、套取、窃听、利诱、刺探或者私下交易等手段获取内幕信息的”情形，控方则必须有直接证据或形成证据链条的间接证据来证明其对相关内幕信息是利用非法手段主动获取、知悉的，如果行为人有正当信息来源或者有正当理由相信该内幕信息已公开或者事先不知道泄露信息者为内幕信息知情人员或者所泄露的信息系内幕信息的，则不能判断为非法获取内幕信息的人员。当然，对于司法解释第 2 条第 2、3 项所说的内幕信息知情人员的近亲属或者其他与内幕信息知情人员关系密切的人员，或者在内幕信息敏感期内，与内幕信息知情人员有所联络、接触的人员，其无

---

① 犯罪主体的特殊身份，无论是自然身份还是法定身份，都应当是指行为实施之前或者不因实施行为本身所获得的资格或状态。比如，不能将抢劫罪的主体身份理解为“抢劫者”，盗窃罪的主体身份理解为“盗窃者”，否则区分一般主体与特殊主体就没有意义。行为人因为实施犯罪而获得的某种资格或状态，比如累犯、首要分子等，均不是特殊身份。就“非法获取证券、期货内幕信息的人员”成立的内幕交易、泄露内幕信息罪而言，主体的“身份”实际上是行为人非法获取内幕信息后产生的资格或状态，而可以认为，任何人都可能因为非法获取内幕信息而取得这种资格，继而内幕交易或泄露所非法获取的内幕信息而成立内幕交易、泄露内幕信息罪。

论是主动还是被动地从内幕信息知情人员处获取内幕信息，只要在内幕信息敏感期内从事或者明示、暗示他人从事，或者泄露内幕信息，都可以成为非法获取内幕信息的人员。比如，内幕信息知情人员的情夫（妇），属于“与内幕信息知情人员关系密切的人员”，如果其无意中从内幕信息知情人员那里获取内幕信息并进而进行相关交易，且交易异常，即成立内幕交易罪，控方不必提供证明行为人从内幕信息知情人员处获取内幕信息，如何获取的证据，行为人辩解自己无罪，则应提供交易行为具有正当理由或正当来源的证据，否则辩解不能成立。

二　内幕信息的实质判断与内幕信息敏感期的确定

内幕信息是内幕交易、泄露内幕信息罪最基础的构成要件要素，这是因为，涉案的有关信息（与交易相关的信息或者泄露的信息）是否属于内幕信息，是判断行为人是否内幕信息知情人员或者非法获取内幕信息的人员的最基本前提，也是确定交易行为性质的核心要素。内幕信息的判断与内幕信息敏感期的确定密切相关。在司法解释第 2 条中，内幕信息敏感期的确定本身也是判断内幕信息知情人员近亲属等是否属于非法获取内幕信息人员的要素之一。另外，由于案件中可能出现内幕信息交易与正当交易（内幕信息尚未形成或已经公开之后的交易）并存的情形，内幕信息敏感期的确定还影响证券交易成交额、期货交易占用保证金数额、获利或者避免损失数额的计算以及其他情节的认定。因此，关于内幕信息的判断，一直是理论上和实务界讨论的焦点。

《刑法》第 180 条第 1 款将内幕交易、泄露内幕信息罪实行行为的期间限定为“在涉及证券的发行，证券、期货交易或者其他对证券、期货交易价格有重大影响的信息尚未公开前”，并在第 3 款规定内幕信息的范围“依照法律、行政法规的规定确定”。而《证券法》第 75 条规定：“证券交易活动中，涉及公司的经营、财务或者对该公司证券的市场价格有重大影响的尚未公开的信息，为内幕信息。下列信息皆属内幕信息：（一）本法第六十七条第二款所列重大事件；（二）公司分配股利或者增资的计划；（三）公司股权结构的重大变化；（四）公司债务担保的重大变更；（五）公司营业用主要资产的抵押、出售或者报废一次超过该资产的百分之三十；（六）公司的董事、监事、高级管理人员的行为可能依法承担重大损害赔偿责任；（七）上市公司收购的有关方案；（八）国务院证券监督管理机构认定的对证券交易价格有显著影响的其他重要信息。”证券法第 67 条第 2 款列举的“重大事件”则包括：(1) 公司的经营方针和经营范围的重大变化；(2) 公司的重大投资行为和重大的购置财产的决定；(3) 公司订立重要合同，可能对公司的资产、负债、权益和经营成果产生重要影响；(4) 公司发生重大债务和未能清偿到期重大债务的违约情况；(5) 公司发生重大亏损或者重大损失；(6) 公司生产经营的外部条件发生的重大变化；(7) 公司的董事、三分之一以上监事或者经理发生变动；(8) 持有公司百分之五以上股份的股东或者实际控制人，其持有股份或者控制公司的情况发生较大变化；(9) 公司减资、合并、分立、解散及申请破产的决定；(10) 涉及公司的重大诉讼，股东大会、董事会决议被依法撤销或者宣告无效；(11) 公司涉嫌犯罪被司法机关立案调查，公司董事、监事、高级管理人员涉嫌犯罪被司法机关采取强制措施；(12) 国务院证券监督管理机构规定的其他事项。由此可见，我国法律、行政法规对内幕信息的范围采取了列举与概括相结合的方式确定；在非严格意义上下定义，内幕信息是指法律、行政法规规定的各种对证券、期货交易价格有重大影响的、尚未公开的信息。

以证券法等金融法律法规和刑法的规定为依据，内幕信息的要件或者特征主要有两个：一是重要性，即该信息对证券的市场价格有重大影响；二是未公开性或者秘密性，即该信息尚未公开、尚未被证券期货市场的公众投资者所知悉。理论上有学者认为，相关性也是内幕信息的特征之一，是指该信息与证券发行及证券交易活动相关联系。① 此外，也有人主张真实性是内幕信息的特征之一，即该信息是客观真实的。②

笔者认为，判断涉案信息是否内幕信息，应当依法以重要性和秘密性为标准，相关性并非内幕信息的特征，真实性或客观性内含于重要性而不应当成为判断内幕信息的独立标准。具体而言，涉案交易行为是否与某信息有关联，属于对交易行为是否利用了某信息的判断，而与该信息本身是否属于内幕信息，并非同一问题。换言之，对涉案信息是否内幕信息的判断，先于对相关交易行为与内幕信息是否有关的判断，事实上完全存在涉

---

① 马长生、张慧芳：《论内幕信息、泄露内幕信息罪》，载赵秉志主编《新千年刑法热点问题研究与适用》，中国检察出版社，2001，第 825～826 页。

② 张小宁：《证券内幕交易罪研究》，中国人民公安大学出版社，2011，第 162 页。

案信息属于内幕信息，但交易行为与该内幕信息无关的情形，因此，所谓“相关性”不能成为内幕信息的自身的特征。至于真实性或客观性在重要性中的地位及其辨别，则是特别值得研究的问题。

惩治内幕交易、泄露内幕信息罪的目的，在于维护公平的证券、期货交易秩序，防止内幕人利用重要信息的优先知悉便利进行有失公平公正的交易，保护广大公众投资者的合法权益。因此，在司法实践中，对于内幕信息的两大特征，均需结合设立内幕交易、泄露内幕信息罪保护法益的性质进行实质判断。

1. 对于内幕信息的重要性，判断时要注意以下几点。（1）要以一般投资人的认识标准进行衡量，而不以证券期货领域特定人员、专业人员的认识标准进行衡量，即该信息对于一般投资人、大多数公众的投资而言，是否具有重大影响，是否足以使特定公司的证券、期货交易价格发生变动。特定人员、专业人员可能基于专业知识、行业信息的优先知悉便利，并不认为某项信息对于特定公司的证券、期货交易价格会带来变动，但是一般投资人、社会公众可能对于该信息产生完全不同的认识，认为该信息对证券、期货交易价格产生重大影响，此种情况下该信息仍具有重要性。（2）要以“客观、相对确定性”的标准对涉案信息是否具有重要性，是否属于内幕信息进行判断。证券法等法律、行政法规没有将真实性或客观性作为内幕信息的特征加以明确规定，而实践中经常产生内幕信息是否应当具有真实、客观性的争论。如在肖时庆受贿、内幕交易案中，身为中石化下属上市公司财务顾问，从光大证券财务总监处获取光大证券拟借壳中石化下属上市公司北京化二有限公司与中石化进行谈判的信息后，指使他人多次买入让壳公司北京化二股票，但事实上后来借北京化二之壳的并非光大证券而变动为国元证券，中石化与国元证券就让壳重组达成协议后北京化二股票更名为“国元证券”。国元证券复牌后，肖时庆指使他人抛售之前购入的股票，从中获利1亿余元，肖时庆因而被指控犯有内幕交易罪。该案出现的争议就是肖时庆指使他人买入北京化二股票时所获取的“北京化二让壳给光大证券”信息是否具有客观真实性，是否影响交易价格从而属于内幕信息。对此，有人认为被告人肖时庆当初获取“北京化二让壳给光大证券”的信息被此后的事实证明并不客观，因而认定为内幕信息存在疑问。但也有人认为，内幕信息不以真实性为必要条件，即使是不真实的信息也存在着对证券、期货交易价格产生重大影响的可能性，而一旦行为人利用该类信息实施证券、期货交易或者泄露该类信息，同样构成内幕交易、泄露内幕信息罪。[①] 笔者认为，作为内幕信息特征之一的重要性，其确定有赖于对涉案信息在交易当时是否客观存在，是否相对确定进行判断，这种“客观、相对确定性”的判断，是对重要性特征的实质解释、合理延伸。如果行为人依据谣传、猜测、无根据或者无公司针对性的信息进行证券、期货交易，或者将该信息泄露，不应被判断为内幕交易或泄露内幕信息行为。如果行为人从事交易，明示或暗示他人交易所凭借的信息或者泄露的信息在客观上完全不真实，或者该信息当时并不具有具体可能性而只有抽象可能性，即使交易者或泄露者主观上认为该信息具有重要性，且据此进行有关交易或泄露行为，该信息也不属于内幕信息。因此，某项信息要成为内幕信息，其首要前提是有关针对特定公司的信息，纯粹属于国家政策法律或行业前景层面，不指向特定公司的信息，因为不具备基本的明确性，实质上不可能成为内幕信息。其次，这种信息在交易或泄露当时具有现实可能性或相对确定性。例如，国务院国有企业领导小组研究决定开展“国企改革十项改革试点”，根据行业特点和经营实力，某上市公司的实际控制人有望成为改革试点公司，一旦试点公司股权结构将发生重大变化，该上市公司高管将国务院决定的包括本公司在内的国企改革试点有关之信息透露给他人，此种行为并不成立泄露内幕信息罪，因为该上市公司实际控制人成为改革试点公司尚未进入任何实质性程序，仅仅存在抽象可能性而非现实可能性。又如，某上市公司多年以来具有并购重组的意图，先后与多家公司、企业接触，参与上市公司并购重组沟通事宜的高级管理人员在各个阶段均游说近亲属购买自己公司股票，并在最终重组成功后抛售获利，对此，应当就各个阶段进行交易时并购重组事宜是否相对确定为标准进行具体的实质判断。对于仅有合作意向性接触的，不应认为形成了并购重组内幕信息，因为如果从形式上将上市公司“可能进行并购重组”这种抽象可能性的信息认定为内幕信息，势必不恰当地扩大内幕信息敏感期的范围，过分前移了起始点，这样，任何相关人员进行证券、期货交易的行为都可能被认定为内幕交易，与设立内幕交易、泄露内幕信息罪的立法宗旨相违背。以客观、相对确定性来实质解释内幕信息的重要性，旨在强调有关信

---

① 裴显鼎、黄炜、苗有水主编《证券期货违法犯罪案件办理指南》，北京大学出版社，2014，第115～116页。

息只要交易行为或者泄露行为发生当时具有客观、相对确定性即可，而不得以事后国务院证券监管机构指定的报刊、媒体首次公开的信息内容为绝对标准来评判该信息。换言之，只要据以交易的信息与事后指定报刊、媒体首次公开的信息性质基本一致，就应当认定该信息具有重要性，甚至指定报刊、媒体公开的信息是否完整准确，也在所不问。上述肖时庆案件中，“北京化二让壳重组”这一基本事实是客观存在、相对确定的，至于北京化二最终与国元证券而非光大证券重组成功，不影响买入北京化二股票具有利用信息的优先知悉便利进行交易损害公众投资者的合法权益、破坏公平交易秩序的性质，因而认定其成立内幕交易罪是正确的。

2. 内幕信息的秘密性与内幕信息敏感期的起止问题直接关联。具体而言，一项涉及公司经营、财务或者对该公司证券的市场价格有重大影响的信息，只要没有公开就具有秘密性，而一经成立的内幕信息，就进入内幕信息敏感期，直至被国务院证券监管机构指定的报刊、媒体首次公开，内幕信息变成公开信息。应当注意的是，内幕信息的秘密性是以重要性为前提的，如果某项信息根本不具有重要性，比如，某项信息在实质上根本没有客观、相对确定性，因而也不属于对证券、期货交易价格产生重大影响的信息，那么，也就不存在视其是否公开而判断其是否具有秘密性的问题。根据司法解释第5条的规定，《证券法》第67条第2款所列“重大事件上述”的发生时间，第75条规定的“计划”“方案”以及《期货交易管理条例》第85条第11项规定的“政策”“决定”等的形成时间，应当认定为内幕信息的形成之时，影响内幕信息形成的动议、筹划、决策或者执行人员，其动议、筹划、决策或者执行初始时间，应当认定为内幕信息的形成之时。上述司法解释所称“动议、筹划”，应当进行限制解释，只有针对特定公司的，具有客观、相对确定性的动议、筹划，才具有重要性，从而引起对秘密性的评价。

三 内幕交易、泄露内幕信息行为的界定

（一）内幕交易与泄露内幕信息行为的基本含义及区别

《刑法》第180条对内幕交易、泄露内幕信息罪客观行为方式的描述包括：（1）买入或者卖出该证券；（2）或者从事与该内幕信息有关的期货交易；（3）或者泄露该信息；（4）或者明示、暗示他人从事上述交易活动。可见，内幕交易、泄露内幕信息罪属于行为选择性罪名，实施上述四

种行为之任何一种，均可以构成犯罪。在司法实践中，根据行为人实施的具体行为可以分别认定为内幕交易罪、泄露内幕信息罪或者内幕交易、泄露内幕信息罪。比如，内幕信息的知情人员或者非法获取内幕信息的人员自己从事相关交易的，成立内幕交易罪；内幕信息的知情人员或者非法获取内幕信息的人员自己不进行交易，仅仅是泄露内幕信息，或者明示、暗示他人从事相关交易的，成立泄露内幕信息罪；内幕信息的知情人员或者非法获取内幕信息的人员不但自己进行交易，而且泄露内幕信息，或者明示、暗示他人从事相关交易的，应当认定为内幕交易、泄露内幕信息罪。同时需要强调，在同一案件中，即使内幕信息的知情人员或者非法获取内幕信息的人员既从事与此一内幕信息有关的证券、期货交易，又泄露彼一内幕信息的，也只认定内幕交易、泄露内幕信息罪一罪，而不得以内幕信息罪和泄露内幕信息罪实行数罪并罚。

对于上述《刑法》第 180 条规定的第四种行为即“明示、暗示他人”从事与内幕信息有关的交易活动之行为，实践中经常发生有关其性质属于内幕交易还是泄露内幕信息的争论。笔者认为，这种行为性质应属泄露内幕信息行为。主要理由是，(1) 从刑法条文的语法结构上分析，“或者明示、暗示他人从事上述交易活动”是紧接“或者泄露该信息”表述之后，因此，在逻辑上应当理解为属于泄露内幕信息的情形，如果这种行为属于内幕交易，则完全应该将“或者明示、暗示他人从事上述交易活动”置于“从事与该内幕信息有关的期货交易”之后，“或者泄露该信息”之前。(2) 撇开《刑法》第 180 条的规范逻辑，纯粹从共同犯罪理论上分析，如果自己不从事而明示、暗示他人从事相关交易，明示、暗示他人交易者可能是内幕交易实行者的犯意提起者、教唆者，在理论上明示、暗示他人交易者和内幕交易实行者属于内幕交易的共同犯罪，从事相关交易的人为内幕交易的实行犯，内幕消息知情人员或非法获取内幕消息的人员为内幕交易的教唆犯。[①] 然而，《刑法》并未将这种行为与内幕消息知情人员或非法

① 当然，也存在掌握内幕信息的行为人（内幕信息的知情人员或者非法获取内幕信息的人员）明示、暗示他人从事相关交易活动，而他人拒绝接受明示、暗示，或者没有从事相关交易活动的情形。这种情形下，明示、暗示者仍然成立泄露内幕信息罪。有人认为，《刑法》第 180 条规定的“明示、暗示他人”从事相关交易活动以“被建议人根据建议实施了内幕交易行为”为成立要件，是不正确的（这种观点参见裴显鼎、黄炜、苗有水主编《证券期货违法犯罪案件办理指南》，北京大学出版社，2014，第 49 页）。

获取内幕消息的人员所实施的实行行为并列在有关内幕交易的罪状叙述之中，恰恰说明对这种行为不仅排除在内幕交易的教唆犯之外，而且在性质上排除在内幕交易之外（纳入泄露），不能认为行为人“不仅仅是泄露内幕信息而且还进行了买卖证券期货”。(3) 明示、暗示他人从事相关交易，本身就附随了内幕消息的泄露，或者说难以想象不存在泄露内幕消息的明示、暗示他人从事相关交易的行为，行为人之所以明示、暗示他人从事相关交易活动，就在于其根据自身掌握的内幕信息，明示、暗示他人交易实质上就是在泄露内幕信息。因此，无论在刑法规定上还是在事实特征上，将明示、暗示他人从事相关交易活动纳入泄露内幕消息的行为之中都具有合理性。刑法将“明示、暗示”作为一种类型单独列举，无非强调其为泄露内幕信息的特别方式而已。当然，从内幕交易与泄露内幕消息行为应有的类型化区别进行实质解释，以下两种情形在形式上属于明示、暗示的泄露，在实质上应当认定为内幕交易。(1) 明示、暗示自己的近亲属从事相关交易的。鉴于行为人与从事相关交易活动的实行者的特殊关系，此种情况应视为自己从事相关交易。(2) 明示、暗示他人从事相关交易，自己从中获利的。此种情况应视为泄露内幕消息与内幕交易间接实行的竞合，以内幕交易定性相对合理。

值得注意的是，理论上和实践中还存在对于内幕消息知情人员或非法获取内幕消息的人员所谓“建议”他人从事相关交易行为如何定性的争议。在刑法增设“明示、暗示他人从事交易”方式之前，有人认为，建议行为就是内幕信息的知悉者根据内幕信息对他人的证券交易提出倾向性的意见，看似建议，实则泄露内幕信息。[①] 有人则认为，应当对“建议”行为具体情况具体分析，比如当被建议人不明知建议人的身份，而建议人仅是单纯地建议而未泄露内幕信息时，则不作为犯罪处理。[②] 刑法增设这一方式之后，有人在理论上直接将刑法明文规定的“明示、暗示他人从事交易”的方式概括为“建议行为”，认为《刑法修正案（七）》增加“明示、暗示他人从事交易”，意思就是采取明示、暗示的方式指使或者建议他人从事相关交易行为，刑法不使用“建议”一词，主要目的是考虑到行为人

---

① 张军主编《破坏金融管理秩序罪》，中国人民公安大学出版社，1999，第 264 页。

② 王政勋：《证券期货内幕交易、泄露内幕信息罪研究》，《中国刑事法杂志》2003 年第 4 期。薛瑞麟主编《金融犯罪研究》，中国政法大学出版社，2007，第 110 页。

在专业领域以及规避侦查和法律条款的能力方面相对较强，需要降低司法部门的取证难度。[①] 对于“建议”行为定性之所产生争议，主要是因为证券法的禁止性规范中使用了“建议”一词而刑法中没有。《证券法》第76条规定：“证券交易内幕信息的知情人和非法获取内幕信息的人，在内幕信息公开前，不得买卖该公司的证券，或者泄露该信息，或者建议他人买卖该证券。”《刑法修正案（七）》在修正《刑法》第180条时所增设的行为方式没有沿用证券法中的“建议”，而是使用了“明示、暗示他人从事上述交易活动”，这便造成“建议”是否就是“明示、暗示”的争论。对此，笔者认为，所谓建议他人从事交易行为，就属于规范意义上的“明示、暗示他人从事交易”。对于内幕信息的知情人员或者非法获取内幕信息的人员而言，其采取的建议他人从事与内幕信息有关的交易活动的手段，无非就是“明示”或“暗示”，前者是明确向他人告知内幕信息的内容，或者明确作出买卖证券期货的建议、指示，后者是使用提示性、含蓄性的言语、文字、行为等使他人足以领会意图、从事交易。被建议人是否明知建议者的身份，被建议者是否实际听从了建议、从事相关交易，均不影响建议者成立泄露内幕信息罪。

（二）泄露内幕信息的罪过是否包括过失

刑法规定掌握内幕信息的人员只要泄露该信息，或者明示、暗示他人从事与内幕信息有关的交易，即成立泄露内幕信息罪。即使接受明示、暗示的人没有从事相关交易活动，也不影响对泄露内幕信息、明示、暗示他人交易者以泄露内幕信息罪定罪处罚。司法解释也摆脱“唯数额论”的立场，主张泄露内幕信息只要情节严重（交易额以及获利、避免损失额作为选择性要素）就可以予以追诉。但是，刑法和司法解释并没有对“泄露”的罪过形式进行明确，实践中有人认为，泄露包括故意和过失两种情形，其理由是，即使是过失泄露内幕信息，同样会侵害到证券、期货交易的公平秩序，刑法并没有限定泄露为故意行为，而且对于内幕交易罪的主体有“非法获取证券、期货交易内幕信息的人员”之规定，而司法解释将“利用窃取、骗取、套取、窃听”等手段获取内幕信息的人员亦纳入上述规定。笔者认为，泄露内幕信息罪中的“泄露”只能是一种故意、积极行

---

① 葛磊：《新修罪名诠释——〈刑法修正案（七）〉深度解读与实务》，中国法制出版社，2009，第27～28页。

为，不包括过失泄露行为。这是因为：第一，“泄露”一词的通常含义本身就包括了故意的内涵，如果没有特别注明“过失”，“泄露”就是故意泄露；刑法规范以文字形式表达，其解释应当遵循语言的通常含义，不能轻易违背通常含义作出不利于行为人的解释结论。第二，内幕信息犯罪的社会危害性程度小于国家秘密、军事秘密犯罪，掌握内幕信息的人员因职务或业务防止内幕信息外泄，但这并不意味着过失泄露内幕信息的行为值得在刑法上予以刑罚处罚。正因为如此，刑法在规定故意泄露国家秘密罪、故意泄露军事秘密罪之外，还特别规定了过失泄露国家秘密罪、过失泄露军事秘密罪。在泄露内幕信息犯罪的立法上，则没有采取相同的做法。第三，非法获取内幕信息的人员自己从事相关交易活动成立内幕交易罪，并不当然和掌握内幕信息人员成立泄露内幕信息罪共生并存，两罪既非共同犯罪关系，也非对合关系。非法获取内幕信息的手段包括利用窃取、骗取、套取、窃听，只能说明内幕信息可以是过失地被泄露，但并不表明过失泄露内幕信息行为成立泄露内幕信息罪。何况我国刑法总则明确规定过失行为法律有规定的才负刑事责任。

需要指出，内幕信息的知情人员或者非法获取内幕信息的人员过失泄露内幕信息后，基于这种过失行为而获得该内幕信息的人故意泄露该内幕信息，情节严重的，应当以泄露内幕信息罪论处，因为泄露者实际上因获悉内幕信息而成为“非法获取内幕信息的人员”。

（三）大宗交易问题

大宗交易，又称为大宗买卖，是指交易规模（交易的数量和金额）远远超过市场平均交易规模的交易。我国现行有关交易制度规则，如果证券单笔买卖申报达到一定数额的，证券交易所可以采用大宗交易方式进行交易。比如上海证券交易所规定，A 股交易数量在 50 万股（含）以上，或交易金额在 300 万元（含）人民币以上，B 股交易数量在 50 万股（含）以上，或交易金额在 30 万美元（含）以上的，可以进行大宗交易。只有拥有证券交易所专用席位的机构或会员才能进行大宗交易，交易时间在大盘收盘后（上海证券交易所为交易日的 15：00 ~ 15：30）。具体方式是买方和卖方就大宗交易达成一致后，代表买方和卖方的会员分别通过各自席位（拥有本所专用席位的机构通过该席位）进行成交申报、议价协商，最终完成交易。

《刑法》第 180 条第 1 款所说的可以成立内幕交易、泄露内幕信息在的“交易”，是否包括大宗交易，或者说大宗交易能否评价为内幕交易行为？笔者认为，从大宗交易的行为方式特性和内幕交易罪的法益特征来看，答案是否定的。因为大宗交易发生在特定主体之间，交易双方相对固定，交易价格双方协商、交易时间与其他公众投资者也不一致、不重合，因而即使交易存在欺诈等违法犯罪问题，也不可能损害公众投资者的利益，对大宗交易行为以内幕交易罪定罪处罚不符合刑法设立内幕交易罪维护证券期货市场公平交易秩序的目的。

值得注意，司法解释第4条从内幕信息对交易是否产生影响、行为人是否利用因职业或业务而优先获得知悉的信息优势破坏交易公平秩序、侵害到投资者利益等角度，对内幕交易行为进行了排除性的规定，其中第（一）项规定的是“持有或者通过协议、其他安排与他人共同持有上市公司百分之五以上股份的自然人、法人或者其他组织收购该上市公司股份的”；第（二）项规定的是“按照事先订立的书面合同、指令、计划从事相关证券、期货交易的”。尽管司法解释没有明确规定“大宗交易”，但这两项交易行为，在实践中多以大宗交易方式进行。对这两项规定进行目的解释和整体解释的结论必然是，即使在内幕信息敏感期从事证券、期货交易，只要是属于单独或与他人共同持有上市公司5%以上股份的大股东收购上市公司股份的，或者只要是按照事先订立的书面合同等进行交易的，也不属于内幕交易，不成立犯罪。因为如果交易不在内幕信息敏感期发生（内幕信息尚未形成或者已经公开），无论什么人，以什么方式交易，是否按照事先订立书面合同进行交易，本身就不存在内幕交易。司法解释第4条第1、2项规定的行为如果并不是发生在内幕信息敏感期，那就根本没有必要予以规定。这两项行为之所以不成立犯罪，是因为行为人同与之进行交易的相对方，在信息获知方面并不存在不对称的情况，实质上不符合刑法设立内幕交易罪保护证券市场公平交易秩序的目的。

（中国人民大学刑事法律科学研究中心教授，博士生导师　肖中华）

第五节

内幕信息的科学认定标准

内幕交易行为是证券犯罪中最为典型的犯罪类型之一，此种行为利用信息的不对称、证券信息优势将金融市场中的资本不正当地转移到内幕信息的掌控者手里，这违反了证券市场上的交易平等性原则。在金融市场全面信息化的时代，优势信息意味着超额的利润，一种能够超过宏观市场平均收益率的利润。其既是对证券投资人的侵害，也是对宏观经济秩序的侵害。在内幕交易行为的认定过程中，所利用的信息是否属于内幕信息是判断行为是否入罪的关键问题，而内幕信息认定标准的科学性、明确性与合理性则成为内幕信息认定的关键之所在。随着我国经济的迅速发展、资本市场日趋活跃，导致现实中内幕交易的专业化、频繁化的趋势与证券立法的滞后性、不科学性之间存在着较大的缺口，这将使得立法规制不当，既会导致不当地扩大处罚范围，也会导致监管之不利、惩罚力度之不足的问题。因此，完善我国现有的证券立法，建立科学、合理地构成要件认定标准就显得尤为重要。

一　内幕信息认定标准

证券市场上与股票价格具有最为密切关系的就是信息，各国的证券法与公司法都规定了上市公司对于影响公司经营情况与重大的财务信息都应当履行信息披露的义务，这种义务属于强制性的义务，即上市公司必须将这些信息予以公开并为证券市场上的投资人所知晓。内幕信息则属于应当公开但由于各种原因尚未公开的信息，这些信息对于公司的经营情况与财务情况都具有重大的影响。先于社会公众知晓并利用此信息进行交易的人员，会利用此信息获取信息优势进行证券买卖行为从而获取超额的利润，这种利益获取违反了证券交易的平等性。因此，各国的法律对于内幕信息都进行了明确地规定，以防止信息优势者以此进行证券交易。

（一）域外对于内幕信息的认定

关于内幕信息的认定标准，世界各国的立法与司法实践认定都不尽相同。美国被认为是对证券交易监管最为严格的国家，其对内幕信息的认定标准定义为实质性信息与秘密性信息。所谓“实质性信息”，是指内幕信息对股票价格的波动具有重大的影响，其影响投资人的决策；而“秘密性”则是指信息尚未公布，不为证券市场投资人所知悉。“一般认为内幕信息便是指具有实质性与秘密性两项核心要素的信息，是指任何可能对某一（或某些）上市公司的证券价格产生实质性影响的，尚未公开的信息。”① 对于股票具有实质性影响的含义是内幕信息最为主要的一个特征，实质性的信息能够影响证券投资人的投资决策，信息是否公开投资人会采取不同的投资计划，这种信息能够决定投资人的行为。“判断某个信息是否具有‘重要性’，应当以该信息能否影响包括‘投机’和‘保守’投资者的合理的投资判断为标准。”② 而内幕信息的秘密性则是相对于已经公开的信息而言的，秘密性就是指具有实质性的信息尚未公开，未被投资人所熟知。信息的生成与传播存在一个时间间隔，生成的重大经营信息与财务信息在没有传播或传播之后不能有效地为证券投资者所熟知之前都属于具有秘密性。

欧盟指令对于内幕信息也有明确的规定，该指令第 1 条（1）规定：“内幕信息是指非公开的，涉及一名或一些可转让证券的发行人或涉及一种或一些可转让证券的，具有准确性的信息，此种信息一旦公开，将很可能给所涉证券的市价或交易行情带来影响。”欧盟指令的规定相比较美国的规定更加详细，其认为内幕信息除了具备秘密性与实质重要性之外，还应当具有准确性。内幕信息必须是一种真实的信息，而虚假的信息虽然也是证券监管所禁止公布、传播的，但并不是内幕交易规制的主要内容。虚假的信息也会对股票的价格产生一定的影响，但是，其属于纯粹的欺诈行为，即以虚假的方式不当地操纵股票的价格。只有以真实的尚未公开的重要信息进行内幕交易获利，才是内幕交易规制的重点，内幕交易的规制并不重点关注虚假的信息披露。

① 刘宪权：《证券期货犯罪理论与实务》，商务印书馆，2005，第 317 页。

② 顾肖荣、张国炎：《证券期货犯罪比较研究》，法律出版社，2003，第 277 页。

日本的《金融交易法》对于内幕信息进行了特别的分类，其规定并不是主要以内幕信息的特征进行界定，而是较为具体的规定几类信息。其规定内幕信息分为以下四类："1. 决定的事实，与企业决策相关的信息。2. 发生的事实，即影响企业经营状况的外部事件，例如，自然灾害。3. 预算情报，即真实的业绩与预算差异的情况。4. 补充条款。即其他的对于企业股价具有重大影响的事实。"① 与其他国家对于内幕信息的界定方式不同，其界定并不主要以内幕信息的特征进行，但是，其并不是完全脱离内幕信息的主要特征，在其他的证券相关的法律中也将内幕信息的特征作为认定的标准。例如，日本的《证券交易法施行令》将非公开性作为其认定的标准之一。

（二）我国对于内幕信息的认定

在我国，对于内幕信息的认定，理论界存在不同的观点。有学者指出："内幕信息是指在涉及证券的发行、交易或者其他对证券的价格有重大影响，尚未公开的信息。"② 此种观点认为，内幕信息一方面应当具有实质的重要性，即其能够影响股价的重大波动，与股票的价格具有相关性；另一方面，内幕信息必须是尚未公开的信息，即具有秘密性。此定义与美国关于内幕信息的规定具有一致性。还有学者认为："在我国，内幕信息是为内幕人员所知的，尚未公开的并对证券的发行、交易或者价格有重大影响的信息。"③ 此种观点认为，内幕信息应当限定为内幕人员所知，即认为为内幕人员所知悉是内幕信息的一个重要的条件。但是，我国刑法关于内幕交易主体规定为两种主体，一种是内部知情人员，另一种是非法获取内幕信息的人员。相对应而言，如果将内幕信息限定为内幕人员知悉这个条件，那么，对于非法获取人员来说，其获取的信息就不能界定为内幕信息。因此，此种定义欠缺合理性。

从我国立法状况而言，我国《证券法》第 75 条规定："证券交易活动中，涉及公司的经营、财务或者对该公司证券的市场价格有重大影响的尚未公开的信息，为内幕信息。" 并在第 2 款规定内幕信息的具体类型。从我国目前的立法现状而言，其对内幕信息的界定与美国的立法采取同一个

① 〔日〕芝原邦雨：《经济刑法研究 》（下），有斐阁，2005，第 662 页 。

② 马克昌：《经济犯罪新论》，武汉大学出版社，1999，第 290 页。

③ 宣炳昭：《刑法各罪的法理与实用》，中国政法大学出版社，1999，第 106 页。

标准。其认定内幕信息的标准采取秘密性与实质影响性的双重标准进行界定。对于实质性标准的判断由第75条第2款予以明确，而关于秘密性的标准，证券法并没有涉及。而在最高人民检察院、公安部《关于公安机关管辖的刑事案件立案追诉标准的规定（二）》（2010年5月7日颁布）中规定："本解释所称'内幕信息敏感期'是指内幕信息自形成至公开的期间。"而所谓的公开是指："内幕信息在国务院证券、期货监督管理机构指定的报刊、网站等媒体披露。"从以上规定来看，我国对于内幕信息的公开采取的是形式上的判断标准，即只要在法律规定的报刊、网站上披露即认为是公开。

以上即为域外与我国关于内幕信息认定标准规定的现状，从比较的角度上讲，各国的规定不尽相同，而对域外内幕信息认定标准的研究将有助于完善我国关于内幕信息的立法完善。目前，我国内幕信息的规定尚存很大缺陷与完善之余地。

二　我国内幕信息认定标准规定之缺陷

有学者认为我国关于内幕信息的定义体现了相关性、秘密性与重要性的原则。但是，在对其具体的认定方面尚存较大的缺陷。另外，相关性的标准是指内幕信息所包含的内容与某个企业的证券或某几个证券具有相关性。笔者认为，相关性是实质重要性的一个子原则，具有实质重要性的信息会影响一个或几个证券的价格，既然产生影响就能表示出其具有相关性的特征。一个能够影响某些证券的信息必然会与特定的证券具有相关性。因此，实质重要性蕴含了内幕信息的相关性。目前对内幕信息的规定存在的缺陷主要是：

（一）内幕信息的确定存在违反罪刑法定原则的情况

我国刑法明确规定禁止内幕交易行为，在认定内幕交易行为的过程中，内幕信息的界定是认定犯罪的关键，而我国宪法与立法法明确规定关于犯罪与刑罚的规定只能由法律进行，而罪刑法定原则中的"法"也是由具有法定权限的主体依据正当的法律制定程序制定的法律。我国《证券法》第75条第2款中的第8项规定，国务院证券监督管理机构认定的对证券交易价格有显著影响的其他重要信息属于内幕信息。笔者认为，此项规定违反了刑法的基本原则，内幕信息是判断行为是否构成内幕交易罪的关键，内幕信息可以说是认定犯罪与刑罚的关键，因此，对于内幕信息的规定应当由具有立法权限的主体依据正当的立法程序制定，而国务院证券监督管理机构不是法律规定的立法主体，无权制定关于犯罪与刑罚的规定。关于犯罪与刑罚的规定涉及重要的人身权利，对于其规定只能由全国人大及其常务委员会制定的法律来规制。

罪刑法定原则是我国刑法的基本原则，对于犯罪的认定与处罚必须有事先的法律规定，“法无明文规定不为罪，法无明文规定不处罚”。但是，国务院监管机构的认定并不是法律的正式渊源。因此，我国现行的做法存在较大的缺陷，其以一个行政法规的规定代替法律的规定，其实质是违反罪刑法定原则的表现。

（二）关于秘密性的规定尚存不足之处

内幕信息的一个重要的特征就是其是尚未公开的信息，秘密性是衡量一个信息是否属于内幕信息的关键。一个关于某证券的信息，虽然具有实质的重大影响或能够影响某一个或某些股票的价格的波动，但如果其已经公开并为投资人所知悉，那么此信息应当界定为公开信息，而不是内幕信息。有关信息的生成与发布存在一个时间上的间隔，内幕交易实际上就是利用这个时间上的间隔形成了信息上的优势，利用这种优势进行证券交易可以获取一定的非法利益。所有的犯罪都侵犯了一定的法益，而内幕交易罪也同样侵犯了重要的社会法益，内幕交易的主体进行证券交易实质上是破坏了证券交易的平等原则，打破了公平、平等的交易行为。“内幕信息之所以被称为内幕信息，最根本的原因在于这种信息具有隐蔽、秘密、非公开的特征。”①

学界关于信息公开标准存在不同的观点，即形式的公开标准和实质的公开标准。形式的公开标准就是指信息只要按照法律规定的程序公布即为信息公开，而不去关注信息之后是否为投资人所知悉。例如，根据最高人民法院、最高人民检察院《关于办理内幕交易、泄露内幕信息刑事案件具体应用法律若干问题的解释》第 5 条的规定：“内幕信息的公开，是指内幕信息在国务院证券、期货监督管理机构指定的报刊、网站等媒体披露。”根据此法律规定，一些学者认为我国对于内幕信息的公开标准采取的是形式的公开标准。笔者认为，这种判断缺乏合理性。理由在于，如果认为我国对内幕信息采取的标准为形式的标准，那么只要内幕信息在法律规定的

① 吕晖、肖伟：《关于内幕信息公开标准的探讨》，《证券市场导报》2013 年第 5 期。

媒体、报刊上公布即认为是已经公布的信息。但是，正如前文所述，信息的生成与传播具有一定的时间间隔，信息的公布与投资人接受信息同样也存在时间间隔。如果仅仅在某媒体或报刊上公布即认为是公开，而不去关注信息被投资人消化的状况，那么，公开信息与不公开信息没有任何的区别，这种信息的不对称依然存在，信息优势者与弱势者的区分仍然会存在。因此，形式的公开并不能解决内幕信息的界定问题。从实际的操作层面上讲，一些学者认为，证券停牌制度的设置是形式公开标准发挥作用的一个保障制度。“停牌时间的保障，对某证券价格有重大影响的信息被公布后，交易所必定要停牌一定时间，以让投资者充分吸收消化。”① 笔者认为，停牌制度是证券交易所为了更好地保护投资人的利益所设置的一项制度，其真实的意图在于保护投资人的利益，其目的是保障信息披露制度全面的履行，设置一定的缓冲期使得证券投资人能够知悉内幕信息。但是，在认定内幕信息的时候，证券交易所设置的停牌制度不能作为认定内幕信息的限定条件。因此，根据两高的司法解释，如果内幕信息公布在国务院规定的媒体或报刊之后，持有此信息的人就可以利用此信息进行证券交易，而按照这个标准，即使此信息的扩散程度没有达到广泛性之时，行为也不构成内幕交易行为，因为其利用的信息是已经公开的信息。虽然，在具体操作的情况下，证券交易所会利用停牌制度来解决信息不对称的情况。但是，在司法实践中，司法机关并不会去关注投资人的信息获取程度、停牌的原因与停牌时间的合理性。

根据芝加哥大学学者法玛的有效市场理论，有效性程度越低的金融市场，其信息传递的受阻程度越大。信息的获取与证券市场的有效性存在一定的对应关系，当市场的信息传播水平较高，信息传递的速度越快、质量越高。在完全有效市场中，任何信息包括内幕信息都不可能获取超额的收益。从证券市场发展的总体状况来讲，我国证券市场发展还尚处比较落后的阶段，信息披露制度与信息的传播尚存较大的缺陷，投资者的理性程度还不够，就目前的情况而言，采用实质的公开标准，对内幕信息公布设置一定的缓冲期是十分必要的，这样既能保障各投资人的权利也能维护正常的证券交易秩序。

---

① 张小宁：《论内幕交易中“内幕信息”的界定》，《昆明理工大学学报》2009 年第 3 期。

（三）我国内幕信息认定标准缺乏准确性

内幕交易行为虽然属于证券欺诈的一种类型。但是，其采取欺诈的方式是以信息优势形成的，并不是以虚假的信息获取非法利益。因此，内幕信息都属于真实的信息、准确的信息，应当将虚假的信息排除在内幕信息之外。将内幕信息明确界定为真实的信息具有重大的意义。首先，内幕信息是否为真实的信息是行为是否构成内幕交易罪的关键。如果某一信息属于虚假的信息，而其获取者利用此信息进行证券交易行为并因此而获利，则此行为并不构成内幕交易罪。理由就在于内幕信息是真实的、准确的。因此，信息是否真实影响行为的定罪。其次，信息是否真实影响行为类别的判断。我国《刑法》第 181 条规定："编造并且传播影响证券、期货交易的虚假信息，扰乱证券、期货交易市场，造成严重后果的，处五年以下有期徒刑或者拘役，并处或者单处一万元以上十万元以下罚金。"此罪获利所利用的信息为虚假信息，其利用虚假信息、传播虚假信息，影响投资者的理性决策，从而侵犯他人利益并侵犯国家金融秩序。但此行为并不是内幕信息交易，内幕信息交易利用的是提前获取的真实信息。二者之间行为方式存在较大的区别。

综上所述，内幕信息为准确的信息是一个重要的特征，其既是定罪问题的关键，也是区分此罪与彼罪的重点。而在我国现有的法律体系中并未作为认定内幕信息的标准。

（四）对于重要性特征缺乏一致性的标准

我国《证券法》第 75 条第 2 款规定了内幕信息的范围，其范围包括《证券法》第 67 条的规定。对于内幕信息的界定，我国采取的是明确列举的方式。例如，其将公司分配股利和增资的情况、股价结构的重大变化作为内幕信息的范围。笔者认为，在这个规定最起码存在两个问题需要关注。首先，就是国务院证券监管机构认定的对证券交易价格有显著影响的其他信息。在认定内幕交易行政违法过程中可以此作为判断的方式之一，但是，对内幕交易犯罪构成要件进行判断时，其不可以作为判断的依据。理由在于：证券监管机构的认定存在变动性，其认定不具有罪刑法定原则中"法"的效力，以一个具有不确定性的标准来认定内幕信息，是对被告人利益的侵犯。其次，在金融市场信息化高度发展的时代，信息与股价的波动越来越密切，影响股价变动的信息日趋多样化，《证券法》所列举的现象不足以涵盖重要的信息，而我国法律针对内幕信息的规定，除了列举的现象并无一个科学的认定标准。纵观各国立法对于内幕信息的规定与司法实践，其对内幕信息的重要性的认定都规定了一致性的认定标准，即在立法中整体性地规定判断内幕信息重要性的科学的标准。例如，美国关于内幕信息进行重要性的判断采取实质的盖然性标准，即一个信息是否能够影响投资者的决策，一个信息是否能够影响投资人的行动，也就是实质的盖然性标准。笔者认为，一方面，我国对于内幕信息重要性标准确定的方法不够全面，其列举的信息确实都属于重要性的表现，但其涵盖的事实过于狭窄，不能满足对内幕信息交易规制之需求；另一方面，面对这种不足我国规定一个兜底条款，这个兜底条款没有任何的判断标准，而只是规定由国务院证券监管机构进行判断，这不仅违反罪刑法定原则，也不利于对内幕信息的重要性进行实质性判断。

三　金融市场信息化时代下内幕信息判断标准的完善

金融市场信息化时代之下，信息影响着股票价格的变动，利好的信息会导致某一或某些股票购买量增加，从而影响该股票的供需关系，致使股票价格的大幅度上涨；反之，则股票的价格会因信息变动而产生不利的影响，使股票的价格下跌。依照有效市场理论，一个金融市场的有效程度与信息传播的速度与效率相关。因此，在金融市场信息化时代，对于信息的披露与信息的传递效率的管控是证券交易过程中的关键。在刑法领域中，对于内幕信息的界定、内幕信息标准的科学化界定涉及对证券犯罪的规制的准确性与对人民权利保障的效果。因此，在这样的背景之下，完善内幕信息的判断标准势在必行。

（一）内幕信息的重要性标准的完善

内幕信息的重要性是内幕信息最为重要的一个标准，其强调内幕信息要涉及证券市场上某一或某些证券的信息，内幕信息是否公布，直接影响股票的市场价值与证券投资者的投资决策。而我国目前的立法状况并没有对重要性的标准进行明确的界定。因此，对于重要性标准的科学界定是内幕信息界定的关键。对于内幕信息重要性标准的设置应当结合外国立法之状况与本国证券市场的特征相结合来制定。美国理论界与司法实践采取的做法是“在理性的股东判断是否投票时将认为是重要的所谓实质盖然性存在时，该被省略的事实是重要的。也就是说，如果一个理性的股东有相当大的可能认为一项遗漏的事实，对于其作出如何投票的决定是重要的，则该遗漏的事实是重要的。"[①] 对内幕信息重要性建立科学的标准，笔者认为，应当从内幕信息的相关性、投资者决策的判断等方面入手。

内幕信息都是涉及公司价值的重要的信息，而公司价值的外在表现就是公司的股价。影响公司股价的信息有很多，这些信息包括影响所有上市公司的信息，即市场信息。例如，国家宏观的经济政策、经济体制的改变。这些信息的公开并不是上市公司的责任，其不与特定的上市公司相关。因此，其并不属于内幕信息的范围。而某些信息仅仅与某个或某些上市信息相关，其影响特定上市公司经营方面与财务方面的信息，其公布与否严重影响该上市公司股票的价格，这些信息被称为非市场信息。这些信息都与特定公司直接相关。因此，该公司负有披露该信息的义务。内幕信息的重要性首要的要求就是信息与该公司具有直接的相关性。另外，一个信息是否属于重要信息的第二个标准就是信息一旦披露是否会大幅度影响公司的股票市场价格。影响股票价格的信息按照不同的程度，可以分为一般信息与重要信息。例如，一个总资产 1000 万元的公司，如果存在新负债 10 元，这个信息会影响公司的股价，但影响的程度不大，此信息不属于重要信息，但如果其新增负债 500 万元，占总资产 50%，则这个信息则对于此公司股价的影响则是重大的。判断内幕信息重要性的第三个标准就是其公布是否会影响投资人的决策。这个标准是从投资者的角度而言的，如果一个信息公布会影响投资者决策，那么，此信息对于该上市公司而言则是重大的。所谓"影响投资者的决策"，即为信息的公布与否会使投资人作出截然不同的投资决策。例如，某上市公司存在一个利好的信息，此信息的公布将使公司的股票价格大幅度增加。在该信息公布之前一些投资者准备出售该证券。但是，如果该信息公布，则投资人不会出售该证券。

（二）内幕信息公开性标准的完善

内幕信息的公开性实质上就是内幕信息向社会公众公布的时间，我国对于内幕信息的公开性采取的标准是形式的公开标准，即只要信息在法律规定的刊物、报纸上公布就视为已经公开，在信息没有公开的时候，任何内幕信息的持有人都不可以尚未公开的信息进行证券交易。形式的公开标准只注重形式上的公开，而不去关注信息是否为证券投资人所知悉。

---

① 〔美〕路易斯·罗思、乔尔·赛里格曼：《美国证券监管法基础》，法律出版社，2008，第 422 页。

笔者认为，形式的公开性标准存在很大的缺陷，对于公开性的判断标准应当采用实质的判断标准。对公开性的判断，不仅要看其形式上是否公布，还要关注信息被证券市场的消化情况。根据内幕信息所保护的法益来看，其保护的一个方面就是证券交易的平等性，这种平等性即信息获取的平等性，在进行证券交易过程中，没有信息优势者能够利用信息优势获取额外的收益。而形式的公开标准认为，在公开的刊物、报纸上公开就能够为投资者所知悉，而实际的情况则是信息的产生并传播在时间上有一段间隔，信息的公布并不意味着信息将为投资者所了解。因此，采取形式的标准是不合理的。一些学者认为，实质的公开标准的认定需要以具有一定的专业性为基础，而我国目前的证券市场与司法资源并不足以建立这样的标准。笔者认为，正是因为我国证券市场的有效性与专业性程度不够才更应当建立实质性的判断标准。证券市场的有效性与信息传递的速度与质量密切相关，这种速度与质量的双重要求的目的就是能够使投资人能够及时、准确地掌握公布的信息。其根本性在于能够让投资者所知悉。所以，为了使证券市场进一步完善与发展必然要建立一套科学的体系能够让投资人知悉关于企业的真实信息，并使其能够作出理性的决策，从而形成一个关于某公司股票真实的市场公允价值。

至于如何来认定内幕信息的实质公开性标准，笔者认为，则应结合相关的内容进行判断。例如，依据上市公司的知名度、上市公司股票交易的情况、股票价格的变动幅度来进行判断。上市公司的知名度越大，其股票交易量越大，其相关信息所受的关注度就越大，从而导致其投资者获取该信息的概率越大。另外，股票价格的变动也是信息公布是否被消化的一个重要的标志，利好的信息会导致股票价格的正相关变动，不良的信息会导致股票价值的负相关变动。这些信息的变动都是信息是否公开的重要的外部标志。

（三）建立内幕信息准确性的认定标准

内幕信息是能够影响公司股票价格的重要的、真实的信息，内幕交易行为是利用提前获取的内幕信息并进行交易的行为，其受益的手段是利用内幕信息公开的时间差，而不是利用虚假的信息来操纵证券的市场价格。在我国建立的内幕信息的认定标准中，对准确性问题尚没有进行重点关注。但是，笔者认为，建立准确性的认定标准是必要的。从内幕交易的整个过程来看，信息尚未公布、不为投资人所知的情况下，信息对价格的影响幅度并不大。但是，当信息真实地、客观地发布之后，才会对证券的价格产生影响。从这个过程来看，内幕信息应当是真实的信息，只有公开发行的真实信息才能属于内幕信息。

此外，内幕信息与虚假信息对于证券的影响方式是不同的。虚假信息是通过信息的虚假性来影响投资人的理性投资而获益的。而内幕信息则是利用内幕信息的时间差来获益。信息的真实与否是判断行为的类型的重要标志，是行为定性的一个关键，是区分此罪与彼罪的重要标准。行为人如果利用自以为是真实的内幕信息进行交易，而信息其实是虚假的信息，则行为人不构成内幕交易罪，其并不是实施犯罪行为的人，而是利用虚假信息进行操纵股价行为的受害者。因此，在我国建立准确性的认定标准是必要的，其既涉及行为的定性也涉及此罪与彼罪的区分。

（四）内幕信息重要性标准的完善

一个上市公司的股票价格的波动与其相关性的信息有关，而内幕信息的重要性标准就是指信息对于证券价格的影响。首先，重要性意味着信息是与某一或某些特定的公司相关的信息。只有具有相关性的信息，才有可能严重地影响相关公司股票的价格。其次，重要性标准体现在对价格波动的影响之上，具有实质性重要性的信息将使价格产生较大的波动。因此，判断一个信息是否具有重要性的一个重要标志就是其会产生股票价格的大幅度变化。最后，重要性判断的重要标准就是该信息是否能够影响投资人的理性决策。如果一个信息的公布与否不会影响投资人的理性决策，那么该信息就不具有重要性的标准；反之，则信息对于企业而言具有实质的重要性。

我国目前对于重要性的标准采取的是列举的方式，即将具有重要性的信息列为几大种类，并设置一个兜底条款，将国务院监管机构的认定作为重要性的一个认定来源。笔者认为，首先，采取列举的方式将重要性予以明确是罪刑法定原则的一个主要的要求。但是，只是将这些信息明确，而不给予其一个明确的判断标准是没有意义的。并不是所有的归于列举的信息都是重要性的信息，对于信息的选择列举是一个性质的判断，只能说明这些信息具有潜在的重要性质，而内幕信息的重要性的判断大多数是量上的判断。我国证券相关法规所规定的重大事件只是从主观上进行的粗略判断，而其到底能够造成多大的影响，其直观体现出多少影响，要根据股价的变动、是否影响投资人的决策等方面进行判断。“如果公开遗漏的事实，有相当大的可能将使理性的投资者认为该事实改变了信息的整体，就满足了重要性的要求。"① 一旦明确了重要性的判断标准，这一判断方法将更具可操作性。

结　语

随着社会的不断进步，社会关系日趋复杂，证券市场投资也逐渐融入人们的生活当中。正是在这样的背景之下，证券欺诈犯罪也越来越猖獗，给国家金融秩序的稳定带来极大的威胁，并且也侵犯公众的财产权利。内幕信息是非法进行证券交易的一个源泉，利用尚未公布的证券信息进行交易，利用信息传递的时间差，内幕信息的持有者可以获取超额的利益。正是这种现象的出现与发展导致对证券交易进行刑法规制势在必行。刑法是最为严厉的法律规范，其仅仅关注严重侵犯法益的行为，其处罚的结果也是极其严重的。因此，对于内幕信息建立科学的认定标准是必要的，这既有利于合理地保障刑法所保护的法益，也可以兼顾对被告人利益的保障。

（北京师范大学法学院刑法学博士后　张祥宇）

① 杨亮：《内幕交易论》，北京大学出版社，2001，第181页。

第六节

内幕交易违法所得的司法判断

优化资本市场“顶层设计”与法治实践是当前我国深化推进资本市场制度改革的重要内容。十八届三中全会通过的《中共中央关于全面深化改革若干重大问题的决定》提出：“健全多层次资本市场体系，推进股票发行注册制改革，多渠道推动股权融资。”而资本市场中的内幕交易犯罪严重干扰市场优化资本资源配置的效率、严重干扰市场竞争与价格发现机制，严重损害投资者权益。严厉打击内幕交易犯罪行为，有利于保护市场的正常投资功能与落实证券法公平、公正、公开的核心原则，也是增强投资者信心、大力发展机构投资者、引导长期资金入市的必要举措。所以，有效惩治内幕交易成为近年来我国资本市场执法司法的重点工作。尤其是2013年下半年大数据分析系统应用于内幕交易案件查处以来，内幕交易犯罪案件数量出现了爆发式增长，近一年半时间内我国证监会调查内幕交易线索375起立案142起，涉嫌利用43家上市公司内幕信息从事非法交易125名个人和3家机构被移送司法机关追究刑事责任。[①] 2015年上半年，内幕交易违法犯罪依然是最主要的案件类型，共计新增查处内幕交易类案件144起。[②] 随着内幕交易刑事案件数量的逐渐增多与惩治力度的稳步提升，司法实践中的疑难问题相应凸显。除了内幕信息知情人员与非法获取人员、内幕信息形成时间、内幕信息与交易行为关联性等传统内幕交易犯罪案件中的争议之外，内幕交易违法所得的司法认定在实务中存在诸多疑难与困惑。

---

① 证监会：《证监会通报针对内幕交易的执法工作情况》，http://www.csrc.gov.cn/pub/newsite/jcj/gzdt/201502/t20150226_269077.html，最后访问日期：2015年10月28日。

② 证监会：《证监会2015年上半年稽查执法综述》，http://www.csrc.gov.cn/pub/newsite/jcj/gzdt/201507/t20150730_281915.html，最后访问日期：2015年10月28日。

获取违法所得是行为人实施内幕交易犯罪行为的根本经济动因。内幕交易犯罪滥用了应及时向市场所有参与者披露的信息的经济价值，基于谋取非法交易利益的目的而实施严重侵害资本市场信息竞争机制的行为。法律并不一般性地禁止利用私有信息从事金融交易，也不禁止出于对市场公开信息获取能力差异形成竞争优势而获取金融交易利润，而是禁止滥用内幕信息优势及其经济价值并从相关金融交易中获取利益的行为。因此，准确判断内幕交易所得的违法性，科学量化内幕交易违法所得数额对于公正且高效地遏制内幕交易犯罪具有决定性影响。同时，违法所得更是影响内幕交易定罪量刑的核心要素。根据《刑法》第 180 条内幕交易、泄露内幕信息罪[①]的规定，内幕交易行为只有在“情节严重”的情况下才构成犯罪，并且在“情节特别严重”时适用第二档加重法定刑。2012 年最高人民法院、最高人民检察院联合发布的《关于办理内幕交易、泄露内幕信息刑事案件具体应用法律若干问题的解释》（以下简称《内幕交易解释》）将内幕交易违法所得作为量化“情节严重”“情节特别严重”的重要指标。[②]内幕交易犯罪采用倍比罚金制，违法所得是内幕交易犯罪罚金刑适用的基

① 《刑法》第 180 条内幕交易、泄露内幕信息罪规定：“证券、期货交易内幕信息的知情人员或者非法获取证券、期货交易内幕信息的人员，在涉及证券的发行，证券、期货交易或者其他对证券、期货交易价格有重大影响的信息尚未公开前，买入或者卖出该证券，或者从事与该内幕信息有关的期货交易，或者泄露该信息，或者明示、暗示他人从事上述交易活动，情节严重的，处五年以下有期徒刑或者拘役，并处或者单处违法所得一倍以上五倍以下罚金；情节特别严重的，处五年以上十年以下有期徒刑，并处违法所得一倍以上五倍以下罚金。”

② 2012 年最高人民法院、最高人民检察院《关于办理内幕交易、泄露内幕信息刑事案件具体应用法律若干问题的解释》（以下简称《内幕交易解释》）第 6 条规定：“在内幕信息敏感期内从事或者明示、暗示他人从事或者泄露内幕信息导致他人从事与该内幕信息有关的证券、期货交易，具有下列情形之一的，应当认定为刑法第一百八十条第一款规定的‘情节严重’：（一）证券交易成交额在五十万元以上的；（二）期货交易占用保证金数额在三十万元以上的；（三）获利或者避免损失数额在十五万元以上的；（四）三次以上的；（五）具有其他严重情节的。”第 7 条规定：“在内幕信息敏感期内从事或者明示、暗示他人从事或者泄露内幕信息导致他人从事与该内幕信息有关的证券、期货交易，具有下列情形之一的，应当认定为刑法第一百八十条第一款规定的‘情节特别严重’：（一）证券交易成交额在二百五十万元以上的；（二）期货交易占用保证金数额在一百五十万元以上的；（三）获利或者避免损失数额在七十五万元以上的；（四）具有其他特别严重情节的。”

准。此外，内幕交易违法所得应当依法予以追缴。[①] 然而，当前内幕交易违法所得司法判断规则尚不完善，刑法规范与司法解释仅做原则性规定，判例实践存在诸多争议。传统资本市场刑法理论通常只是从法律规范与司法解释本身出发进行相对纯粹的刑法阐释，并没有形成代表性、体系性的内幕交易犯罪违法所得判断原理。但实际上关于内幕交易犯罪法律与经济实质解释是解决违法所得认定等技术性难题的重要理论指导与规则设计来源。所以，亟须以内幕交易犯罪经济实质为导向，通过纵深性的实证调查、判例解析、刑法解释、法律与经济分析等，研究并建构符合内幕交易犯罪的法律特征与经济机理的违法所得司法判断规则体系。

一　内幕交易违法所得认定争议：规范基础、判例实践与理论探索

根据我国刑法及《内幕交易解释》的规定，内幕交易违法所得是证券、期货交易内幕信息的知情人员或者非法获取人员，在涉及证券的发行，证券、期货交易或者其他对证券、期货交易价格有重大影响的信息尚未公开前，买入或者卖出该证券，或者从事与该内幕信息有关的期货交易，或者基于因泄露而获悉的内幕信息的交易，所获得的利益或者避免的损失。[②] 根据我国台湾地区"证券交易法"制定理由，内线交易违法所得是该犯罪行为时点相关证券的资产市值的增值。[③] 根据美国《联邦量刑指南》以及资本市场犯罪刑法理论的解释，基于重大未公开信息实施的违法交易行为属于内幕交易违法所得；[④] 作为不法交易的内幕交易在经济上的增值，包括积极的增值（交易的利润）与消极的增值（风险的规避）。[⑤] 可见，处于不同发展阶段的资本市场法治框架作出了基本一致的规范界

---

① 根据《刑法》第 64 条的规定，犯罪分子违法所得的一切财物，应当予以追缴或者责令退赔。

② 《内幕交易解释》第 10 条第 1 款规定：《刑法》第 180 条第 1 款规定的"违法所得"，是指通过内幕交易行为所获利益或者避免的损失。

③ 参见我国台湾地区《"证券交易法" 2003 年 3 月 5 日议案关系文书》（"立法院" 总第 861 号、"政府" 提案 8974 号），第 317 ~ 319 页。

④ United Sates Sentencing Guidelines § 2B 1.4, cmt. Background (2014).

⑤ Stephanie Nevins, Nacchio Profits: The Tenth Circuit in United States V. Nacchio Properly Departs from the Eighth Circuit in Unites States V. Mooney and Adopts the Civil Remedy of Disgorgement to Measure an Inside Trader's Gain under the Federal Sentencing Guidelines, 43 Creighton Law Review 1107, 1123 (2010).

定，即内幕交易违法所得就是基于资本市场中有价值的重大未公开信息而实施的相关金融交易行为的获利（积极经济利益）与避损（消极经济利益），本质上是内幕信息经济价值的兑现（行为人角度）或者现金化评估（裁判者角度）。然而，对于如何认定内幕交易违法所得，判例实践与刑法解释理论中则存在着极大争议。

（一）实际成交差额规则与市场吸收规则之争讼

1. 实际成交差额规则

我国资本市场犯罪判例实践原则上以金融商品买卖的建仓成本与平仓收入之间的差额（即所谓的实际成交差额规则）认定内幕交易违法所得。例如，在相对早期的“北京二化”内幕交易案中，原证监会上市公司监管部副主任肖时庆从光大证券财务总监胡世明处获取光大证券正在与中石化就拟借壳其下属上市公司北京化二事宜进行谈判的信息后，指使肖爱英、邹国庆利用其控制的多个账户动用3500余万元买入430余万股北京化二股票，随后陆续清仓。审判机关根据其清仓收入与建仓成本差额认定内幕交易获利1.03亿余元。[①] 又如，在近期的“宝利沥青”内幕交易案中，李宏生在与上市公司江苏宝利沥青股份有限公司董事会秘书陈永勤商谈过程中，刺探到该公司将实施股票高送转的分配预案信息后，随即分别操作其实际控制的股票交易账户，共计买入171万余股，交易金额2587万余元。在上市公司披露该年度利润分配预案（向全体股东每10股转增10股派2元）之后，李宏生陆续将上述股票全部卖出，法院将交易差额约78万余元认定为内幕交易获利。[②] 司法实务中有相当数量的被告人或辩护人提出，在违法所得或者实际平仓价格中应当梳理出内幕信息影响与其他市场要素介入影响，将与重大未公开信息无关的价格波动排除在交易收入之外，而不能直接将建仓与平仓之间的交易差额作为内幕交易违法所得。然而，对被告人平仓所获的金融交易利润为何全部来源于重大未公开信息的问题，很少在判例实践中有法理说明。内幕信息公开后在何种量化程度上对金融商品市场价格产生实际效果、是否存在其他市场影响导致金融商品市场价格波动等问题，通常都不会在裁判文书说理过程中予以论证甚至提及。

---

① 刘晓虎：《肖时庆受贿、内幕交易案》，载《刑事审判参考》，法律出版社，2012，第1～2页。

② 江苏省无锡市中级人民法院刑事判决书（2013）锡刑二初字第0010号。

2. 市场吸收规则

上述实际成交差额规则意味着即使涉案的金融交易是在内幕信息公开之后很长时间的陆续抛出行为，内幕信息的价格影响已经为市场全部吸收，后续的金融商品价格并非属于内幕信息影响下的波动，内幕交易违法所得的计算也必须以实际平仓价格为基准。但是，域外判例实务中有意见主张，内幕交易违法所得认定应当明确内幕信息对交易得利的量化影响，或者必须扣除其他市场因素在非法获利或避损中的作用。根据美国联邦法院判例体系中的市场吸收规则，重大信息公开之后对金融商品市场价格产生影响的部分计入内幕交易违法所得，相关交易所获得的利润中并非基于重大未公开信息而产生的部分则应予以扣除。① 司法实践中，有的内幕交易者在重大信息公开之后经过相当长的一段时间才进行平仓。在此情况下，由于市场已经充分吸收内幕信息，内幕交易者的实际成交价格是否属于重大信息持续影响的结果？笔者认为，这显然值得探讨。因为重大信息公开时直至内幕交易者实际平仓时的跨度越长，平仓交易的经济收益相应就越有可能混同了信息与其他市场因素的共同作用力。根据我国台湾地区的个案判例意见，直接将实际平仓收益作为认定内线交易违法所得的基准数额，可能忽略了非信息因素的影响、信息关联性的证明。②

3. 实际成交差额规则与市场吸收规则的典型冲突

司法实践中，并非所有基于内幕信息实施的金融交易行为都与信息公开后市场价格的波动有关——重大未公开信息形成之后信息尚未公开之前，金融商品市场交易价格可能就开始出现大幅波动，内幕交易者会利用信息尚未通过公开的方式影响市场价格的时机清空仓位谋取交易利润。涉案的交易行为在信息公开之前已经完成，客观上不存在重大信息公开之后影响金融商品市场价格、行为人利用价格波动等系列情形与行为。在这种非常典型的情况下，实际成交差额规则与市场吸收规则之间的冲突和争议极为明显——根据实际成交差额规则，内幕信息形成之后、披露之前的相关金融交易构成内幕交易，实际完成的金融商品买卖就应当根据买入成本与抛售收入之间的差额认定违法所得。例如，在创兴科技内幕交易案中，上海振龙公司资产注入上市公司创兴科技方案这一内幕信息形成之后最终

---

① United States V. Nacchio, 573 F. 3d 1062, 10th Cir. (2009).

② 我国台湾地区“最高法院”2013 年度台上字第 5924 号刑事判决。

信息内容公开之前，创兴科技股价出现波动，尤其是停牌之前的三个交易日，股票累计涨幅超过20%。上海振龙公司及其实际控制人陈榕生（也是创兴科技实际控制人）在此期间先后买入并卖出创兴科技约142万股，建仓成本约12.49元每股，平仓价格约16.46元每股，该部分的实际获利被认定为约564万元。[①] 然而，根据市场吸收规则，在信息尚未公开，未对市场产生直接影响的时间区间内从事的金融交易，即使行为属性符合内幕交易构成要件，但交易利益不属于重大未公开信息经济价值的对应性兑现，不能认定为内幕交易违法所得。需要指出的是，理论上可能会有观点认为内幕信息形成之后未公开之前基于该信息完成相关金融商品买卖的司法认定并不存在实质性困难——因为内幕交易犯罪刑法条款禁止的是利用内幕信息，在涉及证券的发行，证券、期货交易或者其他对证券、期货交易价格有重大影响的信息尚未公开前，买入或者卖出该证券，或者从事与该内幕信息有关的期货交易。根据《内幕交易解释》第5条[②]关于“内幕信息敏感期”的解释，如果在内幕信息形成之后完成买入、卖出金融商品交易行为，即该内幕信息没有披露时已经获利，涉嫌犯罪。然而，这种意见正是非常典型地体现出传统证券期货犯罪刑法理论与实务比较重视内幕交易犯罪定性问题，而忽略内幕交易违法所得量化问题的独立性与差异性特征。内幕信息形成之后未公开之前基于该信息完成相关金融商品买卖显然在属性判断层面构成内幕交易行为，这一点当然不存在司法认定上的困惑与争议，但疑难问题在于——根据不同的司法判断规则，会在数额量化层面得出不同的内幕交易违法所得认定结论。这个量化判断的过程和方法，与内幕交易行为性质判断迥异。实际成交差额规则强调基于内幕信息实施金融商品买卖所呈现出的实际价差变动，据此应当直接以建仓与平仓之间的价差认定内幕交易违法所得。而市场吸收规则强调行为人利用内幕信息公开后对金融商品市场价格所产生重大影响所获取的交易利益才应当

---

① 福建省厦门市中级人民法院刑事审判书（2009）厦刑初字第109号。

② 《内幕交易解释》第5条规定：本解释所称“内幕信息敏感期”是指内幕信息自形成至公开的期间。《证券法》第67条第2款所列“重大事件”的发生时间，第75条规定的“计划”、“方案”以及《期货交易管理条例》第85条第11项规定的“政策”“决定”等的形成时间，应当认定为内幕信息的形成之时。影响内幕信息形成的动议、筹划、决策或者执行人员，其动议、筹划、决策或者执行初始时间，应当认定为内幕信息的形成之时。内幕信息的公开，是指内幕信息在国务院证券、期货监督管理机构指定的报刊、网站等媒体披露。

进行刑事归责，如果行为人在内幕信息尚未公开之时（也就是市场尚未吸收信息效应之时）就已经完成平仓，则似乎丧失了内幕交易违法所得的归责基础。更为重要的是，量化判断对于定性判断具有直接的制约效应——违法所得的量化直接关系到内幕交易犯罪“情节严重”、罚金基准、追缴等问题的认定。即使在定性判断上构成内幕交易犯罪行为要件，如果违法所得难以准确认定或者存在较大争议，实际上仍然无法以内幕交易、泄露内幕信息罪进行定罪处罚。所以，在内幕信息形成、公开之前的时间区间内实施相关金融商品买卖行为，在内幕交易行为属性判断层面并不存在争议，但在内幕交易违法所得认定上确实具有较为显著的疑难性，有必要摆脱单纯聚焦于定性问题的思维定式，更为全面且深入地把握内幕交易违法所得司法认定问题的重要性。

（二）严格净利润规则与核定违法所得规则之争讼

1. 严格净利润规则

内幕交易犯罪构成行为的核心内容之一是内幕信息知情人员或者非法获取人员在重大信息尚未公开前从事相关证券、期货交易。内幕交易犯罪中的交易行为只需要满足时间条件（信息尚未公开前）与内容条件（买入或卖出证券，或者期货交易），至于行为人是否基于内幕信息建仓之后完成平仓行为，则并不影响内幕交易犯罪的构成。尽管在定性上不存在疑问，但是，对于案发前仍未平仓的金融交易如何认定违法所得的问题，资本市场犯罪理论与司法实务争议较大。美国联邦法院判例实践中的严格净利润规则认为，内幕交易的未平仓部位不能作为认定违法所得的基准。因为内幕交易违法所得应当局限于净利润，建仓后尚未平仓的金融商品持仓不应纳入计算范围。[①] 我国台湾地区司法实践有关内线交易犯罪案件处理中也出现了没有实际交易价格而不予认定违法所得的判例，即被告人基于重大未公开信息建仓之后全部或者部分没有平仓，以无从计算犯罪数额为由对该部分交易量的违法所得问题不进行司法判断。[②]

2. 核定违法所得规则

中国大陆的资本市场犯罪判例则大多数区分全部未平仓与部分未平仓两种情形分别设置内幕交易违法所得认定规则。内幕信息公开前建仓但直

---

① United States V. Mooney, 425 F. 3d 1093, 8th Cir. (2005).

② 我国台湾地区“台北地院”95 年度矚重诉字第 1 号刑事判决。

至案发前全部未平仓的，采用核定违法所得规则，即以信息公开当日收盘价作为核算违法所得的基准价格。例如，在中关村内幕交易案中，上市公司中关村与鹏泰公司资产置换信息公告前，黄光裕使用其控制的股票账户累计购入中关村股票976万余股，成交额共计9310万余元，至2007年6月28日该信息公告日时，股票账户账面收益额348万余元。在上市公司与鹏润公司股权重组信息公告前，黄光裕指令相关人员使用其实际控制的股票账户累计购入中关村股票1.04亿余股，成交额共计13.22亿余元，至2008年5月7日该信息公告时，股票账户的账面收益额为3.06亿余元。以信息公开当日金融商品市场价格作为基准价格核定全部未抛售证券的内线交易违法所得，核心依据是由证券交易所市场监察部出具的原始交易数据——该统计显示重大信息公告当日上市公司股票的二级市场申买总量、成交总量均比公告前信息敏感期内的相应指标出现了巨幅上涨。[①] 内幕信息公开前建仓、案发前部分未平仓的，仍然持仓的部位以实际成交均价为基准核定违法所得。例如，在三变科技内幕交易案中，被黄梅芳非法获悉上市公司三变科技重大资产收购的内幕信息后，控制并使用本人及其亲属的9个证券账户，于2011年10月24日至2012年2月17日前即内幕信息敏感期内买入三变科技股票258万余股，成交额2338万余元，卖出74万余股，成交额735万余元，其余股票未抛售。法院认定被告人共非法获利206万余元，其中实际卖出股票获利40万余元。[②] 尽管判决书没有直接说明尚未平仓部位认定违法所得的具体公式、方法或者规则，但从相关数据信息的叙述中可以计算出未平仓部位的核定每股均价与实际交易部分的卖出每股均价持平。

（三）内幕信息传递者违法所得认定规则之争讼

我国《刑法》第180条内幕交易、泄露内幕信息罪明确规定了三种行为模式：（1）内幕交易行为；（2）泄露内幕信息行为；（3）建议内幕交易行为。[③] 所以，除了持有内幕信息者实施相关交易行为的违法所得认定

---

① 北京市第二中级人民法院刑事判决书（2010）二中刑初字第689号。

② 浙江省台州市中级人民法院刑事判决书（2014）浙台刑二初字第4号。

③ 《刑法修正案（七）》对《刑法》原第180条增加了一种行为模式：“明示、暗示他人从事上述交易活动。”刑法理论上一般将这种内幕信息知情人员、非法获取人员明示、暗示他人从事相关证券、期货交易的行为简称为建议行为，即行为人在其获知内幕信息的基础上，通过明示或暗示的方式建议他人进行证券、期货交易。例如，明示、暗示交易时机、交易证券、期货合约的种类、交易证券、期货的价位、交易量的大小等。参见黄太云《〈刑法修正案（七）〉解读》，《人民检察》2009年第6期。

之外，实践中还广泛存在着泄露内幕信息、建议内幕交易的违法所得问题。泄露内幕信息、建议内幕交易都属于内幕交易犯罪类型，行为内容表现为内幕信息传递，即重大未公开信息形成之后从知情人员、非法获取人员开始的信息流转与交互。其中，内幕信息泄露行为的本质是内幕信息内容传递，内幕信息知情人员、非法获取人员在泄露内幕信息过程中直接传递内幕信息内容，确定性地告知信息受领人内幕信息的属性、指向及其对交易标的的重大影响。内幕交易建议行为的本质是内幕信息信号传递，行为人在明示、暗示他人从事与内幕信息有关的金融商品交易过程中间接传递内幕信息，被建议者能够从建议表述与建议者的身份的信息中概括性地获取内幕信息的核心指向，例如，利好还是利空信息、可以交易哪个具体的金融商品标的、选择什么交易方向等。这两种内幕交易犯罪行为的违法所得，都需要根据他人的交易获利与避损数额进行核定。

《内幕交易解释》第 10 条第 2 款规定：内幕信息的泄露人员或者内幕交易的明示、暗示人员未实际从事内幕交易的，其罚金数额按照因泄露而获悉内幕信息人员或者被明示、暗示人员从事内幕交易的违法所得计算。但是，该条违法所得认定规则在理论解释与实践应用中均存在明显的障碍与困惑。其一，内幕信息连续传递多个层次与环节，初始信息传递者是否应当对后续的所有内幕交易违法所得承担刑事责任？例如，上市公司内部人员利用其参与内幕信息形成的职务便利向其亲属、朋友、关系密切人等传递内幕信息；参与上市公司资产交易、并购重组、财务审计、市值管理等重大业务的中介机构从业人员利用接触重大未公开信息的职务条件向外传播内幕信息。同时，从内幕信息知情人员、非法获取人员那里获取内幕信息的行为人又在其社会关系中进一步传递信息，导致内幕信息彻底失控。内幕信息泄露人员是否应当对信息传递的后续所有环节中“因泄露而获悉内幕信息人员”实施的所有内幕交易违法所得承担责任？其二，内幕信息知情人员、非法获取人员传递内幕信息后，其直接信息受领人没有从事相关金融商品交易的，如何认定为内幕交易违法所得？最为典型的类案件实例集中表现为选择性信息披露，即上市公司内幕信息知情人员向券商分析师选择性披露重大未公开信息，分析师本人以及券商基于形式化的“防火墙”等风控制度的限制，通常不会直接实施内幕交易行为，而是通过研究报告的形式向券商产品的买方（主要是公募基金、私募投资机构等）传递负载一定重大信息内容的投资咨询意见，由研究报告的购买者从事相关金融商品交易谋取巨额利润。因选择性披露导致内幕信息事实上在一定层面进行传递从而导致重大未公开信息公布前频繁出现股价异动，在资本市场实践中比较普遍。[①] 直接的被泄露者、被建议者没有实施交易行为因而不存在交易所得，继续传递信息后出现实际交易利润的，如何认定内幕信息泄露人员、内幕交易建议人员的违法所得？

对于上述疑难问题，《内幕交易解释》第 10 条第 2 款实际上并没有作出明确规定。同时，传统刑法因果关系原理似乎较难对此问题进行有效且全面的解释。因为只要内幕信息知情人员或者非法获取人员传递了内幕信息，那么从这个特定的初始环节开始，内幕信息连续传递至终端的整个链条上的内幕交易结果，客观上都是由初始环节的信息传递者造成的。内幕信息传递链条上的所有信息传递者与使用者相对于其他市场参与者而言，如果具有非竞争性的信息优势与信息获取渠道，并出现违背市场信息平等的交易行为与利润结果，就应当认定其信息行为与交易结果之间具有因果关系。根据这种经典的条件因果关系标准：(1) 后续所有基于内幕信息从事的交易都是信息传递的客观结果，都应当由内幕信息传递者承担责任。(2) 信息传递的直接对手方（直接信息受领人）即使没有从事内幕交易行为，信息传递者仍然不能直接排除责任；一旦信息直接受领人继续向后续环节传递内幕信息，先前的信息传递行为作为后续内幕交易犯罪行为的原因，必须对信息传递行为可以预见的内幕交易犯罪结果承担责任。可见，因果关系基本解释框架下的规制范围是极广的，其高度强调资本市场信息平等，严格控制利用内幕信息优势从市场中获取经济利益的行为，但由于其处罚范围过大，并且在这种单纯的因果关系框架下无法设定一个有效的处罚边界或者形成限制因果关系的归责界限，所以，完全基于因果关系一般原理是难以合理解释内幕信息传递者违法所得司法认定问题的。

实际上也正是因为因果关系解释框架的局限以及归责范围上的争议，导致司法实践中对于信息传递者违法所得认定规则存在三种不同意见。(1) 被建议者、被泄露者本人基于内幕信息从事相关金融商品交易的，才能对信息传递者进行刑事归责，无论后续环节内幕信息如何传递，基于信息的交易如何发展，违法所得只能是该直接被建议者、被泄露者的获利或

① 康书生、乔光平：《上市公司敏感信息公布前股价异动情况分析》，《中国证券报》2012 年 12 月 24 日。

避损数额。[①]（2）被建议者、被泄露者没有从事相关金融商品交易，但其继续传递内幕信息，可归责于内幕信息传递人的违法所得，以后续环节首次发生的内幕交易违法所得为限。（3）只要整个信息传递链条的信号或者内容源自于内幕信息首次传递人，其应当对整个链条中所有基于该信息实施的内幕交易违法所得承担责任。[②] 笔者认为，从纯粹的刑法解释角度分析，上述三种意见均有相对应的规范解释逻辑支撑。如果被建议者、被泄露者本人没有基于内幕信息实施交易行为，而是将交易信号或者信息内容继续进行流转，对于内幕信息初始传递者而言，这种具体事实确实很难为其所具体认知。然而，后续环节中的任何行为主体基于重大未公开信息实施金融交易，客观上又兑现了内幕信息的经济价值，对于资本市场信息效率的实质危害是客观存在的。但如果将后续环节所有基于重大未公开信息实施的交易行为违法所得都认定为内幕信息初始传递者的违法所得，刑事归责范围显然失之过宽。内幕信息初始传递者的罪量限定于后续首次内幕交易违法所得，在责任范围控制导向上具有一定合理性，等于是将被建议者、被泄露者传递信息的直接接收人实施的交易行为等同于其本人行为，但在信息泄露链条非常长的情形下，缺少足够的理由说明为什么不能将后续环节一定次数或者层级范围内的内幕交易违法所得认定为犯罪数额。

（四）内幕交易违法所得的实质：内幕信息经济价值的犯罪化兑现

从上述内幕交易犯罪刑法规范解释、判例实证调查、比较刑法分析中可以看到，内幕交易犯罪行为定性解释与内幕交易违法所得定量认定，尽管都是定罪量刑要素分析中的核心组成部分——甚至前者在传统司法判断结构中一般被认为具有更为重要的体系性地位——两者与内幕信息及其经济价值的关系是存在明显差异的。内幕交易犯罪行为的定性解释更强调法律判断的排他性重要意义，交易行为与内幕信息在法律规范上的关联性构成了刑事违法性的核心基础。而内幕交易违法所得量化评估，牵涉法律与经济分析的交叉性实践应用与跨学科理论解释。因为内幕信息是与金融商品或其发行主体有关的、对金融商品内在价值具有影响并外化为市场价格波动的重大信息（例如，资产重组、重大合同等与上市公司经营和财务密

---

① Jill E. Fisch, " Start Making Sense: An Analysis and Proposal for Insider Trading Regulation," 26 *Georgia Law Review* 179, 238 (1991).

② Dirks V. SEC, 463 U. S. 646, 665 (1983).

切关联的信息），其经济价值在于发现基础资产内在价值与金融商品市场价格之间的价差。[①] 基于内幕信息从事相关金融商品交易的市场参与者能够利用这种信息价值实现交易利润。证券法、刑法等资本市场法律规范通过重大信息强制性披露与内幕交易禁止等规定，保护信息效率，杜绝内部人员、其他非法获取内幕信息人员甚至包括上市公司本身，不正当地获取信息经济价值。一方面，上市公司重大信息应当按照信息披露规则向市场公开。另一方面，在信息尚未公开之前，内幕信息初始产权属于投入成本创制信息的上市公司等组织、机构而非参与信息形成的公司内部人员。但这种信息产权具有非常特殊的消极性特征，即除了在符合信息披露规则的基础上向市场公开，禁止任何市场参与者不正当地从内幕信息价值中兑现个人利益。[②] 由部分市场参与者取得内幕信息产权并实现信息价值，不正当地排除了公司其他股东、员工等对信息价值创制的贡献，阻碍了资本市场其他参与者对金融商品的定价效率，最终损害公司价值与市场效率。[③] 内幕交易犯罪行为的经济内涵就是有价信息产权的非法再分配。内幕交易犯罪刑事责任追究与专利、商业秘密、著作权等信息权利刑事法律保护机制一样，通过保障信息产权的方式维护市场持续生产全新且有价信息的创新驱动。内幕交易犯罪的违法性实质是对重大未公开信息产权的侵害，资本市场刑法保护的制度价值在于信息产权的合理界定，共同决定了信息价值实现情状指引着内幕交易违法所得的属性解释与责任分配。内幕交易违法所得司法判断应当定位于信息价值通过金融商品交易行为直接或者间接转化为实施内幕交易犯罪行为的个人经济价值。

所以，违法交易行为的获利或者避损，只有在经济上与内幕信息价值具有因果联系时，才能够在法律上将其认定为内幕交易违法所得。这种经济关系又需要进一步借助法律证明与推导，结合内幕交易的类型化特征，在司法上进行符合资本市场知识验证与社会公众常识判断的说理与解释。从法律关系上分析，内幕交易与投资者损失具有因果关系才能计入赔偿金

---

① 谢杰：《利用未公开信息交易罪量刑情节的刑法解释与实践适用——“老鼠仓”抗诉案引发的资本市场犯罪司法解释反思》，《政治与法律》2015 年第 7 期。

② Zohar Goshen & Gideon Parchomovsky, “On Insider Trading, Markets, and ‘Negative’ Property Rights in Information,” 87 *Virginia Law Review* 1229, 1239 (2001).

③ Kenneth E. Scott, “Insider Trading, Rule 10b - 5, Disclosure and Corporate Privacy,” 9 *Journal of Legal Studies* 801, 812 (1980).

额。相应地，金融交易行为的获利或者避损，也只有与内幕信息之间具有因果关系，才能认定为违法所得。① 从经济关系上分析，内幕交易违法所得必须是重大未公开信息价值的犯罪化兑现，即违法所得来源于重大信息所产生的金融商品市场价格波动。重大信息对市场具备影响能力期间内的违法所得应当予以计算；内幕信息失去影响之后，或者由其他非该重大信息因素影响下的市场价格波动所获取的利润，不能计算为内幕交易违法所得。所以，有必要紧紧围绕内幕信息经济价值与内幕交易违法所得之间的因果关系，计算基于内幕信息完成建仓与平仓全部行为的内幕交易实际违法所得，核定基于内幕信息进行持仓、规避损失或者传递内幕信息的拟制违法所得。

二　内幕交易实际违法所得：内幕信息经济价值的司法计算

内幕交易违法所得认定问题在司法判断最初环节显然应当从法律规范与司法解释的条文内容中分析相关规则的科学性。无论是金融市场机制最为发达的美国，还是金融一体化水平极高的欧盟，抑或是处于进一步深化金融改革阶段的中国，资本市场刑法制度都能够明确一大要点——只有与重大未公开信息具有关联性的内幕交易获利或者避损，才能认定为违法所得。这是信息与交易价格经济关系在法律框架下非常合理的当然解释。不过在法律分析、司法判断层面具体解释重大未公开信息、金融商品价格波动、内幕交易者买卖金融商品的利润获取与风险规避，其逻辑起点仍然必须首先建立在刑法与司法解释制度设计的基础之上。

在我国《刑法》第 180 条内幕交易、泄露内幕信息罪的法律条文以及《内幕交易解释》的框架下，内幕交易违法所得的司法认定是一个纵深性的证明结构：其一，内幕信息与交易行为之间的关联性证成内幕交易犯罪行为；其二，基于内幕信息的不法交易行为与获利或者避损之间的关联性证成内幕交易违法所得。从严格按照法律逻辑层层递进地解释内幕交易违法所得的认定规则中，我们可以看到，违法所得的证明不需要在法律上与内幕信息及其经济价值建构直接的经济联系或者法律上的因果关系，它们之间的关联性是通过内幕交易这一行为要件嫁接的。这意味着资本市场中具有经济价值的重大未公开信息，一旦完成与交易行为的关联性证明并锁

---

① John C. Coffee, "Loss Causation after Dura: Something for Everyone," 231 *New York Law Journal* 883, 920 (2005).

定内幕交易行为性质，在违法所得认定过程中无须再行考察内幕信息与其经济价值犯罪化兑现之间的直接性经济与法律关系。

所以，对于利用内幕信息建仓之后对应性地完成平仓交易的内幕交易犯罪行为而言，内幕交易违法所得认定是一种实际利益的司法计算。内幕交易建仓成本与平仓金额之间的价差现实地界定了违法所得的基本数额范围——平仓金额等于交易量乘以平仓价格（基准价格）减去建仓成本，得到的价格差额，即为内幕交易犯罪的实际获利。

（一）内幕交易实际违法所得司法计算的原则

内幕交易实际违法所得的认定，原则上应当采用实际成交差额规则。应当承认，平仓时市场价格对于计算内幕交易违法所得具有重要影响。平仓时市场价格的水平与内幕信息之间在经济上必须具有相当因果关系——如果达到该价格水平是由于其他经济因素推动的，则排除了这种因果关系的相当性，受到介入因素影响的金融交易利润不能认定为内幕交易行为的违法所得；如果该价格水平是重大信息与其他介入因素共同作用的，则弱化了内幕信息与价格波动因果关系的相当性，应当在违法所得中扣除非内幕信息作用下的价格波动对违法所得的数量影响。然而，信息与价格之间的相当因果关系的经济事实与法律要求，并不意味着内幕交易违法所得认定过程中必须由控方承担重大信息、其他经济因素、市场价格之间的对应性关系证明，或者裁判者应当主动审查并扣除非信息要素对价格的影响。在内幕交易犯罪行为性质判断时，重大未公开信息与价格波动之间关系的具体内容是信息公开后会对金融商品市场价格产生重要影响——这部分事实与关系应当由控方承担证明责任。在内幕交易违法所得数额认定时，内幕信息与金融商品价格之间的相当因果关系则表现为内幕交易的平仓价格水平是由该重大未公开信息所推动的。除非辩方举出反证，只要在行为性质判断阶段证明涉案的未公开信息具有重大性，并且信息公开后市场价格确实形成了与信息内涵相应方向的价格波动，就应当推定信息与价格具有相当因果关系，并以内幕交易者实际实施的相关的平仓价格作为计算违法所得的基准价格。

市场吸收规则理应构成内幕交易违法所得司法判断规则体系中相当重要的组成部分，但需要明确的是，这种实体解释规则在司法行为中的程序性价值在于，为辩方提出内幕信息与交易所得无关、市场其他介入因素影响了部分交易所得等抗辩理由提供审判机关作为审理的依据。在辩方基于市场吸收规则提出抗辩事由的情况下，审判机关或者裁判文书应当对内幕信息与实际平仓价格水平无关、扣除外部市场因素介入下的交易所得等抗辩及其论证理由、事实依据进行司法审查，符合证明实体标准与程序要求的，就应当相应排除或者扣除内幕交易违法所得，没有达到证明标准的，应当不予采信。但不能完全无视内幕信息与违法所得关联性抗辩问题，或者完全否定市场吸收规则的合理性与科学性。

实际成交差额规则在计算上非常便捷，只要将基于内幕信息所实施交易行为的平仓金额减去建仓成本就可得出违法所得数额。作为内幕交易违法所得司法判断规则，这种认定方法在裁判应用与行为规范指引双重层面都具有很强的可操作性与有效性。司法实务部门能够简单明确地进行计算，以内幕交易者的净收益评价其社会危害性也完全符合罪刑相适原则的根本要求。资本市场参与者同样可以相对确定且稳定地预期刑事法治体系对内幕交易犯罪行为危害的评价规则，基本排除了行为人因为规则不确定性而选择风险博弈的可能性。市场吸收规则的计算方法则相对复杂，需要测算出内幕信息影响期间内的金融商品市场价格，并排除其他重大市场因素对价格的影响，在此基础上确定基准价格后减去内幕交易建仓平均价格，乘以基于重大未公开信息的交易量，从而得出违法所得数额。针对市场吸收规则的操作复杂性问题，理论上有观点指出，重大未公开信息对相关金融商品市场价格影响期间的认定，很难确立普遍认同且易于理解的数量金融计算工具，如果使用司法推论的方法来确定信息与价格的关联期间，则显然存在裁量权过大、判断标准稳定性与明确性不足等问题。[①] 从追求司法实务便利性的层面来看，判例实践往往倾向于全盘适用实际成交差额规则认定完成建仓与平仓的内幕交易违法所得。

片面追求司法实务便捷性的根源在于经济分析与法律判断之间的隔离与决裂。纯粹的经济分析强调信息价值与违法所得之间的直接对应性，绝对依赖数量金融工具却无法提供普遍认可的标准；单纯的法律分析直接使用内幕交易的不法全面替代所得利益的非法性，忽略了重大未公开信息与违法所得关系的有效嫁接，从而背离了内幕交易犯罪信息价值滥用的法律

① Nicole Black, "United States V. Nacchio and the Implications of an Emerging Circuit Split: Practical and Policy Considerations of Amending Financial Gain as a Measure of Culpability," 87 *Denver University Law Review* 633, 645 (2010).

本质与实质经济危害性。合理的解释路径在于，从法律与经济并轨的角度说明信息价值、交易行为、经济所得之间的因果关系。资本市场中的有价信息与金融行为之间具有高度的互为关联性，重大未公开信息传至市场之后，一旦对相关金融商品市场交易价格产生实质性影响，必然通过价格引导机制推动其他市场参与者通过资本配置行为作出反应，这种金融行为本身又成为一种市场信号（信息）反映到金融商品市场价格之中，通过反复的重大信息市场影响与金融行为反应互为作用形成全新的价格均衡。重大未公开信息与市场价格均衡之间的关系不是单一的、线性的、简单的，而是复合的、离散的。

这种经济机制决定了法律判断过程中难以直接量化重大未公开信息在特定时间内对金融商品价格的影响程度，也难以梳理出其他介入市场因素与金融商品价格的关系并将其剔除在内幕交易违法所得数额计算之外。因为从现有的实证研究来看，目前仍然难以有效地辨识内幕信息、其他市场信息以及外部投资者所从事的相关金融商品交易行为对于金融商品市场价格的区别性影响。[①] 例如，在全球著名的伊万·博伊斯基证券欺诈系列案[②]中，博伊斯基曾于雀巢公司收购康乃馨公司之前买卖后者证券，一项针对该内幕交易事实的实证分析报告指出，尽管相关证据明确显示博伊斯基利用并购内幕信息从事相关证券交易，但数量分析工具未能测算出博伊斯基内幕交易行为与非知情证券交易行为、市场其他影响要素之间在证券价格影响方面的差异。[③] 即使设计出特定的数量金融工具完成了直接量化、介入因素梳理与排除，实际上也不可能为司法实践所理解或者资本市场常识所接受甚至容忍。因为不仅违法所得的数额认定规则与计算公式本身难以确定，如何清晰地向诉讼当事人以及金融市场关注者解释与说明违法所得结论及其形成过程，也是非常困扰司法者且极其耗费司法资源的技术性难题。[④] 尽管

---

① Z. Goshen & G. Parchomovsky, "On Insider Trading, Markets and 'Negative' Property Rights in Information," 87 *Virginia Law Review* 1229 (2001).

② SEC V. Ivan F. Boesky, 86 Civ. 8767 Ro, (S. D. N. Y.). 美国证券交易委员会（SEC）、司法部（DOJ）指控博伊斯基实施多起内幕交易，涉案金额达数百亿美元，经过辩诉交易，最终对博伊斯基处以 3 年监禁、罚款 1 亿美元、终身证券行业禁入。

③ Sugato Chakravarty & John J. McConnell, "Does Insider Trading Really Move Stock Prices?," 34 *The Journal of Financial and Quantitative Analysis* 191 (1999).

④ Daniel Richman, "Federal White Collar Sentencing in the United States: A Work in Progress," 76 *Law & Contemporary Problems* 53, 70 (2013).

要求控方聘请财务、数量金融领域的专家作为“有专门知识的人”[①] 就内幕交易犯罪违法所得计算提出专业意见，有利于通过金融专业知识上的细致解释优化司法认定结论的科学性，但司法过程的复杂、论证技术的难以理解、司法人力资源与时间成本的耗费等，都严重制约了更为精致化与科学化的重大未公开信息价值与内幕交易所得之间关系的证明。

由于信息之间具有高度关联性，且资本市场整体信息与金融商品价格之间不具有可区分性，这无疑导致在金融常识判断上宣告了经济分析能力有限的司法过程很难确认以下问题：特定的重大未公开信息在什么时间范围推动了相关金融商品价格波动到什么位置；哪些市场介入因素可以视为重大未公开信息之外同样对金融商品市场价格具有影响的其他信息；特定的重大未公开信息在价格均衡中的影响比重是多少。然而，可以建构因果联系的基础事实却非常直观，重大未公开信息具有经济价值（能够十分有效地揭示金融商品当前市场价格与内在价值的价差），信息公开后金融商品按照内幕信息内容的指向发生相应的价格波动，内幕交易者完成了建仓与平仓的全部交易行为并从中获取经济利润。无论是在经济关系还是法律判断上，信息价值、内幕交易行为、经济利益之间都形成了层层推进、紧密连接的条件因果。既然信息价值滥用是违法的，内幕交易构成不法，那么相关交易行为所得到的经济收入扣除其交易成本都具备明确的非法性，均应当认定为内幕交易违法所得。控方从法律与经济分析层面完成了上述证明过程，就可以确认实际交易差额就是内幕交易违法所得。

（二）内幕交易实际违法所得司法计算的例外规则

当然，任何原则性规定都应当允许合理的例外规则完善法律规范体系对于客观真实的资本市场行为的评价。

1. 内幕信息影响力耗尽

从交易时间跨越的角度分析，有的内幕交易者在信息对价格影响力持续期间全部或者部分平仓，而有的内幕交易者则在信息价值耗尽于金融商品市场价格变动之后全部或者部分平仓。内幕信息公开后对于特定金融商品市场价格的影响客观上存在一定的时间限度，超过了重大信息的影响时

---

① 《刑事诉讼法》第 192 条第 2 款规定：公诉人、当事人和辩护人、诉讼代理人可以申请法庭通知有专门知识的人出庭，就鉴定人作出的鉴定意见提出意见。法庭对于上述申请，应当作出是否同意的决定。

间范畴，相关的交易行为就不能完全被认定为基于内幕信息而展开的。所以，有确实且充分的证据证明，行为人在案发前全部或者部分平仓的交易发生在内幕信息公开之后相当长的时间内，不存在对应性地利用内幕信息经济价值谋取平仓利益的现实可能的，应当将相关经济收益排除在内幕交易违法所得之外。

2. 其他市场介入因素

从市场信息介入的角度分析，即使在信息对市场具有重大影响的时间范围之内，信息价值与市场价格之间的关联度不仅会随着时间推移逐渐弱化，而且会因为其他市场介入因素而稀释信息对价格的影响水平。内幕信息对于金融商品市场价格的特定化影响固然重要，但宏观信息（调整利率、调整存款准备金率、开征或者取消印花税等）对资本市场的系统性价格波动同样具有显著作用。系统性信息介入市场后会造成大规模的普涨或者普跌。同时，经济环境、投资者预期、行业趋势或者上市公司重大事件等独立要素的变化或者共同作用都会导致相关金融商品市场价格波动。[①] 如果在介入时间上与内幕信息重合，彻底否定其他市场重大信息对于内幕交易者平仓价格水平的作用，会导致法律判断与资本市场所发生的真实价格现象出现比较明显的相悖。故有必要将内幕信息之外对平仓价格具有显著影响的系统性信息导致的获利数额予以扣除。

3. 内幕信息实际影响不明显

从内幕信息客观作用的角度分析，有的内幕信息公开之后确实对金融商品市场交易价格产生了极大的助涨或者助跌作用，甚至内幕信息未公开之前就出现了极大的交易量或者价格异动，而有的内幕信息公开后并未引起市场普遍关注或者有意义的价格反应。这实际上是由内幕信息的具体类型所决定的。发源于资本市场中的未公开信息，可以进一步地类型化为内生信息与外发信息。[②] 内生信息是指生成于金融商品对应基础资产体内，

---

① Dura Pharmaceuticals Inc. V. Braudo 544 U. S. 336, 343 (2005).

② 此处信息类型化的价值在于准确地解释不同的未公开信息类型对金融商品市场价格的影响是不同的。以不同的视角与标准分析未公开信息，还可以对资本市场信息进行其他完全不同的类型划分。例如，以信息涉及的范围为标准，可以大致区分为特定金融商品信息与特定市场领域信息。前者是指基于金融商品发行人（例如上市公司）自身行为、内部事件等形成的信息，包括经营状况、管理质量、商业计划、财务动态、历史数据、科研成果、发展策略、证券供求关系等。后者是指与特定金融工具有关的行业、区域、全国乃至全球经济动态等更为广阔的市场领域设定下的信息。

在其保值、增值的经济运作中内含的、与该金融商品定价相关的信息，例如，在证券发行人经营过程中（主要是）由内部高级管理人员筹划、执行、决策等职务行为而生成的营收增长（下降）、公司并购扩张（出让资产）等信息。外发信息是指与金融商品对应基础资产真实实体价值并无直接关联的，由外部供求关系推动的，对金融商品定价具有重要价值的信息，例如，与证券发行人的经营行为无关的，由资本市场中的投资行为促成的证券需求量变化信息——上市公司大股东、实际控制人、高管等增持或者减持证券等均属于外发信息。由于内生信息公开造成的是金融商品内在价值的客观波动，外发信息公开引发的是金融商品供求关系的短期波动，通常而言前者对市场价格变动的影响幅度更大、持续时间更长。因此，基于外发性的内幕信息实施相关金融商品交易并最终出现实际获利数额的，有必要对信息实际影响的证据进行专项评估。信息公开之后的价差波幅并不明显，实际获利数额主要是因为交易量大而实现的，应当在内幕交易违法所得中予以扣除。

4. 正当经济利益

从刑事归责正当性的角度分析，内幕交易犯罪法律规制所针对的对象显然不是单纯的交易行为，而是交易行为中的欺诈性以及滥用重大未公开信息价值的部分。[①] 内幕交易犯罪的违法所得也不是一般意义上的交易所得而是欺诈所得，所以内幕交易违法所得的司法认定应当限定在欺诈性行为影响的范围之内，资本市场吸收重大信息并实际反映为价格波动之外的其他正当经济利益并不能作为内幕交易违法所得并据此对行为人进行归责。

由此可见，市场吸收规则正是能够在“例外”这一司法规则生存空间中确定其积极的规范作用与价值定位。

（三）特殊情形下的内幕交易实际违法所得认定

1. 股票分红

在内幕交易犯罪案件中，行为人控制的账户实际出现的利益增值，除了表现为基于内幕信息进行建仓与平仓而获取的交易差额收入之外，还包括股票分红。刑法司法解释长期以来一直都不将股票分红等具有孳息属性的经济利益认定为犯罪数额。例如，1993 年最高人民法院《关于贪污、挪

---

① United States V. Mooney, 425 F. 3d 1093, 1101, 8th Cir. (2005).

用公款所生利息应否计入贪污、挪用公款犯罪数额的问题的批复》规定：贪污、挪用公款（包括银行库存款）后至案发前，被贪污、挪用的公款所生利息，不应作为贪污、挪用公款的犯罪数额计算。但该利息是贪污、挪用公款行为给被害单位造成实际经济损失的一部分，应作为被告人的非法所得，连同其贪污、挪用的公款一并依法追缴。尽管该司法解释性文件基于时间相对久远、形势发展等原因而被清理与废止，[①] 但其对经济犯罪所生利息、股息等利益的属性判断意见，仍然被相对较新的司法解释所承继。根据2007年最高人民法院、最高人民检察院《关于办理受贿刑事案件适用法律若干问题的意见》第2条“关于收受干股问题”的规定，国家工作人员利用职务上的便利为请托人谋取利益，收受请托人提供的干股的，以受贿论处。进行了股权转让登记，或者有相关证据证明股份发生了实际转让的，受贿数额按转让行为时股份价值计算，所分红利按受贿孳息处理。根据上述刑法司法解释的精神，股票分红不是犯罪数额，原则上不能认定为内幕交易犯罪案件定罪量刑依据的违法所得。同时，股票分红是任何在规定期间持有上市公司证券的投资者都可以获得的资本利得，其既不可能构成与内幕交易者从事方向相反交易的投资者损失，更不可能构成上市公司的损失，因而显然不能作为被害人损失而认定为内幕交易非法所得予以追缴。但是，司法实践中有的判例直接将行为人基于内幕信息买卖股票过程中的分红认定为内幕交易违法所得。[②] 这种判例结论显然与司法解释的精神与资本市场股票分红的属性存在非常大的差距。那么，究竟能否将内幕交易过程中实际获得的股票分红计算为内幕交易违法所得？

笔者认为，分析内幕交易行为过程中所获得的一项实际利益是否属于内幕交易违法所得，归根到底判断标准在于该经济利益是否直接派生于信息价值，即内幕交易者获取的利益是否直接源自于内幕信息的经济价值。内幕信息包括了各种与金融商品发行人财务或者经营状况有关的重大信息，例如，重大资产重组、重大合同、重大股权、实际控制关系、人事等变动、重大赢利与债务情况等。绝大部分内幕信息类型及其内容实际上都

---

① 参见最高人民法院、最高人民检察院《关于废止1980年1月1日至1997年6月30日期间发布的部分司法解释和司法解释性质文件的决定》（法释〔2013〕2号）。

② 例如，在万顺股份内幕交易案中，判决书明确判定被告人“陆续将上述持有的万顺股份股票全部卖出，非法获利（含股息）共计707427.57元”。参见江苏省无锡市中级人民法院刑事判决书（2014）锡刑二初字第00008号。

没有蕴含上市公司股票分红这种经济利益。绝大部分内幕交易者基于重大未公开信息实施金融交易的行为目的与对象也不是上市公司股票分红。内幕交易行为过程中实际获得的股票分红通常只是金融交易行为所获取的资本利得，而非内幕信息所蕴含的经济价值所直接派生的、禁止通过内幕交易行为获取的非法利益。因此，不能在司法判断中直接将内幕交易行为过程中实际获取的股票分红计算为内幕交易违法所得。但是，与股票分红有关的信息，在其未公开之前，本身就是一种非常重要的内幕信息类型。上市公司利润分配方案是资本市场关注的重点，而优于市场预期的分红方案公开后因为基本面良好且受到炒作而导致相关证券市场交易价格高涨也是金融实务中的普遍现象。实践中，有的内幕交易者就是利用尚未公开的高送转等分红方案所引发的市场交易价格波动获取交易利润与股票分红利益。所以，有证据表明股票分红就是涉案内幕信息经济价值中的重要内容的，行为人实施内幕交易必然指向股票分红的，则应当认定股票分红构成非法实际利益的必要组成部分，相关分红数额应当计入内幕交易违法所得。

2. 做空交易

内幕信息所对应的内容既可以是重大利好消息，也可以是重大利空消息，内幕信息知情人员既可以基于重大利好信息完成建仓与平仓，也可以基于重大利空信息提前做空金融商品，并在信息公开、金融商品价格下跌之后低价买入相关金融商品，赚取实际交易差额。我国台湾地区的部分判例实践对于基于利空信息完成做空买卖的内幕交易违法所得，适用与利好信息同样的实际成交差额规则。例如，司法警务人员徐某、林某基于职务便利获悉 A 公司将接受检调机构的搜查，于该利空信息公布于市场之前五天，先后以 14 元和 14.8 元融券卖出 A 公司股票共计 5 万股，并在遭到司法机构搜查的信息披露后上市公司股价重挫时以 9.26 元低价买入股票归还融券，卖出金额与回补成本之间的价差扣除税费后违法所得 24 万余元。[①] 再如，行为人基于职务便利审阅证券交易所核查劲永公司涉嫌虚假交易调查报告，在信息公开前利用其实际控制账户融券卖出劲永公司股票 65 万余股，并在信息公开后全部买入回补，融券卖出金额 1258 万余元，买入回补

① 我国台湾地区“高等法院”99 年度金上诉字第 56 号刑事判决。

金额 471 万余元，差价为内线交易违法所得。[①] 由于在相当长的时间内，中国大陆资本市场做空机制并不十分完善，做空交易量规模有限，司法实践相应地尚未处理基于尚未披露的重大利空信息从事做空交易谋取经济利益的内幕交易案件。伴随着股指期货[②]、融资融券[③]、ETF 期权[④]等交易品种与做空市场规模的渐进发展，基于未公开利空信息卖空金融商品并在信息公开后低价买入回补的内幕交易行为会逐步为资本市场所关注并为司法实务所认知。所以，需要补充强调的是，在重大利空信息公开之前卖空金融商品，信息公开之后价格下跌，买入回补赚取做空差价的，应当适用实际成交差额规则计算利空信息在不法交易中的经济价值，并以此认定内幕交易违法所得。

三　内幕交易拟制违法所得：内幕信息经济价值的司法核定

在内幕信息形成、本人完成建仓与重大信息公开、本人完成平仓等对

---

① 我国台湾地区“高等法院”99 年度重金上更（一）字第 2 号刑事判决。

② 股指期货是指以股价指数为标的物的标准化期货合约，双方约定在未来的某个特定日期，可以按照事先确定的股价指数的大小，进行标的指数的买卖，到期后通过现金结算差价来进行交割。2010 年 4 月 16 日，股指期货在中国金融期货交易所正式开市，引领市场完成风格转换，在中国资本市场发展历程中具标志性意义，截至 2011 年底便达到累计成交量 5041.62 万手，累计成交额 437659.55 亿元。参见中国证券监督管理委员会《2011 年 12 月统计数据》（索引号：40000895X/2012－00178）。

③ 融资融券是指证券公司向客户出借资金供其买入证券或出借证券供其卖出证券的业务。由融资融券业务产生的证券交易称为融资融券交易。融资融券交易分为融资交易和融券交易两类，客户向证券公司借资金买证券叫融资交易，客户向证券公司卖出为融券交易。《证券法》第 142 条证券公司为客户买卖证券提供融资融券服务，应当按照国务院的规定并经国务院证券监督管理机构批准。2011 年 10 月 28 日，证监会发布《转融通业务监督管理试行办法》，同时发布《关于修改〈证券公司融资融券业务试点管理办法〉的决定》和《关于修改〈证券公司融资融券业务试点内部控制指引〉的决定》两个文件。这实际上意味着融资融券正式转为证券市场的常规业务。近年来融券做空数量逐步扩大，每周融券余额保持在 20 亿～40 亿元，在我国资本市场融券成本较高的背景下，这已属于相当大的规模。参见余宏开《两融交投持续低迷　融券规模进一步扩大》，载《上海证券报》2014 年 5 月 28 日，第 A5 版。

④ 交易所交易基金（Exchange Traded Funds，简称“ETF”）是在交易所上市交易的、基金份额可变的开放式基金。ETF 期权就是以 ETF 为基础资产的期权交易。2015 年 1 月证监会批准上交所开展股票期权交易所试点，试点范围为上证 50ETF 期权，正式上市时间为 2015 年 2 月 9 日。参见郭文娟、何川《股票期权交易下月试水沪市》，《经济日报》2015 年 1 月 10 日；乔誌东《股票期权准备就绪　启动箭在弦上》，《证券日报》2015 年 1 月 5 日。

应性要素（信息行为与交易行为）完整具备的条件下，违法所得就是内幕交易行为的实际结果。一旦其中的任何一个要素没有处于完整的状态，在行为性质仍然构成内幕交易的前提下，违法所得只能是法律上的拟制结果，其数额的认定相应地不能被称为司法计算，而是应当根据信息与市场价格关联性、持仓水平、规避损失、信息传递中的责任范围等具体要素而予以具体分析的司法核定。

（一）内幕信息公开前平仓的拟制违法所得核定规则

重大信息尚未公开内幕信息形成之后，建仓的交易者便实施平仓行为，在这种情况下，内幕信息并未通过信息披露的方式影响金融商品市场价格，因而缺乏直接证据证明内幕信息与平仓收益关系，只有在法律上能够公正地拟制出交易所得具有可归责性的前提下，才能将之核定为内幕交易违法所得。

内幕信息形成之后公开之前，金融商品市场交易价格就出现异动并非反常形态。有效资本市场理论（Efficient Capital Market Hypothesis）认为，资本市场向金融参与者传导全新的市场信息，不仅能够通过信息披露的方式予以展开，而且还能够依靠金融交易行为与金融商品价格的“解码”[①]来完成信息的传导。

金融交易行为与金融商品价格的“解码”是资本市场自发与内化的信息传导模式，是指证券、期货等各类交易所通过互联网平台将金融商品交易价格、交易量、大宗交易数据、融资融券数额等资本市场主要数据信息即时公开，资本市场中的投资者（投机者）从其他市场参与者金融行为所导致的数据变化中解读、推断潜在的未公开信息。对于具有交易与价格“解码”意识的投资者（投机者）而言，资本市场中突然介入的或者超出原有市场预期的金融商品交易量、交易价格波动，蕴含着重要的金融意义——市场数据变化意味着其他市场参与者实际上得到了新信息并且已经根据全新的信息对金融交易的预期收益进行了重新评估。交易与价格“解码”对资本市场中的内幕交易主体与其他投资者（投机者）会产生双重的影响效应。

---

① Thomas A. Lambert, “Overvalued Equity and The Case For an Asymmetric Insider Trading Regime,” 41 *Wake Forest Law Review* 1046, 1107 (2006); Ronald J. Gilson & Reinier H. Kraakman, “The Mechanisms of Market Efficiency,” 70 *Virginia Law Review* 549, 572 (1984).

一方面，内幕交易者可以利用“解码”机制中资本市场参与者的金融行为心理实现对特定金融商品市场价格波动的控制。资本市场中金融交易、投资决策的制定者普遍倾向于忽视（甚至无视）本人持有的信息，放弃其独立拥有的判断能力以及其他对于实现决策优化具有重要价值的要素，过度解读市场数据及其背后潜藏的信息内涵，进而选择效仿金融市场中其他参与者的交易行为。① 过度依赖于“解码”机制实施金融交易正是普通投资者（投机者）认知偏见这一行为心理的典型表现。② 内幕交易者之所以能够利用内幕信息公开前所引发的市场价格波动并通过抛售获取交易利益，至关重要的市场条件就是“解码”机制深刻地内化于资本市场参与者的决策过程之中。在对交易量、市场价格、持仓主体信息等市场数据进行“解码”时，内幕交易者之外的其他资本市场参与者会受到这些市场信息的影响而作出相应的投资决策，他们的交易行为就会进一步制造短期交易量释放与价格波动信息，内幕交易者也会有意地通过非公开披露的其他方式潜在地释放信息——所有这些都可能被市场理解为是依托于重大且尚未公开的信息而进行的知情交易。在交易与价格“解码”之后，资本市场中所形成的观点将会推动普通投资者（投机者）的交易决策与投资（投机）行为按照内幕交易者的意图买入或者卖出金融商品，从而导入了内幕交易者预期的资本配置模式。正是通过内幕交易者自身的建仓行为及其造成的金融商品交易量、交易价格的变动，经由其他资本市场中的投资者（投机者）对金融交易行为与金融商品价格表现进行“解码”，完成信息尚未公开之前的价格波动，从而获得信息未披露之前的平仓收益。

从另一方面来看，资本市场中的投资者（投机者）对金融商品的交易量、市场价格等信息进行“解码”，也会在相当程度上影响或者蚕食内幕交易者排他性获取的内幕信息经济价值。这是由“解码”机制的信息价值再次分配效应所决定的。上市公司实际控制人、高管等内部人员、券商等知悉内幕信息的中介机构服务人员以及基金公司等机构投资者以规模化、趋势性的方式从事金融商品交易，会导致金融商品市场价格在一定时间范

---

① Christophe Chamley, *Rational Herds: Economic Models of Social Learning*, Cambridge University Press, 2004, pp. 47 - 49.

② Michelle Baddeley, "Herding Social Influence and Economic Decision-making: Socio-psychological and Neuroscientific Analyses," 365 *Philosophical Transactions of the Royal Society Biological Science* 281, 282 (2010).

围内加速上升或者快速下探。市场中并无信息优势的金融交易参与者通过大额资金动向、具有趋势性的资本流动等市场状态，可以推断其他交易者是否掌握尚未公开披露的重大信息，并追随其推断出来的信息所指向的交易内容与方向，作出投资判断、设计交易策略。这就导致内幕交易在利好型信息未公开之前操作的抛售价格承受下行压力，在利空型信息未公开之前操作的买入价格承受价格上行的成本增加。此外，内幕信息公开之后的市场反应被前期的“解码”所稀释，价格波动反而并没有预期中的那么剧烈。这些“解码”机制的附带性市场动态最终都会影响内幕交易收益水平。

从上述“解码”机制的理论分析中可知，在内幕信息尚未公开之前，包括内幕交易在内的所有交易行为都可能在“解码”机制的作用下构成全新信息并对金融商品市场价格产生影响，这种并非基于重大信息公开而形成的价格波动，意味着内幕交易者完全能够在重大信息公开之前就实施平仓行为获利离场。

但是，“解码”机制在经济机理上并不乏疑问。基于重大未公开信息展开的知情交易能够在多大程度上推动金融商品市场价格朝着与信息所对应的真实价值相应的方向运行，实际上存在着相当不确定性与相对低效性。资本市场中的专业信息分析人员或者投资者有时难以辨识由知情交易行为所释放的信息与价格信号，因为即使在合法的内部人交易的场合，买卖上市公司证券及其衍生品的内部人员，也非常有可能基于确保信息价值垄断的经济考量，而刻意隐藏内部人交易行为或者控制知情交易对市场所产生的影响。在具体操作中，重大未公开信息知情人员可以通过分散交易量、使用“人头账户”、实际控制众多个人账户等多种方式隐匿交易行为本身可能向市场传递的信息内容。中国证券登记结算有限公司发布通知，明确自 2015 年 4 月 13 日起 A 股市场全面放开“一人一户”限制，自然人与机构投资者均可根据自身实际需要开立多个 A 股账户和封闭式基金账户，上限为 20 家证券公司开设 20 个账户。[①] 这种资本市场的最新制度安排进一步便利了分散交易，弱化了大宗交易行为对市场影响等操作手法的运作。经结构化改造后的交易行为实际上有效地排除或者模糊了知情人员身份、敏感时间大额交易等可能引起市场进行潜在信息评估的因素。绝大

① 曾福斌：《中国结算：今日起全面放开一人一户》，《证券时报》2015 年 4 月 13 日。

部分知情交易被市场理解为流动性交易[①]或者噪声交易[②]。退一步分析，即使重大未公开信息的知情人员并不刻意对交易事实进行掩盖，内幕信息形成后至尚未公开前的交易行为也可能难以向市场传递或者充分传递全新的信息内容。毕竟相当部分的知情交易在数量上并未在同期市场交易量中占据显著地位，加之噪声交易干扰了金融商品市场价格对新信息的充分反映，知情交易行为的信息提示价值与优化定价效率会有很大的局限，[③]“解码”机制会很难发挥实际作用。

理论上，重大未公开信息的内容指向利好（利空），知悉该信息的内部人员在信息尚未披露时做多（做空）金融商品，在其他影响该特定金融商品基本供求关系的条件没有变更的情况下，金融商品市场价格会相应上涨（下跌）。但是，资本市场中的金融商品具有高度的可替代性，随着市场产品内容与结构的不断优化，特定金融商品会存在诸多可替代投资品种，有限的知情交易数量规模决定了其在绝大多数情形下都会淹没在众多相类似金融商品整体交易总量之中，很难通过以交易量与交易价格为核心要素的“解码”过程，向市场有效传递潜在的价格敏感信息。知情交易对于市场信息效率的潜在影响通常是不重要的。并且，“解码”机制影响下的金融商品市场价格变动的过程缓慢，时间成本过高。其他市场参与者只能通过金融商品价格与交易量的变动解读潜在的内幕交易及其所指向的未公开信息，进而沿着信息所指向的趋势参与市场交易。这个“解码”的流程显得比较烦琐、复杂、零散、低效。

所以，内幕交易所内含的信息在被市场察觉之前，金融商品市场价格可能会逐渐接近充分反映市场未公开信息的价格水平，但这显然是一个需

---

① 流动性交易是指实施金融商品交易的市场参与者并不收集与评估市场信息，其投资行为是个体资本配置的集中体现，金融交易主体在信息获取与分析层面并不进行资源配置，而是通过持有证券等金融工具组合实施其资本保值增值的策略。Zohar Goshen & Gideon Parchomovsky, “On Insider Trading, Markets, and ‘Negative’ Property Rights in Information,” 87 *Virginia Law Review* 1229, 1236 (2001).

② 噪声交易是指既不具有信息优势，也没有长线持有金融工具投资组合的计划，在没有理性依据的情况下基于行为主体的偏好而从事的金融交易行为。Zohar Goshen & Gideon Parchomovsky, “On Insider Trading, Markets, and ‘Negative’ Property Rights in Information,” 87 *Virginia Law Review* 1229, 1237 (2001).

③ Stephen Bainbridge, “The Insider Trading Prohibition: A Legal and Economic Enigma,” 38 *Florida Law Review* 35, 66 (1986).

要耗费相当时间与成本的价格变动过程。加上资本市场中还存在诸多不具有理性投资判断基础的噪声交易扰乱价格信号的有序释放，经过种种环节弱化之后，内幕信息在尚未公开的情况下，通过以知情交易为典型代表的交易动态引导金融商品市场价格朝着信息指向的趋势进行波动，并不一定表现得特别明显。内幕信息形成之后尚未公开之前，市场是否实际出现波动，在此期间实施的内幕交易行为获得的利益是否源于这种波动，必须根据特定案件中的市场价格与交易量的变动情况分析。内幕信息是否通过“解码”机制传递至市场并影响金融商品价格，有必要严格按照相关金融商品交易数据予以确认。笔者建议的量化标准是，内幕信息形成之后尚未公开之前，相关金融商品市场价格出现以下情形之一，应当将该时间期限内的平仓收益列入内幕交易违法所得的计算范围：（1）单一交易日涨停或者跌停的；（2）连续 3 个交易日按照信息内容的指向日波动幅度超过 5% 的；（3）7 个交易日按照信息内容的指向总波动幅度超过 30% 的；（4）20 个交易日按照信息内容的指向总波动幅度超过 50% 的。符合上述量化标准的，说明内幕信息经济价值并没有通过披露的方式影响价格进而为内幕交易者所用，而显然是通过信息“解码”的市场运作模式影响了金融商品价格。由于内幕交易中的平仓行为所对应的交易价格受到“解码”机制传导下的内幕信息影响，平仓价格与内幕信息具有经济上的关联性，足以建构平仓收益作为内幕交易违法所得的可归责基础，应当将建仓成本与平仓收益之间的价差核定为内幕交易违法所得。

（二）内幕交易未平仓部分的拟制违法所得核定规则

内幕信息形成之后建仓的交易者在案发前全部或者部分未平仓的，其买入与卖出的完整交易行为实际上并未完成，无论是基于利好信息做多金融商品但未全部或者部分抛售，还是基于利空信息做空金融商品且全部或者部分未买入回补，都是只存在利用重大未公开信息建仓行为，缺乏将最终实际平仓价格作为直接计算内幕交易违法所得的基准价格。所以必须在法律上拟制内幕信息经济价值与内幕交易者持仓利益之间的对应性关系，并以此核定内幕交易违法所得。

金融交易行为覆盖建仓、持有、平仓等多个操作阶段，案发时内幕交易者部分平仓与部分持有、全部持有未平仓等各种情形不尽相同。对于是否考量以及如何确认案发时仍然被行为人持有或者控制的金融商品所对应的内幕交易违法所得，法律与司法解释对一系列核心问题都没有提供明确与具体的规则。这就产生了如下的问题。(1) 应否归责问题。没有完成的金融交易显然不存在可供核算的现金兑现，能否认定为违法“所得”？(2) 时间基准问题。内幕信息公开之后直至案发经过了相当长的时间，哪段持仓期间可以认定为与信息影响具有关联性？(3) 价格基准问题。内幕信息公开当日的市场价格、合理期间内的市场平均价格、内幕交易者之前实际成交价格等构成了多种与内幕信息有关的价格标准，如何选择价格基准最能有效评估内幕交易违法性的经济所得？笔者认为，对于这些问题的回答，我们有必要使用法律与经济分析工具展开层进式的解释与说明。

正如前述，内幕交易违法所得是基于重大未公开信息的交易利益，这种利益包括以现金方式已经兑现的经济利益，也包括以金融商品持仓方式尚未兑现为现金的金融资产公允价值。除了毋庸置疑的信息、交易、利润之间的关联性之外，内幕交易违法所得最为重要的特征是非法性。[①] 尚未平仓的金融商品持仓非法性来源于内幕信息——只要能够在经济分析上建构信息与利益之间影响与被影响的关系，在法律上确立内幕交易者与市场之间的欺诈与被欺诈的关系，就应当认定尚未平仓的金融商品持仓利益构成内幕交易违法所得。显然，我们不能因为内幕信息建仓的未平仓金融商品不存在可供计算的实际现金利益，并以此为由而直接否定其内幕交易违法所得之属性。

笔者认为，重大信息公开当日金融商品价量异常波动的事实确实能够证明信息与价格之间的相当关联性，但据此便将信息公开日市场价格作为核算全部未平仓的内幕交易违法所得数额并不合理。因为市场价格吸收重大信息是一个金融行为过程，信息公开当日的市场波动通常会比较剧烈，不过显然不能整体排除信息公开之后的一段合理时间内市场价格表现对信息与金融商品内在价值评价的有效性，同时也不能排除之后的交易日市场价格波动相对于信息公开当日更为剧烈的情况。信息公开当日价格对于信息价值与违法所得的说明能力比较有限，有必要在时间范围上予以合理的拓展与延伸，从而更为充分地评估信息价值在未平仓的内线交易持仓价值中的影响。

内幕交易者实际成交部分的价格深刻反映其兑现内幕信息经济价值的价格水平，以此作为未平仓金融商品违法所得的价格基准，似乎可以在很大程度上与行为人的主观故意相互吻合。从这个角度分析，最后一次成交

① 武永生：《证券市场内线交易与公开原则规范之财产权特征》，《铭传大学法学论丛》2010年第14期。

价格最能充分体现内幕交易者主观意图中认可的价格。司法实践中，台湾土地开发公司股票内线交易案一审判决确实也是以最后一次实际实施的成交价格核定尚未平仓部位的经济数额——被告尚有180万股尚未卖出，以其最后一次出售的股价计算未平仓部位的收益。被告2006年7月7日最后2.3万股成交价每股13.7元，该价格即为核定尚未卖出180万股内线交易违法所得的基准价格。[①] 既然内幕交易者在愿意以实际成交价格平仓部分金融商品并兑现利益，那么以平仓均价或者最后成交价核算内幕交易所得符合行为人预期的基准价格，有利于在内幕交易违法所得核算中实现主客观相一致原则。但是，从反向思维的角度分析则会得出截然相反的结论，即既然内幕交易者基于各种主客观因素没有继续以前期的价格水平进行平仓交易，就表明先前的市场价格并不符合其对未平仓部分结算价格的预期，因此，以实际成交均价核定持仓部位的违法所得显然与主客观相一致原则抵触。进一步考虑内幕信息公开渐进挥发影响效果这一因素，以实际完成交易部分的平仓均价或者最后成交价等核定持仓部分的违法所得，在客观上很难全面评估未平仓部位的经济利益。

内幕交易拟制违法所得的司法核定是对行为人滥用重大未公开信息获取经济价值的技术性推算，对于案发时或者重大信息对市场影响消失时仍然持有仓位的内幕交易部分而言，这种推论至关重要。因为在没有客观的交易数据评估内幕交易收益时，只能通过金融技术与法律规则测算信息价值滥用所兑现的经济利益，其关键在于对重大信息对市场的影响期间（公开之时到市场价格全部吸收并反映信息）及其价格水平作出合理的界定。法律理论、金融立法、判例实务中比较一致的观点是，重大信息对金融商品市场交易价格的影响持续期间通常为10个交易日。[②] 以重大信息公开后10个交易日金融商品市场平均价格为基准核定内线交易量所对应的经济数额，是在缺少实际成交价格的条件下对信息价值市场价格化表现的一种相

① 我国台湾地区“高等法院”1998年度矚上重更（二）字第8号刑事判决。

② 判例参见 Dura Phamaceuticals Inc. V. Braudo, 544 U.S. 336, 343 (2005)；我国台湾地区“台北地院”95年度矚重诉字第1号刑事判决。理论分析参见 James C. Spindler, "Why Shareholders Want Their CEOs to Lie More after Dura Pharmaceuticals," 95 *Georgetown Law Journal* 653 (2007)。此外，根据我国台湾地区“证券交易法”第157条的规定，实施内线交易等行为，应当就当日善意从事相反交易方向的成交价格，与信息公开后10个交易日收盘平均价格之间的差额，承担损害赔偿责任。可见，一般认为10个交易日是信息充分被金融商品市场价格反应或者吸收的合理时间。

对合理的推算。

因为资本市场中影响金融商品市场交易价格的因素十分多样，结构非常复杂，通过拟制的方法确认计算内幕交易违法所得基准价格更符合信息与价格复杂因果关系的实际特征。更由于内幕交易犯罪案件的定罪处罚与对被害人的民事赔偿在功能上存在着实质性差异：前者在于公正评价内幕交易的社会危害性并给予罪与刑相适应、相均衡的刑事处遇，在定罪与量刑过程中不可能实现完美精细的量化认定；后者在于通过以金额为核心的弥补措施赔偿被害人的实际损失与预期利益损失，既要从内幕交易出发精准测量行为损害从而确定民事赔偿尺度，又要从被害人角度出发计算利益损失以免出现赔偿金额上的不当得利（不包括惩罚性赔偿问题）。所以，在民事赔偿程序中精确量化内幕交易所兑现的重大未公开信息价值、在违法所得中排除非重大信息要素影响的部分符合其功能性要求，但这种量化判断的资源耗费与技术难题攻克投入并不根本性影响资本市场犯罪案件定罪处罚的法治功能，又平添司法成本，在刑事程序中显得必要性较低。在司法判断层面建构统一的规则，以信息公开后10个交易日市场平均价格作为认定内幕交易者未平仓金融商品违法所得的基准价格，不仅充分考量了内幕交易违法所得与重大信息之间的关联性，而且保证了拟制违法所得司法核定的便捷性与可操作性。

（三）内幕交易规避损失的拟制违法所得核定规则

基于重大未公开利空信息抛售金融商品规避风险的，由于只有信息披露之前的卖出行为而不存在做空交易中的买入回补行为，同样只能通过拟制信息公开后金融商品合理期限内的价格波动核定内幕交易的避损数额。

内幕交易规避损失核定公式为：抛售数额乘以基准价格后与抛售金额的价差。在宏盛科技内幕交易犯罪案件中，行为人在收到其丈夫上市公司宏盛科技董事长龙长生被公安机关刑事拘留的通知书后，于信息披露之前，指令宏普实业财务人员陈文君将持有的1000万余元法人股抛售，交易金额约1.23亿元，平均出售价格约12.3元每股。利空信息披露当日宏盛科技股票开盘价10.88元每股。证监会出具的认定函表明，应当以利空信息公开后当日开盘价作为核定内幕交易违法所得的基准价格。辩方提出以信息公开当日收盘价11.68元作为基准价格。法院认为，宏盛科技将董事长龙长生被公安机关拘留的消息公告后，显然是明显的利空消息，该公司股票面临极大的下跌可能，而在公告当日股市开盘的时候宏普实业就具备了抛出宏盛科技股票规避损失的条件，所以要取该股公告当日的开盘价为规避损失的计算公式中的基准价，故证监会认定被告单位宏普实业规避损失额的基准价为开盘价，理由成立，辩护意见不予采纳。[①]

我国判例实践将利空信息发布当日开盘价格作为核定内幕交易规避损失基准价格是值得商榷的。开盘价格是开盘集中竞价这一特定时间阶段投资者对上一交易日收盘后至开盘前的市场信息评估后的定价结论。即使利空信息是上一交易日收盘之后立即公布的，也只经过了非常有限的信息消化。由于开盘价格距离信息公开时间太短，市场价格实际上很难调整到位，以开盘价格作为核定内幕交易规避损失基准价格并没有充分地在经济上反映内幕信息与规避损失之间的对应关系。信息公布当日收盘价格毕竟经历了一个完整的交易日的价格竞争，相对于开盘价格而言更具合理性，但在市场是否有效且充分吸收利空信息问题上仍存疑。同时收盘价格本身就具有可操纵性，尾盘操纵在实践中并不少见。例如，证监会公布的市场操纵典型案例显示：2009 年 8 月 25 日 13 时 41 分 24 秒至 14 时 24 分 03 秒期间，陈国生利用资金优势，大量申报买入力合股份股票，并反复多次使用了“拉抬股价，虚假申报”相结合的操作手法，先以比市场最后一笔成交价高几个价位的少量申报买入并成交，导致股价上涨，随即挂出大量低于同期市场价几个价位的买入申报，委托主要集中在第三档和第四档的位置，造成大单在低档位买入的假象，并在一分钟之内迅速撤单，14 时 24 分 35 秒，力合股份开始涨停。之后，陈国生在涨停价反复买入申报并撤单造成买盘汹涌的假象，力合股份封住涨停直至收盘。[②] 可见，一旦内幕交易者在收盘竞价阶段集中拉高金融商品收盘价格，完全可能出现利空信息完全没有在市场价格中予以反映的、受到人为控制的价格指标。利空信息发布前抛售规避损失的，仍然应当坚持以信息公开后十个交易日平均价格作为拟制内幕交易违法所得的基准价格。抛售金额减去信息公开后金融商品十个交易日平均交易价格乘以内幕交易者抛售量所得出的价差，构成内幕交易规避损失。

（四）内幕信息传递者的拟制违法所得核定规则

内幕信息传递过程中会出现“因泄露而获悉内幕信息人员或者被明

① 上海市浦东新区人民法院刑事判决书（2009）浦刑初字第 1895 号。

② 参见中国证监会行政处罚决定书（2011）10 号；强燕《揭露陈国生短线操纵股价手法》，《新快报》2011 年 4 月 16 日，第 A3 版。

示、暗示人员从事内幕交易的违法所得”，在这种情况下，内幕信息传递者尽管不是本人直接实施的内幕交易行为，但其目的仍然是从内幕信息价值中获得经济利益，只是信息价值的兑现是通过建议他人从事内幕交易或者向他人泄露内幕信息而使其从事金融商品交易，进而从他人的交易利益中谋取个人经济利益。因此，内幕信息传递者获取经济利益是拟制其内幕交易违法所得的实质判断要素。

内幕信息知情人员、非法获取人员从事相关金融商品交易获取的违法所得是直接交易利益。内幕信息知情人员、非法获取人员建议他人且被建议者实际从事相关金融商品交易，或者内幕信息知情人员、非法获取人员向他人泄露信息且信息受领人实际从事相关金融商品交易，如果被建议者或者信息受领人是行为人的近亲属、关系密切人的，违法所得可以推定为能够反馈给行为人，应当认定为获取个人经济利益。如果被建议者或者信息受领人是其他在内幕信息敏感期内的接触者、联络者，表面上是他人获取交易利益，但由于这种违法所得直接来源于内幕信息价值，内幕信息持有者通过传递信号或者泄露信息的方式使得他人从相关金融商品交易中获利，经济关系上的本质就是信息价值馈赠，法律行为上的本质是内幕交易利益的转移，与行为人自己从事内幕交易行为没有罪质差异，仍然应当解释为获取个人经济利益从而认定为违法所得。所以，内幕信息价值兑现为行为主体经济利益是解释内幕信息传递与使用行为责任边界的重要法律与经济要素。在被建议者、被泄露者本人没有基于重大未公开信息实施交易行为的情况下，仍然应当以内幕信息传递者是否获取个人经济利益为实质经济标准核定其内幕交易犯罪的违法所得。

笔者认为，内幕信息传递者所直接建议、泄露的对象本人没有从事知情交易，继续传递信息导致后续环节基于内幕信息实施金融商品交易的，在行为属性判断层面应当认定为内幕信息初始传递者从内幕信息经济价值中获取个人利益，属于《内幕交易解释》中规定的“导致他人从事与该内幕信息有关的证券、期货交易”，[①] 但内幕交易违法所得数额应当以“出现

① 《内幕交易解释》第6条规定：“在内幕信息敏感期内从事或者明示、暗示他人从事或者泄露内幕信息导致他人从事与该内幕信息有关的证券、期货交易，具有下列情形之一的，应当认定为刑法第一百八十条第一款规定的‘情节严重’：（一）证券交易成交额在五十万元以上的；（二）期货交易占用保证金数额在三十万元以上的；（三）获利或者避免损失数额在十五万元以上的；（四）三次以上的；（五）具有其他严重情节的。”

交易行为的最前端信息传递层次”的获利或者避损金额为限。所谓“出现交易行为的最前端信息传递层次”是指，信息链条上具有直接传递与受领关系的层次，该层次中的信息受领人基于重大未公开信息实施交易行为，且在所有实施交易的行为主体中处于信息传递链条的最前端。将可归责于内幕信息初始传递者的内幕交易数额限制在“出现交易行为的最前端信息传递层次”，其法律与经济解释上的合理性在于：一方面，内幕信息经济价值确实转化为知情交易利益；另一方面，纵然内幕信息初始传递者对于后续环节所有可能出现的知情交易难以形成确定与具体的风险认知，但至少对于其直接进行信息传递的对象这一层次的行为主体会实施内幕交易行为，存在明确的风险认识甚至是具有积极的主观希望。在直接的被建议者、被泄露者本身没有实施交易行为的情况下，用后续信息传递链条中实施知情交易行为的最前端层次违法所得数额替代信息初始传递直接对象这一层次，不仅在经济层面符合上述信息价值馈赠的解释原理，而且在刑法规范解释层面与主客观一致性规则相契合。

更为疑难的问题是，在部分内幕信息传递且直接受领人并未实施交易的案件中，内幕信息知情人员传递内幕信息的行为交织个人利益与上市公司利益——上市公司内部人员将重大未公开信息传递至证券分析师，使分析师在研究报告中根据内幕信息寻找基本面素材、撰写上市公司财务与经营分析、给出与信息内容指向吻合的评级意见。[①] 购买研究报告的基金公司等通过相应的交易行为获取利益，上市公司因为活跃的交投满足了市值管理与证券标的流动性的实际需求，持有上市公司股份的内部人员也会因为市值提升而获取个人经济利益。尽管资本市场法律制度明确规定选择性信息披露属于泄露内幕信息违法行为，[②] 但由于上市公司、证券分析师、重要资本市场交易者分别在信息传递中获利且该利益并未与内幕信息本身产生直接派生与兑现关系，导致内幕信息传递链条中难以进行刑事归责。

---

① 松鋆：《中证协念紧箍咒阻传“内幕信息”》，《21 世纪经济报道》2014 年 6 月 25 日。

② 《上市公司信息披露管理办法》第 41 条规定：上市公司通过业绩说明会、分析师会议、路演、接受投资者调研等形式就公司的经营情况、财务状况及其他事件与任何机构和个人进行沟通的，不得提供内幕信息。第 66 条规定：任何机构和个人泄露上市公司内幕信息，或者利用内幕信息买卖证券及其衍生品种，证监会按照《证券法》第 201 条、第 202 条处罚。

尤其是上市公司内幕信息知情人员选择性信息披露导致的信息传递后续环节的知情交易，由于交织着个人利益与上市公司利益，在司法实践中往往无法认定信息传递者构成内幕交易犯罪。例如，在近年引发资本市场高度关注的著名医药行业研究员张明芳泄露内幕信息事件中，前中信证券首席分析师张明芳在微信群、朋友圈先于上市公司三天发布消息称：丽珠集团将公布管理层限制性股票加期权方案，随着股权激励的完善，未来三年业绩增速逐年加快，维持“增持”评级。[①] 证监会在立案调查后至今仍未公布案件处理结果，向证券分析师泄露内幕信息的上市公司内部知情人员责任更无从追究。

笔者认为，上市公司内幕信息知情人员通过选择性披露向证券分析师等资本市场特定中介服务机构专业人员传递内幕信息，只有在其纯粹为了实现上市公司商业利益时才能豁免内幕交易犯罪责任。内幕信息知情人员混同公司利益与个人利益而向证券分析师选择性披露重大未公开信息，资本市场参与者基于购买证券分析师研究报告获取内幕信息信号或者内容而实施相关金融交易的，内幕信息初始传递者基于内幕信息价值兑现的经济利益应当核定为内幕交易违法所得。例如，内幕信息知情人员持有上市公司股份，其向券商研究员泄露内幕信息后，基金公司在内幕信息尚未公开披露之前大量买入相关证券，导致公司股价提前上涨。尽管整个信息传递过程客观上也导致了市值增长等有利于上市公司的商业与财务结果，但内幕信息初始传递人员的个人经济利益能够被具体且精确地量化，即该证券在内幕信息泄露之后至公开之前的平均市场交易价格与信息泄露之前一个交易日的日平均市场价格之间的价差乘以其个人持有股份总数。这部分数额应当核定为内幕信息传递者的内幕交易犯罪违法所得。

结　论

内幕交易违法所得是内幕信息经济价值的犯罪化实现。重大未公开信息价值转化为内幕交易者收益的过程，在经济上描述了内幕交易的行为机理，同时也在法律上指引了内幕交易犯罪司法判断的规则设计。

行为人基于内幕信息建仓，并且利用信息公开之后金融商品市场价格

① 侯捷宁、乔誌东：《证监会：张明芳等被立案调查》，《证券日报》2014 年 6 月 21 日。

波动平仓获取交易利润的，应当按照实际利益司法计算方法认定内幕交易违法所得。无论内幕信息是利好信息还是利空信息，原则上都应当适用实际成交差额规则计算内幕信息通过内幕交易所实现的经济价值，即以建仓成本与平仓金额之间的价差认定内幕交易违法所得。但是，有充分证据证明内幕信息与交易所得无关或者资本市场中的其他介入因素影响了部分交易所得，则应当适用市场吸收规则，即在实际平仓价格中剔除内幕信息已经被资本市场全部吸收之外的价格水平，内幕信息公开后对金融商品市场价格产生影响的部分计入内幕交易违法所得，交易利润中并非基于内幕信息经济价值而产生的部分应予扣除。对于内幕交易过程中实际获取的股票分红，有证据表明这种交易利益直接源自于内幕信息经济价值的，应当将股票分红数额计入内幕交易违法所得。

行为人基于内幕信息建仓，但在信息尚未公开之前就进行平仓或者在案发前全部或部分未平仓，或者行为人基于利空型内幕信息抛售金融商品规避损失——由于此类情形均不存在内幕信息公开之后的平仓价格，必须拟制内幕信息经济价值与内幕交易利益之间的对应性关系，从而核算内幕交易违法所得。内幕信息尚未公开之前，包括内幕交易建仓行为等在内的所有市场交易都可能在“解码”机制的作用下使得内幕信息以非公开披露的方式对金融商品市场价格产生影响，市场价格符合异常波动量化标准的，应当将行为人于内幕信息形成之后尚未公开之前的建仓成本与平仓金额之间的价差核定为内幕交易违法所得。内幕信息形成之后建仓的交易者在案发前全部或者部分未平仓的，应以内幕信息公开后10个交易日市场平均价格作为计算未平仓部分的内幕交易违法所得的基准价格，并将基准价格乘以案发前未平仓量所得出的持仓利益与建仓成本之间的价差核定为内幕交易违法所得。利空信息发布前抛售规避损失的，应当以内幕信息公开后十个交易日平均价格作为拟制内幕交易违法所得的基准价格，并将实际抛售金额与基准价格乘以内幕交易者抛售量之间的价差核定为内幕交易规避损失数额。内幕信息传递者对因泄露而获悉内幕信息人员或者被明示、暗示人员从事内幕交易的违法所得承担刑事责任；信息直接受领人没有基于重大未公开信息实施交易行为的，应以内幕信息传递者是否获取个人经济利益为实质经济标准核定其内幕交易犯罪的违法所得。内幕信息知情人员基于上市公司与个人利益的混同目的向证券分析师等选择性披露内幕，信息直接受领人没有基于内幕信息实施相关交易，但通过后续信息传递引发金融商品市场价格相应波动的，应将内幕信息影响期间持仓平均获利数额核定为内幕信息传递者的违法所得。

（华东政法大学法律学院教授，博士生导师　刘宪权）

第七节

内幕交易、泄露内幕信息罪的司法认定

2016年11月19日，凤凰网在其头版报道："今年1月到9月，大陆资金非正常流失高达21400亿元人民币，国有商业银行、地方开发银行的不良资产率上升至2.9%～3.8%。"为此，国务院召开专门会议，李克强总理在会上指出：我国资金非正常外流情况严重、金融市场监管有漏洞，其中致命问题是人为的，而且是明显不作为、乱作为所造成的。有的扮两面人，也有有恃无恐的，有的内鬼就在会议室内。[①]

"内鬼就在会议室里"这一说法并非骇人听闻，内幕交易就是典型有"内鬼"参与的危害证券市场正常秩序的违法行为。根据证监会的统计数据，证监会对内幕交易的处罚占所有行政处罚的一半以上，并且内幕交易案件数量逐年递增，反观进入司法程序的内幕交易案件数量却寥寥无几，其中缘由引人深思。[②] 造成此种差异既有刑事政策的因素，也有刑法所规定的内幕交易犯罪在司法实践中认定难的原因。本节以内幕交易、泄露内幕信息罪为研究对象，并通过选取相关刑事裁判文书为研究样本，以对内幕交易犯罪的主要司法疑难问题做一初步的探究。

一　裁判文书的选择与司法疑难问题发现

（一）罪名内涵与由来

内幕交易、泄露内幕信息罪，是指证券、期货交易内幕信息的知情人员或者非法获取证券、期货交易信息的人员，在涉及证券、期货的发行、

---

① 《内鬼就在会议室》，http://search.ifeng.com/sofeng/search.action? q=李克强+会议室内鬼&c=1，最后访问日期：2016年11月21日。

② 《资本市场健康发展的基石》，中国证券监督管理委员会网站，http://www.csrc.gov.cn/pub/newsite/jcj/gzdt/201310/t20131014_236112.html，最后访问日期：2016年11月21日。

交易或者其他对证券、期货的价格有重大影响的信息尚未公开前，买入或者卖出该证券，或者从事与该内幕信息有关的期货交易，或者泄露该信息，或者明示、暗示他人从事上述交易活动，情节严重的行为。①

自新中国成立以来，我国刑法长期没有关于规制内幕交易、泄露内幕信息行为的法律规定，故而在1990年我国建立起自己的证券市场后，对于内幕交易、泄露内幕信息行为的处理，一直停留在行政处罚的层面，从未将相关行为纳入刑法包括单行刑法处罚的视野。直到1997年颁布的《中华人民共和国刑法》才在其第180条中第一次将内幕交易行为规定为犯罪，但仅处罚证券内幕交易、泄露证券内幕信息的行为。

此后，该罪名通过刑法修正案进行了两次修订。1999年12月25日全国人大常委会颁布的《中华人民共和国刑法修正案》第4条增加了处罚期货内幕交易、泄露期货内幕信息的规定。2009年2月28日全国人大常委会颁布的《中华人民共和国刑法修正案（七）》第2条对该罪名进行了第二次修改，增加了该罪名的第4款，并最终形成了今天《刑法》第180条的规定。

2012年3月29日，最高人民法院、最高人民检察院颁布了《关于办理内幕交易、泄露内幕信息刑事案件具体应用法律若干问题的解释》（以下简称《解释》），细化了内幕交易罪在司法实践中的认定。

（二）裁判文书的选择

本节研究的裁判文书来自中国裁判文书网。中国裁判文书网是裁判文书网上的重要载体，是司法公开建设的重要一环。近些年来，最高人民法院大力推进裁判文书上网工作。2013年7月1日《最高人民法院裁判文书上网公布暂行办法》正式实施，依据该办法，除法律规定的特殊情形外，最高法发生法律效力的判决书、裁定书、决定书一般均应在互联网公布。2014年1月1日，《最高人民法院关于人民法院在互联网公布裁判文书的规定》正式实施，该司法解释明确指出：最高法在互联网设立中国裁判文书网，统一公布各级人民法院的生效裁判文书。

本节在中国裁判文书网的检索栏中以“内幕交易罪”为信息检索关键词，检索出五页30条与内幕交易罪相关的记录，相关案件跨度从2013～2016年。经过查看与比较，统计出30件与内幕交易罪有关的司法文书。

① 张明楷：《刑法学》（第5版），法律出版社，2016，第786页。

这30份司法文书当中包括了11份执行裁定、减刑假释裁定，两份发回重审的裁定，5份二审裁定以及12份生效的一审判决。基于上述裁判文书中对于案件翔实情况的差异，在逐一统计后最终决定以5份二审裁定、10份生效的一审判决和2份二审判决共17份裁判文作为本节的主要研究对象，17份裁判文书分别是：

1. 冯大明等人内幕交易二审刑事裁定书，（2013）粤高法刑二终字第274号。

2. 李宏生内幕交易一审刑事判决书，（2013）锡刑二初字第0010号。

3. 金某、吕某内幕交易、泄露内幕信息罪二审刑事判决书，（2013）浙刑二终字第135号。

4. 高某内幕交易、泄露内幕信息罪一审刑事判决书，（2014）锡刑二初字第00008号。

5. 黄梅芳内幕交易、泄露内幕信息罪一审刑事判决书，（2014）浙台刑二初字第4号。

6. 郭福祥内幕交易二审裁定书，（2015）津高刑二终字第9号。

7. 宋某等内幕交易、泄露内幕信息罪一审刑事判决书，（2014）二中刑初字第315号。

8. 余某某内幕交易一审刑事判决书，（2014）江开法刑初字第546号。

9. 冯伟林等人受贿案二审刑事判决书，（2015）湘高法刑二终字第6号。

10. 李某甲、钟某、徐某甲等内幕交易、泄露内幕信息罪一审刑事判决书，（2015）浙台刑二初字第1号。

11. 倪鹤琴、胡宁和内幕交易、泄露内幕信息二审刑事裁定书，（2015）粤高法刑二终字第151号。

12. 石某甲、蔡某甲内幕交易一审刑事判决书，（2015）中二法刑二初字第243号。

13. 陈必红等泄露内幕信息、内幕交易二审刑事裁定书，（2015）沪高刑终字第140号。

14. 刘志强挪用资金、内幕交易一审刑事判决书，（2016）冀08刑初12号。

15. 鹿某犯内幕交易、泄露内幕信息罪一审刑事判决书，（2016）鲁03刑初12号。

16. 张健业犯内幕交易罪一审刑事判决书，（2016）川01刑初00008号。

17. 张宇翔、杨建斌内幕交易、泄露内幕信息二审刑事裁定书（2016）粤刑终399号。

（三）裁判情况及主要疑难争议问题

在对17份裁判文书进行比较分析的基础上，梳理出内幕信息的认定、内幕主体的认定、内幕交易罪的处罚结果这三个方面，用以呈现该罪名的主要司法疑难问题。

1. 内幕信息的认定

内幕信息是一切内幕交易行为的源头，因此也就构成了内幕交易、泄露内幕信息罪的核心要件。在司法实践中，司法机关在对案件审理时，第一步就是确定内幕信息以及内幕信息敏感期，而对于上述情况进行认定时，就需要法院对作为认定该罪的证据进行审查。

在对17份裁判文书中关于认定内幕信息及其敏感期的证据材料进行梳理时发现：两起案件中，犯罪嫌疑人因为自首投案，主动交代了犯罪事实，作为内幕信息的证据由犯罪嫌疑人自己以口供的方式提出，侦查机关基于犯罪嫌疑人提供的线索，在犯罪嫌疑人的账户交易记录中予以确认，在作为定罪依据时控辩双方没有产生争议。但剩余15起涉及内幕交易、泄露内幕信息罪的案件全部由证监会发现后再移送到司法机关，因此在15起案件中对内幕信息的认定全部由证监会作出。

在我国的证据规则中，行政机关作出的处罚结果司法机关可以用作刑事审判的证据使用，但在案件移送至司法机关后，15起案件中有6起的被告人都对证监会作出的内幕消息认定提出异议，要求法院重新认定内幕信息及内幕信息的敏感期，这就要求法官有相当的证券专业知识来作出判断。但在司法实践中，由于金融犯罪的专业性，法官对于专业性的问题不能很好把握，往往只能依赖行政机关的认定来进行裁判。在这样的情况下，法院裁判的独立性与中立性难免受到质疑。对于内幕信息及其敏感期的认定，也因此成为司法实践中的一个难点问题。

2. 内幕交易主体的认定

《刑法》第180条将该罪的犯罪主体分为“证券、期货交易内幕信息的知情人员”和“非法获取证券、期货内幕信息的人员”两大类。对于如何认定此两类犯罪主体，《解释》作了进一步明确规定。

《解释》第1条将“证券、期货交易内幕信息的知情人员”细化为：

《证券法》第 74 条规定的人员以及《期货交易管理条例》第 85 条第 12 项规定的人员。第 2 条则将“非法获取证券、期货内幕信息的人员”细化为三种：(1) 利用窃取、骗取、套取、窃听、利诱、刺探或者私下交易等手段获取内幕信息的；(2) 内幕信息知情人员的近亲属或者其他与内幕信息知情人员关系密切的人员，在内幕信息敏感期内，从事或者明示、暗示他人从事，或者泄露内幕信息导致他人从事与该内幕信息有关的证券、期货交易，相关交易行为明显异常，且无正当理由或者正当信息来源的；(3) 在内幕信息敏感期内，与内幕信息知情人员联络、接触，从事或者明示、暗示他人从事，或者泄露内幕信息导致他人从事与该内幕信息有关的证券、期货交易，相关交易行为明显异常，且无正当理由或者正当信息来源的。可见，内幕信息知情人即法定的内幕人员，非法获取内幕信息的人员为非法定的内幕人员。

通过对 17 份裁判文书中关于内幕交易主体的专项统计发现：法定的内幕人员实施的内幕交易案 11 件，非法获取内幕信息的人实施的内幕交易案 6 件，法定的内幕人员实施的内幕交易案件占全部案件的 64.7%。从受到刑罚的人员构成来看，涉案人员是法定内幕人员的有 9 人，涉及非法定的内幕人员却高达 20 人。从传播的路径来看，内幕信息只要泄露，就具有容易大面积扩散的特点。上述统计结果进一步表明，内幕信息大多是由上市公司高管、股东等法定内幕交易人员泄露，其他非法定内幕人员实施证券交易，因此，法定内幕交易人员在该类案件中起主要作用，法定内幕交易人员应当成为法律管控的重点。

上述 17 份裁判文书中内幕交易罪的主体依照《刑法》第 180 条以及《解释》的相关规定都非常容易作出判断，一般不会产生争议。然而，笔者在对证监会作出的行政处罚案件进行比较分析中发现：部分法定内幕人员由于酒后失言或者对外吹嘘令不相关人员被动知悉了内幕信息。这些被动知悉内幕信息的人员及其相关人员能否够构成内幕交易、泄露内幕信息罪的犯罪主体，则成为司法实践中的争议问题。

3. 内幕交易的刑罚结果

17 份裁判文书中，自然被告人共 29 人，单位被告人 1 个。其中判处实刑的有 11 人，判处缓刑的有 18 人，缓刑适用率高达 62.1%。

再来看附加刑——罚金的适用情况。从 17 份裁判文书中提取“没收非法所得”的相关数据，并以此数据为基础，整理出了内幕交易非法所得的一些特点。统计显示，平均非法所得为589万元，扣除刘志强案、冯大明这一“大案”，平均非法所得为145.48万元。在案件非法所得的区间分布上，我们可以看出，非法所得在100万元以下的案件有10起，100万~1000万元的有5起，1000万元以上的为2起。按照《刑法》第180条的规定“……情节严重的，处五年以下有期徒刑或者拘役，并处或者单处违法所得一倍以上五倍以下罚金；情节特别严重的，处五年以上十年以下有期徒刑，并处违法所得一倍以上五倍以下罚金”在对案件罚金数额进行统计后，扣除个别数额特别巨大的案件，平均罚金数额为184.55万元，罚金额大约是非法所得的1.3倍，处于“违法所得一倍以上五倍以下”的较低区域。这一分析表明，罚金刑的适用并没有充分体现出对内幕交易的必要惩戒和威慑，内幕交易的违法成本仍然较低。

从上述刑罚结果的数据中我们不难看出，司法实践中对内幕交易、泄露内幕信息罪的处罚普遍存在轻刑化的特征，罪刑关系并不相匹配。

（四）问题总结

为了更加准确地分析内幕交易、泄露内幕信息罪在司法实践中认定的疑难问题，笔者又对证监会对于内幕交易案件的行政处罚情况进行了比较分析。

登录证监会网站首页，① 在“行政处罚”一栏输入关键词“内幕交易”进行信息搜索，搜索到47页926条和内幕交易相关的信息。截取最近十年间的数据为样本，经过统计后对比后得出如下数据：证监会自2007~2016年的十年，共作出行政处罚710次，对于内幕交易案件的处罚204次，证监会对于内幕交易案件的处罚数量从2007年的3起增加到2016年的51起，十年间查处案件增长高达17倍，内幕交易案件占所有行政处罚案件的比例也呈现出增长态势，从2007年的8.57%增加到2016年的43.59%。值得注意的是，内幕交易案件具有极强的隐蔽性，内幕交易的实际情况可能更加严重。

综合以上分析可以得出以下初步结论：内幕交易案件在我国证券市场频发，案件数量增长迅速，并且已经成为所有证券违法案件中占比最高的

① 参见中国证券业监督管理委员会网站，http://www.csrc.gov.cn/pub/zjhpublic/index.htm?channel=3300/3313，最后访问日期：2011年11月22日。

类型，内幕交易已经成为危害我国证券市场健康发展的主要顽疾。与此同时，内幕交易案件以行政处罚为主，存在较为明显的“以罚代刑”倾向。

通过比较行政处罚与刑事处罚发现，之所以存在“以罚代刑”倾向主要原因在于内幕交易、泄露内幕信息罪存在较为突出的认定难问题，具体表现在：（1）内幕信息及其敏感期的界定不准确；（2）内幕交易、泄露内幕信息罪主体的认定有分歧；（3）内幕交易、泄露内幕信息罪行为方式不清晰。如何破解这三个较为突出的司法疑难问题，正是本节研究的重点。

二　关于内幕信息及敏感期的认定

内幕交易、泄露内幕信息罪认定的核心要素是“内幕信息”，没有内幕信息的形成就不会存在内幕信息的泄露、传递，更不会有内幕交易行为的完成。因此，对于“内幕信息”的准确界定是内幕交易、泄露内幕信息罪的第一步。

（一）内幕信息及特征

刑法视野中的“内幕信息”特指内幕交易、泄露内幕信息罪中所涉及的内幕信息，而非通俗意义上的内幕信息。由于内幕交易、泄露内幕信息犯罪发生具有专业性、隐蔽性的特点，法院在对于内幕信息认定上大部分采纳的是证监会对于内幕信息的认定结果，故而在司法实践中对于内幕信息的界定是根据《证券法》第 75 条作出的。

《证券法》第 75 条规定：“证券交易活动中，涉及公司的经营、财务或者对该公司证券的市场价格有重大影响的尚未公开的信息，为内幕信息。”并采取列举的方式，将下列信息认定为内幕信息：（1）本法第 67 条第 2 款所列重大事件；（2）公司分配股利或者增资的计划；（3）公司股权结构的重大变化；（4）公司债务担保的重大变更；（5）公司营业用主要资产的抵押、出售或者报废一次超过该资产的百分之三十；（6）公司的董事、监事、高级管理人员的行为可能依法承担重大损害赔偿责任；（7）上市公司收购的有关方案；（8）国务院证券监督管理机构认定的对证券交易价格有显著影响的其他重要信息。

然而，《证券法》第 75 条的规定仍然并不能满足刑事司法实践中对于内幕消息认定的需要，一些刑法学者试图提炼出内幕信息的典型特征以利于司法实践的适用。例如，有的学者将其概括为两个特征：未公开性和敏感性。[①] 有的学者将其概括为三个特征：第一，应为内幕人员所知悉；第二，应为未公开的信息，即公众尚未获取或经合法渠道无法获取的信息；第三，应具有价格敏感性，即有可能一起公司证券价格的波动。[②] 还有的学者认为内幕信息应当具有四个特征：第一，尚未公开的信息；第二，真实准确的信息；第三，与可转让证券发行人或可转让证券有关的信息；第四，影响证券、期货市场价格波动的信息。[③]

在以上各种观点之中，所概括提炼的内幕信息核心特征都包含有信息的未公开性与重要性两点。证券法和司法实践中[④]也一般公认内幕信息主要有两大核心特征：一是重要性；二是秘密性。“重要性”是指该信息自身就会对一般投资人的投资判断产生重大影响，并且足以使特定公司的证券、期货交易价格发生变动。“秘密性”则是指该信息尚未公开，证券、期货的投资者尚不知悉该信息。因此，认定清楚内幕信息的重要性与秘密性就抓住了内幕信息特征的核心与实质。

对于内幕信息的重要性，可以通过是否影响投资者的决策和证券价格的变化来判断。如果信息确实具有重要性，那么则会引起知情人在短期投资上利用此信息进行大量的买进或抛出，如果信息不重要，那么知情人就会选择继续观望，等候之后的投资机会。假如一个信息的出现使得相关人员的买卖行为对证券、期货价格产生了价格变动，则可以反推出相关信息具有重要性。对于内幕信息重要性的把握还可以直接套用《证券法》第 67 条、第 75 条中关于内幕信息的正向列举来进行。一般而言，上述方法的运用可以使内幕信息重要性的认定相对较为简单。

而内幕信息的秘密性则是司法实践中突出的难点问题。秘密具有时效性，超过秘密信息的时效则不能认定为内幕信息，因此对于秘密性的把握需要界定清楚内幕信息的产生时间与结束时间。因而，两高在其颁布的《解释》第 5 条中使用“内幕信息敏感期”这一概念，用以判断内幕信息

---

① 薛瑞麟主编《金融犯罪研究》，中国政法大学出版社，2000，第 262 页。

② 郭立新、杨迎烯主编《刑法分则适用疑难问题解》，中国检察出版社，2000，第 86 页。

③ 孙昌军、易建华：《关于内幕交易罪几个问题的研究》，载赵秉志主编《新千年刑法热点问题研究与适用》，中国检察出版社，2001，第 825 页。

④ 《杜兰库、刘乃华案及刘乃华泄露内幕信息案——内幕信息、内幕信息的知情人员和非法获取人员的认定以及相关法律适用问题的把握》，《刑事审判参考》2012 年第 2 期。

的秘密性。

（二）内幕信息敏感期

内幕信息敏感期，是指自内幕信息开始形成之时起至内幕信息公开时止，该期间的确定直接关系到内幕交易的认定。在司法实践中，内幕信息形成时间与内幕消息公开时间直接关系到内幕交易性质的认定以及内幕交易数额、获利数额的计算。因此，“抓好”内幕信息敏感期的“头”——内幕信息形成时间，“掐好”内幕信息敏感期的“尾”——内幕信息已经公开，对于内幕交易罪的认定至关重要。

1. 内幕信息的形成时间

在司法实践中，司法机关一般是依据两高《解释》第 5 条第 2 款与第 3 款的规定来认定内幕信息形成的时间。即：（1）《证券法》第 67 条第 2 款所列“重大事件”的发生时间，第 75 条规定的“计划”“方案”以及《期货交易管理条例》第 85 条第 11 项规定的“政策”“决定”等的形成时间，应当认定为内幕信息的形成之时；（2）影响内幕信息形成的动议、筹划、决策或者执行人员，其动议、筹划、决策或者执行的初始时间，应当认定为内幕信息的形成之时。

上述两款规定解决了内幕信息形成时间的基本问题，但是这样的司法解释方式还是没有充分考虑到两个形成时间的竞合与冲突。

《解释》对于内幕信息形成时间的认定既是“重大事件”“计划”“方案”的发生时间，又是“动议”、“筹划”、“决策”或者“执行”的初始时间。从公司治理的角度来说，前者是果后者是因。而后面的因并不必然导致果的发生。举例来说，在公司正常的运营过程之中，对于公司证券价格产生重大影响的决定（公司合并、分立、解散，公司作出的重大的担保等）都会经历一个动议、筹划、决策、执行的过程。如果这个过程失败了，就不会产生第 2 款所说的“重大事件”；如果这个过程成功了，则公司管理人员、公司外部的第三方以及相关监管机关的人员都会参与进来。这样一来，如果按照前一款来认定内幕信息的形成时间，很可能会造成认定滞后的结果；而如果按照后一款来判定内幕信息形成时间，前一款规定则会虚置，从而不能确定内幕信息形成的准确时间。

针对上述解释间的矛盾与冲突，有学者认为《解释》的相关规范建构方式与具体内容都表明该司法解释不能应对内幕信息形成时间判断问题。[①] 有的学者建议，希望在司法解释中增加“某事实的发生表明相关重大事项已经进入实质操作阶段并具有很大的实现可能性”[②] 来平衡二者间的关系。也有的学者认为，两高在发布《解释》时，还发布了还发布了黄光裕、杜兰库两起内幕交易犯罪典型案例，试图在文本不能完全覆盖判断内幕信息形成时间的途径的情况下，用个案中可总结出来的规则以提供有效的指导。[③]

上述观点都需要借助外部构造来认定，但其实可以从解释论的角度来解决其矛盾与冲突。内幕信息的特征除了秘密性外还有重要性，这两个特征不能孤立看待，应当在司法实践中结合起来进行判断。对于内幕信息形成时间到底是“重大事件”形成的时间还是“动议”等的初始时间，法官可以依据自由裁量权针对不同案件不同情况进行自由心证，若是在相关内幕信息保护好的情况下，可以认定“重大事件”的形成时间为内幕信息的形成时间；反之，则认定为动议的初始时间。这样的解释论可以保证该项规定的张力。

2. 内幕信息的公开时间

内幕信息公开时间在内幕交易案的司法实践中常常是控方与辩方的争论焦点。在杭萧钢构案中，杭萧钢构董事长在职工表彰大会上，利用开大会对员工讲话的时机向全厂职工披露了内幕信息。被告人王某的辩护律师认为，大会讲话已经将内幕信息转化为大众知晓的公开信息，因此所有人都不应因为买卖该股票获罪。案件背后决定罪与非罪的，实质是内幕消息公开到底采用何种标准来判断，而不同的标准将会对内幕信息公开时间的认定产生不同的结论。

学术界关于公开内幕信息的标准主要有两种观点：一种是“形式公开论”，另一种是“实质公开论”。形式公开论主张[④]，“内幕信息的公开，是指内幕信息在国务院证券、期货监督管理机构指定的报刊、网站等媒体披露”，而实质公开论则认为只要内幕信息被一般投资者广泛地知悉，就

① 谢杰：《内幕信息形成时间司法认定问题研究——以法释〔2012〕6 号司法解释第 5 条为中心的刑法解析》，《中国刑事法杂志》2013 年第 5 期。

② 王涛：《内幕信息敏感期的司法认定》，《中国刑事法杂志》2012 年第 11 期。

③ 郑惺：《我国内幕交易、泄露内幕信息罪的法律认定》，硕士学位论文，南京大学，2014，第 10 页。

④ 王涛：《准确认定内幕信息形成和公开之时》，《检察日报》2015 年 2 月 25 日。

应认定为内幕消息公开[①]。

形式公开标准在我国证券市场的框架下具有极强的可操作性，如台阶规则、停牌制度都可以保障形式公开的实施。但是在日常的证券市场中，信息的公开既要符合一定的法定形式，又要给予市场投资者适当的消化吸收时间。形式公开最大的弊端就在于，内幕信息在网络、报刊等相关媒介公布之后，证券、期货市场中大部分的投资者并不能立即获知，内幕消息知情人员在大众还不为知悉的时间段内，依据之前所获悉的内幕信息买进、卖出证券期货，这样的行为方式就极易规避法律的制裁。

实质公开标准虽然能够避免形式公开标准的以上缺陷，但它也有很多缺点：如可操作性不强，在认定实质公开时间时需要具有极高证券业务水平的人来确定，这样就会增加该罪的认定标准的主观程度，认定过程中难免会有不确定性，造成“同案不同判”的现象发生，同样也会影响刑法的指引功能。

2007 年证监会下发的《证券市场内幕交易行为认定指引（试行）》（下称《指引》）第 11 条对内幕信息的公开采用综合标准进行认定，即综合考虑形式公开与实质公开。该条规定“内幕信息在中国证监会指定的报刊、网络等媒体披露，或者被一般投资者广泛知悉和理解”就视为信息公开。因为条文中明确运用了“或者”，这就意味着内幕信息的公开，形式和实质均可，在法律上都予以承认，只要采取了其中的一种方式就完成了信息的公开。但是依照这样的规定，内幕信息的知情人仍有可乘之机。因此，这里的实质公开并没有很强的可操作性，也不会产生预想的效果。至于信息从非公开状态到公开状态跨越的时间，《指引》第 10 条也给出了价格敏感期的概念，遗憾的是该指引在事实上并未发挥应有的作用。

综上而言，由于内幕信息的价值与时间有着直接的联系，在每一个案中，具体的情形又总是千差万别，所以很难就内幕信息的公开时间作出一般性规定，我们只能根据每个案件的具体情况进行具体的分析。这些具体情况一般涉及公司的大小和影响、信息的性质和内容以及信息传播的范围和速度等因素。因此，可从内幕信息的公开范围、信息性质、传播影响等方面综合考虑，从上述角度认定内幕信息是否已经公开。

---

① 《关于办理内幕交易罪、泄露内幕信息刑事案件具体应用法律若干问题的解释》第 5 条第 4 款之规定。

三　关于内幕交易、泄露内幕信息罪主体的认定

前文已经提到，我国将内幕交易、泄露内幕信息罪的主体划分为法定内幕人和非法定内幕人。把握清楚二者的边界，理解区分二者的本质，对于处理涉及被动知悉内幕信息人员的案件具有重要意义。

（一）证券、期货内幕信息知情人员的界定

根据《解释》第 1 条，“证券、期货内幕信息知情人员”由《证券法》第 74 条与《期货交易管理条例》第 85 条第 12 项所规定的人员来进行认定。《证券法》第 74 条在其前 6 款使用列举的方式确定了证券内幕信息知情人员的类证型：（1）发行人的董事、监事、高级管理人员；（2）持有公司百分之五以上股份的股东及其董事、监事、高级管理人员，公司的实际控制人及其董事、监事、高级管理人员；（3）发行人控股的公司及其董事、监事、高级管理人员；（4）由于所任公司职务可以获取公司有关内幕信息的人员；（5）证券监督管理机构工作人员以及由于法定职责对证券的发行、交易进行管理的其他人员；（6）保荐人、承销的证券公司、证券交易所、证券登记结算机构、证券服务机构的有关人员。在该条款的最后用“国务院证券监督管理机构规定的其他人”的兜底性规定概括了其他证券、期货内幕信息知情人员。

六类法定信息知情人是基于信托义务理论发展而来。信托义务大多表现为三类关系：公司任职关系、履行职务关系和业务往来关系。① 公司股东会、董事、监事会人员以及所有公司员工都对公司负有信托义务，公司聘请的法务人员、证券投资经纪人也对公司负有信托义务，证监会的工作人员对基于法定的职责而在日常工作中可以接触到的内幕信息所涉及的公司，同样也负有信托义务。上述人员必须遵守基于职业伦理产生的“或披露或禁止”义务，禁止泄露内幕信息以及进行内幕交易，如果从事相关活动产生严重后果的，就会受到刑法的制裁。

有的学者指出《证券法》第 74 条只作出了列举式的规定，并未描述内幕信息知情人员的实质特征②，这样的批评意见对于指导今日内幕交易、

① 刘峰：《从信托义务理论到盗用信息理论：美国内幕交易监管经验与启示》，《社会科学研究》2012 年第 3 期。

② 王志强：《对内幕交易认定中基本要素属性之认定》，《法制与社会》2015 年第 20 期。

泄露内幕案件没有意义。清晰明确的列举规定更有利于执法，在法条当中加入过于理论化的规定反而会增加执法者的理解难度。还有批评意见指出《证券法》第 74 条最后一项兜底条款太过模糊，会造成内幕信息知情人员范围的不确定的状态，有扩大证监会裁量权之嫌。① 其实在证监会颁布的《指引》第 74 条最后一项中规定了“国务院证券监督管理机构规定的其他人”的具体内容，但该《指引》只是证监会内部文件并不是法律，司法机关直接引用会影响裁判的公正性。

《指引》当中还存在另外一个问题需要探讨，《指引》将《证券法》第 74 条前 6 款所规定人员的配偶划分到“国务院证券监督管理机构规定的其他人”这一兜底条款之中，而兜底条款在《解释》中属于法定的内幕信息人员，因此相关人员的配偶属于法定的内幕信息人员。但是，《解释》的第 2 条将相关人员的配偶归于非法定的内幕信息人员，两处规定在此产生了分歧与冲突。从第一部分的数据来看，相关人员的配偶涉嫌内幕交易案件的数量占案件总数量的 62%，这样大的比例显然有规制的必要；而从人际关系来说，配偶在获取内幕信息方面具有天然的优势，更应成为内幕交易处理的对象。但是，将配偶归入法定内幕信息人员是不合适的。举例来说，一个公司高管将内幕信息告知其配偶，其配偶从事了内幕交易行为，在对内幕信息主体认定时，高管的配偶应当认定为非法定的内幕知情人。因为一个公司管理人员的配偶对公司并不负有信托义务，公司高管的配偶获知内幕信息，是因为高管违背了对公司的信托义务，而其妻子只是对内幕信息加以利用。所以在这个问题上笔者认为，对于《证券法》第 74 条前 6 款所列举的主体的配偶应作为非法获取内幕信息人员加以规制。

（二）非法获取证券、期货内幕信息人员的界定

《解释》第 2 条明确了三种类型的非法获取证券、期货交易内幕信息人员。第一类是为通过非法途径获取证券、期货交易内幕信息的人员：包括窃取、骗取、套取、窃听、利诱、刺探或者私下交易等手段，这类行为人盗用内幕信息并加以利用，应当受到刑法的规制。第二类是基于与内幕信息知情人员的亲缘关系或密切关系而从事相关违法活动，这样的行为违

① 张小宁：《内幕交易犯罪主体研究》，《山东社会科学》2009 年第 6 期。

背了信息义务理论[①]，因此也应受到刑法的规制。第三类人员与第二类人员相类似，笔者不作过多阐述。

对于“非法获取”这一概念的认定不能简单理解为“非法途径获取”，还应当包括“不该获取而获取”的所有情形。因此，被动获取内幕信息人员的认定就成为实践中的难点。笔者认为非法获取证券、期货内幕信息人员中应当包括被动获取内幕信息的人。原因有二：第一，从本节第一部分的数据分析中可以看出，内幕交易案件数量激增，加大对内幕交易、泄露内幕信息案件的处罚符合刑事政策的要求，并且被动获取内幕信息人员在非法获取信息人员的语义射程之内，符合刑法的解释；第二，在司法实践中，有法院也采纳了相关观点作出审判。如在赵丽梅等内幕交易案[②]中，对于赵丽梅的身份认定存在很大的分歧。一种观点认为，被告人明显不属于《证券法》第74条规定的内幕信息的知情人员范围。这个案件是杜库兰内幕交易案的关联案件[③]，被告人没有直接从内幕信息的知情人员处获取内幕信息，而是非法获取内幕信息的人员主动向其泄露内幕信息，因而不属于非法获取内幕信息的人员。《刑法》第180条的“非法获取”应当理解为通过“窃取、骗取、窃听、监听、刺探、私下交易”或者与此相类似的积极违法手段，被告人并未采取积极的违法手段，属于被动获悉内幕信息的人员，故不符合内幕交易罪的主体要件。另一种观点认为，对非法获取信息的手段不应作过多的限制，通过泄露内幕信息的人员获取内幕信息，同样属于非法获取内幕信息，被告人应当认定为非法获取内幕信息的人员。[④] 法院最终采纳了后一种观点。因为如果明知是内幕信息的知情人员泄露的内幕信息或者是非法获取的内幕信息，还从事与该内幕信息有关的证券、期货交易，实际意味着利用了内幕信息知情人员和非法获取内幕

① 刘峰：《从信托义务理论到盗用信息理论：美国内幕交易监管经验与启示》，《社会科学研究》2012年第3期。

② 《赵丽梅等内幕交易案——内幕信息知情人员的近亲属或者与其关系密切的人被动获悉内幕信息的，能否认定为“非法获取证券交易内幕信息的人员》，《刑事审判参考》2012年第2期。

③ 《杜兰库、刘乃华案及刘乃华泄露内幕信息案——内幕信息、内幕信息的知情人员和非法获取人员的认定以及相关法律适用问题的把握》，《刑事审判参考》2012年第2期。

④ 《赵丽梅等内幕交易案——内幕信息知情人员的近亲属或者与其关系密切的人被动获悉内幕信息的，能否认定为“非法获取证券交易内幕信息的人员”》，《刑事审判参考》2012年第2期。

信息人员的违法结果，行为在整体性质上应当属于禁止情形。内幕信息知情人员的近亲属或者与其关系密切的人具有获取内幕信息的便利途径，如果对该类人员被动获悉内幕信息后从事与内幕信息有关的证券、期货交易的行为不予禁止，那么将会激发大量内幕交易犯罪案件的发生。因此，应当从政策导向上明确禁止该类人员被动获悉内幕信息后从事内幕交易的行为，对于违反此禁止性规定情节严重的，应当追究刑事责任。

四 关于内幕交易、泄露内幕信息行为方式的认定

（一）内幕交易行为

内幕交易行为是指拥有内幕信息的人从事内幕交易的行为，“拥有内幕信息的人”既包括“法定内幕信息知情人员”又包括“非法获取内幕信息人员”。内幕交易行为最简单的形式就是拥有内幕信息的人自己开设账户进行证券、期货买卖，但这样的情形在司法实践中并不常见，因为这样的操作极易被查处。在第一部分的统计数据中可以看出，内幕交易案件大多内外勾结，作案路径如下：基于职务关系、业务关系等能够获知内幕消息的人员获取并泄露内幕信息，其近亲属、关系密切人、接触人获知后从事内幕交易行为，从而达到获利或者避免损失的目的。这样的行为方式较为隐蔽，在案件追查上有一定难度。在司法实践中，对于内幕行为认定应当注意以下几点：（1）证券、期货内幕交易行为可以由本人操作，也可以由代理人代为操作；（2）对于涉案账户操作的认定，可以是使用本人账户操作，也可以是利用他人账户操作；（3）对于内幕交易行为目的的认定，既可以是为本人谋利，也可以是为他人谋利。

对于内幕交易行为认定存在争议的点是行为人未能获得利益甚至亏损是可以否构成该罪。肯定说认为未获益也可构成本罪，因为本罪侵犯的客体是国家对证券、期货市场的管理秩序，而这也是我国刑法将其归于破坏社会主义市场经济秩序类犯罪的原因。故此，只要行为人实施了侵害上述客体的行为就可构成本罪。[①]否定说则认为，本罪的客体是证券市场的保密制度和投资者的合法权益，属于复杂客体[②]，要考虑情节，只有达到《刑

---

① 苏长青主编《新刑法导论》，中国人民大学出版社，1999，第402页。

② 高铭暄、马克昌主编《刑法学》（第5版），北京大学出版社、高等教育出版社，2011，第344页。

法》第 180 条规定的“情节严重”的标准才构成本罪，未获益的情况不宜认定为本罪。

在司法实践中，笔者认为肯定说更具有价值。原因有二：其一，情节严重应当包含许多情形，不应只限于是否获利这唯一标准，它还应当包含交易数额的多少、实施行为的次数、是否造成证券期货市场动荡等诸多因素；其二，两高颁布的《解释》中明确指出，除获利或者避免损失数额在十五万元以上的情形之外，证券交易成交额在五十万元以上、期货交易占用保证金数额在三十万元以上的、实施内幕交易行为三次上的都是情节严重的表现形式。因此，内幕交易行为未获利也构成本罪。

（二）泄露内幕信息行为

泄露内幕信息的行为方式有很多种：既可以秘密向少数人透露，也可以在公开场合向不特定多数人透露；既可以给出准确具体的内幕信息，也可以透露具有导向性的粗略信息。这样的行为方式不可能列举穷尽，但在司法实践中可以通过对内幕交易人身份以及行为的认定来判断是否存在泄露内幕信息的行为。即非法定的内幕信息知情人员一般不会轻易刺探到内幕信息，大多都会有法定内幕信息知情人员对其泄露。

在内幕消息扩散之后，对于内幕信息的二次泄露甚至多次泄露是否构成泄露内幕信息罪是司法实践中的一大难点。日本对于内幕信息泄露的层级有具体的规定①，而我国没有相类似的规定，但可以确定的是，法定内幕信息知情人员基于受托义务，不论其处在信息传递的第几层级，都不能泄露内幕信息。争议的重点是非法定内幕信息知情人员对于内幕信息的二次泄露是否构成本罪。

目前在我国法学界对这个问题主要有四种观点。第一种观点是反对说，其主要论据是内幕信息的二次传递行为难以侦查，即便公诉机关提起公诉，由于证据的缺乏最后也会不了了之。第二种观点是支持说，其主要理由是，不应知悉内幕信息的人员在获知内幕信息后也应承担保密义务，且如果行为人在知悉内幕信息后再泄密的话，那么其主观恶性与内幕信息知情人员的泄密行为没有差别。第三种观点认为应当对不同主体区别对待，标准是非法获取内幕信息的人员获取内幕信息究竟是主动的还是被动

① 段磊：《内幕信息传递和交易推荐的构成要件及违法所得计算的重构——2013 年日本〈金融商品交易法〉修改对中国法的借鉴意义》，《证券法苑》2013 年 11 月。

的，被动获知内幕信息的情况因不用承担保密义务而不必纳入规制范围。第四种观点也同样认为应当区别对待，但是区分标准不一样，认为应当把非法手段获知和合法手段获知为标准将再泄露行为区分开来，后者不必纳入规制范围。[①]

基于我国内幕交易罪高速增长的趋势，笔者认为支持说更为合理。内幕信息的再泄露就像第一次泄露一样，同样会严重破坏证券市场的正常秩序，并且内幕信息二次传递的范围很有可能比第一次更广，而后的传播人数会呈指数倍增长影响更加恶劣，因此对于内幕信息的多次泄露应当纳入刑法的规制范围。从杜库兰、刘乃华案中可以看出，正是刘乃华得知内幕信息后的二次传递才造成赵丽梅案的发生。因此内幕信息的再次泄露亟待刑法的规制。

（三）明示或暗示他人从事内幕交易行为

“明示或暗示他人从事上述交易活动”这一行为方式的表述是由《刑法修正案（七）》新增的。而在《刑法修正法（七）》尚未颁布之前，我国在《禁止证券欺诈行为暂行办法》中曾使用过“建议行为”的表述来认定这类行为。这样的“建议行为”就包括建议者和被建议者，因此可能存在如下的情形：(1) 以建议的方式为幌子，实际是建议者泄露内幕信息给被建议者，并且二者都知悉该信息为内幕信息；(2) 以建议的方式为幌子，建议者泄露内幕信息给被建议者，被建议者不知道该信息为内幕信息；(3) 建议者告诉被建议者何时购买何种证券，而不告知该建议基于内幕信息作出。经过上面情形的列举可以看出“建议行为”可以由“内幕交易行为”“泄露内幕信息行为”所分别包含，并且上述第三种情形还不为犯罪，这样的规定不利于司法实践中的操作，故而《刑法修正案（七）》采用“明示或暗示”的方式来规定该类行为，这样的表述更为合理。

对于“明示”和“暗示”的区别《解释》并未作出具体的规定，笔者认为可以从文义解释的角度来进行阐明。“明示”即为拥有内幕信息的人采取正面肯定的方式表明一个信息为内幕信息，如明确的口头、书信告知以及行为告知。其余非正面的方式都可认定为“暗示”的方式。

---

① 郑惺：《我国内幕交易、泄露内幕信息罪的法律认定》，硕士学位论文，南京大学，2014，第 16 页。

五　结语

《刑法》第180条仅仅是一条再普通不过的刑法条文，但细细深究却和证券法、《期货交易管理条例》、两高《解释》以及《证监会内幕交易认定指引》等众多法律法规息息相关、相互衔接。在司法实践中如果仅仅关注该法条本身，内幕交易案件的处理就无从下手；如果仅仅机械的应用不同法条，不细究法律背后的成因，则会在新司法问题出现时手足无措，无从解决。正是因为法律关系的复杂性，以及实践中内幕交易与泄露内幕信息行为的复杂性，本节对内幕交易、泄露内幕信息罪司法疑难问题的探讨只是初步的。

（上海政法学院刑事司法学院教授，博士生导师　姚建龙；上海政法学院研究生　郗培植）

第四章

利用未公开信息交易罪专题

第一节

利用未公开信息交易罪的刑法解释

在资本市场中，信息处于基础和核心地位，证券投资本质上就是关于信息的处理和博弈过程。基于“经济人假设”，证券投资者出于逐利的本性，会竭力获取各种各样的证券相关信息，以作出正确的投资决策。对于投资者而言，公平获得市场相关信息至关重要，由此对利用信息优势违规交易行为的打击始终是证监会市场监管工作的重点。本案例是一起真实的利用未公开信息交易案件（俗称“老鼠仓”案件）。伴随着中国资本市场的快速发展，利用信息优势违规交易等内幕交易、利用未公开信息交易行为不断增多、屡禁不止，严重侵害投资者利益、损害市场信心，进而严重影响资本市场引导资源配置、促进经济发展作用的发挥。《刑法修正案（七）》增设了利用未公开信息交易罪，对业界关注的“老鼠仓”行为明确了刑法规制依据，与内幕交易罪一起组成了我国证券期货内线交易犯罪刑法规范体系，进一步严密了打击利用未公开信息违规从事金融交易的刑事法网。

一　基本案情及裁判要旨

被告人郑某，男，原系财富基金管理有限公司稳健配置混合型证券投资基金经理。被告人夏甲，女，系郑某的前妻。被告人夏乙，女，系夏甲的妹妹。

2009 年 3 月至 2012 年 8 月，被告人郑某实际负责财富稳健基金的投资管理工作；2009 年 7 月 4 日起，郑某正式担任财富稳健基金经理，2012 年 8 月 20 日正式离任。任职期间，郑某对于财富稳健基金投资股票的种类、数量、价格及时间具有决定权或建议权。

2012 年 3 ~ 7 月，郑某利用担任财富稳健基金经理的职务便利，在财富稳健基金买卖股票的信息尚未公开前，由郑某本人或者将需要购买的股票种类、数量、价格等告知夏甲、夏乙，借用丁某名下东银证券北京路营业部证券账户、泰安证券中山路营业部证券账户，先于或同期于郑某管理的财富稳健基金买卖相同股票，并从中牟利。其间，郑某伙同夏甲采用上述方法买卖“万科 A”“泛海建设”“华侨城 A”“吉林敖东”“西山煤电”“保利地产”“金地集团”“中国神华”“西部矿业”“中国平安”“中煤能源”等股票 11 只，一共成交 283 万余股，交易（买入）金额为 4638 万余元，获利金额为 1242 万余元。其中，夏乙参与交易金额 522 万余元，获利金额 122 万余元。

被告人张某犯利用未公开信息交易罪，被判处有期徒刑三年，并处罚金人民币 600 万元；被告人夏甲犯利用未公开信息交易罪，被判处有期徒刑二年，缓刑二年，并处罚金人民币 600 万元；被告人夏乙犯利用未公开信息交易罪，被判处拘役六个月，缓刑六个月，并处罚金 50 万元。违法所得予以追缴。

利用未公开信息罪为《刑法修正案（七）》增加的罪名，《刑法修正案（七）》第 2 条第 2 款规定：证券交易所、期货交易所、证券公司、期货经纪公司、基金管理公司、商业银行、保险公司等金融机构的从业人员以及有关监管部门或者行业协会的工作人员，利用因职务便利获取的内幕信息以外的其他未公开信息，违反规定，从事与该信息相关的证券、期货交易活动，或者明示、暗示他人从事相关交易活动，情节严重的，依照内幕交易、泄露内幕信息罪的规定处罚。该条款设在《刑法》第 180 条第 3 款之后，作为该条的第 4 款。被告人张某身为基金管理公司的从业人员，利用因职务便利获取的基金投资信息这一未公开信息，违反规定，由其本人或者安排被告人夏甲、夏乙共同从事与该信息相关的证券交易活动，情节严重，其行为均已构成利用未公开信息交易罪。

二 利用未公开信息交易罪的比较借鉴

资本市场在我国尚属新生事物，对证券期货相关违法犯罪行为的刑法规制在我国实践经验尚不足，理论基础亦较薄弱。纵观境外成熟市场，对于利用未公开信息交易行为的刑法规制大体分为两种：一种是将利用未公开信息交易行为纳入“内幕交易”的范畴进行规制，另一种是独立成罪。造成这种区别的原因在于各国对“内幕交易”的范围界定不同。

1. 美国、欧盟模式

多数资本市场成熟国家将利用未公开信息交易行为纳入“内幕交易”的范畴。如美国，1934 年《证券交易法》第 10 条 b 项规定，证券发行与交易过程中的欺诈与信息误传属于非法行为，但并没有针对利用未公开信息交易等证券内线交易行为作出明确的规定。1940 年《投资公司法》第 36 条规定，禁止投资公司从业人员违背诚信义务从事损害客户利益证券交易。[①] 联邦立法的美国证券交易委员会（SEC）规则也没有对内幕信息进行定义。[②] 根据判例法[③]，内幕信息是指未公开的实质信息，而且一旦披露会影响证券价格。在信息未公开之前，知道内幕的人士将此信息泄露并利用该信息从事交易的行为即为内幕交易。内幕信息不仅包括与公司业务、财务相关的信息，而且包括了对证券市场供求关系产生影响的非经济性信息，判断某项信息是不是“重要信息”完全看该信息可能带来的影响，而不论该信息是否来源于上市公司内部，不论该信息所涉及的事项，也不论是否为上市公司有权决定的事。[④] 美国“内幕信息”的宽泛外延，使得《1934 年证券交易法》第 10 条 b 项能够不断应对证券市场迅猛发展所出现的各种利用信息优势谋取非法利益的行为。我国的内幕交易罪及利用未公开信息罪的相关表现，均在美国法律体系中被“内幕交易罪”所涵盖。

2. 日本、德国模式

部分国家对内幕信息规定的范围较小，要求信息必须与可转让证券发行人或可转让证券的情况有关。如日本，其内幕信息的范围限于与上市公司自身状况相关的信息；对于利用未公开信息行为，由于其所利用的“未公开信息”与“上市公司”无关，因此不是内幕交易罪的规制对象。日本对此规定了独立的犯罪，《日本刑法典》第 247 条规定，在为他人处理事务过程中，基于谋取委托人之外的本人利益或者第三人利益的目的，或者基于损害委托人利益的目的，违背任务，对委托人造成财产损害的，构成

---

① Investment Company Act of 1940 § 36.

② Code of Federal Regulations, Title 17 Commodity and Securities Exchanges.

③ SEC V. Cherif, 933 F. 2d 403 (7th Cir. 1990); SEC V. Clark, 915 F. 2d 439 (9th Cir. 1990); United States V. O' Hagan, 521 U. S. 642 (1997).

④ 钟雯彬：《内幕交易、泄露内幕信息行为的客观表现认定——美国内幕交易规制的借鉴》，《西南民族大学学报（人文社科版）》2004 年第 1 期。

背信罪。[1] 对背信罪不足以涵盖的，还可以证券欺诈兜底条款定罪处罚。

通过对比分析，可以看出：我国刑法中的“未公开信息”与“内幕信息”有着实质的差别，而是否将“利用未公开信息交易罪”纳入“内幕交易罪”也仅是立法技术上的安排，并无实质影响。关键在于利用未公开信息入刑后，能否产生预期的实际效果。

三　利用未公开信息交易的罪名解析

（一）“未公开信息”的认定及与“内幕信息”的界分

（1）“未公开信息”的范畴

何谓“未公开信息”，刑法中并没有明确规定，只是在第 180 条第 4 款指出为“内幕信息以外的其他未公开信息”。未公开信息是证券期货犯罪体系中的一个崭新概念，在立法机关设置用未公开信息交易罪之前，未公开信息并不是一个确定的法律概念。

综合刑法学界及实务届的通说观点，一般认为，未公开信息，是指不为公众所知悉，对相关证券、期货交易价格有重要影响，金融机构、监管部门以及行业协会按照规定采取规范管理的投资经营、监督管理、调控政策等信息。既可以是金融机构开展金融业务过程中的经营信息，也可以是相关法律法规没有明文规定将其纳入内幕信息的范围，但形成于上市公司内部且对上市公司股票走向有重大影响的价格敏感信息，还可以是金融监管部门、证券、期货交易所以及行业协会在行政执法、业务指导、交易管理、行业自律监督过程中掌握的监管信息、管理信息或者行业信息，甚至可以是利率、汇率、税收等宏观调控政策信息等。

从法律规定上看，“未公开信息”应当具备以下基本特性：一是差别性，即未公开信息必须是内幕信息之外的其他信息；二是未公开性，即“未公开信息”尚未通过法定渠道或者其他以公众熟知方式向社会大众和广大投资者公布；三是关联性，即未公开信息必须是与证券、期货合约的市场价格有关的重大信息，而不能是其他一切信息；四是价格敏感性，即未公开信息对于证券、期货合约的价格具有重要影响；五是可利用性，即未公开信息被行为人所掌握后，行为人或其亲友可从中受益之信息。

---

① 张明楷译《日本刑法典》，法律出版社，2006，第 91 页。

（2）“内幕信息”与“未公开信息”的区分

未公开信息是指内幕信息以外的对证券、期货交易价格有重要影响且不为公开市场知悉的信息才属于未公开信息，这就决定了未公开信息与内幕信息在具体内容上具有非此即彼的矛盾关系。

内幕信息的具体内容及其范围，有明确的前置性法律法规为依据，我国证券法、公司法、期货交易管理条例、证监会《上市公司信息披露办法》《上市公司重大资产重组管理办法》，以及上海、深圳证券交易所发布的最新版《股票上市交易规则》等一系列法律、法规、规章等，对内幕信息的内涵和外延都作了详细的规定。根据我国《证券法》第75条的规定，证券交易活动中，涉及公司的经营、财务或者对该公司证券的市场价格有重大影响的尚未公开的信息，为内幕信息。同时根据《证券法》第67条、第75条的规定，内幕信息主要包括：一是与上市公司重大事件相关的信息，如上市公司的重大投资行为和重大的购置财产的决定；二是与上市公司重要决策或者行为相关的信息，如有关公司分配股利或增资的信息；三是国务院证券监督管理机构认定的对证券交易交割有显著影响的其他重要信息。

相比未公开信息，其具体内容并没有前置性法律法规予以明确规定，属于可以对信息内容进行列举的开放性问题。具体而言，未公开信息可以包括：一是证券、期货交易所、证券、期货公司的非公开信息业务数据信息；二是证券公司、期货公司在从事自营业务、资产管理业务、投资咨询业务等过程中形成的经营性信息；三是基金管理机构等将要利用客户资金进行巨额投资的决策信息；四是商业银行、保险公司、信托公司等金融机构在从事与证券、期货投资相关的经营活动中形成的投资决策、资金动向数据、投资咨询等综合性信息；五是证券业、基金业、期货业、保险业、银行业等监管部门以及相关行业信息以及行业管理信息等。①

（二）利用未公开信息交易罪的主体确认

1. 直接主体

根据《刑法》第180条第4款的规定，利用未公开信息交易罪的犯罪主体仅限自然人，具体分为两类。（1）金融机构从业人员。包括证券交易所、期货交易所、证券公司、期货经纪公司、基金管理公司、商业银行、

---

① 刘宪权、谢杰：《证券期货犯罪刑法理论与实务》，上海人民出版社，2012，第234页。

保险公司等金融机构的从业人员。(2) 监管机构工作人员。包括中国人民银行、中国证券监督管理委员会、中国银行业监督管理委员会、中国保险监督管理委员会等有关承担监管职责的部门的工作人员，以及中国证券业协会、中国期货业协会、中国保险行业协会等承担自律性管理职能的协会的工作人员。

2. 本人从事相关证券、期货交易的判断

金融机构从业人员、有关主管部门、行业协会工作人员以其个人的证券、期货交易账户、资金账户自行或者委托经纪人实施金融交易，或者以其近亲属、情妇（夫）等具有共同利益关系人员的交易账户、资金账户从事相关证券、期货买卖，当然应当认定为本人从事相关证券、期货交易。但是，上述交易样态通过直观判断就能加以认定，显然属于“低端”的利用未公开信息交易违法犯罪形式，在金融从业人员或者监管工作人员违规案例中较为罕见。

实际上，利用职务便利获取未公开信息的行为主体本人实施相关金融交易，本质上是对与未公开信息有关的证券、期货交易行为的一种控制，其不仅是形式控制（以本人名义直接或者委托他人买卖证券、期货合约），而且表现为实质控制（控制他人或者利用他人账户从事相关交易）。以实质控制形态表征的利用未公开信息交易行为多发且较难认定，更有必要研究判断标准。

一般认为，具有以下情形之一的，可以认定相关证券、期货交易受到行为人的实际控制：(1) 向他人提供购买证券、期货合约的资金，并且他人买卖证券、期货合约的利益或者损失，全部或部分由本人占有或者承担；(2) 对他人的证券、期货交易账户、资金账户或者他人所持有的证券、期货合约具有使用、管理、收益、处分等权限；(3) 本人的近亲属、情妇（夫）等具有共同利益的人从事相关证券、期货交易。上述认定标准决定了司法部门在查处利用未公开信息交易案件时，绝不能遗漏任何有关资金走向、人际关系、异动账户等要点的分析。

3. 被建议从事与该信息相关证券、期货交易人员的责任认定

在目前的证券、期货市场中，存在大量有身份者建议无身份者从事相关交易的现象。这一现象又可以细分为两种情况。一是有身份者与无身份者的合谋，有身份者负责提供买卖某只股票的信息，无身份者负责交易，获利后共同分赃。二是有身份者与无身份者之间没有合谋，有身份者仅仅

是建议（明示或暗示）无身份者去从事某种证券、期货交易活动。在证券、期货市场中，为数不少的股民都希望通过某种渠道得到信息去操作，显然如果对第二种情况的无身份者进行处罚，则处罚面过宽，故不宜进行处罚。那么，对于第一种情况中的无身份者是否需要处罚，且该如何处罚呢？

关于共犯与身份，刑法通说认为，不具有构成身份的人与具有构成身份的人共同实施真正身份犯时，构成共同犯罪。例如，一般公民不可以单独犯脱逃罪，但可以教唆、帮助依法被关押的罪犯、被告人、犯罪嫌疑人脱逃，因而构成该罪的共犯。我国刑法对贪污罪的共犯也有类似的规定。所以在“老鼠仓”案件中，对于有身份者建议无身份者从事某种交易，两者合谋的情况下，对无身份者应该作为该罪的共犯进行处罚。此种情况在刑法理论上，有身份者被称为“间接正犯”，接受明示或暗示的信息从事交易的无身份者可认定为帮助犯。

我国刑法在对利用未公开信息交易罪进行规制时，规定了“从事与该信息相关的证券、期货交易活动”和“明示、暗示他人从事相关交易活动”两种行为方式。但如果按照间接正犯与帮助犯的解释思路，对于上述此种有身份者建议无身份者、两者合谋的情况，直接适用立法规定的第一种行为方式，立法者则无须再规定第二种行为方式，而且第二种行为方式的列举反而给解释带来困难，易造成处罚上的漏洞。因为，如果按照第二种行为方式去解释，在刑法理论上，通说认为无身份者不能构成共犯，但无身份者在这种情况下如认定为帮助犯，则存在解释上的困难。在这种场合有身份者所实施的正犯行为不是交易行为，而是明示或者是暗示的行为，帮助犯是要对这个正犯行为进行帮助，而不是针对交易行为的帮助。如某甲明示或暗示某乙从事交易时，其帮助的表现应当为为其望风、提供犯罪工具等，而某乙依照某甲的明示或暗示直接进行交易，则不能称之为对建议行为的帮助，只能是对建议行为的落实，是接受建议的结果，而很难将其解释为帮助犯，这将造成处罚上的漏洞，很难取得立法者想要的处罚效果。所以，“将‘明示、暗示他人从事交易活动’放入《刑法》中，表面上看达到了《刑法》和其他部门法之间的协调，但这仅仅是文字规定和条文表述上的形式性协调，而非本身的实质性的协调。在立法时不应单纯地追求部门法在形式上的文字相同，而忽视了部门法背后的法理基础”。[①] 所以，我们认为，现行刑法对第二种行为方式的明确规定，是值得商榷的，对于有身份者建议无身份者从事相关交易、双方合谋的情形，直接适用第一种行为方式的规定即可。[②]

（三）利用未公开信息交易罪前置性违法的判断——证券管理法律法规视角的解读

本罪是法定犯，根据《刑法》第 180 条第 4 款的规定，构成利用未公开信息交易罪必须“违反规定”，即认定本罪要以违反证券法等相关行政管理法律法规作为前置性违法的前提。

首先应当明确的是，《刑法》第 180 条第 4 款的表述是“违反规定”，而不是“违反国家规定”，两者存在很大的差别。根据《刑法》第 96 条的规定，“违反国家规定”，“是指违反全国人民代表大会及其常务委员会制定的法律和决定，国务院制定的行政法规、规定的行政措施、发布的决定和命令”。最高人民法院《关于准确理解和适用刑法中“国家规定”的有关问题的通知》（法 2011 第 155 号）尽管对“国家规定”的范围作了一定延伸，但与利用未公开信息交易罪中“规定”的范围相比，要窄很多，后者不仅包括法律、行政法规，还包括部门规章、地方性法规及行业规范，但公司的内部章程不包括在内。

在法律规范层面，目前证券、期货、银行、保险、基金等领域的法律、法规、规章、行业规则等前置性规范对于利用未公开信息行为的违法性规定实际上处于不够完善的状态，尚没有对证券公司、证券交易所、保险公司、商业银行、社保基金投资管理机构等工作人员利用未公开信息从事证券、期货交易的违法性作明确规定，没有直接的禁止性条款，规定较为原则。全国人大常委会于 2003 年 10 月 28 日通过，2004 年 6 月 1 日施行的《中华人民共和国证券投资基金法》（以下简称《证券投资基金法》）第 18 条规定，基金管理人的董事、监事、经理和其他从业人员，不得从事损害基金财产和基金份额持有人利益的证券交易及其他活动。全国人大常委会于 2012 年 12 月 28 日修订，2013 年 6 月 1 日施行的《证券投资基金法》第 19 条亦有类似的规定。

---

① 俞燕：《非法证券交易案件疑难问题研究——浅谈“老鼠仓”行为的刑法规制》，《犯罪研究》2010 年第 1 期。

② 陈伶俐、于同志、鲍艳：《金融犯罪前言问题审判实务》，中国法制出版社，2014。

而根据前述关于“违反规定”的界定，利用未公开信息交易行为，不仅违反了国家法律，也违反了证监会的相关规定。对此，证监会于2009年3月17日修订，2009年4月1日施行的《基金管理公司投资管理人员管理指导意见》（以下简称《指导意见》）第6条第2款规定：“投资管理人员不得利用基金财产或利用管理基金份额之便向任何机构和个人进行利益输送，不得从事或者配合他人从事损害基金份额持有人利益的活动。”《指导意见》第8条规定，“投资管理人员应当恪守职业道德，信守对基金份额持有人、监管机构和公司作出的承诺，不得从事与履行职责有利益冲突的活动”。案件中，郑某利用因职务便利获取的所任职基金公司的未公开信息进行证券交易，违背了其作为基金从业人员对基金份额持有人、监管机构以及基金公司作出的承诺，与其职务行为存在利益冲突，损害了基金份额持有人的利益，即违反了上述法律和规定。

《指导意见》第23条第3款还规定：“除法律、行政法规另有规定外，公司员工不得买卖股票、直系亲属买卖股票的，应当及时向公司报备其账户和买卖情况。公司所管理基金的交易与员工直系亲属买卖股票的交易应当避免利益冲突。”根据这一规定，基金管理公司员工买卖股票原本就属于禁止的行为，即使是修订后的《证券投资基金法》修改了对基金管理公司员工买卖股票的禁止性规定，但仍规定基金从业人员从事股票买卖、应当事先申报，并不得从事与基金份额持有人发生利益冲突的股票交易行为，其实质是更有针对性地严格监管和防止基金管理公司工作人员擅自买卖与所任职的基金公司交易种类相同的股票。郑某在其所任职的基金公司旗下投资买卖相关股票时，未作申报，逃避监管，个人买卖相同股票，与基金份额持有人发生利益冲突，明显属于“违反规定”。

（四）利用未公开信息的推定与反驳

司法实践中对于认定该罪名的一个难点问题是，如何确认相关证券、期货交易行为是基于利用未公开信息而实施的。

在证券期货内线交易犯罪案件中，直接证明行为人利用未公开信息、内幕信息具有相当的难度，应当通过推定方式进行认定。有学者认为，在资本市场上，由于交易的电子化、虚拟化、网络化及过程的迅捷化，想获得充足证据证明行为人违规操作确实很难。司法机关如果认为市场主体的交易行为影响了市场的正常运营，导致股票价格的异常变动，就可以推定其实施了犯罪行为，而无须获得行为人实施犯罪的确凿证据。内幕交易刑事案件审判实践已经对推定行为人利用内幕信息的有效性予以确认。①

根据证据法原理，“刑事推定本身就是一种证明规则”。在基础事实客观确实的情况下，可以据此作出推定。根据利用未公开信息交易违法犯罪的实际情况，具有接触未公开信息职务便利的金融机构从业人员以及监管部门工作人员本身就具有禁止买卖与未公开信息相关的证券、期货的戒绝交易义务，故完全可以基于其违背法定义务的交易事实推定其利用未公开信息。

司法实践中，控方提供证据证明存在符合下列要素的证券、期货交易行为，可以推定行为人实际利用了未公开信息：（1）行为主体依职责或者经授权，掌握或知悉可能对证券、期货交易价格产生重大影响的尚未公开的信息；（2）行为主体在掌握或知悉上述信息期间、该信息公开之前买卖相关证券、期货。必须重视的是，推定可以反驳，当反驳的合理性强度超越推定强度时，可以认定行为主体并非基于未公开信息从事相关证券、期货交易。行为人有足够证据证明存在以下情形之一的，推定其利用未公开信息的意见不能成立：（1）在掌握或者知悉未公开信息之前，已经凭借对市场公开资料、数据等信息的分析作出相关投资判断与交易策略；（2）有正当理由相信行为人虽然依职责或者经授权能够掌握但客观上确实没有接触公开信息；（3）根据证券、期货市场有关状况、操作规律、发展趋势，按照经验法则与证券、期货知识，结合证券期货监管部门组织的专家委员会或者证券、期货交易所的专业认定意见，能够得出行为人从事的证券期货投资品种与未公开信息无关等。

（五）获利或者避免损失的数额认定

首先，从利用未公开信息交易罪的客体来看，基金公司从业人员利用未公开信息交易相关股票的行为，不仅可能对所任职基金公司的财产利益造成直接损害，更主要的是破坏了公平、公开、公正的证券市场原则，损害了处于信息弱势地位的散户的利益，违背了基金从业人员对基金公司的忠诚义务，损害了有关基金和基金管理人的剩余以及投资者对有关基金及基金管理人的信赖和信心，进而对有关基金的长期运作和基金份额持有人利益造成损害，并对整个证券市场造成损害。因而，刑法设置该罪，针对的就是利用未公开信息从事交易的行为，目的在于惩治该类行为对证券市

① 赵运峰：《证券犯罪刑事追究探析》，《浙江金融》2011 年第 5 期。

场正常运营所造成的严重危害，基金公司买入行为对涉案股票价格的影响及行为人是否实际获利，均非决定犯罪是否构成的要素。①

其次，关于如何计算内幕交易的获利或者避免损失的数额，司法实践中争议较多。对于违法数额的认定，区分几类情况：一是已卖出的股票，违法所得为卖出股票收入减去买入股票支出；二是未卖出股票，违法所得为选择适当终点价格计算出的余股价值减去买入成本；三是在会计方法上，卖出收入与买入成本的关系，可根据实际情况采用先进先出、后进先出、平均成本、移动平均等方法；四是持股获得的红利计入收入，交易费用从违法所得中扣除。

在本案中，郑某已经将利用未公开信息交易的所有股票全部卖出，其违法所得应为卖出股票收入减去买入股票支出，然后扣除交易费用的余额。由于郑某利用未公开信息多次交易，并分多次将买入的股票卖出，所以很难认定每次买入股票后的违法所得的实际数额。因此，应采取先进后出法计算其违法所得的总体数额。

所谓先进后出法，是会计上存货计价方法的一种，后进先出法基于"后入库的先发出"的存货流动假设，其基本特点是使所销售的存货按最近期取得存货的成本与其实现的销售收入相配比。一般来说，在物价持续上涨的情况下，采用后进先出法将会导致较高的销售成本、期末现金余额和较低的期末存货余额、销售毛利、所得税和净收益额。后进先出法符合稳健性原则的要求，因为它可以多计本期发出的存货成本，相应地少计期末库存存货的成本。对于证券交易来说，后进先出法就是以后买进的证券先卖出为假定前提，对卖出证券按最近买进的单价进行计价，该计算方法简便，并且比较符合证券市场上投资者的实际心态。

采用后进先出法计算内幕交易的违法所得，就是在利用利好的未公开信息进行交易时，由于利好信息的发布会使信息所涉及的股票价格上涨，对行为人交易中最先卖出时的每股价格和最后一次买入时的价格相减，然后乘以交易股票的数量，就是利用未公开信息交易的违法所得数额。采用后进先出法计算违法所得数额，实际上多计算了行为人非法交易的成本，少计算了非法交易的收益，但是这样的计算方法符合稳健性原则。

同时，后进先出原则计算违法所得也体现了疑问时有利于被告人的原

① 毛玲玲：《证券市场刑事责任研究》，法律出版社，2009。

则。由于前述股票交易的复杂性，很难实际准确地计算出利用未公开信息交易的确切违法所得数额，因此采取后进先出法计算违法所得，一般是行为人非法交易所获得的最低值，并不会因高估行为人的违法所得数额而导致不当加重行为人的处罚。[①]

四　反思与批判

自《刑法修正案（七）》颁行以来，由于犯罪行为极为隐蔽，行为人反侦查手段高，在司法实践中举证艰难。同时从本案及相关案件的查处看[②]，行为人相关违规交易成交额、获利额、交易数均远高于追诉标准[③]，但所获刑罚接近本罪刑罚底线，体现了本罪在立法和司法上罪刑失当。行为人相关违法交易次数频繁，反映本罪实际发案率较高，说明本罪存在巨大暗数，但相当数量的违法犯罪行为未被查处。

（一）违法性判断前置规范的阙如

本罪是法定犯，前置性金融法规对于判断利用未公开信息交易行为的违法性有着重要作用。而纵观当前我国金融领域的法律法规，对行为人利用未公开信息从事相关证券、期货交易活动的限制或禁止性规定寥寥无几。在证券法中，没有“未公开信息”的概念，在本罪出台之前，中国证监会对相关违法行为的打击依据在于《证券投资基金法》有关禁止基金从业人员从事损害基金财产和基金份额持有人利益的证券交易及其他活动的规定，以及证券法禁止有关人员参与股票交易的规定。这些规定所禁止的相关行为虽然可以部分包容利用未公开信息交易行为，但从本质上讲，没有指明利用未公开信息交易行为的主要违法性特征，无法全面评价其社会危害性。而仅有的相关规定，见于《基金管理公司投资管理人员管理指导意见》，该意见所规范的主体仅限于基金管理公司投资管理人员，无法涵盖大部分主体，如证券期货交易所、证券公司、期货经纪公司、商业银

---

① 最高人民检察院法律政策研究室、中国证券监督管理委员会法律部编著《证券期货犯罪司法认定指南》，中国人民公安大学出版社，2009。

② 如：（1）被告人韩某非法获利30余万元，深圳福田区法院判处有期徒刑一年；（2）被告人许某非法获利209万元，上海静安区法院判处有期徒刑三年，缓刑三年；（3）被告人李某非法获利1000余万元，上海浦东新区法院判处有期徒刑四年；被告人季某非法获利2000余万元，重庆市第一中级法院判处有期徒刑三年缓刑三年。

③ 参见最高人民检察院、公安部《关于公安机关管辖的刑事案件立案追诉标准的规定（二）》，第36条。

行、保险公司等金融机构的从业人员和有关监管与行业协会的工作人员。因此，亟须尽快完善相关立法，以便于本罪的司法适用。

（二）入罪标准过低及其弊端

根据《立案追诉标准（二）》，构成犯罪的，为证券交易成交额累计50万元以上、期货交易占保证金累计30万元以上、获利或避损数额累计15万元以上等。其中明确规定虽然为司法实践提供了可操作性的良好标准，但是在实际的证券期货市场中，这样的数额标准显然过低①，司法实践客观上难以依照如此低的标准追究，导致实际惩处比例过小，造成犯罪标准虚置，在很大程度上损害了刑法的权威性，也削弱了刑法的一般威慑力。标准过低同样会引起司法审判上的混乱和困难，导致司法不公和司法腐败的滋生，同样损害司法活动的公信力和权威性。

此外，刑法对金融违法行为的过度规制，使得民事和行政法律制度的前置性屏障作用难以发挥，不利于民事和行政法律制度本身的完善，也不利于金融民事行政法规与刑法的衔接。②

经过二十余年的发展，我国资本市场制度不断完善、监管逐渐严格，取得了举世瞩目的成就，沪深两市已成为全球第二大市值市场。利用未公开信息交易罪的出台，为遏制“老鼠仓”行为提供了法律基础，有利于维护金融市场的交易秩序，促进我国金融市场的健康发展。本节对利用未公开信息交易罪中未公开信息的界定、未公开信息与内幕信息的差别、利用未公开信息交易行为是否“违反规定”、行为人是否基于职务便利获取未公开信息、从事的证券期货交易是否与未公开信息相关以及如何判断违规交易的入罪标准等，以期为司法实践提供一个可供操作的利用未公开信息交易罪的法律规格，提高刑法的社会威慑力。

（上海财经大学法学院讲师、法学博士　李睿）

① 《股指期货投资者适当性制度实施办法（试行）》第5条规定“股指期货申请开户时保证金账户可用资金余额不低于人民币50万元”，而利用未公开信息交易罪“情节严重”的标准中，规定“期货交易占用保证金累计30万元以上”，低于股指期货最低的开户保证金数额要求，刑事追诉标准脱离资本市场实际的程度可见一斑。

② 顾肖荣、陈玲：《必须防范金融刑事立法的过度扩张》，《法学》2011年第6期。

第二节

利用未公开信息交易罪的立法完善*

为了更好地保护证券、期货交易秩序，保护合法广大投资者的合法利益，《中华人民共和国刑法修正案（七）》中增设了利用未公开信息交易罪这一新的罪名，具体要求补充规定在《中华人民共和国刑法》第 180 条第 4 款中。从这几年施行情况看，该立法仍然存在一些需要继续完善之处。本节就此提出以下几点不成熟的意见和建议，以和同仁共同研究探讨。

一　利用未公开信息交易罪主体要件的适度扩张

根据《刑法》第 180 条第 4 款的规定，本罪主体限定为“证券交易所、期货交易所、证券公司、期货经纪公司、基金管理公司、商业银行、保险公司等金融机构的从业人员以及有关监管部门或者行业协会的工作人员”，这意味着只有“金融机构”的从业人员才能构成本罪，“非金融机构”的从业人员不是利用未公开信息交易罪的犯罪主体。然而现实生活中非金融机构从业人员利用职务便利获悉内幕以外的未公开信息进行相关交易并非不可能。例如，从事证券法律业务、证券审计业务的律师、会计师等人员，完全可能在其从事相关金融证券服务业务过程中获知内幕以外的其他未公开信息，诸如证券公司集合资产管理计划、证券投资基金募集、证券投资基金审计报告等信息，他们也完全可能会利用此类信息进行证券交易，损害其他投资人的利益，其行为的危害性质和危害程度，与那些金融机构从业人员利用未公开信息交易的行为并无本质区别，也理应纳入刑法规制的范围。

因此，利用未公开信息交易罪主体范围的设置不宜局限于金融机构的

---

* 原文刊载于《上海政法学院学报（法治论丛）》2017 年第 3 期。

从业人员，可以考虑根据金融行业中各类相关机构以及从业人员的业务性质、可能与未公开信息的接触程度，以及能否利用职务、业务便利接触未公开信息来确定。凡是因业务需要、职务利用能够接触证券期货业务的相关未公开信息，并利用这些信息进行相关交易的人员，都可以构成利用未公开信息交易罪。

此外，我国《刑法》第180条第1款规定内幕交易、泄露内幕信息罪的主体为“证券、期货交易内幕信息的知情人员或者非法获取证券、期货交易内幕信息的人员”。根据此规定，内幕交易、泄露内幕信息罪的主体不仅包含通过正常渠道获取相关信息的人员，还包括通过非法渠道获得内幕信息的一切人员。后者指除通过正常渠道获取内幕信息的那些人员以外，可以凭借与发行人或上述内幕人员的特殊关系而非法获得内幕信息，或者利用非法手段，例如黑客侵入、盗窃偷听等，取得内幕信息的人员。

相比较之下，《刑法修正案（七）》对利用未公开信息交易罪只将通过正常渠道获取未公开信息的人员规定犯罪主体，没有将非法获取未公开信息的人员纳入其中。有学者认为这样立法的主要原因是，立法者认为未公开信息对证券、期货市场比内幕信息的影响小，刑法没有必要像保护内幕信息那样给予同样的保护。① 我们认为这种见解值得商榷。一般来说，证券的价格首先是由公司的经营状况和经营业绩等自身因素所决定。不过在当前信息化时代，证券价格的变动除了内在价值外，在很大程度上还会受到诸多外在因素的影响，例如国内外经济形势、国家相关产业政策、投资者的心理预期等方面。此外，受价值规律的指导，证券的市场价格还会与市场的供求关系存在密切联系，当市场某个时期大量资金集中投资于某一证券，致该证券供求关系紧张时，就会导致该证券价格上涨，反之将资金集中从某一证券退出时，又会导致该证券价格下跌。而这种能将影响证券价格的资金集中进出的信息，属于能够决定证券价格，影响证券交易的未公开信息。本罪中未公开信息范围广泛，既涵盖了金融机构的投资经营信息，也包括了国家调控政策等方面的信息，这些未公开信息对证券、期货价格的影响，特别是某一特定时期对于某一特定证券价格的影响，绝不亚

① 浙江省丽水市人民检察院课题组：《利用未公开信息交易罪疑难问题探析》，《河北法学》2011年第5期。

于内幕信息的影响力，因此不应该将未公开信息划到比内幕信息低一层次的位置来进行保护，我国刑事立法对利用未公开信息交易罪的法定刑规定的是援引内幕交易罪的法定刑，这也说明两罪的危害程度并没有区别。有的学者认为对于非法获取未公开信息的人员不必动用未公开信息交易罪对其定罪处罚，直接按照其他罪名（如侵犯商业秘密罪）将其定罪即可，实际上也是认为“未公开信息影响力比内幕信息小”，因而理由并不充分。何况也不是所有这些非法获取行为都能够符合侵犯商业秘密罪的要件，特别是此类案件的危害后果是很难确定的，而侵犯商业秘密罪是结果犯，要求必须给权利人重大损失才能构成犯罪，因此，如果将非法获取他人未公开信息的行为定性为侵犯商业秘密，势必导致刑法事实上无法介入规制，因而使此类危害严重行为得不到有效的刑事制裁和预防。而且，即使个别行为构成了侵犯商业秘密罪，也因为刑法对于侵犯商业秘密罪的处罚明显低于利用未公开信息交易罪，而非法获取未公开信息进行交易的行为危害性通常会很大，至少不会比非法获取内幕信息从事交易行为的危害性小，对之仅以侵犯商业秘密罪处罚，也无法做到罪责刑相适应。因此我们认为，刑法应当参考对内幕交易罪、泄露内幕信息罪主体的规定，来设定利用未公开信息交易罪的犯罪主体，将非法获得未公开信息的人员也纳入本罪的主体范围，把未公开信息放置于与内幕信息同等重要的地位进行保护。

二　利用未公开信息交易罪规制领域的适度延伸

以商品、证券、期货等为基础资产的衍生品交易已经成为金融市场非常重要的组成部分。根据中期协统计数据，我国期货市场成交额从 1993 年的 5521.99 亿元增长到 2015 年的 554.23 万亿元，增长 1003.68 倍，期货成交量从 1993 的 890.69 万手增长到 2015 年的 35.78 亿手，增长 401.71 倍（见图 4 - 2 - 1）。[①] 同时，我国金融衍生品市场迅猛发展，已经成为全球第一大商品期货市场和农产品期货市场，并在螺纹钢、白银、铜、黄金、动力煤、股指期货以及众多农产品等品种上保持较高的国际影响力。

---

① 《2015 年，中国期货市场累计成交额达到 554.23 万亿元》，http://mt.sohu.com/20160804/n462571334.shtml，最后访问日期：2016 年 11 月。

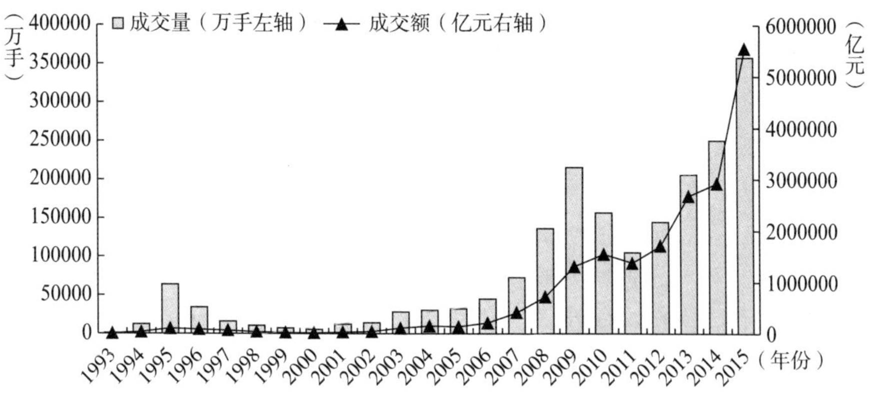

图 4－2－1 1993 年～2015 年期货市场成交情况①

除了以常见的商品期货为代表的金融衍生品品种不断丰富外，“邮币卡电子盘交易”这一新型的金融衍生品也被人所熟知。邮币卡就是人们常见的邮票、纪念币、电话卡的统称，通常被爱好者们作为收藏品或者投资资产。邮币卡电子盘就是将邮票、纪念币、电话卡等实物证券化，像股票、期货一样在网上进行交易。据统计，目前全国共有 85 家邮币卡交易平台（主要是各大文交所），邮币卡品种一共 3841 件，其中包括获得地方政府批准设立的文化产权交易所和大宗商品交易平台。② 相对于其他金融投资行业的不景气，邮币卡电子盘在过去一年中的成绩引人注目，根据全国 27 家典型邮币卡电子交易平台数据，2015 年全年累计成交额 1.4 万亿元，而今年一季度邮币卡电子盘成交额就超过 5600 亿元，全年有望赶超 2015 年成交额。③ 但是，对于快速发展的邮币卡交易市场来说，现在可谓乱象丛生。此前就有媒体报道，电子交易平台先天不足，对庄家操纵价格的行为是不能管更不愿管。对于目前文交所这种公司制模式下还没有成熟的市场来说，特别容易出现操纵邮币卡电子交易的情况，庄家为了获利，大肆炒作，拉高价格，成功诱多后出货，中小投资者成为“接盘侠”。更为甚者，文交所可能“监守自盗”，甚至与庄家合谋，那么邮币卡交易市场便

---

① 据中国期货业协会网统计分析数据汇总。

② 《天津文交所暂停邮币卡交易 模式涉嫌非法证券活动》，http://money.163.com/16/0817/07/BULDN07300253B0H.html，最后访问日期：2016 年 11 月。

③ 《邮币卡电子盘 2015 年全年累计成交额 1.4 万亿元》，http://www.xianhuozhijia.com/20160414/72672.html，最后访问日期：2016 年 11 月。

成为“出老千”的“赌场”。曾经风靡一时的邮币卡电子盘交易，随着2016年8月15日天津文化产权交易所邮币卡交易中心的临时停盘整顿，背后的风险开始露出狰狞一角。这是去年底邮币卡电子盘交易风险显露以来，由省级政府批准的文交所首次宣布暂停邮币卡电子盘交易。根据21世纪经济报道记者的消息，本次天交所暂停邮币卡交易，有可能就是借贷交易模式涉嫌违规，从事非法证券活动。

“中港事件”是近期邮币卡电子盘行业最火爆的话题。沈阳中港大宗商品交易市场（以下简称中港）于2014年1月成立，2015年6月开业运营。中港推出“零跌政策”，“零跌”就是指下跌的幅度为零，这就意味着，市场公告出台的享有零跌政策的交易物在达到目标价格前，只涨不跌。心动的投资者纷纷重金投入中港，然而买进后，商品价格还没达到目标价格就不再上涨了。2015年9月16日，中港市场的网络交易突然出现了异常波动乃至横盘（即没有交易）。这意味着，所有参与交易的人，投到市场里一分钱都拿不回来。[①] 据事后调查，中港事件涉案金额高达58亿元，涉及投资者数以万计。目前，此案正在进一步调查处理中。据知情者透露，中港事件中所涉及的违法活动主要包括以下几个方面：（1）违法违规开展大宗商品交易活动；（2）涉嫌违法凭空发行新票；（3）涉嫌违规自己做庄；（4）虚假发布公告；（5）违背市场交易规律，随意设置涨跌幅。[②] 邮币卡电子盘作为新兴产业，极大地推动了社会资本的良性运作，随着近两年来近乎疯狂的扩张，其缺乏监管和法律制约的问题也日益突出。

不仅是邮币卡交易，在大宗交易行业，目前正上演着另一场火爆的大戏，那就是“微交易”。作为一种金融投资方式，微交易是新生事物，在我国兴起也不到一年时间。微交易就是二元期权，是固定收益期权的一种，预测标的资产未来行情的走向，只需看涨或看跌的方向，无须考虑涨跌的幅度，在规定的时间内（1分钟、5分钟、15分钟等），根据收盘价格高于或低于入场价格的结果，来决定是否获得收益。[③]

---

① 《中港事件波及甚广，第三方受牵连》，http://bbs.tianya.cn/post-free-5338482-1.shtml，最后访问日期：2016年11月。

② 《传沈阳中港涉及金融诈骗　邮币卡市场监管匮乏》，http://www.huobaole.com/a/zimeiti/yejie/2015/1118/1203.html，最后访问日期：2016年11月。

③ 《微交易》，http://baike.so.com/doc/7539353-7813446.html，最后访问日期：2016年11月。

除了邮币卡交易、微交易，云交易等新型的金融衍生品也进入了投资者的视野。面对当今层出不穷的金融衍生品的现状，我国缺乏有效的监管和法律的制约。从我国现行金融犯罪立法来看，内线交易、市场操纵、编造并传播交易虚假信息等资本市场犯罪长期被限定于证券、期货领域进行规制，涉及金融衍生品非法交易的严重违法行为不受刑法调整。但是，我们认为，利用未公开信息交易罪的规制领域理应包括金融衍生品，原因主要有以下三点。

1. 邮币卡等新型金融衍生品的交易行为与证券、期货交易的行为模式本质并无二致（见表4－2－1）。在证券、期货交易过程中的发生的利用未公开信息交易行为同样会在金融衍生品市场中产生，而且作为新生事物，普通投资者对其不甚了解，具有某些信息优势的人员更容易通过金融衍生品交易谋取巨额利润。

表4－2－1　邮币卡与股票交易主要差异点

主要差异点	邮币卡	股票
交易场所	电子盘目前有数十家交易所	沪深交易所
交易时间	周一到周六（9：30～11：30和13：00～15：00）	周一到周五（9：30～11：30和13：00～15：00）
交易机制	T+0	T+1
交易费用	交易佣金	交易佣金，印花税和过户费（仅沪市）
涨跌幅限制	涨跌幅限制为30%	新股首日上市交易44%，日常涨跌幅限制均为10%
资金存管	不同的文交所有不同的指定开户行	基本所有银行都能对接
提货制度	允许从交易所申请提取现货藏品	无实物可以提取

2. 微交易等金融衍生品的风险类似于传统金融产品，但是其风险程度远高于传统金融产品。以微交易举例来说，参与者最短可以在一分钟的周期内判断目标资产的涨跌，若判断对，会获得75%～85%的收益，判断错，则本金全无，风险程度很高。此外，由于金融衍生品的高杠杆率及其自身风险对冲的特性，利用未公开信息行为会对我国金融市场秩序和经济发展造成极大的危害。所以，既然证券、期货品种都属我国利用未公开信息交易罪的规制范围，那么行为人利用未公开信息进行获利或避损更多的金融衍生品交易的违法行为更应受刑法的惩治。

3. 纵观境外成熟资本市场，均将金融衍生品纳入利用未公开信息交易罪的规制范围。

《美国法典》第 7 章第 13 条 d 项和 e 项的规定，以下利用未公开信息交易行为构成重罪：“（1）任何登记注册的经营实体、期货行业协会、期货公司的雇员、董事等，违反证券交易法、证券交易法、证监会监管规则，利用职责形成的特殊条件获取实质性未公开信息，蓄意地或者心照不宣地以本人账户或者他人账户从事与该未公开信息相关的远期期货合约、期权交易，或者蓄意地或者心照不宣地泄露该未公开信息；（2）明知是登记注册的经营实体、期货行业协会、期货公司的雇员、董事等违反规定，利用职责形成的特殊条件获取实质性未公开信息，蓄意地或者心照不宣地以本人账户或者他人账户从事与该未公开信息相关的远期期货合约、期权交易。”① 根据日本《金融商品交易法》第 157 条第 1 项的规定，使用不正当手段、阴谋、技巧从事证券或者衍生品交易的，构成证券欺诈，单处或并处十年以下惩役、1000 万日元以下罚金。② 以上可看出，将期权等金融衍生品纳入刑法的规制，是发达国家的实然状态，更应是我国保护和发展资本市场的应然需求。

我国证券期货刑事立法比较滞后，难以有效应对新型证券期货犯罪案件是不可否认的事实。但是根据国外在证券期货犯罪领域的立法经验以及国内层出不穷的新型金融犯罪特征，我国立法机关完全有可能并且有能力预见到金融衍生品市场中会出现的利用未公开信息交易犯罪。在此情况下，金融衍生品没有纳入本罪的规制领域，不能不说是一种立法疏漏。这也证明了我国有关学者的论断——当前金融犯罪立法缺乏超前性和预见性。③

因此，我国金融监管及司法实践中，应对金融衍生品市场中出现的疑似利用未公开信息交易行为保持高度的警觉性，积极总结归纳以证券、期货为基础资产的衍生品交易中的主要特点和行为方式，先行在证券、期货等一系列行政法规中明确利用未公开信息进行金融衍生品交易的行政违法

---

① 7 United States Code 13 § (d), (e).

② 金融商品取引法（昭和 23 年 4 月 13 日法律第 25 号）第 157 条不正行为的禁止。

③ 卢勤忠：《论我国金融犯罪的刑事立法政策——以刑法修正案为视角》，《上海公安高等专科学校学报》2009 年第 1 期。

责任，然后在今后证券期货犯罪的刑法修正中，明确衍生品市场中利用未公开信息交易等行为的犯罪性，适时将衍生品市场中的利用未公开信息行为纳入金融市场刑法规制范畴。相较于传统的经济犯罪而言，证券期货类型的犯罪发生在金融创新高度发达资本市场，这就需要我们刑事立法具有一定程度的前瞻性、超前性、预留性，为尚未在证券期货市场充分暴露，暂未被刑法理论充分解释的违法行为预置一定的评价空间。这不仅能够确保证券期货犯罪刑法规范在较长的期限内维持稳定，而且有利于缩减频繁修改证券期货犯罪的法律修正成本。[①]

三　利用未公开信息交易罪定罪标准的合理构建

根据我国《刑法》第 180 条第 4 款的规定，金融机构从业人员、有关监管部门及行业协会工作人员利用未公开信息交易，情节严重的，处五年以下有期徒刑或者拘役，并处或者单处违法所得一倍以上五倍以下罚金。由此可见，情节标准对认定行为人利用未公开信息交易罪起到至关重要作用。2010 年最高人民检察院、公安部《关于公安机关管辖的刑事案件立案追诉标准的规定（二）》（以下简称《追诉标准二》）第 36 条对利用未公开信息交易罪“情节严重”认定的标准是：（1）证券交易成交额累计在 50 万元以上的；（2）期货交易占用保证金数额累计在 30 万元以上的；（3）获利或者避免损失数额累计在 15 万元以上的；（4）多次利用内幕信息以外的其他未公开信息进行交易活动的；（5）其他情节严重的情形。

《追诉标准二》虽然为司法实践提供了可供操作的明确标准，但是其中“情节严重”的定罪标准严重脱离社会实际，办案机关无法严格按照此标准定罪，因而导致“情节严重”的标准实际上被虚置，降低了刑法规范的权威性，也进而影响刑法对预防这类犯罪应起到的作用。

整体上看，利用未公开信息交易罪“情节严重”的认定标准参照了内幕交易罪的追诉标准。[②] 但是，从内幕交易犯罪理论研究来看，“情节严重”标准过低长期以来颇为各界诟病。[③] 实践中，证监会进行行政处罚的

---

① 刘宪权、谢杰：《证券、期货犯罪刑法理论与实务》，上海人民出版社，2012，第 84 页。

② 徐日丹：《完善立案追诉标准　依法打击经济犯罪——最高人民检察院、公安部有关部门负责人答记者问》，《检察日报》2010 年 5 月 18 日。

③ 顾肖荣、张国炎：《证券期货犯罪比较研究》，法律出版社，2003，第 416 页。

内幕交易案件的成交额、获利或者避损数额通常远超内幕交易罪的追诉标准，然而最终此类案件大多数没有被定罪判刑。与此相应，利用未公开信息交易的案件的处理，无疑也难逃这一结局。究其原因，就在于《追诉标准二》所设定的“情节严重”这一定罪标准过低，司法实践上难以按如此低的数额标准进行操作。[①] 有不少达到这一标准的案件，事实上并没有被定罪处刑，而是被行政处罚。

例如，根据证监会的调查，张鹏于2008年12月至2012年3月，担任申万菱信新动力股票基金的基金经理期间，在其自己管理的基金买入或卖出股票后，张鹏控制“刘某秀”的证券账户同步或稍晚买卖相同的股票。上述期间，张鹏操作“刘某秀”证券账户总赢利44.85万元。其中，趋同交易沪市股票16只，成交金额1515.26万元，赢利24.08万元；趋同交易深市股票20只，成交金额1655.44万元，赢利20.77万元。证监会认为，张鹏在担任新动力基金经理期间，利用掌握的未公开信息，操作“刘某秀”证券账户，违反了证券法关于基金管理人的董事、监事、经理和其他从业人员“不得从事损害基金财产和基金份额持有人利益的证券交易及其他活动”的规定。因此，对张鹏采取五年市场禁入措施。在禁入期间内，不得从事证券业务或者担任上市公司董事、监事、高级管理人员职务。[②]

较低的入罪数额标准，也容易导致构成犯罪的案件，在量刑时严重失衡，数额大小明显区别的案件，量刑结果差不多，甚至可能出现数额与量刑结果倒挂的现象，明显有违罪责刑相适应的原则。这从表4-2-2就可以看出来。

表4-2-2　已判决的“老鼠仓”案件及处罚情况[③]

基金经理	所属基金公司简称	涉案资金或股票	非法获利金额（万元）	没收违法所得后罚款金额（万元）	判处刑期
韩刚	长城基金	15只股票	27.7	31	有期徒刑一年

① 刘宪权、谢杰：《证券、期货犯罪刑法理论与实务》，上海人民出版社，2012，第85页。

② 《中国证监会市场禁入决定书》（2016年2号），中国证券监督管理委员会网，http://www.csrc.gov.cn/pub/zjhpublic/G00306212/201602/t20160219_291457.htm，最后访问时间：2016年11月18日。

③ 据中国裁判文书网法律文件统计。

续表

基金经理	所属基金公司简称	涉案资金或股票	非法获利金额（万元）	没收违法所得后罚款金额（万元）	判处刑期
许春茂	光大保德信	9500 万元	209	210	有期徒刑三年，缓刑三年
郑拓	交银施罗德、好旺角投资	4638 万元	1242.7	600	有期徒刑三年
李旭利	交银施罗德、重阳投资	5226.4 万元	1071	1800	有期徒刑四年
钱钧	光大保德信	1.22 亿元	140	160	有期徒刑一年六个月，缓刑一年六个月
苏竞	汇添富基金	7.33 亿元	3650	3700	有期徒刑两年六个月
姚某	华夏基金	5.46 亿元	467	500	有期徒刑三年，缓刑三年
厉建超	中邮基金	9.15 亿元	1682	1700	有期徒刑三年六个月
马乐	博时基金	10.5 亿元	1912	1913	有期徒刑三年
刘某	华夏基金	1.27 亿元	300	304	有期徒刑两年，缓刑两年
陈志民	易方达基金	18.84 亿元	2826	2830	有期徒刑四年
王勇	工银瑞信	2.93 亿元	249	250	有期徒刑两年，缓刑两年
罗泽萍	华夏基金	3.26 亿元	556	403	有期徒刑五年，缓刑五年

具体看来，证券交易成交额 50 万元以上、期货保证金 30 万元以上、获利或避损数额 15 万元以上“情节严重”的数额标准已严重偏离我国金融市场交易现状。当今沪深两市流通总市值三十余万亿元，顶峰时期沪市成交额高达万亿的市场规模以及金融市场交易人员的特殊身份相较于现行数额规定，数额标准设置明显过低。根据《股指期货投资者适当性制度实施办法（试行）》的第 1 节第 4 条对可用资金要求的规定：期货公司会员为投资者向交易所申请开立交易编码，应当确认该投资者前一交易日日终保证金账户可用资金余额不低于人民币 50 万元。股指期货开户资金金额要

求的最低标准都高于本罪规定期货保证金30万元以上的标准，可见利用未公开信息交易罪的刑事追诉标准已严重脱离我国证券、期货实践。此外，多次交易、其他情节严重判断标准的模糊，导致司法实践中很难按照此类标准对行为人进行定罪处罚。多次利用未公开信息交易的，刑法条文中的“多次”，一般是指“三次以上”，本条也不应该例外。但值得考虑的是行为人是“三次以上”利用不同未公开信息交易，还是利用同一未公开信息进行“三次以上”交易，抑或是涵盖了上述两种情况。此外条文中对“其他情节严重”的认定标准也未作出说明，在司法实践中就难以根据此弹性标准对利用未公开信息行为人进行定罪量刑。利用未公开信息交易罪刑事追诉标准过低，给司法适用带来很多副作用。如果严格按照此标准适用，会导致大量案件进入刑事程序，导致刑法条文层面的打击面过宽，不利于和谐社会的建设，而且对于利用未公开信息违法交易行为，也有相应证券法条文对其规制，过低的“情节严重”标准会导致犯罪圈扩大，模糊行政违法与刑事犯罪的界限，削弱行政法对证券市场的规制机能，违背刑法二次规范的原理。如果由办案机关随意根据需要擅自提高定罪标准，不但导致司法解释所明定的定罪标准虚置而使刑法成为摆设，大大削弱刑法规范在社会公众中的尊严，从而也削弱了其应有的评价、引导和威慑功能，而且还必然使办案机关掌握着相当大的定罪与不定罪的自由裁量权，造成办案机关完全可能根据自己的好恶和需要选择性地办案，随意出入罪，从而严重破坏刑法的公正、公平价值。因此，适当提高“情节严重”的标准，有利于科学地厘清违法与犯罪的界限，约束办案机关出入罪的自由裁量权，减少刑事司法实践的随意性，从根本上强化对证券期货犯罪的惩治力度。

我们建议，有必要重新制定和完善证券期货犯罪司法解释，科学界定犯罪的定罪标准，通过对利用未公开信息交易、内幕交易、操纵证券、期货市场等行政处罚案件进行数据统计和分析，分析此类非法证券、期货交易中成交资金额、占用保证金数额、获利数额、避损数额等数据信息，将各个主要项目的数额平均值设定为刑事追诉标准的下限。[①] 具体定罪数额起点可以是：（1）证券交易成交额累计在200万元以上的；（2）期货交易占用保证金数额累计在120万元以上的；（3）获利或者避免损失数额累计

① 刘宪权、谢杰：《证券、期货犯罪刑法理论与实务》，上海人民出版社，2012，第269页。

在 60 万元以上的。[①] 将以上数额的起刑点调整为现行数额四倍，是因为《证券法（修订草案）》规定利用未公开信息交易责同内幕交易。证券法对于内幕交易者没有违法所得或者违法所得不足三万元的，要求处以三万元以上六十万元以下的罚款，而利用未公开信息交易罪罚金刑的规定是违法所得一倍以上五倍以下的罚金。把获利或避损金额定为六十万元，可以使刑法中的罚金刑与证券法中的罚款做到良好地衔接，且符合经济社会发展变化和证券期货案件的实际情况。同时，相应的同比例调整证券交易额和期货保证金额的定罪起点，从而做到数额标准的一致。

此外，有必要将“多次交易”“其他情节严重的情形”等泛化的指标具体化、实质化。“多次交易”既可以是行为人利用相同的未公开信息进行“三次以上”交易，也可以是行为人“三次以上”利用不同种的未公开信息进行交易。“其他情节严重的情形”包括而不限于：利用未公开信息交易行为导致证券或期货交易价格波动幅度为 5% ~10%，或交易量超过前五个交易日的平均交易量的 30% ~50%；侵犯投资人权益导致大规模证券集团诉讼，引发群体性事件；导致投资人或其他相关利益人自杀身亡、精神失常的等。此外，还需充分挖掘股票期货市场丰富的实践素材，积累大量的现实案例，从中寻找规律，结合本罪交易隐蔽性、快速性、频繁性等特点，总结本罪其他的典型危害特征，为更科学、合理地制定本罪的定罪起点标准奠定基础。

四　利用未公开信息交易罪法定刑的合理配置

《刑法》第 180 条对于本罪的刑罚配置为：“情节严重的，处五年以下有期徒刑或者拘役，并处或者单处违法所得一倍以上五倍以下罚金；情节特别严重的，处五年以上十年以下有期徒刑，并处违法所得一倍以上五倍以下罚金。”从中可见，刑法对于本罪法定刑规定，其自由刑的量刑幅度

---

① 有必要提出，对于提高利用未公开信息交易罪等证券犯罪定罪数额起点的建议，实践中可能会产生一些质疑：证券犯罪金额也要“通货膨胀”吗，我国是否对证券期货犯罪的打击力度趋弱？这些隐忧也是我国长期以来将证券期货犯罪金额起刑点设定在一个较低水平的重要原因。但是，从我国资本市场的发展现状和已判决的案例来看，过低的起刑点明显“法不责众”，易造成“情节严重”标准的虚置。适当提高证券期货犯罪的起刑点数额，有利于厘清违法与犯罪的界限，在实践中减少刑事司法的随意性，更好地体现“罪刑相适应”原则，这本质上是强化了证券期货犯罪的惩治力度，也更好地维护了刑法威严。

相对于一些严重侵犯公民人身权利、民主权利、财产权利以及较轻的危害国家安全、公安安全的犯罪明显较低。

据此，有学者认为本罪有着严重的社会危害性，在立法和司法实践中，本罪的刑罚都过于轻缓。但笔者认为，本罪与其他经济犯罪的自由刑设置基本相同，且证券期货犯罪有着自身贪利性特点，在刑法对经济犯罪处置谦抑的时代背景下，我国现有的对利用未公开信息交易罪设置的自由刑是有其合理性的。

纵观世界，除了美国之外，其他各国和地区对内线交易的处罚一般都不超过十年监禁。如德国《证券交易法》对内线交易的法定最高刑规定为五年，英国《刑事司法法》《金融服务与市场法》规定为七年，《日本金融商品交易法》规定为五年，而我国台湾地区对于内线交易的刑罚主要是罚金，只有在无力支付的情况下才处以不超过三年的劳役异科。美国《2002 年萨班斯—奥克斯利法》把证券、财务等金融欺诈犯罪的监禁刑由十年升格至二十年，也是具有其特殊的时代背景的：2001 年以来的安然事件、世通事件等一连串财务丑闻，以及互联网泡沫的迅速破裂，严重动摇了公众对证券期货领域法律规范对于保护投资者权益的信心，因此，美国将证券期货犯罪的自由刑最高刑设置为二十年。由此看出，除了对证券期货刑事处罚畸高的美国，我国刑法对于本罪法定自由刑的规定与世界各国或地区的规定还是相当的。就世界各国和地区刑法发展的趋势来看，轻刑化能为证券、期货市场的发展营造良好的法制环境。从根本上说，解决证券、期货市场上出现的经济问题及产生的矛盾，主要还是需要资本市场自身调节和适当有序的监管，过度运用刑事手段进行严厉的处罚也不利于资本市场的发展。

虽然我国刑法对于利用未公开信息交易罪所配置的自由刑总体情况还是适当的，但是有关本罪罚金的规定，却存在着一些问题。毫无疑问，和其他证券、期货犯罪一样，此类犯罪者的犯罪动机绝大多数都是贪财图利，因此，从刑罚个别化角度来说，对于此类犯罪当然应当重视财产刑的适用，我国刑法对于本罪相应地配置罚金刑是完全正确的。不过，有关罚金刑的规定即存在一些问题。突出问题表现为本罪中规定的罚金刑数额与相关证券法规中设置的罚款数额不相协调。例如，根据我国《刑法》第 180 条第 4 款的规定，构成利用未公开信息交易罪，情节严重的，罚金刑为并处或单处违法所得一倍以上五倍以下罚金；情节特别严重的，罚金刑为并处违法所得一倍以上五倍以下罚金。但是在利用未公开信息交易犯罪的司法实践中，有很多犯罪行为实际上并没有违法所得，甚至有的行为人出现了大量亏损情况。按现行本罪罚金刑的规定，显然对此无法进行处罚。而对于同样是行为人进行证券期货违法交易而没有违法所得的情况，我国证券法则规定，没有违法所得或者违法所得不足三万元的，处以三万元以上六十万元以下的罚款。具体可见“亏钱老鼠仓”黄林一案，根据证监会的调查，黄林于2007年3月至2009年4月，担任国海富兰克林中国收益基金的基金经理期间，利用职务便利掌握基金投资决策信息，在其自己管理的基金买入或卖出股票后，黄林控制荆某的证券账户先于或同步买卖相同的股票。其交易涉及宁波华翔、华发股份、大族激光等八只股票，亏损5.4万元。证监会依据基金法和证券法相关条文的规定对黄林处以30万元罚款，取消其基金从业资格。[①] 可见，行政处罚根据证券期货违法行为贪利性的特征，在行为人并没有获得实际收益的情况下，仍对其进行罚款。相较之下，证券期货犯罪的社会危害性明显大于行政违法行为，但本罪在罚金刑的考量上明显不如证券法规罚款那么细致，对没有违法所得的行为未进行罚金刑层面的设置，不能不说是一种立法遗漏。

从罚金刑的性质看，罚金刑可以广泛地适用于经济犯罪尤其是证券期货犯罪，世界各国及地区都比较重视适用罚金刑对证券期货犯罪行为人进行惩治与震慑，例如美国、德国及我国台湾地区均在其证券刑事法律规范中规定了罚金刑。

从罚金刑的适用方法看，这些国家和地区规定的罚金刑都采用的是选科制或者并科制；从罚金刑与自由刑设定关系来看，自由刑一般在前，然后再规定选处或并处罚金。但也有例外的国家，比如美国对证券期货犯罪规定先处以罚金刑，在罚金刑之后，再选处或并处有期自由刑。随着世界很多国家先后对以自由刑为中心的刑罚体系进行改革，罚金刑在刑罚体系中的地位逐渐上升，特别是在有关证券期货犯罪的法律规定和司法实践中，人们越来越认识到，从经济上惩治贪利者有助于剥夺证券期货犯罪者的再犯能力，尤其是罚金刑与自由刑并用时，效果更为显著。[②]

---

① 《中国证监会行政处罚决定书（黄林）》，http://www.csrc.gov.cn/pub/zjhpublic/G00306212/201106/t20110615_196391.htm，最后访问日期：2016年11月。

② 刘宪权、谢杰：《证券、期货犯罪刑法理论与实务》，上海人民出版社，2012，第102页。

就我国利用未公开信息交易罪中罚金刑适用而言，可以做下面的完善：调整本罪罚金刑的强度，增加限额罚金制，与行政处罚中的罚款强度相协调。利用未公开信息交易罪中规定的倍比制罚金刑，且将行为人“违法所得”作为倍比的基数。但是在司法实践中，证券期货犯罪的行为人没有违法所得甚至亏损，但其股票、基金成交资金数额、占用保证金数额很大的情况屡见不鲜。在此情形下，我国现行的倍比罚金刑制度显然无法适用，行为人在经济上无法得到有效的制裁，其再犯可能性也大大增加。例如，钟小婧案中，汇丰晋信的基金经理钟小婧，利用职务便利掌握基金投资信息，在汇丰晋信基金买入或卖出股票后，钟小婧利用自己的证券账户以及具有部分控制权的张某的账户同步或略晚于基金买卖相同的股票共达12 支，累计买入金额 320 多万元，亏损 8 万多元。此时，仅以违法所得为基础的倍比罚金制进行处罚，确实难以实现刑罚效果或者根本无法予以实际适用。可能也是因此原因，虽然钟小婧买卖股票成交金额高达 320 余万元，远超证券成交金额累计 50 万元的追诉标准，但其只受到取消基金从业资格，罚款 20 万元的行政处罚，并未受到刑事制裁。此种情况下，本应受到刑法制裁的证券犯罪行为因罚金刑设置的不合理性退而要用证券、期货行政法规对其规制的现状，极大地损害了刑法尊严，动摇了刑法在法律体系中的地位。因而，我们以为，采用倍比罚金制与限额罚金制相结合的方式是完善本罪罚金刑制度的合理化做法。具体来说，应在倍比罚金刑之后，对于没有违法所得的，明确一个最低和最高罚金额度。加强本罪罚金刑的强度既可以剥夺利用未公开信息交易犯罪人部分或全部财产，作为对其恶性的惩罚，同时可以剥夺其在实施此类犯罪的经济能力，并且在相当程度上可以弥补因证券期货犯罪所造成的一些经济活动损失。同时，本罪罚金刑的强度也与行政处罚中的罚款强度做到了协调。

（上海交通大学凯原法学院教授　张绍谦；上海交通大学凯原法学院博士研究生　颜毅）

第三节

利用未公开信息交易罪量刑情节的诠释

一　利用未公开信息交易罪量刑情节解释争议：问题的导入与延伸

我国《刑法》第180条规定了内幕交易、泄露内幕信息罪和利用未公开信息交易罪，对伴随着资本市场迅猛发展而滋生的内幕交易、利用未公开信息交易犯罪行为进行了卓有成效的刑法规制。尤其是《刑法修正案（七）》增设的、在实践中称为“老鼠仓”的利用未公开信息交易犯罪，近年来明显成为资本市场监管与犯罪惩治的焦点。证监会2013年立案22件，2014年上半年立案25件，共39人被移送司法机关追究刑事责任；[①] 2014年底更是对“老鼠仓”违法犯罪开展了专项治理行动。[②] 与此同时，利用未公开信息交易犯罪案件的理论解释与实践适用争议问题愈发突出——最高人民检察院对我国“最大老鼠仓”的终审裁定，以“法律适用错误，导致量刑明显不当”为由，按照审判监督程序向最高人民法院提出抗诉，[③] 引发资本市场、

① 许志峰：《证监会怎样“捉老鼠”》，《人民日报》2015年2月8日，第2版。

② 中国证券监督管理委员会：《证监会对部分涉利用未公开信息交易案件基金公司依法采取行政监管措施》，http://www.csrc.gov.cn/pub/newsite/zjhxwfb/xwdd/201501/t20150130_267378.html，最后访问日期：2015年4月2日。

③ 马乐在担任证券投资基金经理期间，利用其掌控的未公开信息从事证券交易，累计成交金额10.5亿余元，从中非法获利1883万余元。2014年3月，深圳市中级人民法院认为马乐利用未公开信息交易“情节严重”，一审判决其有期徒刑3年缓刑5年，并处罚金1884万元，没收违法所得。同年4月深圳市人民检察院提出抗诉；8月，广东省检察院支持抗诉，认为马乐应认定为“情节特别严重”。10月，广东省高级法院经审理认为，《刑法》第180条第4款只规定了利用未公开信息交易罪“情节严重”量刑情节，并未规定本罪有“情节特别严重”情形，终审裁定驳回抗诉，维持原判。广东省检察院认为该终审裁定确有错误于11月提请最高检抗诉。2014年12月，最高人民检察院决定按审判监督程序向最高人民法院提出抗诉。参见郑赫南《“最大老鼠仓”案为何被三级检察机关抗诉》，《检察日报》2015年2月15日，第2版。

法学理论与实务界的高度关注。利用未公开信息交易量刑情节的理解与适用是争议的焦点问题——该罪是否存在、如何认定“情节特别严重”。在刑法解释上明确该疑难问题，不仅能够解决利用未公开信息交易个案与类案的法律适用与刑罚裁量争议，而且有助于深度考察刑法解释原理与司法解释规则在资本市场犯罪实践中的应用。

我国资本市场在规模持续壮大、层次愈发完善的同时，客观上催生了利用未公开信息交易等违法犯罪的数额节节攀升、不断刷新纪录，实践中涌现出大量交易量达十亿元以上、违法所得至千万元级别的“老鼠仓”犯罪案件。目前刑罚最重的，是李旭利利用未公开信息交易犯罪案，其累计“老鼠仓”成交额为5226万余元，股票交易共计获利899万余元，分得股票红利172万余元，被判处有期徒刑四年，并处罚金1800万元，违法所得1071万余元予以追缴。[①] 相当数量的“老鼠仓”犯罪的行为人被判处缓刑，且至今无一例被认定为“情节特别严重”。社会公众普遍认为“老鼠仓”频发的主因是惩处力度不够。[②] 因此，有必要以当前备受法律实践与资本市场关注的最高检抗诉“老鼠仓”案为引子，对利用未公开信息交易罪量刑情节问题进行审慎的刑法解释，对《刑法》第180条规定的内幕交易、利用未公开信息交易的犯罪实质与经济机理进行本质追问与纵深探索，为公正惩治资本市场犯罪、有效破解实践难题、完善司法解释提供理论支持。

二　利用未公开信息交易罪量刑情节文义解释：刑法语言与条文结构

对于利用未公开信息交易，情节严重的，依照《刑法》第180条第1款内幕交易、泄露内幕信息罪的规定处罚，如何进行符合罪刑法定的解释，实践中存在两种截然不同的意见。

“部分依照”论认为，《刑法》第180条第4款利用未公开信息交易罪的条文明确且仅仅规定了“情节严重”唯一的一档量刑标准，即“情节严重”应依照内幕交易、泄露内幕信息罪“情节严重”量刑档次处罚，并没有明示性地规定利用未公开信息交易“情节特别严重”相应地适用内幕交

① 严晓蝶、李燕：《李旭利案终审：维持一审原判》，《东方早报》2013年10月30日。

② 张炜：《打击证券犯罪须“执法必严”》，《中国经济时报》2014年4月1日。

易、泄露内幕信息罪“情节特别严重”的加重量刑情节。[①]

“全部依照”论认为，刑法条文中的“依照前款处罚”是对前款所规定全部内容的包含。具体到《刑法》第 180 条第 4 款规定的“依照第一款的规定处罚”，则包含《刑法》第 180 条第 1 款的全部规定，而不是其中的某一部分。因此，利用未公开信息交易罪具有“情节特别严重”这一量刑情节。[②] 刑法同一法条的不同款项在处罚上具有协调性，这种处罚的参照不可能只是部分参照，应该是全部参照。《刑法》第 180 条第 1 款规定的内幕交易、泄露内幕信息罪，存在“情节严重”和“情节特别严重”的两个不同情形和两个不同量刑档次，对利用未公开信息交易罪的处罚也存在两个不同情形和量刑档次。[③]

两种观点在文义解释上的巨大差异与认识分歧，主要是源于《刑法》第 180 条第 4 款在文字内涵上具有两种微妙的、截然不同的语义侧重。如果将《刑法》第 180 条第 4 款的文字重心置于“情节严重的”，该款显然说明利用未公开信息交易行为只有在“情节严重”的情况下才能按照该条第 1 款的规定“处五年以下有期徒刑或者拘役，并处或者单处违法所得一倍以上五倍以下罚金”。如果将《刑法》第 180 条第 4 款的文字重心置于谓语“依照……处罚”，那么该款的内涵就非常明确地指向一个简单的结论——利用未公开信息交易罪的刑事处罚标准等同于内幕交易、泄露内幕信息罪。

准确地辨识刑法规范文字内容的重心显然需要遵循刑法条文结构的基本逻辑。刑法条文是一种语言，所以对刑法规范结构的解释首先要符合语法结构的原理。同时，刑法条文是一种法律语言，并且具有刑法这一区别于其他部门法的特有规范结构，因此刑法解释还需要符合罪状解释原理。

以中文语法结构的视角进行解析，“全部依照”论相对而言更具说服力。尽管《刑法》第 180 条第 4 款条文内容很长，但在语法上还是非常典型的“主 + 谓 + 宾”结构。“证券交易所、期货交易所、证券公司、期货经纪公司、基金管理公司、商业银行、保险公司等金融机构的从业人员

---

① 参见广东省高级人民法院刑事裁定书（2014）粤高法刑二终字第 137 号。

② 参见邹坚贞《市、省和最高检为何层层抗诉“马乐案”最高检意欲推动老鼠仓判决立新规?》，《中国经济周刊》2014 年第 49 期。

③ 参见广东省高级人民法院刑事裁定书（2014）粤高法刑二终字第 137 号。

以及有关监管部门或者行业协会的工作人员，利用因职务便利获取的内幕信息以外的其他未公开的信息，违反规定，从事与该信息相关的证券、期货交易活动，或者明示、暗示他人从事相关交易活动，情节严重的”整体构成主语，意指利用未公开信息交易犯罪；“依照……处罚”构成谓语；“第一款的规定”构成宾语，意指内幕交易、泄露内幕信息犯罪。语句的重心通常都落位于谓语，没有必要强行割裂稳定的主谓宾结构而特别强调作为主语中的部分内容的“情节严重的”。按照主谓宾的语法结构进行解释，《刑法》第 180 条第 4 款的含义就是利用未公开信息交易罪的刑罚依照内幕交易、泄露内幕信息罪的规定进行处罚，利用未公开信息交易罪相应地就必定包括“情节严重”“情节特别严重”两档法定刑。

以刑法条文结构的视角进行解析，“全部依照”论同样更符合分则个罪条文“罪 + 刑”结构。刑法分则中的所有规范在法条结构上都可以分割为犯罪构成（“罪”）与刑事处罚（“刑”）两大部分。具体到《刑法》第 180 条第 4 款，“证券交易所……情节严重的”整个属于犯罪构成部分，“依照第一款的规定处罚”则属于刑事处罚部分。基于“罪 + 刑”的罪状结构与条文逻辑进行解释，《刑法》第 180 条第 4 款的含义同样是指符合利用未公开信息交易犯罪构成的行为应当按照内幕交易、泄露内幕信息罪的相关规定进行处罚。所以，利用未公开信息交易罪具有“情节严重”“情节特别严重”两种量刑情节、两档法定刑配置，是站在罪状结构的整体视角对《刑法》第 180 条第 4 款的内在含义所作出的解释，相对于孤立地将条文重心确定在作为利用未公开信息交易犯罪构成要素之一的“情节严重”，并将“处五年以下有期徒刑或者拘役，并处或者单处违法所得一倍以上五倍以下罚金”强调为唯一法定刑配置的意见而言，更具有合理性。

分析视角完全聚焦于《刑法》第 180 条文义内涵，很大程度上已经能够有效地解释利用未公开信息交易罪量刑情节的配置，即利用未公开信息交易罪的法定刑全部依照内幕交易、泄露内幕信息罪的处罚规定，情节严重的，处五年以下有期徒刑或者拘役，并处或者单处违法所得一倍以上五倍以下罚金；情节特别严重的，处五年以上十年以下有期徒刑，并处违法所得一倍以上五倍以下罚金。但是，如果需要更为确实地证明“全部依照”论能够符合罪刑法定原则，依然有必要在刑法解释上提供更为充分的证据或者使用递进一层的解释规则予以补强。

三　利用未公开信息交易罪量刑情节体系解释：立法配置到位与司法解释缺位

刑法规范的体系解释不仅能够强化论证利用未公开信息交易罪具有“情节严重”“情节特别严重”两档量刑情节，而且还能从刑法规范文本在司法适用的具体差异中探究“情节特别严重”能否以及如何实际适用于利用未公开信息交易罪。

由于刑法分则条文众多且部分规范设计采用相同的结构，根据刑法规范的体系性解释规则，特定法条的构成要件或刑罚配置不明确，可以基于其他内容明确、结构相同、关系密切的法条对其内涵展开解释。纵观我国刑法分则条文，与《刑法》第 180 条第 1 款内幕交易、泄露内幕信息罪与第 4 款利用未公开信息交易罪法条关系、条文结构、量刑情节配置问题完全相同的，只有《刑法》第 285 条第 2 款非法获取计算机信息系统数据、非法控制计算机信息系统罪①与第 3 款提供侵入、非法控制计算机信息系统程序、工具罪②。非法获取计算机信息系统数据、非法控制计算机信息系统罪规定了“情节严重”“情节特别严重”两种量刑情节，位于同一法条后一款的提供侵入、非法控制计算机信息系统程序、工具罪的刑法条文也使用了“情节严重的，依照前款的规定处罚”的规范设计结构。内幕交易、泄露内幕信息罪与利用未公开信息交易罪，非法获取计算机信息系统数据、非法控制计算机信息系统罪与提供侵入、非法控制计算机信息系统程序、工具罪，这两组犯罪都是《刑法修正案（七)》修改与增设的资本市场犯罪与信息网络犯罪，《刑法修正案（七)》的立法权威解读对利用未公开信息交易罪与提供侵入、非法控制计算机信息系统程序、工具罪的“情节严重”的分析，也都是强调“情节严重的才构成犯罪”，即“情节严重”是两罪的客观

---

① 《刑法》第 285 条第 2 款非法获取计算机信息系统数据、非法控制计算机信息系统罪规定：违反国家规定，侵入前款规定以外的计算机信息系统或者采用其他技术手段，获取该计算机信息系统中存储、处理或者传输的数据，或者对该计算机信息系统实施非法控制，情节严重的，处三年以下有期徒刑或者拘役，并处或者单处罚金；情节特别严重的，处三年以上七年以下有期徒刑，并处罚金。

② 《刑法》第 285 条第 3 款提供侵入、非法控制计算机信息系统程序、工具罪规定：提供专门用于侵入、非法控制计算机信息系统的程序、工具，或者明知他人实施侵入、非法控制计算机信息系统的违法犯罪行为而为其提供程序、工具，情节严重的，依照前款的规定处罚。

处罚条件，[①] 并没有任何证据突出利用未公开信息交易罪与提供侵入、非法控制计算机信息系统程序、工具罪只有“情节严重”这一种法定刑配置。

对于《刑法》第 285 条第 3 款提供侵入、非法控制计算机信息系统程序、工具罪的法定刑配置应当部分还是全部依照《刑法》第 285 条第 2 款非法获取计算机信息系统数据、非法控制计算机信息系统罪的规定处罚，尽管刑法理论并未将之作为问题予以深究，[②] 但司法实践毫无争议地对提供侵入、非法控制计算机信息系统程序、工具罪适用“情节严重”与“情节特别严重”两个档次的法定刑。

在司法解释中，2011 年最高人民法院、最高人民检察院联合发布《关于办理危害计算机信息系统安全刑事案件应用法律若干问题的解释》（以下简称《计算机犯罪解释》）对提供侵入、非法控制计算机信息系统程序、工具罪不仅明确规定了“情节严重”的入罪标准，而且规定了“情节特别严重”加重法定刑的量化标准。[③] 这说明最高人民法院与最高人民检察院

---

① 利用未公开信息交易，情节严重的，才构成犯罪。情节严重主要指多次建立老鼠仓、非法获利数额巨大、对客户资产造成严重损失等情形。提供侵入、非法控制计算机信息系统程序、工具，情节严重的，才构成犯罪。情节严重主要是指大量提供、出售数额较大、提供的程序工具等被大量使用造成严重危害等情况。参见黄太云《〈刑法修正案（七）〉解读》，《人民检察》2009 年第 6 期。

② 同属于《刑法修正案（七）》修改与增设的犯罪类型，刑法理论并未像研究内幕交易、泄露内幕信息罪、利用未公开信息交易罪那样深入分析非法获取计算机信息系统数据、非法控制计算机信息系统罪、提供侵入、非法控制计算机信息系统程序、工具罪的法定刑配置与适用问题，可能的原因在于：（1）资本市场犯罪的关注度相对于网络犯罪而言明显更高；（2）网络犯罪条款技术性非常强，对于刑法理论研究领域而言显得比较生僻；（3）网络犯罪案件控辩对抗激烈程度相对比较低，司法实践中即使出现提供侵入、非法控制计算机信息系统程序、工具罪被认定为“情节特别严重”并适用第二档法定刑，在辩方没有激烈法律意见对抗的情况下，刑法理论很难关注到此类非常具体却涉及法律适用准确与否的重要问题。

③ 《计算机犯罪解释》第 3 条规定：提供侵入、非法控制计算机信息系统的程序、工具，具有下列情形之一的，应当认定为刑法第 285 条第 3 款规定的“情节严重”：（一）提供能够用于非法获取支付结算、证券交易、期货交易等网络金融服务身份认证信息的专门性程序、工具五人次以上的；（二）提供第（一）项以外的专门用于侵入、非法控制计算机信息系统的程序、工具二十人次以上的；（三）明知他人实施非法获取支付结算、证券交易、期货交易等网络金融服务身份认证信息的违法犯罪行为而为其提供程序、工具五人次以上的；（四）明知他人实施第（三）项以外的侵入、非法控制计算机信息系统的违法犯罪行为而为其提供程序、工具二十人次以上的；（五）违法所得五千元以上或者造成经济损失一万元以上的；（六）其他情节严重的情形。实施前款规定行为，具有下列情形之一的，应当认定为提供侵入、非法控制计算机信息系统的程序、工具“情节特别严重”：（一）数量或者数额达到前款第（一）项至第（五）项规定标准五倍以上的；（二）其他情节特别严重的情形。

就此类问题达成过共识——同一刑法条文中的前款罪名规定了“情节严重”“情节特别严重”两档法定刑，后款罪名按照前款规定处罚，则后款罪名应适用“情节严重”“情节特别严重”两种量刑情节。

在判例实践中，行为人提供侵入、非法控制计算机信息系统程序、工具被认定为“情节特别严重”，审判机关以加重法定刑“三年以上七年以下有期徒刑，并处罚金”为基准结合其他量刑情节作出判决的案例，实际上并不少见——被告人冯某将其制作的钓鱼网站和木马病毒程序提供给诈骗犯罪被告人王忠某、王鹏某等众多人使用，至少 136 次，从中获利 22000 元，构成提供侵入、非法控制计算机信息系统程序、工具罪，属情节特别严重，被判处有期徒刑三年六个月，并处罚金三万元。[①] 被告人阙某某、陈某某违反国家规定，提供专门用于非法控制计算机信息系统的程序、工具，其中阙某某参与犯罪的违法所得共计 94595.31 元，陈某某参与犯罪的违法所得共计 28980.18 元，均属情节特别严重，构成提供非法控制计算机信息系统程序、工具罪，且系共同犯罪。在提供非法控制计算机信息系统程序、工具共同犯罪中，阙某某起主要作用，是主犯；陈某某起次要、辅助作用，系从犯，依法应当从轻、减轻处罚。阙某某、陈某某能如实供述自己罪行，并能主动退缴违法所得，依法从轻处罚。结合考虑犯罪情节及悔罪表现，对被告人阙某某从轻处罚，对陈某某减轻处罚并适用缓刑。阙某某犯提供非法控制计算机信息系统程序、工具罪，被判处有期徒刑四年，并处罚金人民币五万元；陈某某犯提供非法控制计算机信息系统程序、工具罪，被判处有期徒刑二年，缓刑三年，并处罚金人民币一万元。[②] 被告人陆某某向 1145 名用户销售具有侵入、非法控制计算机信息系统功能的木马程序，情节特别严重，其行为构成提供、侵入非法控制计算机信息系统程序、工具罪，被判处有期徒刑三年十个月，并处罚金三万元。[③]

从立法权威解读、最高司法机关共识、判例实践等分析中可以看到，《刑法》第 285 条第 2 款非法获取计算机信息系统数据、非法控制计算机信息系统罪和第 3 款提供侵入、非法控制计算机信息系统程序、工具罪，与内幕交易、泄露内幕信息罪和利用未公开信息交易罪具有完全相同的规

---

① 浙江省宁波市鄞州区人民法院（2012）甬鄞刑再字第 2 号。

② 福建省厦门市思明区人民法院刑事判决书（2014）思刑初字第 950 号。

③ 江西省万载县人民法院刑事判决书（2014）万刑初字第 86 号。

范结构，提供侵入、非法控制计算机信息系统程序、工具罪毫无争议地具备“情节特别严重”的量刑档次，意味着至少在形式的、规范的刑法解释框架下，利用未公开信息交易罪理应具备“情节特别严重”的量刑情节与法定刑配置。然而，有必要强调的是，司法解释是否明确规定“情节特别严重”的具体判断标准，是加重法定刑能够在实践中予以适用最为重要的客观条件。与《计算机犯罪解释》明确规定非法获取计算机信息系统数据、非法控制计算机信息系统罪，提供侵入、非法控制计算机信息系统程序、工具罪“情节严重”“情节特别严重”量化认定标准不同，司法解释规定内幕交易、泄露内幕信息“情节严重”“情节特别严重”的量化判断标准，① 利用未公开信息交易罪却只有“情节严重”的入罪标准，② 而没有司法解释对其

① 2012 年最高人民法院、最高人民检察院联合发布《关于办理内幕交易、泄露内幕信息刑事案件具体应用法律若干问题的解释》（以下简称《内幕交易解释》）第 6 条规定：在内幕信息敏感期内从事或者明示、暗示他人从事或者泄露内幕信息导致他人从事与该内幕信息有关的证券、期货交易，具有下列情形之一的，应当认定为刑法第一百八十条第一款规定的“情节严重”：（一）证券交易成交额在五十万元以上的；（二）期货交易占用保证金数额在三十万元以上的；（三）获利或者避免损失数额在十五万元以上的；（四）三次以上的；（五）具有其他严重情节的。第 7 条规定：在内幕信息敏感期内从事或者明示、暗示他人从事或者泄露内幕信息导致他人从事与该内幕信息有关的证券、期货交易，具有下列情形之一的，应当认定为刑法第一百八十条第一款规定的“情节特别严重”：（一）证券交易成交额在二百五十万元以上的；（二）期货交易占用保证金数额在一百五十万元以上的；（三）获利或者避免损失数额在七十五万元以上的；（四）具有其他特别严重情节的。2010 年最高人民检察院、公安部联合发布的《关于公安机关管辖的刑事案件立案追诉标准的规定（二）》（以下简称《追诉标准二》）第 35 条规定：［内幕交易、泄露内幕信息案（刑法第一百八十条第一款）］证券、期货交易内幕信息的知情人员、单位或者非法获取证券、期货交易内幕信息的人员、单位，在涉及证券的发行，证券、期货交易或者其他对证券、期货交易价格有重大影响的信息尚未公开前，买入或者卖出该证券，或者从事与该内幕信息有关的期货交易，或者泄露该信息，或者明示、暗示他人从事上述交易活动，涉嫌下列情形之一的，应予立案追诉：（一）证券交易成交额累计在五十万元以上的；（二）期货交易占用保证金数额累计在三十万元以上的；（三）获利或者避免损失数额累计在十五万元以上的；（四）多次进行内幕交易、泄露内幕信息的；（五）其他情节严重的情形。

② 《追诉标准二》第 36 条规定：［利用未公开信息交易案（刑法第一百八十条第四款）］证券交易所、期货交易所、证券公司、期货公司、基金管理公司、商业银行、保险公司等金融机构的从业人员以及有关监管部门或者行业协会的工作人员，利用因职务便利获取的内幕信息以外的其他未公开的信息，违反规定，从事与该信息相关的证券、期货交易活动，或者明示、暗示他人从事相关交易活动，涉嫌下列情形之一的，应予立案追诉：（一）证券交易成交额累计在五十万元以上的；（二）期货交易占用保证金数额累计在三十万元以上的；（三）获利或者避免损失数额累计在十五万元以上的；（四）多次利用内幕信息以外的其他未公开信息进行交易活动的；（五）其他情节严重的情形。

"情节特别严重"的判断尺度作出规定。这就成为刑法解释论争议之外，利用未公开信息交易罪尚无一例生效判决作出"情节特别严重"认定的根源所在。

四　利用未公开信息交易罪量刑情节实质解释：信息价值滥用的实质与机理

文义解释初步建立了利用未公开信息交易罪具有"情节特别严重"量刑情节与罪刑法定原则之间的吻合关系，体系解释补强了这种规范解释的合法性与合理性。但是，真正排除异议地锁定上述刑法解释的正确性，不能止步于条文形式的分析与阐释，应深入内幕交易、泄露内幕信息罪，利用未公开信息交易罪的实质并由此确认利用未公开信息交易罪量刑情节配置问题。同时，量刑情节与法定刑在立法上完成"出厂设置"之后，实际上并非能够直接且绝对地适用于司法实践，在没有"使用指南"（立法说明或者立法解释）的情况下，必须通过合法且合理的刑法解释将刑法文本落于实处。

利用未公开信息交易罪不具备"情节特别严重"量刑情节这一观点在实质解释层面能够成立，其唯一的可能性在于证明利用未公开信息交易罪的社会危害性没有达到与内幕交易、泄露内幕信息罪相同的水平——如果利用未公开信息交易的犯罪实质危害相对内幕交易犯罪而言更轻，并且这种社会危害性程度上的实质差异足以产生法定刑配置上的区别，则情节特别严重的内幕交易犯罪行为应当适用"五年以上十年以下有期徒刑，并处违法所得一倍以上五倍以下罚金"的基本幅度，而情节特别严重的利用未公开信息交易犯罪行为由于没有制造相同程度的实质危害，适用《刑法》第 180 条第 1 款规定的加重法定刑处罚会出现罪刑失衡，只能配置并适用该款规定的第一档次的法定刑。然而，内幕交易犯罪与利用未公开信息交易犯罪事实上具有性质相同且程度相当的实质危害，所以在刑罚配置上不应当出现前者具备"情节特别严重"量刑档次而后者没有的情况。

从比较刑法的角度分析，内幕交易、利用未公开信息交易、市场操纵等都属于全球资本市场刑法规定的核心犯罪行为，通常统一归属证券欺诈犯罪或者市场滥用犯罪项下，适用完全相同的法定刑，彼此之间不存在相对更重或者更轻的差异。例如，美国《证券交易法》禁止任何人直接或者间接地通过州际商务、邮电通信、证券交易等设施，使用操纵、欺诈或违反证券监管部门基于保护市场和投资者利益所制定的法规的方式，从事注册证券、非注册证券、以证券为基础的掉期合约等交易，内幕交易、利用未公开信息交易、虚假陈述、市场操纵等都属于证券欺诈；① 构成犯罪的，适用统一的法定刑——个人单处二十年以下监禁，或单处500万美元以下罚金，或两者并处；单位处2500万美元以下罚金。② 又如，欧盟于2014年最新发布的《市场滥用刑事制裁指令》（以下简称《指令》）将内部人交易与市场操纵等统一称为市场滥用犯罪，要求欧盟成员国将刑罚上限的最低标准规定为四年监禁；③ 根据2014年欧盟《市场滥用监管规章》的规定，内部信息（inside information）包括金融商品及其发行人内幕信息与客户交易、资金配置信息，内部人交易犯罪包括内幕交易与利用未公开信息交易。④ 可见，美国、欧盟等全球成熟资本市场刑事法律制度都将内幕交易、利用未公开信息交易以证券欺诈或者市场滥用犯罪的一种具体行为类型进行定罪处罚，完全没有对两者作出实质危害性的区分。

我国《刑法》中的资本市场犯罪采用了相对精细化的构成要件设计，将内幕交易、利用未公开信息交易、散布虚假信息（《刑法》第181条第1款编造并传播虚假证券、期货交易信息罪）、欺诈客户（《刑法》第181条第2款诱骗投资者买卖证券、期货合约罪）、市场操纵（《刑法》第182条操纵证券、期货市场罪）等行为区分为不同的犯罪类型。内幕交易犯罪与利用未公开信息交易犯罪尽管同属一个条文，但两者之间存在着明确的规范界限。其一，信息内容差异。内幕信息主要是围绕上市公司本身的信息，如公司的重组计划、公司高管人员的变动、公司的重大合同、公司的赢利情况等对该公司证券、期货的市场价格有重大影响、按照有关规定应及时向社会公开但尚未公开的信息；而“重大未公开信息”主要是所在资产管理机构准备将客户资金投资购买哪只证券、期货的投资交易信息，一般属于单位内部的商业秘密，法律并未要求此类信息应当公开，不属于内

① 15 U. S. C. § 78j (b).

② 15 U. S. C. § 78ff (a).

③ Directive 2014/57/EU of The European Parliament and of The Council of 16th April 2014 on Criminal Sanctions for Market Abuse (Market Abuse Directive), Article 2, 3, 5&7.

④ Regulation (EU) No. 596/2014 of The European Parliament and of The Council of 16th April 2014 on Market Abuse (Market Abuse Regulation), Article 7&8.

幕信息的范围。其二，利益侵害差异。内幕交易更多的是损害了不特定的社会公众投资者和股民的合法权益，利用未公开信息交易更多的是损害资产管理机构的客户的利益。[①] 然而，上述《刑法修正案（七）》权威解读所揭示的是内幕交易与利用未公开信息交易在犯罪构成上的重要边界，而非两者在犯罪实质危害性层面的本质差异。更值得注意的是，权威解读在分析内幕交易与利用未公开信息交易构成区别与规范边界的过程中，非常准确地指出了评价内幕交易与利用未公开信息交易实质危害的核心方面：市场信息效率与市场参与者权益。而内幕交易与利用未公开信息交易在核心层面的实质危害上具有明确的共性。

内幕交易与利用未公开信息交易的实质危害均聚焦于行为人触犯资本市场竞争规则而制造不公平的信息优势，即违反资本市场法律规范利用尚未公开的信息的经济价值从事相关金融交易，损害其他市场参与者合法权益。资本市场中的重大未公开信息的经济价值表现为其能够有效地揭示金融商品市场价格与实际价值之间的价差。法律并不一般性地禁止利用私有信息从事金融交易，也不禁止基于对市场公开信息获取能力差异形成竞争优势而获取金融交易利润，而是禁止滥用信息优势与资本市场信息的经济价值并从价差发现与相关金融交易中获取利益的行为。有效的信息传递与公平的信息竞争是资本市场参与者投入资本参与金融商品价格发现的市场基础。内幕交易是滥用了应及时向市场所有参与者披露的信息的经济价值，利用未公开信息交易滥用了应排他性地基于客户利益而使用的信息的经济价值，两者都是基于谋取个人交易利益的目的而实施的严重侵害资本市场信息竞争机制与其他市场参与者利益的行为，具有相同的危害实质。

因此，内幕交易与利用未公开信息交易都是滥用信息价值、干扰信息效率、损害其他投资者信息利益的资本市场侵害行为，可以在立法上进行犯罪构成上的区分，但在实质的社会危害性层面具有相当性，并不存在相对重罪与轻罪的差别。分析至此可以确认，利用未公开信息交易罪具有“情节严重”“情节特别严重”两档量刑情节，两罪具有完全相同的法定刑配置。

进一步的问题在于，如何具体适用利用未公开信息交易罪“情节特别严重”的量刑情节。对此，实践中主要有两种意见。一种观点认为，司法

---

① 黄太云：《〈刑法修正案（七）〉解读》，《人民检察》2009 年第 6 期。

解释并未对利用未公开信息交易罪“情节特别严重”的加重法定刑适用标准作出规定，目前不能在个案中直接适用。但对照《追诉标准二》规定的利用未公开信息交易“情节严重”与《内幕交易解释》规定的内幕交易、泄露内幕信息“情节严重”，两者数值标准相当，据此推算，应当在制定利用未公开信息交易司法解释时按照《内幕交易解释》设计的标准，将利用未公开交易罪的“情节特别严重”标准设定为证券交易成交额250万元以上、期货交易占用保证金数额150万元以上、获利或者避免损失数额75万元以上。另一种观点认为，内幕交易犯罪与利用未公开信息交易犯罪具有相同的实质危害与量刑情节配置，既然《内幕交易解释》已经明确规定了内幕交易、泄露内幕信息罪“情节严重”“情节特别严重”的量化标准，利用未公开信息交易罪可以参照适用，非法获利数额在千万元级别的利用未公开信息交易犯罪行为完全可以被认定为“情节特别严重”。然而，由于法官、检察官对个案进行刑法解释的权限缺失与重大疑难复杂问题解释能力的存疑，资本市场犯罪司法实践很大程度上必须依靠司法解释进行指导，尤其是“情节严重”“情节特别严重”此类裁量空间大的综合性量化标准。在利用未公开信息交易罪“情节特别严重”本身并没有司法解释的情况下，直接参照《内幕交易解释》，法律依据并不充分。[①] 更为关键的是，犯罪实质危害的相当性决定了内幕交易与利用未公开信息交易犯罪量刑情节与法定刑配置相同，但并不绝对意味着两罪在“情节严重”“情节特别严重”的判断标准上应然地适用完全相同的量化尺度。相反，由于内幕交易与利用未公开信息交易在具体的犯罪机理上具有截然不同的运作机制，司法解释在制定“情节严重”“情节特别严重”量化判断标准时需要进行有针对性的布局与调整。《追诉标准二》对内幕交易、泄露内幕信息罪与利用未公开信息交易罪的“情节严重”设置完全相同的数额标准，其本身的合理性就值得探讨，更不能以此主张未来制定利用未公开信息交易

---

① 从现阶段已经作出的生效判决的具体情况分析，所有非法获利1000万元以上的利用未公开信息交易犯罪案件都只被审判机关认定为“情节严重”。例如，李旭利累计成交额5226万余元、共计获利899万余元，郑拓累计成交额5亿余元获利1400万余元，苏竞累计成交额7.33亿余元获利3652万余元，等等，均没有被法院认定为“利用未公开信息交易情节特别严重”。参见郝洪《李旭利案终审宣判“股仓硕鼠”为何频现》，《人民日报》2013年10月30日；严晓蝶：《苏竞“老鼠仓”获刑2年6个月》，《东方早报》2014年10月22日。这也从一个非常重要的侧面证明司法解释对于情节标准量化界定的极大影响。

罪情节标准时，完全按照内幕交易犯罪的标准进行等量化处理。

内幕交易与利用未公开信息交易的犯罪机理是指特定交易者滥用重大信息的经济价值、实现个人经济利润或者风险转移以及损害其他市场参与者利益的运作方式及其经济本质。资本市场犯罪的实质是对其社会危害性的本质界定，而资本市场犯罪的机理则是对其经济危害性的量化规定。

其一，从信息价值的角度分析，内幕信息是与金融商品或其发行主体有关的，对金融商品内在价值具有影响并外化为市场价格波动的内生性信息（例如，资产重组、重大合同等与上市公司经营与财务密切关联的信息），其经济价值在于发现基础资产内在价值与金融商品市场价格之间的价差。《刑法》第 180 条第 4 款规定的内幕信息之外的其他重大未公开信息，是与金融商品内在价值无直接关联的，由特定市场资金流动变化而影响金融商品市场价格的外发性信息（例如，基金公司管理的客户资金、保险公司管理的年金账户等买入、卖出股票的信息），其经济价值在于发现特定金融商品短期供求关系变动影响下的预期市场价格与当前供求关系影响下的市场价格之间的价差。由于内幕信息公开造成的是金融商品内在价值的客观波动，内幕信息之外的其他重大未公开信息公开引发的是金融商品供求关系的短期波动，通常而言内幕信息对市场价格变动的影响幅度更大。在违法所得相同的条件下，利用未公开信息交易需要动用的交易量规模更大。①

其二，从利益侵害与违法所得的角度分析，内幕交易是利用应当向资本市场披露并由所有市场参与者（包括潜在投资者）共享的重大信息谋取交易利润，行为人违法所得的代价是市场所有参与者的经济利益与市场整体信息效率的损害。而利用未公开信息是基于资产管理中应当由权益人独享的重大信息谋取交易利润，行为人违法所得的代价是其所供职的机构或者客户的经济利益损害。在违法所得相同的条件下，利用未公开信息交易

① 司法实践中利用未公开信息交易犯罪案件中成交数额普遍极大也验证了这一判断。根据市场公开材料显示，进入刑事诉讼程序的利用未公开信息交易案，最高成交数额超过 10 亿元，最低成交数额也超过了 300 万元。参见中国证券监督管理委员会《证监会通报对利用未公开信息交易的执法工作情况》，http://www.csrc.gov.cn/pub/newsite/zjhxwfb/xwdd/201412/t20141226_265701.html，2015 年 4 月 2 日访问。利用未公开信息交易的成交额基本上全部超过《内幕交易解释》“情节特别严重”证券成交额 250 万元以上的数额标准，如果利用未公开信息交易罪参照《内幕交易解释》，实际上虚置了“情节严重”标准。

所侵害的市场参与者范围更特定，经济利益更容易量化且数额相对较小。

因此，同属“情节严重”或者“情节特别严重”的量刑情节并适用相应的法定刑幅度，内幕交易与利用未公开信息交易所需要达到的量化标准并不相同，作为评价两种犯罪行为类型最为重要的指标，交易量、违法所得的数额尺度应当合理作出差异化处理。要达到相当的违法所得、市场侵害，利用未公开信息交易的成交量需要更多；要达到相当的投资者权益侵害，利用未公开信息交易的违法所得应当更高。利用未公开信息交易罪“情节严重”“情节特别严重”所对应的证券交易成交额、期货交易占用保证金数额、获利或者避免损失数额等标准应当高于内幕交易、泄露内幕信息罪。在利用未公开信息交易犯罪司法解释具体设计数值时，可以通过对已有的利用未公开信息交易行政处罚与刑事犯罪案件展开数量分析，计算证券交易成交额、期货交易占用保证金额、获利或者避免损失额等关键数据的中位数，取整数后作为“情节严重”的具体数额指标，并按照一定的倍数（《内幕交易解释》为五倍）制定“情节特别严重”的量化标准。基于目前利用未公开信息交易行政处罚与刑事犯罪案件公开数据资料开展不完全统计与初步测算，[①] 该中位数（取整）约为成交额 1 亿元、违法所得 1000 万元，该数值可供司法解释参考。

在制定利用未公开信息交易犯罪司法解释时，如果按照上述统计数值调整“情节严重”“情节特别严重”定罪量刑标准，相对于目前数额水平而言，显然入罪与处罚标准明显提高。可能的质疑是，提高定罪量刑标准会向公众传递对资本市场犯罪的打击力度趋于减弱的信息。这种担心规制弱化的隐忧，也是长期以来将资本市场犯罪刑事追诉数额标准设定在一个较低水平的重要原因。但是，过低的追诉标准势必导致“法不责众”、加重法定刑情节难以落实，从而造成真正经济危害极大、犯罪数额极大的利用未公开信息交易犯罪案件适用“情节特别严重”变得异常困难与复杂——截止到 2014 年底，在已查办的案件中利用未公开信息交易涉案金额累计 10 亿元以上的有七件，非法获利金额在 1000 万元以上的有 13 件，无

① 样本范围：黄林、刘海、唐建、涂强、王黎明、张野等利用未公开信息交易行政处罚案件以及许春茂、韩刚、李旭利、季敏波、夏侯文浩、马乐、杨丙卿、杨弈、郑拓、曾宏、厉建超、欧宝林、钱均、苏竞、王劲松、张治民等利用未公开信息交易刑事犯罪案件。

一例被认定为“情节特别严重”。[①] 因此，根据资本市场违法犯罪案件的实际情况，适当调整利用未公开信息交易罪“情节严重”“情节特别严重”的数额标准，不仅有利于廓清违法与犯罪的界限、落实与优化两档法定刑的处罚强度配置，而且有助于发挥行政处罚对于资本市场犯罪主体经济利益、职业资格剥夺的监管效果，以及民事诉讼的损害赔偿机制作用。落到实处的刑罚措施以及通过刑事、行政、民事全方位制度安排震慑利用未公开信息交易犯罪人，才能真正强化资本市场犯罪的震慑效率与刑法规范的执行力。

五 利用未公开信息交易罪量刑情节的适用：刑法解释结论与量化规则建议

充分运用文义解释、体系解释、实质解释等刑法解释原理层进式地对利用未公开信息交易罪量刑情节配置问题进行分析，可以确认该罪应当全部按照内幕交易、泄露内幕信息罪的法定刑条款进行处罚，即具有“情节严重”“情节特别严重”两种量刑情节及其对应的法定刑配置。但是，目前只有《追诉标准二》对利用未公开信息交易行为“情节严重”的入罪标准作出了规定，司法解释没有对利用未公开信息“情节特别严重”建构量化标准并指导司法实践。内幕交易与利用未公开信息交易在犯罪机理上的实质性差异，利用未公开信息交易执法、司法实践中成交额、违法所得等核心数额指标异常巨大的实际情况，加上司法解释对量刑情节量化把握的权威性以及实务部门对此的依赖性，共同决定了利用未公开信息交易“情节严重”“情节特别严重”的认定不能参照《内幕交易解释》相应的量化指标，目前认定老鼠仓“情节特别严重”缺乏权威与可确信的规则依据。

现阶段“老鼠仓”案件司法实践中在是否正确适用缓刑、量刑是否不当等方面存在极大争议，其症结归根到底在于利用未公开信息交易罪“情节特别严重”司法解释量化标准的缺位以及由此带来的裁判不确定性。当前有必要强调司法解释科学地制定利用未公开信息交易“情节严重”“情节特别严重”认定标准的重要性，一旦“情节特别严重”的量刑标准明

① 中国证券监督管理委员会：《证监会通报对利用未公开信息交易的执法工作情况》，http://www.csrc.gov.cn/pub/newsite/zjhxwfb/xwdd/201412/t20141226_265701.html，最后访问日期：2015 年 4 月 2 日。

确，符合成交额、非法所得数额标准的案件，在没有减轻处罚条件的情况下，直接在“处五年以上十年以下有期徒刑，并处违法所得一倍以上五倍以下罚金”的法定刑幅度内处罚，排除了利用未公开信息交易数额特别惊人却适用缓刑的可能性，从而实现与社会大众的常识判断、司法专业的理性预期相互吻合与协调。没有达到“情节特别严重”标准的，则在“五年以下有期徒刑或者拘役，并处或者单处违法所得一倍以上五倍以下罚金”在法定刑幅度内按照缓刑适用条件作出刑罚裁量。一方面，将合法且合理的刑罚裁量权限交由司法机关自主行使；另一方面，严格审查缓刑判决的合法性。

对于利用未公开信息交易罪量刑情节适用标准的制定问题，实践中有观点认为，可由全国人大常委会对现行刑法利用未公开信息交易罪量刑情节问题予以解释。[①] 然而，立法解释不仅属于制发概率低、实施成本高的法律解释渊源，而且与目前亟须解决的利用未公开信息交易罪量刑情节标准问题并不匹配。[②] 我国刑法分则中有大量犯罪设置了“情节严重”“情节特别严重”的规范配置，实践中鲜见由立法解释对其量化标准进行填充。因此，最高司法机关运用科学的实证调查与规范分析，共同研究制定利用未公开信息交易罪的司法解释，合理建构违法与犯罪、“情节严重”与“情节特别严重”的量化界限，是今后指导司法实践准确适用本罪量刑情节的合理路径。在量化标准具体设定上，建议“情节严重”的核心判断指标为成交额2000万元以上或者违法所得200万元以上，“情节特别严重”为成交额1亿元以上或者违法所得1000万元以上。

（上海交通大学凯原法学院副教授，法学博士　谢杰）

① 参见邹坚贞《市、省和最高检为何层层抗诉“马乐案”最高检意欲推动老鼠仓判决立新规?》，《中国经济周刊》2014年第49期。

② 1981年《全国人民代表大会常务委员会关于加强法律解释工作的决议》第1条规定：凡关于法律、法令条文本身需要进一步明确界限或作补充规定的，由全国人民代表大会常务委员会进行解释或用法令加以规定。《刑法》第180条内幕交易、泄露内幕信息罪、利用未公开信息交易罪的法律条文本身并没有亟须立法解释明确界限与补充规定的必要。

第五章
证券期货犯罪治理中的从业禁止制度

第一节

从业禁止制度的基本范畴

近两年国内证券期货市场发生异常巨幅波动，2015 年“私募一哥”徐翔等人被警方调查，从而上海公安机关破获非法获利 20 多万元的特大操纵期货市场案件。针对目前证券期货类犯罪的多发态势，对证券期货类犯罪的刑法完善势在必行，包括减少其自由刑的规制，以及扩大资格刑的适用，并在刑法谦抑性的理念下构建严密而又合理的刑事责任体系。①

一 “从业禁止”的基本范畴：定义、特征及其特性

2015 年 8 月 29 日全国人大常委会通过的《刑法修正案（九）》第 1 条第 1 款规定：“因利用职业便利实施犯罪，或者实施违背职业要求的特定义务的犯罪被判处刑罚的，人民法院可以根据犯罪情况和预防再犯罪的需要，禁止其自刑罚执行完毕之日或者假释之日起从事相关职业，期限为三年至五年。”由此可见，“从业禁止”是国家从特殊预防的角度出发，对利用职业便利实施犯罪或违背职业要求特定义务的行为人，在特定的时间内禁止其从事相关职业的犯罪法律后果。那么，什么是“从业禁止”及其特性，刑事法中的“从业禁止”与其他行政法规规章中的“禁业规定”是什么关系，以及“从业禁止”在我国刑事责任处罚体系中处于什么位置等均是本节要探讨的问题。

（一）“从业禁止”的定义

“从业禁止”作为《刑法修正案（九）》最新规定的内容，缺乏相关的理论研究，基本概念范畴不是很明确，在司法适用中存在一定的阻力，

① 本节主张以“罪责关系”为主线的刑法体系，并认为刑事责任是刑罚的上位概念，资格刑中“从业禁止”属于刑事责任承担方式中“非刑罚处罚”的一种处罚措施。

在制度理解上应当严格把握“职业”的范围，正确区分“职业”和“行业”以及“职业”和“职务”。

1. “职业”的范围界定

“从业禁止”在司法适用中的理论前提是犯罪分子利用职业便利或者实施违背职业要求的特定义务，由于“职业”的概念很宽泛，在定位时很容易混淆“职业”和“行业”的界限，行业和职业是不同的，但这种不同并不意味着完全对立，确切地来讲，职业就是行业的一部分，职业这一名称更具有符号的意义，它是一个行业的职业自主性和从业人员专业化之后在社会中获取的合法性地位的描述。即从根本上来说，行业是职业的总称，职业是通过行为人的知识和技能等因素将行业特定化、专业化的产物。再者，职业与职务也存在着重合，从广义上来看，职业包括职务，从狭义来看，职业的外延更广，而职务带有明显的职权、管理及公务的组织、领导、监督等色彩。学术界的关于职业的理论争鸣主要有三种。一是认为剥夺犯罪人从事一定职业或营业的权利，主要是为了不让犯罪人利用一定的职业或营业活动从事犯罪活动，一般来说，这里的职业与营业是需要经过官署特许的特种行业或应具备某种资格的职业或营业。① 二是认为如果只基于犯罪情况和预防犯罪的需要，那么人民法院既可以禁止由法律法规确定的职业，例如教师、证券从业人员、律师等，也可以禁止非法律法规确定的职业，例如计算机程序员、服务员等。② 三是认为从业禁止所适用的职业范围必须划出合理的界限以贯彻谦抑、节制的立法原则。笔者认为从业禁止中的“职业”范围不能太狭窄，对于职业分类应当参照国家标准《职业分类与代码》，对职业的解释不宜太抽象化，理解职业的定性应当符合多元化的经济发展环境，尤其在证券期货类经济犯罪中，“职业”的定位需要遵循三个原则：（1）职业平等和刑罚谦抑性原则；（2）预防再犯罪需要和防止司法过剩相结合的原则；（3）给予法官自由裁量权原则。职业体系本身具有一定的开放性，从业禁止中的职业并非仅仅局限于法律规定的职业种类，法律过于明确化的规定不可避免地存在缺陷和漏洞，职业的范围界定需要符合立法的目的，需要与司法体系完整协调。

---

① 张明楷：《外国刑法纲要》，清华大学出版社，2007，第401页。

② 尹晓闻：《禁止从事职业处罚措施升格为资格刑的根据》，《华南理工大学学报（社会科学版）》，2015年第5期。

2. “从业禁止”的界定

从业禁止在各国立法中也是标准不一，比如，从业禁止在《意大利刑法典》中称为剥夺营业权，在《德国刑法典》中规定从业禁止的适用对象主要包括两种类型：其一是滥用职业或营业上的专业知识而实施犯罪的犯罪行为人，其二是违背其职业义务实施违法犯罪行为的犯罪行为人。[①] 在我国，从业禁止最早适用于金融犯罪的规定中，最初的形态是由员工签署竞业禁止、商业秘密协议，后来逐渐演变为一种刑事处罚。

我国《刑法修正案（九）》在刑法第 37 条之后增加了一条“从业禁止”，作为第 37 条之一，即“因利用职业便利实施犯罪，或者实施违背职业要求的特定义务的犯罪被判处刑罚的，人民法院可以根据犯罪情况和预防再犯罪的需要，禁止其自刑罚执行完毕之日或者假释之日起从事相关职业，期限为三年至五年。被禁止从事相关职业的人违反人民法院依照前款规定作出的决定的，由公安机关依法给予处罚；情节严重的，依照本法第三百一十三条的规定定罪处罚。其他法律、行政法规对其从事相关职业另有禁止或者限制性规定的，从其规定”。从字面上来理解，从业禁止是指人民法院对犯罪人适用的，为了剥夺其在一定期限内从事某种职业的资格，从而达到特殊预防和避免犯罪人再犯的一种制度。

（二）“从业禁止”的特征

其一，从业禁止所具有的剥夺犯罪人在一定期限内从事某种职业的“资格”特征，使得从业禁止应当归属资格刑，我国现有刑罚中类似的资格性质的规定非常单一，而且政治色彩浓厚，从业禁止的规定丰富了我国现有刑罚体系构建。我国现有的刑罚体系主要规定了自由刑、生命刑、财产刑，而随着社会经济的发展，行政犯的逐渐增多，利用职业资格来犯罪的人会增多，纯粹的适用财产罚和自由刑已经不能起到很好的作用，资格刑在未来经济类犯罪中会起到主要的作用。从业禁止的规定弥补了经济犯罪中资格刑的刑事责任承担设置。

其二，从业禁止是一种侧重于预防犯罪的刑事责任承担方式。我国现有的证券期货类犯罪的刑罚处罚比较单一，在行政法规中有对从业禁止的规定，这就在一定的层面上意味着行政违法有从业禁止的规定，刑法刑事

① 张计玉：《从理论到实践：从业禁止的法律规制与实务处理——重构刑法谦抑精神》，http://blog.sina.com.cn/s/blog_6d017a830102vzz.html。

责任的承担中却没有从业禁止类资格刑的规定，这无疑是制度设计上的一大漏洞，证券期货类犯罪作为新型的金融犯罪，不能很好地对需要刑事处罚的犯罪人实现特殊预防的目的，容易对证券市场的管理秩序和交易秩序造成重大破坏，使证券投资者的合法权益遭受极大的损害。剥夺犯罪人证券期货从业资格的资格刑，同时具有惩罚和特殊预防的双重功能，也是完善我国证券期货类犯罪的刑事责任体系最好的体现。

其三，从业禁止规定符合行业准入要求、职业道德标准。社会发展的多元化导致工作种类的多元化，社会各行各业都会有一定的行业准入要求，比如证券期货类行业需要具有证券从业资格，公民获得某一行业的从业资格后，被国家授予其执业资格证书，由于权利和义务的对等性，获取相关资格的人不能滥用自己的权利去实施违法犯罪活动。

（三）“从业禁止”的性质

对从业禁止性质的理解，会影响从业禁止的法律适用。我国刑法的从业禁止既不是刑罚，也不是行政性强制措施，更不属于保安处分，而是一种非刑罚处罚措施被配置在刑事责任承担中。通过对其他国家或者地区从业禁止的考察，有助于我们对我国从业禁止性质的认识。

1. 域外立法例对“从业禁止”性质的认定

在国外的从业禁止立法中，不同学者的意见不一，有学者认为，在性质上“从业禁止”属于刑罚。一些国家将从业禁止作为资格刑直接规定在刑罚中，比如《俄罗斯联邦刑法典》第 44 条、第 47 条规定了“剥夺担任一定职务或从事某种活动的权利的刑罚”,[①] 《意大利刑法典》第 30 条“禁止从事某一职业或技艺”的规定，《捷克刑法典》第 52 条规定了“剥夺资格”的刑罚。[②]

也有学者认为“职业禁止”属于保安处分。比如《越南刑法典》第 28 条将“禁止担任一定的职务、从事一定的行业或者工作”规定为附加刑，但是第 36 条规定的适用条件是以“被结案者担任该职务或者从事该行业或者工作，可能会给社会造成危害的情况”这一人身危险性为条件。[③] 保安处分强调人身危险性，刑罚关注的是犯罪行为与罪责要素。可见，越

① 黄道秀译《俄罗斯联邦刑法典》，北京大学出版社，2008，第 17 页。

② 陈志军译《捷克刑法典》，中国人民公安大学出版社，2011，第 43 页。

③ 米良译《越南刑法典》，中国人民公安大学出版社，2005，第 14 页。

南刑罚典对从业禁止的规定是一种名义上的刑罚处罚，而实质上有保安处分的性质。甚至有的国家直接将从业禁止规定在保安处分里，例如《德国刑法典》第 61 条将“从业禁止”规定为矫正与保安处分的种类之一。[①] 此外，我国《澳门特别行政区刑法典》第 92 ~ 95 条也是将从业禁止规定为保安处分。

综上所述，从业禁止在各国和地区刑法典中的规定不一，德日刑法理论已精细到发掘个别刑罚的保安处分面向的程度。[②] 国外对从业禁止的立法规定一般没有具体的适用条件，只是规定了保安处分性质的需要再犯危险性的表征。

2. 我国学界对“从业禁止”的理论定性

我国也有学者在法律性质上将有“前科”者的“从业禁止”设定为一种保安处分措施。该种理论对适用对象侧重矫正、预防而非惩罚、非难。还有学者认为，从业禁止根据犯罪分子情况和预防再犯罪的需要而设立，其根本目的是预防犯罪分子利用职业便利或职业要求的特定义务再犯罪，其性质应定位为刑罚辅助性措施。[③] 更有学者将刑法中的“从业禁止”视作一种非刑罚处罚措施。

我们赞同第三种观点。当然在我们看来，从业禁止不属于保安处分，而是资格刑的一种，从业禁止不是任何一种刑种，因而不属于刑罚，它属于非刑罚处罚措施的一种，非刑罚处罚措施在我国刑法中有明确的规定，但刑法总则对非刑罚处罚措施没有专门的章节，只有两个条文涉及，有关非刑罚处罚措施被规定在刑法典总则第三章第一节“刑罚的种类”中，这样的立法混淆了刑罚与刑事责任的区别，不符合非刑罚处罚措施是刑罚相并列的刑事责任承担方式之一的原则，因此，从业禁止属于刑事责任承担方式中的非刑罚处罚中的一种，而非刑罚，也非保安处分，这样的体系设置除了刑法典中原有的训诫、责令具结悔过、责令赔礼道歉规定外，更好地把行政处罚和行政处分、剥夺职业资格等非刑罚处罚措施进行了合理配

① 徐久生、庄敬华译《德国刑法典》，中国方正出版社，2004，第 79 页。

② 〔德〕汉斯·耶赛克、托马斯·魏根特：《德国刑法教科书》，徐久生译，中国法制出版社，2001，第 176 页。

③ 赵德传、杨杨：《刑法修正案（九）视野下的从业禁止条款适用规则》，《法制经纬》2016 年第 1 期。

置。[①] 综上所述，从业禁止属于资格刑的一种，证券期货类经济犯罪多为行政犯，单一的以罚金为主的财产刑已经难以打击现有多种类、高智能复合型金融犯罪，而犯罪人最害怕的就是剥夺一定的从业资格，切断了证券期货准入的途径，因而资格刑的设置是证券期货类经济犯罪的未来重要手段之一。从业禁止属于资格刑的一种，在具体的适用中存在很多的问题，因而在下文将对证券从业中的资格刑设置进行探讨。

二 “从业禁止”资格刑的分类：以域外各国立法例为借鉴

世界许多国家和地区的立法都有资格刑的规定，主要综合考察了美国、法国、瑞士、日本、加拿大等国家的立法规定，这些国家资格刑的立法模式不同，纵观这些国家的立法模式主要有三类。(1) 附属型。比如日本，没有在刑法典中对资格刑作出规定，而是在附属刑法中规定。(2) 法典型。法典型的立法模式只规定在法典中，而不在任何其他法律或者行政法规中有所涉及，很少有国家采用这种立法模式。(3) 结合型。结合型的立法模式不仅在刑法典中规定，而且也规定在附属刑法、其他法律法规中。目前多数国家采用此形式，中国从业禁止的立法模式也是结合型。这些国家有的资格刑只能作附加刑，有的既可以附加也可以作主刑，本节主要考察以下三个国家对从业禁止资格刑设置。

(一) 美国

美国对从业禁止的规定体现在美国各州的刑法中，资格刑对公民资格的剥夺包括剥夺公权和私权，其中包括就业权的剥夺，因为美国工种的种类有很多，就业机会只提供给有州许可证的人，美国的从业禁止在适用时会考察犯罪分子的个人品质，看过辛普森案的人对美国的司法环境基本上会有了解，在刑事审判中，事实真相比案件表象复杂得多，司法人员通常需要在情况还不明朗的时候作出判断。美国的刑事司法制度环境在于追求程序正义的同时，能够从根本上珍视人性、保障人权和信仰法治，从而更为妥当而又公正地裁量一个公民的犯罪与刑事处罚。

(二) 法国

《法国刑法典》对于法国资格刑的设计、规定，包括适用条件和适用范围都比较完善，因为在法国资格刑的适用是比较普遍的，在法国，从业

---

① 李晓明：《刑法学总论》，北京大学出版社，2016，第472页。

禁止的适用对象主要是自然人，在故意杀人、诈骗、滥用他人信任等都会被判处从业禁止，法国从业禁止最大的特色是，在法国任何犯罪都会成为从业禁止的前置犯罪，从业禁止的规定类似于原则性的规定，并不是在每个具体罪名中进行规定。

（三）瑞士

《瑞士联邦刑法典》第 3 章“刑罚、保安处分和其他处分”中的第 1 节内容里规定的基本都是资格刑，资格刑在瑞士是作为附加刑来规定的，瑞士的附加刑包括不得担任公职、禁止职业或者禁止经商等。瑞士从业禁止的特点是从业禁止随附判决生效而生效。瑞士是典型的设置了类似缓刑的从业禁止考验期的国家，犯罪分子在被附条件释放的情况下，相关部门根据具体情况作出是否允许行为人执业、是否会再次犯罪、符合什么条件时执业等等。对于没有通过考察期的要从回归社会开始执行，从回归社会之日起开始执行禁止执业。[①] 笔者认为瑞士关于从业禁止的禁止考察期的规定是我国需要借鉴的。

三　“从业禁止”在我国制定的意义：不仅必要而且十分可行

从业禁止制度在我国具有长远的渊源，从最初竞业禁止协议发展为一种预防经济犯罪重要的刑事处罚措施具有十分积极的作用，从业禁止制度符合我国惩治经济犯罪的情势需求，丰富了我国资格刑的内容，为我国刑法构建多层次、动态的刑事责任处罚体系奠定了理论基础，从业禁止制度的完善有助于区分行政处罚中的“禁业规定”，为行政处罚与刑事处罚之间的衔接、协调起到很好的桥梁作用。因此，从业禁止制度的制定在我国是必要的也是可行的，可以从以下方面来说明。

（一）证券期货类犯罪资格刑的适用，符合经济犯罪刑事责任轻缓化的政策要求

刑事责任轻缓化、社会化是人类社会文明化的标志，近代刑事责任的发展由自由刑逐渐取代了生命刑和肉刑，刑法的价值目标是秩序与正义，我国现行刑事责任价值取向为在人权保障为主导的前提下维护社会秩序，在金融犯罪领域更是需要建立财产刑、资格刑为中心的刑事责任处罚体系，建立多层刑事责任处罚结构。刑罚社会化体现了社会国家原则和人道

---

① 谢望原：《欧陆刑罚制度与刑罚价值原理》，中国检察出版社，2004。

主义原则的刑罚不仅要对犯罪分子进行处罚，还要有助于犯罪分子回归社会，进行教育矫治重新回归生活。禁止从业资格的资格刑设置使得刑罚更容易达到社会化目的。资格刑的刑事责任设置顺应了刑罚的轻缓化、社会化世界立法趋势，这与我国宽严相济的刑事政策也是一脉相承的，任何一种刑事责任体系的确立都会受社会制度、立法背景及立法政策的影响，资格刑的完善符合刑事政策要求，顺应人类文明和社会进步。

（二）证券期货类犯罪资格刑的适用，增强了行政处罚与刑事处罚之间的协调性

行政犯罪是行政不法与刑事不法彼此交叉的结果，是一种具有刑罚后果的行政不法。[①] 行政不法的法律后果是行政制裁，刑事不法的法律后果是刑事制裁即行政处罚。行政刑罚与行政处罚二者并存，行政犯行为的双违性决定了行政处罚与行政刑罚的相互衔接，刑事诉讼中有“一事不可罚”原则，证券期货犯罪的案件往往不会直接进入公安机关，而是首先经过行业内部或者行政机关审核经过立案审查后，认为具有刑事不法的才有可能移送公安机关立案，比如证监会认为仅仅构成行政违法的，就只作出行政处罚了。从我国行政执行与刑事执行衔接司法现状来看，二者之间从立法到司法衔接不够到位，多数案件大多做了行政处理，缺乏相应的监管，从而滋生权力寻租。资格刑的设置完善了非刑罚处罚体系，实现了行政处罚与刑事法处罚之间的衔接和互补。

（三）证券期货类犯罪资格刑的适用，能够引起对我国资格刑适用问题的反思

我国现有刑罚体系尚未明确资格刑规定，“从业禁止”的规定丰富了我国资格刑的内容，从而引发我们反思现有资格刑设置，也是资格刑在经济犯罪中适用提供了相应的理论基础。

第一，我国现行刑法中资格刑的适用对象过泛，缺乏针对性，在司法实务中法律适用不统一，不利于刑罚的公平和正义的实现。第二，我国现行刑法中资格刑适用方式单一、缺乏相应的灵活性。第三，我国现行刑法中资格刑对于刑期的规定不太明确和统一，不利于刑罚惩罚的有效性。第四，我国现行刑法体系中没有复权制度，不利于对犯罪人的改造和鼓励。第五，我国现有的资格刑除了刑罚典之外就是散乱地设置于其他法律及行

---

① 李晓明：《行政犯罪的确立基础：行政不法与刑事不法》，《法学杂志》2005 年第 2 期。

政法规中，导致行政处罚与刑事处罚杂糅，界限不清。

四　“从业禁止”的规制与完善：从资格刑的渊源说起

资格刑在以后我国的证券期货犯罪中会有更为广阔的适用前景，在我国的行政处罚中就有从业禁止的处罚规定，为证券期货犯罪的资格刑设置奠定了理论基础。当然，行政处罚中的资格罚不同于资格刑，资格刑与资格罚在法条适用、范围、方法、程序等方面需要相互衔接协调。

（一）“从业禁止”与资格刑

资格刑是我国刑罚理论上的概念，是根据我国某一类刑种的性质，以剥夺犯罪人的一定权利或资格的刑罚总称。[①] 在刑法理论中，对于资格刑有不同种称谓，资格刑在我国漫长历史演变中都有轨迹。沈家本在《历代刑法考》中记载：“不齿者，终身屏弃，不复见录。此虽无禁锢之名而即禁锢，勿令仕。”一般认为，不齿为一种剥夺罪吏终身不得为官的处罚，与禁锢实质相同 。[②] 在现代理论界主要认为有名誉刑、能力刑、权利型三种。但是这三类称谓一方面不能涵盖资格的特有属性及全部内容。比如名誉刑，证券期货从业资格就不是一种名誉。另一方面过于宽泛化，比如权利刑，权利这个词范围极广，任何刑罚都是以剥夺一定的权利为内容的，如果将资格刑改为权利刑就难以区分刑罚。因此，资格刑是剥夺犯罪人从事某种活动的资格的非刑罚处罚措施。在我国目前资格刑的规定还较为单一，主要有剥夺选举权与被选举权、剥夺军衔、荣誉称号。刑罚体系的发展是一个动态的过程，它必然随着社会经济的发展变化不断完善改革，刑罚的轻缓化、社会化的发展趋势下，资格刑在金融犯罪中的设置是符合刑罚发展前景的。证券期货犯罪的特点决定了资格刑适用的必要性，我国证券法明确规定，从事证券期货行业是需要从业资格的，在进入该行业之前必须经过一定程序的审核。在《证券从业人员资格管理办法》《期货从业人员资格管理》中都有详细的规定。

从证券期货犯罪上来分析，证券期货犯罪行为人很多都是利用自己的职业、职务等便利条件来实施的，这种行为很明显违背了证券期货的职业、职务要求。从业禁止属于资格刑，从业禁止是司法机关对犯罪分子从

---

① 张明楷：《外国刑法纲要》，清华大学出版社，1999，第 404 页。

② 赵天宝：《中国古代“不齿”刑考论》，《政法论坛》2016 年第 5 期。

事某类职业资格的剥夺，当今社会，利用身份、职业、职务等资格进行犯罪的现象广泛存在，在证券期货中规定资格刑，就是为了防止犯罪分子利用资格犯罪，从而达到预防犯罪、保护国家和人民财产不受损失的目的。1996 年证监会发布了《关于各期货交易所建立“市场禁止进入制度”的通知》。资格刑的设置，形成了以自由刑为主，多种刑罚方式之间相互补充、相得益彰的刑罚体系，禁止或限制从事职业升格为资格刑有助于我国刑法体系的完善 。

（二）我国刑法之内“从业禁止”规定

1. 我国刑法“从业禁止”规定的渊源

我国最早于 1979 年《中华人民共和国刑法草案》中在“刑罚的种类”一章中规定了“禁止从事一定的业务”。之后的 1995 年刑法典的草拟、修订中也曾将从业禁止列为刑罚的一种。2011 年 5 月颁布的《刑法修正案（八）》中的禁止令也有所体现，有针对性地决定犯罪分子在管制期间“从事特定活动，进入特定区域、场地、接触特定的人”。[①] 2015 年 8 月的《刑法修正案（九）》第 1 款增加了“从业禁止”的规定，将从业禁止作为非刑罚处罚措施中的一种，针对违反职业业务或者利用职业便利的人，犯罪人有情节严重或者足够理由被怀疑有再犯危险的，人民法院有权决定在其回归社会后，禁止犯罪人在 3 ~5 年内从事特定行业的工作。

2. 刑法中从业禁止的适用

从业禁止适用主要是指刑法中从业禁止的适用，需要区分行政违法行为中进行行政处罚的“禁业规定”，注意行政处罚与刑事处罚之间的协调，充分理解从业禁止适用的行为主体以及当其他法律、行政法规另有规定时的适用问题，不能脱离法律条款的立法前提，导致法律效果的变异，成为单纯的行政处分、行政处罚。

（1）从业禁止的行为主体

从业禁止的主体必须是因利用职业、职务便利或者实施违背职业要求的特定义务的犯罪被判处刑罚的。这里需要注意的是利用职业、职务便利，“职业”要求不仅限于刑法规定的，而且应该指的是所有利用职业便利实施的犯罪。行为人利用职业的相关职务的影响力等构成犯罪的，这类

---

① 高铭暄、赵秉志主编《新中国刑法立法文献资料总揽》（下），中国人民公安大学出版社，1998，第 491 ~509 页。

犯罪人也应该属于从业禁止的适用对象。此外，实施的是违背职业要求特定义务的犯罪。实施违背要求职业特定义务的犯罪行为必须与侵害法益密切相关，从业禁止的主要目的就是预防再犯，证券期货犯罪的客观方面要件具体表现为行为人违反期货法律法规，在从事期货买卖、管理、经纪或其他相关活动中，破坏期货市场的正常管理秩序，情节严重的行为。证券期货类犯罪的犯罪主体既可以是自然人，也可以是单位。资格刑的主体既可以是个人，也可以是单位。期货犯罪中的主体主要是特殊个人主体，即实施了严重危害期货管理秩序，具有刑事责任能力，而且具有特殊身份的自然人，在证券期货犯罪中主要指的是证券期货从业人员。综上，从业禁止的主体范围界定要以职业的合理理解为前提，以犯罪人从事证券期货犯罪行为为依据，综合判断与该犯罪相对应的具体职业类型。

（2）从业禁止期限的规定

刑法对从业禁止规定“刑罚执行完毕之日或者假释之日起开始实施”。我们首先要考虑在刑罚执行期间行为人是否可以继续从事相关职业，禁止从业的时间期限多久合适。笔者认为，第一，应当遵循现有的刑法法条规定，从业禁止的适用应以刑法为依据，但是需要对此进行限制，对于判处财产刑的犯罪，在执行期间适用资格刑进行从业禁止，结合犯罪分子具体的刑罚处罚方式，更符合刑法的预防与法益保护的目的。第二，一般认为，从业禁止的期限为 3 ~ 5 年，但是问题是从业禁止的时间起点从什么时间起算，从犯罪之日起还是接受行政处罚的决定之日起？因此，在从业禁止的时间起算上应当对“从其规定”进行限制，应当从刑罚执行完毕之日起开始计算禁止期间。在对从业禁止的适用和解释上应当注意不同法条之间的内部协调以及不同部门法之间的衔接，从整体上进行把握。

（3）“从其规定”的理解

《刑法修正案（九）》在刑法第 37 条之后增加了一条“从业禁止”，作为第 37 条之一，其中第 3 款规定“其他法律、行政法规对其从事相关职业，另有禁止或者限制性规定的，从其规定”。这里面“从其规定”不是很明确。笔者认为这里并非专指行政机关，这里的适用主体依然是法院，行为人违反行政机关作出的从业禁止的决定，情节严重的构成拒不执行判决、裁定罪。从业禁止资格刑的适用实质上是刑法适用问题，这里作出决定的是法院而非行政机关。

（三）我国刑法之外的“禁业规定”

我国刑法在纳入从业禁止规定之前，其他法律法规对职业人员从业禁止的规定往往只有相关的行业调整，比如针对律师、会计、法官、教师等的规定，从业禁止的手段为一定期限的停业、撤销资格、吊销执业资格等。以《证券法》第233条为例“违反法律、行政法规或者国务院证券监督管理机构的有关规定，情节严重的，国务院证券监督管理机构可以对有关责任人员采取证券市场禁入的措施。前款所称证券市场禁入，是指在一定期限内直至终身不得从事证券业务或者不得担任上市公司董事、监事、高级管理人员的制度”。从这些规定中可以看出国内资格刑的规定更多的是行政手段的干预。笔者认为社会经济的快速发展会导致行政犯的增多，对于行政处罚法中某些人身自由罚和财产罚，应当司法化纳入行政刑法的范围进行规制，由法院进行制裁措施。① 行政处罚法中的规定是对刑事司法权的侵蚀。从业禁止的规定有助于推动我国刑法立法理念的革新，它也在一定程度上弥补了我国刑事制裁体系的漏洞。例如，中国现行法律法规禁止证券从业人员买卖股票，立法者认为，证券从业人员利用自身的信息优势参与股票交易不利于其他投资者。我国应逐步健全证券从业人员买卖股票的内幕交易规制机制，确立利益冲突交易限制机制，证券期货市场作为一个高度公开化、信息化的市场，证券公司、基金公司自营人员往往通过建立“老鼠仓”的方式买卖自营股票。因此，禁止从业人员的某些交易行为，建立严格的法律责任追究体系，从而实现促进证券市场稳定健康发展的目标。

在上文中我们从从业禁止的角度考察了我国资格刑在惩治证券期货犯罪中的适用，希望能通过对证券期货资格刑的完善来弥补我国刑法中的刑事责任体系的空缺，希冀对未来资格刑的立法提供参考。关于我国证券期货类犯罪中“职业禁止”等资格刑的完善主要应从以下几个方面作出努力。

（1）在刑法总则中增设资格刑设置。建议在刑法总则中增设资格刑制度，将刑事责任作为刑罚的上位概念，构建真正以“罪—责”体系为主线的犯罪论体系，资格刑属于刑事责任承担方式之一，资格刑中的从业禁止属于非刑罚处罚的一种，正式在我国刑事立法中引入资格刑制度，确立分

---

① 李晓明：《行政刑法新论》，法律出版社，2014，第86页。

立式的资格刑设置。一方面在刑法总则中增加和丰富资格刑的内容、种类；另一方面，在具体的分则罪名中规定资格刑的种类、期限。给予法官一定的自由裁量权进行价值上的评判，可以根据犯罪人的实际情况，剥夺资格刑中的某种或者部分资格。

（2）在刑法总则中设置复权制度。建议在刑法总则中设置复权制度，复权制度是一种专属于资格刑的刑罚消灭制度，先后被许多国家的刑事立法和司法所认可。正如我国台湾学者林山田所言："正如自由刑有缓刑与假释等制度来救济其弊端，从而使自由刑更能发挥其在刑事政策上本所预期之功效一样，对于资格刑也宜设立复权的制度，而使资格刑更加完善。"[①] 复权制度不同于时效、免除刑罚处罚，因此，应当在刑法总则中设置资格刑而不能与其他的刑罚消灭糅杂在一起规定，从而使资格刑的相关制度衔接更为紧密。复权制度的微观构成适用条件、对象、程序等本节篇幅有限不再详赘。

（3）增设单位犯罪的资格刑。建议在刑法分则中对单位证券期货犯罪增设资格刑，对原有条文进行增加资格刑的规定。[②] 比如，"单位犯前款罪的，对单位判处罚金、剥夺证券或者期货从业资格，并对其直接负责的主管人员和其他自认人员，五年以下有期徒刑或拘役"。在我国刑法分则中最值得注意的是证券期货犯罪，内幕交易、泄漏内幕交易罪，操纵证券、期货交易价格罪，编造病传播证券、期货交易虚假信息罪。

结　语

犯罪与刑罚是传统刑法学的两个基本范畴，本节以"罪责关系"（犯罪与刑事责任）的刑法主线对证券期货的刑事责任体系进行完善，犯罪随社会变化不断演变，刑事责任也必须是动态地不断地适应犯罪的变化，资格刑在未来行政犯不断增多的趋势下非常值得研究，尤其针对未来金融犯罪中，证券期货市场在未来逐渐成为各国金融体系中最重要的部分，随着新的犯罪手段、犯罪类型不断增加，证券期货犯罪愈加严重，再加上证券期货领域具有自身的专业性和复杂性，资格刑的适用能有效地防范和完善金融刑事立法。除此之外，刑事立法的规定要注意与其他部门法及行政法

---

① 林山田：《刑罚学》，台湾商务印书馆股份有限公司，1983，第 312 页。

② 刘宪权：《证券期货犯罪理论与实务》，商务印书馆，2005，第 52 页。

规等的协调和有效衔接，行政管理部门也要加强证券的监管，完善证券监管体系，学习国外先进经验，比如加拿大建立相互信赖审查系统（mutual reliance review system MRRS），开发了三个全国性的电子信息系统，加强证券期货的监管。

（苏州大学王健法学院教授，法学博士　李晓明；苏州大学王健法学院博士研究生　韩冰）

第二节

从业禁止制度的合理性分析

证券行业是国家市场经济发展的重要领域，而随着证券从业机构和人员的不断增加，金融产品、服务和技术的迅速扩张，证券犯罪也呈现出越来越普遍的趋势，作为非传统安全的国家金融安全受到的挑战和威胁也更加严峻。在证券法等行政法律法规之中，“从业禁止”作为行政处罚措施，对打击证券行业违法行为起到积极作用，而《刑法修正案（九)》将“从业禁止”制度作为刑事制裁措施首次引入我国刑法典。对于刑事“从业禁止”制度的性质、特征及其适用于证券犯罪的必要性与合理性均应给予适当的关照。此外，就该制度立法存在的不周延之处，亦需思考现行立法的完善之策。本节欲就前述议题作尝试性探讨。

一　刑事“从业禁止”制度的性质与特征

（一）刑事“从业禁止”的性质

从国外刑事立法对“从业禁止”制度的规定来看，其在刑法体系中的地位设定主要有两种，一是“保安处分”，如《德国刑法典》第 70 条等，二是“附加刑”，如《意大利刑法典》第 30 条、《瑞士联邦刑法典》第 54 条、《俄罗斯联邦刑法典》第 47 条等，而我国刑法将“从业禁止”置于第 37 条的“非刑罚性处置措施”之后。由于我国刑法并没有明确规定刑事“从业禁止”制度的性质，因此在刑法学理论上存在三种主要的争议观点，即“保安处分”说①、“资格刑”说②和“非刑罚性处置措

---

① 刘夏：《保安处分视角下的职业禁止研究》，《政法论丛》2015 年第 6 期。童策：《刑法中从业禁止的性质及其适用》，《华东政法大学学报》2016 年第 4 期。叶良芳、应家赟：《论有前科者从业禁止及其适用》，《华北水利水电大学学报（社会科学版)》2015 年第 4 期。

② 陈兴良：《〈刑法修正案（九)〉的解读与评论》，《贵州民族大学学报（哲学社会科学版)》2016 年第 1 期。

施”说[①]。笔者以为：

1. 刑事“从业禁止”不是“资格刑”

罪刑法定主义的明确性要求“刑罚法规明示可罚的行为的类型之同时，也要求以刑罚种类、分量明示可罚性的程度”。[②] 而根据我国《刑法》第32、33、34条之规定，在现有立法体例下的刑罚种类仅包括主刑和附加刑，而且主刑和附加刑的具体分类采用的是完全列举式的立法，其中并未包括“从业禁止”。因而，“从业禁止”当不属于刑罚种类。就我国刑法的体例来看，所谓“资格刑”也仅仅是刑法理论上的称谓，并非刑法规范规定的刑罚类别。

而且，就“从业禁止”的适用条件之“判处刑罚”而言，立法者将“从业禁止”区别“刑罚”的逻辑是自洽的。如果承认其属于“刑罚”种类之一，那么第37条之一中的“被判处的刑罚”本身可能就是“从业禁止”，而“刑罚执行完毕”则为“从业禁止执行完毕”，既然已经执行完毕，何须再次执行？这种简单的逻辑推演即不成立。此外，如果将“从业禁止”认定为所谓“资格刑”，鉴于其适用时具有补充性，则就会产生作为刑罚的“从业禁止”与作为行政处罚的“从业禁止”之间的形成替代转换，虽然这两类“从业禁止”的内容具有一定的重合性，但是行政处罚与刑罚之间的界限不能轻易打破。否则，就会出现行政法律法规中“无资格刑之名、但有资格刑之实”的从业禁止都将在实质上被刑罚化的结果，而过度刑罚化就意味着对人权的过度侵害。

2. 刑事“从业禁止”不是“非刑罚性处置措施”

虽然在我国刑法的结构体系中，第37条之一规定的“从业禁止”位于第37条“非刑罚性处置措施”之后，而且二者都不归属于刑法规定的“刑罚”种类范畴，在形式上容易让人误以为前者是后者的进一步扩张。但是从二者适用的实质条件上看，“非刑罚性处置措施”的适用条件是“犯罪情节轻微不需要判处刑罚”的情形，反之，只要人民法院认为需要对犯罪人判处刑罚，即不适用，其与刑罚的适用是不相容的。而“从业禁

① 苏永生：《变动中的刑罚结构——由〈刑法修正案（九）〉引发的思考》，《法学论坛》2015年第5期。

② 〔日〕中山研一等编《现代刑法讲座》（第1卷），成文堂，1980，第94页，转引自马克昌《比较刑法原理——外国刑法学总论》，武汉大学出版社，2002，第67页。

止”制度是在犯罪人因为“利用职业便利实施犯罪，或者实施违背职业要求的特定义务的犯罪”而被“判处刑罚”之后适用的。因此，“从业禁止”的适用则是以刑罚为前提条件的，其附属刑罚而适用。就此而言，“非刑罚性处置措施”并不能包含“从业禁止”，将“从业禁止”认定为“非刑罚性处置措施”的观点忽视了二者之适用条件的实质区别，应当是不成立的。

3. 刑事“从业禁止”是“保安处分”

《刑法》第37条之一规定的“从业禁止”，具有预防犯罪人再犯罪的意旨，其适用是在“刑罚”执行完毕之后，强调的是犯罪人的人身危险性程度。从报应刑论的角度来看，此时行为人已经不具有责难基础，适用“从业禁止”的出发点在于矫正、预防而非惩罚、非难。这与德国刑法中“保安处分”不取决于罪责，而取决于行为人特定的危险性①的特点相一致。虽然对于“保安处分”，我国各项法律均未给出明文规定，但是基于防卫社会、预防再犯罪的需要，我国刑法中也分散性地规定了一些保安处分性质的措施，如对精神病人的强制医疗措施、对不满十六周岁不予刑事处罚的未成年人的收容教养制度、禁止令制度等。从这个角度来看，刑事“从业禁止”的设立可以说是保安处分刑法化的有益尝试，即使其设立可能改变我国刑法单轨制的刑事制裁体系，也未为不可。② 因此，就目前我国刑法的现状来看，刑事“从业禁止”制度虽无保安处分之名，却有保安处分之实。

（二）刑事“从业禁止”的特征

1. 刑事“从业禁止”具有针对性

根据《刑法》第37条之一第1款的规定，“从业禁止”的适用是针对利用职业便利实施犯罪，或者违背职业要求的特定义务实施犯罪的情形而设定的，其不适用于其他未利用职业便利或没有违反职业特定义务而实施犯罪的情形。即使犯罪人具备某种职业资格条件，但其在实施犯罪的过程中并未利用其便利或者没有违背职业特定义务，亦不能适用。而且，禁止的内容是不得从事“相关职业”，也就是与其所实施的犯罪有关的职业。

① 〔德〕乌尔斯·金德霍伊泽尔：《刑法总论教科书》，蔡桂生译，北京大学出版社，2015，第18页。

② 童策：《刑法中从业禁止的性质及其适用》，《华东政法大学学报》2016年第4期。

因此，从适用对象和内容上看，“从业禁止”具有针对性，这也可以适当对应证券犯罪的职业性特征。

2. 刑事“从业禁止”具有附属性

“从业禁止”的适用前提是“犯罪情况和预防再犯罪的需要”，也就是说，禁止从业的适用是以行为人的行为构成犯罪并被判处刑罚为前提的。而且，在适用期限的起算时间上，“从业禁止”是从刑罚执行完毕之日或者假释之日开始的。因此，从适用前提上看，“从业禁止”应该从属于刑罚适用，而不能独立适用。

3. 刑事“从业禁止”具有酌定性

《刑法》第 37 条之一第 1 款对“从业禁止”的适用方式之规定是，“人民法院可以……禁止……”可见，刑事“从业禁止”的适用并非是绝对的“应当”，而是根据预防再犯罪的需要，来作出决定，换言之，人民法院可以作出“从业禁止”的决定，也可以不作出“从业禁止”的决定。人民法院就“从业禁止”的决定作出与否，视具体案件情况而论，享有较大空间的自由裁量权。

4. 刑事“从业禁止”具有强制性

刑事“从业禁止”的强制性，体现在其本身属于一项给犯罪人设定的“禁止性义务”制度。因而，《刑法》第 37 条第 2 款也规定了违反这种“从业禁止”的处罚规定，而且包括行政处罚和刑事处罚（即按照拒不执行判决、裁定罪定罪处罚）两种情形。因此，“从业禁止”是一旦被决定适用，犯罪人就必须遵守的义务规定，而且违反这一决定便将承担行政甚至刑事法律责任。

5. 刑事“从业禁止”具有补充性

虽然“从业禁止”是刑事制裁措施，但是根据《刑法》第 37 条之一第 3 款的规定的，“其他法律、行政法规对其从事相关职业另有禁止或者限制性规定的，从其规定”。因此，刑事“从业禁止”制度具有补充性。诚如有论者所强调的，对于刑事“从业禁止”制度的适用，“应把握一个总体原则，即刑罚是最严厉的强制措施，是在其他处罚制度不能遏制违法行为的再次发生时，才予以适用的最后救济手段”。①

---

① 康均心、秦继红：《“禁止从事特定职业”的理解与适用》，《法制日报》2016 年 2 月 24 日。

二　刑事“从业禁止”制度适用于证券犯罪的必要性

（一）自由刑存在诸多固有弊端

作为大多数犯罪的一般法律后果，自由刑的配置对证券犯罪而言是必要的。但是，长期以来，刑法理论界对自由刑固有弊端的批判也是不绝于耳，典型的如容易造成犯罪人在服刑期间形成交叉感染，使犯罪人的人格盲从化，与社会生活脱节，以及容易给犯罪人的家庭带来较大的生活压力，造成国家刑罚资源浪费，等等。目前行刑个别化和社会化的呼声越来越高，而刑事“从业禁止”制度的确立可以说是符合这种趋势的，顺应了刑罚由监禁刑向非监禁刑改革的大潮流，也体现了我国社会治理不断法治化的前景。“从业禁止”制度虽然是一种刑事制裁措施，其也具有强制性，但其相较于封闭监禁的自由刑而言，无疑更具有开放性，也有利于犯罪人的改造。而且，就证券犯罪而言，自由刑的适用虽然具有一定的威慑力，但并不足以起到预防犯罪人再次犯罪的作用。而适用“从业禁止”制度，结合执行机关的引导和监督以及其他社会力量的参与和互动，能够从形式上和实质上阻隔证券犯罪的犯罪人在“危险期内”进行执业。证券犯罪的“不安定分子”可以被有效控制在从业范围之外，从而有效清理行业队伍，降低犯罪黑数，实现源头式治理。同时，有助于犯罪人在“从业禁止”期满后，树立正确的规范意识，逐渐回归社会环境和职业领域，为国家经济发展继续贡献力量。

（二）罚金刑对证券犯罪的威慑力度不大

从我国刑法分则中证券犯罪的立法规定来看，财产刑的设置是以罚金刑为主的。而罚金刑以金钱为质、以数额为量，其威慑力不够大，很难达到刑罚预期的威慑效果进而实现预防犯罪的作用。[①] 证券犯罪的犯罪人主观上往往具有贪利动机，虽然罚金刑能够起到一定的威慑效果，但是我国证券犯罪的罚金刑设定标准并不高，如《刑法》第179条擅自发行股票、公司、企业债券罪的罚金刑，“并处或者单处非法募集资金金额百分之一以上百分之五以下罚金”，该罚金刑的最高处罚比例远低于商业银行贷款利

① 尹晓闻：《禁止从事职业处罚措施升格为资格刑的根据》，《华南理工大学学报（社会科学版）》2015年第5期。

率，这和犯罪分子犯罪所获的以几亿元，甚至十几亿元、几十亿元计的巨额利益相比，处罚力度明显偏低。又如《刑法》第178条伪造、变造国家有价证券罪的罚金刑最高为“五万元以上五十万元以下罚金”，也与犯罪分子通过实施证券犯罪的获利相去甚远，这种数额偏低的定额制的罚金刑实际上为犯罪分子实施证券降低了犯罪风险和成本，不得不怀疑其适用效果。而对于资金实力雄厚的犯罪人，尤其对实施证券犯罪的单位而言，罚金刑的处罚力度是十分有限的，而且刑法并未对单位判处罚金的数额进行具体规定，只能由法官在审判时自由裁量，加之罚金刑的执行难度大，也为犯罪单位逃避应有的刑法制裁提供了便利。再者，单证券犯罪的实施单位面临破产时，适用罚金刑已经失去了必要。而刑事“从业禁止”制度，则能够阻断证券犯罪的犯罪人，尤其是犯罪单位再次进行犯罪的资金来源，对具有贪利性的证券犯罪起到更好的防控作用。①

（三）“剥夺政治权利”对证券犯罪的适用性不强

刑事“从业禁止”制度被纳入现行刑法之前，只有“剥夺政治权利”这种资格刑的规定中对从业禁止的内容有所涉及，但是“剥夺政治权利”的禁止从业之范围仅仅局限于禁止“担任国家机关职务”和禁止“担任国有公司、企业、事业单位和人民团体领导职务”。因此，这一资格刑所体现的“从业禁止”的范围十分狭窄，没有包括非国有单位所可能涉及的职业，② 难以适应利用职业便利实施犯罪或者施违背职业要求的特定义务的犯罪的需要。而且“剥夺政治权利”的适用对象主要是危害国家安全罪和严重破坏社会秩序的犯罪分子，或者被判处死刑和无期徒刑的犯罪分子。而这对于防止证券犯罪的犯罪人再次犯罪没有实际意义，证券犯罪的实施根本不依赖于犯罪人是否具有该种资格刑所剥夺的政治权利，在证券犯罪的犯罪人被判处死刑或无期徒刑后，其再犯可能性本身也较低。此外，“剥夺政治权利”也不适用于单位主体，但“从业禁止”制度可以对实施证券犯罪的单位进行有效规制，禁止证券犯罪的单位从事相关业务，无疑具有较大的威慑力，能够从实质上破坏其再犯罪能力。

---

① 康均心、李娜：《金融安全的刑法保护研究》，《刑法论丛》2008年第3期。

② 赵秉志、袁彬：《中国刑法立法改革的新思维——以〈刑法修正案（九）〉为中心》，《法学》2015年第10期。

三　刑事“从业禁止”制度适用于证券犯罪的合理性

（一）适应了证券犯罪的职业性特点

证券犯罪大多是证券行业的从业机构或人员，在其职业活动中实施的，因此证券犯罪呈现鲜明的职业性特征。而这一特征说明，证券犯罪的实施者本身需要具备相应的从业资格，这在证券行政法律法规中均能找到明确规定；而且正是由于具备从业资格的证券犯罪实施者，容易利用其职业上的便利或者违背职业要求的特定义务而实施犯罪，因而此类犯罪往往具有较强的隐蔽性和反侦察性。如上市公司董事、高管人员多是利用其职务便利，进行内幕交易、操纵证券、期货市场罪等犯罪的。犯罪对公共利益的危害越大，促使人们犯罪的力量越强，制止人们犯罪的手段就应该越强有力。[①] 刑事“从业禁止”制度的确立，使刑法在打击证券犯罪等职业性强的犯罪时，更具有鲜明的针对性，一旦证券从业人员实施相关犯罪，将可能丧失继续从业的资格，没有了追求金钱利益的机会。禁止证券犯罪的犯罪人在证券行业中从事投资、咨询、审计、会计等工作，禁止其从事证券交易、买卖业务，禁止其担任证券公司企业高管等，无疑会使犯罪人在一定期限内不能再次进行证券犯罪，从源头上限制其再犯能力，降低再犯可能性，也有利于维护证券行业的职业道德标准。

（二）补充了我国刑法预防犯罪的功能

“在全面推进依法治国这一时代语境下，刑法的任务不仅是打击犯罪，更重要的是预防犯罪。”[②] 事实上，长期以来，我国刑事立法都是以行为及其实害作为定罪量刑的主要依据，这种刑事立法理念是以惩罚犯罪为基调的，而《刑法修正案（九）》中的“从业禁止”制度，与《刑法修正案（八）》设立的禁止令制度和社区矫正制度类似，都表明了我国刑事立法理念从惩罚犯罪向预防犯罪开始转变。如前文所言，证券犯罪的具有鲜明的职业性特征，证券行业对从业人员的资格要求较高，单纯的自由刑、罚金适用可能并不足以消除犯罪人重返社会后再犯与其职业相关罪的危险性。而禁止其从事证券业务，将一种剥夺其职业自由的“痛苦”加担给犯罪

---

① 〔意〕切萨雷·贝卡里亚：《论犯罪与刑罚》，黄风译，中国方正出版社，2004，第17页。

② 时延安、王烁、刘传稿：《〈中华人民共和国刑法修正案（九）〉解释与适用》，人民法院出版社，2015，第46页。

人，对其再犯能力的限制应当是更加有效的。而且，对于部分人身危险性较大的证券犯罪的犯罪人来说，适用“从业禁止”有利于进一步弱化其犯罪心理，引导其行为方式重新回归法治轨道，对潜在的证券犯罪的犯罪人能够起到一定的警示作用。此外，“从业禁止”的确立也完善了我国刑法中的刑事制裁体系，弥补自由刑的不足，节约刑事司法资源。因此，刑事“从业禁止”制度对于规制证券犯罪而言具有不可代替的优点。

（三）创造了行刑关系的准确衔接的条件

在《刑法修正案（九）》新增“从业禁止”制度之前，我国公司法、证券法等行政法律法规中已经存在对违法行为人处以取消从业资格的处罚规定。如《证券法》第233条第2款的关于“市场禁入”的规定，即在一定期限内直至终身不得从事证券业务或者不得担任上市公司董事、监事、高级管理人员的制度。虽然“从业禁止”在证券法等行政法律法规中，属于行政处罚，但从实际效果上看它们比刑罚还要严厉[①]，甚至在一定程度上说严厉于对其处以自由刑和罚金刑。但是，行政处罚的“资格罚”不能代替刑事制裁，刑事立法滞后，刑事“从业禁止”制度长期缺位。《刑法修正案（九）》增设刑事“从业禁止”制度之后，行政处罚措施与刑事制裁措施在内容和适用规则（如前文所述补充性）上实现了衔接，形成打击证券犯罪等犯罪行为的国家行政权与司法权的合力。而且，鉴于行政法律法规中存在的相关“从业禁止”规定范围大小不一、资格条件繁复等现状，而要对社会全部职业的准入资格予以立法规范也不具有可行性，刑事“从业禁止”制度的确立可以有效弥补这一缺陷，保证利用其职业上的便利或者违背职业要求的特定义务而实施犯罪能够受到应有的制裁。此外，刑事“从业禁止”制度的适用，可以有效减少行政机关的地方保护主义以及公务员因适用行政程序随意行政、滥施处罚、处罚不公的现象。[②]

（四）迎合了刑事立法与国际经验接轨的趋势

考察域外刑事立法，诸多国家地区都将“从业禁止”的内容纳入刑事制裁体系之中，如根据《德国刑法典》第70条的规定，因滥用职业或行业实施的违法行为，或严重违反有关义务实施的违法行为而被判处刑罚，认为继续从事某项职业或行业的业务，仍然存在实施严重违法行为的现实

---

① 李荣：《试论我国资格刑的缺陷与完善》，《河北法学》2007年第7期。

② 贾宇、舒洪水：《论行政刑罚》，《中国法学》2005年第1期。

危险的，可以禁止其一年至五年甚至终身从事相关职业或业务。[①] 如根据《意大利刑法典》第 31 条的规定，因滥用职权、违反职务上、业务上或者第 28 条第 1 款第 3 项所规定之事务或者妨碍职业、营业、企业、商业、手工业或与其有关之业务而被处罚者，处以临时褫夺公权、职业、营业、企业、商业、手工业等营利权之从刑。[②] 又如《瑞士联邦刑法典》第 54 条第 1 款规定，在从事经官方许可的职业、行业或商贸活动中实施应被科处三个月以上自由刑的重罪或轻罪，且仍存在继续滥用职业、行业或商贸活动危险的，法官可禁止行为人在六个月至五年的期限内禁止从事职业、行业或商贸活动。[③] 可以说，"从业禁止"制度作为一项刑事处遇而置于刑法规范中，已经成为一种比较普遍的刑事立法现象。我国刑事"从业禁止"制度的设立，迎合了国际刑事立法的大趋势。加之，证券犯罪尤其是网络证券犯罪，容易出现跨国作案的现象，因此依靠刑事"从业禁止"制度的确立，也能缩小我国与外国在证券犯罪刑事制裁措施适用上的差别，降低打击证券犯罪的国际刑事司法协助工作的风险。

四 刑事"从业禁止"制度的立法完善思考

（一）扩大"从业禁止"的适用对象范围

从《刑法》第 37 条之一的规定表述来看，"从业禁止"制度的适用对象是自然人，并不包含单位。但是，证券犯罪的实施一般离不开资金、信息、关系等因素，因此在资金、信息、关系等方面更占优势的单位实施证券犯罪的情形并不少见，而且可能较自然人实施证券犯罪对金融安全造成的损害和带来的经济利益损失更为严重。根据现行刑法，一般单位证券犯罪仅能判处罚金刑，这虽然符合刑罚宽缓化的立法政策，限制刑罚权的过度适用。但这种处刑规定也饱受质疑，因为其容易导致单位法人逃脱罪责，轻纵犯罪，有悖于罪刑均衡原则的意旨，从某种意义上讲，这种做法降低了单位实施证券犯罪的成本，减弱了刑罚的法益保护功能。再者，暂停、撤销、吊销证券从业法人的禁入证券市场的资格，也是证券法等行政

① 徐久生、庄敬华译《德国刑法典》（2002 年修订），中国方正出版社，2004，第 37 页。

② 黄风译《最新意大利刑法典》，法律出版社，2007，第 11 页。

③ 徐久生、庄敬华译《瑞士联邦刑法典》（2003 年修订），中国方正出版社，2004，第 23 页。

法律法规规定的处罚措施。实质上来说，对证券从业法人市场资格的限制与剥夺，也在一定程度上对证券从业法人的员工的从业资格起到限制作用，如从事证券承销的公司或专业性证券中介服务公司的证券市场资格被限制，其赖以生存的证券经营业务就难以开展，其员工的实际从业也必将受到影响。将行政法律法规中对单位的处罚措施，纳入刑事处罚体系之中未尝不可。此外，诚如有论者指出的，各国刑事立法中，对于犯罪法人资格刑规定的最大共同特点之一，就是“通过剥夺法人从事某项或某几项的生产及业务活动的资格，来达到惩治法人犯罪的效果”。[①] 在《法国新刑法典》中，其第 225 - 22 条，就同时规定了对于自然人或法人适用永久性撤销零售酒店或餐馆许可证。[②] 因此，将“从业禁止”的适用对象范围扩大至单位是必要的，也是可行的。

（二）设定“从业禁止”的执行机关

目前，《刑法》第 37 条之一并未明确规定“从业禁止”制度的执行机关。根据现行刑法的规定，法院既是“从业禁止”的决定机关，同时又与公安机关共同承担了对违反“从业禁止”的行为人进行监督制裁的职能。而公安机关对于被禁止从事相关职业的犯罪分子违反从业禁止决定，情节尚未达到严重程度的行为，有权给予处罚，因此其也属于监督制裁者的角色。笔者以为，可以将社区矫正机构作为从业禁止制度的执行机关。一是基于“从业禁止”与“禁止令”在性质上类似，在内容上存在部分交叉重合，即都是禁止犯罪人从事某种特定的活动。二是“从业禁止”制度的执行相较于“禁止令”而言，在执行主体上并无实质性的差别要求，社区矫正机构完全可以胜任禁止从事相关职业的职责。在目前我国各地区已经建立了相对完善的社区矫正机构的情形下，由社区矫正机构承担这一职能也更具可行性。三是社区矫正机构作为从业禁止的执行主体有利于实现假释考验和从业禁止执行的衔接。对假释的犯罪人适用从业禁止的，禁止期限从假释之日起算，因而假释考验期和禁止期间存在一定区间的重合，假释考验期间依法实行社区矫正。所以，由社区矫正机构承担“从业禁止”制度的执行主体可以保证该制度执行的效率和实际效果。

---

① 戴玉忠、刘明祥：《刑罚改革问题研究》，中国人民公安大学出版社，2013，第 221 页。

② 马克昌：《比较刑法原理——外国刑法学总论》，武汉大学出版社，2002，第 809 页。

（三）建立与“从业禁止”对应的复权制度

刑事制裁本身是一种“恶”，而“从业禁止”制度对于证券犯罪的犯罪人在重返社会的道路上容易造成阻碍，这是“从业禁止”制度固有的缺陷，因而有必要通过建立相对应的复权制度，让犯罪人重新获得从业权利，以限制、消除适用“从业禁止”制度带来的负面影响。考究国外立法例，复权制度的核心内容可以包括以下几个方面。

其一，时间条件。由于刑法已经对“从业禁止”执行的起算时间进行了规定，则主要应当考虑其执行的最低时间限制，即在开始执行后多长时间内才能允许犯罪人复权。就时间条件的设定来看，主要有两种，一是比例时间制，如《德国刑法典》第 45 条 b 规定“资格或权利丧失的期限已经经过一半”；[①] 二是固定时间制，如《瑞士联邦刑法典》第 79 条规定“撤销法官禁止行为人从事一定职业、行业或商贸活动的复权的时间条件为刑罚已执行完毕两年以上”；[②] 又如《意大利刑法典》第 179 条规定，“主刑执行完毕或以其他方式消灭之日起经过五年，如果被判刑人是累犯、惯犯、职业犯、倾向犯，则上述期限为十年”。[③] 比例时间制具有相对的不确定性，复权时间长短的确定取决于宣告时间的长短，这对于“从业禁止”宣告时间长的犯罪人再社会化造成阻碍较大。而固定时间制虽然能够明确复权的实际时间，节约司法成本，但不一定能准确反映特殊预防和行刑个别化的效果。笔者以为，既然“从业禁止”的设立主要是为了防止犯罪人再次利用职业便利或违背职业特定义务而犯罪，强调的是特殊预防，那么采用比例时间制应属正当。但是，鉴于“从其规定”之条款的内容，在如根据《证券法》第 233 条第 2 款之规定，存在“终身不得从事证券业务”之情形，如证监会对万福生科案的处罚决定中，明确对该公司董事长龚永福、财务总监覃学军采取终身证券市场禁入措施，对保荐代表人吴文浩、何涛撤销保荐代表人资格，撤销证券从业资格，采取终身证券市场禁入措施，[④] 此种情形下比例制难以适用，所以也有必要对终身禁止从业的

---

① 徐久生、庄敬华译《德国刑法典》（2002 年修订），中国方正出版社，2004，第 17 页。

② 徐久生、庄敬华译《瑞士联邦刑法典》（2003 年修订），中国方正出版社，2004，第 29 页。

③ 黄风译《最新意大利刑法典》，法律出版社，2007，第 31 页。

④《万福生科造假案落幕　平安证券接 7665 万罚单》，网易财经，http://money.163.com/special/wfskdc250/，最后访问日期：2016 年 11 月 17 日。

情形引入固定时间制，以限制处罚过重的倾向。因此，在复权时间条件中，采用比例时间制与固定时间制的混合模式可能较为妥当。

其二，实质条件。外国立法例中，对复权制度的实质条件一般表述为：(1) 表现良好，如《冰岛刑法典》第85条规定，“总统可以决定恢复在此期间内有良好行为表现之行为人的公民权利”。[①] (2) 不再犯罪，如《德国刑法典》第45条b规定的“可望被判决人将来不再故意犯罪的”。[②] (3) 行为端正，如《意大利刑法典》第179条规定，“有实际的和持续的证据表明被判刑人行为端正的”。[③] (4) 不至于滥用被恢复的资格，如《瑞士联邦刑法典》第79条规定，“法官不担心被判刑人继续滥用职业”的，可以在符合条件后复权。[④] 不论是哪种规定的表述，实际上都是强调犯罪人的人身危险性消减，再犯可能性低。从我国来看，复权应从严把握，不仅要求犯罪人有悔过表现，还要在复权后不再利用该权利或资格进行犯罪。[⑤]

其三，程序条件。从程序上看，主要是复权裁决与申请两部分。就复权的裁决而言，主要有法院裁决和执行机关裁决两种，但大多数国家是采用法院裁决的做法，如《德国刑法典》第45条b规定的是由法院来恢复犯罪人丧失的资格。[⑥] 就我国而言，采用法院行使复权裁决权的形式也是合适的，复权本质上是一种司法裁量活动，有法院行使该属正当，而且如我国现行刑罚制度中的减刑、假释也均是交由法院进行裁决的，也有利于实际操作的展开。就复权的申请资格而言，大致包括以下四种方式：(1) 无须申请，法院直接干预；(2) 由受刑人作为申请人；(3) 受刑人本人和检察官均有资格申请；(4) 经检察官申请。[⑦] 依据我国的刑事立法与司法实践，笔者以为，由受刑人本人行使申请权比较合适。一是受刑人作为“从业禁止”制度的适用对象，应当享有提前回复自己从业资格的权利，同时也有

① 陈志军译《冰岛刑法典》，中国人民公安大学出版社，2009，第45页。

② 徐久生、庄敬华译《德国刑法典》(2002年修订)，中国方正出版社，2004，第17页。

③ 黄风译《最新意大利刑法典》，法律出版社，2007，第31页。

④ 徐久生、庄敬华译《瑞士联邦刑法典》(2003年修订)，中国方正出版社，2004，第29页。

⑤ 康均心、秦继红：《关于“禁止从事特定职业”若干问题的思考——以〈刑法修正案(九)〉为视角》，《社会科学家》2016年第4期。

⑥ 徐久生、庄敬华译，《德国刑法典》(2002年修订)，中国方正出版社，2004，第16页。

⑦ 于志刚：《刑罚消灭制度研究》，法律出版社，2002，第598页。

利于其自我悔改，降低再犯可能性。二是人民检察院是国家法律监督机关，其职权之一是“刑事案件判决、裁定的执行和监狱、看守所、劳动改造机关的活动是否合法，实行监督”，但复权毕竟是归属于“从业禁止”执行的环节，检察机关作为申请主体与现行的司法制度存在不契合的困境。三是如前所述，人民法院已经作为“从业禁止”的决定主体和监督制裁主体，直接干预复权程序的启动，虽然可能保证复权制度的适用效率，但同时也剥夺了受刑人提出复权申请的权利，并不适宜。而且，复权制度的运行本身需要占用一定的司法资源，如果过分依赖人民法院和检察机关，难免会给司法工作人员带来过重的负荷，不符合司法经济原则。

（四）规范“从业禁止”的决定程序与救济方式

根据《刑法》第 37 条之一的规定，刑事“从业禁止”制度的适用必须“根据犯罪情况和预防再犯罪的需要”，因此人民法院对被告人决定适用“从业禁止”时应当考虑其适用的必要性。刑事“从业禁止”剥夺犯罪分子在一定期间内的从业资格，涉及其基本的生活和自由权利，实际上增加了被告人的负担，如果不考虑必要性，容易造成法官自由裁量权的滥用，使其失去赖以谋生的手段，妨害被告人的生存生活，甚至可能成为其为获取经济来源而重新犯罪的原因之一。因此，需要规范“从业禁止”适用的决定程序和救济方式。就决定程序而言，有论者从司法实务的角度出发提出，在决定是否被告人适用“从业禁止”，应当允许刑事诉讼的各方，包括被害人、检察机关、被告人及辩护人等参与到“从业禁止”的裁判过程中，可以进行法庭辩论。[①] 笔者也赞同这一主张，多元的参与形式既符合现行刑事诉讼程序，也能对“从业禁止”的适用与否进行充分论证，可以最大限度地维护被告人的从业权利，也有利于确保该决定的正义性和公信力。笔者以为，在裁判过程中，还可以采用社会调查报告等形式，从被告人的人格因素、被告人家庭经济状况、被告人的犯罪前科，以及同业评价、主观部门、行业协会和专家学者的意见等方面综合评估其人身危险性，充分考虑预防在打击犯罪时的需要，决定是否适用“从业禁止”。

就救济方式而言，根据《刑事诉讼法》第 217 条的规定，地方各级检察机关认为本级人民法院第一审的判决、裁定确有错误的，应当提出抗

---

① 王彦斌、汤尚洋、陈赟：《如何正确理解和适用“职业禁止”》，《检察日报》2016 年 5 月 9 日。

诉。因此，当检察机关认为人民法院对被告人是否适用“从业禁止”，以及“从业禁止”的决定程序、适用期限等存在错误时，行使抗诉权是正当的。而且，根据《人民检察院刑事诉讼规则（试行）》第584条的规定，检察机关认为同级法院适用禁止令有错误的，应当提出抗诉。而禁止令的适用，在期间上可能短于从业禁止，举轻以明重，对于职业禁止的决定有错误的，检察机关当然也应当提出抗诉。[①] 既然检察机关对“从业禁止”拥有抗诉权，而刑事诉讼中要保证控辩对等，如果仅仅将救济权赋予检察机关，不仅造成救济权的设置不完整，而且对被告人而言不公平，难以保证被告人的职业自由得到及时有效的维护。因此，应当明确赋予被告人享有对刑事“从业禁止”进行上诉的权利。此外，我国《刑事诉讼法》第226条规定了“上诉不加刑”原则，其核心内容为被告人一方启动上诉程序的“不得加重被告人的刑罚”。尽管刑事“从业禁止”在性质上不属于刑罚，但其实际上也会严重限制被告人的职业自由，这种限制是实实在在的。从本条保障被告人合法有效行使上诉权的立法意旨来看，其也应当同时适用于“从业禁止”。

此外，笔者以为，《刑法》第37条之一仅仅是在总则部分规定了“从业禁止制度”，而且该制度在适用时还需要考量行政法律法规的具体规定，但就职业性强、危害性大的内幕交易、泄露内幕信息罪，利用未公开信息交易罪，编造并传播证券、期货交易虚假信息罪，诱骗投资者买卖证券、期货合约罪，操纵证券、期货市场罪等证券犯罪而言，为突出证券犯罪的打击重点，实现行政法与刑法的准确衔接，似乎也有必要根据刑法总则和证券法等行政法律法规的规定，在分则中厘定具体的“从业禁止”适用条款。例如，可以对《刑法》第182条之操纵证券、期货市场罪的刑事制裁配置增加以下内容：“（1）……情节严重的，……三至五年内禁止从事证券、期货业务；……情节特别严重的，……五至十年内禁止从事证券、期货业务……（2）单位犯前款罪的，对单位判处罚金，剥夺证券或者期货从业资格；并对其直接负责的主管人员和其他直接责任人员，依照前款规定处罚。”

（中南财经政法大学刑事司法学院教授，法学博士　齐文远；
中南财经政法大学刑事司法学院刑法学博士生　李江）

---

① 石跃、王晓刚：《对职业禁止有异议可以上诉或抗诉》，《检察日报》2016年1月25日。

第三节

从业禁止制度的司法适用

《刑法修正案（九）》规定了从业禁止制度[①]，对于“因利用职业便利实施犯罪，或者实施违背职业要求的特定义务的犯罪被判处刑罚的”，法院可以“根据犯罪情况和预防再犯罪的需要，禁止其自刑罚执行完毕之日或者假释之日起从事相关职业，期限为三年至五年”。同时规定，“被禁止从事相关职业的人违反人民法院依照前款规定作出的决定的，由公安机关依法给予处罚；情节严重的，依照本法第三百一十三条的规定定罪处罚”。“其他法律、行政法规对其从事相关职业另有禁止或者限制性规定的，从其规定。”自“从业禁止”的规定生效以来，刑法学界对从业禁止性质与适用等若干问题进行了丰富的研究。本节研究的内容是从业禁止在证券、期货犯罪刑事司法中的应用。所关注的具体问题是：第一，从业禁止中“职业”的判断思路是什么？第二，从业禁止在证券期货犯罪中的适用方法是什么？第三，行政处罚中的从业禁止实践是怎样的，与刑法中的从业禁止如何衔接？

---

① 学理上对从业禁止的性质存在保安处分说和资格刑说。我们认为，在我国刑法体系内，保安处分与刑罚是目的不同、效果也有差异的两个事物，保安处分侧重犯罪预防，刑罚则兼顾报应与预防。从《刑法修正案（九）》的规定出发，应当认为保安处分说是合理的。因为从业禁止的前提是刑罚执行完毕或者被裁定假释且具有“预防再犯罪的需要”，而假释的条件则是“没有再犯罪的危险”，只有认为从业禁止是预防被告人再次利用职业实施犯罪的采取保安处分措施加以预防的必要性，而非执行刑罚加以预防的必要性，才是避免出现矛盾解释的理解。关于从业禁止的性质的详细研究，参见张明楷《刑法学（下）》（第5版），法律出版社，2016，第641页。武晓雯：《论〈刑法修正案（九）〉关于职业禁止的规定》，《政治与法律》2016年第2期。童策：《刑法中从业禁止的性质及其适用》，《华东政法大学学报》2016年第4期。卢建平、孙本雄：《刑法职业禁止令的性质及司法适用探析》，《法学杂志》2016年第2期。

一　从业禁止中“职业”的判断标准

根据刑法的规定，从业禁止的适用包含三个条件。首先，适用从业禁止的前提是被告人“利用职业便利实施犯罪，或者实施违背职业要求的特定义务的犯罪”。利用职业便利，是指被告人的职业属性，成为被告人实施犯罪的必备手段，或者具有极为重要的促成作用。对此，通说认为职业的范围包括职务，是参与社会分工、利用专门的知识和技能，为社会创造物质财富和精神财富，获取报酬作为物质生活来源的工作。[①] 问题是，从业禁止中的“职业”的判断思路是什么？

对于从业禁止之“业”的含义已有研究，一般采取形式化标准，即根据劳动和社会保障部、国家质量监督检验检疫总局、国家统计局2015年颁布的《中华人民共和国职业分类大典》（以下简称《分类大典》）或者《职业分类与代码》（GB/T 6565－2015）的国家标准来认定禁止的职业范围。[②] 这类标准认为，被决定从业禁止的所有案件中的“业”应当按照一个统一的标准来认定，因此我们认为这是形式化标准。这类标准具有较强的统一性和可操作性，因而在司法适用中具有很大的便捷性。但问题是，形式化标准可能会忽略从业禁止的犯罪预防效果。是否有必要和可能，根据犯罪行为所利用的职业便利的职业内容，实质地判断其相关职业的范围，同时，在认定这一“职业”的范围时，是否需要从从业禁止的目的——再犯预防的角度去理解？显然，无论是《分类大典》还是《职业分类与代码》，都是从社会职业分工的角度，将社会上的不同职业类型分门别类进行的规整，一般而言相似或者相近的职业，会在分类上具有相同的归属或者相近的安排，同属于一个小类或者至少属于一个大的类别，其目的是用于劳动力调查、确定工种等。但是，刑法上之从业禁止，其目的是要对可能再次利用职业便利条件或者违背职业要求的义务再次实施违法行为或者犯罪行为。因此，只有具有这种预防必要性的职业范围，才是从业禁止的限制职业资格的合理范围，仅从职业的相近或者一般意义上职业的归类方法来认定，

---

① 武晓雯：《论〈刑法修正案（九）〉关于职业禁止的规定》，《政治与法律》2016年第2期。

② 刘志伟、宋久华：《论刑法中的职业禁止制度》，《江西社会科学》2016年第1期。童策：《刑法中从业禁止的性质及其适用》，《华东政法大学学报》2016年第4期。武晓雯：《论〈刑法修正案（九）〉关于职业禁止的规定》，《政治与法律》2016年第2期。

有不当扩大从业禁止的适用范围的可能。另外，如果看一看《分类大典》或者《职业分类与代码》的内容，不难发现，所谓的职业分工只是相对的，实际上具有一定的重合性。例如，法律从业人员和教学人员之间就存在一定的重合性，律师属于法律从业人员，但也同时能够在高校担任兼职或者专职教师，如果一位在高校担任教师的律师因故意犯罪被判处刑罚（根据律师法应当由省、自治区、直辖市人民政府的司法行政部门吊销其律师执业执照），对其决定从业禁止时，是否也同时禁止其刑罚执行完毕或者假释之后从事教学职业？如果按照《职业分类与代码》中的形式化标准，就要同时禁止其继续从事教学职业以及律师职业，但这种理解显然有不当适用从业禁止之虞。在从业禁止适用中，如果采取形式化的职业分类标准，可能引出的对从业禁止的不当适用问题还有很多。这说明，从业禁止之“职业”不能按照形式化的标准，而必须按照刑法上独有的实质“职业”标准来认定。

我们认为，从业禁止的“业”的刑法标准应当考量两方面的要素。

第一，应当符合从业禁止制度的预防再犯罪的目的。由于从业禁止属于保安处分，且是针对利用职业进行犯罪的专属性保安处分，因此禁止被告人在刑罚执行完毕或者假释之后的职业范围，就需要结合是否有必要防止被告人再次实施犯罪来限制。一方面，对于虽然利用职业便利或者违背职业义务实施犯罪，但由于根据其职业相关的法律已经做出了相应的行政处罚，而且不可能再实施相关犯罪的被告人，没有必要再决定对其适用从业禁止。例如，对于律师利用职业便利获取的尚未公开的有关证券的信息从事证券交易违法获利构成犯罪的，按照律师法的规定由省、直辖市、自治区人民政府司法行政部门吊销其营业执照，且有犯罪前科的律师不可能再次去的律师执业资格。因此，尽管刑法规定从业禁止，“其他法律、行政法规对其从事相关职业另有禁止或者限制性规定的，从其规定”。但在这种情况下，显然不需要再对其决定从业禁止。

第二，应当结合刑法分则根据犯罪侵害法益、侵害客体所设定的章罪名与节罪名的关联性来判断。刑法分则根据犯罪所侵害的由刑法所保护的法益或者犯罪客体来设定章罪名和节罪名，被规定在同一章节中的罪名侵犯的是同类客体或者相近的法益，因而从业禁止所要预防的犯罪类型，不仅是被告人所实施的犯罪，而是具有同类客体的一类犯罪。从这个意义上来说，对于从业禁止所禁止的职业范围，大于被告人犯罪时所利用的职业或者违背义务所属的职业的范围。例如，被告人在犯罪时是证券交易所的工作人员，利用职业便利获取的未公开的信息安排其近亲属从事与该信息相关的证券交易，获取违法利益，依法被判利用未公开信息交易罪，显然从业禁止的内容当然包括禁止被告人刑罚执行完毕或者假释之后继续从事证券交易所的职业活动。然而，利用未公开信息交易罪在刑法分则中被规定在第三章破坏社会主义市场经济秩序罪之第四节破坏金融管理秩序罪之中，与此罪侵害法益相同或者相近的罪名还有内幕交易、泄露内幕信息罪，背信运用受托财产罪，操纵证券、期货市场罪，当然也包括利用期货相关的未公开信息实施的侵犯期货市场交易秩序的利用未公开信息交易罪。因此，对被告人进行再犯可能性判断时，这些罪名相关的职业也应当在考量的范围之内。如果按照《分类大典》或者《职业分类与代码》的分类标准，可能禁止的只是证券从业人员，而不可能包括同样具有很高的再犯可能性的期货交易所、证券公司、期货经纪公司等的职业活动。因此我们认为，应当在节罪名的范围内来合理认定从业禁止之禁止被告人从事职业活动的范围。

二　证券、期货犯罪适用从业禁止的方法

首先，从罪名上看，证券、期货犯罪中哪些罪名可能适用从业禁止？从刑法规定来看，证券期货犯罪主要包括如下几个罪名：欺诈发行股票、债券罪，伪造、变造股票、公司、企业债券罪，擅自发行股票、公司、企业债券罪，内幕交易、泄露内幕信息罪，利用未公开信息交易罪，编造并传播证券、期货交易虚假信息罪，诱骗投资者买卖证券、期货合约罪，操纵证券、期货市场罪，背信运用受托财产罪。根据白建军教授的分析，根据行为人的不同，可以将证券犯罪的实施者分为四种类型：发行人、证券经营、管理者与投资者。[①] 对上述罪名进行整理，利用职业便利进行的犯罪包括：欺诈发行股票、债券罪（股份有限公司的发起人、公司、企业的高级管理人员或者直接负责的主管人员和其他直接责任人员），擅自发行股票、公司、企业债券罪（股份有限公司的发起人、公司的董事、监事、

---

① 白建军：《证券犯罪与新刑法》，《中国法学》1998 年第 3 期。

高级管理人员[①])，内幕交易、泄露内幕信息罪（证券、期货交易内幕信息的知情人员[②]或者非法获取证券、期货交易内幕信息的人员）利用未公开信息交易罪（证券交易所、期货交易所、证券公司、期货经纪公司、基金管理公司、商业银行、保险公司等金融机构的从业人员），编造并传播证券、期货交易虚假信息罪（证券交易所、期货交易所、证券业协会、期货业协会或者证券期货监督管理部门的工作人员），诱骗投资者买卖证券、期货合约罪（证券交易所、期货交易所、证券公司、期货经纪公司的从业人员、证券业协会、期货业协会或者证券期货监督管理部门的工作人员），操纵证券、期货市场罪（上市公司董事、监事、高级管理人员、实际控制人、其他关联人，证券公司、证券投资咨询机构、专业中介机构的从业人员），背信运用受托财产罪（证券交易所、期货交易所、证券公司、期货经纪公司直接负责的主管人员和其他直接责任人员）。因此，伪造、变造股票、公司、企业债券罪的主体是一般主体，通常而言不需要利用职业便利，也不构成对职业相应义务的违反。

由上述罪名所涉及的犯罪主体的人员范围可以对从业禁止的“职业”的范围进行一定的类型化。在这里，类型化的“样本库”包括：公司、企业的实际控制人、董事、监事、高级管理人员、直接负责的主管人员和其他直接责任人员，证券公司、期货经纪公司、证券、期货咨询公司、证券交易所、期货交易所的从业人员，证券业协会、期货业协会、证券监督管理委员会的工作人员。我们认为，可以类型化为三种类型。第一种，公司、企业中从事特定职业，具有信息接触便利或者对公司企业的控制权力，从而可以利用职业便利或者违背职业要求的义务实施犯罪的人，例如，公司、企业的董事、监事、高级管理人员，虽然一般不属于证券业、期货业的从业人员，但是利

---

① 根据 2008 年 1 月 2 日最高人民法院、最高人民检察院、公安部、中国证券监督管理委员会《关于整治非法证券活动有关问题的通知》，非上市公司和中介机构共谋擅自发行股票，构成犯罪的，以擅自发行股票罪的共犯论处。因此，证券中介机构也可以构成本罪的共同犯罪的主体。我们认为，证券中介机构的相关人员被判成立犯罪的，也应当作为从业禁止的适用对象。

② 知情人员的范围，按照 2012 年 3 月 29 日最高人民法院、最高人民检察院《关于办理内幕交易、泄露内幕信息刑事案件具体应用法律若干问题的解释》，包括《证券法》第 74 条规定的人员具体包括：发行人的董事、监事、高级管理人员；由所任公司职务可以获取公司有关内幕信息的人员；保荐人、承销的证券公司、证券交易所、证券登记结算结构、证券服务机构的有关人员等。

用其对公司的管理职业便利实施证券、期货犯罪，因此当然应属于从业禁止的适用对象。第二种是证券业协会、期货业协会、证券监督管理部门的工作人员，这类人员的职业义务要求其不得利用因对证券、期货行业的管理职业便利获取的信息实施相应的犯罪。因此，这类人员如果实施利用未公开信息交易罪等违背职业义务的证券、期货犯罪行为，也应当纳入从业禁止的范围。第三种是证券公司、期货经纪公司、证券交易所、期货交易所以及证券、期货投资咨询公司的从业人员，由于其职业活动的内容就是承销证券的发行、自营证券买卖或者自营兼代理买卖证券、代理买卖期货合约、办理期货结算和交割手续、对客户账户进行管理、进行期货交易咨询、提供证券或者期货的交易场所、提供交易规则并维护交易秩序、提供证券、期货投资咨询服务。这类人员在从业活动中，因职业便利会获取关于证券、期货等的未公开信息或者具有通过投资咨询服务、投资代理行为等影响证券、期货交易秩序的地位，实施相应的证券、期货犯罪时，属于利用职业便利实施犯罪的情形。

对于这三类不同性质的人员，其禁止从业的业务范围如何认定？从禁止的职业类型来看，证券、期货犯罪涉及的职业类型可以参考上述三类人员分类方法，也分为三类：公司、企业的董事、监事与管理人员，证券业协会、期货业协会、证券业监督管理部门的工作人员，具有证券、期货从业资格的证券、期货从业人员。按照证券、期货犯罪的市场类别，可以分为证券相关利用职业犯罪与期货相关利用职业范围。具体在从业禁止的限定上，存在的问题是：一方面，对于不同职业类型的人员，从业禁止的范围是否跨越职业类别进行一概禁止；另一方面，对于分别属于证券领域和期货领域的犯罪，是否也跨越市场类别进行一概禁止。对此，2015 年 5 月 18 日修订的《证券市场禁入规定》[①] 第 3

① 1996 年 4 月 1 日，国务院《批转国务院证券委员会、中国证券监督管理委员会〈关于进一步加强期货市场监管工作请示〉的通知》第 5 条中要求各期货交易所要结合各自的具体情况建立“市场禁止进入制度”。例如，郑州市商品交易所《违规处理办法》（2012 年 8 月 14 日修订）第 19 条规定对违反经纪业务管理规定的公司会员可“取消会员资格、宣布为市场禁入者”，对于责任人，可给予一个月以内暂停从事交易所期货业务直至取消其从事交易所期货业务资格的纪律处分。但是，这一市场禁入规定的效力存在两个问题：第一，市场禁入的法律效力有限，仅是内部行业规范；第二，该市场禁入的实际效果仅是一种纪律处分，甚至都不属于行政处罚，强制执行力有限。2016 年 3 月 1 日修订的《期货交易管理条例》第 66 条规定，期货公司实施相关违法行为的，对直接负责的主管人员和其他直接责任人员，可暂停或者撤销其期货从业人员资格；第 77 条规定，对违反该条例的单位或者个人，情节严重的，由国务院期货监督管理机构宣布该个人或者该单位的直接责任人员为期货市场禁入者。因此，当前的期货市场禁入处罚也上升为行政处罚。

条、第 4 条的规定具有一定的参考意义。[①] 对于上述第一类与第三类人员，该规定设定的从业禁止的范围既包括禁止其从事公司、企业的董事、监事和高级管理人员等职业活动，也包括禁止其从事证券业职业活动。因此，这一规定实际上是有限跨职业类别的从业禁止，但没有跨越市场类别进行从业禁止。

刑法中的从业禁止，其目的在于实现对特定利用职业便利犯罪或者违背职业义务犯罪的预防，对于不同的职业类别，应当考虑到在同一市场秩序内部的相近职业类别，其再次利用相近职业实施犯罪的可能性也较高，因此参照证券市场禁入规定的方式，跨越职业类别进行从业禁止的一概限制是较为合理的，也是符合刑法从业禁止的制度目的的。

对于是否跨越市场进行一概地从业禁止，目前来看，尽管证券市场与期货市场的监督管理部门都是证监会，但是在市场禁入制度安排上，证监会对证券市场单独建立了统一的市场禁入规定，而将期货市场禁入的规范交由各期货交易所制定各自的规范。我们建议，对刑法上的从业禁止的禁止职业范围应当将证券市场与期货市场统一纳入，对利用职业便利实施证券犯罪的，也禁止其从事期货相关的职业活动。从两个市场的关联性来看，证券市场与期货市场的公平交易秩序都建立在信息公开与充分披露的

---

① 《证券市场禁入规定》第 3 条："下列人员违反法律、行政法规或者中国证监会有关规定，情节严重的，中国证监会可以根据情节严重的程度，采取证券市场禁入措施：（一）发行人、上市公司、非上市公众公司的董事、监事、高级管理人员，其他信息披露义务人或者其他信息披露义务人的董事、监事、高级管理人员；（二）发行人、上市公司、非上市公众公司的控股股东、实际控制人，或者发行人、上市公司、非上市公众公司控股股东、实际控制人的董事、监事、高级管理人员；（三）证券公司的董事、监事、高级管理人员及其内设业务部门负责人、分支机构负责人或者其他证券从业人员；（四）证券公司的控股股东、实际控制人或者证券公司控股股东、实际控制人的董事、监事、高级管理人员；（五）证券服务机构的董事、监事、高级管理人员等从事证券服务业务的人员和证券服务机构的实际控制人或者证券服务机构实际控制人的董事、监事、高级管理人员；（六）证券投资基金管理人、证券投资基金托管人的董事、监事、高级管理人员及其内设业务部门、分支机构负责人或者其他证券投资基金从业人员；（七）中国证监会认定的其他违反法律、行政法规或者中国证监会有关规定的有关责任人员。"第 4 条："被中国证监会采取证券市场禁入措施的人员，在禁入期间内，除不得继续在原机构从事证券业务或者担任原上市公司、非上市公众公司董事、监事、高级管理人员职务外，也不得在其他任何机构中从事证券业务或者担任其他上市公司、非上市公众公司董事、监事、高级管理人员职务。被采取证券市场禁入措施的人员，应当在收到中国证监会作出的证券市场禁入决定后立即停止从事证券业务或者停止履行上市公司、非上市公众公司董事、监事、高级管理人员职务，并由其所在机构按规定的程序解除其被禁止担任的职务。"

基础上，且容易受到来自信息优势和资金优势的主体的侵犯。大致可以认为，利用证券内幕信息或者未公开信息实施犯罪的，往往其利用期货内幕信息或者未公开信息实施犯罪的可能性也较高。这种考量显然更有利于发挥从业禁止制度的效果。不过，这一建议的合理性和可行性，有待学界和实务部门进一步论证。

三　行政处罚中市场禁入与刑法中从业禁止的衔接

应当指出，刑法中的从业禁止制度虽然是一个新鲜事物，不过，我们仍然可以从行政处罚中的市场禁入制度中获取一些有益的经验，从比较二者的目的、适用条件，以及考察二者的适用衔接等方面，能够对准确适用刑法从业禁止产生一定的指导意义。我们认为，下面几个方面的问题值得关注。

第一，目前，行政处罚中的从业禁止施行状况是怎么样的？在证监会的官方网站上公布了证监会处罚的全部共 189 个从业禁止的案件，本节选取近三年来处罚的 47 个案件共 86 人次进行统计，以形成对行政处罚中的市场禁入适用状况的一个大致理解。根据统计分析：从违法行为的市场类型看，被采取市场禁入措施的案件中，期货违法案件 2 例 3 人，证券违法案件 45 例（83 人）；从证券违法案件中违法当事人的职业类型来看，发行人董事、高管及实际控制人为 20 例（48 人），证券从业人员 22 例（28 人），证券服务机构从业人员（注册会计师）3 例（7 人）；从违法类型来看，内幕交易违法行为 3 例（4 人），利用未公开信息交易违法行为 5 例（5 人），操纵证券市场违法行为 3 例（3 人）；从市场禁入措施的采取内容来看，较多案件被采取终身市场禁入、十年期限市场禁入、五年期限市场禁入，较少案件被采取八年期限市场禁入、七年期限市场禁入、三年期限市场禁入；从是否构成犯罪来看，证券犯罪 5 例（5 人）涉嫌构成相应犯罪，涉嫌罪名为利用未公开信息交易罪和操纵证券市场罪，被定罪的案件市场禁入措施均为终身市场禁入，有 2 个案件虽然构成犯罪，但检察机关予以不起诉处理。由此可见，证券期货违法行为的行政处罚所采取的市场禁入具有如下特点。首先，较为严重的证券期货违法行为，均被给予终身市场禁入的行政处罚。这意味着，刑法规定的从业禁止期限，在证券期货犯罪领域，应当与行政处罚的市场禁入的期限统一标准。其次，对于大量的尚未构成犯罪的证券期货违法行为，证监会出于维护市场秩序的目的，均处以较长期限的市场禁入处罚，对于社会危害性更重的证券期货犯罪行为，从再犯罪预防的角度，采取从业禁止十分具有必要性。

第二，刑法中规定从业禁止的时间为3～5年，并且，其他法律、行政法规对其从事相关职业另有禁止或者限制性规定的，从其规定。对此，有学者指出："从其规定"仍然需要人民法院依法在判决书中决定对其采取从业禁止，保安处分的功能、法律效力的保障等都不同于行政处罚，因此应当将"从其规定"理解为针对"从业禁止的适用条件与适用期限"，当其他法律、行政法规有不同于刑法的规定时，从其规定。[①] 有学者认为其他法律已经具有防止行为人短期内再次利用职业便利或者违背职业义务实施危害社会行为的效果，此时应当适用其他法律的规定。[②] 但是，这种说法语焉不详。我们同意前一种观点，即便其他法律本身已经有理论上预防其再犯罪的效果，也并不意味着被告人事实上绝对不可能再实施犯罪，因此仍有必要由人民法院在判决中决定对其采取从业禁止。被告人在事后事实上实施了违背从业禁止的行为的，仅仅按照所谓的其他法律中的法律后果，显然不如通过判决书决定从业禁止，并对违反者依法判处拒不履行判决、裁定罪的法律后果严重。

第三，当证监会已经对证券、期货违法行为给予了相应的行政处罚，其中包括对其在一定期限内或者终身采取证券市场禁入或者期货市场禁入措施，人民法院在审判中是否还需要对其单独作出从业禁止？如果需要，那么从业禁止的期限如何确定？本节认为，尽管已经遭受了行政处罚，法院在审判中仍然需要对其决定采取从业禁止，原因在于：首先，行政处罚中的市场禁入措施不属于《刑法》第313条规定的"判决、裁定"，因而违反者不会构成犯罪。而刑法的从业禁止却是受拒不履行判决、裁定罪保护的，因而具有更强的震慑力。其次，行政处罚中的市场禁入与刑法中的从业禁止的目的不同。市场禁入措施只是一种行政处罚，其原因是行政相对人实施了扰乱市场秩序违法行为，而从业禁止则是一种保安处分，其原因是行为人利用了职业便利实施犯罪行为，其目的在于预防被告人再次利

① 武晓雯：《论〈刑法修正案（九）〉关于职业禁止的规定》，《政治与法律》2016年第2期。

② 卢建平、孙本雄：《刑法职业禁止令的性质及司法适用探析》，《法学杂志》2016年第2期。闪辉：《刑事职业禁止的定性与适用》，《东方法学》2016年第2期。

用职业实施犯罪。显然，二者的侧重点不同，其法律根据也不同，因此在行政处罚之外，当然有必要根据刑法决定对其采取从业禁止。至于从业禁止的期限与执行，当其他法律、行政法规没有特别规定时，可依照《刑法》第 37 条第 2 款决定，当有特别规定时，从其规定即可，也就是说可以采取八年期限的从业禁止、十年期限的从业禁止乃至终身从业禁止，当然，其侧重点在于预防再犯罪的需要，因此也可能比行政处罚的市场禁入措施的时间短。在执行时，二者同时执行，并行不悖。当行政处罚的市场禁入措施比刑法的从业禁止的时间更长时，在二者同时执行的期间里，行为人违反从业禁止，可按照其他法律、行政法规的规定给予相应的行政处罚，情节严重时，依法判决其成立拒不执行判决、裁定罪。在刑法从业禁止期满而行政处罚市场禁入措施执行期间，行为人违反市场禁入措施的，如果该违反行为不构成其他犯罪，仅对其给予相应的行政处罚即可。

结 语

刑法对从业禁止的规定，确立了从业禁止的基本性质、适用的基本条件，并对从业禁止与其他法律、行政法规中的市场禁入等的竞合关系设定了概括的适用规则。然而，具体在个罪中如何判断从业禁止的适用条件、适用方法，还需要司法实务总结经验，并从学理上观察和研究行政法、司法解释与行政处罚中实际存在的各类从业禁止的制度状况和实践经验，进一步将从业禁止的规定成熟化。在证券、期货犯罪的规制中，从业禁止制度势必将发挥一定的预防利用职业再犯罪的法律效果。但是，我们应当看到，在证券、期货犯罪司法实务中适用从业禁止仍然存在一些待决的疑问，需要司法实务的摸索和总结经验，并从学理上进行充分的研究和论证。本节对从业禁止的若干基本方面进行了初步探索，对一些问题的讨论限于时间和精力，仅对解决方案作了初步设想和建议，期待引起学界的共同关注和讨论。

附表 5－3－1　2014～2016 年证监会市场禁入处罚决定情况

文号	当事人	职业类别	违法事由	处理结果
〔2016〕1 号	陶暘	期货公司会员高管	操纵期货交易价格	期货市场禁入三年

续表

文号	当事人	职业类别	违法事由	处理结果
〔2016〕1号	傅湘南	期货公司会员高管	操纵期货交易价格	期货市场禁入五年
〔2016〕2号	张鹏	基金管理公司从业人员	利用未公开信息交易	证券市场禁入五年
〔2016〕3号	李艳	发行人董事、高管	重大资产重组的财务造假	证券市场禁入终身
〔2016〕3号	章楠	发行人高管	重大资产重组的财务造假	证券市场禁入十年
〔2016〕3号	蒋燕	发行人高管	重大资产重组的财务造假	证券市场禁入十年
〔2016〕4号	罗先进	证券公司从业人员	违规持有、买卖股票	证券市场禁入终身
〔2016〕5号	温德乙	发行人董事、实际控制人	IPO阶段的财务造假	证券市场禁入终身
〔2016〕5号	刘明胜	发行人高管	IPO阶段的财务造假	证券市场禁入终身
〔2016〕6号	罗向阳	证券公司从业人员	内幕交易	证券市场禁入终身
〔2016〕6号	罗杨颖	证券公司从业人员	内幕交易	证券市场禁入终身
〔2016〕7号	朱炜明	证券公司从业人员	从业人员违法买卖股票、操纵证券市场	证券市场禁入终身
〔2016〕8号	张长虹	发行人董事、高管	虚假披露信息	证券市场禁入五年
〔2016〕8号	王玫	发行人董事、高管	虚假披露信息	证券市场禁入五年
〔2016〕8号	王日红	发行人董事、高管	虚假披露信息	证券市场禁入五年
〔2016〕8号	洪榕	发行人高管	虚假披露信息	证券市场禁入五年
〔2016〕8号	郭仁莉	发行人高管	虚假披露信息	证券市场禁入五年
〔2016〕9号	兰翔	证券公司从业人员（保荐人）	保荐书等文件虚假记载	证券市场禁入十年

续表

文号	当事人	职业类别	违法事由	处理结果
〔2016〕9 号	伍文祥	证券公司从业人员（保荐人）	保荐书等文件虚假记载	证券市场禁入十年
〔2016〕10 号	王全洲	注册会计师	审计报告虚假记载	证券市场禁入五年
〔2016〕10 号	杨轶辉	注册会计师	审计报告虚假记载	证券市场禁入五年
〔2016〕10 号	王权生	注册会计师	审计报告虚假记载	证券市场禁入三年
〔2016〕11 号	马祥峰	发行人监事	内幕交易	证券市场禁入终身
〔2016〕12 号	李文捷	证券公司从业人员	内幕交易、违规持有、买卖股票	证券市场禁入七年
〔2016〕13 号	杨忠诚	发行人董事、高管	虚假披露信息	证券市场禁入十年
〔2016〕13 号	白石	发行人高管	虚假披露信息	证券市场禁入五年
〔2016〕14 号	厉建超	基金管理公司从业人员	利用未公开信息交易	证券市场禁入终身
〔2016〕16 号	管祖庆	证券公司从业人员	违规持有、买卖股票	证券市场禁入五年
〔2016〕17 号	黄跃	发行人董事、实际控制人	信息披露违法	证券市场禁入十年
〔2016〕17 号	王彩霞	发行人董事	信息披露违法	证券市场禁入八年
〔2016〕18 号	寻源	证券公司从业人员	IPO 阶段的财务造假	证券市场禁入五年
〔2016〕18 号	李文涛	证券公司从业人员	IPO 阶段的财务造假	证券市场禁入五年
〔2016〕19 号	王军民	发行人董事、高管	关联交易、财务数据不实	证券市场禁入终身
〔2016〕19 号	曹春华	发行人高管	关联交易、财务数据不实	证券市场禁入五年
〔2015〕1 号	马乐	基金管理公司从业人员	利用未公开信息交易	证券市场禁入终身

续表

文号	当事人	职业类别	违法事由	处理结果
〔2015〕2 号	周燕军	发行人董事	信息披露违法	证券市场禁入十年
〔2015〕2 号	许振东	发行人董事	信息披露违法	证券市场禁入十年
〔2015〕2 号	徐祗祥	发行人董事	信息披露违法	证券市场禁入十年
〔2015〕3 号	李黎明	证券公司从业人员	违规投资入股拟上市公司、违规交易股票	证券市场禁入终身
〔2015〕4 号	倪开禄	发行人董事、高管	信息披露违法	证券市场禁入终身
〔2015〕4 号	陶然	发行人董事、高管	信息披露违法	证券市场禁入五年
〔2015〕4 号	朱栋	发行人董事、高管	信息披露违法	证券市场禁入五年
〔2015〕5 号	戴丽君	证券公司从业人员	违规持有、买卖股票	证券市场禁入十年
〔2015〕5 号	刘兴华	证券公司从业人员	违规持有、买卖股票	证券市场禁入十年
〔2015〕6 号	邓永新	发行人实际控制人	信息披露违法	证券市场禁入五年
〔2015〕7 号	汪晓秀	发行人董事、高管	信息披露违法	证券市场禁入终身
〔2015〕8 号	姜为	期货公司会员高管	操纵期货交易价格	期货市场禁入终身
〔2015〕9 号	韩俊良	发行人董事、高管	信息披露违法	证券市场禁入终身
〔2015〕9 号	陶刚	发行人高管	信息披露违法	证券市场禁入十年
〔2015〕9 号	于建军	发行人高管	信息披露违法	证券市场禁入五年
〔2015〕9 号	刘征奇	发行人高管	信息披露违法	证券市场禁入五年
〔2015〕9 号	汪晓	练卫飞	信息披露违法	证券市场禁入五年

续表

文号	当事人	职业类别	违法事由	处理结果
〔2015〕10 号	温京辉	注册会计师	证券服务机构未勤勉尽责	证券市场禁入五年
〔2015〕10 号	王伟	注册会计师	证券服务机构未勤勉尽责	证券市场禁入五年
〔2015〕11 号	练卫飞	发行人董事、高管、实际控制人	信息披露违法、屡教不改	证券市场禁入十年
〔2014〕1 号	白杰旻	证券投资咨询公司从业人员	操纵证券市场	证券市场禁入终身
〔2014〕2 号	余凯	证券投资咨询公司从业人员	操纵证券市场	证券市场禁入终身
〔2014〕3 号	蔡国澍	证券公司从业人员	操纵证券市场	证券市场禁入终身
〔2014〕4 号	李续禄	发行人董事、高管	IPO 阶段的文件造假	证券市场禁入十年
〔2014〕4 号	孙玉玲	发行人高管	IPO 阶段的文件造假	证券市场禁入终身
〔2014〕5 号	李瑞瑜	证券公司从业人员（保荐人）	证券服务机构未勤勉尽责	证券市场禁入十年
〔2014〕5 号	水润东	证券公司从业人员（保荐人）	证券服务机构未勤勉尽责	证券市场禁入十年
〔2014〕6 号	黄程	注册会计师	证券服务机构未勤勉尽责	证券市场禁入十年
〔2014〕6 号	温京辉	注册会计师	证券服务机构未勤勉尽责	证券市场禁入十年
〔2014〕7 号	臧静涛	发行人董事	关联交易、信息披露违法	证券市场禁入终身
〔2014〕8 号	单晓钟	发行人董事、高管	信息披露违法	证券市场禁入终身
〔2014〕8 号	丁杰	发行人董事、高管	信息披露违法	证券市场禁入十年
〔2014〕8 号	刘盛宁	发行人高管	信息披露违法	证券市场禁入十年
〔2014〕9 号	黄天定	证券公司从业人员	违规持有、买卖股票	证券市场禁入五年

续表

文号	当事人	职业类别	违法事由	处理结果
〔2014〕10 号	王华	证券公司从业人员	违法买卖股票	证券市场禁入五年
〔2014〕11 号	刘小勇	证券公司从业人员	违规持有、买卖股票	证券市场禁入五年
〔2014〕12 号	刘一	发行人董事	信息披露违法	证券市场禁入终身
〔2014〕12 号	吴光成	发行人高管	信息披露违法	证券市场禁入十年
〔2014〕12 号	侯守军	发行人高管	信息披露违法	证券市场禁入三年
〔2014〕13 号	周山	发行人董事	信息披露违法	证券市场禁入终身
〔2014〕13 号	李纪	发行人高管	信息披露违法	证券市场禁入十年
〔2014〕13 号	王海棠	发行人高管	信息披露违法	证券市场禁入十年
〔2014〕14 号	李旭利	基金管理公司从业人员	利用未公开信息交易	证券市场禁入终身
〔2014〕15 号	郑拓	基金管理公司从业人员	利用未公开信息交易	证券市场禁入终身
〔2014〕16 号	章锋	发行人董事、实际控制人	信息披露违法	证券市场禁入八年
〔2014〕16 号	邢文飚	发行人董事、高管	信息披露违法	证券市场禁入八年
〔2014〕16 号	杨德广	发行人高管	信息披露违法	证券市场禁入八年
〔2014〕17 号	刘俊奕	发行人高管	信息披露违法	证券市场禁入十年
〔2014〕17 号	姚全	发行人高管	信息披露违法	证券市场禁入五年
〔2014〕18 号	韩长风	证券公司从业人员（保荐人）	证券服务机构未勤勉尽责	证券市场禁入五年

续表

文号	当事人	职业类别	违法事由	处理结果
〔2014〕18号	霍永涛	证券公司从业人员（保荐人）	证券服务机构未勤勉尽责	证券市场禁入五年

（中南财经政法大学刑事司法学院讲师，法学博士　王复春；
中南财经政法大学刑事司法学院教授，博士生导师　夏勇）

第六章

证券期货犯罪刑事制裁的域外视野

第一节

日本内幕交易的刑法规制

战后，日本以《美国证券法》（1933）与《美国证券取引所法》为蓝本制定了旧证券交易法。其中，关于内幕交易的规制条款为依据《美国证券取引所法》10（b）［操作或者欺罔的手段，下文称为取引所法 10（b）］①、10b－5 规则（使用操作或者欺罔的手段）② 创制的旧 58 条（禁止之不正当交易行为），其后发展为金融商品取引法（旧证券取引法在 2006 年被更名为金融商品取引法）第 157 条（不正当行为之禁止）。

立法上，自战后的 1948 年（昭和 23 年）旧证券交易法出台，直至 1989 年（平成元年）的法修正，关于内幕交易使用的表述为“不正交易（日文原文为‘取引’，为便于读者理解，后文一律适使用‘交易’代替‘取引’）”［例如 1949 年即昭和 24 年的旧证券取引法第 58 条之“被禁止的不正交易行为”、1988 年（昭和 63 年）的旧证券交易法第 58 条之“被

① Section: 10 Manipulative and Deceptive Devices It shall be unlawful for any person, directly or indirectly, by the use of any means or instrumentality of interstate commerce or of the mails, or of any facility of any national securities exchange—b. To use or employ, in connection with the purchase or sale of any security registered on a national securities exchange or any security not so registered, or... any manipulative or deceptive device or contrivance in contravention of such rules and regulations as the Commission may prescribe as necessary or appropriate in the public interest or for the protection of investors.

② Rule 10b－5: Employment of Manipulative and Deceptive PracticesIt shall be unlawful for any person, directly or indirectly, by the use of any means or instrumentality of interstate commerce, or of the mails or of any facility of any national securities exchange, (a) To employ any device, scheme, or artifice to defraud, (b) To make any untrue statement of a material fact or to omit to state a material fact necessary in order to make the statements made, in the light of the circumstances under which they were made, not misleading, or (c) To engage in any act, practice, or course of business which operates or would operate as a fraud or deceit upon any person, in connection with the purchase or sale of any security.

禁止的不正取引行为”等］这一概括性框架予以规制。设置概括性条款的理由是“需考虑证券交易状况复杂而多变，易出现立法当初无法预知的新型不正当作案手段。为了实现本法之目的，需要通过可概括性地禁止不正当行为的一般性条款”。① 社会上，当时的社会公众认为内幕交易所得可以被看作一种正当的投资回报。② 在这种立法状况和社会对内幕交易行为的容忍背景下，日本在被批判为“内幕交易之天国”之前，对内幕交易的危害没有足够的认识。同时，直至内幕交易引发的“立保轰动”爆发，日本社会也未对内幕交易现象给予充分的重视。

一　日本旧证券交易法的制定

为了战后的复兴，日本力图重建国内的经济。“然而，股票因财团解体无人接手而导致过剩，由此价格大跌，国民大众大量抛出股票，引发了证券民主化运动。大厦或公园内，大量的证券经营者聚集，并逐步形成了团体交易需依据一定的规则进行这一共识，亦催生了法律的制定与证券交易所的重开。”③ 在日本，证券交易法的整备工作是在 GHQ（联合国军最高司令官总司令部）的管控下进行的。1946 年 5 月，日本向 GHO 提出了单独制定的证券交易所法的修正案，后来却遭到驳回。1948 年，大规模吸收了美国法的法案终获认可，因这一法案得到 GHQ 的承认，故于同年 6 月付诸实施。

二　日本内幕交易规制的导入及强化

（一）刑事规制

虽然在遭受国际批判之前，日本国内已经存在修改概括性条款、力图使对内幕交易的规制得以明确化、具体化的呼声，但在国际批判与国内一些事件发生之前，这一呼声并未转化为实际行动。1984 年，Lawrence Repeta 发表了批判日本的证券交易市场堪称内幕交易的天国的论文，并在论文中指出，若日本没有禁止内幕交易的明确规定，则无异于国家完全未致力

① 龍田節，証券取引法五十八条一号にいう「不正の手段」の意義，『別冊ジュリスト』100 号（1988）第 144 頁。

② 河本一郎．大武泰南『証券取引法読本』有斐閣、2005、348 頁。

③ 河本一郎．大武泰南『証券取引法読本』有斐閣、2005、7 頁。

于杜绝此类交易习惯。这一批判如一柬剑锋，直指当时日本证券市场的病因所在。

1987 年，日本爆发了“立保化学工业事件”，并成为设置规制内幕交易单独条款的导火线。这一事件的始末为：立保化学工业株式会社的干部因向债券期货交易投入巨资而给企业造成高达 280 亿日元的巨大损失，公司由此陷入危机存亡的经营危机。得知这一事实的立保化学工业株式会社的 3 名董事、2 名大股东与获悉这一信息的与本企业具有业务来往的银行，在损失信息公之于众前，于大阪证券交易所抛售了所持股票。大阪证券交易所怀疑其中存在内幕交易而展开调查，因未获得确凿证据而不了了之。[①]围绕这一事件，旧大藏省（现财务省）开始重视利用企业内部信息所进行的不正交易现象，并于 1987 年 9 月开始探讨制定由“谁”在利用了“何种信息”的情况下可以构成内幕交易的规定。

1988 年，以“力保化学工业事件”为契机，修订证券交易法部分条文的提案得到认可，次年 4 月 1 日，日本出台了单独规制内幕交易的条文，并对违反行为科以刑事处罚。在这一修订前，对违反 1988 年旧证券交易法第 58 条（禁止不正当交易行为）之行为的罚则为，对自然人判处“3 年以下惩役或 300 万日元以下的罚金”（本法第 197 条 2 号），对法人判处“（300 万日元以下的）罚金刑”（本法第 207 条 1 项）。修订后，针对违反 1989 年旧证券交易法第 190 条之二［禁止内幕交易（一）业务等信息］与 190 条之三［禁止内幕交易（二）公开收买等信息］之行为的罚则为，对自然人判处“6 个月以下的惩役或 50 万日元以下的罚金”（本法第 200 条），对法人判处“（50 万日元以下的）罚金”（本法第 207 条 1 项）。

设定罚则之初，无论是对自然人犯罪还是法人犯罪（日本没有“单位犯罪”的表述）的处罚，还停留在较轻的层面。1997 年，日本对金融关联法的罚则进行整备，针对内幕交易的法定刑也随之得到提升：将对自然人犯罪的刑期从“六个月以下”提升到“三年以下”，罚金从“50 万日元以下”提升到“300 万日元以下”；将对法人的罚金从“50 万日元以下”提升到“3 亿日元以下”。罚金额分别提升了 6 倍与 300 倍。同时，这次修订增设了针对内幕交易所得财产的没收与追缴规定。

---

① 朝日新聞、1987 年 9 月 4 日、12 日朝刊。

2006 年 6 月 7 日，出于“全面保护投资者与确保国民对证券市场的信赖”[①] 的考虑，日本又出台了“部分修订证券交易法的法案”。关于内幕交易行为，法案提出，将针对自然人的刑期，从从前的“三年以下”提升到“五年以下”，罚金从“300 万日元以下”提升到“500 万日元以下”，将对法人的罚金从“3 亿日元以下”提升到“5 万日元以下”，提升度上升到从前的 1.7 倍。

（二）行政措置——课征金制度的导入

所谓“课征金”，即内阁总理大臣命令违反者向国库缴纳一定数额金钱的行政上的措置。2004 年 6 月，“部分修订证券交易法的法案”获得通过，次年 4 月 1 日开始实施课征金制度。经过此次修订，内幕交易被纳入课征金对象范围。在日本，针对同一个犯罪者，既可以科以刑事上的罚金，也可以同时科以课征金。

课征金并不同于罚金，不是刑事处罚。关于刑事处罚，因其补充性原则的限制，启动应当注意谦抑性要求。然而，若对未达到刑事处罚的内幕交易行为置之不理，将难以保证投资者对证券市场的充分信赖。为此，才将异于刑事处罚的这项课征金制度引入对内幕交易的规制。在这一制度设置之初，课征金的金额仅为与违法所得相当，为此有学者质疑，这种额度能否达到确保规制的实效性。为此，日本在 2008 年修改了课征金数额的计算方式，提升了所征额度。关于这一修改，又有观点认为，这是强化抑制效果的值得肯定的举动；但也存在反对呼声，即并非出于制止反社会、反道德行为的课征金若与违法所得无关，是否带有了制裁的色彩，如此是否有违反宪法第 39 条之禁止二重处罚的嫌疑。

以上为日本关于内幕交易的规制简况，下文将着重从日本法所规定的犯罪主体入手，考察日本法对这一犯罪主体的认定。

三　日本法对内幕交易主体的认定

通过上文的发展历程不难看出，日本对内幕交易的刑事规制是以附属刑法的形式予以调整的，关于内幕交易的主体，根据《金融商品取引法》第 166 条之规定，可以归纳为内部者、准内部者、第一次信息受领者三类。

---

① 『証券取引法等の一部を改正する法律』等（投資者保護のための横断的法制の整備について）13 頁。

首先，所谓“内部者”，根据金融商品取引法第 166 条第 1 项 1 号、2 号，一般指会社关系者。具体为：（1）上市公司的董事、代理人、使用人及其他从业人员；（2）3% 以上表决权的股东或持有 3% 以上已发行股票的股东（账簿阅览权人）；（3）优先出资法规定的普通出资者中的阅览权人或具有阅览权的母公司工作人员。

其次，所谓“准内部者”，根据《金融商品取引法》第 166 条第 1 项 3 号、4 号、5 号，具体是指：（1）基于法令对上市公司享有一定权限的人（例如，具有侦查权的检察官、警察、与审判相关的法官、可行使调查权的税务局或国税厅职员、仲裁员、可行使国政调查权的国会议员与从事国会辅助工作的国会议员秘书等）；（2）与上市公司具有契约关系或者正在缔结契约的人员（例如，法律顾问、会计师、理税师、便理士[①]、交易银行、购买证券的公司、翻译等）；（3）在“内部者”中，3% 以上表决权的股东或持有 3% 以上已发行股票的股东（账簿阅览权人）与“准内部者”中与上市公司具有契约关系或者正在缔结契约的人员为法人的情况下，其董事属于“准内部者”。

以上“内部者”与“准内部者”中，当不具上述特殊身份后，一年之内仍然可以构成内幕交易。

最后，所谓“第一次信息受领者”，根据《金融商品取引法》第 166 条第 3 项，即公司关系人（以上“内部者”“准内部者”）以外的，从上述内部者与内部者处直接获得公司信息或者受领信息的人。“此处的信息受领者若构成内幕交易的主体，需要满足认识到从公司关系人处受领信息、此内部信息为法令所规定的重要事实、此情报尚未公开这三个事实。”[②] 日本的现行法只规制“第一次信息受领者”，从“第一次信息受领者”处受领信息的“第二次信息受领者”及之后的信息受领人，由于不在上述内幕交易的主体中，故即便实施了交易行为也不会被认定为违法。

四　小评日本关于内幕交易的主体设定

日本对内幕交易主体的这一认定方式，并非其独创，而与其母法——

① 相当于代办人，在日本指代办并鉴定专利、实用创新发明、设计和商标等需要上报专利厅及经济产业大臣的有关手续的业务人员。

② 神山敏雄『日本の証券犯罪——証券取引犯罪の実態と対策』日本評論社、1999、56、57 頁。

美国1933年证券法与证券取引所法有着深刻的历史渊源，并融合了其本国的企业文化传统。

当今世界各国，规制内幕交易的立法体系可以归纳为两种模式——信义模式和市场模式。信义模式的代表是美国证券判例法，其以信义义务为基础，将内幕交易行为与反欺诈相关联，追随该模式的是奉行成文法体系的东亚地区，日本便是其中之一。这一模式着眼于企业的微观视角，以“与公司有关联”的人员违反对公司的信义义务为基础认定内幕交易，仅处罚最为典型的内幕交易行为。

信义模式的形成在美国经历了以下几个理论阶段——1961年的“信息平等理论”、否定了“信息平等理论”的1980年的“信义关系理论”、继受了“信义关系理论”的1997年的“不正流用理论”。

（1）关于“信息平等理论”，1961年SEC裁定处理了Cady Roberts & Co案，并向内幕交易规制引入了“公开或者戒绝交易规则”（Disclose or Abstain Rule），即或者公开信息，或者弃绝在信息公开前从事与该信息相关的证券交易。SEC指出，负有“公开或戒绝交易”的义务不仅限于董事、经理层和控股股东等公司内部人，凡获得内幕信息、占有其他市场主体所没有信息优势地位的人，皆可成为内幕交易的主体。

如本节文初所述，日本旧大藏省（现财务省）以1987年的保化学工业事件为契机，开始重视利用企业内部信息所实施的不正当交易现象，在之后的1989年的法修正中设置了规制内幕交易的单独条款。但是，内幕交易主体，日本的旧证券取引法及之后的金融商品取引法均用了高度技术化、详细化的“形式主义”的识别方式，[①] 且没有设置兜底条款。这一点，即不同于其设置了兜底条款的对内部情报（内幕信息）的确认标准，也不同于我国对内幕人设定了兜底条款的立法模式。关于何为内幕交易的主体，日本的做法俨然未遵循美国的“信息平等理论”，在设定主体范围时并未强调掌握了内部信息的“任何人”，同时，作为贯彻美国“信息平等理论”的“公开或者戒绝交易规则”，在日本关于内幕交易的规制体系中亦并未有所体现。

（2）由于“信息平等理论”下的内幕交易主体范围过于宽泛，1980

① 大崎貞和「インサイダー取引見直しの概要と今後の課題」『資本市場』331巻、2013、26頁。

年美国联邦法院在审理 Chiarella V. United States 案时，运用了新的理论来识别交易的主体，并在 1983 年联邦法院审理 Dirks V. SEC 案时予以重申。案件被指控人 Dirks 为一名证券分析师，其负责调查 EFA 公司财务造假、高估资产等事宜，却在与其他人交换意见时透露了 EFA 的上述信息。他人获知该信息后，大量抛售了所持的 EFA 公司股票。之后，Dirks 被指控因泄露信息而违反 10（b）和 10b－5 规则。针对这一案件，判决指出："披露信息的义务因信任关系的存在而存在，消息受领人从内部人处获知信息后，并不当然继受内部人的信义义务，除非存在共同的违反信义义务的行为，才构成对 10b－5 的违反。"故法院认为，Dirks 对 EFA 公司无信义义务，也未使用不正当手段获取内幕信息，故未违反 10（b）和 10b－5。在这一新的理论下，内幕交易主体的判断与主体身份紧密相关联，随着该理论在证券法律制度中的应用和发展，除公司的董事、监事、高级管理人员之外，可接触到内幕信息的公司其他任职者、证券市场监管者或证券服务提供者，因法定或约定职责，也被认为产生了相应的信义关系。

这一理论在日本得到了相当高程度的运用，日本的禁止内幕交易的立法最初以美国法为蓝本，确切地说，在主体确定方面引入的是"信义关系理论"。日本法虽未直接使用"信义关系"或者"信义义务"等表述，但其"内部者""准内部者"均要求行为人具备与公司存在某种关联为身份特征，无此身份即便利用了内幕信息获利，也不构成内幕交易的规定，具有鲜明的信义模式的色彩。

不仅如此，日本还在"信义关系理论"的路径上较之美国迈进了一步。即，"内部者"与"准内部者"中，当不具特殊身份（与企业的关联性）后，一年之内仍然可以构成内幕交易。这意味着，"信义关系"并未因主体身份的变更而消失，这一点在美国、欧盟指令及我国立法中均未有体现。究其原因，笔者认为，这一设定与日本独特的企业文化不无关联。日本企业高度重视企业员工的"定着性"，在雇佣制度上，奉行"雇佣终身制"，无端离职"跳槽"的现象极其少见。对于一个企业的"内部者"而言，当曾经的"内部者"不再具有"内部者"身份，很可能因为达到退休年龄而离任。对于数十年在同一个企业工作的人而言，其对企业的商业秘密、运行模式与后辈非常熟悉，这些极有可能成为其进行内幕交易的有利因素。将脱离"内部者""准内部者"身份一年之内的人依旧划归为规制对象的立法方式，有鲜明的日本企业文化的烙印。

（三）以上的“信义义务理论”很好地限定了内幕者的范围边界，但是，无法解决公司的纯外部人利用了未公开信息进行交易的行为。为此，1997 年美国联邦法院在审理 United States V. O’ Hagan 案明确采用了“不正流用理论”，确认了信息受领人因信义义务传递而适用 10（b）和 10b－5 规则，构成内幕交易。这一理论强调受托人对原始义务人（信息源）的信义责任，在信息发送传递的情形下，需考察传递是否违反信义义务。关于这一点，日本在 1997 年之前即规定了对“信息受领者”利用内部信息进行交易的禁止，可以说较之其立法蓝本具有超前性。但是，日本却对传递的环节做了严格的限制，仅限于禁止“第一次信息受领人”的交易行为。关于为何仅强调信息的“第一次”受领者成为规制的主体的理由，国会与学说产生过下列论争。

首先，在第 112 回国会参议院大藏委员会记录中，当时的和田教美委员提出以下质疑：“条文虽然是针对第一次信息受领者的规定，但是如果信息进而被第二次、第三次传递，法律对第二次、第三次受领者是否可以适用?”[①] 针对这一质疑，当时的旧大藏省证券局长藤田恒郎的答复为，“从作为公司关系人的内部者、准内部者处受领信息的人员……基本被限定于第一次的受领人，第二次信息受领者原则上不在规制范围之内。原因在于，如果扩大了信息受领者的范围，……规制对象的范围将无限扩大，这一境况反而将有损法秩序的安全性。参照世界各国例如英国，也仅仅将信息受领者限定为第一次受领者”。

其次，学说上关于限定信息受领者的范围，也存在批判与赞同两种立场。批判的见解认为，“基于公平的考虑，第二次受领者以后的内幕交易同样应当予以规制，但事实上却是行政抑或是刑事均不处罚此类行为。如果在行为人与作为信息源的公司关系人之间，即在信息获取渠道间放置一人以上‘道具’，则可以堂而皇之地逃脱法网”[②]。此外，学者还批判道，“在何处划定界限固然是一个难题，为此将界限划定在第一次的做法也未免武断”,[③] 继而指出，将范围限定于第一次信息受领者的这一规制瑕疵，

① 平山幹子「インサイダー取引規制と共犯の成立範囲」『甲南法学』47 巻 3 号、2007、104 頁。

② 中山研一等『経済刑法入門』成文堂、2001、164 頁。

③ 龍田節「インサイダー取引規制」『ジュリスト』948 号、1990、159 頁。

无异于“规制的巨大漏洞”。① 此外，有的学者从立足于规制的目的指出：“现行法中将‘信息受领者’的范围限定于第一次信息受领者，从规制目的来看其合理性存在问题。内幕交易规制的重点在于，规制当着眼于消除投资者间的信息不平等；或者，如果投资者所持信息不平等，……为保证市场的流动性不被侵害，规制对象应当扩展至持有信息的任何人。”② 针对批判的见解，赞同的见解指出，“这类人员（第二次信息受领者与其之后的信息受领者）所实施的信息公开前的交易，在违法性方面虽然（与内部者与准内部者）并无二致，但若处罚此类人员，会将处罚范围置于不明确的境地，有可能损害法的安全性，为此应当加以限定”。③

五　结语

在日本的立法之初，并非立足于内幕交易本质的信息不平等问题，禁止内幕交易之始，乃源于应对国内外的非议之声。在移植美国法的过程中，日本实务界与学界虽然存在支持“信息平等理论”的呼声，但考虑到立法之初的规制实效性和对法秩序的保障，立法者有意将内幕交易构成要件简洁化，对内幕交易的主体范围进行了严格的限定。在对“内部者”“准内部者”的识别上，日本立法呈现出明显的“信义关系理论”色彩，并打上了其独特的企业文化烙印。关于信息受领者问题，日本的做法与美国的“不正流用理论”不谋而合。但针对第一次信息受领者以后的信息受领人，日本立法者在无限追查信息传递链条和确保法秩序二者的取舍间，选择了后者而放任了对信息的二次受领人（及信息的进一步传递）行为的规制。

我国刑法、证券法关于内幕人的立法模式与日本多有相似之处，如同样采用了列举式的“形式化”方式，并强调了这类人员与企业相关联的身份要素。然而，我国对脱离内幕人身份后的人员的交易行为未予禁止，对信息的传递链条止于何处未作划分。在不具备“终身雇佣制”企业文化背景的我国，企业人员“跳槽”离职率高，人员变动频繁，特别是在信息传递如此发达的今天，是否应当对信息受领人的范围作出限定，或许尚有诸

---

① 龍田節「インサイダー取引の禁止」『法学教室』159号、1993、67頁。

② 神山敏雄『日本の経済犯罪——その実情と法的対応』、日本評論社、1996、240頁。

③ 芝原邦爾「インサイダー取引の処罰」『法学教室』166号、1994、93頁。

多值得探讨之处。

本节权作抛砖引玉之作，借此机会向各位前辈讨教。

（西北政法大学刑事法学院讲师　赵姗姗；西北政法大学刑事法学院教授　冯卫国）

第二节

美国期货犯罪立法模式及其借鉴

在期货交易不断超越国家（地区）界限而逐渐形成全球性市场的同时，这一带有高风险且充满诱惑的交易领域也在不断产生扰乱期货市场秩序而非法获利的犯罪现象。期货犯罪的案件尽管总数不多，一旦发生则会带来惨重的经济损失，其社会危害性相当严重。期货犯罪案件不仅会引发资本市场的关联反应，严重危及整个国家的金融安全，还容易损害不特定多数人的利益，严重影响正常的金融秩序和社会的稳定。许多国家将危害期货市场健康运行、违反期货规则的行为规定为“行政犯”并纳入刑法规制的范围，旨在借助刑罚这一严厉的措施回击这些严重的违规行为，并形成了不同于其他普通刑事犯罪的犯罪类型和立法模式。

由于我国刑法有关期货犯罪类型的划分与规定是在期货交易市场不太发达以及对此认识不深刻且相关研究不深入的背景下形成的，该犯罪类型依附于证券犯罪，基本上成为证券犯罪类型的附属物，没有体现出期货犯罪本身的特点，使得有些规定徒有其名而难以满足实践的需求。在一定意义上说，我国期货犯罪立法规定与立法模式选择没有遵循我国期货领域犯罪的特有规律，不仅与期货交易的全球化不能很好地衔接，而且在处理涉及严重危害期货管理秩序的行为时也常出现难以应对的窘态。2012 年 6 月 1 日最高人民法院、最高人民检察院《关于办理内幕交易、泄露内幕信息刑事案件具体应用法律若干问题的解释》施行，然而因期货与证券在内幕交易、泄露内幕信息方面存在一定差别，这种期货附属证券的解释遇到期货在此方面的犯罪问题时仍出现一些难以适用的问题。①

---

① 最高人民法院、最高人民检察院《关于办理内幕交易、泄露内幕信息刑事案件具体应用法律若干问题的解释》已于 2011 年 10 月 31 日由最高人民法院审判委员会第 1529 次会议、2012 年 2 月 27 日由最高人民检察院第十一届检察委员会第 72 次会议通过。该解释自 2012 年 6 月 1 日起施行。

基于以上存在的问题，本节以美国的商品期货相关法律法规为蓝本，对美国期货犯罪的类型设置与立法模式进行分析，力求从中发现美国积累的处理违法犯罪的有益经验，以及刑事立法与司法判例的发展规律。尽管美国的立法和司法判例在观念和体制方面与我国存在一定的差异，但其关于期货犯罪的刑事立法经验仍是值得我们分析与研究的，可为我国期货犯罪类型化与立法模式的构建提供理论基础与经验参考。

一　美国期货犯罪类型的梳理及类型化分析

美国是世界上最早建立期货交易所的国家之一。1848 年美国在芝加哥成立了历史上第一个期货交易所，即芝加哥期货交易所（CBOT）。这一期货交易所的成立意味着现代期货交易的开始，在期货法治建设上具有特别重要的意义。经过 160 多年的发展，美国立法机关和监管机构在期货交易领域也积累了一些经验，形成了比较成熟的期货法律规范体系。无论是在期货交易规则方面还是在期货犯罪的刑事制裁方面均具有一定的代表性。美国自 1916 年颁布第一部期货法律到 2000 年通过《商品期货交易现代化法》（Commodity Futures Modernization Act of 2000，CFMA），对期货领域的违法犯罪行为较为全面地予以规范，其规范类型主要有：禁止操纵市场、禁止内幕交易、禁止违规从事期货交易、禁止欺诈性交易以及禁止侵占财产等。

美国在期货犯罪类型上是根据行为人行为方式的不同进行分类的，将期货领域的犯罪划分为五大类，即“操作”、“欺诈”、“内幕交易”、“非法从业”以及其他一般“侵犯财产”的行为。这五种行为具有明显区别于其他犯罪行为的特点，并将其犯罪行为与违规行为集中规定在具有规范和监管性质的《商品交易法》（Commodity Exchecnge Act，简称 CEA）中。其具体规定如下。

（一）操纵市场的犯罪

操纵期货市场的犯罪是期货犯罪行为中危害最大的一种犯罪类型，它不仅在市场上造成了虚假的供求关系，扭曲了期货的正常价格，使期货交易无法发挥其应有的避险功能，破坏了期货市场正常的交易和管理秩序，而且还会使众多投资者作出错误的期货投资判断，损害了投资者的合法权益，扰乱了期货市场的正常秩序。1866 年本杰明 · P. 哈钦森对芝加哥小麦期货市场操纵案[①]和 1888 年本杰明·P. 哈钦森对芝加哥小麦期货逼仓案[②]就是例证。本杰明·P. 哈钦森的两次操纵行为均造成了小麦价格的扭曲，同时使空头遭受惨重的经济损失。

在立法层面，美国 1922 年修改的《谷物期货法》（Grain Futures Act of 1922）为最先对操纵期货市场的行为进行约束与规定的法律规范。现行《商品交易法》第 6 章详细规定了操纵的各种行为方式，主要包括：洗售（wash sale）、逼仓（squeeze）、买空卖空（straddler）、囤积居奇（corner）、超量交易（churning）、联手操纵等。美国《商品交易法》第 6 章 c（1）还专门增设了虚假信息型操纵行为的认定规则，即恶意散布、制造虚假信息或不实资料的行为：明知相关信息系虚假、误导性、不准确性的报告，或者不计后果地漠视相关信息属于虚假、误导性、不准确性的报告，经营主体仍然通过传递或者促成传递此类虚假信息的手段实质性地影响州际期货交易的价格以及市场反应并进而从事相关期货交易的，属于非法操纵期货市场的行为。在《反操纵建议规则》中又进一步规定了行为人虚假陈述或隐瞒的信息只有在达到重要性标准时才构成期货操纵，而且还将不作为列为虚假信息型操纵的一种行为模式，从而保持了操纵市场在犯罪认定上的可操作性和实用性。审查信息是否满足重要性的要求，需要根据客观标准精确地估算一个理性投资者在当时情况下基于相关信息所能作出的合理推论，进而根据个案特征评价该推论对理性投资者的影响及其与其他期货信息组合的互动性作用。如果根据理性投资者标准判断，相关未经披露且应当披露的信息对于相关期货市场的信息体系及其对应的价格变动具有重要影响的，也可以认定违规不披露相关重要信息的行为构成期货操纵。

这些行为的共同特点是：①在相关的期货契约中占有压倒性的地位；②持有大量的相关商品或市场上该商品可供交割者稀少；③行为人致使市场价格发生非自然变动；④行为人故意造成该市场价格的效果。[③] 美国在

---

① 该案件的基本情况：1866 年 5 月和 6 月，本杰明·P. 哈钦森在谷物类现货市场和期货市场积累了大量的多头仓位。此时的小麦的购入成本是 0.88 美元/蒲式耳。8 月份，由于受伊利诺伊州、爱荷华州及毗邻芝加哥的其他州的每周作物报告的影响，小麦价格迅速上涨。8 月 4 日，小麦合约报价 0.90～0.92 美元/蒲式耳。8 月 18 日，哈钦森的交割要求使小麦的价格上涨到 1.85～1.87 美元/蒲式耳，空头损失惨重。

② 该案件的基本情况：1888 年，本杰明·P. 哈钦森对芝加哥小麦期货进行逼仓，导致芝加哥小麦的价格严重扭曲，其净赚 150 万美元，而空方因此遭受严重损失。

③ 杨光华：《美国期货管理法规概论》，中国商业出版社，1993，第 82 页。

对“操纵”的划分归类上采取了开放的思维方式，其联邦法院对期货操纵借助于判例实践总结出了一套构成价格操纵的分析性与确定性要素。[①] 这些要素主要包括：①涉案的行为主体有影响期货价格的能力，即创造人为价格的能力；②该行为主体具有影响期货价格的特定意图，即创造人为价格的故意；③相关期货交易品种形成人为价格，即存在人为价格；④人为价格由该行为主体引发，即创造了人为价格的行为。美国商品期货交易委员会（CFTC）指出，人为价格是构成期货价格操纵行为的核心要素，而复杂的经济学分析并非证明人为价格的必要途径，可以通过一系列的涉案行为对人为价格进行推定。判断人为价格的关键在于审查影响期货市场供求关系的正常压力体系中的异化价格因素或者非理性定价因素。价格操纵的分析焦点并不在于最终的价格，而应当是期货价格变动因素的性质。

操纵期货市场的行为随着期货市场的不断发展而发生变化。在早期的期货市场上，需要用实物进行交割的期货合约最易受到操纵。价格操纵者多是控制了可用于交割的现货供给，在期货合约交割月人为地拉高结算价格，这样多头头寸持有者即可从中牟取暴利。随着现货市场的发展越来越规范、现货品种的质量标准设计科学以及运输及交割条件便利，发达国家的现货市场和期货市场越来越成为一个有机联系的整体。市场操纵者操纵这样规范的现货市场的难度也就越来越大。尽管投机者也会操纵金融期货市场中可控的部分标的物，但用金融工具进行交割的期货合约不容易发生因被逼仓而产生市场价格的操纵。故操纵者开始转向对信息的控制，他们认为垄断的信息同样可以带来垄断的利润。在 Cargill 公司操纵玉米期货案中，Cargill 公司正是利用关于可供交割实物量的内部信息对空方进行逼仓的，美国上诉巡回法院最终认定了这一操纵行为。

综上所述，对于操纵者的判断不仅要从传统的行为方式上进行认识，而且要在一些特殊方式上附加对行为者目的的认识，这样更有利于对期货犯罪进行类型化认定和分析，从而解决了司法实践认定的困难。

（二）期货欺诈的犯罪

期货欺诈是指行为人在期货交易活动中，为牟取非法利益而违背公平

---

① 1998 年 8 月的涉及操纵大豆期货价格（Soybean Futures Litigation）刑事处罚报告认为，操纵价格的四要件为：①影响价格的能力；②人为价格的存在；③对被告所为的人为价格的指控；④导致人为价格的特殊意图。

诚信原则，故意隐瞒实情或制造虚假事实，使其他交易参与者产生错误认识的商业欺诈行为。期货欺诈行为严重扭曲了期货市场的功能，损害了其他交易者的利益，扰乱了金融市场秩序，阻碍市场经济健康发展。牟取暴利或转嫁风险的心理有可能引发过度投机行为，当交易者或经纪商不具备操控多数合约交易的能力时，他们就会以欺诈的手段来达成自己的目的。

期货欺诈的犯罪在美国早期的《谷物期货法》中没有作为独立的犯罪类型，但在之后的《期货交易所法》《商品交易法》《商品期货交易委员会法》中均有规定，在判例中也逐渐被认识。《商品交易法》第 4 章 b、c 规定了欺诈发生的阶段、主体以及行为方式。这类犯罪的基本行为方式包括：故意制造虚假信息、制作虚假记录及报告、利用被指定的合约来欺诈或误导、以欺诈或胁迫等方式从事期货交易、从事对作或洗售交易、散布不实信息或制造交易假象、财务欺诈、故意误述、场外交易、划拨交易、无授权交易、串通交易、无损害欺诈等行为。

根据《商品交易法》第 9 章 a（3）、（4）项的规定，虚假陈述行为包括：任何人在申请、报告，或依据本法及规则和条例规定所提交的文件中，或在依据本法规定注册登记陈述的诺言中，或欲成为合同市场或在册期货协会的会员时所提出的会员资格或加入申请中，故意制作或使制作与事实不符的虚假、误导的陈述，或故意遗漏应该陈述的实际事实及必须陈述的不得带有误导性的陈述。任何人故意用诡计、阴谋或计谋的方式篡改隐瞒、隐藏实际事实，制作伪造、虚构、欺诈性报表或陈述，或在向以本法规定执行公务的，根据本法被指定的并注册登记的合同市场、商会、期货协会提交的报表及登入文件中，记录或利用明知包含了伪造虚构和欺诈性内容的伪造书信和文件。

上述行为的共同点相当明显，即交易主体或经纪人采用欺诈的方式使相应的对象产生误解而积极作为。由于“操纵”行为是从“欺诈”行为分离出来的，所以“欺诈”同“操纵”会存在一些行为方式上的竞合或重叠，对此的规定与认定均需要结合行为人的主观目的和行为的客观后果对行为进行分析。这一犯罪的类型化不仅体现了美国在此类犯罪分类上的细化，也体现了期货犯罪在某些行为上的细微差异，以免规定得不科学或者过于笼统，难以在案件处理中发挥作用。

（三）期货内幕交易的犯罪

内幕交易行为人为达到获利或者避损的目的，利用其特殊地位或机会获取内幕信息进行期货交易，违反了期货市场“公开、公平、公正”的原则，侵犯了投资公众的平等知情权和财产权益。内幕交易丑闻一旦公开则会影响投资者的热情，严重影响期货市场功能的发挥。同时，内幕交易使期货价格和指数的形成过程也会因此失去时效性和客观性。

为了加强对期货市场的管理，突出美国联邦的期货管理委员会的地位，同时也为了限制期货管理委员会委员的权力，明确其分工，以及限制不正当竞争，美国于1974年颁布了《商品期货交易委员会法》（Commodity Futures Trading Commission Act），在该法中首次提出了“内幕交易”的概念。期货内幕交易不同于证券的内幕交易，二者之间存在一定的差异性，包括内幕交易主体、期间限制、内幕信息的范围等方面。《商品交易法》第9章以不同的主体作为划分对象，将内幕交易行为分为四大类。①商品期货交易委员会的任何成员或其雇员直接或间接参与任何商品期货交易或通常所知的，如“期权”“特许权”“赔偿”“竞价”“出价”“延卖”“延买”“上涨担保”“下跌担保”性质的交易，或参与通常交易中所知的作为保证金账户、保证金合同、起杠杆作用的账户，起杠杆作用的标准合同项下的商品交易业务，或商品期货交易委员会认为起到标准合同作用和功能的合同、账户、协议、方案、方法中的商品交付业务，或参与上市的或实际已被运用的与标准合同相似性质的交易，任何直接或间接参与实际商品投资交易的人。②商品期货交易委员会的任何成员或雇员和代理人凭借其职业和地位获取会影响或倾向影响商品期货或商品价格的尚未公开的信息，并有意透露该资料以帮助他人直接或间接参与①项中所列各种交易活动。③从商品期货交易委员会的任何成员或其雇员获取会影响或倾向影响商品期货或商品价格的尚未公开的信息，并利用该信息从事期货交易。④商品期货委员会的任何成员或其雇员和代理人获取②、③项中所列的信息，并利用该信息从事①项中所列各种期货交易，即将此类消息运用于任何商品期货交易，或现货交易，或任何需具资格的交易，或为众所周知的如“期权”、“特惠”、“损失补偿”、“竞价”、“报盘”、“看跌期权”、“买入期权”、“预先担保”或是“拒绝担保”等交易，或于标准化合同下为交付商品而广为人知的交易事务，如客户保证金、保证金合同、起杠杆作用的账户、合约买卖合同，或期货委员会决定的任何满足与标准化合同相同的功能，或已被实质性地上市的或运用与标准化合同性质相同的合约、客户、计划、协议、设置下的交易。

其中，内幕交易中确定“内部人”至关重要，即哪些人可以成为内幕交易的主体。Chiarella V. United States 一案①，为立法机关进一步明确“内部人”范围提供了很好的示范作用，确立了“任何非内部人并不会因为恰巧得知内部消息而必须负禁止交易或披露信息之义务”。

尽管内幕交易行为划分为四类，但从行为要件上来看，作为犯罪的内幕交易行为则可划分为三种：非法披露信息、非法利用信息和其他非法参与内幕交易的行为。它们共同点是犯罪行为所针对的客观要件是内幕信息或者非公开信息，当事人明知信息的内容为非公开信息或内幕信息，故意泄露或故意使用或故意让他人利用。

在美国司法实践中，期货内幕交易被认为是一种带有欺诈性、发生在期货市场上的、职业性、行为人须负严格举证责任，并以行为人的行为而不是以行为结果为衡量标准的非法行为，故也适用“欺诈”作为行为的基本要件。

（四）非法进行期货交易犯罪

规范有序的交易行为是期货交易发展的必备要件，从期货交易所的成立、交易规则的完善到期货经纪业务的不断发展，都是为了将期货交易行为纳入统一有秩序的轨道。只有遵循了相应规则和建立共同的交易秩序，才能保证期货交易发展的一致性、连续性和确定性。

美国《商品交易法》中第 4 章对期货市场的特殊主体的注册登记制度作出了明确的规定，未经注册登记即从事期货领域相关活动的，则被认定为非法行为。此外，非法进行期货交易犯罪还包括：设立非法期货或期权市场、未在集中市场进行交易、未具执照者为他人进行交易、期货经纪商于申请执照或交易所会员资格时虚假陈述、受委托进行期货交易时未以书面受托契约以及进行双重交易等。

这类犯罪以违反期货交易所的一般规定的行为作为基本表现形式，除违

① See 445 U. S. 222 (1980). 该案的基本情况：上诉人 Chiarella 为契约印刷工，于 1975 ~ 1976 年为纽约市 Pandick 新闻工作。上诉人 Chiarella 利用工作关系掌握的 5 份公司公开的收购的声明书来买卖相关公司股票，因而非法获利超过 3 万美元，1977 年 5 月，上诉人与证管会（主管机关）达成协议，同意归入所获利益，但又以自己不是规则规定的内部信息受领人而上诉。最终联邦最高法院认为上诉人并非内部人，对于其买卖股票之公司不负任何责任，而任何非内部人并不会因为恰巧得知内部消息而必须负禁止交易或披露信息之义务。

反登记注册规定的行为被列为轻罪（处50万美元罚金或一年以下的监禁）外，情节严重的处以五年以下有期徒刑，单处或并处100万美元的罚金。美国在立法上对非法从事期货交易的违规行为非常重视，不仅对违规犯罪行为课以重刑，还增加违规者的犯罪成本，以此来警示和预防犯罪的发生。

（五）侵犯财产性质的犯罪

期货交易实行保证金交易制度，其主要功能是控制期货交易的风险，维护有组织的期货交易的正常进行。期货交易如果没有保证金制度，也就不可能有现代期货市场的有序繁荣。客户的保证金一旦被挪用，将会增大客户期货交易的风险，导致合约无法履行，客户的合法财产权益必然受损。美国法律在建立严格的资金分离制度中，严禁贪污、盗取、偷窃、挪用客户的保证金，并将其规定为犯罪行为给予相应的刑事制裁。

《商品交易法》第9章a（1）规定，凡根据该法注册或被要求注册的人，或其雇员或其代理人，贪污、窃取、偷窃该人或雇员或代理人所收受的交易保证金，担保、保证客户的交易或合同、客户的交易或合同的收益或从客户、委托人或参与该经营的合伙人所得到的价值100万美元的资金、证券或财产，或有犯罪意图将上述资金、证券以及财产转为自己使用或让他人使用的行为。本项所称“价值”是指表面价值、票面价值、市场价值或成本价格，无论是批发或零售的价格，还是更高价格，有上述行为均应属重罪，可单处或并处不高于100万美元的罚款或10年以下监禁，并承担诉讼费用。

然而，侵犯财产性质的犯罪是最容易与一般财产性犯罪相混淆的犯罪，当从行为方式上来分析。“贪污、盗取、偷窃、挪用”客户的保证金仍体现出期货犯罪的一些本有特性，不可简单地适用一般“贪污、盗取、偷窃、挪用”型犯罪的规定，这也是美国《商品交易法》对此类型化规定的意义所在。但随着保证金制度的完善，挪用保证金的行为日趋式微。

二　美国期货犯罪立法模式的考察与分析

（一）美国期货犯罪立法考察

美国期货交易市场发展与其早期的一系列立法以及良好的法制环境分不开。1916年美国颁布了《棉花期货法》（Cotton Futures Act）[①]；1921年

① 该法仅就棉花等级加以规范，旨在改善市场环境，但对期货交易行为未作规定。

颁布了《期货交易法》(Futures Trading Act)[①]；1921 年颁布了《谷物期货交易法》(The Grain Futures Trading Act)，1922 年修改为《谷物期货法》(Grain Futures Act of 1922)，为操纵期货市场的行为确立了约束与规制的法律规范。1936 年美国国会将《谷物期货法》修改为《商品交易法》，旨在对境内九家期货交易所实行管理。该法不仅强化了政府对期货交易过程的垄断行为进行直接监管，规定一个投机者可以持有的最高期货合约数量以及期货代理商资金与客户资金分别保管制度，而且还将操纵商品期货市场价格的行为确定为刑事犯罪，并规定上诉法院有权对有嫌疑的操纵者提起诉讼。此后《商品交易法》进行了多次修订，形成了《1968 年期货交易法》、《1978 年期货交易法》、《1982 年期货交易法》和《1986 年期货交易法》。

基于期货交易市场发展与规范的需要，1929 年股市崩盘及经济萧条等事件的影响，美国国会于 1974 年修改了《商品交易法》，并在此基础上通过了《商品期货交易委员会法》，创立了商品期货交易委员会(Commodity Futures Trading Commission，简称 CFTC)。1978 年国会颁布了《商品交易法》。这些法律确立了期货交易所的法律地位。商品期货交易委员会根据《商品交易法》的授权，制定了《商品交易管理规则》(General Regulations under the Commodity Exchange Act)等一些规范性文件。1992 年由于《商品期货交易法》(Commodity Futuer Exchange Act)在修改中引入了《期货交易实践法》草案的较多内容，被誉为《期货交易实践法》(Futures Trading Practice Act of 1992)。《商品期货交易法》是美国调整期货市场的基本法律规范，有关期货犯罪及其刑事处罚也主要规定在该法中。《商品交易管理规则》对期货犯罪的认定又作了若干补充规定。[②] 1984 年颁布的《内幕交易制裁法》和 1988 年颁布的《内幕交易与证券欺诈实施法》作为特别刑法，对一些具体的期货犯罪进行规制。由于商品期货交易委员会的

---

① 该法作为美国政府颁布的第一个全国性管理期货交易的法规，因有些内容因违反政府征税规定被宣布为违宪而被取消。

② 美国有关期货方面的法律涉及一些证券法规，这些法规主要包括《1933 年证券法》(Securities Act)、《1934 年证券交易法》(Securities Exchange Act)、《1935 年公用事业控股公司法》(Public Utility Holding Company Act)、《1939 年信托契据法》、《1940 年投资咨询法》、《1970 年证券投资保护法》、《1977 年异州舞弊交易法》、《1978 年财产权利保密法》、《美国仓库法》等等。

管理规范烦琐、缺乏弹性，期货商及期货交易所丧失海外交易和柜台市场业务的竞争优势，1998 年开始修订《商品期货交易现代化法》（Commodity Futures Modernization Act），2000 年 12 月 11 日通过《商品期货交易现代化法》（Commodity Futures Modernization Act of 2000，简称 CFMA）。2010 年美国制定《多德 - 弗兰克华尔街改革和个人消费者保护法案 》（Dodd-Frank Wall Street Reform and Consumer Protection Act）；美国商品期货交易委员会对《反操纵建议规则》（Anti-Manipulation Rule in the Commodity Exchange Act of U. S.）进一步予以完善。[①] 美国期货交易法的频繁修订，一方面反映了美国期货市场的不断发达，另一方面折射出期货交易领域内隐藏的违规违法犯罪行为需要法律规制。

（二）美国期货犯罪立法模式的分析

通过对美国期货犯罪立法的考察，可以看出，美国期货犯罪立法主要采用了两种形式：一个是附属刑法；另一个是单行刑法。一方面，美国在其后的《商品交易法》修订中，均沿用了这种附属刑法的立法方式；另一方面，美国国会根据期货市场的发展需要，颁布实施一些单行刑法，如《内幕交易制裁法》《反操纵建议规则》等，作为期货犯罪规范的补充，与附属刑法相配合，共同规范期货交易行为。总之，从美国的立法的历程来看，其期货犯罪的立法逐渐走向成熟，并形成了以附属刑法与单行刑法相结合，附属刑法为主、单行刑法为辅的立法模式。

美国期货犯罪立法之所以采用上述模式，没有将期货犯罪以刑法典的形式加以确定，或者采取判例法形式予以规范，而是规定在《商品交易法》《反操纵建议规则》等非刑事的制定法中，其原因是多方面的。主要原因为：

第一，美国的立法传统。美国刑法虽然源于英国普通法，但在期货等金融犯罪问题上更倾向于通过制定法形式规定犯罪和刑罚。从《棉花期货法》到《商品期货交易现代化法》都采用制定法的形式，并且独立于刑法，独立于证券法律规范。1922 年的《谷物期货法》第一次规定了散布虚假信息的刑事责任，是期货附属刑法的一个开端，并成为真正意义上的期货法律。随着期货市场的不断扩大，立法方面更加注重其统一性。1974 年国会通过的《商品期货交易委员会法》禁止各州进行期货立法，将此权力

---

① 温观音：《美国期货法上的反操纵制度研究》，《法学杂志》2009 年第 7 期。

统一收归联邦议会。

第二，期货犯罪行为的规律。期货犯罪是一种专业性很强的犯罪，期货法律规范调整的主体、客体、权利义务内容、社会关系以及行为是一个庞大的体系，基于这种特殊性和复杂性的考虑，需要对其作出专门性的规定。其罪与非罪界限的确定如果不涉及相关期货的经济法律时很难认识、理解与把握，在实践中更难以有效执行。采用有别于一般经济犯罪的刑事立法更符合期货犯罪行为不断变化的规律。

第三，附属刑法的特点。附属刑法具有较强的体系性和适应性。附属刑法可以关注整个行政法律规定、经济法律规定内的期货违法行为和犯罪行为。一旦在这些法律中规定了刑事责任，就会在一部法律中形成包括行政责任、刑事责任在内的完整的责任体系。这样不仅可以预防一般行政违法、经济违法行为的发生，而且可以警示行为人，防止一般违法行为恶化为犯罪行为。这些立法随着期货法律法规的变化也易于修改，既可以适应期货交易这种复杂且不断变化的交易形式，又不至于引起刑法结构因期货犯罪类型的变化而出现不协调的问题。

三　美国期货犯罪类型化及立法模式给我们的启示

（一）美国期货犯罪类型化的启示

期货犯罪的类型化是根据一定的目的和原则，按照一定的标准对期货领域的犯罪现象进行分类的过程。相对期货犯罪而言，以期货犯罪的行为要件为对象进行类型化分析，更容易区分各个犯罪行为的不同形态，把握各个犯罪现象在本质上的细微差别。通过对美国期货犯罪类型的梳理，可以得出，美国期货犯罪以犯罪行为作为类型化的标准，这种路径有利于犯罪类型的精细化。例如，该类型化方法能够使操纵型犯罪与欺诈型犯罪分野，以便在《商品期货交易委员会法》和《商品交易法》中采取互相补充的方法进行规定，使这种类型化规定具有可操作性。

美国期货犯罪类型化的特点主要有：

（1）期货犯罪类型的专门化。在期货犯罪类型问题上，美国将证券犯罪与期货犯罪分别予以规定，其原因在于期货犯罪与证券犯罪给社会造成的危害存在很大差别，其犯罪行为方式的构成要件也不尽相同，合并规定不仅难以遵循期货犯罪的特质，违反科学性，还会影响对期货犯罪的精准打击，以至于出现要么打击过量，要么打击不足的问题。

（2）期货犯罪类型的体系化。美国根据其法律制度的特点在一个统一体系内完成期货违法犯罪的类型化，使期货领域的违法行为与犯罪行为区分开来，明确其界限与处罚规定，既避免了立法重复，又保持了整体期货法律规范的协调性，更好地体现了罪责罚相当原则。

（3）期货犯罪类型的个性化。美国在犯罪类型上的设计虽为典型但并不是唯一的范式，不同国家对于相同类型期货犯罪的具体规定也不尽相同。美国期货犯罪类型的个性化很好地体现了本国期货市场的发展特点，即交易方式不断创新、期货犯罪手段变化快、技术性隐蔽性越来越强等，满足了规范期货交易行为、惩治犯罪的需求。

我国的期货犯罪立法从无到有经历了近十年的探索，最终以完全依附于证券犯罪的形式出现。我国期货犯罪类型主要有九个：（1）内幕交易、泄露内幕信息罪（《刑法》第180条）；（2）利用未公开信息交易罪（《刑法》第180条）；（3）编造并传播证券、期货交易虚假信息罪（《刑法》第181条）；（4）诱骗投资者买卖证券、期货合约罪（《刑法》第181条）；（5）操纵证券、期货市场罪（《刑法》第182条）；（6）挪用资金罪（《刑法》第185条）；（7）背信运用受托财产罪（《刑法》第185条之一）；（8）擅自设立金融机构罪（《刑法》第174条）；（9）伪造、变造、转让金融机构经营许可证、批准文件罪（《刑法》第174条）。我国目前的期货犯罪类型设置主要存在以下问题。

一是期货犯罪对证券犯罪的依附性的规定没有体现期货犯罪的特点。证券、期货犯罪虽然具有一定的共通性，但是证券交易毕竟不同于期货交易，证券犯罪与期货犯罪对市场造成的危害在数量和范围上也有很大的不同。而且，证券、期货的违法行为处理依据不同，当违法行为严重到犯罪程度时，却要用同样的依据惩罚，这种“殊途同归”的愿望未必能达到理想的效果，尤其是在操纵市场犯罪中，期货更强调对价格的影响，而证券却不同。这种依附性立法必然会出现罪责刑不相适应的问题。

二是期货犯罪的类型设置没有与期货违法行为很好地衔接。消极的期货交易行为从违规违法到犯罪，有一个严重程度的渐变过程，而一些严重的期货违法行为达到了犯罪处罚标准却因为过程性而没有予以规定，出现了违法与犯罪的“衔接空当”。例如，在私下对冲期货合约的行为、期货透支交易的行为、欺诈客户的行为等方面明显不科学。

因此，结合美国期货犯罪类型化的经验，我国的期货犯罪应该更加重视期货犯罪的独立性和期货法律体系的统一性，尽早地摆脱对证券的完全依附。对与证券期货相通的犯罪行为，可以保留原犯罪类型的规定，但对于期货犯罪特殊的行为应当与证券犯罪类型明确地加以区分并分离出来，除此之外，还需要增设私下对冲期货合约罪、期货透支交易罪、欺诈客户罪、非法经营期货业务罪、期货交易虚假陈述罪等，借助于美国期货犯罪类型化的立法方式建立相对完整的期货犯罪类型。最高人民法院、最高人民检察院发布的《关于办理内幕交易、泄露内幕信息刑事案件具体应用法律若干问题的解释》中有关期货领域内幕交易、泄露内幕信息的犯罪类型化，尤其是“按照事先订立的书面合同、指令、计划从事相关期货交易”以及以“期货交易占用保证金数额在三十万元以上”作为情节严重的分析与评价，将另文研究。

（二）美国期货犯罪立法模式的启示

美国期货犯罪的立法模式——附属刑法为主，单行刑法为辅——主要具有以下两个特点。

一是利用专门的法律统一规定期货违法与犯罪行为，体现罪责罚相当的原则，保证期货法律体系的专业性、统一性和完整性。在法律体系的横向上，将期货犯罪行为独立于证券犯罪而立法，更好地体现了期货犯罪特有的规律；在法律体系的纵向上，可以有效地实现违法处罚与犯罪惩治的衔接，对应期货市场严密、科学的组织管理体制。

二是附属刑法和单行刑法的立法形式具有较强的适应性。根据期货市场不断发展的规律，并随着期货交易的行为方式的变化而不断创新，犯罪手段也会随之更新。对附属刑法的修订或者颁布单行刑法不会对刑法体系的其他领域造成影响，既可以保证刑法的稳定性，又能很好地应对法律滞后性的缺陷。

目前，我国期货犯罪的处罚依据只有刑法。1997 年在对 1979 年刑法典进行全面修订时，仅仅增加了证券犯罪。尽管当时我国的期货市场已经起步七年多，但立法机关仍然没有足够重视其特殊性，与证券犯罪混为一谈。直到 1999 年 6 月，国务院颁布了《期货交易管理暂行条例》，才使得期货交易行为的监管“有法可依”。但国务院和证监会出台的一系列法律文件，都只是行政法规性质的规范性文件，对期货犯罪行为仍然没有处罚依据。1999 年《刑法修正案》在证券犯罪的规定中添加了“期货”，这一立法举措使得期货犯罪立法向前迈进了一大步，但对期货犯罪的规定完全依附于证券犯罪的规定，没有体现期货犯罪的特殊性和复杂性。有学者认为，我国期货犯罪的立法模式属于刑法典与附属刑法结合的模式。[①] 这种期货犯罪立法模式仍难以解决立法不科学的一些问题。我国不存在真正意义上的附属刑法，相关规定只是存在大量的经济法律和行政法规。《期货交易管理条例》属于行政法规，它规范期货交易行为，是判断和处理期货违法行为的标准和依据，但并没有规定刑罚。比照证券法，我国将来制定的期货法也不会对刑事处罚作出具体规定。

基于此，我国期货犯罪的立法模式在当前采用修正案模式解决问题的同时，可以采取修正案的方式对期货犯罪进行专门性规定，通过这种模式可以为“期货交易法”的制定提供指引，为其“构成犯罪的，依法追究刑事责任”的规定提供指向性规定。这种立法模式的宗旨在于维护刑法典统一规定刑事责任的格局，经济、行政法律法规起到了辅助认定的作用。因为我国在借鉴国外期货犯罪的立法经验时也要充分考虑自身的发展特点和发展需求，确定期货监管的任务和目标，制定契合实际的刑事立法规定，进一步提高对期货市场的刑事规制效果。

（中央财经大学教授，博士生导师　郭华；中央财经大学刑法学博士研究生　温海宁）

① 刘宪权：《证券、期货犯罪的刑事立法及其完善》，《法学》2004 年第 5 期。

第三节

LIBOR 操纵案的刑法学反思

后金融危机时代，金融界持续不断地发酵着清算、反思和改革的主题，各大金融机构在经受了金融风暴的洗礼之后，又暴露出诸如洗钱、操纵市场、在信贷泡沫时期不当销售次级抵押贷款和债券等种种丑闻，面临监管机构更加严厉的惩戒和制裁。伦敦同业拆借利率（London Interbank Offered Rate，简称 LIBOR）操纵案（下称 LIBOR 操纵案）是其中较为典型的一起案件，不仅向大众揭露了金融机构为追求利益不惜违背法律的行业风气的冰山一角，更为立法及学术研究展示了市场操纵案件的新形式——“基准操纵”，揭示出在监管空白下金融市场的混乱运作状态，不断重复着“没有规矩不成方圆”的醒世格言。

一 LIBOR 操纵案始末

2008 年随着《华尔街日报》的一篇题为“Study Casts Doubt on Key Rate”的报道，LIBOR 操纵案的冰山一角开始浮出水面，直至今天仍未露出暗藏于深海的全部真容。[①] LIBOR，即伦敦银行间同业拆借利率，是伦敦同业拆借市场进行融资的最低无担保利率。[②] 所谓同业拆借市场是指银行及非银行金融机构之间进行短期性的、临时性的资金调剂所形成的市场。[③] 而同业拆借市场利率则是指，同业拆借市场上的主体间拆入或者拆出资金

---

① 目前对各大商业机构的追诉虽已告一段落，对具体行为人的追诉却仍在进行中，随着追诉的进行，司法机关对 LIBOR 操纵的规模和程度的认识也一再刷新。参见《明星交易员的陨落：LIBOR 操纵案首个罪人》，新浪财经，http://finance. sina. com. cn/money/bond/20150805/015622877129. shtml，最后访问日期：2015 年 8 月。

② 参见 David Hou，David Skeie，“LIBOR：Origins，Economics，Crisis，Scandal，and Reform，” Federal Reserve Bank of New York Staff Reports，March，2014。

③ 刘龙、蔡永鸿主编《金融学概论》，清华大学出版社，2014，第 60 页。

的利率。同业拆借利率在金融市场具有十分重要的参考作用，LIBOR 更是其中最为重要的一只。它诞生于 20 世纪 60 年代初，成员涵盖了 60 个国家的 223 家银行、金融机构和 37 家相关专业公司。LIBOR 指数不仅是政府政策、投资决策的重要参考，还与全球超过 800 万亿美元的金融衍生品价格挂钩，每波动分毫，所涉产品价值、交易盈亏就会发生翻天覆地的变化，为扇动金融市场飓风的蝴蝶翅膀。

LIBOR 计算和发布最初是由英国银行家协会（British Banker's Association，BBA）所主导[①]。首先由外汇及货币市场委员会（Foreign Exchange and Money Markets Committee，FX&MM）对商业银行的市场声誉、交易规模、信用等级等进行评估考核，选定美国银行、摩根大通、瑞士信贷、加拿大皇家银行等数十家大型商业银行[②]作为报价行；再由这些银行每天在固定时间估算并汇报各自在伦敦货币市场中为不同期限的同业拆借愿意支付的拆出利率。最后由 BBA 授权汤姆路透进行计算，去掉其中 1/4 的最低值和 1/4 的最高值，再取剩余 1/2 报数的算术平均值；最终在伦敦时间 11：30 向全世界公布。

早在 2005～2007 年，部分大型银行及其工作人员、经纪人等就已经察觉到 LIBOR 制定机制的先天缺陷和管理漏洞，并开始蓄意操纵 LIBOR 的编制，抬高或降低 LIBOR 数值，以使自己所持的金融衍生品获得巨额利润。但一直到 2007 年中之前，LIBOR 数据都未表现出明显的异常。直到 2007 年 8 月在次贷危机的催化下，为降低融资成本并营造资金充盈的假象，制造短期偿债能力无忧的外部印象，各大银行开始刻意压低本行报数，这导致了 LIBOR 数据的大幅波动。[③] 此时，监管部门和公众传媒终于

---

① LIBOR 操纵丑闻发生后，其管理权在 2014 年由 BBA 移交给纽约泛欧交易所（NYSE Euronext），后者象征性地支付 1 英镑收购了 BBA Libor Ltd。参见《纽约泛欧交易所接管 Libor》，华尔街见闻，http://wallstreetcn. com/node/49444，最后访问日期：2015 年 8 月。

② 目前 LIBOR 的报价行具体包括：美国银行、瑞士信贷、加拿大皇家银行、东京银行、德意志银行、法国兴业银行、三菱日联银行、汇丰银行、三井住友银行、巴克莱银行、摩根大通、法国巴黎银行、花旗银行、法国农业信贷银行、英国劳埃德银行、荷兰拉博银行、日本诺林秋银行、苏格兰皇家银行、瑞士银行和欧洲投资有限公司。但其成员银行的范围则更广，涵盖了 60 个国家的 223 名成员和 37 家相关专业公司，数据来源于 BBALIBOR 官网，http://www. bbalibor. com/panels/usd。

③ Thornton, Daniel, "What the LIBOR-OIS Spread Says," Federal Reserve Bank of St. Louis Economic Synopses, 2009, No. 24.

开始注意到 LIBOR 可能被人为操控的事实。2007 年 9 月 3 日莱顿证券市场研究中心（Wrightson ICPA）最早发现了 LIBOR 的异常，但最终未能将异常原因归结为人为操纵。① 2008 年 4 月 16 日，《华尔街日报》发表文章指出某些银行在金融危机期间，为误导公众对本行资金状况的判断，刻意压低向 BBA 上报的同业拆出利率。② 至此 LIBOR 操纵案才引发了公众的广泛关注和认同。随后英国官方也承认了 LIBOR 被操纵的事实，时任英国央行行长的 Mervyn King 向议会指出各银行上报的利率与其实际拆出利率不符。③

2012 年 7 月，英国严重欺诈办公室（SFO）、英国金融服务局（FSA）④、美国商品期货交易委员会（CFTC）、美国证券交易委员会（SEC）、美国司法部等监管部门对包括瑞士银行、巴克莱银行在内的 20 多家主要银行涉嫌操纵利率一事正式展开了调查，案件事实也渐渐明朗。⑤ 巴克莱银行（2012 年 6 月）、瑞士银行（2012 年 12 月）、苏格兰皇家银行（2013 年 2 月）、荷兰拉博银行（2013 年 12 月）等近 20 家大型商业银行先后承认了其操纵利率和汇率（另案处理）的事实，并缴纳了超过 80 亿美金的罚款。随着 2015 年 5 月花旗银行等向美国司法部认罪，司法机关对 LIBOR 操纵所涉金融机构的调查终告一段落，但留给立法者和监管部门的思考还远未结束。

LIBOR 操纵案发之后，英美监管部门对其他基准的市场操纵问题也着手展开了调查。有理由相信 LIBOR 操纵案不会是第一个，也将不会是最后一个直接通过左右市场基准实施的市场操纵案件。对于利率市场化刚刚起步和加速发展的我国而言，该事件的经验更是尤为珍贵。随着 2007 年 1 月 4 日上海银行间同业拆放利率（Shanghai Interbank Offered Rate，SHIBOR）正式对外发布，我国金融市场调控迈出了从数量型到价格型的关键一步，通过篡改市场基准实施的市场操纵行为在我国如何认定和处罚，也成为刑

① Wrightson ICAP，“LIBOR：Twin Conundrums，” 3th September，2007. 莱顿证券市场研究中心的周报并未指出操纵是导致这一切的元凶，而是认为 LIBOR 偏低的原因在于同业拆借市场缺乏活性，以及解释利率观测差异的官方指数的机械性。

② Mollenkamp，Carrick；Whitehouse，Mark，“Study Casts Doubt on Key Rate，” *The Wall Street Journal*，29th May，2008.

③ Stephanie Flanders，“Inconvenient truths about Libor，” BBC News，12th January，2009.

④ 2013 年更名为英国金融行为监管局（Financial Conduct Authority，简称 FCA）。

⑤ Jill Treanor，“Serious Fraud Office to investigate Libor manipulation，” The Guardian（London），6th July，2012.

法学即将直面的课题。

二 市场操纵的新类型：基准操纵

传统立法和理论所能想象的市场操纵类型主要有两类。一种是通过实际交易的作出或虚假订单的产生，营造某只金融工具被看好或看空的市场假象，误导投资人决策，诱使其按照行为人的心理预期作出抛售或购买的投资决定，进而扭曲市场行情，当金融工具的价格行至理想价位，行为人通过抛售或回购金融工具谋取巨额利润的行为。由于该种市场操纵行为的实施多需要行为人凭借资金、持股、持仓等资金型资源优势，因此我们可将其称之为资金操纵。值得一提的是我国《刑法》第182条明确列举的三种市场操纵行为类型（连续买卖、相对委托和洗售）都是典型的资金操纵。另一种则是，行为人通过编造或散布虚假性、误导性信息，向投资人明示或暗示某只金融工具的涨跌前景，诱使其作出行为人预期的投资决定，进而改变供求关系扭曲市场行情，再通过抛售或回购金融工具获得巨额利润的行为。与前述市场操纵行为不同的是，该种市场操纵行为的实施需要行为人在金融市场具有一定的话语权和权威性，即占据所谓信息优势，因此，我们可将其称之为信息操纵。我国司法实践所认定的市场操纵类型之一——抢先交易，就是信息操纵的典型表现。

而LIBOR操纵的出现显然打破了传统市场操纵犯罪的二分状态，昭告了市场操纵的新类型。其形式和内涵无法套用上述任一操纵类型，完全不同于传统立法和理论的描摹与定位：在行为方式上，它无须制造真实或虚假的交易，也无须制造或散布虚假性、误导性信息；在作用机制上，它无须对投资人决策的控制，就可以实现对金融工具乃至大量金融工具的价格操控；在行为后果上，不仅可以为行为人带来经济利益，还可以为金融机构伪造资金盈缺状况，误导市场判断，避免资金短缺等带来的市场信心的崩塌。由于这种新型的市场操纵系以其对基准影响力的滥用为前提和手段，在此我们可将其称为“基准操纵”（Benchmark Manipulation）。

（一）基准操纵的概念

“基准”一词的词源为机械制造行业，指确定生产对象上几何关系所依据的点、线或面。[①] 在金融业尤其是市场操纵犯罪的语境之下提及“基

① 陈红霞主编《机械制造工艺学》（第2版），北京大学出版社，2014，第32页。

准”则特指作为确定金融工具市场价格依据的指数、数据等，具体包括LIBOR、SHIBOR等银行间同业拆借利率，金融市场乃至金融市场以外的其他基准指数。[①] 2013年，欧盟在对LIBOR操纵案进行总结和反思的基础上，对《市场滥用指令》（Market Abuse Directive，简称MAD）进行了修订，增加了对基准操纵规制，[②] 首次在立法中规定了基准的定义，即：“依据确定基础资产价值或价格的公式计算所得的商业指数或发布数据，包括估计价格、利率、其他值，或作为金融工具下应付款项参考的调查。”

就其形成过程而言，基准可能是对一定资产价值或数据的直接反映，也可能是通过一定的公式计算而成。其具体形成和发布多在三方主体的参与下实现：立法及制裁者（regulation & sanctions）、监管者（oversight）和执行者（process）。其中，立法者负责市场欺诈、市场滥用及其他金融市场监管法规的制定和对违法行为的制裁，在宏观上承担对整个市场的监管；监管者则负责设计基准的计算方法、管理基准的运行；执行者依据监管者设计的方法具体执行基准的报价、运算和发布。以LIBOR为例，其规则制定者主要有SFO和FSA，监管者是FX&MM，计算和发布则在BBA的领导监督之下，由报价行和汤姆路透具体完成（见图6-3-1）。[③] 而在我国SHIBOR的制定和发布中，立法者是中国人民银行、银监会等监管部门，监管者和执行者都是中国人民银行SHIBOR工作小组，全国银行间同业拆借中心为指定发布人。[④]

通过对基准的形成过程加以考察我们可以发现，首先，相对于发行市场和流通市场严苛的信息披露制度和全面的公众媒体监督，基准的制定与发布缺少全面有效的信息披露制度，在许多计算方法涉及知识产权问题的基准中，信息披露更是只能让位于知识产权保护。其次，基准被控制在少数人手中，相对于传统市场操纵中资金、信息优势的广泛存在，基准优势

---

① 例如石油现货价格等。LIBOR操纵案发生后，国际证监会组织即展开了对包括石油现货价格在内的其他基准的调查。

② Willemijn de Jong, “Tackling Financial Market Abuse in the EU,” Library of the European Parliament, 22th January, 2013.

③ 表格资源来自英国官方数据“The Wheatley Review of LIBOR: initial discussion paper”, https://www.gov.uk/government/organisations/hm-treasury，最后访问日期：2015年8月。

④ 参见《上海银行间同业拆放利率（Shibor）实施准则》。

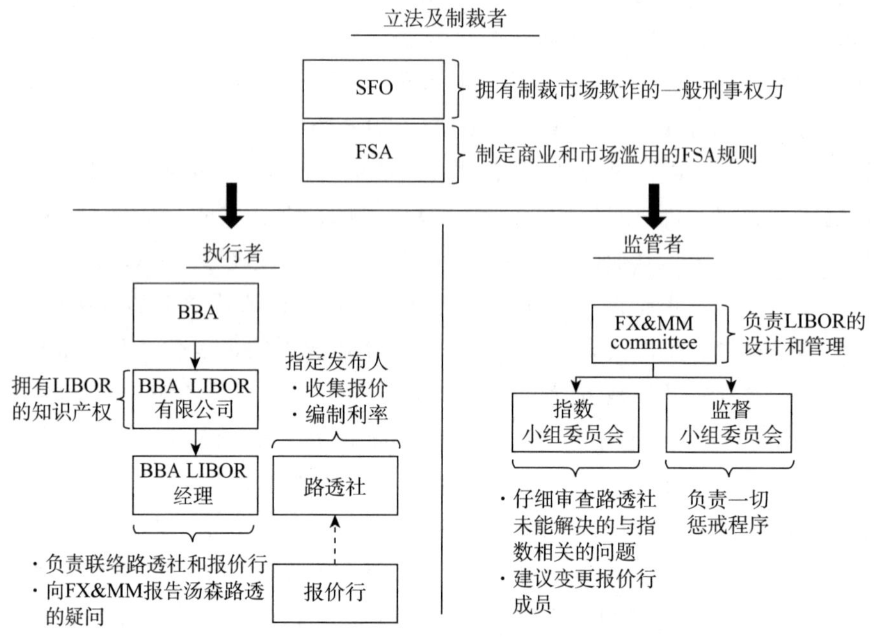

图 6－3－1　现行 LIBOR 监管模式

通过制度设计被集中在极少数人手中，而这些人之间一旦具有利益上的相关（并且这种利益相关存在的可能性是极高的），即可通过利益交换等方式相互纵容乃至勾结。最后，在制度体系中，监管部门未能设置有效的监督机制，也未能将基准操纵与现有立法相连，导致其处于立法空白状态，为基准操纵的发生埋下了重大隐患。

所谓“基准操纵”，是指通过直接篡改基准数据，提供虚假性、误导性报价或其他足以影响基准数据或其编制过程的手段实施的操纵行为。所谓“直接篡改基准数据”是指，行为人（多指与基准发布相关的编制机构及其工作人员）直接对最终形成即将向市场发布的数据加以篡改。所谓“提供虚假性、误导性报价”是指，行为人（多指报价机构或报价员）向基准计算机构提供虚假性、误导性报价。所谓“其他足以影响基准数据或其编制过程的手段”，则泛指直接或通过利益交换等途径间接影响基准报价或计算，并达到上述效果的其他行为。

基准操纵的实施并不必然要求行为人具有资金或信息优势，也无论其是否直接从事与基准计算、发布相关的工作，只要其可通过直接或间接的手段左右基准数据均可认定为基准操纵的主体。一般而言，资金优势和信息优势的取得需要行为人进行较长时间的资本积累和权威树立。基准影响力的取得却仅需通过利益交换等方式直接实现，在这种意义上，我们甚至可以说基准操纵实施主体的覆盖面大于传统市场操纵。

基准操纵的具体实现途径也是多样的。行为人可能是单独自主决定提供虚假报价影响基准的计算过程，可能是出于本单位意志执行单位决定上报虚假报价，也可能是联合其他报价机构的报价员合谋影响基准的计算过程，或者通过其职务便利直接篡改最终公布的基准数据。除此之外与上述人员有利益关系的近亲属、上级领导甚至监管部门，都可能以人情、利益交换、权力施压等方式与行为人合谋实施基准操纵行为。虽然基准操纵的行为方式并非单一也并不固定，但仍有规律可循，皆无外乎在其报价、计算、发布乃至监管阶段的不正当操作，因此在认定之时应无特殊困难。

基准操纵在行为动机方面与传统市场操纵行为有一定的不同。虽然刑法并未对市场操纵犯罪的犯罪目的作出具体限制，但一般而言行为人多是在经济利益的驱动下铤而走险。而在基准操纵中，一方面，持有定价与基准相关的金融工具的投资人或金融机构工作人员，出于使其所持金融工具升值或避免损失的动机，可能实施基准操纵；另一方面，可能因报价高低而被影响公众形象的报价机构及其他利益相关机构等也可为维持其公众形象和市场信心，实施基准操纵行为。这也直接导致了机构操纵基准风险的直线上升。

（二）基准操纵与市场操纵

从基准操纵的概念和行为方式可见，其与传统的市场操纵犯罪有着较为明显的不同。但为何英、美、欧盟等国家和地区纷纷严阵以待选择将其置于市场操纵犯罪的语境而非其他部门法或其他罪名下加以惩处呢?

首先，由于基准在金融市场上具有举足轻重的作用，基准操纵对金融市场也有着较为严重的破坏力，具有刑法治理的必要性和迫切性。

在金融市场，基准是大到政府小到一般投资人作出决策的重要参考。以同业拆借利率为例，由于它们直接反映了世界上或一定区域内最大、最成熟的金融机构能够以何种利率获得短期贷款，并准确、及时而直接地映射了整个金融市场的资金盈缺状况，因此往往为中央银行实施货币政策提供重要依据。又如原油现货价格[①]，在20世纪70年代石油危机之后，原油现货市场由反映“长期合同超产的销售价格”的“剩余市场”（Residual Market）转变为反映“原油的生产、炼制成本、利润”等的“边际市场”（Marginal Market），并与煤炭、黄金等价格联动，与芝加哥期权交易所原油波动率指数[②]等其他市场基准波动相挂钩，勾连了诸多金融工具的市场价格，在一定程度上与整个行业的营业状况和市场前景息息相关。政府在制定经济政策之时，不可避免地要以这些浓缩了整个市场状况的数据作为思考前提。而一般投资人在进行投资之时，也往往以基准作为风向标，期求经济利益的谋取。另外，基准数据还往往与金融工具的市场价格直接关联，是金融衍生产品定价、浮动利率长期贷款等的参考利率。[③] 例如芝加哥商业交易所以美元LIBOR为基础的3个月欧洲美元合约[④]，2004年全年成交量达到了2.75亿张，未平仓合约数量达700万张，约合7万亿美元。截止到2012年，仅受LIBOR影响的金融合同合计有300万亿美金之巨，金融衍生品总价值更远超500万亿美金。[⑤] 在这种情况下，为一己私利蓄意操纵基准的行为不仅会影响某一只金融工具的价格，对与其关联的其他金融工具价格乃至整个金融市场造成的打击都可以说是毁灭性的。

在此过程中，部分投资人所持有的金融工具的经济价值首先遭到直接贬低，枉受经济损失。尤其不同于传统市场操纵的，基准操纵可能关涉的金融产品不仅限于行为人所持的某种或某几种，而是在普遍意义上对大量金融工具的价值施以无差别干扰，使其价格严重脱离真实价值和市场供求

① 所谓“原油现货交易价格”是指，通过要约与承诺达成协议给出的原油价格，是与原油现货市场相联系的定价，通常可以真实地反映国际石油市场的现状。参见冯连勇、陈大恩、唐旭主编《国际石油经济学》（第2版），石油工业出版社，2013，第153页。

② 芝加哥期权交易所原油波动率指数（CBOE Crude Oil Volatility Index）体现了原油现货价格的30天隐含波动率……可通过反映轻质原油价格来追踪原油价格。参见罗素·罗兹《波动率指数衍生品交易：运用波动率指数期货、期权和交易所交易票据进行交易与对冲的策略》，周光起译，上海财经大学出版社，2013，第95页。

③ 由于LIBOR直接反映了世界上最大的和最成熟的金融机构能够以何种利率获得短期贷款，这就在其他条件一定的情况下，为其他信用度较低的金融机构进行资金借贷提供了最低利率参考。利率通常表示为“LIBOR + x”，即在LIBOR的基础上，进一步考虑到借款人的身份、抵押、资金规模、信用程度、运营能力等，适当的增加一定的点数。

④ 芝加哥商业交易所的3个月欧洲美金期货合约以美元LIBOR为基础，它们是世界上交投最为活跃的短期利率期货合约。

⑤ Christopher Needham, “Libor manipulation and its consequences,” Library of the European Parliament, 7th September, 2012.

关系，扰乱经济运作。

其次，基准操纵还会极大地干扰投资决策。在市场经济中投资人通过信息的收集，可在一定程度上根据金融工具的本身的价值及供求关系、立法与政府政策的变化、上市公司经营状况的好坏，甚至其他金融工具的市场价格等对某只金融工具的价格走势作出一定的预判断并进行投资决策。人为篡改基准数据的行为则会在上述可预见因素内强行插入人为干涉，扭曲金融工具的一般定价规律，使得投资人无法预见价格变动，给其投资决策的成功戴上了极大的偶然光环。更值得警醒的是，由于基准在政府决策中的参考作用，对基准的人为操纵还可能干扰政府政策的制定与执行，以政府调节为凭借间接扰乱金融市场秩序。而依据这些虚假信号作出的不合理政策，又将造成更深层次更大范围的市场失常。因此从刑事政策的角度而言，对基准操纵的刑法治理可以说是极为迫切的。

最后，在对基准操纵进行刑法治理之时，市场操纵犯罪的适用是不二选择。在 LIBOR 操纵案中，西方诸国不约而同地选择了 Market Manipulation 这一名义对各大金融机构加以严究，究其根本是由基准操纵的市场操纵本质所决定的。无论是 Benchmark Manipulation 还是 Market Manipulation 最终落脚点都在 Manipulation 一词。虽学界对市场操纵的本质为何仍有所争议，但其行为的实施无外乎是在行为人占据一定资金、持股、持仓或信息优势的前提下，对某一金融工具的市场行情施以强制干预，驱使社会资金按照其所预想的方向流动，从而人为地使某一金融工具的价格达到所期待的程度。而基准操纵亦正是在行为人坐拥对基准直接或间接影响力的前提下，或人为控制其数据或计算过程，以使某一金融工具的市场价格达到理想状态获取经济利益，或通过报价、指数向社会公众营造本机构的某种外在形象，攫取其他利益。因此基准操纵的本质归根结底是一种操纵，该操纵发生在金融市场且是为了操纵金融市场行情，因此是一种市场操纵，而市场操纵则是基准操纵及其他传统市场操纵类型的上位概念。

为补强这一论证，对现行金融犯罪的体系考察也可从旁佐证市场操纵是基准操纵刑法治理的必由之路。在英美欧盟等国家和地区，市场操纵的治理多置于市场滥用或市场欺诈之下与内幕交易并列。其中内幕交易的规制意在规制行为人非法利用其信息优势，提前作出投资决策和准备，进而通过市场规律性运作获取利益或避免损失的投机行为。而市场操纵的规制则禁止行为人倚赖其资金或信息优势，积极干扰金融工具的价格运作机制，以获得经济或其他利益的行为。如果说内幕交易犯罪是非法地顺市场规律之风而行，市场操纵则是直接改变风向使其对自己有利。两相比较显然在市场操纵犯罪的语境下探讨基准操纵问题更为现实。

然而由于基准操纵与传统市场操纵在行为方式和作用机制上有着较为明显的不同，其与传统立法和学说之间亦不可避免地产生了冲突。

三 基准操纵与传统立法的冲突

（一）市场操纵犯罪的传统立法

美国是世界上最早对市场操纵行为加以刑法规制的国家，其刑法治理可以追溯到1929年股市大崩盘之后。1934年美国《证券交易法》第78条之9、10条在市场欺诈（Market Fraud）项下，详细规定和列举了市场操纵的内涵及具体实施方式。其中第10条对市场操纵行为进行了总括性的规定，提出了市场操纵行为认定的两个要件：（1）影响短期交易，或利用、违反相关的行政法规；（2）使用操纵的和骗人的手段和方法，违反委员会为了公共利益或投资者保护的规则和规章。第9条则对市场操纵行为进行了详细列举，包括：（1）在不转移所有权的前提下，与他人合谋提出一份或若干份购买证券的订单；（2）单独或合谋营造某种证券交易的表象，以提高或降低该种证券的价格；（3）通过信息的流通和传播，诱使投资人购买或出售某种证券，以达到操纵证券价格的目的；（4）明知某一信息是虚假性或误导性信息，仍就证券的相关情况发表声明，诱使他人购买或出售该证券；（5）为获得佣金或酬劳而传播某一信息，诱使投资人购买或出售相关证券，操纵证券价格；（6）违反委员会的规则和章程，单独或合谋购买或出售某一证券，以稳定该证券的市场价格。

这就将资金操纵中的连续委托、相对买卖、洗售、安定操作和信息操纵等纳入本罪的范畴。美国学者 Allen 和 Gale 进一步将其总结概括为：基于信息的操纵（information-based manipulation）、基于交易的操纵（trade-based manipulation）和基于行动的操纵（action-based manipulation）。[①] “基于信息的操纵”是指，通过发布、散布虚假性、误导性信息或真实信息，诱使投资人购买或抛售某一证券，进行市场操纵。“基于交易的操纵”是

① Allen F. K, Gale D. , “Stock-Price Manipulation,” *Review of Financial Studies*, Vol. 5, pp. 503 – 529.

指，通过证券买卖改变证券价格，进行市场操纵。[①] 而基于行动的操纵是指：通过改变企业资产的实际价值或感知价值（perceived value）进行市场操纵。由于基于行动的操纵可以分别划归资金和信息操纵，该总结也基本维持了资金操纵和信息操纵的二分局面。

在英国，则是通过市场滥用（market abuse）对市场操纵行为加以规制。法院裁判广泛依据判例，成文法则有《金融服务与市场法》（Financial Services and Markets Act，下称 FSMA）和《市场滥用：市场行为守则》（Market Abuse：Code of Market Conduct，下称《守则》）。其中 FSMA 第 118 条第 2 项规定："所谓市场滥用是指由一人单独或者多人串通、合谋进行的扰乱市场秩序的行为，具体应符合以下条件：（1）发生于特定市场中的适格投资交易行为；（2）行为是基于不为市场所公知的信息而作出，该信息的知悉与否足以影响正常投资者的投资决策；（3）该行为可能使正常投资者产生关于投资品种供给状况、价格或者价值的错误或误导；（4）正常投资者认为或者可能认为该行为是扰乱市场秩序的行为；（5）该行为可能对市场上正常投资者的决策造成不利影响。"[②]

《守则》则对市场操纵行为进行了更为详细的规定，将市场操纵行为分为拟制交易（artificial transaction）、价格操纵（price manipulation）和不恰当传播信息（dissemination of false or misleading information）三种。[③] 其中拟制交易类似于我国的虚假交易，系指行为人通过虚假交易影响公开交易数据，进而左右投资人交易决策的行为；价格操纵包括挤榨（squeeze）和狭义的价格操纵，前者指的是行为人在某种证券短缺时，控制市场供求关系制造虚假价格以使自己受益，后者指的是行为人利用其资金或其他优势进行大量交易或通过其他手段使得某一金融产品的价格维系在一定水平之上。不恰当传播信息则类似于我国司法实践中的"抢帽子"，行为人通过散布信息，影响投资者决策，使其购入或抛售所持证券，进而升高或压低市场价格的行为。[④] 由此可见，英国立法也仅仅覆盖了资金操纵和信息操纵两种类型，而 FSMA 严格的要件规定更是断绝了以现有立法规制新型

---

① 夏昕阳、杨之曙：《市场操纵：最新研究进展》，《证券市场导报》2004 年第 11 期。

② 蔡焜煌：《论证券市场操纵之法律规制》，博士学位论文，中国政法大学，2011。

③ Financial Services and Markets Act, 2000 § 118. Market Abuse.

④ Financial Services and Market Act, 2000 § 118. Market Abuse.

市场操纵行为可能。

欧盟通过 MAD 法案对市场操纵行为进行规制。MAD 覆盖了所有在欧盟市场交易的金融工具，并适用于市场上的一切公司或个人。在 MAD 的授权之下，成员国有权就市场操纵行为展开调查并进行制裁，但须向欧洲证券及市场管理局（European Securities and Markets Authority，简称 ESMA）报告。当行为人（包括金融机构及其雇员）扰乱金融工具的定价机制或者散布虚假性、误导性信息时可能构成市场操纵。MAD 第 1 条第二款规定了市场操纵的定义，并列举了其主要行为方式，包括：（1）通过交易或订单对金融工具的供求产生虚假性或误导性的信号，或单独或合谋通过交易或订单使一种或数种金融工具的价格维持在反常或虚假的水平；（2）使用虚假工具（fictitious devices）或者其他形式的诡计进行交易或订立订单；（3）明知或应当知道某一信息为虚假性或误导性的信息，仍通过互联网或其他手段的媒体传播该信息，使投资人产生或可能产生对该金融工具的虚假性或错误性认识，以从中牟利。[①] 在列举了上述三种方式之后，MAD 又从以上三点中特别列举了几个实例，包括：单独或合谋取得对具有定价功能或可制造其他不公平交易条件的金融工具的支配性地位；在收盘时购入或售出金融工具，误导以收盘价为基础作出投资决策的投资人；直接或间接发表关于某一金融工具的信息，通过该信息对金融工具价格的冲击从中牟利，等等。总体而言，欧盟的立法也并未对英美法律有所超越。

（二）基准操纵与传统立法的冲突

虽然在前述国家的立法中，只有英国的 FSMA 给出了完整的市场操纵的定义和构成要件，但从上述其所列举的市场操纵行为反推概念，可得其要点如下。（1）在市场操纵的认定中，一定的资金或信息优势是其先决条件。只有在一定的资金或信息优势的前提下，才有可能实施足以影响金融产品供求和价格的市场操纵行为。（2）操纵行为的实施多是为获取经济上的利益，通过实施操纵行为引发某只金融工具价格波动，做多时低价购入高价抛出，做空时借贷抛出再低价购入。（3）干扰投资者的决策过程是其关键，尤其是英国和欧盟立法特别注重行为人对虚假信号的制造与传递，其中资金操纵是通过市场规律的运作间接影响投资人决策，而信息操纵则

---

① 但新闻记者在不侵害 MAD 第 10 条规定的前提下，在其专业范围内传播相关信息的不认为是市场操纵。

是通过虚假性或误导性信息直接干扰投资人决策。（4）市场欺诈或滥用是其治理的法律名义，无论是美国、英国还是欧盟，都将市场操纵置于市场欺诈或滥用的名义之下，与内幕交易并列作为主要内容。但很显然，不管是在形式还是实质上，基准操纵与立法中明确列举的行为及兜底条款的可能含义中涵射的行为都有着明显不同，无论是以资金优势还是以信息优势为基础的市场操纵，都无法将其容纳在内。与传统市场操纵行为相比，市场基准操纵在形式上的不同可以归纳为如下几个方面。

在行为主体方面，基准操纵多为报价行及其报价员、交易员或通过利益交换等途径直接或间接对基准形成影响力的其他人员、机构实施。一方面，行为人并不必然占据一定的资金或信息优势，而仅需具备对基准具有直接或间接的实际影响力。[①] 该影响力不同于资本优势，无法转换为金融市场上的巨量交易，营造金融工具交易的真实或虚假状况；亦不同于信息优势，虽被歪曲但仍不失为真实，不具有误导性和虚假性，也就无法误导投资人的投资决策。另一方面，报价行及对市场基准报价有直接或间接影响力的其他机构也有可能成为市场基准操纵的实施主体。在 LIBOR 操纵案中，作为中央银行的英格兰银行甚至也曾一度为缓解银行的流动性紧张，降低救援成本等暗示报价行调低报价，以带动利率整体的下降。[②]

在行为动机方面，市场基准操纵亦表现出一定的相异。由于基准不仅在金融工具定价中发挥作用，而且还能够反映某一行业或某一机构的经营状况和市场前景，因此在基准操纵中还表现出了市场操纵另外一种动机，即为维护本金融机构乃至本行业的社会形象和市场信心的动机而实施操纵。例如，在金融危机期间，巴克莱等商业银行为降低借贷成本，塑造银行财务的稳健运行表象，保证本银行免受投机行为和媒体的报道渲染的困扰，就曾蓄意唆使报价员篡改 LIBOR 报价。

在危害后果方面，传统市场操纵行为针对的是某种或数种特定金融产品的市场价格，损害的是买卖该种金融产品的投资者的利益，因此其危害具有相对特定性。但在基准操纵中受到人为干涉的是所有与基准相关联的

---

① 虽不排除市场基准操纵的行为同时还占据大量资金或媒体权威，但在市场基准操纵中真正发挥作用的仅仅是行为人对市场基准的影响力。

② 参见 David Hou，David Skeie，“LIBOR：Origins，Economics，Crisis，Scandal，and Reform，” Federal Reserve Bank of New York Staff Reports，March，2014。

金融工具的市场价格，其危害具有普遍性，并因此而具有无法测量性。

基准操纵对传统立法最重要的突破体现在其作用机制方面。在传统市场操纵行为中，对金融工具价格的操纵是通过借用市场规律来实现对市场行情的操纵的。传统操纵坚持行为人—虚假信号—投资人决策—市场行情—行为人的逻辑，行为人通过其操纵行为释放虚假信号，虚假信号误导投资人决策，投资人行动影响市场行情，行为人依据金融工具价格的改变采取进一步的行动。但在基准操纵中，并不存在这样的逻辑链条，甚至不存在市场行情这一概念存在的空间。行为人无须计算何种程度的交易量能够营造何种市场假象，何种虚假性或误导性信息对市场产生何种影响，何时买入何时抛售所持金融产品，仅需通过直接改变基准利率，就可实现对金融工具价格的操纵，[①] 简单、直接、周期短而市场影响不可估量。

然而形式上的不同尚可通过弹性立法将其兜底，与向来市场操纵犯罪之实质理解的偏差，才是基准操纵难以认定的根本原因。

四　基准操纵与传统学说的偏差

（一）市场操纵犯罪实质内涵的传统论证

传统学说论证根植于传统立法和以往的司法实践，也因此在面对新型市场操纵行为的认定之时具有一定的局限性，只能说明既有资金操纵或信息操纵的实质内涵问题。就客观立法环境而言，英美欧盟等国家和地区多以市场欺诈或滥用的形式规定市场操纵犯罪，因此学者们倾向于将市场欺诈或滥用归纳为市场操纵之本质。就市场操纵的具体设定而言，传统立法又特别关注对投资人决策的误导在其中的媒介地位，我们从中也可提取传统市场操纵的两个关键：一是行为人通过资金的使用或信息的散布误导投资人决策以扭曲市场行情的作用机制；二是行为人对其所掌控资源的不当滥用。分别从这两点出发也会导向欺诈说和滥用说两种不同结论。

在美国，有相当一部分学者支持欺诈说，该说从有效市场理论出发，认为有效市场的形成需要准确、及时、真实的信息，而市场操纵通过扭曲金融工具的市场价格，向投资者释放虚假的市场信号，本质上是一种对投

---

① 不排除行为人篡改市场基准的手段是间接性的，但其篡改市场基准指数的行为对金融工具价格的影响不失其直接性。

资者的误导和欺诈。[①]《证券法》和《证券交易法》正是此说最有力的论据，在上述法律中立法者均将欺诈作为市场操纵的上位概念。例如在制定《证券交易法》之时立法者明确提出，操纵概念不能背离普通法欺诈内涵。[②] 该法第 78 条之 10 条亦规定市场操纵行为的认定需符合“使用操纵和骗人的手段和方法”的要件。与之相对的，英国选择从市场滥用的角度对市场操纵行为进行规制，则在一定程度上宣示了立法对滥用说的肯定。[③]不同于欺诈说，滥用说认为市场操纵犯罪的本质在于行为人对其所占据资金、持股、持仓、信息等优势的滥用。

然而，值得注意的是，无论是欺诈说还是滥用说，其本身在理论上都尚存不能自洽之处，近年来也出现了越来越多质疑的声音。首先从功能上讲，在金融犯罪中，欺诈和滥用并非市场操纵行为独有的因素，金融诈骗、内幕交易等犯罪的实施同样要求欺诈或滥用的存在，将其作为本罪的辨认关键，无法准确地将其他金融犯罪与市场操纵犯罪相区分。其次就理论本身的内容而言，欺诈说和滥用说有以治理名义代替市场操纵犯罪本质的嫌疑。某一事物本质的判断具有相对性和层次性，在与其他类罪如暴力犯罪、财产犯罪等进行比较研究之时我们可以说市场操纵（以及内幕交易）的本质是市场欺诈或滥用，但当我们致力于从个罪中识别市场操纵犯罪之时，欺诈说或滥用说就捉襟见肘了。例如，英国 FSMA 虽将市场操纵行为置于市场滥用项下规制，但其下尚有内幕交易等行为与之并列，将市场滥用视为市场操纵的本质，无异于将内幕交易等同于市场操纵，这显然与现有理论是相悖的。

（二）基准操纵与传统学说的实质偏差

相较于传统学说的自我批判，基准操纵带来的冲击显然更为强烈。

欺诈说之欺诈，是市场操纵手段的欺诈，是通过市场行情的伪造、虚假性、误导性信息的传播等欺诈性手段释放虚假信号引发市场行情变动的欺诈。但在基准操纵中并不存在欺诈因素：基准的操纵是一项蓄意而直截

---

① Daniel R. Fischel, David J. Ross, “Should the Law Prohibit ‘Manipulation’ in Financial Markets?,” 105 *HARV. L. REV.* 503, 507 (1991).

② 谢杰：《市场操纵犯罪的机理与规制：法律与金融分析》，博士学位论文，华东政法大学，2014。

③ 田宏杰：《操纵证券市场罪：行为本质及其司法认定》，《中国人民大学学报》2014 年第 4 期。

了当的工作，它无须向他人虚构事实或隐瞒真相，只需通过涂改报价或数据即可实现，经过篡改的信息显然是错误的却不失其真实性。在为营造或维持机构形象而实施的基准操纵中，还有部分欺诈的色彩，但造成错误印象的手段即操纵本身的实施也并未利用投资人的决策错误。在为获取经济利益而实施的基准操纵中，就更不存在欺诈说的适用余地了，行为人通过权威机构将错误却真实的数据传递给金融市场和一般投资人，再通过基准将人为意愿正式加诸金融工具的价格计算之中。其间，无须制造订单或交易诱导投资人决策引发市场上抢购或抛售金融工具的风潮，也无须通过信息媒介的口径向投资者大肆传播和积极误导，具有直接、便宜、简单且迅速的特征。

滥用说之滥用，是指行为人对其所占据资金、持股、持仓或信息优势等的非法使用，其具体行为方式包括单独或合谋集中大量资金购买某只金融工具，在一定时间内集中抛售其所持有的大量金融工具，利用金融市场上的权威地位编造传播虚假信息等等。基准操纵虽有滥用，但并不能完全等同于传统。在基准操纵中行为人虽不当利用了其对基准报价或数据直接或间接的影响力，但这种资源优势显然无法促成大规模交易或订单的形成，并不属于资金类优势也并非通过公众媒体等编造或散布的虚假性、误导性信息，而是真实存在的报价或数据超出了传统立法与实践的想象，不可为滥用说所容纳。此外，正如上文所述，我们虽能在基准操纵中寻找到滥用这一因素，但也只能从行为前提的角度将其停留在市场滥用的层面，而无法具体将某一行为直接识别为市场操纵犯罪。因此，即便机械地将滥用说之滥用扩展到包含基准影响力在内，也仅能揭示其非法性和滥用性，不能印证其市场操纵性。

五　基准操纵对我国的启示

上述案例、立法和学说均根植于域外经验，那么在我国又是否存在发生基准操纵的可能呢？通过对 LIBOR 操纵案的考察我们可以发现，基准操纵的发生并没有严格的社会、经济环境制约，只要存在金融市场，且有基准与金融工具的价值勾连，理论上就有可能发生与之相关的市场操纵行为。当前我国金融市场最重要的基准是 SHIBOR，即上海银行间同业拆放利率，其自 2007 年始建直至今天方兴未艾。正如 LIBOR 一样，SHIBOR 同样承担了利率定价、产品创新、商业银行内部转移定价、人民币国际化、政策制定等多个方面和层次的历史重任,[①] 为重演 LIBOR 操纵案提供了事实上的可能性。况且，我国 SHIBOR 仍处在初创阶段，有许多顶层设计都期待在实践中磨合跟进，也就更容易催生犯罪，基准操纵也就更值得我国警醒。那么在本土语境下讨论基准操纵，我国立法又是否会像英美等国一样面临无法可依的局面，我国学说又是否会受到这种新类型市场操纵的冲击呢?

（一）对我国现行立法的启示

我国金融犯罪立法与英美等国有着较大不同，并未将市场操纵置于市场欺诈或滥用名下，而是以保护客体、行为方式等为依据，对每个犯罪进行了单独规定，并分别设置在破坏金融管理秩序罪、金融诈骗罪等类罪的名下。显然对基准操纵无法适用金融诈骗罪，而破坏金融管理秩序罪中与金融市场交易秩序相关的又只剩下内幕交易罪，泄露内幕信息罪，利用未公开信息交易罪，编造并传播证券、期货交易虚假信息罪，诱骗投资者买卖证券、期货合约罪和操纵证券、期货市场罪。可见在我国现行刑法中，并未有一罪名的可能含义直接将基准操纵涵盖在内，亦并未出现基准一词。但我们须谨记的是，基准操纵本质上是一种操纵，应当且只能从市场操纵犯罪中寻得一席之地，且我们须察觉到的是，我国刑法关于操纵证券、期货市场罪的规定中，有一项兜底条款，为新型市场操纵行为的规制提供了较大（但以罪刑法定为限）的可能。

我国《刑法》第 182 条以有限列举的方式规定了四种市场操纵（限于证券、期货市场操纵）行为:“（一）单独或者合谋，集中资金优势、持股或者持仓优势或者利用信息优势联合或者连续买卖，操纵证券、期货交易价格或者证券、期货交易量的；（二）与他人串通，以事先约定的时间、价格和方式相互进行证券、期货交易，影响证券、期货交易价格或者证券、期货交易量的；（三）在自己实际控制的账户之间进行交易，或者以自己为交易对象，自买自卖期货合约，影响证券、期货交易价格或者证券、期货交易量的；（四）以其他方法操纵证券、期货交易价格的。”上述行为方式可简要概括为连续买卖相对委托、洗售和其他方法。其后，2012 年 3 月，汪建中操纵证券市场案审结，司法机关认定被告人通过对相关证券或证券发行人、上市公司等公开作出评价等方式，编造和散布关于市场

① 易纲:《进一步确立 Shibor 的基准性地位》,《中国货币市场》2008 年第 1 期。

行情预期的虚假性、误导性信息，误导投资人决策，进而从中直接或间接获益的行为，[①] 虽无法为《刑法》第 182 条明确列举的三种行为方式所容纳，但属于第 4 项规定的“以其他方法操纵证券、期货市场”的行为。这在司法裁判中首次承认了信息操纵的市场操纵性质。至此，我国市场操纵规定得到了初步完善，其所涵盖的行为类型与欧美等国家和地区的基本一致。

但与域外立法相比，我国刑事立法仍有以下几点不同：（1）将刑法调整范围限制在证券、期货市场的范围内；（2）刑法中未明确列举以信息优势为基础的市场操纵行为；[②]（3）设定了较为宽松的兜底条款以应对新型市场操纵行为。由此可见，就适用范围而言，我国操纵证券、期货市场罪的规制对象远小于英美等国家的既有立法，但由于第 4 项兜底条款的存在，又使得我国市场操纵犯罪的实行方式在理论上多于域外立法，在司法论的层面解决新型市场操纵问题也成为可能。但是目前立法和司法机关对兜底条款该如何适用均仍未有所解释，是从前 3 项规定中归纳出市场操纵行为的本质还是着眼于“操纵”本身的含义进行解读，是直接适用兜底条款还是有必要通过司法解释明确，在适用方法和形式上都无法定论。在这种情况下，《刑法》第 182 条中的“以其他方法操纵证券、期货交易价格”的表述，能否直接在可能语义范围之内涵射基准操纵，显然，立法更没有给我们答案。

（二）对我国学术研究的启示

由于我国刑法仅明确规定了连续买卖、相对委托和洗售三种行为方式，而未规定信息操纵，因此在 2011 年以后，围绕汪建中操纵证券市场案，学界曾以兜底条款的解释问题为契机，对市场操纵犯罪的实质展开初步讨论。虽然囿于当时经济活动的实践，学者们的研究重心主要在于阐述信息操纵的市场操纵性质，因此其所得出的结论在面对基准操纵之时也不可避免地有一定的限制。但其有理有据地扩展市场操纵外延的思路仍值得

① 即所谓“抢先交易”，我国《证券法》规定，抢帽子交易操纵，是指证券公司、证券咨询机构、专业中介机构及其工作人员，买卖或者持有相关证券，并对该证券或其发行人、上市公司公开作出评价、预测或者投资建议，以便通过期待的市场波动取得经济利益的行为。

② 虽然在司法裁判中有先例，但目前抢先交易的市场操纵性质还未通过立法或司法解释的方式正式确定。

我们借鉴。

在研究方法上，我国学者的论证主要是从我国《刑法》第 182 条明确列举的三种行为方式出发，总结归纳出市场操纵犯罪的实质内涵，再进一步推理验证某一行为是否为市场操纵犯罪。[①] 王崇青教授曾通过总结现有立法列举的三种行为，认为市场操纵犯罪的构成须满足主观故意、客观行为和客观结果三方面的要件，其中客观行为要件的核心在于欺诈性。[②] 同样是采取了同质性解释的研究方法，刘宪权教授认为"纳入兜底条款进行归责的犯罪行为，应当与该罪明示的行为类型或该罪的实质具有相同特征"。在此基础上刘教授区分了市场操纵行为类型的共同内容与市场操纵本质，认为操纵证券、期货市场罪的本质是市场操纵而非"价量操纵"，其中资本操纵（即本节所述信息操纵）[③] 是与价量操纵并列的市场操纵独立类型。但从市场操纵的本质本身出发直接展开讨论的也有：谢杰博士通过结合法律与经济的分析提出，市场操纵的实质是将金融商品操纵（即资金操纵）与市场资本操纵（即信息操纵）独立或联合展开，以对证券、期货合约以及其他金融衍生工具或者投资者资本配置决策进行非正当控制并从中谋取金融交易利益；[④] 田宏杰教授则将关注的重点集中于"操纵"一词，从其本身含义出发对市场操纵犯罪的实质进行解读，提出市场操纵的本质是人为影响市场行情。[⑤] 此外还有学者严格依据证券、期货市场等方面的行政法的规定认定市场操纵犯罪，将该问题推向行政法领域。[⑥] 因此，目前我国刑法学界对市场操纵的研究不仅在方法上不一而足，其研究成果

---

① 王崇青：《"抢帽子"交易的刑法性质探析——以汪建中操纵证券市场案为视角》，《政治与法律》2011 年第 1 期。何荣功：《刑法兜底条款的适用与抢帽子交易的定性》，《法学》2011 年第 6 期。

② 王崇青：《"抢帽子"交易的刑法性质探析——以汪建中操纵证券市场案为视角》，《政治与法律》2011 年第 1 期。

③ 所谓"资本操纵"是指通过控制、误导投资者的资本决策与行为，阻碍市场资本自由发现价格或投资规模实施的市场操纵行为。

④ 谢杰：《市场操纵犯罪的机理与规制：法律与金融分析》，博士学位论文，华东政法大学，2014。所谓"金融商品操纵"（谢杰博士将其等同为价量操纵，只是两个概念的侧重点不同），即我国刑法明文列举的操纵类型，也即本节的资金操纵；所谓"市场资本操纵"则是以误导投资人资本配置决策为手段的操纵行为，也即本节所说的信息操纵。

⑤ 田宏杰：《操纵证券市场罪：行为本质及其司法认定》，《中国人民大学学报》2014 年第 4 期。

⑥ 蔡正华、张延武：《抢先交易行为的刑法评价和刑法规制路径》，《中南大学学报（社会科学版）》2011 年第 6 期。

也是因此而众说纷纭，未有通说。

当我们逐一审视这些既往观点，尤其是将其投诸基准操纵的新实践时，不可避免地产生了一定的局限性。(1) 王崇青教授的观点，归根结底仍属欺诈说的一种，是欧美的欺诈说与我国刑法理论研究的结合，也因此与英美欺诈说陷入相同的窠臼，既未能准确理解“操纵”的核心含义，也无法将其与其他金融犯罪行为相区分。(2) 我国学者对现有立法的总结产生了一定的偏差，将“价量操纵”作为传统观点进行了批判。但是，一方面，在抢先交易以前，我国刑法学者对操纵市场的本质问题鲜有讨论，并未有成型或主流观点，将其称为传统学说较为不妥；另一方面，在我国《刑法》182 条列举的 4 项行为中仅有第 2、3 项强调了交易量的变化，在第 4 项兜底条款中，交易量则根本未列入考虑，只是在《最高人民检察院、公安部关于公安机关管辖的刑事案件立案追诉标准的规定（二)》中有关部门才将交易量普遍作为实施追诉的标准之一。① (3) 由于我国市场操纵实质研究展开的契机是抢先交易市场操纵属性的辨正，因此在研究过程中部分学者产生了以手段补充为目的本末倒置倾向，而未对“操纵”的本质加以足够的重视。相对而言，田宏杰教授将人为操纵市场行情作为市场操纵的本质的观点较为合理，不仅抓住了市场操纵的要害，而且在认定

① 第 39 条：“操纵证券、期货市场，涉嫌下列情形之一的，应予立案追诉：(一) 单独或者合谋，持有或者实际控制证券的流通股份数达到该证券的实际流通股份总量百分之三十以上，且在该证券连续二十个交易日内联合或者连续买卖股份数累计达到该证券同期总成交量百分之三十以上的；(二) 单独或者合谋，持有或者实际控制期货合约的数量超过期货交易所业务规则限定的持仓量百分之五十以上，且在该期货合约连续二十个交易日内联合或者连续买卖期货合约数累计达到该期货合约同期总成交量百分之三十以上的；(三) 与他人串通，以事先约定的时间、价格和方式相互进行证券或者期货合约交易，且在该证券或者期货合约连续二十个交易日内成交量累计达到该证券或者期货合约同期总成交量百分之二十以上的；(四) 在自己实际控制的账户之间进行证券交易，或者以自己为交易对象，自买自卖期货合约，且在该证券或者期货合约连续二十个交易日内成交量累计达到该证券或者期货合约同期总成交量百分之二十以上的；(五) 单独或者合谋，当日连续申报买入或者卖出同一证券、期货合约并在成交前撤回申报，撤回申报量占当日该种证券总申报量或者该种期货合约总申报量百分之五十以上的；(六) 上市公司及其董事、监事、高级管理人员、实际控制人、控股股东或者其他关联人单独或者合谋，利用信息优势，操纵该公司证券交易价格或者证券交易量的；(七) 证券公司、证券投资咨询机构、专业中介机构或者从业人员，违背有关从业禁止的规定，买卖或者持有相关证券，通过对证券或者其发行人、上市公司公开作出评价、预测或者投资建议，在该证券的交易中谋取利益，情节严重的；(八) 其他情节严重的情形。”

基准操纵之时暂时没有障碍。然而遗憾的是，囿于当时的立法与实践，田教授仅从“操纵”一词的含义进行了初步论证，角度较为单一，论据也较为单薄，未深入其中将市场操纵的本质加以更加充分翔实的披露。批判地总结当前的学术论证，可以说，在方法上，学界已经开始注意到市场操纵实质内涵对新型市场操纵行为认定的重要意义；但在内容上，或将重点过多地投放在操纵手段的反思与补充，或在实质内涵的阐述上一笔带过，略失充分性。在面对基准操纵之时，现有学说的反思、整合和重构在所难免。

LIBOR 操纵案的出现为我国当前的市场犯罪立法、司法与实践提供了最鲜活的例证和经验，也为反思市场操纵犯罪学术研究提供了绝佳的契机。抢先交易的市场操纵性之争硝烟初散，基准操纵这一新型犯罪模式又开始对既往学说的再次拷问。是否应对，如何应对，立法司法如何联动而行，业界学术如何相互验证推动，现有学说如何反思改进等都是值得重新思考的问题。2012 年，LIBOR 操纵案发生后第四年，欧盟大幅修改了其市场操纵立法，以 MAR（Proposal for a Regulation on Insider Dealing and Market Manipulation）① 取代 MAD，将直接操纵 LIBOR、EURIBOR、股价指数等基准的行为纳入规制范畴，明确将基准操纵作为新的市场操纵类型，并加强了对市场操纵行为的刑罚处罚。② 而我国刑法是否也会紧跟这一趋势，完善市场操纵犯罪的本土规定，还需拭目以待。

（北京大学法学院博士研究生　王越）

① Willemijn de Jong, “Tackling financial market abuse in the EU,” Library of the European Parliament, 22th January 2013.

② Christopher Needham, “Libor manipulation and its consequences,” Library of the European Parliament, 7th September 2012.

第七章
证券期货犯罪研究的多维视角

第一节

证券期货交易中非法设立与帮助设立网络平台的刑法分析

随着互联网的广泛应用，网络平台在证券期货交易中的适用也越来越广泛，在很大程度上已经颠覆了传统证券、期货犯罪的经营与服务模式。主流合法交易通过网络平台开展的方式早已司空见惯。当今时代，我们无法想象缺少了网络平台，我国的证券、期货交易市场应该如何维系。网络交易平台依靠其技术上鲜明的特征，为证券、期货交易的各方参与者提供了前所未闻的成本和空间优势，使交易能够突破各种限制。然而，网络平台所带来的高效便利也为不法分子所获悉，实践中开始出现了非法设立网络平台进行证券、期货交易的案件。而在刑法的视野中，也不乏非法设立网络平台，导致行为人最终获刑的例子。司法实践中，证券、期货交易中非法设立网络平台的行为，事实上不仅包括非法直接设立网络平台的行为，还包括非法帮助设立网络平台的行为。近年来的相关判决中，皆依据《刑法》第 225 条第 3 项，以非法经营罪将这两种行为入罪。然而，证券、期货交易中非法设立、帮助设立网络平台的行为，在刑法上的定性及其入罪的逻辑并不清晰。多数判决的关注点主要在于认定设立网络平台的行为是否经过国家有关主管部门批准，却忽视了更为重要的“设立”和“帮助设立”的行为本身，并不能直接被认定为《刑法》第 225 条第 3 项所规定的“非法经营证券、期货、保险业务”行为这一事实。

应当承认，当今有关证券、期货的不法行为不断“花样翻新”，早已超越了立法者在设立非法经营罪时所能遥想的限度。外观新颖的种种不法行为，或产生了“质变”，侵害了新的法益；或产生了“量变”，因互联网的介入对法益侵害的程度较之从前有大幅加深。[①] 而证券、期货交易中非法设立网络平台的行为，对法益的侵害主要体现在“量变”层面上。因此，对相关法条进行扩张解释便是可行的方式之一。这种应对模式不仅在立法中已有先例，在理论上也并不存在障碍。就我国证券、期货交易中非法设立互联网平台的刑法应对而言，这种对刑法进行扩张解释的思路，在笔者看来也不失为一种有效的方式。

一 证券、期货交易中的“非法设立、帮助设立网络平台”：案例与分析

随着经济的发展，证券、期货交易中的不法行为也花样百出。如果我们对近年来的相关案件进行整理分析，很容易便能看到，刑法实践中出现了多个有关“非法设立、帮助设立网络平台”的案件，且相关案件都依据我国《刑法》第225条规定的非法经营罪入罪，依据皆为我国《刑法》第225条第3项之规定，即“未经国家有关主管部门批准非法经营证券、期货、保险业务的……”通过统计，自2014年以来至成文之日止，涉及证券、期货交易并因非法经营罪入罪的案件（包括一审、二审案件）共计99件，其中涉及网络平台的有47件。[②] 事实上，司法实践中不仅出现了非法直接设立网络平台的行为，也出现了有合法资质的主体，非法帮助无合法资质的主体开设网络平台的情形。本节选取了两个典型案例进行分析，分别涉及非法直接设立网络平台的行为及非法帮助设立网络平台的行为。同时，案例分别来源于证券交易领域及期货交易领域。

案例一：郭建盛等违法私设期货交易网站非法经营案[③]

本案中，被告人郭建盛、方志生、方文燕、田刚、郑某甲伙同林某某（另案处理），未经许可租赁某地作为场所，以A公司为掩护，虚构B公司，设置网站http://www.fxadt.com/，购买MT4软件并搭建虚拟境外黄

① 郭婉雯：《电脑（网路）犯罪》，载于志刚《网络犯罪与中国刑法应对》，《中国社会科学》2010年第3期。

② 本节所得相关案件的统计数据，主要是对中国裁判文书网上的已公布的有关案例进行关键词检索而得出的统计结果。请参见中国裁判文书网官方网站，http://wenshu.court.gov.cn。

③ 福建省厦门市湖里区人民法院刑事判决书〔2014〕湖刑初字第721号。

金、白银、原油、外汇投资交易平台（封闭式的网络系统，完全脱离正规交易场所的交易系统），吸引客户在该平台上开户投资，并进行黄金、白银、原油等期货交易，通过赚取佣金、点差、过夜费及客户亏损的部分等实现盈利。本案经福建省厦门市湖里区人民法院一审，判决郭建盛等人犯非法经营罪。

案例二：杨某甲非法私设证券网络交易平台非法经营案①

2009 年 12 月 31 日，被告单位东方财经（福州）网络有限公司与陕西融泰投资咨询有限公司（具有证券投资咨询业务资质）签订合作协议书，双方共同开发建设操盘英雄汇网站（www. cpyxh. com）。协议规定：被告单位东方财经（福州）网络有限公司主要负责网站的技术开发、管理以及网站推广等具体事务，陕西融泰投资咨询有限公司主要负责提供网站上的各类财经文章、有关财经信息和证券研究成果信息以及音像言论信息等。2010 年 1 月，被告人杨某甲作为被告单位东方财经（福州）网络有限公司的总经理负责管理公司的全面事务，并聘请同案人张某为被告单位东方财经（福州）网络有限公司的副总经理，负责管理被告单位东方财经（福州）网络有限公司的技术部、综合部和研究部。同时，被告单位东方财经（福州）网络有限公司又聘请杨某乙、周某甲、杨某丙（另案处理）等人为业务员，利用操盘英雄汇网站上的内容从事向客户推荐股票类资讯信息的相关业务活动，并收取相应的股票咨询费等各类费用。2010 年 1 月至 12 月，被告单位东方财经（福州）网络有限公司共计收取李某丙、陈某丙、李某丁等人推荐股票的咨询费计人民币 110 余万元。本案经福建省福州市鼓楼区人民法院一审，判决杨某甲及被告单位东方财经（福州）网络有限公司犯非法经营罪（陕西融泰投资咨询有限公司未被起诉。）

未经批准，“非法设立、帮助设立网络平台”以开展证券、期货交易的行为，在实践中显然已为刑法所不容。具体来看，实践中直接实施非法设立网络平台的行为主要表现为未经有关监管部门的批准，利用互联网开设可供证券、期货进行贸易的平台，以组织、吸引他人在该非法平台上进行交易。多数情况下，非法设立的网络平台还会提供交易行情、交易技巧等咨询活动。行为人的收入来源，主要是以“佣金”“点差”方式体现。

① 福建省福州市鼓楼区人民法院刑事判决书〔2012〕鼓刑初字第 441 号。

行为人本身并非参与证券、期货交易的主体，而是为交易主体提供“方便”并据此赚取佣金。案例一中的情况即如此。案例一中，被告人郭建盛未经批准利用互联网，非法搭建了专门用于期货交易的平台，最终其行为被法院认定为非法经营罪。而在案例二中，被告人杨某甲与东方财经（福州）网络有限公司的行为，与案例一中被告人的行为本身并无大的差异。但是，其设立网络平台的行为是在有合法资质的陕西融泰投资咨询有限公司的帮助下，才得以顺利完成的。案例二中的被告人已依据《刑法》第225条第3项的规定，被判犯有非法经营罪，然而，帮助其完成非法设立网络平台的陕西融泰投资咨询有限公司及其负责人却未被处理。

本节并不意图对判决本身表达赞同或进行批判，而是希望通过司法实践中的两个典型已决案例对“非法设立、帮助设立网络平台”的不法行为之刑法应对问题进行探讨。应当承认，对非法设立网络平台的不法行为进行刑法上的规范性评价并不缺乏正当性。在这一点上，理论界和实务界已有共识，然而，这一正当性的来源却尚未有学者关注。我们必须承认，理论界中对《刑法》第225条第3项本身便颇有争议，很多学者从刑法的明确性角度对其已经提出质疑。[①] 与此同时，非法设立网络平台这一不法行为，又并非为刑法所明文规定。因此，对此第3项展开进一步讨论便十分必要。

二 《刑法》第225条第3项之适用逻辑：刑法应对的困难

事实上，不仅上述两个案例，实践中对有关证券、期货交易的“非法设立、帮助设立网络平台”行为进行刑法规制的依据，皆为我国现行刑法关于证券、期货业务的非法经营罪第3项之相关规定。逻辑上讲，我们不仅需要明确非法设立网络平台行为本身的定性问题，还需要明确其适用非法经营罪的标准，才能得出该类行为应否入罪的结论。具体而言，我国《刑法》第225条非法经营罪的第3项的规定，“未经国家有关主管部门批准，非法经营证券、期货保险业务……”的行为，是非法经营罪所明文列举的行为之一。而此第3项，采取了典型的“空白罪状”的立法方式，这

① 典型的如，陈兴良：《刑法的明确性问题——以〈刑法〉第225条第4项为例的分析》，《中国法学》2011年第4期；另请参见张建军《论刑法中兜底条款的明确性》，《法律科学》2014年第2期。

事实上为我们认定证券、期货交易中非法设立网络平台的行为增加了难度。同时，若从刑法角度观察证券、期货交易中涉及非法网络平台的行为本身，从表面上看来也并不能得出清晰的结论。

本节所讨论的非法经营罪，其第 3 项主要针对证券、期货不法行为。具体而言，相关刑法法条表述为："违反国家规定，有下列非法经营行为之一，扰乱市场秩序，情节严重的，处 ……（三）未经国家有关主管部门批准，非法经营证券、期货、保险业务的，或者非法从事资金支付结算业务的……"不难看出，刑法将构成本罪的证券、期货相关业务行为，首先看作"未经国家有关主管部门批准"的行为。但是，刑法并没有直接释明违反何种国家规定或何种情况可被看作"未经国家有关主管部门批准"。此外，何为"证券、期货业务"也并非通过刑法就能够解释的问题。所以，非法经营罪中涉及证券、期货业务的行为，要参照相关法律、法规来认定。这种立法上的处理方式，被称为空白罪状。

德日两国刑法中常将空白罪状表述为空白刑法规范，具体是指立法未对某些构成要件（罪状）作出明确规定，而是依赖其他法律法规的相关规定对其加以填补。[①] 我国刑法中采用空白罪状的立法例并不少见，尤其是对有关证券、期货犯罪而言更是如此。同时，在我国刑法中，绝对的空白罪状出现较少，多数属于相对空白罪状，即刑法在规定某一罪的构成要件时，一部分行为要素而非全部行为要素需要参考其他法律法规才能得以确定。证券、期货犯相关犯罪本来便多行政犯或法定犯，对某一证券、期货不法行为进行认定进而入罪，更是常常需要参考其他法律法规的规定，尤其是证券法和《期货管理条例》的有关规定。但同时，其行为要素中，仍然存有一部分由刑法直接规定的要素。空白罪状是否影响刑法的明确性在学界确有争论，[②]但就算是支持空白罪状并不违反刑法明确性的学者也不能否认该主张的前提，即其参照的法律、法规本身至少具有确定性。[③]

《刑法》第 225 条第 3 项中，有关何为"证券、期货业务"的认定，

---

① 刘树德：《空白罪状——界定・追问・解读》，人民法院出版社，2002，第 65～68 页。

② 刘树德：《空白罪状——界定・追问・解读》，人民法院出版社，2002，第 99 页 。

③ 陈兴良：《刑法的明确性问题：以〈刑法〉第 25 条第 4 项为例的分析》，《中国法学》2011 年第 4 期。

应参考我国证券法[①]及《期货管理条例》[②] 的相关规定。我国《证券法》第 122 条规定:“设立证券公司,必须经国务院证券监督管理机构审查批准。未经国务院证券监督管理机构批准,任何单位和个人不得经营证券业务。”而《证券法》第 125 条进一步明确了何为“证券业务”:“经国务院证券监督管理机构批准,证券公司可以经营下列部分或者全部业务:(一)证券经纪;(二)证券投资咨询;(三)与证券交易、证券投资活动有关的财务顾问;(四)证券承销与保荐;(五)证券自营;(六)证券资产管理;(七)其他证券业务。”同样地,根据我国《期货管理条例》第 2 条之规定,可将期货业务理解为该条例中的期货交易,即“采用公开的集中交易方式或者国务院期货监督管理机构批准的其他方式进行的以期货合约或者期权合约为交易标的的交易活动”。从证券法和《期货管理条例》的规定来看,很显然两个法律文件中所规定的“证券、期货业务”,并不包括本节所讨论的“非法设立、帮助设立网络平台”以便开展证券业务的行为。

此外,在证券法和《期货管理条例》中,的确有明文禁止非法开设搭建平台及帮助非法设立网络平台的行为,只不过对该种行为是否利用了互联网在所不问。《证券法》第 196 条规定:“非法开设证券交易场所的,由县级以上人民政府予以取缔,没收违法所得,并处以违法所得一倍以上五倍以下的罚款;没有违法所得或者违法所得不足十万元的,处以十万元以上五十万元以下的罚款。对直接负责的主管人员和其他直接责任人员给予警告,并处以三万元以上三十万元以下的罚款。”相似地,《期货管理条例》第 6 条规定:“未经国务院批准或者国务院监督管理机构批准,任何单位或者个人不得设立期货交易场所或者以任何形式组织期货交易及其相关活动。”第 15 条规定:“未经国务院期货监督管理机构批准,任何单位或者个人不得设立或者变相设立期货公司,经营期货业务。”

综上所述,可以肯定的是,因为《刑法》第 225 条第 3 项采用了空白罪状的方式,对经营证券、期货业务行为的认定,应参照证券法及《期货管理条例》。两部法律文件中虽未将非法设立、帮助设立网络平台的行为

---

① 请参见《中华人民共和国证券法》(2014 年修正)。

② 请参见《 期货管理条例》(2007 年 3 月 6 日中华人民共和国国务院令第 489 号公布,根据 2016 年 2 月 6 日发布的国务院令第 666 号《国务院关于修改部分行政法规的决定》修改)。

规定为开展证券、期货业务的行为，但都肯定了其违法性。鉴于此，适用非法经营罪规制非法设立、帮助设立网络平台的行为之合法性并无问题。然而实质的问题在于，对于直接实施的非法设立网络平台的行为而言，我们是否能将证券法及《期货管理条例》中有关禁止未经批准，设立证券交易场所或设立期货公司经营期货业务的相关规定，作为解释《刑法》第225条第3项所禁止的非法经营证券、期货业务的依据？而若得出肯定结论，其前提是，将“非法设立网络平台”行为解释为非法经营证券、期货业务的行为。与此同时，帮助非法设立网络平台的行为，又能否被解释为非法经营证券、期货业务的行为呢？很显然，就目前的实然立法情况而言，我们很难直接得出肯定的结论。

必须承认，非法设立、帮助设立网络平台行为的出现，使得传统刑法无法满足对该行为进行规范性评价的要求。从外观上看，此类行为至少侵害了非法经营罪所保护的法益，对其进行刑法规制的正当性不容置疑。就算依照主张限缩本罪法益的学者的观点，也至少得承认上述行为侵害了非法经营罪所保护的法益——特许经营管理秩序。[①] 在此前提下，刑法则不得不考虑对非法设立、帮助设立网络平台的行为应如何应对的问题。

三　“非法设立、帮助设立网络平台”之刑法应对：刑法的扩张解释

如上文所述，现有刑法在应对实践中出现的证券、期货交易中“非法设立、帮助设立网络平台”的行为时面临困难。而对以此为代表的新型行为，刑法又因其具有法益侵害性，无法对其置之不理。而刑法应对的可能方向之一，便是刑法的扩张解释。正如有学者敏锐地指出，对于网络危害行为的考察，应当从质与量两个方面进行。[②] 对证券、期货交易中出现的有关非法设立、帮助设立网络平台的行为，也可以参考这一思路，从质与量两个角度考虑。非法设立、帮助设立网络平台行为之出现，是否使新的法益需要得到保护，抑或其出现本质上并与新法益无涉，仅仅是一种对已有法益的新的侵害方式？非法设立、帮助设立网络平台的行为，显然是一

① 有关非法经营罪的法益，参见田宏杰、阮柏云《非法经营罪内涵与外延扩张限制思考》，《人民检察》2012年第23期。

② 郭婉雯：《电脑（网路）犯罪》，转引自于志刚《网络犯罪与中国刑法应对》，《中国社会科学》2010年第3期。

种未经国务院证券、期货监督管理机构批准，擅自实施与证券、期货相关业务的行为，其本质上对法益的侵害与传统行为并无二致。证券、期货交易中，非法设立、帮助设立网络平台的行为，尽管行为外观新颖，但并没有创造一个全新的、具有入罪必要性的领域。所以，对相关法条及概念进行扩张解释，完全能够应对目前的适用困境。

若遵从刑法扩张解释的思路，无论是对于证券、期货交易中非法设立网络平台的行为而言，还是对于非法帮助设立网络平台的行为而言，将其实行化、正犯化便能够完全解决问题。事实上，包括上述案例一和案例二在内的实践中的大量案例的处理结果，都印证了刑法这种通过扩张解释而入罪的应对逻辑。有关预备行为实行化及帮助行为正犯化的解释方式，无论是在理论界还是立法上均不存在障碍。对于证券期货交易中非法设立网络平台的行为之刑法规制，结合预备行为实行化相关内容便不难得出结论。类似地，对于非法帮助设立合法网络平台的行为而言，采用正犯化方式对刑法进行扩张解释，不仅能在逻辑上自洽，而且符合判决的实际。

（一）预备行为实行化解释：非法设立网络平台行为的刑法应对

如果对我国现行刑法进行观察，则不难发现，植根并发端于传统犯罪行为的刑法，在对预备行为的处理上，一直遵循预备轻于实行行为（既遂犯）的模式。我国《刑法》第22条明文规定："为了犯罪，准备工具、制造条件的，是犯罪预备。对于预备犯，可以比照既遂犯从轻、减轻处罚或者免除处罚。"这种处理方式从未受到过人们的质疑，非常具有可能性并且具有说服力的原因之一，在于传统的犯罪行为，尤其是那些自然犯如故意杀人、盗窃等，其预备行为对法益的侵害程度是远远低于其实行行为的。然而，随着社会经济的发展，尤其是互联网的广泛适用，使得一些所谓的"犯罪预备行为"，不仅能够独立地侵害法益，而且对法益侵害的程度并不低于实行犯。此外，很多犯罪预备行为，如果刑法不加以规制，无法打早、打小，待其实施完毕所造成的后果可能无法控制。于是，在立法上也逐渐出现了将某些在传统理论看来仍处预备阶段的行为，规定为实行犯加以处罚的例子。例如，《刑法》第285条规定的非法侵入计算机信息系统罪，便将"违反国家规定，侵入国家事务、国防建设、尖端科学技术领域的计算机信息系统"这一传统上看作犯罪预备的行为，单独规定为实行行为，以示刑法之严厉。由此可见，预备行为实行化的刑法应对方式，不仅在理论上并无显著障碍，而且在立法中已有实例。

非法设置网络平台的行为，在传统刑法的视角下很容易被看作犯罪的预备行为，然而对于证券、期货交易中出现的非法设立网络平台的行为而言，其一方面具有因涉及金融领域而天然地具有高风险的特征，另一方面又因互联网的介入而具有涉及面广的特征。其对非法经营罪所意图保护的法益之侵害，也因其上述两个特征而不得不受刑法的规范性评价。因此，对在证券、期货交易中出现的非法设立网络平台行为进行“实行化”解释，认定这一行为符合《刑法》第225条第3项中所规定的“非法经营证券、期货业务”的行为，即将其提升解释为非法经营罪之犯罪构成中的实行行为，可以说是一种符合逻辑又不得不然的选择。同时，这种实行化的处理方式，也并不违背对空白罪状进行解释的原理，符合证券法和《期货管理条例》有关未经批准、禁止擅设的相关法律规定。

（二）帮助行为正犯化解释：非法帮助设立网络平台行为的刑法应对

正犯理论属于刑法解释论范畴。以德日刑法为主的二元制共犯理论经过长久的发展，到目前为止已经形成了较为完备的体系。事实上，正犯与共犯为相对的概念。在德国学者许内曼（Schunemann）看来，适用于所有犯罪类型的正犯，其构造应当是“对结果之原因的支配”。[①]如果在行为犯和普通犯的意义上来看，正犯是对罗克辛（Roxin）所认为的“符合行为情事之核心”的具体化。[②] 依照德国学者罗克辛的犯罪支配说，实行行为只要对犯罪具有支配性，就可以成为正犯。在承认正犯与共犯区分的二元制共犯论的前提下，共犯的犯罪性来源于正犯，并且其本身从属于正犯。按照罗克辛对正犯的区分，正犯可分为直接正犯、间接正犯以及共同正犯三种。其中，帮助犯作为典型的共犯，其犯罪性从理论上讲自然也来源于正犯。[③] 值得指出的是，在我国刑法中，并没有类似德国刑法与日本刑法中有关正犯和共犯的规定，而是在第25条中规定，“共同犯罪是指二人以上共同故意犯罪”，[④] 并在其第26～29条中，将共犯分为主犯、从犯、胁

---

① Schunemann, Strafgesetzbuch, Leipziger Kommentar, 12. Auflage, 2007, Berlin, § 25 Rnd. 10, 16, 39 ff.

② Schunemann, Strafgesetzbuch, Leipziger Kommentar, 12. Auflage, 2007, Berlin, § 25 Rnd. 10, 16, 39 ff.

③ 何庆仁：《德国刑法学中的义务犯理论》，载陈兴良主编《刑事法评论》（第2卷），北京大学出版社，2009，第242页。

④ 《中华人民共和国刑法》（1979年7月1日第五届全国人民代表大会第二次会议通过，1997年3月14日第八届全国人民代表大会第五次会议修订），第25条第1款。

从犯以及教唆犯四个类型。[①] 从我国有关共犯的规定中，事实上无法对正犯和共犯进行区分。然而，司法解释中，却早已出现了将作为共犯的帮助行为正犯化的解释方式。例如，两高早在 2005 年《关于办理赌博刑事案件具体应用法律若干问题的解释》之第 4 条中，便将“明知他人实施赌博犯罪活动，而为其提供资金、计算机网络、通讯、费用结算等直接帮助的，以赌博罪的共犯论处”。这里的“共犯”是指我国刑法中以犯罪人为标准进行分类的共犯，其实际意义是将上述帮助行为作为共同正犯论处，也即采用了将帮助行为解释为正犯行为的解释方式。2010 年两高《关于办理利用互联网、移动通信终端、声讯台制作、复制、出版、贩卖、传播淫秽电子信息刑事案件具体应用法律若干问题的解释（二）》中，也采用了共犯行为正犯化的解释方式，将四类传播淫秽物品的网络技术帮助行为，直接认定为传播淫秽物品罪、传播淫秽物品牟利罪的正犯行为。[②]

值得注意的是，共犯行为正犯化的解释方式，多出现在涉及互联网的共同犯罪之中。与上述预备行为实行化的解释方式类似，两种解释方式皆在肯定帮助行为本身对法益有所侵害，且侵害程度未必低于正犯行为的前提下，探寻刑法对某一行为的有效回应。对于帮助非法设立网络平台行为而言，互联网的介入导致帮助行为本身对法益的侵害很容易被成倍放大。在传统刑法因需要保持其稳定性的前提下，对此种未侵害新法益的帮助行为进行重新解释，将其“正犯化”或许是刑法对其进行应对的最优选择。

结　论

近年来，出现了不少在证券、期货交易中“非法设立、帮助设立网络平台”的行为，以非法经营罪入罪的案例，其依据皆为《刑法》第 225 条第 3 项的规定，即“未经国家有关主管部门批准，非法经营证券、期货、保险业务的……”第 3 项采用了空白罪状的立法方式，在对非法设立网络平台的行为进行适用时，出现了逻辑上的困难。应当承认，刑法对此类行为的回应不存在是否具有正当性的疑问，而实质问题在于非法设立网络平

① 《中华人民共和国刑法》（1979 年 7 月 1 日第五届全国人民代表大会第二次会议通过，1997 年 3 月 14 日第八届全国人民代表大会第五次会议修订），第 26 ~ 29 条。

② 2010 年两高《关于办理利用互联网、移动通信终端、声讯台制作、复制、出版、贩卖、传播淫秽电子信息刑事案件具体应用法律若干问题的解释（二）》，第 4 条。

台这类行为的出现，使得传统刑法需要找到合适的方式，以满足对该类行为进行规范性评价的要求。证券、期货交易中，“非法设立、帮助设立网络平台”的行为，尽管行为外观新颖，但都并没有创造一个全新的、具有入罪必要性的领域。所以，对相关法条及概念进行扩张解释，便完全能够应对目前的适用困境。若遵从刑法扩张解释的思路，无论是对于证券、期货交易中非法设立网络平台的行为而言，还是对于非法帮助设立网络平台的行为而言，采用预备行为实行化、共犯行为正犯化的解释方式便能够解决多数问题。而刑法这种通过扩张解释而对其入罪的应对方式，无论是在立法上、实践中还是在理论中，均不存在障碍。

（深圳大学法学院助理教授、深圳大学法学院金融法研究中心研究员　乔远）

第二节

欺诈发行私募债券行为的刑法适用*

近年来，在证监会的推动下，私募债券①市场发展迅速。但与此同时，私募债券违约事件也时有发生，这些违约事件背后，往往存在发行人欺诈发行等问题。对于欺诈发行私募债券的行为，是否可以追究刑事责任，在司法实践中存在一定分歧。笔者认为，针对欺诈发行私募债券行为，应运用刑法解释的方法，实质地理解和适用《中华人民共和国刑法》第 160 条关于欺诈发行股票、债券罪的规定，依法追究相关责任人员的刑事责任。

一　私募债券市场的发展现状及其问题

2005 年证券法虽然对公开发行债券的条件、程序及监管措施等作了较为明确的规定，但直至 2012 年前，证监会监管的证券市场中的“债券”仅仅是指公开发行债券（公募债券），因此证监会也基本未对非公开发行债券作出规定。为了解决中小企业融资难的问题，2012 年，深圳证券交易所和上海证券交易所根据中央的部署要求，开始实施中小企业私募债券业务试点，允许未上市中小微企业在两个交易所非公开发行债券，并分别制定了《上交所中小企业私募债券业务试点办法》和《深交所中小企业私募债券业务试点办法》。这两个试点办法将私募债券定义为中小微型企业在中国境内以非公开方式发行和转让，约定在一定期限内还本付息的公司债券，并要求“发行人应当以非公开方式向具备相应风险识别和承担能力的合格投资者发行私募债券，不得采用广告、公开劝诱和变相公开方式。每

* 原文刊载于《人民检察》2017 年第 5 期。

① 本节所称私募债券，是指根据《上交所中小企业私募债券业务试点办法》和《深交所中小企业私募债券业务试点办法》、《公司债券发行与交易管理办法》等规定非公开发行的债券。

期私募债券的投资者合计不得超过200人”。2012年6月8日，苏州华东镀膜玻璃有限公司作为上海证券交易所第一单中小企业私募债券成功发行，发行规模为5000万元。自此，私募债券市场进入快速发展期，2012年当年共发行114只私募债券，发行规模为131亿元；2013年和2014年发行数分别为271只和393只，发行规模也分别达到359亿元和650亿元。[①] 2015年1月，证监会在总结试点工作经验的基础上，对公募和私募债券的发行规定进行整合，出台了《公司债券发行与交易管理办法》（以下简称《管理办法》），该办法在规范公开发行债券的同时，对非公开发行公司债券的条件、程序等作出了具体规定。

然而，在证券交易所申请转让的私募债券市场规模不断壮大的同时，债券违约现象逐渐抬头。据统计，2014年至2016年7月，近20只私募债券出现违约情况。[②] 债务违约的发生暴露出欺诈发行等违规问题，[③] 引起了一系列民事诉讼，一些案件甚至进入了刑事诉讼程序。我国《刑法》第160条规定：“在招股说明书、认股书、公司、企业债券募集办法中隐瞒重要事实或者编造重大虚假内容，发行股票或者公司、企业债券，数额巨大、后果严重或者有其他严重情节的，处五年以下有期徒刑或者拘役，并处或者单处非法募集资金金额百分之一以上百分之五以下罚金。”在该条的具体适用上，形成了两种对立观点。一种观点认为，《刑法》第160条所规定的“债券”仅指公开发行的债券，而不包括私募债券。其主要理由是1997年刑法制定之时，私募债券尚未存在，对欺诈发行私募债券行为追究刑事责任不符合立法者原意。另一种观点则认为，《刑法》第160条规定的“债券”包括“私募债券”，对于欺诈发行私募债券的行为应当依法追究刑事责任。这两种观点之间应作何取舍？

---

① http://bond.hexun.com/2015-07-13/177500743.html.

② 戴小河：《私募债违约频现》，和讯网，http://funds.hexun.com/2016-07-01/184687575.html。

③ 比如，2015年1月15日，由江苏东飞马佐里纺机有限公司发行、在深交所挂牌交易的“12东飞01”中小企业私募债未能按时兑付本息，发生实质性违约。而为该债券提供全额无条件不可撤销连带责任保证担保的东台市交通投资建设集团有限公司声明称，东飞私募债担保函非公司出具的真实文件，公司不对此担保函以及与之有关的合同、文件、资料等承担任何责任。参见孙红娟《“12东飞01债”违约 真假保函引发“担保”之谜》，一财网，http://www.yicai.com/news/4547900.html。

二　对《刑法》第160条适用对象的正当解释

私募债券市场所产生的法律适用争议，反映了我们证券市场监管乃至金融监管所面临的现状。一方面，证券市场迅速发展，新类型证券和新型交易行为层出不穷，亟待规范；另一方面，证券监管立法相对滞后，无法对将来可能出现的市场行为作出周全的规定，导致新类型证券案件容易陷入法律争议。事实上，在经济相关领域，法律规定滞后于经济实践是必然的。但即便如此，法律规定未必就无法发挥作用，通过法律解释的方法也能够使已经制定的法律适应不断发展的经济实践。正如张明楷教授所言，任何刑法条文都有解释的必要，刑法解释有助于正确理解刑法规定的含义与精神，从而有利于刑法的正确实施。①

（一）《刑法》第160条适用于私募债券符合刑法文义

欺诈发行私募债券是否适用第160条规定，主要分歧在于对其中“发行股票或者公司、企业债券”这句话的解释。赞成适用的观点认为对其应作广义的解释，而反对的观点则认为应作狭义的解释。对刑法的解释，必须符合罪刑法定原则。罪刑法定原则的首要含义是禁止类推，这也是法无明文规定不为罪的应有之义，禁止类推要求对刑法的解释不能超出法律条文文义的可能范围。② 因此，对两种解释观点的评价，首先要考察其有无超出《刑法》第160条的文义可能范围。

就“发行公司、企业债券”本身的文义而言，公开发行和非公开发行均是发行的一种形式，单纯从“发行”一词无法得出其究竟是指公开发行还是非公开发行。而债券是私募还是公募，主要是由发行的方式来决定的。既然“发行”一词包含两种文义，“债券”一词自然也不能仅限定为公开发行的债券。当然，全面理解刑法条文的文义，不能仅仅局限于条文本身。我国刑法规定的欺诈发行债券罪中的“债券”，出自证券法等相关法律规定，刑法所规范的“债券”的含义，应当与证券法等法律的规定保持一致。我国《证券法》第2条第1款规定：“在中华人民共和国境内，股票、公司债券和国务院依法认定的其他证券的发行和交易，适用本法；本法未规定的，适用《中华人民共和国公司法》和其他法律、行政法规的

---

① 张明楷：《刑法学》，法律出版社，2011，第33页。

② 陈兴良：《教义刑法学》，中国人民大学出版社，2014，第37～39页。

规定。”该条没有对股票、债券作出直接定义，但是证券法的其他条文却对非公开发行作了规定。《证券法》第 10 条第 3 款规定：“非公开发行证券，不得采用广告、公开劝诱和变相公开方式。”尽管该条文属于禁止性规定，但足以表明证券法所规范的证券包括非公开发行证券和公开发行证券两个部分，均属于证券法的适用范围。因此，《刑法》第 160 条中“债券”在文义上也应包含非公开发行债券与公开发行债券。

持反对适用观点的人认为，刑法在 1997 年实施时，我国尚未出现私募债券，因此对当时的立法者而言，第 160 条中所规定的“债券”自然不可能包含“私募债券”。对此，笔者并不赞同。不仅是《刑法》第 160 条，任何刑法条文的解释都不能将此种理由作为根据。首先，就文义本身而言，“发行债券”包含“公开发行债券”和“非公开发行债券”毋庸置疑，历次刑法修正案均未对条文内容进行修改，不能仅凭此便认为立法者仍将“债券”视为立法之时存在的“公募债券”。我们完全可以作另一种推断：因为“债券”一词足以涵盖两种发行形式的债券，立法者已经认识到了社会的发展变化，但因条文文义本身所能涵盖没有修改之必要，故没有作出修改，否则反而徒增条文之繁复。而且，如果立法者已经意识到应当将私募债券排除在外，则在修法时对第 160 条作出修改限缩其文义更为妥当。其次，文义的内涵随社会变迁会发生变化，当下的法律适用者不能拘泥于文义在某一历史阶段的意义，若此，可能造成法律适用与现实需求的脱节。特别是 2012 年中小企业债券试点后，证监会已经明确将公开发行债券和非公开发行债券都作为公司债券进行管理，将私募债券包含在内符合国民的通常理解，没有超出国民的可预测性。当然这并不是说任何法律适用都应接受变化了的文义内涵，这就涉及目的解释的方法。

（二）《刑法》第 160 条适用于私募债券符合立法目的

如前所述，不论是否将私募债券作为《刑法》第 160 条的适用对象，从文义解释的角度而言，都没有超出其文义的范围。但最终究竟应采取何种解释，不能局限于文义本身，必须诉诸正当的解释标准。前述反对将私募债券作为《刑法》第 160 条适用对象的观点，实际上是将立法者原意作为解释正当性的标准，即透过立法者制定法律时的主观意思或立法原意来探寻法律的真实含义。但笔者认为，这种将立法者原意作为解释标准的做法，并不符合法律的精神。

关于解释的标准，历史上主要形成两种见解。一种是以探究历史上立法者的心理意愿为解释目标的“主观论”或“意志论”，即前述观点的立场。另一种是以解释法律内存的意义为目标的“客观论”。[①] 在两种观点的交锋中，“客观论”更加符合法律的精神，为绝大多数学者所赞同。法律意义并非固定不变的事物，它随着生活事实而变化——尽管法律文字始终不变，其意义却会随着生活本身而变化。[②] 如拉伦茨所言，适用中的法律属于客观精神的存在阶层，它的特质在于它既非物理、心理上的存在，也非精神的存在，它存在于时间中，并且与之一齐演进。[③] 因此，法律解释的最终目标只能是探求法律在今日法秩序中的标准意义，历史上的立法者原意只能作为确定法律在法秩序上的标准意义的有益补充。[④] 对刑法的解释，也是如此。刑法解释的目标是存在于刑法规范中的客观意思，而不是立法者制定刑法规范时的主观意思或立法原意。[⑤] 对《刑法》第 160 条适用范围存在的多种解释，取舍的关键不在于立法者在制定刑法时赋予“债券”的意义，而在于立法当时该法条所欲保护之法益。不论采取哪一种解释方法，最终都要服从于此。符合立法目的的解释，不论是超出了立法者原意还是属于立法者的原意，在文义可能范围内都是正当的解释，反之则不应采纳。

信息披露制度构成了现代证券市场的核心内容，它贯穿于证券发行、流通的全过程。[⑥] 各国证券监管规则的设计，主要围绕信息披露而展开，其目的在于通过信息披露来帮助投资者评估证券质量，防止公司的欺诈行为。[⑦] 我国的证券监管规定亦是如此。信息披露制度要求发行人必须真实、准确、完整地披露信息，不得有虚假记载、误导性陈述或者重大遗漏，确保投资者凭借披露信息作出正确的投资决策。一旦发行人在披露时存在欺

---

① 〔德〕卡尔·拉伦茨：《法学方法论》，陈爱娥译，商务印书馆，2003，第 197 页。另外还存在折中说、现代主观说等，实际上都是上述两种观点基础上的延伸。

② 〔德〕阿图尔·考夫曼：《类推与“事物本质”——兼论类型理论》，吴从周译，台湾学林文化事业有限公司，1999，第 89 页。

③ 〔德〕卡尔·拉伦茨：《法学方法论》，陈爱娥译，商务印书馆，2003，第 198 页。

④ 〔德〕卡尔·拉伦茨：《法学方法论》，陈爱娥译，商务印书馆，2003，第 199 页。

⑤ 张明楷：《刑法学》，法律出版社，2011，第 33 页。

⑥ 赵威、孟翔：《证券信息披露标准比较研究》，中国政法大学出版社，2013，第 15 页。

⑦ 施天涛、李旭：《从“选择披露”到“公平披露”——对美国证券监管新规则的评介与思考》，《环球法律评论》2001 年冬季号。

诈行为，必将误导投资者的决策使其因此蒙受损失，同时损害证券市场功能的发挥。因此，为了保护债券投资者的利益、促进债券市场的健康有序发展，必须通过行政和刑事的手段对信息披露违法行为予以惩处。我国刑法之所以设立《刑法》第 160 条，就是因为，发行股票、债券过程中的信息欺诈行为，其实质就是欺骗投资者，使投资者在不明真相的情况下作出错误的决策和选择，陷入高风险之中，这不仅会给投资者带来重大的经济损失，还会扰乱证券市场管理秩序。[①] 这是《刑法》第 160 条的立法目的所在，对该条文进行解释，应当以此为出发点。就私募债券而言，尽管在制度设计上与公募债券存在区别，但信息披露依然是保护私募债券投资者利益、保护私募债券市场秩序的核心制度，欺诈发行行为的社会危害性在私募债券市场也现实存在着。

首先，合格投资者的决策仍然受到信息披露真实性的较大影响。私募债券发行虽然在合格投资者及其人数方面受到限制，但其毕竟不同于一般的民间借贷，不是仅在合同双方之间进行发行和转让，通过向交易所申请等途径可以在特定范围内发行和转让。相对于中小投资者而言，合格投资者对投资信息的判断更为专业，风险承受能力更强。但私募债券作为在特定范围内可流通的标准化证券产品，合格投资者的投资决策在较大程度上仍依赖披露信息的真实性、完整性、准确性，欺诈发行行为不可避免地会影响投资决策进而损害投资者合法权益。因此，证监会和交易所对信息披露的真实性要求仍十分严格。《深圳证券交易所非公开发行公司债券业务管理暂行办法》第 16 条明确规定："发行人、专业机构、增信机构及其相关人员应当确保向本所提交或者出具的文件内容真实、准确、完整，不存在虚假记载、误导性陈述或者重大遗漏，并确保提交的电子件、传真件、复印件等与原件一致。"

其次，欺诈发行直接侵害合格投资者利益，进而可能侵害众多中小投资者的利益。在私募债券市场的合格投资者中，除了以自有资本进行投资的投资者之外，还包括集合社会公众资本进行投资的投资者。比如，《深圳证券交易所非公开发行公司债券业务管理暂行办法》规定的合格投资者的投资对象为：金融机构面向投资者发行的理财产品，包括但不限于证券公司资产管理产品、基金及基金子公司产品、期货公司资产管理产品、银

① 郎胜主编《中华人民共和国刑法释义》，法律出版社，2015，第 218 页。

行理财产品、保险产品、信托产品以及经中国证券投资基金业协会备案的私募基金。在这些合格投资者的背后，实际上是众多中小投资者的利益。就投资私募债券的理财产品而言，欺诈行为实际上侵害的是购买理财产品的众多中小投资者的利益。

基于以上因素，欺诈发行行为对私募债券的发行秩序以及对公司企业的管理秩序的损害是不言而喻的，如果欺诈行为导致债券违约行为的频繁发生，损害的必将是整个私募债券市场的发展。因此，可以说，欺诈发行私募债券的社会危害性与公募债券相比，只有程度的差异，没有本质的区别，对这种行为给予刑事惩治符合《刑法》第 160 条的立法目的。

（三）小结

刑法条文文义的可能范围是刑法解释的界限，超出这一界限，任何解释都因违反罪刑法定原则而无效，而对这一界限之内的各种解释，则需要从立法目的出发作出取舍，只有符合立法目的的解释才是正当的。将《刑法》第 160 条适用于私募债券，符合社会公众对当下“债券”这一文义的认知，且其定义已经通过证券法、《管理办法》等法律规定得到进一步明确，同时这一做法也符合该条文的法益保护目的，对其中的严重违法行为，可以欺诈发行债券罪定罪处罚。

三　欺诈发行私募债券行为的立案追诉标准

《刑法》第 160 条可以适用于私募债券发行中的欺诈行为，但在具体适用时，不能忽视私募债券与公募债券在发行方式、发行对象、发行条件、交易方式等方面存在的区别。（1）发行方式。根据证监会《管理办法》的规定，私募债券的发行，不得采用广告、公开劝诱和变相公开的方式，这些发行方式均属于公开发行的范畴。（2）发行对象。私募债券发行人数不得超过 200 人，而且其投资对象必须是符合交易所规定条件的合格投资者。对公开发行债券则没有这方面的限制。（3）发行条件。证监会发布的《管理办法》对公开发行债券实行核准制，并规定了强制性的发行条件，而非公开发行债券在赢利能力、信用评级等方面都没有强制性规定，申请交易所转让的仅由交易所对债券材料、申请材料的完备性进行核对。在信息披露的要求上，公开发行债券实行法定披露制度，而非公开发行债券则是按照募集说明书的约定履行信息披露义务。[①]（4）交易方式。非公开债券不能像公开发行债券一样上市交易，只能在特定的市场进行交易。对非公开发行公司债券而言，可以申请在证券交易所、全国中小企业股份转让系统、机构间私募产品报价与服务系统、证券公司柜台转让。深交所和上交所都规定了专门的转让机制。

基于两者存在上述区别，欺诈发行行为对刑法所保护法益的侵害方式和侵害程度都会有所差别。在适用《刑法》第160条时，欺诈发行私募债券的定罪量刑标准不能与公募债券等同视之，必须结合私募债券的特点来具体把握。笔者以为，主要应考虑以下两个方面的因素。

第一，欺诈行为对投资决策的影响程度。为了私募债券的发行便利，证监会和交易所在一定程度上简化了发行要求、减轻了发行人的责任，使投资人承担更高风险。因此，合格投资者应当对其决策的结果承担更多的责任，在判断欺诈行为是否构成《刑法》第160条规定的"隐瞒重要事实或者编造重大虚假内容"要件时，应当结合投资人的具体决策过程作出评价。当前，对公募债券欺诈发行是否构成上述要件的判断，主要是根据《关于公安机关管辖的刑事案件立案追诉标准的规定（二）》（以下简称《立案追诉标准（二）》）对《刑法》第161条违规披露、不披露重要信息罪规定的相关标准来把握，内容包括：虚增或者虚减资产达到当期披露的资产总额百分之三十以上的、虚增或者虚减利润达到当期披露的利润总额百分之三十以上的，未按照规定披露的重大诉讼、仲裁、担保、关联交易或者其他重大事项所涉及的数额或者连续十二个月的累计数额占净资产百分之五十以上的，致使公司发行的股票、公司债券或者国务院依法认定的其他证券被终止上市交易或者多次被暂停上市交易的，致使不符合发行条件的公司、企业骗取发行核准并且上市交易的，在公司财务会计报告中将亏损披露为赢利，或者将赢利披露为亏损的，等等。这些指标均是针对公开发行股票、债券而设置的，当然不能适用于对欺诈发行私募债券行为的

---

① 证监会《管理办法》第43条规定："公开发行公司债券的发行人应当按照规定及时披露债券募集说明书，并在债券存续期内披露中期报告和经具有从事证券服务业务资格的会计师事务所审计的年度报告。非公开发行公司债券的发行人信息披露的时点、内容，应当按照募集说明书的约定履行，相关信息披露文件应当由受托管理人向中国证券业协会备案。"笔者认为，一旦债券发行人在募集说明书中作出约定，则必须受到信息披露规则的约束，其效力与强制信息披露并无差别，不能因此减轻私募债券发行人信息披露违法的责任。

定罪处罚，如果欺诈行为没有达到影响合格投资者投资决策的程度，则不应追究发行人的刑事责任。

第二，欺诈行为的社会危害程度。欺诈发行私募债券行为对投资人利益、私募债券市场秩序的损害，容易受到发行对象、发行人数、转让方式、市场活跃程度等因素的制约。在评价其社会危害性是否达到值得科处刑罚的程度时，应当综合考察每只私募债券产品的特征。《立案追诉标准（二）》主要规定了五种情形，分别是：（1）发行数额在五百万元以上的；（2）伪造、变造国家机关公文、有效证明文件或者相关凭证、单据的；（3）利用募集的资金进行违法活动的；（4）转移或者隐瞒所募集资金的；（5）其他后果严重或者有其他严重情节的情形。这些指标主要也是针对公募债券设置的，特别是在没有（2）~（4）的情形时，仅凭借发行数额无法有效区分私募债券和公募债券之间在社会危害性上的差别。因此，欺诈发行私募债券罪是否达到情节严重，不能简单地套用既有的立案追诉标准，在当前相关判例不多的情形下，必须结合具体案情具体把握，确保刑事追究符合罪责刑相适应的原则。

四　结语

鼓励私募债券的发行，是多层次资本市场体系建设的重要内容，为解决中小企业融资难问题发挥了重要作用。但是，由于私募债券发行准入门槛较低，发行和交易过程中更容易产生信息披露违法现象，不予以惩处将严重损害私募债券市场的健康发展。对情节严重的欺诈发行私募债券行为适用《刑法》第160条，既符合私募债券市场健康发展的需要，也符合罪刑法定的基本原则。但在具体适用时，需要准确区分行政违法与刑事违法之间的合理界限，特别是要构建起区别于公募债券的立案追诉标准，体现罪责刑相适应的原则。私募债券面临的法律适用争议是证券市场发展的一个缩影，在新三板市场等新兴领域，也面临类似的问题。对于证券市场发展过程中出现的新生事物，既不能坐等法律的修改，也不能盲目地适用法律，应从其行为本质出发，运用法律解释的方法准确适用相关法律，在符合立法目的的前提下推动法律适用，与时俱进。

（清华大学法学院2015级博士研究生　贝金欣）

第三节

A股恶意做空行为的刑法规制*

一 A股暴跌原因分析及问题的提出

“股市”无疑成为近两年金融界以及金融刑法学界最为敏感的词之一，继2008年股市大跌，历经7年漫长的“熊市”之后，我国A股市场于2015年初再次迎来了“牛市”。回顾该轮A股发展过程，从2014年7月末的2000点左右起，于2015年6月12日达到本轮牛市最高的5178.19点，给民众带来股市回春并不断升温的感觉。但自2015年6月12日起，局面扭转直下，18个交易日A股暴跌达34.85%，千股跌停场面频繁出现，A股市值蒸发约21万亿元。① 与此同时，救市政策与资金逐渐注入，7月9日A股出现大幅上涨，从千股跌停到千股涨停均在一日之间完成，9日起，股市逐渐回暖，至7月24日，A股市值增加约9万亿元，但当日股市再度出现1.29%跌幅，7月25日再现千股跌停，跌幅达8.48%，创7年来最大单日跌幅，A股市场的波动背离了市场的基本规律。②

据《每日经济新闻》报道，在2015年6月，持有市值50万~500万

---

* 本节系2016年江苏省社会科学基金项目“我国‘犯罪人—被害人—国家’三元范式犯罪论体系转向”（项目编号：16FXD004）阶段性研究成果；2017年中国法学会部级研究课题“国家经济安全保障视域下金融犯罪防范与规制研究”阶段性研究成果。

① 以梅雁吉祥（600868）股票为例，2015年5月28日达到一年多以来的最高点，股价达9.31元，但是当日下午沪指放量重挫6.5%，跌321点，梅雁吉祥以8.49元收盘，当日出现本轮牛市的首次千股跌停场面，之后数日，股市进入调整恢复阶段。直至6月12日，沪指达到本轮牛市最高点后，A股市场进入了震荡跌幅期。后经过6.12元、6.29元等数次大跌后，直至7月9日梅雁吉祥开盘跌破发行价6元（1994年9月14日）而低至2.99元。

② 而股市整体行情就此重新回归低迷期，截至2017年5月，上证指数始终在3100点左右徘徊。

的个人账户有212973个“消失”，500万元以上账户也有近3万个不见踪迹；据《凤凰财经》报道，2015年6月股市15个交易日里股民人均亏41万元。简言之，该轮股市暴跌超出了基本的技术面分析，背离了股票市场的基本规律，引发了大规模的市场恐慌情绪。反思此次暴跌的重要原因，主要有以下几个方面：融资杠杆场外配资超出市场预期，1:3、1:5、1:10杠杆频发，截至5月20日，两融余额规模超过2万亿元，融资量大加上平仓的机制存在，使得该轮做空行为更易操作；IPO过度发行，2015年6月IPO拟发行23家，7月第一批IPO拟发行28家，以6月为例，两轮IPO冻结资金达11万亿元；恶意做空行为占主动权，连续十几个交易日出现恶意砸盘非理性的做空股市现象。

对于融资杠杆问题，2015年7月16日起，恒生电子公告系统端口主动作出限制，包括禁止新开账户、回收不活跃账户等。因为HOMS系统接入的客户资产规模，占场外配资市场逾八成份额，整个场外配资整体情形发生根本改变，在HOMS作出限制后的半个月内，场外配资规模急剧缩减。据券商披露，目前两融杠杆已收缩杠杆1:1成行业最高通用标准。A股暴跌之际“定向降息降准”“A股交易经手费降30%”等一行三会出具的多种利好措施，均未使大盘出现反转迹象，加之7月按计划拟发行28家IPO，无疑会成为压垮股市的最后一根稻草，对于IPO，7月4日证监会紧急叫停，已缴退款6日前全部退回，IPO发行暂缓推迟。最后，也是最为重要的，对于恶意做空股市的行为，公安部最早介入恶意做空调查的时间是7月9日上午，副部长孟庆丰带队到证监会，会同证监会排查近期恶意卖空股票与股指的线索，而沪指当日在3373点止跌反弹。关于公安部介入调查恶意做空行为的案件进展情况，由于刑事案件的特殊性未全面公开，但可以得出恶意做空行为已经上升到刑法规制层面的结论。2015年7月16日、17日两日股票市场走势较为稳定，7月17日证金公司获得17家银行万亿元资金支持，期指结算日得以平稳过度。A股平稳上升直至7月24日（周五），尾盘跳水，当日跌幅达1.29%，7月27日A股再次遭遇暴跌，达8年来最大跌幅8.48%。7月24～27日，中铁二局、兰太实业等8家大股东涉嫌违规减持、短线交易等违规操作被证监会调查，对于做空行为的调查已是近年来规范股票市场的重点内容。

以上是本节的立意背景，该轮股市中出现的暴跌是突破了基本面分析的非正常现象，是多种原因综合作用的结果，对于前面所述的两个重要原因，证券监管部门彼时已采取措施进行规范。其中，场外配资的实质是以证券为担保的资金借贷，不具有非法经营证券业务的刑事违法性，并不直接构成非法经营犯罪。[①] 而对于A股做空行为问题的研究则需要法律评价，至于是否动用刑法进行规制、如何规制则存在法律上的争议，是本节的研究重点。本节旨在对我国A股市场中的做空行为（以下简称做空行为）进行法律评价，抽离出来影响证券交易量的具有社会危害性的恶意做空行为，对其进行概念界定及刑法规制评价。需要说明的是，对于2015年股市中所暴露出来的违规、违法、犯罪问题至今还在“清算”中，2017年5月，中信证券因2015年“融资融券”违规被罚三亿元；2017年1月，徐翔操纵证券市场案一审宣判……可以说，股灾虽事过两年但影响犹在，在认真总结2015年股市异常波动的经验教训基础上，2017年证券法在制定和修改过程中，增加了证监会依法监测并防范、处置证券市场系统性风险的原则性规定。此外，该轮股灾所暴露的法律问题仍需厘定，之于刑法学研究的视角，刑法在金融犯罪尤其是证券犯罪中的基本立场需要进一步明确，《刑法》第182条第4款兜底条款的适用需要进一步解释。对于我国A股恶意做空行为的刑法规制问题的探讨，需要首先明确做空行为、恶意做空行为的定义。

二　做空行为的概念厘定及法律评价

（一）做空行为的概念厘定

做空，又叫空头，与多头相对，是股票、期货等市场的一种操作模式，根据标的资产来划分，包括期货做空、股票做空、指数做空。我国融资融券首单业务于2010年3月31日在沪深两市进行，自此，我国A股市场做空机制正式形成。所谓“做空机制”，是指投资者判断市场处于高位，即将出现下跌走势，预先借入别人的股票卖出，再于低位买回还给借方平仓的行为。[②] 由于尚未推出股票期货，我国目前可以“做空”股市的手段，包括融券和股指期货。[③] 融资是借钱买证券，称为“买空”，融券是借证券

① 谢杰：《后“股灾”背景下资本市场犯罪的刑法规制》，《法学》2015年第12期。

② 张梅、蔡雪雄：《证券做空机制与风险监管》，《南京社会科学》2011年第1期。

③ 王性玉：《中国A股市场引入做空机制的市场风险分析》，《金融理论与实践》2011年第12期。

来卖，称为“卖空”，做空行为的内容包括但不限于股票做空，以股票做空为例，指投资者认为某些个股价格偏离价值而被高估，预期行情将下跌，而将手中股票按目前价格卖出的操作行为。[①]

做空机制在我国成立的优点在于弥补了 A 股市场先前存在的普遍“单一做多”的缺陷，既为投资者提供了另外一种套期保值的手段，又有间接稳定股价，解决单边做多股市中暴涨暴跌、股价虚高的问题。对于做空机制的风险问题，金融界并没有达成一致结论，但是大多数学者认为这种机制能够平稳抑制市场的波动，但是在资本市场运行不健全，以及“利空”消息频发的情况下，如果被投机力量利用从而操纵股市，那么严重时会出现市场失真、股市暴跌的情况，2015 年的 A 股暴跌就是市场失真的典型。可以看出，通常情况下，也即在资本市场运行良好的情况下，做空机制的存在实际上与单边做多的交易习惯形成有效对冲，二者相互制约、相互影响，从而稳定股价、维护股票市场的正常运转。简言之，做空机制集合风险与暴利，对于股票市场来讲同样是把双刃剑，有积极的意义，但天然的负面影响也不容小觑，尤其对于现存规则有漏洞、信息极不对称的 A 股市场而言，在资本运转不健全的情况下，如市场监管体系松懈、证券等相关法规规制不健全、融资融券业务被过度放大、做空交易风险控制机制不完备等情况下，做空机制的运行就容易被“恶意做空”行为左右，其负面影响足以引发金融动荡，阻碍股市健康发展。

（二）做空行为的法律规制

如上文所述，做空行为要一分为二地来看待。我国已确立做空机制的存在合法性，因此通常情况下的做空行为是法律所允许的，是正常的市场行为。简言之，做空机制的存在有其合法合理的依据，但是这并不代表所有的做空行为都是合法的，对于做空股市的违法行为应当通过证券法、《期货交易管理条例》等相关法律法规进行规制，前文提到，融券和股指期货是我国目前可以“做空”股市的两种手段，对于融券市场的违法行为，主要由证券法及其配套规定规制，对于股指期货市场的违法行为主要通过《期货交易管理条例》（2012 年修订）（以下简称《条例》）及配套规定来进行规制。做空行为并不是法律上的概念，因此，对做空行为的法律规制要归结于立法中的具体行为方式，例如操纵证券市场的行为。此外，

---

① 最高人民法院民事审判第二庭编《金融案件审判指导》，法律出版社，2015，第 473 页。

当做空行为侵犯了金融管理秩序，具有严重社会危害性时，则应当由刑法来规制，下文将着重阐述恶意做空行为的刑法规制问题。

在2005年证券法出台之前，规制操纵证券市场行为的依据是国务院证券委员会1993年发布的《禁止证券欺诈行为暂行办法》[①]，规定了7种操纵证券市场的行为。2008年1月15日，温家宝总理签署了第516号中华人民共和国国务院令，决定废止《禁止证券欺诈行为暂行办法》，相关内容由2005年10月27日中华人民共和国主席令第43号公布的《中华人民共和国证券法》代替。原操纵证券市场行为的7种行为方式，由2005年证券法第77条[②]规定的4种操纵证券市场的行为方式替代。相应的2006年《刑法修正案（六）》修改《刑法》第182条之规定，与证券法所规定的操纵证券市场的行为方式相一致，应受刑罚处罚和行政处罚的区别在于不法程度的差异。同时，由于两个法条的第4款均规定了操纵证券市场行为的兜底条款，形成了“双兜底”的立法局面。2007年，证监会出台并试行了《证券市场操纵行为认定办法》，针对新的操纵证券市场手段与方式，将操纵市场行为规定为八大类加以认定，即连续交易、约定交易、自买自卖、蛊惑交易、抢先交易、虚假申报、特定价格、特定时段交易，其中后五类行为的规制则适用兜底条款的规定。前文提到，做空行为并非法律上的概念，回归法律评价的视野，做空行为则可具体表现为连续交易、约定交易、自买自卖等卖空行为。

（三）恶意做空行为的概念厘定及刑法评价

首先，“恶意做空”是做空行为的一种表现方式，是证券、期货交易市场的交易实践中形成的既有概念而非法律概念，证券法和《条例》等相关法律法规没有“做空”“恶意做空”的规定。据新华社、《第一财经日报》、《中国证券报》报道整理，“恶意做空”是通过联合操纵做空机制获

① 其中第8条规定的操纵市场行为包括：（1）通过合谋或者集中资金操纵证券市场价格；（2）以散布谣言等手段影响证券发行、交易；（3）为制造证券的虚假价格，与他人串通，进行不转移证券所有权的虚买虚卖；（4）出售或者要约出售其并不持有的证券，扰乱证券市场秩序；（5）以抬高或者压低证券交易价格为目的，连续交易某种证券；（6）利用职务便利，人为地压低或者抬高证券价格；（7）其他操纵市场的行为。

② （1）单独或者通过合谋，集中资金优势、持股优势或者利用信息优势联合或者连续买卖，操纵证券交易价格或者证券交易量；（2）与他人串通，以事先约定的时间、价格和方式相互进行证券交易，影响证券交易价格或者证券交易量；（3）在自己实际控制的账户之间进行证券交易，影响证券交易价格或者证券交易量；（4）以其他手段操纵证券市场。

利，而非纯粹为了规避风险或投资，界定是否“恶意做空”，可根据是否一起约定做空时间、做空的方向，以及是否集合各方力量等，在证券期货市场放出一些重大利空的虚假消息，也可能涉及“恶意做空”。[①] 这些报道对于恶意做空的行为表现方式进行了整理，但是列举的方式就决定了概念的不周延，无法涵盖恶意做空行为的全部，如大股东利用内部人信息优势及投票权优势，操纵公司利润分配方案并高价减持，则有操纵股价及内幕交易之嫌，可认定为恶意做空行为。与此相似，证监会新闻发言人邓舸于2015年股灾时曾表示，如跨市场、跨期现市场操纵等行为属于恶意做空。[②] 显然，这种回应同样是从恶意做空行为的表现方式来定义，但从证监会的这种回应中可以看出，其对恶意做空行为的判断首先从客观方面（行为）来定性，通过认定恶意做空行为来判断行为人主观方面的恶意，这种判断方式与刑法客观主义如出一辙。事实上，由于客观主义刑法观的逐步确立，判断犯罪的成立坚持从客观到主观的逻辑判断，要求通过客观行为来判定行为人的主观方面，这也是客观主义刑法观所要求的“刑罚惩罚行为，而非行为人”，行为是主观见之于客观的外在征表，也只有从行为出发，才能更准确地接近事实真相，解决证明行为人主观方面的难题。

恶意做空可以在跨市场、跨期现市场中完成，也当然可以发生在单一市场，“恶意”的称谓承载了市场操纵的规范判断，在法律解释上，“恶意”是相对于“善意”而言，尝试从主观故意的角度强调行为人明知自己的做空行为会影响市场价格、交易量结果而仍然意图从中获取经济利益。[③] 本节旨在研究A股市场的恶意做空行为（以下简称恶意做空行为），将恶意做空行为的“恶意”理解为“故意”，本节认为恶意做空行为是行为人故意持有或控制一定量的证券并达到一定卖空的交易量，造成影响证券交易价格或交易量变动的行为。恶意做空行为要具有严重的社会危害性才由刑法规制，而其严重社会危害性的判断依据则是2010年5月7日最高人民检察院、公安部联合发布的《关于公安机关管辖的刑事案件立案追诉标准（二）》第39条的规定，具体立案的追诉标准，如第1款有关连续交易的

① 《恶意做空该怎么定罪》，http://shanxi.china.com/hdjl/hhlt/11162477/20150712/19997294.html，最后访问日期：2017年5月10日。

② 《“恶意做空”该怎么定性》，http://finance.eastmoney.com/news/1353，20150714526949157.html，最后访问日期：2017年5月10日。

③ 谢杰：《后“股灾”背景下资本市场犯罪的刑法规制》，《法学》2015年第12期。

规定，“单独或者合谋，持有或者实际控制证券的流通股份数达到该证券的实际流通股份总量30%以上，且在该证券连续20个交易日内联合或者连续买卖股份数累计达到该证券同期总成交量30%以上的”。也即，依据“持有或控制量+交易量”来进行判断，而这一判断的前提是掌握本节对恶意做空行为的刑法规制，限定恶意做空行为在刑法定位上是可罚的“操纵证券市场”行为。至于恶意做空行为的刑法规制原则，需依据刑法的基本原则进行具体分析。

三　恶意做空行为的刑法规制原则

（一）法益保护原则——以法益主体保护为视角

法益保护原则是刑法的基本原则，法益的厘定对刑事司法具有重要指导作用，在解释犯罪的构成要件时，必须首先明确其所要保护的法益。李斯特认为，“法益是法所保护的利益，所有的法益都是生活利益，是个人的或者共同社会的利益；产生这种利益的不是法秩序，而是生活，但法的保护使生活利益上升为法益”。[①] 张明楷教授认为，法益是根据宪法的基本原则，由法所保护的、客观上可能受到侵害或者威胁的人的生活利益，包括建立在保护个人利益基础上因而可以还原为个人利益的国家利益与社会利益，其中由刑法所保护的人的生活利益，就是刑法上的法益。[②] 只有当与人的生存与发展直接相关的切身的重大利益遭受侵犯时，刑法才对其行为进行规制。刑法保护的法益以能够最终还原为个人利益为基础，是对法益主体的保护。韩忠谟教授认为，“法益必有其附丽之主体，此附丽之主体即法益之保有人，法律保护各种法益，实系保护各该法益之保有人，当法益被侵害时，该法益之保有人即为被害人”。[③] 该论述精准地说明了被害人在刑事规范层面与犯罪侵害实质的法益（犯罪客体）的本质关系。学界对于法益概念的基本认同在于，法益是与人生活相关的利益，且社会法益、国家法益均要还原为个人法益。证券犯罪规定在我国刑法分则第三章第四节破坏金融管理秩序罪中，属于我国刑法破坏社会主义市场经济秩序罪的一类罪名，关于此类犯罪的法益侵害属性，通说认为侵犯的是国家对

---

① 〔德〕李斯特、施密特：《德国刑法教科书》，徐久生译，法律出版社，2006，第4页。

② 张明楷：《刑法学》（第5版），法律出版社，2016，第63页。

③ 韩忠谟：《刑法原理》，北京大学出版社，2009，第88页。

于某一特定市场经济领域的管理秩序。本节认为对于社会主义市场经济秩序这一法益要以还原为个人法益的保护为根本，对于其中金融犯罪中的证券犯罪有无被害人的问题，即是否同时侵害到个体财产法益本节持肯定态度，刑法对金融管理秩序的保护不仅在于对社会法益的保护，也在于个人法益保护的还原。本节拟从法益主体保护的角度分析恶意做空行为可能涉嫌操纵证券市场罪的刑法规制问题。关注的重点是被害人因素对行为人的行为是否构成犯罪、构成何种犯罪，以及是否应承担刑事责任、应当承担多大的刑事责任产生影响。[①]

操纵证券市场罪是证券犯罪中的典型罪名，刑法明确了该罪的结果要件，因此通说观点认为该罪是狭义的结果犯，即“影响证券交易价格或者证券交易量”。证监会 2006 年《证券市场操纵行为认定指引》对“影响证券交易价格或者证券交易量”做了进一步解释，指行为人的行为致使证券交易价格异常或者形成虚拟的价格水平，或者行为人的行为致使证券交易量异常或形成虚拟的交易量水平。本节认为操纵证券市场罪的保护法益有主次之分，主法益为金融管理秩序，次法益为股民（被害人）的财产。一般情况下，证券交易价格或证券交易量的异常波动会直接造成股民的财产损失，2015 年股灾中频发的恶意做空行为是造成证券交易价格异常波动的元凶之一，影响证券交易价格或者证券交易量，最终造成了股民数以亿计的财产损失，从法益主体的角度出发，当行为人所实施的行为与被害人所遭受的损失之间存在刑法上所要求的因果关系时，该行为能够被认定为刑法所要规制的犯罪行为。只有一种特殊情形，即行为人由于意志以外的原因，其操纵行为对证券交易价格产生了逆向变化，使行为人自己惨遭财产损失，该客观上造成“影响证券交易价格或者证券交易量”的行为是否构成犯罪存在争议。有学者认为这种情况行为人不构成犯罪，基于因果关系的判断，其认为影响市场行情的因素多种多样，包含宏观经济政策、行业发展规划、CPI 等宏观经济数据发布等，不能将证券行情的异常波动全部归因于行为人的行为。[②] 还有学者认为，要综合证券基本面和相关外围因素，在其他指标正常而有行为人操纵证券市场行为的情况下，才能够认定

---

① 高铭暄、张杰：《刑法学视野中被害人问题探讨》，《中国刑事法杂志》2006 年第 1 期。

② 杜鹃：《操纵证券、期货交易价格罪的“是是非非”》，《检察风云》2008 年第 3 期。

其行为影响证券交易价格。[①] 本节认为，可以初步判断，依据相当因果关系说，行为人故意实施了操纵证券市场的行为，能够证明行为人操纵证券市场的行为是证券价格逆向变化的原因，产生了操纵证券市场罪的构成要件结果，即可认定行为人构成操纵证券市场罪，行为人自身获利或受财产损失与否不影响本罪的成立。自 2006 年《刑法修正案（六）》删除了原条文中的“获取不正当利益或者转嫁风险”的要件起，操纵证券市场罪的外延随之扩大，行为人的既得利益在所不问。值得注意的是，在该特殊情况下，次法益侵害的判断并不确定，也即股民是否遭受财产损失的判断并不明确，无法排除股民获利的可能性，但是由于在这种情况下，行为人侵犯了该罪的主法益，依然可以认定行为人构成操纵证券市场罪。反之，在行为人侵犯次法益而未达到侵犯主法益的情况下，也即股民财产损失既定，而行为人的行为尚未达到构成该罪所要求的持有量（或控制量）与交易量，该操纵证券市场的行为不应由刑法规制，而由证券法进行规制。

简言之，要想建立一种合理的刑法规制秩序，就必须以具有刑法意义上的法益之存在为前提，然后再判断某种行为是否具有法益侵害性。就恶意做空行为是否构成犯罪，司法机关应当首先判断其是否造成法益侵害，包含金融秩序的侵犯以及股民（被害人）的财产损失，其行为是否违法，行为人在实施行为时是否具有罪过，是否能够承担刑事责任，是否经过实质性判断。

（二）刑法谦抑原则——以部门法衔接为视角

刑法之谦抑思想，是刑法应基于谦让抑制之本旨，是立法者应当以最小的支出——少用甚至不动用刑罚（用其他刑罚代替措施），以获取最大的社会收益——有效地预防和控制犯罪。[②] 刑法以最严厉的制裁措施——刑罚来规制犯罪和惩治行为人，通过这种最为严厉的手段来保护法益的实现，必须要符合刑法的最后手段原则（体现在刑法谦抑性之中），当且仅当适用其他手段都难以奏效的情况下，才能适用刑罚手段来调整，刑法所保护的法益，只能是从维持社会秩序来看极为重要的利益。作为刑法理念的谦抑性，隐含于刑罚规范形成与适用的始终，指引着刑事立法与司法的

① 王崇青：《“抢帽子”交易的刑法性质探析——以汪建中操纵证券市场案为视角》，《政治与法律》2011 年第 1 期。

② 陈兴良：《刑法的价值构造》，中国人民大学出版社，2006，第 292 页。

内在操作，具体来说，谦抑性的介入程度与法益的重要性成反比。[①] 对刑法谦抑原则的理解既反映了刑法在全体法秩序中的定位，也直接决定了刑法与其他部门法之间的衔接立场，直接制约了刑法违法判断与民事不法、行政不法判断的关系。前文对恶意做空行为做了明确的定义，基于刑法谦抑原则的考量，一方面，恶意做空行为只有具有严重的社会危害性时才由刑法规制，另一方面，恶意做空行为的法律规制涉及刑法与行政法的衔接问题，需要具体分析。

刑法谦抑性原则的具体内容包括刑法不完整性、刑法紧缩性、刑法宽容性、刑法经济性等。其中，刑法不完整性包括刑法规范内容的不完整性和刑法规范功能的不完整性。刑法的调整范围是有限的，不能涵盖也不应介入社会正常的经济活动，因此无论是依据法益保护原则还是刑法谦抑原则，都要区分正常交易行为与违法犯罪行为，区分一般违法行为与破坏金融管理秩序的犯罪行为，区分合法做空行为与恶意做空行为，不具有严重社会危害性的恶意做空行为也非刑法规制。另外，即使行为侵害或威胁了他人的生活利益，也不是必须直接动用刑法来规制，换句话说，只有穷尽其他社会手段仍无法达到规制目的，必须代之以刑罚的手段时，才可以动用刑罚。刑罚是剥夺犯罪人生命、自由、财产的最为残酷的手段，因此，只能用作与防治犯罪所必要的“最后手段”（ultima ratio）。[②] 2017 年，全国人大正在推进期货法的立法及证券法的修改，最高人民法院正在调研证券期货市场民事赔偿责任制度，一系列的立法及司法举措将更加规范证券期货领域的制度性，对股票、期货等投资行为进行更加全面的规范，股票市场规制手段的发展趋势将是全方位、多方面的，而刑法的动用则是最后手段，这正是刑法不完整性的体现。

刑法的紧缩性，包括犯罪圈的收缩和刑罚圈的退让。一方面，刑法在划定犯罪圈之时应当限定范围。法律不应理会琐细之事，犯罪圈的范围越大，公民受约束的范围就越大，法律就越呈现暴力化倾向。立法者通过“情节严重”对操纵证券市场罪的犯罪圈予以限缩，将不具有严重社会危害性的操纵证券市场违法行为排除在犯罪圈之外。另一方面，对刑罚的动

---

① 简爱：《一个标签理论的现实化进路：刑法谦抑性的司法适用》，《法制与社会发展》2017 年第 3 期。

② 黎宏：《刑法学》，法律出版社，2014，第 7 页。

用要以不得已为之为前提。刑法紧缩性的实质就是在认识到刑法是一种“恶”的前提下，对刑罚权运作进行控制，尽量限制和减少刑罚权的动用。证券犯罪是法定犯，具备两次违法性的特征，从立法规定可以看出，恶意做空行为的法律规制涉及刑法与行政法的衔接，对于恶意做空行为的规制，证券法与刑法关于操纵证券市场行为的规定是一致的，二者只有程度上的差异没有本质的不同。一般情况下，由于这种立法规定的一致性，不存在部门法衔接的问题，刑法的规制以行政法的规定为前提，也即违法是一元的。但是如果证券法没有规定的行为，刑法是不是就不应当规制？行政法与刑法在规制范围、规制目的上的差异，决定了司法需要根据法益侵害的性质分别运用质的差异和量的差异妥当地划定行政不法与刑事不法的范围。[①] 本节认为，由于刑法和其他部门法的规制目的不同，因此，不仅违反金融法规的情节严重的行为由刑法规制，其他部门法没有规定的但情节严重的破坏金融管理秩序的行为依然应当由刑法规制，之于具体的法律适用问题则在刑法体系范围内遵循罪刑法定原则和刑法条文的同质解释来解决，刑法以保护法益为根本，法益的需保护性同谦抑原则的适用成反比，但与谦抑原则并不冲突。恶意做空虽不是正式法律概念，前文阐述过证券法、刑法均没有明确规定“恶意做空行为”，但并不意味着该行为不受刑法规制。

我国《刑法》第 182 条操纵证券市场罪主要包括连续交易、约定交易、洗售三种列举式的行为类型，至于操纵证券市场的实质与模式究竟包含哪些内容，该条第 4 款“以其他方法操纵证券、期货市场的”以兜底条款的形式进行了补充。恶意做空行为是行为人故意持有或控制一定量的证券并达到一定卖空的交易量，造成影响证券交易价格或交易量变动的行为。恶意做空构成市场操纵行为的违法性基础在于行为人利用价量垄断操纵的资金、信息、持仓量等竞争优势，对特定金融商品价格、交易量形成垄断性优势，从而达到支配地位，人为地控制金融商品价格。恶意做空行为，既可以表现为操纵证券市场的三种已列举的行为类型，也可表现为现已废止由证券法替代的《禁止证券欺诈行为暂行办法》中规定的以散布谣言等手段影响证券发行、交易，为制造证券的虚假价格，与他人串通，进行不转移证券所有权的虚买虚卖等行为方式……等行为类型，但要求达到

① 孙国祥：《行政犯违法性判断的从属性和独立性研究》，《法学家》2017 年第 1 期。

立法规定的一定的持有量（或控制量）及交易量，即达到操纵证券市场、情节严重的结果要求，适用182条第4款兜底条款进行规制。同时，证监会行政处罚决定将恶意做空的法律属性界定为操纵证券市场，但恶意做空行为并不排除内幕交易、泄露内幕信息，利用未公开信息交易，编造并传播证券交易虚假信息，诱骗投资者买卖证券合约等行为方式。未达到操纵证券罪的可涉嫌构成以上罪名，一行为触犯数罪名时适用想象竞合从一重处断。以上对恶意做空行为的诠释依据在于对证券犯罪的主次法益的保护，刑法的谦抑不意味着法益保护的退让，相反，刑法谦抑性的介入程度与法益的重要性成反比。

此外，对于部门法衔接的具体问题，例如刑法的罚金比行政法的罚款数额少，《刑法修正案（九）》规定的从业禁止期限短于证券法的规定等问题，应当一分为二地看待。[①] 本节认为，基于"从业禁止"非刑罚的法律后果的设置目的，在于防止犯罪分子再次利用其职业和职务之便进行犯罪，那么，在从业禁止期限的规定上，刑法应同行政法立法的规定相一致，而在罚金刑的设置上，刑法有最为严厉的自由刑配置，与行政法的罚款有本质的差别。

（三）罪刑法定原则——以兜底条款的适用为视角

由于刑罚是以剥夺性痛苦为内容的强制措施，而且以国家的名义规定与使用，所以，所谓的"保护个人不受国家迫害"，首先要保护个人不受国家刑罚的恣意侵害。[②] 国家刑罚的认定首先要依据的是罪刑法定原则，我国《刑法》第3条规定了罪刑法定原则："法律明文规定为犯罪行为的，依照法律定罪处刑；法律没有明文规定为犯罪行为的，不得定罪处刑。"罪刑法定原则是刑法的生命，既是立法机关制定刑法也是司法机关适用刑法必须遵循的原则。从罪刑法定原则的内容来看，罪刑法定原则包括形式的侧面和实质的侧面，由我国刑法的明文规定可以看出，现行刑法已经达到了传统的、形式意义上的罪刑法定原则的要求，即禁止类推适用（有利于被告人的除外）、禁止习惯法、禁止法律溯及既往、禁止绝对不定期刑，

---

① 2015年刑法修正案（九），在刑法第37条之后增加一条从业禁止条款："禁止其自刑罚执行完毕之日或假释之日起从事相关职业，期限为三年至五年。"而证监会可依据证券法第202条，作出市场禁入决定，最高期限可达终身市场禁入。

② 张明楷：《责任刑与预防刑》，北京大学出版社，2015，第4页。

但是对罪刑法定的理解更重要的在于实质侧面的探讨。罪刑法定原则的实质侧面源于美国宪法中的正当程序条款，程序内涵到实体内涵的宪法实践，于二战后在日本得以成型发展，后被我国刑法学界广泛接受。[①] 罪刑法定的实质侧面要求禁止处罚不当罚的行为，注重罪刑法定原则的实质意义，认定某行为符合刑法分则所规定的某种犯罪的构成要件，就说明该行为不仅在形式上合乎犯罪构成要件，而且在实质上也是具有社会危害性的行为，换句话说，某一行为符合刑法分则中所规定的某种犯罪的犯罪构成，必然是经过了该行为具有一定程度社会危害性（法益侵害）的实质判断。因此，对于恶意做空行为的刑法规制问题的探讨，主要集中在我国《刑法》第 182 条兜底条款的适用问题上，必须遵循同质解释规则，在形式上和实质上判断恶意做空行为的可罚性，从形式的列举式的前三种操纵证券市场的行为类型，与实质的操纵证券市场罪的保护内涵两方面加以判断适用兜底条款规制的行为方式。

由于恶意做空行为本身是抽象的实践中的概念，不是正式的法律概念，因此，根据罪刑法定原则，只有当恶意的做空行为具体表现为违反具体法律法规或者符合刑法分则所规定的破坏社会主义市场经济秩序的行为时，才受刑法规制。实践中，恶意做空的行为多表现为操纵证券市场的行为。操纵证券、期货市场罪是证券期货犯罪体系中的核心犯罪类型，从表面上看，《刑法》第 182 条“兜底条款”的模糊性似乎与罪刑法定原则所要求的明确性存在不一致，但是“兜底条款”实际上并不违反罪刑法定原则。一方面，兜底条款的立法本身，可以实现法条内涵范围的最大化，并可以通过这种有效提升刑法规范张力的方式强化社会保护；另一方面，刑法明示的操纵证券期货市场犯罪类型逐渐演变为相对“多样”的行为模式，兜底条款司法适用的必要性与重要性随之提升。[②]《刑法》第 182 条前 3 款以列举的方式规定了操纵证券、期货市场罪的三种行为方式。在同一犯罪构成中，列举性规定所描述的行为和可涵摄于兜底条款中的行为具有同质性，依据列举性规定可以推断兜底条款的大致含义，并预测行为的法

---

① 苏彩霞：《罪刑法定的实质侧面：起源、发展及其实现——一个学说的考察》，《环球法律评论》2012 年第 1 期。

② 刘宪权：《操纵证券、期货市场罪的“兜底条款”解释规则的建构与应用——抢帽子交易刑法属性辩证》，《中外法学》2013 年第 6 期。

律效果。[1] 刑法兜底条款的认定，必须通过与同一条文明确规定的行为类型进行比照，确定其具有相同或者类似的价值。[2] 但是，以上见解仅是兜底条款适用的形式层面的判断，还需要在全面把握操纵证券市场罪特质及保护法益的基础上分析兜底条款隐含的同质性特征，进行实质层面的判断，同质性解释规则的运用是应有之义。以该规则为核心对操纵证券市场罪兜底条款进行限制性解释的合理性，建立在特定犯罪的实质与该罪明示的行为类型同质性特征完全等同的基础之上。在操纵证券市场罪的刑法规范制定层面，德国与中国均采取了“兜底条款”刑事立法技术，但德国经济刑法明确对“兜底条款”的解释问题进行了法律授权，金融监管机构及时将抢帽子交易作为一种操纵市场的具体犯罪类型对经济刑法规范进行了有效填充，确保刑事司法实践不会对抢帽子交易是否具有操纵市场犯罪属性存在争议。[3] 本节认为我国虽然没有对“兜底条款”解释授权的立法规定，也依然可以通过同质性解释归责来实现对兜底条款适用范围的确定，上文已述，行政法与刑法在规制范围、规制目的上的差异，决定了刑事司法需要根据法益侵害的性质分别运用质的差异和量的差异妥当地划定刑事不法的范围。

以“抢帽子”交易为例具体阐明同质性规则的运用，学界普遍认为汪建中操纵证券市场案最为典型，该案于 2011 年 8 月 3 日宣判，汪建中因犯操纵证券市场罪，一审被判有期徒刑七年，罚金 1 亿 2000 万余元，经过〔2014〕二中刑减字第 1623 号裁定，对其减刑有期徒刑十个月，汪建中已于 2015 年 1 月 7 日释放。由于该案判决的根据是我国《刑法》第 182 条第 4 款之规定（以其他方法操纵证券市场的兜底条款），学界展开了兜底条款的引用是否违反罪刑法定原则的争论，以及对这种“抢帽子”交易行为是否构成犯罪的讨论。由该案所引发的股票市场以及学理争论，对日后的相似案件判定具有重要的指引作用。首先需要明确的是，汪建中“抢帽子”是先行买入证券，后向公众推荐，再卖出证券的行为，符合恶意做空行为

---

① 张建军：《论刑法中兜底条款的明确性》，《法律科学》2014 年第 2 期。

② 何荣功：《刑法“兜底条款”的适用与“抢帽子交易”》，《法学》2011 年第 6 期。

③ Directive 2003/6/EC of The European Parliament and of The Council of 28 January 2003 on Insider Dealing and Market Manipulation (Market Abuse), Article 1 (2)，转引自刘宪权《操纵证券、期货市场罪的“兜底条款”解释规则的建构与应用——抢帽子交易刑法属性辩证》，《中外法学》2013 年第 6 期。

的行为表征，至于能否构成操纵证券市场罪，需要依据同质性解释规则进行形式和实质判断。刑法理论应以同质性解释规则为核心对操纵证券、期货市场罪兜底条款进行解释，“抢帽子”具备操纵证券、期货市场的犯罪实质。① 首先需要确定汪“抢帽子”的行为造成了对《刑法》第 182 条所保护的证券金融秩序的侵害，其次对比《刑法》第 182 条第 1、2、3 款的行为方式，具有相当的法益侵害性。② 针对本案，首先从罪刑法定原则的实质侧面来判断，汪的行为造成法益侵害是显而易见的，汪的行为达到了法定的持有量及交易量，并造成了 38 个个股股价非正常波动，涉案金额巨大，情节严重，造成了对金融管理秩序法益的侵害。再分析其行为，汪先购入股票，而后利用投资顾问公司的总经理职务之便，发布“掘金报告”，后将巨额资本卖出，符合操纵证券价格的客观方面，是典型的恶意做空行为，符合恶意做空行为伴随的明显特征：短期内大量甩卖，开出与市场交易严重不符合的交易单，同时伴随编造传播虚假信息行为。

四　余论

通过对《第一财经日报》等财经报道的整理，截至 2017 年 1 月，我国股民数达 1.18 亿。虚拟的股市背后的经济利益影响着亿万股民的现实生活。做空机制的确立与发展本是我国市场经济发展的必然结果，做空机制具有法律所确立的合法性依据，合法的做空行为有利于弥补 A 股市场先前“单一做多”的缺陷，但作为股市暴跌元凶的恶意做空行为的社会危害性已经显现，需要法律予以规制，情节严重的应由刑法进行规制。而由于恶意做空行为并非正式的法律概念，需要结合刑事立法，依据恶意做空行为的具体行为表征作出判断，主要表现为操纵证券市场的行为。但由于双重

---

① 刘宪权：《操纵证券、期货市场罪的“兜底条款”解释规则的建构与应用——抢帽子交易刑法属性辩证》，《中外法学》2013 年第 6 期。

② 我国《刑法》第 182 条规定：“有下列情形之一，操纵证券、期货市场，情节严重的，处五年以下有期徒刑或者拘役，并处或者单处罚金；情节特别严重的，处五年以上十年以下有期徒刑，并处罚金：（一）单独或者合谋，集中资金优势、持股或者持仓优势或者利用信息优势联合或者连续买卖，操纵证券、期货交易价格或者证券、期货交易量的；（二）与他人串通，以事先约定的时间、价格和方式相互进行证券、期货交易，影响证券、期货交易价格或者证券、期货交易量的；（三）在自己实际控制的账户之间进行证券交易，或者以自己为交易对象，自买自卖期货合约，影响证券、期货交易价格或者证券、期货交易量的；（四）以其他方法操纵证券、期货市场的。”

兜底（刑法与证券法均采取“兜底条款”规定）立法技术的情况，对具有市场操纵机理的新型市场操纵行为提起现实控诉是极具社会压力且备受争议的，在该条款的具体适用中存在兜底条款的适用与罪刑法定原则之间的形式冲突，需要遵循罪刑法定原则依照同质解释规则对兜底条款的适用进行限定。

此外，资本市场金融创新客观上衍生了操纵市场违法犯罪行为的“创新”，对于证券市场的规范需要各部门法的协调衔接。可以看到，在认真总结2015年股市异常波动的经验教训基础上，2017年证券法修订草案在制定和修改过程中，增加了证监会依法监测并防范、处置证券市场系统性风险的原则性规定，立法同时加大了对证券违法行为的处罚力度，更加完善处罚规则，提高罚款数额，是不断完善规范证券市场的有利信号。与之相对应，刑事立法与证券法的衔接需要提上日程。

对于A股恶意做空行为的刑法规制不仅要在刑事法规范内解决，还要从根本上限制做空机制，阶段性地开放融资融券交易。一方面，适时开放融资融券交易能够加强股票市场的资本流动性，促进股票市场的稳步发展；另一方面，在融资融券业务被过度放大、做空交易风险控制机制失真的情况下，暂停融资融券交易就是必要的，能够从根本上限制做空机制的作用力，铲除恶意做空行为滋生的土壤，避免股市暴跌成为常态，促进证券和期货市场的良性发展。

（西北政法大学刑事法学院讲师，法学博士　郭研）

第四节

我国资本刑法存在的问题与完善

近年来，我国资本市场发展迅速，资本在国家和社会生活中所占地位日趋重要，这使得资本刑法从以往的经济刑法中脱颖而出，成为刑法学界一块新的研究领地。[①] 与此同时，由于我国资本市场正处在“新兴加转轨”阶段，[②] 因而更显加强对资本犯罪及其刑法规制的研究之必要。

十八届三中全会通过的《中共中央关于全面深化改革若干重大问题的决定》中多次提到资本，如“国有资本、集体资本、非公有资本等交叉持股、相互融合的混合所有制经济，是基本经济制度的重要实现形式……国有资本投资项目允许非国有资本参股。允许混合所有制经济实行企业员工持股，形成资本所有者和劳动者利益共同体”，“建立公平开放透明的市场规则……把注册资本实缴登记制逐步改为认缴登记制”，“扩大金融业对内对外开放，在加强监管前提下，允许具备条件的民间资本依法发起设立中小型银行等金融机构”，“健全多层次资本市场体系”，等等。这些必将对我国的资本市场建设产生重大影响，也为我国刑法学界研究资本刑法指明了方向。

一 资本刑法的概念

探讨资本刑法的概念，首先需要明确什么是资本。马克思在《资本

---

① 有学者质疑刑法学界搞一个资本刑法的概念意义何在。例如，北京大学法学院的彭冰教授在与笔者讨论时，就持此观点。他的主要理由是，不同类型的罪名面临不同的问题，需要不同的论证和不同的处理。但笔者认为，就如同经济刑法的概念一样，创制一个资本刑法的概念，有利于刑法学界展开对资本犯罪领域的系统研究，因而是有现实意义和理论价值的。

② 肖刚：《健全多层次资本市场体系》，《人民日报》2014 年 1 月 22 日。

论》中曾指出，资本是能够带来剩余价值的价值。这是对资本高度抽象的概括。按《现代汉语词典》的解释，资本是用来生产或经营以求牟利的生产资料和货币。但现在看来，这个定义也有可商榷之处，例如，它并没有包括信息、数据在内，而在当今时代，有时信息、数据本身就是重要的资本。①

资本的本性，一言以蔽之，就是其逐利性和流动性，它与市场经济有着天然的联系。我们常说的投资，即向市场投放资本，就是通过资本的流动来追求利润。资本与资产、资金并不是完全等同的，资产、资金强调的是一种物的概念，注重的是所有或占有，而资本强调的是一种市场的概念，注重的是效率和回报。② 由此出发，我们可把资本刑法界定为规制资本犯罪的刑法规范。

那么，资本犯罪又具体包括哪些呢？有学者将其分为六大类，即资本市场发行环节中的犯罪，资本市场交易环节中的犯罪，资本市场管理环节中的犯罪，资本市场中的公司犯罪，资本市场中的贪污贿赂犯罪，资本市场中相关的财产犯罪，如职务侵占罪、挪用资金罪等。③ 这种广义的视角让人想起我国刑法学界对经济犯罪的研究思路，即将经济犯罪分为广义说和狭义说。④ 具体到资本犯罪领域，广义的资本犯罪可以包括一切与资本有关的犯罪，例如，针对因所有制性质不同，同质的行为罪名不同、法定刑也不同的立法现状，笔者曾提出“刑法应平等保护公有和非公有经济”的命题，虽然现行刑法使用的是国有或非国有的财物、资金、资产等概念，但按照前述十八届三中全会的决定，发展“国有资本、集体资本、非公有资本等交叉持股、相互融合的混合所有制经济”也必然要适用刑法对

---

① 正因此，刑法上才规定违规披露、不披露重要信息罪，内幕交易、泄露内幕信息罪，利用未公开信息交易罪，编造并传播证券、期货交易虚假信息罪等专门针对信息的犯罪，因为这些信息都事关投资者的收益。

② 常锋：《刑法和资本关系的反思与调整——“中国资本刑法：定位与重构”研讨会观点述要》，《人民检察》2014 年第 1 期。

③ 刘建：《资本市场安全与刑法规制》，中国人民公安大学出版社，2009，第 126 ~ 127 页。周汉华：《网络背景下的民法典编纂》，中国法学网，http://www.iolaw.org.cn/showArticle.aspx? id =4880，最后访问日期：2016 年 8 月 3 日。

④ 立法上并没有明确什么是经济犯罪，经济犯罪只是一个学理上的概念。一般而言，狭义的经济犯罪即指刑法分则第三章的“破坏社会主义市场经济秩序罪”，但广义的经济犯罪还包括贪污贿赂犯罪、破坏环境资源保护罪等。

不同所有制经济平等保护的思路，[①] 因此将刑法中涉及国有或非国有资本的犯罪纳入资本犯罪的研究视野，在平等保护国有或非国有资本的语境下就是有意义的。又如，证券期货市场作为重要的资本市场，有关证券期货的犯罪毫无疑问也可以纳入广义的资本犯罪范畴中。不过，为使研究对象相对确定，特别是站在社会变迁与刑法发展的角度来思考问题，本节拟采狭义的资本犯罪概念（但不排除在必要的时候如在对策建议部分也对该概念持一定的开放性），即现有刑法条文和学理表述中含有“资本”字眼的犯罪及与之密切相关的犯罪，具体而言，主要包括以下两类：一是有关公司资本制度的犯罪，如虚报注册资本罪、虚假出资罪和抽逃出资罪等（以下将虚报注册资本罪、虚假出资罪和抽逃出资罪这三种犯罪简称“两虚一逃”罪）；二是有关非法筹集资本的犯罪，即非法集资犯罪，[②] 如非法吸收公众存款罪，集资诈骗罪，擅自发行股票及公司、企业债券罪，高利转贷罪，擅自设立金融机构罪，欺诈发行股票或债券罪，以及特定情形下的非法经营罪等。[③]

我国刑法诞生于计划经济时代，虽历经修改，但仍然带有很强的国家管制色彩。在资本刑法领域，表现为维护国家对金融的垄断地位，禁止民间金融，打击违反笼统的经济秩序的行为，[④] 典型的如非法吸收公众存款罪、“两虚一逃”罪等。不可否认，这些罪名在设置之初对于维护特定历史时期的市场稳定、控制投机行为以及不规范的公司运作起过积极作用，但随着经济体制和社会治理模式的转型，原有的某些资本刑法规定显示出与社会发展不相适应的一面。公司资本领域内“两虚一逃”犯罪被虚置，民间金融行为非但没有在严厉的法律威慑下减少，反而因市场这只看不见

① 刘仁文：《刑法应平等保护公有和非公有经济》，《中国改革》2014 年第 3 期。

② 刑法上并没有一个非法集资罪，它是学理上对非法吸收公众存款罪和集资诈骗罪等犯罪的统称。参见刘仁文、田坤《非法集资刑事案件适用法律疑难问题探析》，《江苏行政学院学报》2012 年第 1 期。

③ 例如，根据最高人民法院 2010 年公布的《关于审理非法集资刑事案件具体应用法律若干问题的解释》第 7 条规定：违反国家规定，未经依法核准擅自发行基金份额募集基金，情节严重的，以非法经营罪定罪处罚。这里的“擅自发行基金份额募集基金”也是非法集资行为。

④ 类似的问题在我国刑法中的其他领域也存在，例如，我国刑法中多处以“危害社会秩序和国家利益”“使国家和人民利益遭受重大损失”这类抽象的措辞为由来实行犯罪化（而不是侵害具体的法益），加上实践中对任意解释和扩大解释缺乏有效的制约，结果往往导致对人权保障的不力。

的手的调节而呈愈演愈烈之势。

十八届三中全会后，国家推进金融改革，扩大金融业对内对外的开放，对民间金融采取了鼓励支持的态度，除了法律、行政法规另有规定的以外，注册资本由实缴登记制改为认缴登记制，不再限制最低注册资本、首次出资比例及缴足期限，对公司资本的管制基本放开。在此背景下，原有的单纯以管制、打压为主的资本刑法立法思路亟须调整。

二 资本刑法的立法回顾

我国刑法对资本的规制经历了一个从无到有，从十一届三中全会后的开始萌芽到 20 世纪 90 年代的迅速发展、严格管控，再到十八届三中全会后逐渐放开的过程。

（一）刑法规制空白期

在新中国成立至十一届三中全会以前，国家对资本的管控以政策调控为主，刑法规制基本处于空白状态。新中国成立之初，社会普遍处于贫困之中，民间资本较少，但旧中国遗留下来的私营行庄仍然存在，[①] 并继续为私营工商业提供贷款业务。考虑到当时仍然存在的部分私营经济的需要，国家对资本采取了利用并疏导的政策，如规定私营行庄的经营范围仅限于与私营工商业有关的存放款业务、汇兑和个人存款，禁止买卖金银外币、吸收公款和兼营商业等，同时，鼓励私营行庄依法继续经营正当业务，组织运用私营行庄的资金，在其有资金困难时给予贷款支持。[②] 在社会主义改造完成后，国家建立了统一的计划经济体制及高度集中的金融体制，私营行庄被公私合营的银行所取代。1955 年，公私合营银行与中国人民银行储蓄部合署办公，使其地位类似于中国人民银行的一个部门，原来办理的私营工商业业务归并于中国人民银行。1956 年，公私合营银行总管理处与中国人民银行总行私人业务管理局合署办公，公私合营银行最终被纳入中国人民银行体系。[③] 此后，民间资本活动逐步失去了生存空间，成规模的民间融资活动消失了。

（二）刑法规制萌芽期

十一届三中全会后，我国实行改革开放政策，经济体制也转变为以计

---

① 私营行庄指的是新中国成立前遗留下的私人银行和钱庄。

② 刘鑫：《论民间融资的刑法规制》，博士学位论文，华东政法大学，2012，第 24 页。

③ 姚遂主编《中国金融史》，高等教育出版社，1997，第 450 ~ 451 页。

划经济为主、市场调节为辅、多种经济并存的形式，社会上开始出现中小私营企业、个体工商户，资本活动逐步兴起。尽管1979年刑法典没有专门规定资本犯罪行为，但其中的诈骗罪和投机倒把罪在实践中被用于对偶发的集资诈骗行为和高利贷行为追究刑事责任。计划与市场的双轨制加剧了当时社会上的投机倒把行为，以致全国人大常委会在1982年3月通过的《关于严惩严重破坏经济的罪犯的决定》中，将投机倒把罪的最高刑升格为死刑。同年4月，中共中央、国务院发布了《关于打击经济领域中严重犯罪活动的决定》，指出要严厉打击"投机诈骗"的经济犯罪行为，对资本流通领域的犯罪日趋重视。

（三）刑法规制发展期

1992年10月，党的十四大召开，明确提出了建立社会主义市场经济体制，我国经济建设掀起了新的热潮，经济建设中的资金需求也刺激了民间资本的发展。但由于缺乏系统的监管制度，资本领域秩序混乱，无固定资产、无固定经营地点及定额人员的"皮包公司"，以及无资金、无场地、无机构的"三无公司"大量滋生，"乱集资""乱办金融业务""乱办金融机构"的现象也很严重。这些资本乱象破坏了正常经济秩序，国家相继颁布一系列法律法规，开始了长时间的整顿治理工作，资本刑法的立法规制取得较快的发展。

为了防止公司设立和经营中的欺诈行为，维护债权人利益和交易安全，1993年颁布的公司法采用严格的法定资本制度，规定股东在设立公司时必须一次性募足所认缴的全部资本，注册资本达到法定最低资本额，且对违反公司法的行为明确规定了行政处罚制度，并概括性地规定了刑事责任。[①] 就刑事责任而言，由于1979年刑法典没有与之对应的罪名，故直到1995年2月28日，全国人大常委会通过了《关于惩治违反公司法的犯罪的决定》，才正式确立了"两虚一逃"的罪名及其具体的刑事责任。相应地，1997年修订后的刑法在对法律后果及个别表述稍作调整后吸纳了上述

---

① 根据当时《公司法》第206条的规定，办理公司登记时虚报注册资本、提交虚假证明文件或者采取其他欺诈手段隐瞒重要事实取得公司登记的，责令改正，对虚报注册资本的公司，处以虚报注册资本金额百分之五以上百分之十以下的罚款；对提交虚假证明文件或者采取其他欺诈手段隐瞒重要事实的公司，处以一万元以上十万元以下的罚款；情节严重的，撤销公司登记。构成犯罪的，依法追究刑事责任。

规定,[①]“两虚一逃”罪遂被纳入新的刑法典。

在这一时期，除“两虚一逃”罪以外，立法机关还颁布了许多其他有关资本刑法的规定，如《关于惩治违反公司法的犯罪的决定》中规定的欺诈发行股票、债券罪和擅自发行股票、债券罪，《关于惩治破坏金融秩序犯罪的决定》中规定的非法吸收公众存款罪、变相吸收公众存款罪、擅自设立商业银行或金融机构罪、使用诈骗方法非法集资的集资诈骗罪。这些罪名都在 1997 年被稍作调整后纳入新的刑法典。此外，新刑法还增设了高利转贷罪。[②]

1997 年新刑法颁行后，有关部门又出台了一系列管控民间金融的措施，这些措施基本以禁止和打击民间融资为主，如国务院 1998 年颁布的《非法金融机构和非法金融业务活动取缔办法》，中国人民银行 1999 年颁布的《关于进一步打击非法集资等活动的通知》《关于取缔非法金融机构和非法金融业务活动中有关问题的通知》，最高人民法院 2004 年颁布的《关于依法严厉打击集资诈骗和非法吸收公众存款犯罪活动的通知》，等等。

在当时的背景下，对混乱的资本行为进行管制是保护刚刚起步的社会主义市场经济，维护社会稳定的必然要求。但是由于过度依赖严刑峻法，对很多资本违法行为做简单的入罪化处理，没有其他配套规制措施，因而管控效果并不令人满意。如“两虚一逃”罪，由于借资注册基本是行业惯例，等到公司注册完毕之后再将资金撤出，且市场上还有专门帮他人筹集注册资本的公司，注册资本不实的情况比较普遍，因此公安机关查处此类案件心有余而力不足。但当公安机关查处其他经济犯罪证据不足时往往就会马上查处是否涉嫌“两虚一逃”罪，使“两虚一逃”罪成了很多公司的

① 如《关于惩治违反公司法的犯罪的决定》中规定的虚报注册资本罪，后果严重或者有其他严重情节的，处三年以下有期徒刑或者拘役，“可以并处虚报注册资本金额百分之十以下罚金”，1997 年新刑法将其修改为“并处或者单处虚报注册资本金额百分之一以上百分之五以下罚金”，可见，相较于 1995 年《关于惩治违反公司法的犯罪的决定》，1997 年新刑法对虚报注册资本罪的惩罚力度有所缓和。

② 高利转贷罪规制的是套取金融机构的信贷资金并高利转贷给他人牟利的行为。前文提及的高利贷行为系用自有资金来发放高利贷，迄今刑法并没有将其入刑（但在民事上对超出的利息部分不予保护，根据最高人民法院 2015 年《关于审理民间借贷案件适用法律若干问题的规定》，借贷双方约定的利率超过年利率 36% 的，其超过部分的利息约定即属无效）。对于目前有人主张高利贷行为应入刑的观点，笔者并不赞同，因为靠民事渠道即可解决该问题。至于实践中个别地方对后果严重的高利贷行为以非法经营罪论处，笔者也持不赞同的态度，因为它与罪刑法定原则存在相当的紧张关系。

原罪，也沦为利益相对方恐吓、威胁潜在的“犯罪嫌疑人”的工具。特别是2005年公司法修订，采用了折中授权资本制，规定在满足一定前提的条件下，允许股东在一定期限内分期缴纳已经认缴的剩余出资，① 此后虚报注册资本罪实际上处于被架空的情形。

对于民间资本来说，严厉的管控措施也并没有阻碍其发展壮大。由于银行融资渠道不畅，中小企业对资金的强烈需求，以及民间投资渠道的缺乏等原因，相关法律法规未能起到有效打击违法犯罪行为的作用，高息民间借贷、地下钱庄在各地规模宏大。例如，据央行温州支行2011年7月发布的《温州民间借贷市场报告》，仅温州地区民间借贷市场规模就高达1100亿元。“温州民间借贷利率处于阶段性高位，年综合利率水平为24.4%，约89%的家庭、个人和59%的企业都参与了民间借贷。”② 另据相关监管部门测算，东莞民间融资规模大约有2000亿~3000亿元。③

（四）刑法规制逐步放开期

由于市场经济的不断发展以及经济体制改革的深入，决策者逐渐认识到对资本过于严格的管控会阻碍经济的发展，不利于改善投资环境、激发创业者活力，也不利于民营企业的发展，因此开始对资本采取积极引导、逐步放开的态度，并鼓励民间资本创新。

2013年11月，十八届三中全会做出了《中共中央关于全面深化改革若干重大问题的决定》，提出了加快完善现代市场体系、宏观调控体系、开放型经济体系，加快转变经济发展方式，加快建设创新型国家，推动经济更有效率、更加公平、更可持续发展的要求，并对民间金融作出了指导性规定：“完善金融市场体系。扩大金融业对内对外开放，在加强监管前提下，允许具备条件的民间资本依法发起设立中小型银行等金融机构。推进政策性金融机构改革。健全多层次资本市场体系，推进股票发行注册制改革，多渠道推动股权融资。”

同时，国家放开了对公司注册资本的管制，除了法律、行政法规另有

---

① 根据2005年《公司法》第26条的规定，有限责任公司全体股东首次出资额不低于注册资本20%，且不低于法定的注册资本最低限额，其余的可以在公司成立之日起2年内缴足，其中投资公司可以在5年内缴足。

② 参见中国人民银行温州市中心支行发布的《温州民间借贷市场报告》，http://www.wenzhou.gov.cn/art/2011/8/12/art_3906_175835.html，最后访问日期：2016年8月3日。

③ 赖彩明、温金来：《关于民间借贷案件的法律思考》，《法律适用》2013年第8期。

规定外，注册资本由实缴登记制改为认缴登记制，不限最低注册资本、首次出资比例及缴足期限，且公司实收资本不再登记。[①] 在民间借贷领域，2015 年，最高人民法院发布了《最高人民法院关于审理民间借贷案件适用法律若干问题的规定》的司法解释，对民间借贷行为的主体范围及利率作出了清晰的界定，放宽了对民间借贷利息的限制。对于企业之间的借贷给予一定条件的许可，将自然人、法人、其他组织之间及其相互之间的资金融通行为都纳入了民间借贷的范围，合法的民间借贷范围扩大。

面对国家对资本管制态度的转变，刑法也随之作出了相应的调整，如 2014 年 4 月 24 日，全国人大常委会通过了《全国人民代表大会常务委员会关于〈中华人民共和国刑法〉第一百五十八条、第一百五十九条的解释》，明确了刑法第 158 条、第 159 条的规定只适用于依法实行注册资本实缴登记制的公司，即实行注册资本认缴登记制的公司将不再适用上述规定。由于暂不实行注册资本认缴登记制的仅限于国家规定的银行业金融机构、证券公司、期货公司、基金管理公司、保险公司、保险专业代理机构和保险经纪人等 27 类，[②] 因而虚报注册资本、虚假出资和抽逃出资等罪名的适用范围大大缩小。同时根据最高人民检察院、公安部《关于严格依法办理虚报注册资本和虚假出资抽逃出资刑事案件的通知》的规定，虽然实行注册资本实缴登记制的公司仍然可以适用"两虚一逃"罪，但是在追究刑事责任时"应当认真研究行为性质和危害后果，确保执法办案的法律效果和社会效果"，表明了在法律适用时的谨慎态度。

不过应当看到的是，尽管立法机关和司法机关已经作出了上述局部调整，但整体看，我国资本刑法的立法依然存在很多亟待解决的问题。

---

① 李克强总理于 2013 年 10 月 25 日主持的国务院常务会议上作出了公司注册资本改革的决定，注册资本由实缴登记制改为认缴登记制。且除法律、法规另有规定外，取消有限责任公司最低注册资本 3 万元、一人有限责任公司最低注册资本 10 万元、股份有限公司最低注册资本 500 万元的限制。随后，全国人大常委会通过了关于修改《中华人民共和国公司法》的决定，国务院的上述决定写进了修订后的公司法。

② 2014 年 2 月 7 日，国务院以国发〔2014〕7 号印发《关于印发注册资本登记制度改革方案的通知》规定：现行法律、行政法规以及国务院决定明确规定实行注册资本实缴登记制的银行业金融机构、证券公司、期货公司、基金管理公司、保险公司、保险专业代理机构和保险经纪人、直销企业、对外劳务合作企业、融资性担保公司、募集设立的股份有限公司，以及劳务派遣企业、典当行、保险资产管理公司、小额贷款公司实行注册资本认缴登记制问题，另行研究决定。在法律、行政法规以及国务院决定未修改前，暂按现行规定执行。

三　我国资本刑法存在的问题

（一）计划经济思维模式影响下的刑事立法滞后于经济体制转型

我国目前资本刑法的立法基本上成型于1997年的新刑法，彼时我国仍然是政府主导型的经济模式，[①] 市场经济尚未完全成熟，维护市场秩序仍然是首要任务，且计划经济时期对经济行为严格全面管理的思维方式还具有巨大的影响力，这个背景决定了当时出台的资本刑法注重维护经济秩序。

注重维护经济秩序的特点从刑法分则的体例安排及罪名设置上也可以得到反映，如"两虚一逃"罪，非法吸收公众存款罪，擅自发行股票及公司、企业债券罪，集资诈骗罪，高利转贷罪等罪名均规定在破坏社会主义市场经济秩序罪中，这表明在立法者看来，这些犯罪侵犯的主要客体是经济秩序，而不是具体法益。以非法吸收公众存款罪为例，只要行为人实施了非法吸收公众存款或变相吸收公众存款的行为，并达到了所谓"扰乱金融秩序"的程度，即使吸收公众存款实际上让存款方获利，也构成非法吸收公众存款罪。

应当看到，现在我国政府主导型的经济体制已经逐渐被较为自由的市场经济体制取代。[②] 经济体制的转型要求资本刑法对经济自由、金融创新及资本行为持更加宽容的态度。况且，良好的经济秩序的形成与维护是社会多方面作用的结果，如良性的市场规则、合理的激励机制、透明的信用查询系统、公平的赔偿制度等，它更多地应该靠市场自律以及行政法、经济法、民法等非刑法规范来调整。如果刑法仍然将保护笼统的经济秩序作为主要目标，则意味着国家对市场的过度控制，不利于市场自发秩序的形成，也与我国经济体制改革的方向不符。

（二）自由刑偏重

我国有着重刑主义的传统，在经济犯罪领域（包括资本犯罪领域）的刑罚尤其如此，[③] 如非法吸收公众存款罪、擅自设立金融机构罪均最高可

---

① 吴敬琏：《直面大转型时代》，生活·读书·新知三联书店，2014，第7~8页。

② 十八届三中全会通过的《中共中央关于全面深化改革若干重大问题的决定》更是提出，要"使市场在资源配置中起决定性作用"。

③ 当年搞垮巴林银行的尼森，最终只是被新加坡法院判处四年半有期徒刑，而我们对严重经济犯罪的犯罪分子可判处无期徒刑甚至死刑。造成这一局面的原因之一是我国过去经济不发达、物质紧缺。近年来对盗窃罪等非暴力犯罪废除死刑，说明随着社会经济的发展，财产法益应当让位于生命法益。可以预见的是，下一步经济犯罪的自由刑还将逐步降低。

处十年有期徒刑。2015 年通过的《刑法修正案（九）》虽然废除了集资诈骗罪的死刑，但该罪的最高刑仍为无期徒刑。这些资本犯罪毕竟是经济主体在从事经济活动中的行为，属于法定犯，较之杀人、强奸等自然犯，行为人的主观恶性要小很多，[①] 而且它使受害人蒙受的更多的是经济损失。[②] 在物质日益丰富的现代社会，人的自由价值要远远高于财产价值，因此不宜再对资本犯罪处以过重的剥夺人身自由的刑罚。无期徒刑是自由刑的终极形式，其严厉性仅次于死刑，在某些国家和地区，无期徒刑和死刑一样，也是不可引渡的。例如，1973 年《美洲国家间引渡公约草案》就将无期徒刑与死刑同时作为拒绝引渡的理由。[③] 根据德国的《刑事案件国际司法协助法》，在需要将德国公民引渡至欧盟成员国时，终身自由刑也不引渡（除非当事人有重获自由的审查机会）。[④] 因此无期徒刑应该只适用于社会危害性和人身危险性都很严重的犯罪，对于几乎没有人身危险性的集资

① 在最近的一次学术研讨会上，我国著名刑法学家储槐植教授也指出，经济犯罪处罚太重，这是目前我们面临的一个很大的问题。他同时还形象地指出，自然犯既有客观上的罪，也有主观上的恶，但法定犯只有客观上的罪，没有主观上的恶。

② 对于使受害人蒙受经济损失的犯罪，一方面可以在刑罚设置时多考虑用罚金刑（相应地就要降低自由刑），另一方面还可以规定犯罪人若能通过积极退赔等方式来减少受害人的损失，则可从轻甚至减轻处罚。《刑法修正案（九）》对贪污受贿罪设立了积极退赃、避免和减少损害结果可以从轻处罚的制度，笔者曾在参与立法讨论时提出，不宜在分则中专门针对贪污受贿罪设立这样的条款，而是最好在总则中针对所有财产性犯罪确立这样的制度，这既是惩罚财产性犯罪的有的放矢之举，也可以防止社会上产生对贪官网开一面的误读，可惜没有被采纳。

③ 李晓玲：《论死刑不引渡原则》，《新疆警官高等专科学校学报》2004 年第 4 期。

④ 德国《刑事案件国际司法协助法》第 83 条规定："引渡不予准许，如果……根据提出请求的成员国的法律，据以做出请求的行为应受终身自由刑或者其他剥夺终身自由的处罚的，或被追诉人被判处了这样的刑罚，而且，在最迟不超过 20 年的期间内既没有基于声请也没有依职权对科处的刑罚或处罚的执行进行复核，是否需要继续执行的。"参见周维明译、樊文校《德国刑事案件国际司法协助法》，载 2014 年 11 月 1 日中国社会科学院国际法研究所举办的"追逃追赃与国际刑事司法协助"会议论文集。需要说明的是，我国的无期徒刑在司法实践中大多会得到减刑或假释的机会，因而与真正的终身自由刑还是有所区别的（《刑法修正案（九）》对重大贪污受贿犯所确立的终身监禁制度则是一种真正的终身自由刑），但不管怎样，无期徒刑作为一种严厉的刑罚毋庸置疑，这也是它在一些国际刑事司法协助的案件中屡遇障碍的缘故，所以我们会看到当一些欧美国家把某个经济犯罪人或贪腐犯罪人遣送回中国时，要求我们承诺对其判处最多不超过一定刑期的有期徒刑。

诈骗罪等，适用无期徒刑也是过于严厉的。[①]

（三）公众认同度低

刑法是一门精巧的、专业性强的学科。由于个人背景、知识结构、价值取向等方面的不同，对刑法的理解不可能做到每个人完全一致，在某些方面的不一致是允许和正常的。但尽可能地保持刑事立法与公众法感情的一致性，使刑法获得公众的认同，对刑法的实施以及公众的守法乃至社会的稳定都具有重要作用。“保持刑法的亲和力，获得公众对刑法的认同感，使刑事司法活动不成为一个脱离群众的‘异物’，在现在已经是一个比较突出的问题……长期公众认同感的缺失将降低刑法的权威性，从而反过来促进犯罪。”[②]

资本刑法领域内公众认同度低的现象突出。许多这方面的案件争议都很大，如孙大午非法吸收公众存款案。孙大午曾经是大午集团的董事长，因长期无法从银行获取贷款，转而采取向亲朋好友、员工以及村民打借条借钱的方法筹集资金。先后有 4000 多人把钱借给大午集团，累计 1.8 亿元。2003 年 5 月，徐水县公安机关以涉嫌“非法吸收公众存款罪”拘留了孙大午。2004 年 10 月，徐水县法院判决孙大午构成非法吸收公众存款罪。孙大午的有罪判决在社会上引起了巨大反响，不仅借款给孙大午的村民、集团员工对孙大午抱以非常同情的态度，认为孙大午并不构成犯罪，不少专家学者也纷纷对刑法上的非法吸收公众存款罪提出质疑，不认可对孙大午案的处理方式。如著名经济学家茅于轼教授就认为：“表面上看是违反了我国金融管制的规定。但实际上，非但没有使任何人受损，倒是有许多人得益，这样的社会行为如果算是犯罪，我们就要质疑我们的法规是不是有值得修订的需要。”[③] 时任国务院发展研究中心金融研究所副所长的巴曙松教授也认为，对于中国差异性极大的区域金融市场特征，实际上在各地的中小企业等已经开创了多种形式的直接融资形式，这可以说也是特定发展阶段的多层次市场的组成部分，值得积极予以总结和引导，至少应当对

---

① 当然，从体系化角度而言，这还涉及对普通诈骗罪等其他非暴力犯罪的刑罚也要相应地降低其严厉性。

② 周光权：《论刑法的公众认同》，《中国法学》2003 年第 1 期。

③ 《学界评孙大午案——大午无罪“天条”有罪》，http://biz.163.com/31122/3/08BK185000020QC3.html，最后访问日期：2016 年 8 月 3 日。

群众的首创精神给予必要的尊重。[①]

再以集资诈骗罪为例，集资诈骗罪的构成要件规定了“以非法占有为目的”，但实践中往往通过不能归还借款的结果来倒推主观目的，导致将很多非法吸收公众存款的行为认定为集资诈骗罪。集资诈骗罪的刑罚远重于非法吸收公众存款罪，导致很多所谓的集资诈骗案中犯罪人被处以死刑或无期徒刑，这些严厉的刑罚措施超出了公众的预期，很难得到认同。如吴英案，该案一审、二审时吴英均被判处死刑，但该死刑判决却在学界和民间引起强烈反响，绝大多数民众认为吴英不应判死刑。[②] 更有学者及律师认为吴英不具有非法占有的目的，不构成集资诈骗罪。[③] 甚至有的专家学者认为吴英尚未构成非法吸收公众存款罪，如在2012年举办的“论吴英是非生死 谈民间金融环境——吴英案法律研讨会”上，13名出席会议的法学专家中，包括著名法学家陈光中教授在内的11人均认为吴英无罪。[④] 在群众的呼声和学者的强烈质疑中，最高人民法院没有核准吴英的死刑，而是发回重审。重审法院最终认定：“被告人吴英以非法占有为目的，以高额利息为诱饵，采取隐瞒真相，虚假宣传和虚构项目等欺骗手段面向社会公众非法集资，其行为已构成集资诈骗罪……综合考虑，对吴英判处死刑，可不立即执行。”[⑤] 可以说，吴英案的最终改判是刑法规定及其适用与公众认同之间激烈对抗后的一个折中结果。

（四）犯罪边界模糊

犯罪边界模糊是指对于一种行为是否应该认定为犯罪存在较大的争议，包括合法行为和犯罪行为的边界模糊，民事或行政不法与刑事犯罪的边界模糊，以及此罪与彼罪之间的边界模糊。由于资本领域内交易结构的

---

① 《学界评孙大午案——大午无罪“天条”有罪》，http://biz.163. com/31122/3/08BK1850000 20QC3. html，最后访问日期：2016年8月3日。

② 凤凰网财经频道在《争议吴英案》专题中进行了民意调查。其中在“你觉得吴英是否应判死刑？”这一问题中，反对判吴英死刑的意见占据了压倒性优势，88%的网友选择了不应该判死刑。参见 http://finance. ifeng. com/opinion/dcj/20100612/2310302. shtml ，最后访问日期：2016年8月3日。

③ 张晶：《试论集资诈骗罪的非法占有目的——以“吴英案”为视角》，《江西警察学院学报》2015年第1期。

④ 《11名法律界人士呼吁吴英无罪》，http:// finance. sina. com. cn/chanjing/gsnews/ 2012 0213 /020311361569. shtml，最后访问日期：2016年8月3日。

⑤ 《吴英集资诈骗案再审刑事判决书》，中国裁判文书网，http://www.court. gov. cn/zgcp-wsw/zj/xs/ 201311/t20131118_167966. htm，最后访问日期：2016年8月3日。

复杂性、金融工具的不断创新、立法的模糊等原因，很多案件的定性往往存在巨大争议。

例如，非法吸收公众存款罪和集资诈骗罪的罪名规定都很简单，单从法条基本无法判断罪与非罪、此罪与彼罪，因此需要不断对法条进行解释。国务院、中国人民银行、最高人民法院在明确何为非法集资时都规定，非法集资行为应具有“面向不特定的社会公众吸收资金”的特征，[①]虽然解释众多，但何为“面向不特定的社会公众吸收资金”仍然很难把握，定性错误的情况时有发生。据统计，2004年至2007年上半年，浙江省检察机关公诉部门受理的移送审查起诉的非法吸收公众存款案件，有30%因对是否向社会不特定对象吸收资金把握不准确而被改变定性。[②]试想，连公安司法部门都把握不准，又如何让普通人明确自己的行为是否构成犯罪呢？2014年最高人民法院、最高人民检察院、公安部联合颁布的《关于办理非法集资刑事案件适用法律若干问题的意见》又增加了间接公众的概念，[③]让如何认定“不特定的社会公众”更加复杂。

犯罪边界的模糊性不仅在案件认定阶段造成了大量问题，危害更大的是造成了人们对自己行为性质的认识上的模糊。因为模糊，法律的指引作用全无，几乎等同于法律上的不可知。行为人不能准确地预见自己的行为是否有可能被认定为犯罪，为此，他不得不缩手缩脚、踌躇不前，并且忍受利益相对方“哪天把你弄进去”的威胁。这种模糊不仅微观上折磨了行为人，宏观上也阻碍了金融发展和金融创新，导致民间融资成本的增高，引发一系列的寻租行为，最终只会阻碍实体经济的发展。只有真正明确了犯罪的边界，才能消除人们心中的顾虑，激活民间资本活力，从而推动资本改革，否则刑事犯罪便是悬挂在民间资本头上的达摩克利斯之剑。

---

① 国务院1998年发布施行的《非法金融机构和非法金融业务活动取缔办法》；中国人民银行于1999年发布的《关于取缔非法金融机构和非法金融业务活动中有关问题的通知》；最高人民法院于2010年《关于审理非法集资刑事案件具体应用法律若干问题的解释》。

② 乐绍光、曹晓静、邓楚开：《论办理非法集资类犯罪案件中的若干法律适用问题》，《法治研究》2008年第5期。

③ 所谓“间接公众”是指集资人本人并没有直接向不特定的公众集资，而是向特定人借款，由该贷款人向不特定的公众吸收存款。根据该意见的规定，只要借款人明知贷款人是向不特定的公众吸收存款，仍然实施借款，也构成非法集资。

四 完善资本刑法建言

刑罚是一种不得已的成本昂贵的恶，它给人贴上犯罪的标签，并带来剥夺和限制人身自由等严厉后果。这种恶要取得一定的正当性，至少要符合“法益损害原则”或者“伤害原则”，同时，它的使用前提应该是刑罚是有效的，且没有其他可替代措施。因此，在刑法的制定、适用过程中应该始终抱着对生命、自由极大的敬畏。结合目前资本刑法领域存在的问题，特提如下完善思路。

（一）秉持审慎犯罪化的态度

可以预见，在我国资本市场的发展过程中，由于融资手段的不断创新，资本市场中的不规范行为还会继续出现，这就不排除有的行为将上升为刑事犯罪来处理，① 或者已有的罪名需要在犯罪主体、犯罪行为方式等方面扩大涵盖范围，② 或者有的罪名在现有刑罚体系下需要适当提高刑罚以实现罪与罪之间处罚力度的均衡。③ 需要注意的是，今后不应仅仅以侵犯了笼统的经济秩序作为入罪理由，同时，如果可以通过适用其他规制手段来达到目的，就要避免轻易引入刑法。

不可否认，那些对人类社会的存在具有底线意义的秩序本身就是刑法需要保护的重要法益，但如果不区分秩序的价值、类型和内涵，一概强调刑法对所有秩序的保护，那将动摇刑法的根本属性，使刑法的功能产生变异。“刑法作为和平时期国家对公民适用的最强烈、最具暴力性的强制措施，生来就具有断片属性，即在强调适用的精确、精准同时，对秩序保护

① 例如，在证券期货领域，目前大家比较一致的看法是，应当明确保荐人在不履行法定职责时的刑事责任问题，以加强对保荐人相关违法违规活动的制约。另外，在当前兴起的私募股权基金、投融资公司、网络 P2P 融资平台以及“众筹模式”中，也存在很多不规范的行为，某些操作方式引发了是否犯罪化的讨论。如 2012 年 10 月 15 日，从事电视节目运营的创业公司美微传媒通过“众筹模式”在淘宝出售原始股募集资金，消费者可通过淘宝系统拍下相应金额的会员卡，得到会员卡后除了能够享有“订阅电子杂志”的权益外，还可以拥有美微传媒的原始股份 100 股，先后有上千人购买，融资金额达 380 万元。2013 年 5 月，证监会明确将利用淘宝网、微博等互联网平台向公众转让股权、成立私募股权投资基金等行为定性为一种新型的非法证券活动。

② 如目前我们的内幕交易罪犯罪主体还是特殊主体，将来恐怕要扩大到一般主体。

③ 如现行刑法规定，欺诈发行股票、债券罪，数额巨大、后果严重或者有其他严重情节的，最高才判处五年有期徒刑，这个确实需要作适当提高，因为这种行为实质上就相当于集资诈骗。

只能是断片性的。如果将社会秩序看作是一张大网，刑法的属性和使命决定了其只是择其中的一些关键性‘网点’进行保护……任何对社会秩序做大而化之的模糊性认识，都将为刑罚权的扩张或恣意行使留下可乘之机。”[①] 在资本违法领域，很多行为因为维护秩序的需要被入罪，但在某些罪中，对秩序的违反并不会给国家和人民造成重大的生命、财产损失，因此不一定非要动用刑法，如妨害对公司、企业的管理秩序罪中规定的“两虚一逃”罪。[②] 甚至，某些秩序的维护不排除只是在维护特定垄断部门的利益，如破坏金融管理秩序罪中规定的高利转贷罪。[③] 对于部分确实危害了经济秩序但不具有具体法益侵害的行为而言，虽然用刑法来维护秩序定然是有效率的，但是刑法在关注效率的同时更应关注公平，“刑法更关心的是行为自身”，[④] 用整体的危害性来说明个体的可处罚性是对公平原则的挑战。[⑤] 因此如果这些行为只违反经济秩序，并不具有具体的法益侵害，原则上就应当用别的法律来取代刑法进行干涉。[⑥]

储槐植教授在20多年前就曾批评道：“在立法上出现了对经济活动领域的一些无序、失范行为，在没有取得规律性认识，没有动用民商法、经济法和行政法手段予以有效调整的情况下，就匆忙地予以犯罪化，纳入刑罚圈的现象，使刑罚的触须不适当地伸入到经济活动的某些领域。”[⑦] 对于资本犯罪这种法定犯而言，只有在穷尽其他规制方式仍然无效后才可考虑刑事立法，也就是说，刑法必须建立在相关民商法、经济法和行政法的基础之上，这不仅是刑法的谦抑性和最后保障性所要求的，更有法律调控效果的考虑。[⑧] 同时，也是资本犯罪的自身特点所决定的。资本犯罪的受害

---

① 何荣功：《经济自由与经济刑法正当性的体系思考》，《法学评论》2014年第6期。

② “两虚一逃”实际上对债权人利益影响甚微，不过可能会给公司行政注册登记机关造成一定的影响，但是这种影响的后果并非严重到需要通过刑法来规制。

③ 高利转贷罪的立法目的主要是维护银行在信贷市场上的垄断地位及国有资金的安全。这个罪名不应当存在，其部分内容应当非犯罪化，部分内容可以被吸纳进骗取贷款罪中。

④ 林东茂：《刑法综览》（修订5版），中国人民大学出版社，2009，第11页。

⑤ 李云飞：《宏观与微观视角下洗钱罪侵害法益的解答——评金融管理秩序说的方法论错误》，《政治与法律》2013年第12期。

⑥ 尽管在恐怖主义犯罪等极少数领域，刑法干预有超越具体法益侵害的前置化倾向，但这毕竟是例外，这种例外并不适用于资本犯罪这种法定犯。

⑦ 储槐植：《罪刑矛盾与刑法改革》，《中国法学》1994年第5期。

⑧ 刑罚毕竟带有马后炮的性质，而相关民商法、经济法和行政法则能起到更为前置的预防作用。

人遭受的都是经济损失，相比让被告人失去人身自由，受害人更关注的是如何弥补自己的经济损失，此时赔偿损失更能修复受损的社会关系，更利于社会的和谐稳定。大量案件也表明，鉴于刑事程序的复杂性，很多时候受害人往往更倾向于民事程序。简单的刑事入罪排斥了通过其他法律规制手段调节的可能性，而且往往由于入罪的效果不好，又引发立法机关希望通过加重刑罚的方式来遏制犯罪的想法，从而形成恶性循环。德国 1972 年成立的经济刑法改革委员会确定的经济刑法改革的基本方针就是：刑法应当尽量减少对经济关系的干预，尽可能以行政、民事赔偿措施和企业的自我监督来取代刑罚。[①] 我们在资本刑法的立法中，尤其需要有此思维。

（二）部分资本犯罪应适时除罪化、轻刑化

一种行为是否需要被认定为犯罪与其所处的时代有关。社会在变迁，犯罪圈也会相应发生变化。某些在特定历史时期被认定为犯罪的行为，可能在之后又会被除罪化。现行资本刑法中的部分罪名或者体现了国家对金融的垄断，或者体现了国家对经济秩序的过度保护，应在完善相关配套措施的同时，做除罪化处理。

例如，非法吸收公众存款罪实际上是 20 世纪 90 年代国家对金融采取垄断政策的立法表现。[②] 但到今天，打破金融垄断、拓宽民间融资渠道已是大势所趋，该罪退出历史舞台也就成为时代发展的要求。另外，由于该罪对“公众存款”的界定模糊，没有规定犯罪目的，实践中大量正当的为扩大生产经营而筹集资金的行为被纳入非法吸收公众存款罪的范畴，超出了公众的预测可能性，严重阻碍了民营经济的发展，实际上成了规制非法集资的口袋罪。因此，非法吸收公众存款罪应尽快除罪化。当然，除罪化并不意味着对各种吸收公众资金的行为就不再规制，如在废除该罪的同时，应扩大证券法中对“证券”的界定范围，将具有公开募集资金性质的行为按照证券发行来界定，纳入证券法的管理。此外，吸收公众资金行为的规范还需要依赖多方面的努力，如金融监管制度的完善，公众担保、抵押等法律法规的健全等。

“两虚一逃”罪也应彻底除罪化。“两虚一逃”罪是我国旧公司法严格

---

① 转引自朱华荣主编《各国刑法比较研究》，武汉出版社，1995，第 53 页。

② 根据 1995 年通过的《商业银行法》，未经中国人民银行批准，任何单位和个人不得从事吸收公众存款的业务。为了保障该法的实施，非法吸收公众存款罪应运而生。

的法定资本制下的产物,[①] 国务院关于公司注册资本改革的决定发布后,对于大多数实行注册资本认缴登记制的公司而言,已经没有虚报注册资本、虚假出资、抽逃出资的必要,且新修订的公司法及有关公司法的司法解释对虚报注册资本、虚假出资、抽逃出资等均规定了相应的民事责任和行政责任。在已有相应民商事规范的情况下,应尽量为当事人创造更大的自治空间,保护可能的交易机会不因公权力的过分干预而被破坏。虽然目前“两虚一逃”罪的范围仍然可以适用于暂不实行注册资本认缴登记制的行业,但笔者认为,公司的注册资本只是公司成立时的一个账面数额,并不代表公司实际拥有的资产,也不能反映公司的资信情况、偿债能力和对债权人的保护程度。随着公司法由资本信用向资产信用的转变,企图通过严格控制公司注册资本来保护债权人利益的立法理念已经过时。[②] 废除“两虚一逃”罪,通过经济及行政法律来规制公司资本制度中的违法行为是完全可行的。[③]

又如高利转贷罪,本罪是金融机构利益在立法上的强势表达,其立法目的是确保银行在信贷市场上的垄断地位及资金安全(当时百分之百是国有资金),保证信贷市场的利率处于计划条款之下。依据现行法律,只要以转贷牟利为目的,套取金融机构信贷资金高利转贷他人,违法所得数额较大的,都将被纳入刑法调整范围。但是随着经济转型,信贷市场已经发生了改变,信贷资金的来源及投放都已市场化,民间借贷、信托投资、P2P 网贷均成为银行信贷的有益补充。特别是十八届三中全会决定推进利率市场化的改革及金融改革,未来的信贷市场会越来越开放。在这种情况

① 黄伯青、黄晓亮:《新公司法背景下虚假注册资本罪的适用与完善》,《政治与法律》2008 年第 1 期。

② 卢建平:《公司注册门槛降低对刑法的挑战——兼论市场经济格局中的刑法谦抑》,《法治研究》2014 年第 1 期。

③ 需要注意的是,刑法上的除罪化一定要与经济及行政法律上的监管相配套才能取得最佳效果。例如,有的公司法学者在肯定刑法废除虚报注册资本罪和虚假出资罪的同时,也指出:新公司法这种“重认缴资本、轻实收资本”的登记模式与商业实践中的“资本公示”大相径庭,导致注册资本在我国几乎失去意义。不应将工商行政管理从管制型向服务型转变与强制资本公示对立起来;应当进一步完善工商登记程序,要求工商机关登记股东出资的认缴与实缴两方面信息。参见刘燕《公司法资本制度改革的逻辑与路径》,《法学研究》2014 年第 5 期。

下，“高利转贷罪”的立法目的已经完全落空。[①] 其实，对于高利转贷的行为完全可以通过民事法律及个人和单位贷款信用体系的完善来处理。如果高利转贷给银行造成损失的，可以要求赔偿损失，并取消此人或该单位再次贷款的资格；对于没有给银行造成损失的，则取消此人或该单位再次贷款的资格即可。[②]

在非犯罪化的同时，如前所述，我国资本犯罪领域还存在自由刑过重的问题。除集资诈骗罪无期徒刑过重外，[③] 其他一些资本犯罪的自由刑也需要适时轻缓化，如擅自设立金融机构罪最高可处十年有期徒刑的自由刑也过重。当然，轻缓化并非要放纵犯罪，而是在完善刑罚配置的基础上针对资本刑法的特点采取更有效的处罚措施，[④] 以便更好地达到惩罚犯罪和预防犯罪的目的。

（三）完善资本犯罪的刑罚配置

资本犯罪是法定犯，且多以牟利为目的，犯罪人并不具有人身危险性，因此资本犯罪的刑罚配置可以区别于暴力犯罪，不单纯倚重自由刑，在完善罚金刑的前提下尽量使用罚金刑，并合理使用《刑法修正案（九）》中规定的预防性措施。

在当今许多西方国家的刑罚体系中，罚金刑都已成为主刑，并在刑事司法实践中得到广泛运用，其适用比例一般已达到被定罪判刑的刑事案件的70%以上，有的国家甚至达到90%以上。[⑤] 我国罚金刑的适用范围虽然已经扩大，且资本犯罪基本都配有罚金刑，但由于仍然是附加刑，很多时候并不单独适用，[⑥] 而附加适用时又大多执行不了罚金，使罚金判决成为法律白条。对于资本犯罪而言，由于犯罪人的逐利目的，如果将罚金刑上

---

① 蒋涤非：《试析高利转贷行为的非罪化——以隙某、周某信贷资金转贷牟利案为例》，《中国检察官》2014年第8期。

② 其实本罪在司法实践中查处的也非常少，福建省到2006年底才出现第一例高利转贷案的宣判，上海到2010年底才出现首例宣判。参见徐永《龙岩高利转贷乱象》，《今日财富》2011年第6期。

③ 当然，刑罚的轻缓化改革也是一个系统工程，如集资诈骗罪应与票据诈骗罪、金融凭证诈骗罪、信用卡诈骗罪乃至普通的诈骗罪一起来考虑。

④ 对于包括资本犯罪在内的经济犯罪之处罚，国际上的共识是少用自由刑，而主要靠以下两个办法：一是资格的剥夺，二是财产罚。

⑤ 卢建平主编《刑事政策学》（第2版），中国人民大学出版社，2013，第74～75页。

⑥ 由于是作为附加刑，我国这类犯罪的刑罚也整体表现出重刑色彩，即一方面有较重的自由刑，另一方面又有罚金刑。

升为主刑，并确保罚金能得到有效执行，那么，单处罚金刑可能比自由刑更能达到预防犯罪的目的，且有利于弥补被害人损失，避免自由刑适用的副作用（如造成服刑人回归社会困难）。①

要想使罚金刑发挥更大作用，除了将罚金刑上升为主刑外，还需要完善罚金数额的确定方式。按照现有规定，资本犯罪的罚金数额的规定方式一般有无限额制、限额制和比例制三种。无限额制完全不规定具体数额，不符合罪刑法定原则的要求；限额制罚金一般数额不高②，只会被犯罪人计算为违法成本，难以取得威慑作用；按照比例收取的罚金对某些犯罪人来说数额不大，也难以发挥威慑力，但是对另外一部分犯罪人来说则数额过大，很难执行。建议在确定罚金的数额时综合考虑犯罪人实际违法所得以及个人经济情况，制定个性化的罚金数额确定机制及缴纳机制，以确保罚金刑的执行和罚金威慑效果的实现。③

在完善罚金刑的同时，还要合理使用预防性措施。《刑法修正案（九）》规定了预防性措施条款，对于利用职业便利实施犯罪，或者实施违背职业要求的特定义务的犯罪被判处刑罚的，法院可以根据犯罪情况和预防再犯罪的需要，禁止犯罪人在三年至五年内从事相关职业，期限自刑罚执行完毕之日或者假释之日起开始计算。④ 合理适用预防性措施条款对防范资本犯罪具有重要作用。由于很多资本犯罪都需要利用特定的职业便利来实

---

① 当然，将罚金刑作为主刑还涉及刑罚体系的调整，以及各刑种之间的衔接（如罚金刑与自由刑的转换）等问题。另外，罚金刑成为主刑，并不排斥在特定的情形下可以实行自由刑与财产刑并处的刑罚配置，只不过从国外的立法例来看，这种并罚的刑罚制度不是原则，而是例外。

② 例如，擅自设立金融机构罪规定“情节严重的，处三年以上十年以下有期徒刑，并处五万元以上五十万元以下罚金”。最高五十万元的罚金对于大部分金融从业人员来说并不具有太大的威慑力。

③ 比如，我们可以参考按照应缴纳罚金的天数和自己的经济能力确定每天应交付罚金的数额的日额罚金制，这种制度既能让每个受处罚的人感受到刑罚的效果（经济能力好的人要多交罚金，反之则少交），又能改善罚金刑的执行状况。在德国，自从罚金刑的适用范围扩大，且从总额罚金制改为日额罚金制之后，“罚金刑的量刑行为变得透明了，制裁可与行为人积极的支付能力相适应，这导致罚金刑在德国制裁制度中取得了真正的成功，1991 年被科处罚金刑的被判刑人占被判刑人总数的 84%”。参见〔德〕汉斯·海因里希·耶赛克、托马斯·魏根特《德国刑法教科书》，徐久生译，中国法制出版社，2001，第 927 页。

④ 这其实就是增加了资格刑，只不过由于刑法修正案并无新增刑种的权力，故使用“预防性措施”的称谓。

施，因此在预防资本犯罪中应当利用好这一规定。需要注意的是，适用预防性措施条款实际上在一定意义上是对犯罪人职业自由权的限制，也可能增加其回归社会的难度，因此在适用预防性措施条款时需要遵循必要性原则和比例原则。[①] 如果不适用预防性措施，犯罪人也没有再犯的危险，就无须适用。即使适用预防性措施，也建议先对职业进行详细分类，并对所限制的职业力求准确描述，避免限制过多而使犯罪人难以就业。

（四）推动资本犯罪的附属刑法立法

如前所述，资本刑法还存在犯罪边界模糊的问题，而犯罪边界模糊多由立法的模糊所致。立法模糊的原因是多方面的，其中之一是我国法典式的刑法立法模式。为了追求法典的稳定性，立法者只能尽量运用概括性的表述方法以便能涵盖更多可能出现的犯罪方式。

在传统社会中，自然犯占绝大多数，法典式的立法具有很大的优势，但是自从人类社会步入工业社会之后，法定犯占的比重越来越大，人类逐渐进入了法定犯时代。以刑法典为主的单轨制刑法立法体制也随之变成了双规制：自然犯规定在刑法典中，法定犯则规定在其他法律中。[②] 这是因为刑法典要想获得公众认可，其内容必须是普通人能够理解的，否则会降低人们对刑法典的忠诚度以及经由刑法典获得的安全感。自然犯贴近日常生活，符合普通人的自然情感，更适合纳入刑法典中；而法定犯具有很强的专业性，往往充斥着大量公众陌生的名词，普通人难以理解，甚至有时不具备专门知识的法律人员也难以理解，并不适合全部运用法典式立法来规定，而需要附属刑法来补充。

附属刑法是指规定在经济法、行政法等非刑事法律中的有关犯罪与刑罚的具体规范。[③] 严格说来，我国目前并不存在真正的附属刑法，因为我国所谓的附属刑法并没有规定犯罪的具体成立条件及明确的法定刑，只是笼统规定“构成犯罪的，依法追究刑事责任”。本节所倡导的附属刑法是

① 叶良芳、应家赟：《论有前科者从业禁止及其适用》，《华北水利水电大学学报（社会科学版）》2015 年第 4 期。

② 储槐植：《要正视法定犯时代的到来》，《检察日报》2007 年 6 月 1 日，第 3 版。

③ 许多西方发达国家的附属刑法中的罪名都要大大超过刑法典中的罪名，如日本刑法典及几个单行刑法规定的自然犯大概不到 300 个罪名，但是规定在附属刑法中的法定犯却有 5000 个之多。参见储槐植《要正视法定犯时代的到来》，《检察日报》2007 年 6 月 1 日，第 3 版。

指在其他法律中明确规定具体的犯罪构成要件和法定刑的刑法规范。[①]

资本犯罪不仅都为法定犯，而且具有不断变化、不断创造新的犯罪方法的特点，资本刑法只有及时修改才能准确对此类犯罪现象作出反应。这些特征决定了采用附属刑法的立法模式更适合，这样不仅能使刑法典保持相对稳定，也便于司法机关适用法律，还有利于相关人员随时查阅法律规定，从而起到更好的预防犯罪的作用。当然，经过一段时间的沉淀，附属刑法中少部分具有稳定性的条款可以逐步纳入刑法典，以实现稳定性和灵活性的结合。

（中国社会科学院法学研究所研究员，博士生导师　刘仁文；北京科技大学讲师，法学博士　陈妍茹）

① 如在公司法、证券法中直接规定有关公司犯罪、证券犯罪的罪名和刑罚种类与幅度，这样做并无宪法、立法法上的障碍，若能在证券法等修改中率先实现这种立法体制的突破，哪怕只是一两个罪名，其意义也十分深远。

附　录

构建现代化的证券期货刑事制裁体系

——“证券期货犯罪的刑事立法完善”理论研讨会综述

2016年11月26~27日，由中国社会科学院法学研究所主办、北京市亚欧律师事务所协办的“证券期货犯罪的刑事立法完善”理论研讨会在北京成功举行。本次研讨会是中国社会科学院承接的证监会资本市场法制课题的一个重要组成部分。来自中国社会科学院、北京大学、清华大学、中国人民大学、中国政法大学、北京师范大学、中央财经大学、北京外国语大学、北京交通大学、北方工业大学、北京联合大学、北京政法职业学院、南开大学、吉林大学、四川大学、上海交通大学、中南财经政法大学、华东政法大学、西北政法大学、苏州大学、山西大学、河北大学、贵州省社会科学院、上海大学、上海政法学院、上海财经大学、南京审计大学、西南石油大学、深圳大学、中国民航飞行学院、广东警官学院等多所高校和科研院所，以及全国人大常委会法工委、最高人民法院、最高人民检察院、公安部、证监会等部门的近百名专家学者出席会议。

会议除开幕式和闭幕式外，共分五个单元，分别为证券期货犯罪的基础理论，操纵证券、期货市场罪，内幕交易、泄露内幕信息罪与利用未公开信息交易罪，从业禁止制度以及证券期货犯罪的立法与司法考量。

大会开幕式中，首先，主持人中国社会科学院法学研究所刑法研究室主任刘仁文研究员介绍了与会代表，并对大家的到来表示欢迎。他接着介绍了此次会议选题的背景和意义，指出本次研讨会是中国社会科学院承接的证监会资本市场法制课题的一个重要组成部分，意在深入贯彻中央关于整顿、规范金融秩序精神，有效惩治证券期货犯罪，为完善该领域的刑事立法提供理论和智力支持。

接下来，中国社会科学院法学研究所国际法研究所联合党委书记陈甦研究员，中国刑法学研究会会长、北京师范大学刑事法律科学研究院院长赵秉志教授以及中国社会科学院国际法研究所所长、中国刑法学研究会常务副会长陈泽宪研究员分别作了开幕致辞。

陈甦书记从证券期货法律研究的方法论这一理论高度出发，分析了证券期货法律制度体系形成的应然和实然路径，倡导一种综合性、跨学科的研究方法。他指出，证券期货法律制度体系的形成，其应然路径是证券期货市场形成之后，首先由民商法对相关行为予以规制，之后纳入行政管理的范围，如果仍然不足以规制，再纳入刑法调整的范围。由于我国证券期货市场发展过于迅速，实际的监管需求迫使民商法、行政法、刑法几乎同步进行规制。不同法律之间的学科区别，带来了认知法律现象和判断法律性质时的分歧和障碍。为了协调各部门法之间的关系、促进证券期货法律体系的良好运转，继而达到更有效地规制证券期货市场的目的，他倡导一种跨学科的综合性研究方法。这样一种综合性的研究既是重要的法学研究方法，也是完善我国证券期货法律制度的重要手段和媒介。此次研讨会会聚了各领域、各学科的专家学者，他相信通过学者间的深入交流，能够弥补证券期货法律制度体系建构中缺乏跨学科交流的不足，从而为我国证券期货法律制度的建设提供更有意义的方案。以这次会议为契机，相信会迎来证券期货法律制度体系建设的一个新起点。

赵秉志教授作了题为“为维护金融管理秩序保驾护航”的致辞，分别就证券期货犯罪的规制背景、犯罪特征、研究现状以及研究发展方向等四大问题作出了深刻的剖析。第一，证券期货犯罪的纷繁发展态势是以我国资本市场“新兴加转轨”的特殊阶段为背景的。整顿和规范金融秩序、完善惩治证券期货领域的刑事犯罪是目前刑法研究中急需而热门的研究领域。第二，证券期货市场本身的特殊性，加之与新兴的互联网技术手段结合起来，使得证券期货犯罪具有社会危害大、专业性强、查处难度大等特点。第三，目前刑法理论和司法实务当中对于证券期货犯罪的相关构成要件的法益范围、规范内涵，以及具体犯罪的刑种和刑度都存在较大争议。第四，证券期货领域刑法理论的研究可以有如下几个探索角度，包括实证研究的角度、立法论研究角度、司法论研究角度以及比较法研究的视角。赵秉志教授认为，这次会议的召开非常及时和必要，将会对我国证券期货领域刑法规制的进一步完善提供强大的智力支持。

陈泽宪所长的致辞围绕着证券期货犯罪刑事立法研究需要关注的三个问题展开。首先，证券期货刑事立法的完善应回应司法实务中的实际问题。某一具有重大争议性的具体问题往往是刑事立法相关制度不够完善所造成的。其次，证券期货刑事立法的完善需要协调刑法与其他法律之间的关系，特别是刑法与证券期货法律法规之间的关系。两者关系的理顺能够为实际执法提供更为清晰的操作标准。最后，证券期货刑事立法的完善要求我们重视证券期货犯罪本身的特殊性。证券期货本身的专业性非常强，要重视这种特殊性在刑事实体法和程序法中的意义，一方面在刑事实体法中在犯罪圈的划定、构成要件的规定等问题上要考虑证券期货市场的特殊性；另一方面在程序法意义上，需要考虑证券期货犯罪的侦查、起诉和审判是否进行一些特殊的制度设计。总之，他强调证券期货刑事立法的完善需要具备更为宽阔的研究视野，妥善处理好上述三个问题。

第一单元　证券期货犯罪的基础理论

本单元由中国人民大学法学院戴玉忠教授和最高人民检察院公诉厅陈国庆厅长担任主持人。

北京大学法学院白建军教授首先作了题为“证券犯罪与刑法修订”的主题发言。他强调：证券期货犯罪的刑事立法修订应找准方向，避免盲目进行。刑事立法对于证券期货市场的规制必须重视以下三个基本向度。首先，准确认定证券期货犯罪的本质。证券期货犯罪的本质是对资源优势的滥用，这种资源包括权力资源、财富资源和符号资源。因此，证券刑法要紧密围绕资源优势的不当交易和滥用进行规制。其次，要关注证券市场中新的犯罪形式，就操纵证券市场行为而言，结合中外证券期货市场实际发生的案件，存在着“基准操纵”“高频交易”“幌骗”等新型证券市场操纵行为。与常规证券市场操纵行为相比，这些新型行为具有简易性、高效性和更高的危害性。最后，证券期货犯罪的刑事立法完善应建立在尊重、符合证券市场规律的基础上。证券期货市场的特殊属性需要我们在刑事立法的完善中认真对待、妥善规制。

中国社会科学院法学研究所商法研究室主任陈洁研究员重点阐释了行政罚款和刑事罚金的配置和衔接问题，提出证券期货刑事立法中应反思并合理重构二者之间的关系。第一，应反思行政罚款和刑事罚金的既有的“双罚”模式。她指出，对于资本市场中的违法行为，没有必要同时规定行政罚款和刑事罚金。这一观点的根据主要是罚款和罚金所承载的实质功能相同，同时适用二者部分地违反了一事不再罚原则。另外，刑法的谦抑性原则要求能够以罚款方式在行政处罚范围内实施的，就不应被纳入刑法规制的范围。第二，应反思行政罚款和刑事罚金的协调性问题。鉴于刑事处罚的严厉性，针对同一违法行为的刑事罚金数额本应高于行政罚款，但目前的立法规定并不符合这一基本逻辑。第三，应反思行政罚款和刑事罚金的收缴使用问题。将收缴的款项全部上缴国库的做法严重损害了相关投资者的利益，会造成投资者即使在相关民事诉讼中胜诉，也无法获得相应的赔偿。

吉林大学法学院李韧夫教授的发言对目前证券期货犯罪的刑事立法现状进行了如下几个方面的反思。其一，证券犯罪与期货犯罪的社会危害性不同，但二者的差别并未在刑法条文中被充分重视，刑法没有对它们的定罪方式和量刑模式进行区分。其二，与自然人犯罪相比，证券期货犯罪中单位犯罪的规定尚不完善。以《刑法》第 179 条、180 条、181 条为例，三个条文中的单位犯罪对直接负责的主管人员和其他直接责任人员科处的自由刑，均为五年以下有期徒刑，与自然人犯罪相比缺乏区分度，且与成立共同犯罪的刑罚相比较，单位犯罪的处罚更轻，可能会轻纵犯罪人。另外，这几个条文中单位犯罪的罚金刑并没有明确处罚数额，偏离了罪刑法定原则，也不利于司法实务的明确执法。其三，应完善证券期货犯罪的相关司法解释的内容，使整体规制更为周延。例如司法解释对《刑法》第 181 条自然人犯罪的立案标准作出了明确规定，但对该条的单位犯罪立案标准却没有涉及。上述不足之处应在刑事立法完善时予以重视。

河北大学政法学院苏永生教授发言的题目为“严重后果型证券期货犯罪的罪过形式研究”。苏教授指出，我国刑法中的证券期货犯罪包括行为犯、数额犯、情节犯和严重后果型犯罪四种类型。从刑法总则的相关规定来看，罪过形式的判断依据只能是危害社会的结果。在分则条文明确规定了危害结果的情况下，只能以此结果作为罪过形式的判断依据，在没有明文规定危害结果的情况下，只能依据具体犯罪侵犯的法益来确定危害结果，并以此作为罪过形式的判断依据。以此来看，证券期货犯罪中的行为犯、数额犯和情节犯属于单一罪过立法，其罪过形式应当是故意，而严重后果型犯罪的立法属于择一罪过立法，罪过形式就包括故意与过失。但如此解释面临着困境：要么致使区分故意和过失没有实际意义，要么致使故意与过失成为酌定量刑情节。为了实现处罚上的合理性，应当修改刑法对严重后果型证券期货犯罪的规定，明确规定过失的情形及相应的刑罚。

中国社会科学院法学研究所赵希博士后作了题为“证券期货刑法规制

中的谦抑性原则反思”的发言。她发现，立足于刑法谦抑性，强调证券期货犯罪的法定犯属性，反对刑法在此领域扩张处罚范围的观点属于主流理念。她认为，谦抑性原则的价值固然不容否定，但传统谦抑性原则所适用的语境发生了重大改变：机能主义刑法观中，刑法之“恶”逐渐淡化，刑法保障法地位松动，加之刑法介入金融监管的实际需求上升。这一切都促使我们对谦抑性原则的内涵和功能进行反思与重新定位。谦抑性原则不应被抽象地理解为反对刑法扩张，而应将其理解为审慎地划定刑法的范围，特别是在司法实践中严格遵循罪刑法定原则。换言之，谦抑性原则的核心不在于“抑”，而在于“谦”。

在第一单元的评议环节，中国社会科学院法学研究所屈学武研究员认为上述几位发言人的报告很有启示性，如白建军教授提出证券期货犯罪的本质是对信息资源的滥用、陈洁研究员呼吁将罚款罚金退赔给相关投资者以及李韧夫教授提出的证券期货犯罪中单位犯罪处刑的完善问题。但是需要商榷的问题是，一事不再罚原则是适用于同一部门法的，对同一个违法行为在科处行政罚款之后，刑法也有权介入科处罚金。罚款与罚金的“双罚”做法既不违反刑法谦抑性，也不违反一事不再罚原则。另外，在严重后果型证券期货犯罪中规定过失的情况需要斟酌，第 181 条编造并传播证券期货交易虚假信息行为很难存在过失的罪过形式。刑事立法应追求一般公正，个别公正应当在司法当中予以解决，否则刑法的规制范围过宽，有悖于罪刑法定原则。

北京大学法学院梁根林教授在评议中提出了三点思考。第一，需要注意证券期货犯罪与传统犯罪在不法构造、不法属性以及罪责内涵上的区别。自然犯的“本体恶”属性与法定犯的“禁止恶”属性导致二者在上述几个方面都存在显著差别。第二，刑法谦抑性是我们应当坚守的基本理念，但绝非教条，必须具体地、历史地、动态地理解谦抑性原则。现代刑法的使命不仅在于保障法治国下国民的行动自由，也要配合国家职能的转型以及后现代风险的挑战。与此同时，我们也要警惕和防止证券期货刑法的随意扩张。第三，需要恰当配置行政监管、行政处罚与刑事处罚之间的关系，证券期货法律规制体系首先需要严格的行政监管，严管胜于严惩。

清华大学法学院教授、全国人大法律委员会委员周光权在评议中认为，证券期货犯罪给传统的刑法原理和司法实务带来了挑战，需要我们进行深入反思。首先，传统的刑法理念需要进行反思，例如对谦抑性原则的传统看法并不符合现代社会治理犯罪的要求。刑法谦抑性的侧重点应在于制约司法，而非限制立法。其次，证券期货刑事立法完善中，需要增设一些新罪，特别是增设危险犯。最后，对于刑法与证券期货法律法规的衔接问题，如陈洁研究员讲的罚款与罚金问题，针对同一事项进行两罚的确有重复处理的嫌疑。对此，可以在刑事罚金中扣除行政罚款的那部分金额。

在自由发言阶段，华东政法大学孙万怀教授指出，需要进一步探讨证券期货刑法与其前置的行政法之间的关系。违法一元论无法适应现代社会的治理需要，刑法的违法性判断在任何时代都具有相对独立性。北京大学王世洲教授认为，证券期货刑事立法不应增设危险犯，而应增设行为犯。对此，梁根林教授回应指出，纯粹的行为犯概念并不妥当，应用抽象危险犯来替代行为犯，犯罪的成立至少要具备对法益的抽象危险。中南财经政法大学夏勇教授对此提出异议，认为行为犯概念有独立存在的价值，刑事立法中需要区分行为犯与危险犯，而不应以抽象危险犯来代替行为犯。随后，刘仁文研究员提出，证券期货犯罪中情节犯的规定很常见，这是否违反罪刑法定所要求的明确性原则？白建军教授回应指出，纯正情节犯的确是我国刑事立法的特色。对此，刑事立法必须进行全面深入的立法调研，尤其要侧重实证研究，以避免盲目立法。

第二单元　操纵证券、期货市场罪

本单元由中国人民大学法学院黄京平教授和最高人民检察院检察理论研究所王守安所长主持。

中央财经大学法学院郭华教授在题为“操纵期货市场罪刑法完善研究”的发言中指出，我国目前的刑事立法对于期货市场的认识还不深刻，影响了对期货犯罪的合理有效规制。主要表现在证券期货刑事立法简单地将期货放置在证券之后，进行统一规定，而忽视了期货的特殊属性。例如我国行政法律法规对操纵期货市场的规定不够细致，与刑法衔接不畅，拘泥于价格操纵。传统的操纵期货市场手段有连续交易、自买自卖、约定买卖等，典型的表现为逼仓。近年来新型的操纵手段有程序化交易、高频交易等，配资行为也可能成为操纵期货市场的帮助行为。总之，证券期货刑事立法的完善要重视对期货的特殊性进行研究，尊重期货市场规律，合理设计相关犯罪的构成要件和刑罚配置。

上海交通大学凯原法学院谢杰副教授认为，健全操纵证券、期货市场罪认定标准是当前中国资本市场刑法制度建设的重要任务，其理论前提与实践基础在于对操纵证券、期货市场罪的实质进行准确把握。现有的操纵证券、期货市场罪实质解释在法律与经济分析层面存在明显缺陷。资本市场中操纵证券、期货市场罪的犯罪实质是对证券、期货合约以及其他金融衍生工具或者投资者资本配置决策进行非正当控制并从中谋取金融交易利益。操纵证券、期货市场罪是金融商品操纵与市场资本操纵的独立进行或者联合展开。操纵者通过价量操纵或决策操纵中的任何一种路径对资本市场形成操纵，或者通过叠加地使用价量操纵与决策操纵强化与提升对资本市场的非正当控制力度。从法律与经济分析的视角解构操纵证券、期货市场罪的犯罪实质对于完善资本市场刑法制度具有重要的理论与实践价值。

中央财经大学博士后、北京市顺义区人民检察院检察官王新的发言题目是“证券市场操纵刑事推定之探讨”。她指出，证券、期货市场操纵手段日益翻新，信息操纵与交易操纵并用、跨市场操纵等新行为样态使得无法回应证券市场操纵行为特性的刑事规范之滞后与模糊问题更加凸显。市场操纵行为与危害后果之间非直接因果关系及操纵行为的特殊性需要确立与完善刑事推定规则：大盘的跌幅或股价的波动，即价量变动不是认定操纵行为情节严重的必要因素，只要有制造此种危险的可能性即可。信息操纵与交易操纵往往交叉并用，信息的及时、准确披露与否往往是判断行为异常性、操纵与否的手段。

在本单元的点评阶段，北京大学王世洲教授对于证券期货的刑事立法完善问题强调了三个关键词。第一是刑法的前置条件。证券期货刑法的前置法即证券期货法律法规具有非常强的专业性，充满无数专业概念，而这些概念从刑法意义上很难加以明确定义。第二是经济模型。证券期货领域的法律规制方法是受制于特定的经济模型的。而我国应采取怎样的经济模型现在争议还很大，我们应探讨适合自己的经济理论和经济模式。第三是概念使用的精确性。特定法律概念在中外、在不同学者之间，其用法存在差异。这三个关键词需要我们特别注意。

南开大学刘士心教授也对三位主题发言人的报告进行了点评，认为郭华教授提出的必须尊重期货市场特殊规律的看法，对我国证券期货刑事立法的完善具有重要意义；谢杰副教授对于证券期货操纵行为的行为实质的分析也令人耳目一新；王新检察官的发言则侧重从刑事诉讼的证明角度对证券市场操纵的认定作出了自己的解读。但可能需要商榷的是，操纵证券期货市场行为与危害结果的产生之间存在诸多介入因素，如果直接以推定方式肯定因果关系的存在可能并不恰当。

北京市亚欧律师事务所主任律师彭宪华在点评中认为三位发言人的报告从选题、论证方法到其中蕴含的批判性的学术态度都值得我们学习。他对其中涉及的两个问题提出了自己的看法。其一，在相关证券期货罪状的完善方面，不应认为利用任何信息来操纵证券期货价格都构成操纵证券、期货市场罪。其二，将操纵证券期货市场解释为一种特殊的欺诈类型是否合理，是未来学术研究中的一个重要课题。

在自由发言阶段，王世洲教授认为，证券期货领域的刑法规制不应操之过急，应给市场发展留下更多的发展空间。刘士心教授赞同这一观点，他指出证券期货市场是一个新生事物，市场的不断发展使得相应的管理模式也会发生改变，而刑法具有相对的稳定性，过于频繁的刑事立法有失刑法的严肃性，因此应更加侧重行政监管方式。刘仁文研究员强调，在刑法理论上的确需要重视证券与期货之间的差别，反思目前证券与期货并列规定的简单做法。另外也需要反思目前我们证券期货犯罪的立法体制，即需要考虑是否将证券期货犯罪规定在行政法中，而非由刑法单独加以规定。对此，梁根林教授指出，行政犯与法定犯并不相同，在概念上应当进行准确界定。刑法典中的法定犯具有相对稳定性，是对重大法益的侵害；而行政法中规定的行政犯隶属于轻罪体系，经过一段时间的适用，可能将其中的一部分纳入刑法典的法定犯的范围。

第三单元　内幕交易、泄露内幕信息罪与利用未公开信息交易罪

本单元由中南财经政法大学党委副书记齐文远教授和贵州省社会科学院院长吴大华教授主持。

上海交通大学凯原法学院张绍谦教授的发言题目是“论利用未公开信息交易罪的立法完善”。他从利用未公开信息交易罪的犯罪主体、规制领域、情节标准、法定刑四个方面进行探讨，提出了立法完善建议。第一，适度扩张该罪的主体范围。一方面不应局限于金融机构的从业人员，而是以与未公开信息的接触程度，以及能否利用职务、业务便利接触未公开信息来确定主体范围。同时将非法获得未公开信息的人员也纳入本罪的主体范围。第二，适度延伸该罪的规制领域，认为利用未公开信息交易罪的规制领域理应包括邮币卡等金融衍生品。第三，合理建构该罪的定罪标准，适当提高“情节严重”的标准以减少刑事司法实践的随意性。第四，合理配置该罪的法定刑，认为采用倍比罚金制与限额罚金制相结合的方式是完善本罪罚金刑制度的合理化做法。

北京市人民检察院刑事审判监督部王新环主任的发言题目是“内幕交易罪刑事立法相关问题研究”。他指出，内幕交易罪的刑事立法与迅速发展的案件查办、司法实践相比，存在相对滞后或不相协调、不尽完善等问题。主要表现在：法定入罪标准过低，与办案实践严重脱节，且部分条款可操作性不强；附加刑的有效性和精细化有待提高；刑法规定与证券法律法规的衔接有待完善；个别重要的交易行为尚未纳入刑法规制范围；等等。建议在立法层面完善我国内幕交易犯罪的刑法规制，在该罪名刑事立法的确定性、精细化、专业性和体系性方面加强研究和落实。

上海财经大学法学院讲师李睿博士的发言对利用未公开信息交易罪的构成要件进行了深入解读。第一，对未公开信息概念的界定。提出未公开信息具有差别性、未公开性、关联性、价格敏感性以及可利用性这几个特征。第二，利用未公开信息交易罪的犯罪主体范围的厘定。除了直接主体之外，需要注意有身份者建议无身份者从事相关交易的现象。第三，关于本罪前置违法性的判断。《刑法》第 180 条第 4 款的“违反规定”应包含部门规章、地方性法规和行业规范。第四，对于计算利用未公开信息交易的违法所得数额的标准问题，应采取后进先出法计算违法所得。

西北政法大学刑事法学院讲师赵姗姗博士主要介绍了日本内幕交易规制的简况。与我国对内幕信息的规制方式不同，日本内幕交易罪是通过附属刑法的方式进行规制的。日本通过学习美国 1933 年证券法制定了本国的证券交易法，其中规定了内幕交易的规则。但从 1948 年到 1989 年内幕交易一直被概括表述为“不正交易”。在此期间日本对于内幕交易总体来说持一种容忍的态度。但在 1987 年“立保化学工业事件”之后，以此为契机，日本出台了单独规制内幕交易的条文，并对违反行为科以刑事处罚。而之后的数十年间又对内幕交易的法定刑进行了提升。当今世界各国，规制内幕交易的立法体系可以归纳为两种模式：信义模式和市场模式。日本采用了信义模式。日本内幕交易规制的历史演变和制度模式值得我国刑事立法参考和借鉴。

华东政法大学博士研究生闻志强在发言中分析了我国内幕交易刑事立法和司法中的不足。立法上主要存在法定入罪标准虚置化、入罪情节模糊化、刑罚力度较轻以及程序法与实体法、行政执法与刑事司法衔接不畅等问题。司法上则存在法律适用障碍，以及侦查取证工作中的疑难问题。对此，需要从立法和司法两个层面进一步完善我国内幕交易犯罪的刑法规制。应坚持法定入罪标准与司法实践追诉标准的协调、统一；严密刑事法网，缝补法律漏洞，出台具有可操作性的司法解释，夯实司法实践的规范依据；进一步完善刑罚制度，引入资格刑，增强惩罚的针对性和有效性；进一步强化行政执法与刑事司法、行政处罚与刑事处罚的顺畅衔接。

本单元的评议人之一、中国政法大学刑事司法学院院长曲新久教授在评议时指出，我国对内幕交易的认知经历了一个发展变化的过程。由于早期金融交易方式的落后，内幕交易方式很原始，对于内幕交易的规制也并不严格，直至电子交易方式出现之后，对于内幕交易的规制才逐渐纳入刑法轨道，目前司法层面对这两个罪的认识也日趋成熟。在立法完善方面，利用未公开信息交易罪的确是针对“老鼠仓”行为而设立的，因此对于这个罪的犯罪主体设定得比较明确。这个罪的法定刑可以考虑提高到十五年。另外，邮币卡的危害性不大，不应被纳入刑法规制的范围之内。

北京大学法学院王新教授在评议时首先回顾了我国惩治证券期货犯罪的刑事立法变迁过程。他指出，1993 年颁布的《禁止证券欺诈暂行办法》是对证券期货市场最早的法律规制。1997 年刑法典实际上是超前设置了四个比较典型的证券类犯罪，而当时我国的证券法尚未颁布，之后直到 2012 年才颁布了关于内幕交易、泄露内幕信息罪的司法解释，而另外三个重要罪名的司法解释至今仍未出台，仅有立案标准。这种状况就导致司法机关办案时欠缺司法解释依据。另外，从立法发展的视角看，期货与证券并置在相关法条中的做法，属于非常原始的立法方式，这种立法方式存在很多弊病，完全忽视了期货的特殊性。证券期货犯罪立法体系的完善必须重视刑法与证券期货法的衔接。

北京师范大学刑事法律科学研究院周振杰教授在评议中就上述报告所涉及的具体问题进行了点评。首先，很多报告都提到相关犯罪的犯罪主体范围的确定问题，以内幕交易罪为例，如果该罪的处罚目的是限制利用内幕信息进行交易这种行为，那么与处罚目的相契合，犯罪主体范围就应当适当扩大。其次，一方面强调严格规制内幕交易行为，另一方面又主张应提高此罪成立的数额标准，这种观点是否存在内在矛盾？关于立法虚置问题的原因不仅是立法规定问题，也可能是司法状况造成的。立法效果的实现有赖于司法的进步和完善，特别是对相关案件能够及时有效地进行查处。另外，邮币卡是文化创新的形式，实则属于金融交易，应否纳入监管范围需要研究。

在自由发言阶段，北京市雨仁律师事务所刘凌律师首先向曲新久教授提出一个问题，即内幕信息中“价格敏感性”的认定，在刑法理论和司法实务中的认知很不一致，司法实践中并不重视价格敏感性这一特征。如何看待理论与实践的这种不一致状况？曲新久教授回应道，价格敏感性是一个比较抽象的概念，属于内幕信息与未公开信息的一个比较微弱的内在属性，而非刚性的构成要件要素的核心属性。北京市炜衡律师事务所的石雨辰律师指出，利用未公开信息交易罪在司法适用过程中存在入罪标准过低的问题。应当提高罪名的入罪标准，刑法的介入应当更为审慎。王新环主任指出，大量证券期货案件仅以行政处罚方式结案，没有进入司法程序并非是因为司法人员对专业问题不了解、不熟悉，而是这类犯罪的认定存在很大困难。例如对于操纵证券市场中的“操纵”的认定就非常困难。

北方工业大学王海桥副教授提出了三个重要问题。证券期货犯罪中被害人的过错对于犯罪认定是否存在影响？证券期货犯罪的保护法益是否仅仅是抽象的金融管理秩序，这一抽象法益能否还原为具体法益？互联网金融方式对传统证券期货市场产生的冲击如何在刑事立法中予以解决？王新检察官认为，就证券期货犯罪的保护法益而言，以操纵证券、期货市场罪为例，这个罪一方面侵害了证券期货交易的正常秩序这一抽象法益，另一方面也侵害了证券期货市场参与者的财产性利益这一具体法益。因此此处的抽象法益可以还原为具体法益。中国社会科学院法学研究所时方博士后提出问题：证券期货犯罪如果可以还原为“骗”，它与诈骗中的“骗”有何区别？对此，北京大学王新教授指出，欺骗最本质的含义是虚构事实、隐瞒真相，在此基础上可能运用新的手段、新的平台和新的渠道。

第四单元　从业禁止制度

本单元由最高人民法院刑五庭副庭长张明博士和华东政法大学科研处处长孙万怀教授主持。

苏州大学王健法学院李晓明教授作了题为“‘从业禁止’：我国证券期货类犯罪的资格刑设置”的主题发言。他谈到《刑法修正案（九）》规定的从业禁止具有剥夺职业资格、预防犯罪等特征，它的性质不属于刑罚，也不属于行政性强制措施，更不是保安处分。从业禁止应当被定性为一种资格刑。资格刑与刑罚不同，犯罪所引起的后果不仅是刑罚，而应包含一个广泛的刑事责任承担的范畴，其中资格刑就属于这一范畴。具体到证券期货犯罪资格刑的实施，应当采取剥夺资格证书的手段。对从业禁止制度的研究能够提升刑罚的适用效果，增强行政处罚与刑事处罚的协调性。刑事立法修正应当重视这一问题。

中南财经政法大学刑事司法学院博士研究生李江在发言中认为，《刑法修正案（九）》增设的刑事“从业禁止”制度实际上是一种保安处分，其具有针对性、附属性、酌定性、强制性、补充性等特点。就证券犯罪而言，由于自由刑固有的弊端，罚金刑的威慑力度不大，以及“剥夺政治权利”的适用性不强等原因，刑事“从业禁止”制度的适用是必要的。但是鉴于该制度存在的一些立法不周延的问题，可以从扩大适用对象范围，设定执行机关，建立与其相对应的复权制度，以及规范决定程序与救济方式等方面着手，推动立法层面的进一步完善。

中南财经政法大学刑事司法学院讲师王复春博士的发言主题是“证券、期货犯罪与从业禁止的适用”。他提出，我国刑法中的从业禁止属于保安处分，其规范目的是预防利用职业便利再犯罪。对“职业”，不应仅采取形式化理解，而应结合再犯罪预防的需要、犯罪所侵犯客体的性质等进行实质化判断。证券、期货犯罪中，利用职业便利或者违背职业义务的犯罪可按职业类别和市场类别分类。为了防止其再次利用职业犯罪，应当跨职业类别适用从业禁止。在实践中，可以借鉴行政处罚中市场禁入的经验，从再犯罪预防的角度理解和适用刑法中的从业禁止。

在本单元的评议阶段，中国政法大学刑事司法学院王平教授认为，应当清晰界定从业禁止制度的性质。根据法条对从业禁止的规定能够推断出从业禁止并不属于刑罚的范畴。刑法第 37 条之一最后一款：“其他法律行政法规对其从事相关职业另有禁止或限制性规定的，从其规定。”从这里可以得出，它不是刑罚。如果行政法和刑法规定竞合的时候，应当优先适用刑法才是。从业禁止也不应被理解为保安处分，因为保安处分不是处罚，而从业禁止带有处罚的性质，是由法院直接作出决定，所以它是一种非刑罚处罚措施。

中国社会科学院法学研究所刑法研究室副主任樊文指出，从业禁止制度性质不明的状况是立法造成的。对于从业禁止的规定并没体现出刑罚的最后手段性。德国刑法典中从业禁止的实施，是针对那些实施了严重违法行为被判处刑罚，且继续从事某种职业仍存在实施严重违法行为的现实危险的行为人。我国应借鉴德国的经验，限制从业禁止的实施范围，能够运用行政法予以解决的，尽量不要动用刑罚手段。

在自由讨论阶段，吉林大学李韧夫教授指出，对从业禁止的性质认定可以有两个选择。其一，同剥夺政治权利的性质相似，从业禁止可以被理解为剥夺就业权利，属于一种附加刑的性质。其二，若否定从业禁止的附加刑性质，那么从业禁止的实施应采取司法机关向行政部门发出司法建议的方式。中国社会科学院法学所刘仁文研究员向苏州大学李晓明教授提问：只要构成犯罪就开除公职，这种情况下还有从业禁止实施的空间吗？李晓明教授回应指出，在从业禁止问题上，不能混淆刑事处罚和行政处罚，犯罪人在关押期间当然丧失了职业权利，但在释放之后就涉及从业禁止。此时刑法和行政法都会涉及，但刑法的从业禁止不仅剥夺职业资格，也应剥夺职业证书。北京大学刘燕教授认为，关于从业资格的禁止我们一般理解为一种行政法上的做法，而且刑法第 37 条第 4 款也规定了其他法律、行政法规另有规定的，从其规定。本应由行政机关实施的禁止从业处罚被纳入刑法当中，可能存在一定的逻辑混乱。公安部经济犯罪侦查局王崇青处长提出这样的疑问：在证券法已经规定了市场禁入制度之后，刑法修正案新增的从业禁止这样一个性质不明的规定，其立法原意为何、两种措施之间又该如何衔接值得思考。对此，中国政法大学王平教授认为，几部法律对同一问题都进行了规定并不是一种浪费。刑法上的规定属于一种一般性的规定，而证券期货法律如有特殊规定，就应当适用特殊规定。

第五单元　证券期货犯罪的立法与司法考量

本单元由上海政法学院刑事司法学院院长姚建龙教授和中国社会科学院法学研究所张绍彦研究员主持。

公安部经济犯罪侦查局王崇青处长的发言题目是“证券犯罪立法完善刍议”。他提出，我国证券犯罪立法主要存在刑事立法先行、行政立法相对滞后，证券法律法规未能紧跟惩治证券犯罪需要作出调整，证券犯罪种类设置不是十分合理等问题。完善证券犯罪立法必须坚持最后性、协调性、等价性原则，在刑法中对证券犯罪采取空白刑法规范模式，只规定罪名和法定刑，将证券犯罪的构成要件或行为样态规定于证券法律法规中，设定证券犯罪种类需综合考虑法益侵害、发生频率、国际接轨等因素，健全证券犯罪刑罚体系要按各种证券犯罪社会危害性大小排列，合理规划自由刑期限，取消拘役刑和无期徒刑，实行无限额罚金刑。

南京审计大学法学院讲师郭研博士的发言题目是“论 A 股做空行为的

刑法规制及立法原则”。她分析认为，从 2015 年 6 月延续至今的股市暴跌是多种原因综合作用的结果，其中做空行为被认为是这次股市暴跌的最重要原因。对于做空行为应当区别对待，应正确区分单纯做空行为与恶意做空行为，正常交易行为与违法犯罪行为，区分一般违法行为与破坏金融管理秩序的犯罪行为。犯罪的本质是法益侵害，法益侵害的认定是具体的而非抽象的，对于符合既定商业规则的单纯做空行为，不应当由刑法规制；而对于恶意做空股市并造成法益侵害的行为应对其进行刑法上的规范性评价，并进行相应的刑事制裁。

西南石油大学法学院讲师田维博士认为，我国证券期货犯罪的立法，大致需要从立法模式协调、罪名协调、法定刑协调等三个方面加以适当修订完善。第一，对于立法模式问题，我国刑法典关于证券期货犯罪的主要内容已经规范定型，仅仅需要针对证券期货犯罪的发展变化情况进行适当修改完善即可。第二，罪名的完善问题涉及个罪构成要件的完善以及罪名体系的完善。其中内幕交易、泄露内幕信息罪，利用未公开信息交易罪以及操纵证券、期货市场罪的构成要件应进一步完善。同时，应将期货犯罪独立于证券犯罪进行设置。第三，在刑罚配备的完善方面，证券期货犯罪刑罚处罚应坚持谦抑性原则、适度轻缓原则以及经济性原则，具体来说，应进一步突出财产刑的适用、完善职业禁止的相关规定、增设对单位的资格刑。

深圳大学法学院助理教授乔远的发言题目为“证券、期货交易中‘非法设立、帮助设立网络平台’的刑法分析”。她谈道，随着互联网的发展，证券、期货交易中出现了“非法设立、帮助设立网络平台”的不法行为。司法实践中，此类不法行为依照我国《刑法》第 225 条所规定的非法经营罪而入罪的情况并不少见。然而，这并不意味着刑法的适用没有障碍。若依照严格解释，“非法设立、帮助设立网络平台”的行为并不能被直接认定为刑法所规定的“非法经营证券、期货业务”的行为，这就为刑法的适用带来了困难。应当承认，证券、期货交易中“非法设立、帮助设立网络平台”的行为并未侵害新的法益，但其对非法经营罪所保护之法益的侵害程度已不容忽视。有鉴于此，刑法的扩张解释可以被看作有效的应对方式。对多数非法设立网络平台的不法行为而言，预备行为实行化的解释方式便能解决问题。对于非法帮助设立网络平台的不法行为而言，考虑帮助行为正犯化的解释思路也是可行的选择。

北京大学法学院硕士研究生姚一凡的报告主题是"'e租宝'事件的刑事责任研究"。她的发言是对"e租宝"这一金融案件进行的个案研究。她梳理了"e租宝"平台的运作模式，认为其经营模式在本质上属于少数资金需求者从多数资金供给者手中获取资金的融资方式。这一平台在真实交易和虚假交易中均呈现出非法集资的嫌疑。之后她对刑法上非法集资常涉及的罪名的构成要件进行简要阐述，认为在现行刑法下，"e租宝"真实的债权转让交易模式也会构成非法吸收公众存款罪，而其虚假交易就是典型的庞氏骗局，构成了集资诈骗罪。网络借贷的直接融资行为本质上属于擅自发行证券行为，由于我国对于证券的定义较窄，无法将此类行为吸纳进去。立法应考虑市场规律，重视直接融资与间接融资的区别。

在本单元的评议阶段，北京大学法学院刘燕教授重点对郭研讲师的发言进行了点评，她指出，做空行为的定性目前争议极大。做空机制多年来都是商品市场及金融衍生品市场中普遍存在的机制，这一机制的确容易使普通投资者产生恐慌情绪，并与市场机制的运作机理产生一定冲突。作为市场机制的组成部分的做空行为现在如果被纳入刑法制裁领域，且仅仅增加了"恶意"这一要件，那么合法的做空与违法的恶意做空之间，究竟存在怎样的区别需要更有说服力的刑法论证。

北京外国语大学法学院副院长王文华教授对网络平台及"e租宝"涉及的相关刑事问题进行了点评。首先，对于非法设立、帮助设立网络平台进行证券期货交易按照非法经营罪处理在解释论上没有问题，但非法经营罪这个口袋罪范围太大。实践中存在很多电子商务企业采取设立网络平台方法从事违法行为，因此是否需要增设一个独立的新罪值得关注和研究。其次，"e租宝事件"代表了我国金融领域的特殊现象。刑法对于非法吸收公众存款、集资诈骗的规制始终较为稳定，而发生改变的是其前置法，即金融监管政策的改变导致刑法规制范围的变化。刑事立法应当与金融政策紧密联系在一起，使两者互相协调，以便形成较为稳定的整体法律政策，防止因金融政策的改变而随意扩大犯罪成立范围的不公平现象。

中南财经政法大学刑事司法学院副院长童德华教授在点评中指出，需要思考的一个重要问题是：我们的传统刑法理论是否已经丧失了应对新型证券期货犯罪的规制能力？他认为传统刑法理论仍然具备应对新型犯罪的解释功能。按照传统的结果无价值立场寻求新型犯罪不法的依据，可能会碰壁，但行为无价值论可以为规制这些犯罪提供更有力的立法依据。刑法家长主义要求刑法作出提前性、预防性的规制，这样在刑事立法中就可以规制新型犯罪行为。但是其中的一个重要前提条件是，刑法的介入必须有明确的前置法的规定，否则就会违反罪刑法定原则的明确性要求。

在本单元的自由讨论阶段，北京交通大学法学院讲师蔡曦蕾博士提出，对于目前大宗商品现货交易的价值应该如何看待？现在很多骗子充斥这个市场，目前的法律监管状况如何？北京大学刘燕教授回应指出，现货属于期货的前期发展阶段，当大宗商品交易标准化之后，采取保证金交易方式，并由交易所进行担保交收时，就演变为期货交易。目前现货市场存在一些混乱的情况，但由于地方利益驱动，目前的行政监管收效不大。公安部经济犯罪侦查局王崇青处长解释道，目前司法实务当中，对于没有实物交易的变相期货交易一般纳入非法经营罪的规制范围，倘若还具有非法占有目的携款潜逃，则可能认定为集资诈骗罪。

11 月 27 日中午，在全部主题发言结束之后，大会举行了简短的闭幕式。闭幕式由刘仁文研究员主持，北京大学法学院储槐植教授及中国社会科学院法学研究所所长李林研究员分别作了精彩致辞。

储槐植教授谈道，近些年，包括我国在内的全世界范围内，传统犯罪都发生了网络化的趋势，同时新的犯罪形态不断产生，对传统犯罪的理论和实践构成了前所未有的挑战。证券期货犯罪领域的研究深具前沿性和重大的战略意义。目前这一领域表现出刑法超前规制而行政法规定滞后的情况，刑法的操作性不强。对此，在立法论的角度，我们应学习其他国家的相关经验，顺应时代潮流，将经济犯罪纳入行政法，在行政法中增设罪刑条款，改变附属刑法“附而不属”的现状。刑法和行政法的良好衔接、刑事法律制度的合理运作最终离不开一个高水平的法律职业共同体的形成，这是我们所有法律人努力的方向。

李林研究员首先指出这次会议的讨论主题深具意义和价值。这种意义和价值来源于证券期货市场所承载的使命，它已经构成了我国目前经济体系中非常重要的基础组成部分。深层理念决定制度构建，证券期货的监管问题不能被简单理解为经济问题、法律技术问题，从更深层次上看，它也是一个政治问题、政策问题、国家问题，是关涉国民的稳定、可预期的幸福生活问题。其次，刑事立法过程中我们究竟应采取怎样的立场？在国家本位、市场本位和公民本位当中如何进行抉择？对此，学者一定要站在一个客观中立、负责任的、理性科学的立场上。最后，中国社会科学院法学所搭建这样一个学术平台，一方面能够借此机会向诸位专家学习，另一方面也希望对中国的法学发展贡献一分力量，做好服务。李林所长呼吁我们共同履行法律职业共同体的崇高责任，为法律制度的健全完善努力奋斗。

总体来说，证券期货犯罪刑事制裁体系的完善，是在传统证券期货犯罪的规制尚未健全，新的证券期货违法行为层出不穷的背景下展开的。新型证券期货违规行为的特殊样态不断冲击并拷问着传统刑法理论的正当性基础，保护金融创新与加强金融监管这两种悖反理念产生的张力也考验着刑事政策价值取向的合理性选择。对此，刑法学人应具备更为开阔的学术视野，在审视和检讨传统犯罪理论的基础上，尊重证券期货市场规律和市场特殊性，合理衔接行政制裁和刑罚处罚，妥善配备相关犯罪的罪名和法定刑，努力建构一个现代化的证券期货刑事制裁体系。随着证券期货市场的不断发展演变，刑法在这一领域的规制也不会停下脚步。正如储槐植教授与李林所长所强调的，刑事法律制度的合理运作最终离不开一个高水平的法律职业共同体的形成，这是我们所有法律人努力的方向。

（供稿：赵希）

图书在版编目（CIP）数据

证券期货犯罪的刑法规制与完善 / 刘仁文主编. --
北京：社会科学文献出版社，2018.6
（中国社会科学院刑事法论坛）
ISBN 978 - 7 - 5201 - 2631 - 1

Ⅰ. ①证… Ⅱ. ①刘… Ⅲ. ①证券交易 - 刑事犯罪 - 研究 - 中国②期货交易 - 刑事犯罪 - 研究 - 中国 Ⅳ. ①D924.334

中国版本图书馆 CIP 数据核字（2018）第 084640 号

中国社会科学院刑事法论坛
证券期货犯罪的刑法规制与完善

主　　编 / 刘仁文

出 版 人 / 谢寿光
项目统筹 / 刘骁军
责任编辑 / 关晶焱　王蓓遥

出　　版 / 社会科学文献出版社（010）59367161
　　　　　地址：北京市北三环中路甲 29 号院华龙大厦　邮编：100029
　　　　　网址：www.ssap.com.cn
发　　行 / 市场营销中心（010）59367081　59367018
印　　装 / 三河市尚艺印装有限公司

规　　格 / 开　本：787mm × 1092mm　1/16
　　　　　印　张：33.25　字　数：550 千字
版　　次 / 2018 年 6 月第 1 版　2018 年 6 月第 1 次印刷
书　　号 / ISBN 978 - 7 - 5201 - 2631 - 1
定　　价 / 138.00 元